Au cœur de la tourmente, la pleine conscience

JON KABAT-ZINN

Au cœur de la tourmente, la pleine conscience

MBSR, la réduction du stress, basée sur la mindfulness : programme complet en 8 semaines

Préface de Christophe André

Traduction de Claude Maskens

J'AI LU
Bien être

Collection dirigée
par Ahmed Djouder

Titre original :
FULL CATASTROPHE LIVING. USING THE WISDOM OF YOUR BODY AND MIND TO FACE STRESS, PAIN, AND ILLNESS

Éditeur original :
Bantam Dell Publishing Group, a division of Random House , Inc.

À Myla, Will, Naushon, et Serena

À Sally et Elvin

et aux patients de la clinique du stress
– passés, présents et futurs –
qui font face à la tourmente et mûrissent

Sommaire

PARTIE 2

Le paradigme : une nouvelle façon de penser la santé et la maladie

PARTIE 3
Le stress

PARTIE 4
Les applications : prendre la tourmente à bras-le-corps

PARTIE 5
La voie de la conscience

Ce livre [illegible] Centre médical [illegible] sous [illegible] contenu [illegible] ou [illegible] pourquoi [illegible]

Les informations [illegible] que [illegible] pas [illegible] médicaux ou psychiatriques [illegible] Les personnes [illegible] problème [illegible] devraient consulter [illegible] pertinentes, appropriées [illegible]

Préface
de Thich Nhat Hanh

Ce livre, facile à lire et très concret, sera utile de bien des façons. Je crois que de nombreuses personnes en profiteront. En le lisant, vous verrez que la méditation est quelque chose qui a trait à notre vie quotidienne. Ce livre peut être décrit comme une porte ouverte sur le dharma[1] (du côté du monde) et sur le monde (du côté du dharma). Quand le dharma prend réellement soin des problèmes de la vie, il s'agit du vrai dharma. Et c'est ce que j'apprécie le plus dans ce livre. Je remercie l'auteur de l'avoir écrit.

Thich Nhat Hanh
Village des Pruniers, France
Octobre 1989

1. Le mot « dharma » se réfère à la fois aux principes qui gouvernent la vie, à l'ordre naturel, et également à l'ensemble des enseignements bouddhistes qui les expliquent, afin de permettre aux individus de vivre en harmonie avec ces lois universelles. *(N.d.T.)*

PRÉFACE
DE CHRISTOPHE ANDRÉ

Ah ! les préfaces ! Elles sont un peu comme ces interminables discours de bienvenue et de présentation que l'on est obligé d'écouter avant une conférence de la part des organisateurs de la rencontre. On n'est pas venu pour ça mais pour se régaler du message du conférencier. De même dans ce livre, vous êtes venu à la rencontre de l'auteur, Jon Kabat-Zinn, ou de son propos, la pleine conscience. Je vais donc m'efforcer d'être bref. Voici mes messages principaux à propos de cette traduction française du livre majeur de Jon Kabat-Zinn : 1) c'est un événement, 2) c'est une chance, 3) c'est un bonheur. Et tout ce qui suit n'est que littérature…

UN LIVRE MAJEUR

Enfin ! Oui, enfin nous allons pouvoir bénéficier en langue française de ce livre majeur (et nous pouvons en être très reconnaissants envers les éditions De Boeck et Claude Maskens, la traductrice). Bien sûr, nous le connaissions et l'utilisions déjà dans sa version anglaise, mais nous aurons désormais encore plus de confort, et de nouveaux collègues pourront en bénéficier. *Au cœur de la tourmente, la pleine conscience* est un livre important pas seulement parce qu'il est un best-seller international, ou qu'il s'agit d'un outil de travail très utile pour les soignants. S'il est aussi un *grand* livre, c'est parce qu'il introduit un changement majeur dans notre manière de comprendre la souffrance et surtout d'agir sur elle. De tout temps, les philosophes ont eu face à la souffrance, cette conviction qu'il ne fallait pas s'acharner à la supprimer tout de suite. Montaigne écrivait : « Ni la douleur ne lui est toujours à fuir, ni la volupté toujours à suivre[1]. » Et Nietzsche ajoutait : « La pire maladie des hommes provient de la façon dont ils ont combattu leurs maux. » Mais ensuite ? La position de Jon Kabat-Zinn est celle d'un thérapeute, et non d'un philosophe, et cela change tout : après avoir rejoint ce constat des sages, il va construire toute une pragmatique pour nous aider, et aider nos patients, à modifier radicalement le rapport avec la souffrance : l'accepter et l'observer pour mieux s'en libérer, ou s'en alléger.

UN MESSAGE RÉVOLUTIONNAIRE

La pleine conscience consiste à être présent à l'expérience du moment que nous sommes en train de vivre, sans filtre (on accepte ce qui vient), sans jugement (on ne cherche pas si c'est bien ou mal, désirable ou non), et sans attente (on ne souhaite pas que quelque chose de précis arrive ou se passe). C'est tout. Mais par cette attitude, tout est différent. Derrière la simplicité de son

1. *Essais* II, 12.

message, Jon Kabat-Zinn nous livre un énorme travail de synthèse. C'est pourquoi *Au cœur de la tourmente, la pleine conscience* donne ce sentiment d'être un livre-estuaire, où se mêlent harmonieusement Orient et Occident, science et spiritualité, poésie et pragmatisme.

ORIENT ET OCCIDENT

En notre époque de mondialisation, la psychothérapie n'échappe pas au grand brassage des idées et des systèmes. Les pratiques méditatives ont certes été de toutes les époques et de toutes les cultures, mais ce qu'on nomme méditation en Occident correspond davantage à une réflexion approfondie et plutôt rationnelle, là où l'Orient est plus souvent tourné vers des pratiques contemplatives[1]. La méditation en pleine conscience, telle que Jon Kabat-Zinn l'a introduite en psychiatrie, en psychologie et en médecine, est sans doute le premier exemple clair de « world-therapy » (comme en cuisine ou en musique) : elle associe des bases de la méditation bouddhiste, venue d'Orient, à des éléments de la gestion du stress (et plus tard, de thérapie cognitive), venue d'Occident[2].

SCIENCE ET SPIRITUALITÉ

La diffusion de la pleine conscience dans les milieux médicaux a longtemps été freinée par le malentendu qu'il

1. Darnall KT, *Contemplative psychotherapy : integrating Western psychology and Eastern philosophy*, Behavior Therapist 2007, 30: 156-159.
2. Germer CK et coll (éds), *Mindfulness and Psychotherapy*, New York, Guilford, 2005.

s'agirait d'une démarche vaguement religieuse. Mais la méditation est avant tout une pratique, non une mystique, et il faut « démystifier la méditation », selon les mots mêmes d'un grand méditant, Matthieu Ricard[1]. Pour Matthieu, qui sait de quoi il parle, il s'agit avant tout d'une forme d'*entraînement de l'esprit*. Cet entraînement dont nous avons besoin pour ne pas laisser notre âme en friche, et pour nous aider à aller bien : « On apprend tout dans la vie, pourquoi n'apprendrait-on pas à mieux faire fonctionner son esprit ? » La méditation peut – et doit, lorsqu'elle est dispensée dans le cadre de soins – être une pratique laïque : même si elle fait partie intégrante de toutes les grandes traditions religieuses, la méditation proposée par les thérapeutes est évidemment exempte de toute dimension religieuse. Mais non pas spirituelle : car une « spiritualité sans Dieu » est possible, comme l'a parfaitement montré André Comte-Sponville[2], qui rappelle volontiers notre nature d'« êtres éphémères ouverts sur l'éternité ». Jon Kabat-Zinn a été parmi les premiers à clairement percevoir que négliger cette dimension dans les soins limitait la portée de ces derniers.

POÉSIE ET PRAGMATISME

Un de mes patients anxieux, qui participait à un de nos groupes de pleine conscience à Sainte-Anne, me parlait de ce qu'il appelait « la consolation de l'instant présent » face à ses montées de détresse. Belle formule, poétique

1. « Démystifier la méditation », entretien avec Florence Evin, *Le Monde*, 22 octobre 2008, page 26.
2. Comte-Sponville A., *L'esprit de l'athéisme. Introduction à une spiritualité sans Dieu*, Paris, Albin Michel, 2006.

et concrète. On prête à Freud ces paroles : « Partout où je suis allé, un poète était allé avant moi. »[1] De fait, l'intuition de la force et de l'importance de l'instant présent a été soulignée depuis longtemps par les artistes. Le poète Christian Bobin parle ainsi de cet « état de bouleversement calme » que peut nous apporter la pleine conscience du réel[2]. Montaigne rappelait malicieusement à un interlocuteur imaginaire toute l'importance de ne pas oublier de vivre *aussi* au présent : « Je n'ai rien faict d'aujourd'huy. – Quoy ? Avez-vous pas vescu ? C'est non seulement la fondamentale, mais la plus illustre de vos occupations... » Parfois nous ne faisons rien, mais toujours nous vivons. Dans son bel essai *N'oublie pas de vivre*, Pierre Hadot rappelle lui aussi cette belle formule, dont Goethe fut l'auteur, car le « memento vivere » était central dans son œuvre[3]. Ne pas oublier de vivre ! Se rappeler que chaque instant, comme tous les instants de vie, est une chance et une bénédiction. Si je ne suis pas présent à ces instants, je les pleurerai plus tard. Et la vie nous réserve assez d'occasions de pleurer pour que nous n'ayons pas à en rajouter ! Comme dans le poème d'Apollinaire, *Le Voyageur* : « Tu pleureras l'heure où tu pleures / Qui passera trop vitement / Comme passent toutes les heures ». Le charme de l'écriture et du ton de Jon Kabat-Zinn réside dans ce mélange, assez unique dans les ouvrages de psychothérapie, de poétique et de pragmatique.

---

1. Cité par Ron Charach dans sa critique du livre *Poets on Prozac : Mental illness, treatment, and the creative process*. Baltimore, John Hopkins University Press, 2008. In : *American Journal of Psychiatry*, 2008, 165: 1617.
2. Entretien avec Christine Ferniot : « Christian Bobin, à la pointe du vivant », *Lire* n° 361, décembre 2007, p. 28-29.
3. Hadot P., *N'oublie pas de vivre. Goethe et la tradition des exercices spirituels*, Paris, Albin Michel, 2008.

VIVRE EN PLEINE CONSCIENCE : IL Y A QUELQU'UN LÀ-DEDANS ?

Jon Kabat-Zinn n'a de cesse de nous rappeler à quel point il est important de non seulement pratiquer régulièrement et assidûment les exercices de pleine conscience, mais aussi de conduire sa vie quotidienne en pleine conscience, le plus souvent possible. La vie consciente c'est la vie normale, tout simplement. Mais avec une permanence d'ouverture et de sensibilité. Une permanence d'accueil pour le banal et l'exceptionnel. La vie consciente, c'est la vie *maintenant*. Compliquée, confuse, imparfaite, bancale. Nous avons parfois tendance à penser que la vie, la *vraie*, la *bonne*, ne commence qu'une fois tous nos problèmes résolus. Non, elle est déjà là, sous nos problèmes et nos insatisfactions. Prête à accueillir le bonheur et la grâce. Comme dans cette phrase de Maître Eckhart : « Dieu nous rend souvent visite, mais la plupart du temps, nous ne sommes pas chez nous... »[1] Par son travail, son exemple, son message, Jon Kabat-Zinn nous incite à régulièrement vérifier où nous sommes, pour pouvoir répondre à la question « Il y a quelqu'un là-dedans ? » : « – Oui, je suis là. Vivant. Présent. Conscient... »

Christophe André est psychiatre et psychothérapeute à l'hôpital Sainte-Anne, à Paris. Dernier ouvrage paru : Les États d'âme. Un apprentissage de la sérénité, *éditions Odile Jacob, 2009. Site : http://christopheandre.com*

1. Maître Eckhart, Conseils spirituels, *op. cit.*

REMERCIEMENTS

De nombreuses personnes ont contribué directement et indirectement à ce livre. Sans la confiance et le soutien des docteurs Tom Winters, Hugh Fulmer, et John Monahan, la clinique du stress n'aurait jamais existé. Le docteur James E. Dalen, chef de service à UMMC jusqu'en 1988 et actuellement doyen de la faculté de médecine de l'université d'Arizona, fut un appui solide dès la première heure. Judith K. Ockene, Ph.D., directrice du Service de médecine préventive et comportementale de la faculté de médecine de l'université du Massachusetts, a accordé son soutien et ses encouragements tout au long de ces années et au cours de l'écriture de ce livre, et je lui en suis profondément reconnaissant. Une telle bienveillance infinie et une telle générosité se rencontrent bien trop rarement chez les personnes occupant ces positions de leadership. Le docteur Ockene croit non seulement qu'il est important d'encourager ses collègues à utiliser leur imagination, leur intuition et leur créativité dans leur travail, mais elle veille aussi à ce qu'ils disposent de l'espace psychique pour le faire.

Je voudrais également remercier les médecins de la faculté de médecine de l'université du Massachusetts et de la communauté plus vaste de la Nouvelle-Angleterre (ils sont plus de cinq cents), qui ont référé leurs patients à la clinique de réduction du stress au cours des dix dernières années. Leur confiance dans la clinique et, par-dessus tout, dans la capacité de leurs patients à croître, à changer et, en finale, à influencer le cours de leur santé complémentairement à leur traitement médical, donne une coloration particulière aux efforts que nous fournissons pour aider ces patients à mobiliser leurs ressources internes de guérison.

Plusieurs personnes ont lu ce livre, en tout ou en partie, à différentes étapes de son écriture, et ont formulé des avis pertinents pour son édition, des critiques utiles et des suggestions pratiques. Leurs points de vue sincères m'ont aidé à creuser ma réflexion et à me demander ce que je voulais réellement transmettre. Myla Kabat-Zinn a été d'une grande aide, car elle est sensible aux excès, aux manques de clarté, à ce qui convient et à ce qui ne convient pas sur une page imprimée. Saki Santorelli, M.A., directeur adjoint de la clinique, a apporté beaucoup de suggestions et d'encouragements. Depuis que nous avons quotidiennement partagé ce travail au cours des sept dernières années[1], Saki a pu repérer les passages où je dépeignais l'esprit de la clinique avec justesse, et ceux où j'introduisais des distorsions ou abandonnais des points clés. Sarah Doering, David Breakstone et Canan Avunduk, docteurs en médecine, ont également lu et critiqué l'ensemble du manuscrit à différentes étapes. Ils ont formulé des suggestions fondamentales, des points de vue profonds ainsi qu'un avis

1. Il s'agit des années 1980. *(N.d.T.)*

rédactionnel, qui ont fortement amélioré la mouture finale de ce travail.

Larry Rosenberg, Phil Hunt, John Miller, docteurs en médecine, Jean Kristeller, Ph.D., le Dr Linda Peterson, le Dr Ann Massion, Judith K. Ockene, Ph.D., James Herbert, Ph.D., Joel Weinberger, Ph.D., Eric Kolvig, Ph.D., Tony Schwartz, et Alan Shapiro, ont lu et critiqué des parties du livre ou certains chapitres, et apporté des suggestions et des avis importants. Ensuite, Frank Urbanowski, Ray Montgomery et Daniel Goleman ont été extrêmement précieux par leur enthousiasme et leurs conseils.

Dès la lecture de la première ligne, Bob Miller, mon éditeur, a cru en ce livre. Avec clarté, avec une grande habileté et avec une perspective éditoriale aiguisée, il le mena jusqu'à son terme, et fit de ce processus un plaisir et une aventure. Sa bienveillance, sa douceur et sa volonté me permirent de participer aux prises de décision à tous les niveaux, et je lui en sais profondément gré.

Je remercie également mes enseignants formels et informels d'être qui ils sont et de m'avoir tant donné. Je n'ai connu certains d'entre eux que via leurs écrits ou à distance. Beaucoup d'entre eux sont au nombre de mes amis les plus proches. Ma reconnaissance va par-dessus tout à mes enseignants de la maisonnée – Myla, mon âme sœur, et mes enfants, Will, Naushon, et Serena. Chaque jour, par leur amour et la luminosité de leur être, ils sont le miroir de l'enseignement de la conscience de chaque instant, et m'invitent continuellement à être le meilleur de moi-même, c'est-à-dire mon moi le plus détendu et le plus conscient. Pendant trop longtemps, ils ont dégagé patiemment et généreusement un espace dans leur vie, pour me permettre de travailler à ce projet, supportant des discussions livresques interminables et de longs moments où mon attention n'était pas toute à eux.

J'exprime également ma gratitude à mes tout premiers enseignants, mes parents, Sally et Elvin Kabat. Ils m'ont donné et continuent à me donner bien plus qu'ils ne peuvent le savoir ou que mes mots ne peuvent exprimer. Nous avons été bénis par un amour et une attention mutuels, qui se sont déployés surtout dans la joie, au cours des années passées ensemble. Avec mes frères Geoffrey et David, et leurs familles, nous continuons à explorer ce que veut dire être une famille, à partager et à nous émerveiller dans les liens complexes et parfois difficiles du passé et du présent. De l'autre côté de la famille, mes beaux-parents, Roslyn et Howard Zinn, ont également été pendant longtemps des enseignants et des amis, et j'ai grandement bénéficié de leur soutien aimant et de leurs encouragements. Je suis également profondément reconnaissant à mon frère dans le dharma, Larry Rosenberg, pour son amitié et son amour, et pour ses nombreux enseignements bienveillants au cours de nos aventures partagées en méditation et dans la vie au cours de ces vingt-cinq dernières années.

Je suis également profondément reconnaissant envers de nombreux autres enseignants : feu Alfred Satterthwaite de Haverford College, qui m'a enseigné l'amour de l'écriture ; Salvador Luria, Victor Weiskopf et Huston Smith du MIT[1] et après, qui m'enseignèrent l'amour de la science et l'importance d'être responsable de ses implications sociales, philosophiques et spirituelles ; Philip Kapleau, pour *The Three Pillars of Zen* et pour être venu diriger des retraites de méditation au MIT, parmi les scientifiques, où il en influença au moins un ; John Lauder, un enseignant génial de yoga, pour les cours, étonnamment sous-estimés, qu'il donnait dans le

1. Massachusetts Institute of Technology. *(N.d.T.)*

sous-sol de l'église de Harvard Square il y a plus de vingt ans ; Ram Dass et la Lama Foundation pour la mystérieuse boîte en carton, remplie de choses merveilleuses à explorer, y compris *Être ici maintenant* que quelqu'un me donna un jour dans le désert de New Mexico ; Swami Chinmayananda pour sa merveilleuse énergie et son amour de la Bhagavad Gita ; J. Krishnamurti pour son intégrité sans compromission et son insistance sur la nécessité de suivre son propre chemin spirituel et pas celui de quelqu'un d'autre ; Suzuki Roshi pour son esprit du débutant et sa prairie à vaches ; le maître zen Seung Sahn qui, comme le dit Stephen Mitchel dans la dédicace de son livre de poèmes sacrés, *The Enlightened Heart*, m'enseigna également tout ce que j'ignore ; Quan Ja Nim qui enseigna le *Shim Gum Do*[1] ; Thich Nhat Hanh pour la bienveillance de son être, pour son implication totale et stable dans la guérison des profondes blessures psychiques laissées par la guerre du Viêtnam et celles que nous avons du simple fait d'être vivants, pour le titre du chapitre 8, tiré du livre *Le Miracle de la pleine conscience*, et pour ses enseignements affectueux de la pleine conscience et de la paix ; Corrado Pensa pour sa vision claire de la pratique méditative ; Jack Kornfield (qui fut le premier à me donner des raisins à manger en pleine conscience, tout comme le vieil homme donna à Jack les trois fèves magiques qui devinrent un plant de haricots), Joseph Goldstein, Sharon Salzberg, Christopher Titmus, et Christina Feldman (qui fut la première à m'enseigner l'intérêt à faire la distinction entre réagir et répondre), enseignants à la Insight Meditation Society, auprès desquels j'ai trouvé un refuge périodique et beaucoup de guidance au cours des quinze dernières années,

1. *Mind sword path* : un art martial coréen. *(N.d.T.)*

et qui m'ont donné un exemple lumineux par leur engagement profond dans la pratique et par la générosité de leur cœur ; Ken Pelletier pour ses efforts de pionnier pour rassembler les champs de la science, de la médecine et de la méditation ; Roger Walsh pour son articulation brillante du nouveau paradigme dans les sciences comportementales, et pour ses efforts tout aussi brillants pour faire entendre l'urgence de notre dilemme écologique et la nécessité de dépasser notre intelligence précoce dans l'intérêt de la survie de la planète ; Ken Wilbur pour son superbe *No Boundary*, pour sa grande sagesse et pour son esprit pénétrant ; Dan Brown, pour ses efforts en vue de joindre science et méditation, et pour ses conseils sur la façon d'entamer des études de résultats dans la clinique ; Robert Bly, poète, shaman et homme sauvage extraordinaire, pour sa vision et son exemple de ce que signifie et de ce qu'implique d'être un homme à notre époque, et dont l'amour et la bienveillance m'ont profondément touché ; Dean Ornish pour sa foi en la réversibilité de la maladie coronaire par le changement du style de vie, et pour ses efforts soutenus pour en faire la démonstration scientifique ; et Joan Borysenko pour sa volonté inébranlable de grandir à tout prix, de faire face et de transcender la douleur si c'en est le prix, et également pour la finesse de son intelligence, la bonté et la pureté de son cœur.

Je souhaite exprimer ma gratitude et mon respect profonds à mes collègues anciens et actuels de la clinique du stress : Peggie Roggenbuck-Gillespie, Larry Rosenberg et Trudy Goodman, qui enseignèrent au cours des premières années du programme ; Brian Tucker, le premier secrétaire de la clinique ; Norma Rosiello, le cœur, l'âme et la voix de la clinique, qui vint comme patiente douloureuse et qui, à la fin du programme, prit à l'une ou l'autre occasion du temps sur son travail de coiffeuse pour nous aider au bureau, et travaille à présent à plein temps dans la clinique depuis plus de six ans, au cours desquels elle apprit à dactylographier, à utiliser le traitement de texte, et à anticiper le futur immédiat comme un devin ; Kathy Brady, qui vint aussi d'abord en tant que patiente, commença à travailler bénévolement au bureau, et s'en fit un emploi, proposant tout son cœur, ses idées et ses talents organisationnels au profit des patients et du staff ; Saki Santorelli, M.A., mon ami proche et collègue, qui se chargea avec altruisme de plus de travail pour me donner le temps d'écrire, et dont la compassion et le souci pour les patients comme pour les membres de l'équipe sont immenses, égalés seulement par sa qualité d'enseignant ; Eleana Rosenbaum, L.I.C.S.W., dont le cœur est immense et complètement disponible pour ses patients ; et Kacey Carmichael, B.A., qui aime le travail et y met tout son être. Chacun m'a apporté beaucoup de support et a partagé avec moi sa sagesse et son attention tandis que je me consacrais à ce projet. Je suis en permanence reconnaissant pour la façon dont nous parvenons à travailler ensemble comme une famille, méditant avant les réunions et permettant à notre travail d'être par-dessus tout une expression de la méditation en action.

Et je remercie finalement tous les patients de la clinique du stress qui ont partagé leurs histoires, et ont été d'accord de les laisser transparaître dans ce livre. Ils expriment par là leur espoir quasi unanime que leurs expériences personnelles de méditation puissent inspirer d'autres personnes qui souffrent de problèmes semblables, pour trouver la paix et le soulagement dans leur vie.

Introduction à l'édition française

J'ai un réel plaisir à voir ce livre publié en français. Ancien élève du lycée Henri-IV à Paris, où j'ai suivi la seconde en section M prime, au cours de l'année scolaire 1959-1960, j'ai développé une grande affinité pour la France et pour la culture française depuis à présent près de cinquante ans. Cette année passée en France a changé ma vie, m'exposant à une autre culture que je sentais (à l'âge de quinze ans) bien plus mûre que la mienne, et me faisant donc réaliser qu'il y a autant de façons de voir et d'être au monde qu'il y a de cultures et de langues. Chacune offre des présents uniques qui peuvent stimuler notre compréhension du monde et de la place que nous y occupons.

Plusieurs années après, j'ai observé cette même réalité en cultivant la pleine conscience. Bien que je ne le réalise que quelques années plus tard, j'en suis arrivé à voir que cette pratique méditative jetait un pont entre mon amour pour la science et mon amour pour les arts. Elle unifiait des mondes antagonistes, des mondes qui souvent ne partagent pas le même langage, et qui, tristement, s'ignorent parfois, peu importe à quel point ils pourraient s'enrichir mutuellement. Mon ami et collègue de l'École polytechnique, feu Francisco Varela, était un étudiant de la *mindfulness*. Il en représentait également avec force la valeur, en étudiant au niveau scientifique le phénomène de l'expérience humaine et son intégration avec les neurosciences cognitives. Je dédie l'édition française de ce livre à sa mémoire et à ce qu'il nous a légué.

Il y a plusieurs siècles, Blaise Pascal exprima fort bien le cœur de notre inconfort quand nous sommes en présence du silence, du calme et du non-agir : « Tout le malheur des hommes vient d'une seule chose, qui est de ne pas savoir demeurer en repos, dans une chambre. » Ce génie universel en mathématiques et en culture mit carrément le doigt sur notre résistance à nous apprivoiser nous-mêmes en nous observant et en nous acceptant. Cette question reste aussi pertinente aujourd'hui qu'au XVIIe siècle.

En rencontrant la pratique de la pleine conscience quand j'étais jeune doctorant en biologie moléculaire à MIT, je découvris un monde intérieur que des millions d'autres personnes avaient rencontré et avaient exploré pour elles-mêmes au cours des millénaires, l'enseignement d'une sagesse universelle remontant aux racines de la culture humaine, et qui trouve son expression la plus raffinée dans le bouddhisme. Le voici : l'instant présent, quand il est habité par la pleine conscience, a la capacité d'ouvrir l'esprit, d'ouvrir le cœur et d'ouvrir les sens. Ceci restaure notre capacité innée de voir les choses telles qu'elles sont en réalité, plutôt que de les voir par les lentilles hautement conditionnées de nos désirs et de nos aversions personnels et culturels. Les bouddhistes parlent du pouvoir libérateur de la pleine conscience, parce qu'elle a le pouvoir de nous montrer la façon dont nos idées et nos opinions toutes faites, nos attractions, nos répulsions et nos attachements, peuvent nous aveugler et nous emprisonner, et être ainsi une source de grandes souffrances pour nous-mêmes et pour les autres. Cultiver ce type de présence ouverte et bienveillante peut nous aider à aborder chaque instant avec une vision et avec un ressenti neufs qui stimulent l'apprentissage, la croissance, la guérison et la transformation, tout au long de la vie. De nombreux patients disent que la pratique de la pleine conscience leur a littéralement et métaphoriquement rendu la vie, quels que soient le diagnostic et la raison première qui les ont amenés à la clinique de réduction du stress. Ils n'exagèrent pas.

Je dis cela à partir de ma propre expérience de ces trente dernières années, pendant lesquelles j'ai pleinement introduit la *mindfulness* dans la médecine et dans les soins de santé par le biais de la MBSR[1], ou réduction du stress basée sur la pleine conscience. Ce programme a été au départ développé à titre expérimental, à la clinique de réduction du stress du Centre médical de l'université du Massachusetts en 1979. Nous voulions voir si un entraînement et une pratique relativement intensifs de la pleine conscience aideraient les patients complémentairement à leur traitement médical. Le programme accueille des patients présentant toute une gamme de diagnostics et de troubles médicaux, y compris la douleur chronique, le cancer, la cardiopathie, ainsi que différents problèmes liés au stress. Dix-huit mille patients plus tard, nous pouvons dire que l'expérience s'est avérée un succès. Elle s'est depuis lors étendue à des centres

1. *Mindfulness-based stress reduction* : réduction du stress basée sur la pleine conscience.

médicaux, à des hôpitaux et à des cliniques dans le monde entier, et est devenue un champ majeur de recherche pour la médecine, la psychologie et les neurosciences.

Il est important de souligner dans ce contexte que, bien que la MBSR s'enracine dans les dimensions universelles du dharma par le biais de la méditation bouddhiste, dont on dit souvent que la pleine conscience est le cœur, et bien qu'elle soit donc une approche universelle qui rencontre et soulage la souffrance humaine, elle n'a rien à voir avec l'enseignement du bouddhisme en soi ou avec la démarche de devenir bouddhiste.

Ce livre décrit le programme MBSR suffisamment en détail pour permettre à chacun de s'y engager, même s'il ne suit pas les séances à l'hôpital. Comme il a été publié aux États-Unis il y a bientôt vingt ans, et a été lu par des centaines de milliers de lecteurs, je peux dire avec confiance que le pouvoir de guérison et de transformation de la pratique de la pleine conscience peut être abordé par quiconque y vient l'esprit ouvert, déterminé à faire pour lui-même quelque chose que personne d'autre au monde ne peut faire à sa place. Je remercie le docteur Christophe André pour la préface fort bienveillante qu'il a rédigée pour cette édition, ainsi que Matthieu Ricard et le docteur David Servan-Schreiber pour le support enthousiaste qu'ils réservent aux programmes basés sur la pleine conscience en France.

J'espère que cette voie s'avérera intéressante et utile pour vous, qu'elle vous ouvrira des mondes insoupçonnés, tant intérieurs qu'extérieurs. Puisse-t-elle enrichir votre vie et vous aider à faire face aux défis de la vie moderne et à les gérer efficacement, d'une manière qui guérisse et transforme tout à la fois.

Pour finir, j'aimerais également exprimer ma gratitude à la traductrice, Claude Maskens, également enseignante MBSR, pour l'énorme effort qu'elle a fourni pour restituer ce livre et la pratique de la *mindfulness* avec un maximum d'authenticité et de justesse.

JON KABAT-ZINN
Novembre 2008

INTRODUCTION À L'ÉDITION DU 15e ANNIVERSAIRE

Voici quinze ans à présent que ce livre a été publié, et je suis reconnaissant envers Dell and Random House pour sa réédition dans ce nouveau format. Les espoirs et les intentions que je nourrissais en l'écrivant, n'ont pas changé au fil des ans. Ils se sont seulement renforcés. La *mindfulness* nous parle de notre intimité avec l'instant présent et n'est donc pas liée au temps. Elle s'applique à la condition humaine et au riche potentiel de notre esprit et de notre corps quand il s'agit de faire face au stress, à la douleur et à la maladie, avec la profonde sagesse dont nous sommes capables en tant qu'êtres humains. C'est pour cette seule raison que la pleine conscience ne déclinera pas avec le temps.

Néanmoins, le monde a énormément changé depuis 1990, année de la première parution de ce livre. Au cours de ces années, il a changé de façon impensable, plus peut-être que jamais en un laps de temps aussi court. Pensez simplement aux ordinateurs portables, aux téléphones mobiles, à Internet, à l'impact quasi général de la révolution digitale, et l'accélération du rythme de la vie et de nos styles de vie vingt-quatre heures sur vingt-quatre, sept jours sur sept. Et que dire des changements sociaux, économiques et politiques énormes qui ont eu lieu plus globalement au cours de cette période ? La vitesse à laquelle les choses changent de nos jours ne ralentira vraisemblablement pas. Ses effets se feront de plus en plus sentir et seront de plus en plus inévitables. On pourrait dire que la révolution scientifique et technologique, et ses conséquences sur notre façon de vivre, viennent à peine de commencer. Il est certain que le stress qui en découle ne fera que s'accentuer au cours des futures décennies.

Mon premier but en écrivant ce livre, était d'en faire un outil efficace, qui contrebalance les multiples façons dont nous sommes emportés hors de nous-mêmes et perdons de vue l'essentiel. Nous pouvons être tellement pris dans l'urgence de tout ce que nous devons faire, et nous retrouver dans de telles prises de tête – dans ce que nous *pensons* important – qu'il nous est facile de tomber dans un état de tension et d'anxiété chroniques, menant continuellement notre vie en mode de pilote automatique. Ce stress ne peut qu'être renforcé quand nous sommes aux prises avec un grave problème de santé, avec la douleur chronique ou avec une maladie chronique.

La façon d'être décrite ici, qui émerge naturellement de la pratique de la pleine conscience, peut nous conduire à une réelle façon de mieux nous connaître, de mobiliser les ressources intérieures que nous avons tous, quelle que soit notre situation ou notre état, d'apprendre, de croître, de guérir, et de nous transformer tout au long de notre vie, partant d'où nous nous trouvons, peu importe le lieu et la manière.

Vu les changements que nous avons connus au cours des quinze dernières années, et ceux auxquels nous serons à coup sûr confrontés dans le futur, la *mindfulness* est plus que jamais d'actualité. Elle est un contrepoids efficace et fiable pour assurer et renforcer notre santé et notre bien-être, et peut-être même notre santé mentale.

Car, alors même que nous avons la chance de pouvoir nous connecter vingt-quatre heures sur vingt-quatre, sept jours sur sept, à n'importe qui, n'importe où et n'importe quand, nous observons peut-être, assez ironiquement, qu'il est plus difficile que jamais d'être vraiment en contact avec nous-même. Nous sentons peut-être même que nous avons moins de temps à y consacrer, alors que les vingt-quatre heures quotidiennes dont nous disposons sont les mêmes pour tout le monde et ne durent pas moins longtemps. En fait, nous remplissons ces heures avec tant de choses à faire, que nous avons encore à peine du temps pour être, ou même pour « reprendre notre souffle ».

Le premier chapitre de ce livre s'intitule « Nous n'avons que des instants à vivre ». C'est vrai, et cela continuera à être vrai, pour nous tous. Et pourtant, nous sommes très souvent coupés de la richesse du moment présent. Or le fait d'habiter ce moment – le seul que nous ayons – avec plus de conscience façonne le moment qui suit, et, si nous pouvons garder cette attitude, façonne en réalité le futur et la qualité de notre vie, ainsi que de nos relations, d'une façon que nous apprécions en réalité rarement. La seule manière dont nous pouvons influencer notre vie future consiste à nous approprier le présent, peu importe notre avis à son sujet. Nous trouverons alors comment vivre la vie qu'il nous incombe en fait de vivre.

Un autre but en écrivant ce livre, était de rendre la pleine conscience et la méditation compréhensibles et moins mystérieuses pour Monsieur et Madame Tout-le-Monde, pour nous tous en fait. Car, dotés d'un corps et d'un esprit, nous souffrons inévitablement tous d'un aspect ou l'autre de la condition humaine. Nous sommes tous sujets à la vieillesse, à la maladie et à la mort. La vraie question, et la vraie aventure, est alors la suivante : comment *vivons*-nous notre vie, tant que nous en avons la chance ? Et comment travaillons-nous avec ce que nous rencontrons, d'une façon qui nous apaise, nous nourrisse profondément, et nous fasse utiliser la gamme entière de nos expériences, le bon, le mauvais et l'horrible du désastre, à l'image de Zorba ? Pouvons-nous connaître la joie et la satisfaction autant que la souffrance ? Et quid d'être chez soi, dans sa peau, au cœur de la tourmente ? Quid de goûter la douceur du bien-être, et même du pur bonheur ? Des milliers de personnes ont trouvé utile le chemin décrit ici, pour gérer leur propre version de la tourmente, médicale ou autre. Beaucoup m'ont personnellement exprimé que la *mindfulness* avait « sauvé leur vie », ou les avait « rendus à eux-mêmes ».

Je ne me lasse jamais d'entendre ces témoignages, et je ne considère jamais que ce soit normal. Cela me confirme à quel point nous, les êtres humains, nous sommes des êtres miraculeux. Cela me confirme aussi à quel point nous sommes créatifs et imaginatifs, quand nous nourrissons ce qu'il y a de plus profond et de meilleur en nous, avec bienveillance, avec patience et avec compassion pour nous-mêmes. Nous sommes clairement tous ensemble dans cette aventure. La pleine conscience n'est pas simplement une bonne idée ou une belle philosophie. C'est quelque chose que nous devons incarner d'instant en instant pour nous-mêmes, en tout cas si cela a de la valeur à nos yeux, et qui demande de la pratique de la part de tous ceux qui y accordent de la valeur.

⁂

Bien des choses se sont passées depuis la première édition de ce livre, sur de nombreux fronts. Par exemple, la clinique de réduction du stress décrite ici, dirigée actuellement par mon collègue et ami de longue date, le docteur Saki Santorelli, continue à se développer, dans une large mesure grâce à son leadership remarquable au cours d'une période très difficile en médecine. En septembre 2004, la clinique a célébré sa vingt-cinquième année d'activité. Plus de seize mille patients ont suivi son programme de huit semaines. Les instructeurs et les membres actuels de la clinique se dévouent plus que jamais à l'articulation concrète de la pratique de la *mindfulness,* à la qualité de leur travail, et aux effets profonds qu'ils ont sur les participants, en les aidant à mieux se connaître et à se développer plus pleinement. Mes collègues et moi-même ressentons une profonde gratitude pour les instructeurs et le staff qui ont contribué au succès du CFM[1] au cours de ces années.

Au cours des quinze dernières années, le travail décrit dans ce livre s'est étendu à des hôpitaux, à des centres médicaux et à des cliniques partout dans le monde, en partie grâce au reportage télévisé *Healing and the Mind*[2] que Bill Moyers lui a entièrement consacré en 1993, et grâce aussi à de nombreuses autres émissions et publications. Ce travail est à présent connu sous le nom de *mindfulness-based stress reduction* (réduction du stress basée sur la pleine conscience), ou MBSR. Depuis 1995, la clinique de réduction du stress a été intégrée dans le *Center for Mindfulness in Medicine, Health Care, and*

1. *Center for Mindfulness in Medicine, Health Care, and Society.*
2. *La guérison et l'esprit.*

Society (CFM) à UMass[1]. Outre le travail effectué avec les patients, le CFM propose des programmes de réduction du stress (MBSR) aux écoles et aux entreprises, ainsi qu'une série de programmes de formation pour les professionnels de la santé intéressés. Le CFM abrite également notre programme actuel de recherche.

De 1992 à 1999, nous avons ouvert une clinique de réduction du stress gratuite dans la cité de Worcester, avec une garderie gratuite, et pleinement consciente, pour les enfants, des transports gratuits et des séances en espagnol et en anglais. Cette clinique et les centaines de personnes qui l'ont fréquentée ont démontré l'universalité de la MBSR et son adaptabilité aux environnements multiculturels. Nous avons également mené un programme de quatre années pour les détenus et le staff du *Massachusetts Department of Corrections.* Nous y avons démontré que ce programme pouvait atteindre de nombreux détenus et réduire leurs sentiments d'hostilité et leur stress. Pendant la saison des championnats, un de nos collègues entraîna à la pleine conscience les *Bulls* de Chicago et les *Lakers*[2] de Los Angeles. Vous trouverez davantage d'informations sur le CFM et la clinique de réduction du stress, sur les formations professionnelles et sur les lieux où se donne le programme MBSR ailleurs dans le monde, en visitant le site du CFM, www.umassed.edu/cfm.

Il s'est passé beaucoup de choses en médecine ces quinze dernières années. Tout d'abord, les approches thérapeutiques psychosomatiques sont bien mieux acceptées et plus répandues qu'en 1990. Les recherches sur la MBSR se sont plus particulièrement développées,

---

1. Université du Massachusetts.
2. Les *Bulls* et les *Lakers* sont deux équipes professionnelles de basket-ball. *(N.d.T.)*

et, à l'heure actuelle, plus d'une centaine de documents scientifiques traitent certains aspects des applications cliniques de la *mindfulness*. Ce nombre croît rapidement.

Je décris au chapitre 13 une recherche sur les effets de la méditation auprès des personnes atteintes de psoriasis, et qui suivent un traitement aux ultraviolets. Cette étude a été répliquée et ses résultats ont été publiés en 1998. Ces résultats montrent que dans le groupe des méditants, approximativement quatre fois plus guérissent que dans le groupe contrôle des non-méditants[1].

Une autre étude fut menée en collaboration avec le docteur Richard Davidson et ses collègues de l'université du Wisconsin. Ils examinèrent les effets de la MBSR, enseignée non plus en milieu hospitalier à des patients, mais en entreprise, pendant les heures de travail, à des employés en bonne santé mais stressés. En huit semaines de MBSR, on a observé chez les participants un changement dans l'activité électrique de certaines zones du cerveau, connues pour leur implication dans l'expression des émotions (le cortex cérébral préfrontal). Ce changement suggérait que les méditants géraient mieux les émotions, comme l'angoisse et la frustration. Nous dirions actuellement qu'ils faisaient preuve de plus d'intelligence émotionnelle que les sujets du groupe contrôle, qui ne suivaient pas le programme mais faisaient les tests au laboratoire. Nous avons aussi observé que quand nous injections à tous les participants à cette étude un vaccin contre la grippe, les méditants montraient une réponse anticorps nettement plus signifiante de leur

1. Kabat-Zinn, J., Wheeler, E., Light, T., Skillings, A., Scharf, M., Cropley, T.G., Hosmer, and Bernhard, J., « Influence of a mindfulness-based stress reduction intervention on rates of skin clearing in patients with moderate to severe psoriasis undergoing phototherapy (UVB) and photochemotherapy (PUVA) », *Psychosomatic Medicine* (1998) 60: 625-632.

système immunitaire, que les membres du groupe contrôle. Ils montraient également une relation linéaire significative entre l'importance des modifications cérébrales dans une direction positive, et l'importance de la production d'anticorps. Une relation de ce type ne put être trouvée dans le groupe contrôle[1]. Ces lignes et d'autres font actuellement l'objet de recherches supplémentaires sur la *mindfulness*, et bien plus encore sont en préparation.

Les champs de la médecine psychocorporelle et intégrative ont gagné en reconnaissance depuis l'écriture de ce livre. Nous utilisons le terme *Integrative Medicine* pour couvrir les approches thérapeutiques psychocorporelles ainsi que toutes les autres modalités thérapeutiques scientifiquement étayées, parmi ce qu'on appelle parfois la médecine complémentaire et alternative (CAM)[2]. Il existe à présent un *Academic Consortium on Integrative Medicine*. Il regroupe des représentants de vingt-deux facultés de médecine des États-Unis et du Canada, et leur nombre croît rapidement. Les praticiens de la médecine intégrative s'accordent généralement pour dire que la *mindfulness*-même forme le « contenant » de cette discipline. Sans la pleine conscience et la « présence » non jugeante qu'elle encourage et nourrit chez les professionnels de la santé, la dimension sacrée de la relation patient-médecin est trop facilement érodée ou perdue, et le potentiel profond qu'a chaque être humain pour apprendre, croître, guérir, et se transformer

---

1. DAVIDSON, R.J., KABAT-ZINN, J., SCHUMACHER, J., ROSENKRANZ, M.S., MULLER, D., SANTORELLI, S.F., URBANOWSKI, F., HARRINGTON, A., BONUS, K., & SHERIDAN, J.F., « Alterations in brain and immune function produced by mindfulness meditation », *Psychosomatic Medicine* (2003) 65: 564-570.
2. *Complementary and Alternative Medecine.*

personnellement au long de sa vie, s'en trouve ignoré ou involontairement mais activement contrarié.

⁂

Le monde même a bien changé depuis 1990. Certains lieux où nous avons pleuré pour le monde pendant ces événements sont repris ici : l'Afrique du Sud, le Cambodge, le Salvador, l'Irlande du Nord, le Chili, le Nicaragua, la Bolivie, l'Éthiopie, les Philippines, Beyrouth, Jérusalem. En 2005, l'Union soviétique, l'Allemagne de l'Est, la Yougoslavie et la Tchécoslovaquie ont disparu. D'autres pays indépendants sont apparus en Europe et en Asie. Mais, globalement, ces régions continuent toujours à souffrir, ainsi que d'autres appelées par exemple le Rwanda, la Bosnie, l'Herzégovine, le Kosovo, le Timor oriental : autant de lieux et de noms qui font la une de l'actualité. La date du 11 septembre 2001, avec l'Afghanistan, l'Iraq, le Darfour, le Kenya, Beslan, Gaza, la Cisjordanie pourraient être ajoutés à la liste, et nous hocherions tous la tête en reconnaissant l'importance de ce qui s'y est déroulé pendant cette période. Ce que nous avons appelé le « stress du monde » n'a fait qu'augmenter au cours de ces années. Tandis que les principaux noms qui dominent notre actualité et la politique étrangère ont changé et continueront à changer, les thèmes restent familiers, de façon déprimante. Les larmes continuent à couler, même devant toute la beauté et tout le bien qui se sont également déployés pendant cette période. Le monde pleure et nous supplie d'accorder un niveau d'attention entièrement différent pour résoudre ses souffrances, un niveau d'attention basé sur la beauté, la bonté, et l'imagination créative que nous portons en nous en tant qu'êtres humains. Peut-être la pleine conscience peut-elle jouer un rôle significatif dans la guérison non seulement de nous-mêmes mais aussi de notre monde, par des chemins modestes comme par des chemins plus importants, encore à imaginer.

⁂

Au cours des quinze dernières années, la méditation sur la pleine conscience s'est de plus en plus frayé un chemin dans la société. De plus en plus de personnes adoptent cette voie simple, vers plus de bon sens et de bien-être pour elles-mêmes. La méditation sur la pleine conscience fait de plus en plus partie du paysage naturel de l'Amérique, et c'est dans ce contexte et dans cet esprit que je vous souhaite la bienvenue dans cette édition du 15e anniversaire de *Full Catastrophe Living*[1].

Le texte du livre n'a pas changé, mis à part cette nouvelle introduction, une bibliographie mise à jour dans l'appendice, et une offre plus large de mes enregistrements et CD de méditation guidées, pour soutenir, encourager et approfondir votre pratique personnelle de la méditation *mindfulness*. Ils peuvent à présent être directement commandés par Internet, comme indiqué à la dernière page du livre.

Puisse votre pratique de la pleine conscience croître, fleurir et nourrir votre vie et votre travail d'instant en instant, et de jour en jour.

Jon Kabat-Zinn
21 septembre 2004

---

1. C'est le titre original du présent ouvrage. *(N.d.T.)*

Introduction

Stress, douleur et maladie : faire face à la tourmente

Ce livre invite le lecteur à embarquer pour un voyage de développement personnel, de découverte de soi, d'apprentissage et de guérison. Il se base sur dix années d'expérience clinique avec plus de quatre mille personnes qui ont commencé ce voyage de toute une vie en participant à un cours de huit semaines appelé Programme de réduction du stress et de relaxation[1], SR&RP, au Centre Médical de l'Université du Massachusetts. Le SR&RP – souvent appelé clinique du stress – est un nouveau type de clinique, dans une nouvelle branche de la médecine appelée médecine comportementale. Cette médecine croit que les facteurs mentaux et émotionnels, la façon dont nous pensons et dont nous nous comportons peuvent avoir un effet significatif, pour le meilleur ou pour le pire, sur notre santé physique et sur notre capacité de nous rétablir après une maladie ou un accident.

1. *Stress Reduction and Relaxation Program.*

Les gens qui entament ce voyage à la clinique du stress le font pour retrouver un contrôle sur leur santé, et trouver un apaisement de l'esprit. Ils sont envoyés par leur médecin pour toutes sortes de problèmes médicaux, allant des migraines, de l'hypertension et du mal de dos à un problème cardiaque, à un cancer et au sida. Ils sont jeunes, âgés ou d'âge moyen. À la clinique du stress, ils apprennent comment prendre soin d'eux-mêmes, non en remplacement de leur traitement médical mais comme complément vital à ce traitement.

Au cours des ans, de nombreuses personnes ont cherché comment apprendre ce que nos patients apprennent au cours de ces huit semaines, et qui équivaut à un programme d'entraînement intensif, dirigé par soi-même, dans l'art de vivre consciemment. Ce livre répond à leurs recherches. Il se veut un guide pratique pour chacun, bien portant ou malade, dans la mesure où il cherche à transcender ses limitations et à aller vers de meilleurs niveaux de santé et de bien-être.

Le SR&RP se base sur un entraînement rigoureux et systématique à la pleine conscience, une forme de méditation développée à l'origine par les traditions bouddhistes d'Asie. En bref, la pleine conscience est une présence d'instant en instant. Elle se cultive par une attention délibérée aux choses auxquelles nous n'accordons habituellement jamais le temps d'une pensée. Cette approche systématique développe dans notre vie de nouvelles formes de contrôle et de sagesse, basées sur notre capacité intérieure à nous détendre, à faire attention, à être conscients et à développer une vision pénétrante.

La clinique du stress n'est pas un service de secours dans lequel les patients reçoivent passivement un traitement censé les soutenir et les soigner. C'est plutôt un système d'apprentissage actif, dans lequel les participants peuvent construire à partir des forces qu'ils ont déjà, et faire quelque chose pour eux-mêmes, pour améliorer leur santé et leur bien-être.

Dans ce processus d'apprentissage, nous soutenons dès le départ qu'aussi longtemps que vous respirez, il y a plus de choses en vous qui vont bien que de choses qui ne vont pas, peu importe le degré auquel vous vous sentez malade ou désespéré. Mais si vous souhaitez mobiliser vos capacités intérieures de croissance et de guérison, et prendre votre vie en charge à un niveau neuf, vous devrez fournir un certain type d'effort et d'énergie. C'est pourquoi nous disons qu'il est parfois stressant de suivre le Programme de Réduction du Stress.

J'explique ceci en disant qu'il faut quelquefois allumer un feu pour en éteindre un autre. Il n'existe pas de médicament qui vous immunisera contre le stress ou contre la douleur, ou qui résoudra d'un coup de baguette magique vos problèmes et vous guérira. Il faudra vos efforts conscients pour aller vers la guérison et vers la paix intérieure. Ceci signifie travailler avec le stress et la douleur mêmes qui vous font souffrir.

Notre stress est actuellement si grand et si insidieux que de plus en plus de personnes décident délibérément de mieux le comprendre, pour arriver à le contrôler personnellement. Elles réalisent à quel point il est futile d'attendre que quelqu'un d'autre arrange les choses pour elles. Si vous souffrez d'une maladie ou d'une invalidité chronique qui ajoute un stress supplémentaire à votre vie, cet engagement personnel est d'autant plus important.

Il n'y a pas de solution simpliste ou rapide au problème du stress. À la base, le stress fait naturellement partie de la vie, et on ne peut pas plus y échapper qu'à la condition humaine. Et pourtant, certaines personnes essaient d'éviter le stress en élevant des barricades pour se protéger des expériences de la vie. D'autres essaient de s'anesthésier d'une manière ou d'une autre pour y échapper. Bien sûr, il est sensé d'éviter les douleurs et les difficultés inutiles. Nous avons certainement tous besoin de nous distancier de temps à autre de nos problèmes. Mais, si la fuite et l'évitement deviennent nos stratégies habituelles de gestion de nos problèmes, ils se multiplieront, c'est tout. Les problèmes ne s'en vont pas par magie. Ce qui s'en va, ou est recouvert quand nous nous en déconnectons ou les fuyons, c'est notre pouvoir de croître, de changer, et de guérir. En fin de compte, faire face à nos problèmes est en général la seule façon de les dépasser.

Il existe un art de faire face aux difficultés, qui conduit à des solutions efficaces, à la paix intérieure et à l'harmonie. Quand nous sommes prêts à mobiliser nos ressources intérieures pour faire face avec grâce aux problèmes, nous constatons que nous pouvons en général nous orienter et utiliser la pression même du problème pour le traverser. Nous sommes comme le marin qui oriente sa voile pour utiliser au mieux la force du vent et faire avancer le bateau. Vous ne pouvez naviguer face au vent et, si vous ne savez naviguer que vent arrière, vous n'irez que là où le vent vous pousse. Mais si vous savez utiliser l'énergie du vent et êtes patient, vous arrivez parfois où vous le souhaitez. Vous pouvez garder le contrôle.

Si vous espérez utiliser la force de vos problèmes pour avancer, à l'image du marin, vous devrez sentir le bateau, l'eau et le vent, et connaître votre direction. Vous devrez apprendre à vous gérer dans toutes sortes de situations stressantes, pas simplement quand le temps est ensoleillé et que le vent souffle exactement comme vous le souhaitez.

Nous acceptons tous que personne ne contrôle les variations de la météo. Les bons marins apprennent à la lire attentivement et à respecter son pouvoir. Dans la mesure du possible, ils évitent les tempêtes. Mais quand ils sont pris dans une tempête, ils savent quand prendre des ris, fermer les écoutilles, jeter l'ancre, se mettre à la cape, contrôlant ce qui peut l'être et lâchant prise pour le reste. L'entraînement, la pratique et de nombreuses expériences de première main, dans différentes conditions météorologiques, sont nécessaires pour développer ces compétences, et arriver à pouvoir les utiliser quand vous en avez besoin. Devenir habile en faisant face et en gérant les « variations de la météo » de votre vie, voilà ce que signifie pour nous l'art d'une vie consciente.

La question du contrôle est centrale dans la gestion des problèmes et du stress. Il existe dans le monde de nombreuses forces sur lesquelles nous n'exerçons absolument aucun contrôle. Et il en existe d'autres, sur lesquelles nous pensons n'avoir aucun contrôle, alors qu'en réalité, nous en avons un. Pour une bonne part, notre capacité à influencer les circonstances dépend de notre façon de voir les choses. Selon nos croyances sur nous-mêmes et sur nos capacités, selon aussi notre vision du monde et des forces qui y sont à l'œuvre, nous trouverons certaines choses possibles, et d'autres pas. Notre façon de voir affecte la quantité d'énergie dont nous disposons pour agir. Elle intervient aussi dans la direction choisie pour orienter cette énergie.

Par exemple, dans les périodes de votre vie où vous vous sentez accablé, et trouvez que vos efforts sont vains, vous vous retrouverez vraisemblablement déprimé et découragé. Rien ne vous semblera plus contrôlable ou, pire, ne semblera encore valoir la peine d'essayer de le contrôler. D'autre part, dans les périodes où vous voyez le monde menaçant mais seulement potentiellement accablant, un sentiment d'insécurité plutôt que de déprime peut prédominer, vous rendant inquiet en permanence au sujet de tout ce qui menace ou pourrait à vos yeux menacer votre sentiment de contrôle. Que ces menaces soient réelles ou imaginaires joue à peine en termes du stress que vous allez ressentir et de son impact sur votre vie.

Se sentir menacé peut facilement provoquer de la colère et de l'hostilité, et, partant, un comportement franchement agressif. À la base de celui-ci se trouvent vos instincts profonds de protection de votre position et du maintien de votre sentiment de contrôle. Quand nous sentons les choses « sous contrôle », nous sommes peut-être contents pour un temps. Mais quand nous en perdons à nouveau le contrôle, ou quand il semble que nous en perdions le contrôle, nos insécurités les plus profondes peuvent jaillir. Nous pouvons alors en venir à agir de manière auto-destructrice et nuisible. Et nous serons tout sauf satisfaits.

Si vous souffrez d'une maladie chronique ou d'une incapacité qui vous empêche de faire ce que vous aviez coutume de faire, des pans entiers de contrôle peuvent disparaître en fumée. Et si votre état provoque des douleurs physiques qui ne répondent pas bien au traitement médicamenteux, la détresse que vous ressentez peut-être risque d'être augmentée par la tourmente émotionnelle qui vous agitera en apprenant que votre état semble même être au-delà du contrôle de votre médecin.

Qui plus est, nos inquiétudes en matière de contrôle ne se limitent généralement pas à nos problèmes principaux. Certains parmi nos plus grands stress viennent en réalité de nos réactions aux événements les plus petits, les plus insignifiants, lorsque ceux-ci menacent d'une façon ou d'une autre notre sens du contrôle, depuis la voiture qui tombe en panne quand vous devez justement vous rendre à un rendez-vous important, en passant par vos enfants qui ne vous écoutent pas pour la dixième fois en dix minutes, jusqu'aux files qui sont « trop longues » à la caisse du supermarché ou au guichet de la banque.

Il n'est pas facile de trouver un mot ou une phrase pour rendre vraiment toute la gamme des expériences qui nous secouent, nous font mal et entretiennent en nous un sentiment latent de peur, d'insécurité et de perte de contrôle. Si nous devions en dresser une liste, elle reprendrait certainement notre vulnérabilité et notre caractère mortel. Elle pourrait également inclure notre capacité collective de cruauté et de violence, tout comme les niveaux colossaux d'ignorance et d'avidité, d'illusion et de déception, qui semblent nous mener ainsi que le monde la plupart du temps. Comment pourrions-nous appeler la totalité de nos vulnérabilités et de nos insuffisances, de nos limitations et de nos faiblesses en tant que personnes, les maladies, les accidents et les invalidités avec lesquelles nous vivons peut-être, les défaites et les échecs personnels que nous avons connus ou que nous craignons pour l'avenir, les injustices et les exploitations dont nous souffrons ou que nous craignons, la perte tôt ou tard des personnes aimées et de notre corps ? Nous utiliserions une métaphore qui ne serait pas pleurnicharde, une métaphore qui refléterait aussi que ce n'est pas un désastre d'être vivant simplement parce qu'on a peur et qu'on souffre. Elle communiquerait cette perception qu'il y a la joie et aussi la souffrance, l'espoir et aussi le désespoir, le calme et aussi l'agitation, l'amour et aussi la haine, la santé et aussi la maladie.

En tâtonnant pour décrire cet aspect de la condition humaine que les patients de la clinique du stress et, en fait, la plupart d'entre nous devons accepter à un moment ou l'autre et, d'une certaine façon, transcender, je reviens chaque fois à une ligne du film *Zorba le Grec*, tiré du roman de Nikos Kazantzakis. À un moment donné, le jeune compagnon de Zorba se tourne vers lui et lui demande : « Zorba, as-tu déjà été marié ? ». Et Zorba répond (d'un air un peu théâtral) : « Ne suis-je pas un homme ? Bien sûr que j'ai été marié. Épouse, maison, enfants, tout... *une réelle catastrophe !* »[1].

Il ne voulait pas se lamenter, il ne voulait pas dire que c'est une catastrophe de se marier et d'avoir des enfants. La réponse de Zorba incarne une valorisation suprême de la richesse de la vie et du caractère inévitable de tous ses dilemmes, tous ses chagrins, toutes ses tragédies et toutes ses ironies. Lui, il danse dans les rafales de la tourmente, pour célébrer la vie, pour rire avec elle et pour rire d'elle, même en présence de la défaite et de l'échec personnels. Ce faisant, il n'est jamais accablé bien longtemps, jamais défait par le monde ou par sa formidable déraison.

Quiconque connaît le livre peut imaginer que la vie avec Zorba en elle-même a dû être une « réelle catastrophe » pour sa femme et pour ses enfants. Comme c'est bien souvent le cas, le héros public, que d'autres admirent, peut laisser une suite de souffrances privées dans

1. C'est de *Zorba le Grec* que l'auteur a tiré le titre de son livre, *Full Catastrophe Living,* comme expliqué ici. La version française du film utilise en fait le terme « désastre ». C'est le terme « tourmente » qui a été retenu dans le titre de l'édition française. *(N.d.T.)*

son sillage. Cependant, dès la première fois que je l'ai entendue, j'ai perçu dans cette expression la capacité positive de l'esprit humain d'affronter ce qu'il y a de plus difficile dans la vie, et d'y trouver de l'espace pour croître en force et en sagesse. Pour moi, faire face à la catastrophe, ou à la tourmente, signifie trouver et accepter ce qu'il y a de plus humain en nous. Il n'y a pas une seule personne sur la planète qui n'ait sa propre version de la tourmente.

Catastrophe ici ne signifie pas désastre. Catastrophe, ou tourmente, signifie plutôt l'énormité poignante de notre expérience de la vie. Cela inclut les crises et les désastres, mais aussi toutes les petites choses qui vont de travers et qui s'additionnent. Cette expression nous rappelle que la vie s'écoule toujours, que tout ce que nous imaginons éternel n'est en fait que temporaire, et change constamment, y compris nos idées, nos opinions, nos relations, notre travail, nos biens, nos créations, notre corps, tout.

Dans ce livre, nous apprendrons et pratiquerons l'art d'embrasser la pleine catastrophe. Nous le ferons de façon à ce que, plutôt que de nous détruire, ou de nous ravir notre pouvoir et notre espoir, les tempêtes de la vie nous renforcent en nous apprenant la vie, la croissance et la guérison dans un monde fluctuant, de changement, et parfois de grande douleur. Cet art inclura de nous voir et de voir le monde sous des angles nouveaux, d'apprendre à travailler autrement avec notre corps, nos pensées, nos émotions, nos perceptions, et d'apprendre à rire un peu plus des choses, y compris de nous-mêmes, tout en nous entraînant à trouver et à garder notre équilibre le mieux que nous pouvons.

À notre époque, la tourmente est mise en évidence sur tous les fronts. Un rapide parcours du journal du matin introduira dans nos maisons l'impression d'un courant infini de souffrance et de misère humaines dans le monde, dont une grande part est infligée par une personne ou un groupe de personnes à une autre personne, ou à un autre groupe de personnes. Si vous écoutez attentivement les nouvelles diffusées à la radio ou à la télévision, vous vous verrez quotidiennement assailli par un flot constant d'images terribles et insoutenables de violence et de misère humaines, rapportées sur le ton neutre des informations journalistiques, comme si la souffrance et la mort de personnes en Afrique du Sud, au Cambodge, au Salvador, en Irlande du Nord, au Chili, au Nicaragua, en Bolivie, en Éthiopie, aux Philippines, à Beyrouth, à Jérusalem, à Paris, à Pékin ou à Boston faisaient simplement partie des conditions climatiques du jour, qui suivent sur le même ton neutre, avec au plus un hochement de tête ponctuant la juxtaposition incompréhensible des deux.

Même si nous ne lisons pas les nouvelles, si nous ne les écoutons pas à la radio, ni ne les regardons à la télévision, nous ne sommes jamais bien loin de la tourmente de la vie. Les pressions que nous sentons au travail et à la maison, les problèmes et les frustrations que nous rencontrons, la nécessité de nous rééquilibrer et de jongler pour garder la tête hors de l'eau dans ce monde pressé en font partie. Nous pourrions allonger la liste de Zorba pour y inclure non seulement l'épouse ou le mari, la maison et les enfants, mais aussi le travail, les factures, les parents, les amants, les beaux-parents, la mort, la perte, la pauvreté, la maladie, l'accident, l'injustice, la colère, la culpabilité, la peur, la malhonnêteté, la confusion, etc. La liste des situations stressantes de notre vie et de nos réactions à ces situations est très longue. Elle change aussi constamment, au fur et à mesure que continuent à émerger des événements nouveaux et inattendus nécessitant une réponse, sous une forme ou sous une autre.

Quiconque travaille dans un hôpital est sensible aux infinies variétés de la tourmente qu'il y rencontre chaque jour. Chaque personne venant à la clinique du stress en a sa propre version, tout comme les personnes qui travaillent à l'hôpital. Bien que les patients soient envoyés à la clinique du stress avec des problèmes médicaux spécifiques, comme une cardiopathie, un cancer, une maladie des poumons, de l'hypertension, des migraines, des problèmes de douleurs chroniques, des attaques d'apoplexie, des troubles du sommeil, des attaques de panique, des problèmes digestifs liés au stress, des problèmes cutanés, des problèmes vocaux, et de nombreux autres, les diagnostics avec lesquels ils viennent les masquent bien plus, en tant que personnes, qu'ils ne les révèlent. La tourmente gît au cœur du réseau complexe de leurs expériences et de leurs relations passées et présentes, de leurs espoirs et de leurs peurs, et de leur opinion sur ce qui leur arrive. Chaque personne, sans exception, a une histoire unique, qui apporte du sens et de la cohérence à la façon dont elle perçoit sa vie, sa maladie et sa douleur, et à ce qu'elle croit possible.

Ces histoires sont souvent déchirantes. Souvent nos patients ont le sentiment que non seulement leur corps mais aussi leur vie leur échappe. Ils sont submergés par les peurs et les soucis, souvent causés ou alourdis par des relations familiales pénibles. Nous entendons des histoires de souffrance physique et émotionnelle, de frustration par rapport au système médical, des histoires poignantes de personnes accablées par des sentiments de colère ou de culpabilité, manquant profondément de confiance en elles-mêmes et d'estime d'elles-mêmes car elles ont été ravagées par les circonstances, souvent depuis l'enfance. Et souvent nous voyons des personnes qui étaient ou sont littéralement ravagées par un abus physique et psychologique.

De nombreuses personnes se présentant à la clinique du stress n'ont pas vu leur santé s'améliorer sérieusement malgré des années de traitement médical. Beaucoup ne savent plus où chercher de l'aide et viennent à la clinique en dernier recours, souvent sceptiques mais prêtes à tout pour trouver quelque soulagement.

Mais quelques semaines à peine après le début du programme, la majorité de ces personnes évoluent fortement dans leur relation à leur corps, à leur esprit et à leurs problèmes. De semaine en semaine, nous remarquons la différence dans leur visage et dans leur corps. À la fin des huit semaines, quand le programme se termine, leur sourire et leur corps plus détendu sont saisissants, même pour l'observateur le plus ordinaire.

Bien qu'au départ ils aient été envoyés à la clinique pour apprendre à se détendre et à mieux gérer leur stress, ces participants ont clairement appris plus que cela. Ils la quittent souvent avec des symptômes physiques moins nombreux et moins forts, et avec plus de confiance en eux-mêmes, plus d'optimisme et plus d'assertivité. Ils sont plus patients avec eux-mêmes et s'acceptent davantage avec leurs limites et leurs incapacités. Ils sont plus confiants en leur capacité de gérer la douleur physique et émotionnelle, ainsi que les autres ressorts de leur vie. Ils sont également moins anxieux, moins déprimés et moins irrités. Ils sentent plus qu'ils ont du contrôle, même dans des situations stressantes où ils auraient perdu le contrôle précédemment. En un mot, ils gèrent bien plus habilement « la tourmente » de leur vie, toute la gamme des expériences qu'ils y font, y compris, dans certains cas, celle d'une mort proche.

Un homme a participé au programme il y a peu, suite à une crise cardiaque qui l'avait obligé à arrêter de travailler. Il avait dirigé pendant quarante ans une entreprise importante, dont les bureaux étaient juste à côté de son habitation privée. Il avait travaillé quarante années d'affilée sans jamais prendre de vacances. Il aimait son travail. Son cardiologue l'avait envoyé à la clinique du stress suite à une cathétérisation cardiaque (une procédure permettant de diagnostiquer une maladie coronarienne), une angioplastie (procédure consistant à dilater l'artère coronaire à l'endroit où elle est rétrécie), et sa participation à un programme de revalidation cardiaque. En passant près de lui dans la salle d'attente, je perçus un désespoir et une inquiétude extrêmes sur son visage. Il semblait sur le point de pleurer. Il attendait de voir mon collègue, Saki Santorelli, mais sa tristesse était telle que je m'assis et me mis à bavarder avec lui. Il dit, en partie à moi et en partie en l'air, qu'il n'avait plus envie de vivre, qu'il ne savait pas ce qu'il faisait en Réduction du stress... Sa vie était terminée, elle n'avait plus de sens, plus rien ne lui procurait de joie, même pas sa femme ni ses enfants. Il n'avait plus envie de rien faire.

Après huit semaines à la clinique du stress, cet homme avait une étincelle indéniable dans les yeux. Quand je le rencontrai après les cours, il me dit que le travail avait envahi toute sa vie, qu'il ne se rendait pas compte de ce qu'il ratait et qu'il avait failli en mourir. Il poursuivit en disant qu'il n'avait jamais dit à ses enfants qu'il les aimait quand ils étaient petits, mais qu'il allait commencer à le faire, tant qu'il en avait encore le temps. Il était plein d'espoir et d'enthousiasme pour sa vie, et pouvait pour la première fois envisager de vendre ses affaires. Il me donna aussi une accolade chaleureuse en partant, sans doute la première qu'il donnait à un autre homme.

Cet homme avait toujours le même problème cardiaque que quand il avait commencé le programme, mais, à ce moment-là, il se voyait comme un homme malade. Il était un patient cardiaque déprimé. En huit semaines il était devenu plus heureux et en meilleure santé. Il avait de l'enthousiasme pour la vie, même s'il souffrait toujours du cœur et de nombreux autres problèmes. Dans son esprit, il se voyait à nouveau comme une personne entière, et non plus comme un patient cardiaque.

Que s'était-il passé entre-temps pour provoquer une telle transformation ? Nous ne pouvons le dire avec certitude. De nombreux facteurs étaient impliqués. Mais il avait suivi le programme de réduction du stress au cours de cette période et l'avait fait sérieusement. Je m'étais dit qu'il allait peut-être arrêter après la première semaine car, en plus de tout le reste, il devait rouler soixante-dix kilomètres pour venir au cours, ce qui est difficile pour une personne déprimée. Mais il tint bon et fit le travail demandé, même s'il n'avait aucune idée au début de la façon dont cela pourrait l'aider.

Un autre homme, âgé d'un peu plus de soixante-dix ans, vint à la clinique avec de fortes douleurs aux pieds. Il assista à la première séance en chaise roulante. Sa femme vint avec lui à chaque séance et attendait dehors pendant les deux heures. Le premier jour, il raconta au groupe que son pied lui faisait tellement mal qu'il avait envie de le couper. Il ne voyait pas ce que la méditation pourrait lui apporter, mais les choses allaient si mal qu'il était prêt à tout essayer. Tout le monde était vraiment désolé de ce qu'il vivait.

Quelque chose dut le toucher au cours de la première classe, car cet homme fit montre d'une détermination remarquable à travailler avec sa douleur au cours des semaines suivantes. Il vint à la seconde séance avec des béquilles plutôt qu'en chaise roulante. Ensuite il n'utilisa plus qu'une canne. La transition de la chaise roulante à la canne en passant par les béquilles, nous en disait long, à nous qui le voyions de semaine en semaine. Il dit à la fin que la douleur n'avait pas beaucoup évolué, mais que son attitude envers la douleur avait beaucoup changé. Après qu'il eut commencé à méditer, la douleur lui avait simplement semblé plus supportable et, à la fin du programme, ses pieds ne lui posaient plus de problème. Lorsque le programme fut terminé, son épouse confirma qu'il était bien plus heureux et plus actif.

L'histoire d'une jeune médecin me vient à l'esprit, comme autre exemple où la tourmente est prise à bras-le-corps. Elle était envoyée pour hypertension et pour angoisse. Elle traversait une période difficile, où elle se décrivit comme pleine de colère, d'idées dépressives et de tendances autodestructrices. Elle était venue d'un autre coin des États-Unis pour finir son assistanat. Elle se sentait isolée et épuisée. Sa médecin avait insisté pour qu'elle essaie la réduction du stress, lui disant : « Où est le danger ? » Mais elle était dédaigneuse et hésitante au sujet de ce programme qui, en réalité « ne faisait rien *pour* vous ». Et de savoir qu'il incluait de la méditation le rendait pire encore. Elle ne se présenta d'ailleurs pas à la première séance, mais Kathy Brady, une des secrétaires de la clinique, qui avait suivi le programme comme patiente quelques années plus tôt, l'avait appelée suite à son absence, avait été si sympathique avec elle et avait semblé tellement impliquée au téléphone, me raconta cette jeune médecin plus tard, qu'elle vint penaude à un autre cours le soir suivant.

Dans le cadre de son travail, cette jeune médecin se rendait régulièrement avec l'hélicoptère du centre médical sur les lieux d'accidents, et ramenait des blessés graves. Elle détestait cet hélicoptère. Il la terrifiait. Elle avait chaque fois des nausées. Mais à la fin des huit semaines à la clinique du stress, elle pouvait voler en hélicoptère sans avoir de nausée. Elle le détestait toujours autant, mais pouvait le supporter et faire son travail. Son hypertension s'atténua au point qu'elle arrêta les médicaments pour voir si sa tension restait basse (les médecins peuvent se le permettre). Et ce fut le cas. À cette époque, elle prestait les derniers mois de son assistanat et était la plupart du temps épuisée. En plus, elle restait très sensible et réactive émotionnellement. Mais elle était à présent bien plus consciente des fluctuations de ses états corporels et mentaux. Elle décida de refaire le cursus des huit semaines, car elle sentait qu'elle s'y mettait à peine vraiment, alors que le cours se terminait. Elle le fit et continue depuis lors à méditer au fil des ans.

Son expérience à la clinique du stress conduisit également cette médecin à un respect récemment découvert pour les patients en général, et pour les siens en particulier. Au cours du programme, elle se retrouvait chaque semaine parmi les patients médicaux. Elle n'était pas dans son rôle habituel de « docteur » mais était une personne parmi les autres, avec ses problèmes. Elle fit les mêmes choses qu'eux, semaine après semaine. Elle les écouta parler de leurs expériences de méditation et les vit changer au fil des semaines. Elle fut surprise de voir à quel point les gens avaient souffert et ce qu'ils parvenaient à faire pour eux-mêmes, avec un peu d'encouragement et d'entraînement. Elle en vint aussi à respecter la méditation. Ce qu'elle voyait faisait en effet céder petit à petit sa conception selon laquelle seule une intervention extérieure pouvait aider les patients. En fait elle vit qu'elle n'était pas différente des autres participants, et que ce qu'elle pouvait faire, ils pouvaient le faire, et que ce qu'ils pouvaient faire, elle pouvait aussi le faire.

Des transformations semblables à celles connues par ces trois personnes se produisent souvent à la clinique du stress. Ce sont habituellement des moments charnières dans la vie de nos patients, car ils élargissent l'éventail de ce qu'ils croyaient possible pour eux.

Habituellement, les gens quittent la clinique en *nous* remerciant pour les améliorations vécues et observées par eux. Mais, en réalité, leurs progrès viennent entièrement de leurs efforts. Ils nous remercient en fait de leur avoir donné l'occasion d'être en contact avec leur force et leurs ressources intérieures. Ils nous remercient aussi de croire en eux, de ne pas les lâcher en cours de route, et de leur donner les outils permettant une telle transformation.

Nous aimons leur faire remarquer que pour arriver à la fin du programme, c'est eux qui n'ont pas dû lâcher en cours de route. Ils devaient être d'accord de faire face à la tourmente de leur vie, dans les circonstances agréables comme désagréables, quand les choses allaient comme ils le voulaient et quand ce n'était pas le cas, quand ils sentaient que les choses étaient sous contrôle et quand ils sentaient qu'elles ne l'étaient pas. Ils devaient aussi être d'accord d'utiliser leurs expériences elles-mêmes, ainsi que leurs pensées et leurs sentiments, comme matériel brut de leur guérison. Quand ils ont commencé, ils pensaient que le programme pourrait *faire* quelque chose *pour* eux, devrait le faire, ou ne le ferait probablement pas. Mais ils ont découvert qu'ils pouvaient faire quelque chose de très important pour eux-mêmes, quelque chose que personne d'autre ne pouvait faire à leur place.

Dans les exemples que je viens de donner, chaque personne a relevé le défi que nous avions lancé, de vivre sa vie comme si chaque instant était important, comme si chaque instant comptait, et comme si elle pouvait travailler avec chaque instant, même si c'était un instant de douleur, de tristesse, de désespoir ou de peur. Ce « travail » implique par-dessus tout la pratique régulière et disciplinée de la vigilance, d'instant en instant, de la *mindfulness*, et l'« appropriation » complète de chaque instant de votre expérience, qu'il soit bon, mauvais ou horrible. C'est l'essence-même de la *mindfulness*.

Nous avons tous la capacité d'être vigilants. Il nous faut simplement cultiver notre capacité à faire attention au moment présent. Cultiver la pleine conscience joue un rôle central dans les changements qu'expérimentent les patients de la clinique du stress. Une image qui reflète bien ce processus de transformation consiste à voir la *mindfulness* comme une lentille, qui capte les énergies dispersées et réactives de votre esprit, et les focalise en une source cohérente d'énergie pour vivre, pour résoudre les problèmes et pour guérir.

Par routine et sans le savoir, nous gaspillons une quantité considérable d'énergie en réagissant automatiquement et inconsciemment au monde extérieur et à nos expériences intérieures. Cultiver la pleine conscience veut dire recentrer et solliciter nos énergies gaspillées. Ce faisant, nous apprenons à nous apaiser suffisamment pour entrer et demeurer dans des états de relaxation profonde. Ceci nourrit et restaure le corps et l'esprit. En même temps, nous pouvons *voir* plus clairement la façon dont nous vivons en réalité et, du coup, les changements à introduire pour améliorer notre santé et notre qualité de vie. En plus, nous en venons à canaliser notre énergie plus efficacement dans les situations stressantes, menaçantes ou décourageantes. Cette énergie prend sa source en nous. Elle est donc toujours à notre portée et sous notre contrôle potentiel.

Cultiver la pleine conscience peut nous guider vers la découverte de profonds royaumes de détente, de calme et de vision pénétrante. C'est comme si vous atteigniez un nouveau territoire, jusque-là inconnu de vous ou seulement vaguement soupçonné, qui possède une véritable source d'énergie positive pour vous comprendre et pour guérir. En plus, il est facile de rejoindre ce territoire. À tout instant, le chemin qui y mène est aussi proche que votre corps, votre esprit et votre respiration. Et ce territoire est toujours accessible. Il est toujours là, indépendant de vos problèmes. Que vous soyez confronté à une maladie cardiaque, au cancer, à la douleur, ou simplement à une vie très stressante, ces énergies peuvent vous être très précieuses.

La culture systématique de la pleine conscience a été appelée le cœur de la méditation bouddhiste. Elle a fleuri au cours des deux mille cinq cents dernières années, dans la vie monastique et dans la vie séculaire de nombreux pays asiatiques. Au cours des dernières années, cette pratique s'est répandue partout dans le monde. C'est dû en partie à l'invasion chinoise du Tibet et à la guerre permanente qui sévit dans le Sud-Est asiatique, qui ont toutes deux provoqué l'exil de nombreux moines et instructeurs bouddhistes. C'est dû en partie aussi aux jeunes Occidentaux qui se sont rendus en Asie, dans des monastères, pour apprendre et pratiquer la méditation, puis sont revenus en Occident, comme instructeurs. C'est dû en partie enfin aux maîtres zen et à d'autres instructeurs venus en Occident comme visiteurs et enseignants, attirés par l'intérêt remarquable porté par ces pays aux pratiques méditatives.

Bien qu'à l'heure actuelle la méditation en pleine conscience soit le plus couramment enseignée et pratiquée dans le contexte bouddhiste, son essence est universelle. La pleine conscience n'est fondamentalement qu'une façon particulière de faire attention. C'est une façon de regarder profondément en soi-même dans un esprit d'examen et de compréhension de soi. C'est pourquoi elle peut être enseignée et pratiquée sans référence à la culture orientale ou au bouddhisme pour l'enrichir ou l'authentifier, comme nous le faisons à la clinique du stress. La *mindfulness* constitue en elle-même un moyen puissant de compréhension de soi et de guérison. En fait, une de ses plus grandes forces est de ne dépendre d'aucun système de croyance ni d'aucune idéologie, si bien que ses bénéfices sont accessibles à quiconque veut les essayer sur lui-même. Ce n'est cependant pas par accident que la pleine conscience vient du bouddhisme, dont le souci permanent est le soulagement de la souffrance et la dissipation des illusions.

⁂

Ce livre souhaite donner au lecteur un accès complet au programme de formation suivi par nos patients à la clinique du stress. Il est avant tout un manuel qui veut vous aider à développer votre pratique de la méditation, et vous apprendre comment utiliser la pleine conscience pour davantage de santé et de guérison dans votre vie. La partie intitulée « La pratique de la pleine conscience » (Partie 1) décrit le programme de réduction du stress et l'expérience de personnes qui l'ont suivi. Elle vous guidera dans les principales techniques utilisées à la clinique, et vous donnera des directives explicites et faciles à suivre pour les pratiquer et pour intégrer la pleine conscience dans vos activités quotidiennes. Elle comprend également un programme détaillé de huit semaines de pratique vous permettant, si vous en faites le choix, de suivre le programme exact des patients tout en lisant les autres parties du livre. Nous vous recommandons cette façon de faire.

La partie intitulée « Le paradigme » (Partie 2) donne une vue simple mais révélatrice des résultats récents de certaines recherches menées en médecine comportementale, comme toile de fond pour comprendre de quelle manière la pratique de la *mindfulness* est reliée à la santé physique et mentale. Cette partie développe une « philosophie de la santé », globale, basée sur les notions de « totalité » et de « connectivité », et sur ce que la science et la médecine apprennent à propos de la relation de l'esprit à la santé et au processus de guérison.

La partie appelée simplement « Le stress » (Partie 3) détaille ce qu'est le stress et la façon dont la conscience et la compréhension que nous en avons peuvent nous aider à le gérer plus adéquatement. Elle comprend un modèle nous aidant à saisir l'intérêt que nous avons à apporter une conscience de chaque instant aux situations stressantes, pour les gérer plus efficacement.

La partie 4, « Les applications », fournit une information détaillée et des balises pour utiliser la *mindfulness* dans une large série de domaines spécifiques qui sont source d'un stress non négligeable chez les personnes, incluant les symptômes médicaux, la douleur physique et émotionnelle, l'anxiété et la panique, la pression du temps, les relations, le travail, la nourriture, et les événements du monde extérieur.

La dernière partie, « La voie de la conscience » (partie 5), vous donnera des suggestions concrètes pour soutenir votre pratique de la méditation, dès lors que vous aurez compris ses bases et aurez commencé à pratiquer, ainsi que pour utiliser la pleine conscience de façon efficace dans tous les aspects de votre vie. Ses informations vous aideront également à trouver des groupes pour pratiquer avec d'autres, des hôpitaux et des institutions basées sur une communauté qui ont des programmes nourrissant la conscience méditative, ainsi qu'une liste de lectures soutenant la pratique et la croissance continues.

Le lecteur sérieux qui souhaite travailler avec la *mindfulness* pour changer sa vie, souhaitera peut-être commander les enregistrements de pratique de la *mindfulness* utilisés par nos patients au cours de la pratique formelle décrite dans ce livre. Il est possible de se procurer ces enregistrements sur CD via Internet et les détails pratiques sont repris à la fin de ce livre. Certains préfèrent, quand ils entament pour la première fois une pratique quotidienne de la méditation, lancer simplement un enregistrement et se laisser guider plutôt que de suivre les instructions d'un livre, aussi claires et détaillées soient-elles. Si c'est votre cas, les CD vous aideront sans doute mieux à entamer ce processus. Ils augmentent vos chances de vraiment expérimenter les techniques de méditation formelle. Puis, quand vous aurez compris ce dont il s'agit, vous pourrez pratiquer par vous-même, sans le support audio, comme le font beaucoup de nos patients.

Toutefois, que vous utilisiez les supports audio ou non, quiconque souhaite obtenir un résultat semblable à ceux que nous avons vus à la clinique du stress devrait comprendre que nos patients s'engagent fortement à pratiquer les techniques formelles décrites dans ce livre, quotidiennement, pendant au moins huit semaines. On leur demande de pratiquer avec les CD quarante-cinq minutes par jour, six jours par semaine, pendant huit semaines. Des études de suivi nous ont indiqué que la plupart continuent à pratiquer d'eux-mêmes longtemps après ces huit semaines. Pour beaucoup, la *mindfulness* devient rapidement une façon d'être.

Au moment d'entamer votre voyage de développement personnel et de découverte de vos ressources intérieures de guérison et de travail au cœur de la tourmente, la seule chose à garder à l'esprit est de suspendre tout jugement pendant cette période, et de vous engager à pratiquer les techniques décrites dans ce livre avec discipline, en observant pour vous-même ce qui se passe pendant ce temps-là. Ce que vous apprendrez viendra principalement de vous-même, de votre expérience personnelle, au fil du déploiement de votre vie, d'instant en instant, plutôt que d'une autorité extérieure, d'un enseignant ou d'un système de croyance. Notre philosophie est que vous êtes l'expert mondial de votre vie, de votre corps et de votre esprit, ou du moins que vous êtes dans la meilleure position pour devenir cet expert, si vous observez avec attention. Une partie de l'aventure de la méditation consiste à vous utiliser comme un laboratoire, pour trouver qui vous êtes et ce que vous êtes capable de faire. Comme l'a dit un jour Yogi Berra : « Vous pouvez observer beaucoup, rien qu'en regardant. »

Partie 1

LA PRATIQUE DE LA PLEINE CONSCIENCE : FAIRE ATTENTION

Chapitre 1

Nous n'avons que des instants à vivre

> « *Oh, il y a eu des moments où j'étais vraiment là, et si je devais recommencer, il y en aurait davantage. En fait, j'essaierais de n'avoir rien d'autre. Rien que des instants, l'un après l'autre, au lieu de vivre tant d'années en avance sur chaque jour.* »
>
> Nadine Stair, quatre-vingt-cinq ans, Louisville, Kentucky

Je regarde la trentaine de participants à cette nouvelle session de la clinique du stress et m'émerveille en songeant aux semaines dans lesquelles nous allons nous embarquer ensemble. D'une façon ou d'une autre, ils se demandent sans doute tous ce que, diable, ils font ici ce matin, assis dans cette pièce remplie d'inconnus. Je vois le visage ouvert et aimable d'Édouard et pense à ce qu'il doit porter chaque jour. Il a trente-quatre ans, est cadre dans les assurances et a le sida. Je vois Pierre, un homme d'affaires de quarante-sept ans. Il a eu un infarctus il y a dix-huit mois, et est ici pour apprendre à lever le pied pour ne pas en avoir un second. Béatrice est assise à côté de Pierre, elle est ouverte, joyeuse et volubile. Son mari est assis de l'autre côté. À quarante-deux ans, la vie de Béatrice a changé du tout au tout suite à une rupture d'anévrisme, la laissant ne sachant plus très bien qui elle était. Puis il y a Marge, quarante-quatre ans, référée par la clinique de la douleur. Elle a été infirmière en oncologie jusqu'à ce qu'elle se blesse au dos et aux deux genoux, il y a quelques années, en essayant d'empêcher un patient de tomber. À présent, elle a tellement mal qu'elle ne peut plus travailler et marche au prix de gros efforts, à l'aide d'une canne. Elle a déjà été opérée d'un genou et doit maintenant, pour couronner le tout, être opérée pour une masse abdominale. Les médecins ne sauront ce que c'est qu'après l'opération. Son accident l'a embarquée dans une aventure dont elle ne s'est pas encore remise. Elle se sent tendue comme un ressort et un rien peut la faire exploser.

Arthur est assis à côté de Marge. Il a cinquante-six ans et est policier. Il souffre de fortes migraines et d'attaques régulières de panique. À côté de lui est assise Margaret, soixante-quinze ans, institutrice retraitée, confrontée à des problèmes de sommeil. De l'autre côté il y a Philippe, camionneur franco-canadien. Philippe a aussi été référé par la clinique de la douleur. Il s'est blessé en soulevant une palette et est en incapacité pour lombalgie chronique. Il ne pourra plus conduire de camion et doit apprendre comment mieux gérer cette douleur. Il doit aussi trouver quel type de travail lui sera accessible pour nourrir sa famille de quatre enfants.

À côté de Philippe se trouve Roger, un charpentier de trente ans, qui s'est blessé le dos au travail et souffre également. Sa femme dit qu'il a pris trop d'antidouleurs pendant plusieurs années. Elle s'est inscrite dans une autre classe. Elle clame haut et fort que Roger est sa principale source de stress. Elle en a tellement marre de lui qu'elle est certaine qu'ils finiront par divorcer. Quand je le regarde, je me demande où le conduira sa vie et s'il saura garder le cap.

Hector est assis en face de moi, de l'autre côté de la pièce. Il a été lutteur professionnel pendant des années à Puerto Rico et est venu aujourd'hui parce qu'il a de la difficulté à contrôler son caractère. Il est pris de violents accès de colère et ressent des douleurs à la poitrine. Sa large carrure rend sa présence dans la pièce imposante.

Tous ont été envoyés par leur médecin pour réduire leur stress et nous les avons invités à se réunir dans cette classe du Centre médical un matin par semaine au cours des huit semaines à venir. Mais en fait, pourquoi ? Cette question monte en moi quand je regarde la pièce. Ils ne le savent pas encore autant que moi, mais le niveau de souffrance dans cette pièce ce matin est immense. C'est vraiment une assemblée de personnes souffrant non seulement physiquement mais aussi émotionnellement suite à la tourmente de leur vie.

Dans un moment d'émerveillement avant le début de la séance, je suis impressionné par notre culot, en invitant tous ces gens à embarquer pour ce voyage. Et je pense : « *Que pouvons-nous faire pour les personnes rassemblées ici ce matin et pour les cent vingt autres qui commencent le programme de réduction du stress dans différentes classes cette semaine, jeunes et vieux, célibataires, mariés ou divorcés, des personnes qui travaillent, d'autres qui sont retraitées ou en incapacité de travail, des personnes prises en charge par la Santé Publique et d'autres plus aisées ? À quel point pouvons-nous influencer le cours de la vie d'une seule personne ? En huit courtes semaines, que pouvons-nous vraiment faire pour toutes ces personnes ?* »

Ce qui est intéressant dans ce travail, c'est qu'en réalité nous ne faisons rien pour eux. Si nous essayions, je pense que nous échouerions lamentablement. Nous les invitons plutôt à faire pour eux quelque chose de radicalement neuf, à savoir faire l'expérience de vivre délibérément d'instant en instant. Une journaliste à qui je parlais m'a dit : « Oh, vous voulez dire vivre " pour " l'instant ? » J'ai répondu « Non, ce n'est pas ça. Cela a une connotation hédoniste. Je veux dire vivre *dans* l'instant ».

Le travail qui se poursuit à la clinique du stress est faussement simple, au point qu'il est difficile de saisir de quoi il s'agit vraiment sans s'y investir personnellement. Nous commençons là où les personnes se trouvent dans leur vie à ce moment, peu importe l'endroit. Nous voulons travailler avec elles si elles sont prêtes, et si elles veulent travailler *avec* et *sur* elles-mêmes. Et nous ne les abandonnons jamais, même si elles sont découragées ou régressent ou « échouent » à leurs propres yeux. Nous voyons chaque instant comme un nouveau commencement, une nouvelle occasion de recommencer, de se reconnecter.

D'une certaine façon, notre travail équivaut à donner aux gens la permission de vivre pleinement et complètement ce qu'ils rencontrent, et à leur fournir des outils pour y arriver systématiquement. Nous leur montrons comment écouter leur corps et leur esprit et commencer à faire davantage confiance à leur propre expérience. Ce que nous offrons vraiment aux gens est de sentir qu'il y a une façon d'être, une façon de considérer les problèmes, une façon d'être en relation avec la tourmente qui peut rendre la vie plus joyeuse et plus riche, et de sentir aussi qu'ils ont en quelque sorte plus de contrôle qu'ils ne le croient. Nous appelons cette façon d'être *la voie de l'attention vigilante* ou *la voie de la pleine conscience.* Les personnes rassemblées ici ce matin sont sur le point de rencontrer cette nouvelle façon d'être et de voir. Elles vont embarquer pour ce voyage à la clinique du stress. Nous aurons encore l'occasion de les rencontrer, ainsi que d'autres, sur ce chemin, puisque nous embarquons à présent dans notre propre exploration de la pleine conscience et de la guérison.

⁂

Si vous pouviez nous voir au cours d'une séance, à l'hôpital, vous nous verriez probablement les yeux fermés, immobiles, paisiblement assis ou allongés sur le sol. Cela peut durer de dix à quarante-cinq minutes d'une traite.

Pour l'observateur extérieur, cela peut paraître étrange, voire un peu fou. On dirait que rien ne se passe. Et, d'une certaine manière, rien ne se passe. Mais c'est un « rien » très riche et très complexe. Ces personnes que vous observeriez ne passent pas seulement du temps à rêver ou à dormir. Vous ne pouvez voir ce qu'elles font. Mais elles travaillent dur. Elles pratiquent le *non-faire.* Elles s'ajustent activement à chaque moment, s'efforçant de rester éveillées et conscientes d'un moment à l'autre. Elles pratiquent la pleine conscience.

On pourrait aussi dire qu'elles « s'entraînent à être ». Pour une fois, elles arrêtent délibérément tout ce qu'elles sont en train de faire dans leur vie et se détendent dans le présent sans essayer de le remplir de mille et une choses. Elles permettent délibérément à leur corps et à leur mental de se reposer dans l'instant, peu importe ce qui encombre leur mental ou comment se sent leur corps. Elles se connectent aux expériences de base de la vie. Elles se permettent simplement d'être présentes à l'instant, les choses étant telles qu'elles sont, sans essayer de rien y changer.

Pour être admis à la clinique du stress, chaque candidat doit en premier lieu prendre l'engagement important et personnel de consacrer chaque jour du temps à s'entraîner à « simplement être ». L'idée de base est de créer un îlot d'« être » dans l'océan de « faire » constant dans lequel notre vie est en général immergée, un temps où nous permettons à tout ce qui relève du « faire » de s'arrêter.

Apprendre comment arrêter tout ce que vous êtes en train de faire pour passer à un mode « être », apprendre comment dégager du temps pour vous-même, comment ralentir le rythme et nourrir en vous le calme et l'acceptation de vous-même, apprendre à observer l'agitation de votre esprit d'instant en instant, la façon d'observer vos pensées et de les laisser passer sans être pris et emporté par elles, la façon de créer de l'espace pour voir sous un angle nouveau d'anciens problèmes et percevoir l'interconnexion entre les choses : voici quelques enseignements de la pleine conscience. Ce type d'apprentissage implique de préserver des moments où « être » et où cultiver l'attention.

Plus votre pratique est systématique et régulière, plus le pouvoir de la *mindfulness* grandira et plus il travaillera pour vous. Ce livre est destiné à vous servir de carte pour vous guider dans ce processus, exactement comme les classes hebdomadaires guident les personnes qui viennent à la clinique du stress car leur médecin les y a vivement encouragées.

Comme vous le savez, une carte n'est pas un territoire. Elle représente un territoire. De même, ne confondez pas la lecture de ce livre avec le voyage proprement dit. Ce voyage, c'est vous qui devez le vivre en cultivant la pleine conscience dans votre propre vie.

Pensez-y un instant : cela pourrait-il être autrement ? Qui pourrait faire ce genre de travail à votre place ? Votre médecin ? Vos connaissances ou vos amis ? Même si les autres veulent vraiment vous aider et peuvent vous aider dans vos efforts pour accéder à des niveaux plus élevés de santé et de bien-être, c'est de vous que doit venir l'effort de base. Après tout, personne ne vit votre vie à votre place et aucun soin reçu ne pourrait ou ne devrait remplacer l'attention que vous pouvez vous accorder.

À cet égard, cultiver la pleine conscience peut être comparé à s'alimenter. Il serait absurde de proposer que quelqu'un d'autre mange pour vous. Et quand vous allez au restaurant, vous ne mangez pas le menu, en le prenant pour le repas, vous n'êtes pas nourri par les mots utilisés par le serveur pour vous décrire la composition des plats. Vous devez vraiment manger la nourriture pour qu'elle vous nourrisse. De la même manière, vous devez bel et bien *pratiquer* la pleine conscience pour en récolter les bénéfices et arriver à comprendre en quoi elle est si précieuse.

Même si vous commandez nos enregistrements pour vous aider à pratiquer, il vous faudra les utiliser. Des CD alignés sur une étagère ramassent très joliment la poussière. Ils ne sont pas davantage magiques. Vous contenter de les écouter de temps à autre ne vous aidera pas beaucoup, même si cela peut être relaxant. Pour retirer un profond bienfait de ce travail, vous devrez *faire* les CD, comme nous disons à nos patients, pas seulement les écouter. S'il y a de la magie, elle est en vous et pas dans un CD ou dans une technique.

Jusqu'il y a peu, beaucoup de gens fronçaient les sourcils lorsqu'ils entendaient le mot *méditation*. Il éveillait en eux des pensées sur le mysticisme et les tours de passe-passe. C'était dû en partie au fait que les gens ne comprenaient pas qu'en réalité la méditation traite de l'attention. C'est à présent plus connu. Et comme il arrive à tout le monde de faire attention, la méditation n'est pas une expérience aussi étrangère ou aussi éloignée de notre expérience de vie que nous pourrions le penser.

Cependant, quand nous commençons à faire attention d'un peu plus près à la façon dont fonctionne vraiment notre esprit, comme nous le faisons en méditant, nous risquons de trouver que la plupart du temps notre esprit est plus dans le passé ou dans le futur que dans le présent. À tout moment, nous ne pouvons donc qu'être en partie conscients de ce qui se passe vraiment dans le présent. Nous pouvons passer à côté d'un grand nombre des moments que nous avons à vivre, car nous ne sommes pas pleinement ici pour eux. Ceci n'est pas uniquement vrai quand nous méditons. L'inconscience peut dominer l'esprit à tout moment et peut, en conséquence, affecter tout ce que nous faisons. Nous pouvons découvrir que nous sommes vraiment en « pilote automatique » la plupart du temps et que nous fonctionnons mécaniquement, sans être pleinement conscients de ce que nous sommes en train de faire ou de l'expérience que nous vivons. C'est comme si nous n'étions pas vraiment à la maison une grande partie du temps. Autrement dit, c'est comme si nous n'étions qu'à moitié éveillés.

Vous pourriez vérifier pour vous-même si cette description s'applique à votre esprit la prochaine fois que vous conduirez. C'est une expérience très courante de rouler vers un endroit et d'avoir peu ou pas conscience de ce que l'on a vu en cours de route. Vous pouvez avoir été en pilote automatique la plupart du trajet, pas vraiment tout à fait là, mais suffisamment là, on l'espère, pour conduire sans risque ni accident.

Même si vous essayez délibérément de vous concentrer sur une tâche particulière, que ce soit celle de conduire ou une autre, vous pourriez trouver difficile de rester très longtemps vigilant. En règle générale, notre attention est très facilement détournée. Notre esprit a tendance à vagabonder. Il se perd dans les pensées et les rêveries.

Nos pensées prennent tellement le dessus, particulièrement par temps de crise ou de tempête émotionnelle, qu'elles voilent facilement notre conscience de l'instant présent. Même dans des moments relativement détendus, elles peuvent emporter nos sens avec elles au moment où elles s'envolent, comme en voiture, lorsque notre regard reste accroché à quelque chose que nous avons dépassé, alors que nous aurions dû depuis longtemps ramener notre attention sur la route devant nous. Pendant ce laps de temps, nous n'étions pas vraiment en train de conduire. La voiture était en pilotage automatique. L'esprit pensant était « capturé » par l'impression des sens, une vision, un son, quelque chose qui avait attiré son attention : il a littéralement été distrait. Il est resté avec la vache ou la dépanneuse, ou n'importe quoi d'autre qui s'était emparé de notre attention. En conséquence, à cet instant, et aussi longtemps que notre attention était captive, nous étions littéralement « perdus » dans nos pensées et inconscients de nos autres impressions sensorielles.

N'est-il pas vrai que la même chose arrive la plupart du temps, quoi que vous fassiez ? Essayez d'observer avec quelle facilité votre propre conscience est détournée du moment présent par vos pensées, peu importe les lieux et les circonstances. Notez à quel point pendant la journée vous vous retrouvez en train de penser au passé ou au futur. Le résultat pourrait vous surprendre.

Vous pouvez expérimenter cette attraction de l'esprit pensant à cet instant précis, en faisant l'expérience suivante : fermez les yeux, asseyez-vous, le dos redressé sans raideur, devenez conscient de votre respiration. N'essayez pas de contrôler votre respiration. Laissez-la simplement se dérouler et soyez-en conscient, accueillez-en la sensation, observez-la tandis qu'elle va et vient. Essayez de rester ainsi présent à votre souffle pendant trois minutes.

Si, à un moment donné, vous pensez qu'il est stupide ou ennuyeux de rester assis à observer sa respiration, dites-vous que ceci est simplement une pensée, un jugement créé par votre esprit. Puis laissez-le simplement passer et ramenez votre attention à votre respiration. Si ce sentiment est très fort, essayez l'expérience supplémentaire suivante. Nous la suggérons parfois à nos patients qui trouvent aussi qu'observer leur respiration est ennuyeux : avec le pouce et le premier doigt d'une main pincez fortement votre nez et gardez la bouche fermée. Observez combien de temps il faut pour que votre respiration vous intéresse vraiment très fort !

Après avoir observé votre souffle aller et venir pendant ces trois minutes, demandez-vous comment vous vous êtes senti pendant ce temps-là et si votre attention s'est peu ou beaucoup écartée de votre respiration. À votre avis, que serait-il arrivé si vous aviez continué pendant cinq ou dix minutes, ou une demi-heure, ou une heure ?

Pour la plupart d'entre nous, notre mental a tendance à vagabonder abondamment et à sauter rapidement d'une chose à l'autre. Il est donc difficile de rester centré sur le souffle un certain temps – quel qu'il soit – à moins de s'entraîner à stabiliser et à calmer son esprit. Cette petite expérience de trois minutes peut vous donner un avant-goût de ce qu'est la méditation. C'est un processus qui consiste à observer le corps et l'esprit de manière délibérée, à laisser vos expériences se déployer d'instant en instant, et à les accepter *telles qu'elles sont.* Cela ne veut pas dire rejeter vos pensées, ni essayer de vous en emparer ou de les supprimer, ni essayer de contrôler quoi que ce soit d'autre que le centrage et la direction de votre attention.

Il serait pourtant incorrect de voir dans la méditation un processus passif. Focaliser votre attention et rester véritablement calme et non-réactif demande une bonne dose d'énergie et d'efforts. Mais, paradoxalement, la *mindfulness* n'implique pas d'essayer d'aller quelque part ou de sentir quelque chose de spécial. Elle implique plutôt de vous autoriser à être là où vous êtes déjà, de vous familiariser davantage avec l'expérience que vous faites vraiment d'instant en instant. Si donc vous ne vous êtes pas senti particulièrement détendu pendant ces trois minutes, ou si vous trouvez inconcevable de consacrer trente minutes à cette pratique, pas la peine de vous inquiéter. La détente vient d'elle-même par une pratique soutenue. Cet exercice de trois minutes cherchait simplement à attirer votre attention sur votre souffle et sur ce qui se passe quand vous le faites.

Si vous commencez à observer où se situe votre esprit d'un moment à l'autre de la journée, vous observerez probablement qu'une part considérable de votre temps et de votre énergie est dépensée à vous accrocher aux souvenirs, en étant absorbé dans des rêveries et en regrettant des choses qui se sont déjà produites et sont donc passées. Vous observerez probablement aussi qu'autant, si pas davantage, d'énergie est dépensée à anticiper, à planifier, à vous inquiéter ou à rêver du futur et de ce que vous voulez ou ne voulez pas qu'il se produise.

À cause de cet affairement intérieur, qui se poursuit presque tout le temps, nous risquons de passer à côté d'une grande part de la texture de l'expérience de notre vie, ou de réduire sa valeur et son sens. Disons par exemple que vous êtes plutôt détendu et appréciez le spectacle du soleil couchant. Vous êtes frappé par les jeux de lumière et les couleurs des nuages et du ciel. À ce moment, vous êtes simplement présent à ce spectacle, vous en êtes rempli, vous le voyez vraiment. Puis des pensées viennent et vous vous trouvez peut-être en train de dire quelque chose à un ami, au sujet du coucher de soleil et de son extraordinaire beauté, ou d'un souvenir qu'il vous rappelle. En parlant, vous troublez l'expérience directe de cet instant. Vous avez été distrait du soleil, du ciel et de la lumière. Vous avez été capturé par votre propre pensée et votre impulsion de lui donner voix. Votre commentaire brise le silence. Ou, même si vous ne dites rien, la pensée ou le souvenir qui a émergé vous avait déjà détourné du vrai coucher de soleil de ce moment. Ainsi, vous savourez maintenant vraiment le coucher de soleil dans votre tête plutôt que le coucher de soleil qui se passe dans la réalité. Peut-être êtes-vous en train de *penser* que vous goûtez le coucher de soleil mais, en réalité, votre expérience en est voilée. Vous le voyez au travers du voile des embellissements apportés par l'image d'anciens couchers de soleil, de souvenirs associés et d'autres idées qu'il a déclenchés en vous. Tout ceci peut se passer sans que vous en ayez la moindre conscience. De plus, cet épisode entier ne dure peut-être qu'un instant. Il va s'évanouir rapidement, une chose menant à la suivante.

La plupart du temps, vous pouvez être emporté et n'en être conscient qu'en partie, comme ici. En tout cas, cela en donne l'impression. Mais vous ne réalisez pas l'importance de ce que vous ratez. Si vous n'êtes que partiellement conscient au fil des ans, si vous avez l'habitude de traverser les situations sans y être pleinement présent, vous pouvez rater les expériences les plus précieuses de votre vie, par exemple ne pas être connecté à ceux que vous aimez, ou aux couchers de soleil, ou encore ne pas ressentir l'air frisquet du matin.

Pourquoi ? Parce que vous étiez « trop occupé » et que votre esprit était trop encombré par ce que vous *pensiez* important à ce moment pour prendre le temps de vous arrêter, d'écouter, de voir les choses. Peut-être alliez-vous trop vite pour ralentir, trop vite pour connaître l'importance de prendre contact avec l'autre par le regard, de toucher, d'habiter votre corps. Quand nous fonctionnons ainsi, nous pouvons manger sans vraiment goûter, voir sans vraiment voir, entendre sans vraiment entendre, toucher vraiment sans sentir, et parler sans vraiment savoir ce que nous sommes en train de dire. Et, bien sûr, quand vous êtes au volant, si votre esprit ou celui de quelqu'un d'autre vous distrait à un « mauvais » moment, les conséquences immédiates peuvent être dramatiques et très malheureuses.

Ainsi, l'intérêt de cultiver la pleine conscience ne se limite pas à savourer davantage les couchers de soleil. Quand l'inconscience domine l'esprit, toutes nos décisions et nos actions en sont affectées. L'inconscience peut nous empêcher d'être en contact avec notre propre corps, ses signaux et ses messages. Ceci peut à son tour être la source de nombreux problèmes physiques, des problèmes dont nous ne savons même pas que nous les occasionnons. Et vivre dans un état d'inconscience chronique peut nous faire rater une bonne part de ce qui est le plus beau et avoir le plus de sens dans notre vie. Plus encore, comme dans l'exemple de la conduite automobile ou dans le cas d'abus d'alcool et de drogue, ou d'habitudes comme l'addiction au travail, notre tendance à l'inconscience peut aussi nous être fatale, de manière rapide ou lente.

⁂

Si vous commencez à faire attention à ce que fait votre esprit, vous observerez probablement qu'une bonne part de l'activité mentale et émotionnelle se déroule en toile de fond. Ces pensées et ces sentiments incessants peuvent drainer une grande partie de votre énergie. Ils peuvent vous empêcher de faire l'expérience de moments, même brefs, de calme et de bien-être.

Quand l'esprit est dominé par l'insatisfaction et l'inconscience, ce qui arrive bien plus souvent que la plupart d'entre nous veulent bien l'admettre, il est difficile de se sentir calme ou détendu. Nous nous sentons sans doute plutôt divisés et agités. Nous pensons ceci *et* cela, nous voulons ceci *et* cela. Souvent le *ceci* et le *cela* sont en conflit. Cet état d'esprit peut affecter sérieusement notre capacité de faire quoi que ce soit, ou même de voir clairement la situation. Dans de tels moments, il se peut que nous ne sachions pas *ce que* nous pensons, sentons ou faisons. Pire, nous ne saurons probablement pas que nous ne savons pas. Il se peut que nous pensions savoir ce que nous pensons, ce que nous sentons, ce que nous faisons et ce qui se passe. Mais, au mieux, c'est une connaissance incomplète. Nous sommes en réalité menés pas ce que nous aimons et ce que nous n'aimons pas, complètement inconscients de la tyrannie de nos propres pensées et des comportements autodestructeurs qui en résultent souvent.

À Athènes Socrate était célèbre pour dire : « Connais-toi toi-même. » On raconte qu'un de ses étudiants lui dit un jour : « Socrate, tu vas partout disant " Connais-toi toi-même ", mais toi, te connais-tu toi-même ? » Socrate répondit : « Non, mais je comprends quelque chose de cet état de non-connaissance. »

En commençant à pratiquer la méditation en pleine conscience, vous en viendrez à connaître en vous quelque chose de votre état de non-connaissance. Ce n'est pas que la *mindfulness* soit « la réponse » à tous les problèmes de la vie. Disons plutôt qu'un esprit clair permet de voir plus clairement tous les problèmes de la vie. Être simplement conscient du mental, qui pense tout le temps savoir, est un pas capital pour apprendre comment voir par le biais de ses opinions et percevoir les choses telles qu'elles sont vraiment.

⁂

Notre corps est une part très importante de notre vie et de notre expérience, que nous avons tendance à négliger, à ignorer et à maltraiter. Le mode de pilote automatique a aussi tendance à nous en faire perdre le contrôle. Nous pouvons être à peine en contact avec lui, la plupart du temps inconscients de la manière dont il se sent. Une conséquence éventuelle en est notre insensibilité à la façon dont notre corps est affecté par l'environnement, par nos actions, et même par nos pensées et nos émotions. Si nous sommes inconscients de ces connexions, nous pouvons facilement sentir que nous perdons le contrôle de notre corps sans savoir pourquoi. Comme vous le verrez au chapitre 21, les symptômes physiques sont des messages qu'il nous envoie et qui nous permettent de savoir comment il se porte et quels sont ses besoins. En faisant attention au corps de façon systématique, nous sommes plus en contact avec lui, nous sommes bien plus en phase avec ce qu'il nous dit et mieux équipés pour y répondre adéquatement. Apprendre à écouter votre propre corps est vital pour améliorer votre santé et votre qualité de vie.

Même quelque chose d'aussi simple que la relaxation peut vous échapper de manière frustrante si vous n'avez pas conscience de votre corps. Le stress de la vie quotidienne produit souvent des tensions qui ont tendance à se loger dans des groupes musculaires particuliers, comme les épaules, les mâchoires, ou le front. Pour relâcher ces tensions, vous devez d'abord savoir qu'elles sont là. Vous devez les sentir. Puis vous devez savoir comment désactiver le pilote automatique et prendre le contrôle de votre corps et de votre esprit. Comme nous le verrons plus loin, cela implique de revenir tout à fait à votre corps, l'esprit complètement focalisé, de faire l'expérience des sensations qui viennent des muscles eux-mêmes, et de leur envoyer des messages permettant aux tensions de se dissoudre et de se relâcher. Ceci peut se faire pendant que les tensions s'accumulent, si vous êtes assez conscient pour les sentir. Il n'est pas nécessaire d'attendre qu'elles soient devenues telles que votre corps se sente comme un bloc de bois. Si vous les laissez perdurer aussi longtemps, les tensions se seront tellement incrustées que vous aurez sans doute oublié comment on se sent quand on est détendu, et que vous aurez peut-être perdu l'espoir de vous sentir à nouveau détendu un jour.

Il y a une dizaine d'années, un homme qui venait à la clinique du stress avec une dorsalgie résuma ce dilemme en peu de mots. Il testait sa capacité à bouger et à se baisser, et je vis qu'il était fort raide et que ses jambes étaient aussi dures que de la pierre, même quand je lui demandais de les détendre. Elles étaient comme ça depuis qu'il avait été blessé au Viêtnam, en posant le pied sur un piège. Quand le docteur lui avait dit qu'il devait se détendre, il avait répondu : « Docteur, me dire de me relaxer est à peu près aussi utile que de me dire d'être chirurgien. »

En fait, dire à cet homme de se détendre ne lui faisait aucun bien. Il savait qu'il devait se détendre davantage. Il devait en fait apprendre *comment* se détendre. Il devait faire l'expérience du lâcher-prise, découvrir ce processus dans son corps et dans son esprit. Quand il commença à méditer, il put *apprendre* à se détendre, et les muscles de ses jambes finirent par retrouver une tonicité saine.

Quand quelque chose va de travers dans notre corps ou dans notre psychisme, nous attendons tout naturellement que la médecine règle la situation, ce qu'elle peut souvent faire. Mais comme nous le verrons plus tard, notre collaboration active est essentielle dans presque toutes les formes de thérapies médicales. C'est particulièrement vital pour les maladies chroniques ou les situations pour lesquelles la médecine n'a pas de remèdes. Dans ces cas-là, la qualité de votre vie peut dépendre grandement de votre propre capacité de connaître votre corps et votre esprit suffisamment bien pour travailler à optimiser votre propre santé dans les limites, toujours inconnues, de ce qui est possible. Assumer la responsabilité d'apprendre davantage au sujet de votre corps, en l'écoutant soigneusement et en cultivant vos ressources internes de guérison et de maintien de la santé, est la meilleure façon d'assurer votre part de cette collaboration avec vos médecins et avec la médecine. C'est ici qu'intervient la pratique de la méditation. Elle donne de la force et de la densité à ces efforts. Elle catalyse le travail de guérison.

⁂

La première introduction à la pratique de la méditation à la clinique du stress est toujours une surprise pour nos patients. En règle générale, les gens viennent avec l'idée que méditer veut dire faire quelque chose d'inhabituel, quelque chose de mystique et hors de l'ordinaire ou, à tout le moins, quelque chose de relaxant. Pour les dégager d'emblée de ces attentes, nous donnons à chacun trois raisins et nous les mangeons un par un, faisant attention à ce que nous sommes en train de faire, étant dans cette expérience d'instant en instant. Peut-être allez-vous essayer quand vous aurez lu comment nous faisons.

Nous commençons par regarder attentivement un raisin, nous l'observons soigneusement comme si nous n'en avions jamais vu avant. Nous sentons sa texture sous nos doigts, examinons ses variations de couleur, de relief. Nous sommes aussi conscients de toutes les pensées que nous pourrions avoir au sujet des raisins ou de la nourriture en général. Nous relevons toutes les pensées et les sensations d'appétit ou d'aversion pour les raisins qui se présenteraient tandis que nous l'observons. Puis nous prenons le temps de humer ce raisin et, finalement, avec attention, nous l'approchons de nos lèvres, conscients du bras mobilisant la main pour qu'elle soit dans la bonne position, conscients de saliver tandis que l'esprit et le corps anticipent de le manger. Le processus se poursuit quand nous le mettons en bouche et le mâchons lentement, faisant l'expérience du goût réel d'un raisin. Et quand nous nous sentons prêts à l'avaler, nous sentons monter l'impulsion de l'avaler, si bien que même cette étape est vécue consciemment. Nous imaginons même, ou « sentons » que notre corps est à présent plus lourd d'un raisin.

La réponse à cet exercice est invariablement positive, même parmi les gens qui n'aiment pas les raisins. Ils disent qu'il est agréable de manger comme cela, que cela les change, qu'ils ne se souviennent pas avoir jamais vraiment goûté un raisin, et qu'un seul raisin pourrait les nourrir. Souvent quelqu'un fait le lien et dit que si nous pouvions manger comme cela tout le temps, nous mangerions moins et aurions des expériences plus agréables et plus positives avec la nourriture. Quelques personnes disent qu'elles se sont surprises en train de vouloir manger automatiquement les autres raisins avant d'avoir fini le premier, et reconnaissent à ce moment que c'est leur façon de manger habituelle.

Comme nous sommes nombreux à utiliser la nourriture pour notre confort émotionnel, plus spécialement quand nous nous sentons anxieux ou déprimés, ce petit exercice, qui ralentit les choses et attire notre attention sur ce que nous faisons, illustre la puissance et le manque de contrôle de nos impulsions quand il s'agit de la nourriture. Il montre aussi qu'apporter de l'attention à ce que nous sommes en train de faire, au moment où nous le faisons, peut être vraiment simple et gratifiant, et nous donner le sentiment d'être moins emportés par les situations.

En fait, quand vous commencez être attentif de cette manière, votre relation aux choses change. Vous voyez davantage et vous voyez plus profondément. Vous pouvez commencer à voir un ordre intrinsèque et des connexions entre les choses, qui n'était pas apparents avant. Vous voyez, par exemple, la connexion entre des impulsions qui vous viennent à l'esprit et le fait de vous retrouver en train de manger trop, sans tenir compte des messages de votre corps. En faisant attention, vous devenez littéralement plus éveillé. Cela provient de nos tendances habituelles à voir les choses et à les faire mécaniquement, sans y être pleinement présents. Quand vous mangez consciemment, vous êtes en contact avec votre nourriture parce que votre esprit n'est pas distrait. Il ne pense pas à autre chose. Il se focalise sur le fait de manger. Quand vous regardez le raisin, vous le voyez vraiment. Quand vous le mâchez, vous le goûtez vraiment.

Savoir ce que vous êtes en train de faire pendant que vous le faites est l'essence de la pratique de la pleine conscience. Nous appelons l'exercice du raisin la « méditation en mangeant »[1]. Cela nous aide à préciser qu'il n'y a rien de particulièrement inhabituel ou mystique dans le fait de méditer ou d'être pleinement conscient. Cela implique simplement de faire attention à votre expérience d'instant en instant. Ceci conduit directement à de nouvelles façons de voir et d'être dans votre vie parce que le moment présent, quand il est reconnu et honoré, révèle un pouvoir très spécial, à vrai dire magique : *c'est le seul moment dont chacun de nous dispose*. L'instant présent est le seul moment que nous avons pour connaître quoi que ce soit. C'est le seul moment que nous avons pour percevoir, pour apprendre, pour agir, pour changer et pour guérir. C'est pourquoi nous accordons tant de valeur à la conscience maintenue d'instant en instant. Alors que c'est par la pratique que nous apprenons, l'effort est une fin en soi. Il rend nos expériences plus vives et notre vie plus réelle.

1. *« Eating meditation »*. *(N.d.T.)*

⁂

Comme vous le verrez dans le chapitre suivant, il est utile, pour commencer la pratique de la méditation en pleine conscience, d'introduire volontairement une note de simplicité dans votre vie. Ceci peut se faire en réservant dans la journée un temps consacré à des moments de paix et de calme relatifs ; des moments que vous pouvez utiliser pour vous focaliser sur des expériences fondamentales de la vie comme votre respiration, les sensations que vous percevez dans le corps, et le flot des pensées dans votre esprit. Il ne faut pas longtemps pour que cette pratique « formelle » de méditation se répande dans votre vie quotidienne sous la forme d'une attention plus grande accordée d'un instant à un autre, peu importe votre occupation. Il se peut que vous vous surpreniez en train d'être spontanément attentif plus souvent dans votre vie, et pas simplement quand vous « méditez ».

Nous pratiquons la pleine conscience en nous rappelant d'être présents dans tous les moments où nous sommes éveillés. Nous pouvons pratiquer en sortant les poubelles consciemment, en mangeant consciemment, en conduisant consciemment. Nous pouvons pratiquer en naviguant consciemment par tous les hauts et les bas que nous rencontrons, les tempêtes de l'esprit et celles du corps, les tempêtes de la vie extérieure et celles de notre vie intérieure. Nous apprenons à être conscients de nos peurs et de notre souffrance. En même temps, nous sommes cependant stabilisés et renforcés par une connexion à quelque chose de plus profond en nous-mêmes, à une sagesse vigilante qui nous aide à pénétrer et à transcender la peur et la douleur, qui nous aide à découvrir de la paix et de l'espoir au cœur de la situation *telle qu'elle est.*

Nous utilisons le mot *pratique* ici d'une façon particulière. Cela ne signifie pas une « répétition » ou le perfectionnement d'une compétence que nous pourrons utiliser à un autre moment. Dans le contexte méditatif, pratiquer signifie « être dans le présent délibérément ». Les moyens et la fin de la méditation sont vraiment les mêmes. Nous n'essayons pas d'arriver ailleurs, nous travaillons seulement à être où nous sommes déjà et à être pleinement ici. Notre pratique de la méditation peut très bien s'approfondir au fil des ans, mais, en fait, ce n'est pas le but de notre pratique. Notre voyage vers une meilleure santé est vraiment une progression naturelle. La conscience, la vision pénétrante, et en fait la santé aussi, mûrissent d'elles-mêmes si nous avons la volonté de faire attention à chaque instant, et de nous souvenir que nous n'avons que des instants à vivre.

CHAPITRE 2

Les fondements de la pratique de la pleine conscience : attitudes et engagement

Cultiver le pouvoir de guérison de la pleine conscience requiert bien plus que de suivre mécaniquement une recette ou une série d'instructions. Aucun vrai processus d'apprentissage ne se déroule ainsi. Apprendre, voir et changer surviennent uniquement quand l'esprit est ouvert et réceptif. La pratique de la *mindfulness* vous demandera d'engager tout votre être dans le processus. Vous ne pouvez simplement vous mettre dans une posture de méditation et penser que quelque chose va arriver, ou faire passer un enregistrement et penser qu'il va « faire quelque chose » pour vous.

L'attitude avec laquelle vous entreprenez cette pratique d'attention et de présence est cruciale. C'est le terreau sur lequel vous allez cultiver votre capacité à apaiser votre mental et à détendre votre corps, à vous concentrer et à voir plus clairement. Si ce sol est pauvre, c'est-à-dire si votre énergie et votre engagement à pratiquer sont faibles, il sera ardu de développer le calme et la relaxation avec constance. Si le terrain est vraiment pollué, c'est-à-dire si vous essayez de vous forcer à vous sentir détendu et exigez de vous-même que « quelque chose se passe », rien ne poussera et vous conclurez rapidement que « la méditation ne marche pas ».

Cultiver la conscience méditative requiert une façon entièrement nouvelle de considérer le processus d'apprentissage. Nous pensons tellement fort que nous savons ce dont nous avons besoin et où nous voulons arriver que nous pouvons facilement nous retrouver en train d'essayer de contrôler les choses pour les faire évoluer « à notre façon », comme nous voulons qu'elles soient. Mais cette attitude est à l'opposé du travail de conscience et de guérison. La conscience nous demande seulement d'être attentifs et de voir les choses telles qu'elles sont. Elle ne nous demande pas de changer quoi que ce soit. Et la guérison demande réceptivité et acceptation, une mise en accord avec son environnement dans sa globalité. Rien de ceci ne peut être forcé, pas plus que vous ne pouvez vous forcer à vous endormir. Vous devez créer de bonnes conditions pour vous endormir puis lâcher prise. C'est la même chose avec la relaxation. La force ou la volonté ne permettent pas de l'atteindre. Ce genre d'effort ne produira que tensions et frustrations.

Si vous vous mettez à méditer en pensant « Ça ne va pas marcher mais je vais quand même le faire », il y a de fortes chances pour que cela ne vous aide pas. La première fois que vous sentirez une douleur ou un inconfort, vous pourrez vous dire « Tu vois, je savais bien que ma douleur ne partirait pas », ou « Je savais que je n'arriverais pas à me concentrer ». Cela confirmera vos doutes sur l'efficacité de la méditation et vous laisserez tomber.

Si vous commencez comme un convaincu « pur et dur », certain que *ceci* est le chemin qui vous convient, que la méditation est « la réponse », il y a de fortes chances que vous aussi soyez rapidement déçu. Dès que vous constaterez que vous êtes la même personne que celle que vous avez toujours été, que ce travail exige des efforts et de la constance, et pas simplement une croyance romantique dans la valeur de la méditation et de la relaxation, vous perdrez peut-être une bonne part de votre enthousiasme.

À la clinique du stress, nous observons que ce sont les gens qui viennent avec une attitude sceptique mais ouverte qui vont le plus loin. Leur attitude est « Je ne sais pas si ceci va marcher ou pas, j'ai mes doutes, mais je vais faire du mieux que je peux et voir ce qui se passe ».

Ainsi, l'attitude avec laquelle nous abordons l'entraînement à la pleine conscience déterminera grandement la valeur qu'elle aura pour nous dans la durée. C'est pourquoi il peut être très utile pour retirer un maximum de ce processus de méditation, de cultiver certaines attitudes. Vos intentions plantent le décor de ce qui est possible. Elles vous rappellent d'instant en instant la raison principale de votre pratique. Garder certaines attitudes à l'esprit fait partie de l'entraînement lui-même, c'est une façon de diriger et de canaliser vos énergies, pour qu'elles puissent être davantage utilisées dans le travail de croissance et de guérison.

Sept attitudes constituent les piliers majeurs de la pratique de la pleine conscience que nous enseignons à la clinique du stress : le non-jugement, la patience, l'esprit du débutant, la confiance, le non-effort[1], l'acceptation et le

1. *Non-striving*, habituellement traduit par non-effort, signifie plus littéralement : ne pas tendre à un but avec effort. *(N.d.T.)*

lâcher-prise. Ces attitudes doivent être cultivées consciemment pendant que vous pratiquez. Elles ne sont pas indépendantes les unes des autres. Chacune prend appui sur les autres et influence le degré auquel vous pouvez les cultiver. Travailler l'une d'elles vous conduira rapidement aux autres. Dans la mesure où elles constituent ensemble le fondement sur lequel vous pourrez construire une pratique de méditation solide, nous vous y introduisons avant de vous faire rencontrer les techniques proprement dites. Vous pourrez ainsi vous habituer à ces attitudes dès le tout début. Quand vous serez engagé dans la pratique même, ce chapitre méritera d'être relu. Il vous rappellera les manières de continuer à fertiliser ce terreau d'attitudes pour qu'y fleurisse votre pratique de la pleine conscience.

1. Les attitudes qui fondent la pratique de la pleine conscience

1.1. Le non-jugement

La *mindfulness* se cultive en adoptant la position de témoin impartial de votre expérience. Ceci demande que vous deveniez conscient du flot constant de jugements et de réactions aux expériences intérieures et extérieures dans lesquelles nous sommes habituellement pris, et d'apprendre à vous en dégager. Quand nous nous mettons à faire attention à l'activité de notre esprit, il est courant de découvrir et d'être surpris par le fait que nous générons en permanence des jugements sur notre expérience. À peu près tout ce que nous voyons est étiqueté et catégorisé par le mental. Nous réagissons à tout ce dont nous faisons l'expérience selon la valeur que nous lui attribuons. Certaines choses, personnes, situations et circonstances sont jugées « bonnes » parce qu'elles nous font nous sentir bien pour l'une ou l'autre raison. D'autres sont tout aussi vite considérées comme « mauvaises » parce qu'elles nous font nous sentir mal. Le reste entre dans la catégorie « neutre » car nous pensons que cela n'a pas beaucoup d'importance. Les choses, les personnes et les circonstances neutres sont presque tout à fait reléguées hors de portée de notre conscience. Leur prêter attention nous paraît habituellement très ennuyeux.

L'habitude de catégoriser et de juger notre expérience nous enferme dans des réactions mécaniques dont nous ne sommes même pas conscients et qui ne reposent sur aucune base objective. Ces jugements tendent à dominer notre esprit, nous mettant en difficulté de jamais trouver la paix en nous-mêmes. C'est comme si l'esprit était un Yo-Yo, montant et descendant toute la journée sur le fil de nos propres pensées-jugements. Si vous doutez de cette description de votre mental, observez simplement à quel point vous êtes préoccupé par des « j'aime », « j'aime pas », disons pendant une dizaine de minutes sur le chemin du travail.

Si nous voulons trouver une façon plus efficace de gérer le stress dans notre vie, nous devrons commencer par être conscients de ces jugements automatiques. Nous voyons ainsi au-delà de nos préjugés et de nos peurs, et nous libérons de leur tyrannie.

En pratiquant la pleine conscience, il est important de reconnaître ce caractère jugeant du mental quand il se manifeste, et d'adopter intentionnellement l'attitude d'un témoin impartial, en veillant à simplement l'observer. Quand vous trouvez votre esprit en train de juger, vous n'avez pas à l'arrêter de juger. Tout ce qui est demandé est d'être conscient de ce qui se passe. Pas besoin de juger ce processus de jugement et de vous rendre les choses plus compliquées encore.

Disons par exemple que vous êtes en train d'observer votre respiration, comme vous l'avez fait dans le chapitre précédent, et comme nous le ferons bien plus dans le chapitre suivant. À un moment donné, votre esprit dira peut-être quelque chose comme « Comme c'est embêtant », ou « Ça ne marche pas », ou « Je n'y arrive pas ». Ce sont des jugements. Quand ils surgissent dans votre esprit, il est très important de les reconnaître comme des pensées-jugements et de vous souvenir que la pratique implique de suspendre les jugements et de simplement observer ce qui émerge, *quoi que ce soit*, y compris vos propres pensées-jugements, sans les rechercher ni agir à partir d'elles en aucune façon. Puis revenez à l'observation de votre respiration.

1.2. La patience

La patience est une forme de sagesse. Elle prouve que nous comprenons et acceptons le fait que, parfois, les choses doivent se déployer à leur rythme. Un enfant essaie parfois d'aider un papillon à naître en cassant sa chrysalide. D'habitude, le papillon n'en tire aucun profit. Les adultes savent bien que le papillon ne peut se métamorphoser que quand il est prêt, que le processus ne peut être accéléré.

Nous cultivons la patience envers notre esprit et notre corps de la même façon quand nous pratiquons la pleine conscience. Nous nous rappelons délibérément qu'il n'est pas nécessaire d'être impatients avec nous-mêmes quand nous trouvons notre esprit en train d'émettre constamment des jugements, ou quand nous sommes tendus, agités ou effrayés, ou quand nous avons pratiqué tout un temps sans que rien de positif ne semble se produire. Nous nous donnons de l'espace pour faire ces expériences. Pourquoi ? Car nous les ferons de toute façon ! Quand elles émergent, elles sont notre réalité, elles participent de notre vie telle qu'elle se déploie à cet instant. Nous nous traitons alors aussi bien que nous traiterions un papillon. Pourquoi se presser dans certains moments pour en atteindre d'autres, « meilleurs » ? Après tout, chacun constitue votre vie à cet instant.

Quand vous pratiquez la présence à vous-même de cette façon, vous découvrez petit à petit que votre esprit a lui-même « un esprit qui n'en fait qu'à sa tête ». Nous avons déjà vu au chapitre 1 qu'une de ses activités favorites est de vagabonder dans le passé et dans le futur et de se perdre en pensées. Certaines de ces pensées sont agréables. D'autres sont pénibles et créent de l'anxiété. Dans les deux cas, le fait même de penser exerce une forte traction sur notre conscience. La plupart du temps nos pensées envahissent notre perception du moment présent. Elles nous font perdre notre connexion au présent.

La patience peut être une qualité particulièrement utile à invoquer quand l'esprit est agité. Elle peut nous aider à accepter cette tendance de l'esprit au vagabondage, tout en nous rappelant que nous n'avons pas à être emportés dans ses voyages. La pratique de la patience nous rappelle que nous n'avons pas à remplir nos moments avec des activités et davantage de pensées pour qu'ils soient riches. En fait, elle nous aide à nous rappeler que c'est le contraire qui est vrai. Être présent est simplement être complètement ouvert à chaque moment, l'acceptant dans sa plénitude, sachant que, comme le papillon, les choses ne peuvent se déployer que selon leur rythme propre.

1.3. L'esprit du débutant

La richesse de l'expérience de l'instant présent est la richesse de la vie elle-même. Trop souvent, nous laissons nos pensées et nos croyances sur ce que nous « savons » nous empêcher de voir les choses telles qu'elles sont réellement. Nous avons tendance à prendre l'ordinaire pour un dû et manquons le côté extraordinaire de l'ordinaire. Pour voir la richesse du moment présent, il nous faut cultiver ce qu'on appelle « l'esprit du débutant ».

Cette attitude sera particulièrement importante quand nous pratiquerons les techniques formelles de méditation décrites dans le chapitre suivant. Quelle que soit la technique particulière utilisée, que ce soit le scan corporel, la méditation assise ou le yoga, nous devrions apporter notre esprit du débutant avec nous chaque fois que nous pratiquons, pour être ainsi libres de nos attentes, basées sur nos expériences passées. Un esprit ouvert, de « débutant », nous permet d'être réceptifs à de nouvelles possibilités, et nous empêche d'être pris dans l'ornière de notre propre expertise, qui pense souvent en connaître davantage qu'en réalité. Nul moment n'est semblable à aucun autre. Chacun est unique et contient des possibilités uniques. L'esprit du débutant nous rappelle cette vérité simple.

Vous pourriez essayer de cultiver votre propre esprit du débutant dans la vie de tous les jours, à titre d'expérience. La prochaine fois que vous voyez quelqu'un qui vous est familier, demandez-vous si vous voyez cette personne avec des yeux neufs, telle qu'elle est réellement, ou si vous voyez simplement le reflet de vos propres pensées à son sujet. Essayez avec vos enfants, votre époux ou votre épouse, vos amis et collègues, avec votre chien ou votre chat si vous en avez un. Essayez cette attitude avec les problèmes quand ils se présentent. Essayez quand vous êtes dehors, dans la nature. Êtes-vous capables de voir le ciel, les étoiles, les arbres, l'eau et les pierres, et de vraiment les voir comme ils sont à cet instant, avec un esprit clair, non encombré ? Ou ne les voyez-vous en fait qu'à travers le voile de vos pensées et de vos opinions ?

1.4. La confiance

Développer une confiance fondamentale en vous et en vos sentiments fait partie intégrale de l'entraînement à la méditation. Il est bien mieux d'avoir confiance en votre intuition et en votre propre autorité, même si vous faites des « fautes » en cours de route, que de toujours chercher des indications à l'extérieur de vous-même. Si à un moment donné quelque chose ne vous semble pas juste, pourquoi ne pas tenir compte de votre ressenti ? Pourquoi devriez-vous l'ignorer ou l'annuler car une autorité ou un groupe de personnes pensent ou disent autre chose ? Cette attitude de confiance envers vous-même et envers votre sagesse et votre bonté fondamentales est très importante dans tous les aspects de la pratique de la méditation. Ce sera particulièrement utile pour le yoga. Quand vous ferez du yoga, vous devrez tenir compte de votre ressenti, quand votre corps vous dira d'arrêter ou de revenir d'un étirement particulier. Si vous n'écoutez pas, vous pourriez vous blesser.

Certaines personnes engagées dans la méditation se trouvent tellement impressionnées par la réputation et l'autorité de leurs enseignants qu'elles ignorent leur ressenti et leurs intuitions. Elles croient que leur enseignant doit être quelqu'un de bien plus sage et plus avancé, et pensent donc qu'elles doivent l'imiter et faire ce qu'il dit sans poser de question, et le vénérer comme un modèle de sagesse parfaite. Cette attitude est à l'antipode de l'esprit de la méditation, qui insiste sur le fait d'être soi et de comprendre ce que signifie être soi. Quiconque imite quelqu'un d'autre, qui que ce soit, fait fausse route.

Il est impossible de devenir comme quelqu'un d'autre. Votre seul espoir est de devenir plus pleinement vous-même. C'est la raison première de pratiquer la méditation. Les enseignants, les livres et les enregistrements ne peuvent qu'être des guides, des balises. Il est important d'être ouvert et réceptif à ce que vous pouvez apprendre d'autres sources, mais, en finale, vous avez toujours à vivre votre propre vie, chaque instant de votre vie. En pratiquant la pleine conscience, vous prenez la responsabilité d'être vous-même et d'apprendre à écouter votre être profond et à vous y fier. Plus vous cultivez cette confiance en vous-même, plus facilement vous pourrez faire confiance aux autres et voir aussi leur bonté fondamentale.

1.5. Le non-effort

À peu près tout ce que nous faisons, nous le faisons dans un but, pour obtenir quelque chose ou pour arriver quelque part. Mais, dans la méditation, cette attitude peut constituer un véritable écueil. La méditation est en effet différente de toutes les autres activités humaines. Bien qu'elle demande beaucoup de travail et d'énergie d'un certain type, la méditation est en finale un « non-faire ». Elle n'a d'autre but pour vous que d'être vous-même. L'ironie est que vous l'êtes déjà. Cela a l'air paradoxal et un peu fou. Et pourtant, ce paradoxe et cette folie peuvent vous orienter vers une nouvelle façon de vous voir, dans laquelle vous essayez moins et êtes plus. Ceci survient en cultivant délibérément l'état de non-effort.

Si par exemple vous vous asseyez pour méditer et pensez « Je vais me détendre, ou être éclairé, ou contrôler ma douleur, ou devenir une personne meilleure », vous introduisez ainsi dans votre esprit une idée indiquant où vous devriez être, laquelle entraîne dans son sillage la notion que vous n'êtes pas OK à cet instant précis. « Si seulement j'étais plus calme, ou plus intelligent, ou plus travailleur, ou plus ceci ou plus cela, si seulement mon cœur était en meilleure santé ou mon genou en meilleur état, alors je serais OK. Mais juste là, maintenant, je ne le suis pas. »

Cette attitude mine la culture de la pleine conscience, qui implique simplement d'être attentif à ce qui arrive, quoi que ce soit. Si vous êtes tendu, faites seulement attention à la tension. Si vous avez mal, alors soyez avec la douleur du mieux que vous pouvez. Si vous vous critiquez, observez alors l'activité de jugement de votre esprit. Observez simplement. Souvenez-vous que nous permettons simplement à absolument tout ce dont nous faisons l'expérience, d'instant en instant, d'être là, parce que c'est déjà là.

Les gens sont envoyés à la clinique du stress par leur médecin parce que quelque chose ne va pas. La première fois qu'ils viennent, nous leur demandons d'identifier trois buts desquels ils veulent s'approcher durant le programme. Mais ensuite, souvent à leur surprise, nous les encourageons à ne pas essayer de faire de progrès vers ces buts au cours des huit semaines. En particulier, si un de leurs buts est de réduire leur tension artérielle ou de réduire leur douleur ou leurs angoisses, ils reçoivent pour instruction de ne pas *essayer* de réduire leur tension, ni d'*essayer* de faire partir leur douleur ou leurs angoisses, mais simplement de rester dans le présent et de suivre soigneusement les instructions de méditation.

Comme vous le verrez bientôt, dans le domaine de la méditation, la meilleure façon d'atteindre vos propres buts est d'arrêter de chercher à avoir des résultats et de commencer plutôt à se centrer soigneusement pour voir et accepter les choses comme elles sont, d'instant en instant. Avec de la patience et une pratique régulière, un mouvement en direction de vos buts va prendre place de lui-même. Ce mouvement devient un déploiement que vous invitez à se produire au cœur de votre être.

1.6. L'acceptation

Accepter signifie voir les choses comme elles sont réellement dans le moment présent. Si vous avez une migraine, acceptez le fait que vous avez une migraine. Si vous avez une surcharge pondérale, pourquoi ne pas l'accepter comme une description de votre corps en ce moment ? Tôt ou tard, nous devons nous accommoder des choses telles qu'elles sont et les accepter, que ce soit le diagnostic d'un cancer ou la nouvelle d'un décès. L'acceptation n'est souvent atteinte qu'après avoir traversé des périodes émotionnellement très chargées de déni puis de colère. Ces étapes sont une progression naturelle dans le processus d'accommodation à ce qui est. Toutes font partie du processus de guérison.

Cependant, en mettant de côté pour l'instant les grands malheurs qui demandent habituellement bien du temps pour en guérir, nous dépensons souvent beaucoup d'énergie dans notre vie de tous les jours à nier et à résister à ce qui est déjà un fait. Ce faisant, nous essayons en fait de forcer les situations à être comme nous voudrions qu'elles soient, ce qui crée seulement davantage de tension. Ceci, en fait, empêche l'émergence d'un changement positif. Nous pouvons être tellement occupés à nier, à forcer et à lutter, qu'il nous reste peu d'énergie pour guérir et croître, et que le peu qui nous reste risque d'être dissipé par notre manque de conscience et d'intentionnalité.

Si vous pesez trop lourd et vous sentez mal dans votre peau, il n'est pas bon d'attendre d'avoir le poids que, selon vous, vous devriez avoir pour commencer à aimer votre corps et à vous aimer vous-même. À un certain point, si vous ne voulez pas rester bloqué dans un cercle vicieux frustrant, vous pourriez prendre conscience que c'est OK de vous aimer vous-même avec le poids que vous avez maintenant, car c'est le seul moment où vous pouvez vous aimer vous-même. Souvenez-vous que maintenant est le seul moment dont vous disposez pour quoi que ce soit. Vous avez à vous accepter tel que vous êtes avant de pouvoir vraiment changer.

Quand vous commencez à penser de cette façon, perdre du poids devient moins important. Cela devient aussi beaucoup plus facile. En cultivant délibérément l'acceptation, vous créez les conditions préalables à la guérison.

Accepter ne signifie pas que vous devez aimer tout, ni que vous devez adopter une attitude passive envers tout et abandonner les principes et les valeurs qui sont les vôtres. Cela ne signifie pas non plus que vous êtes satisfait avec les choses telles qu'elles sont et que vous vous résignez à les supporter comme « il faut qu'elles soient ». Cela ne signifie pas que vous devriez arrêter de vous libérer de vos habitudes autodestructrices ou d'abandonner votre désir de changer et de grandir, ou que vous devriez tolérer l'injustice, par exemple, ou éviter de vous impliquer pour changer le monde qui vous entoure, parce qu'il est comme cela et donc sans espoir. L'acceptation dont nous parlons ici veut dire que vous êtes arrivé à vouloir voir les choses telles qu'elles sont. Cette attitude crée en vous les conditions nécessaires pour agir de façon appropriée dans votre vie, quoi qu'il advienne. Avec une vision claire de la situation, vous saurez quels actes poser et vous aurez la conviction intérieure d'agir, bien plus que quand votre vision est voilée par les jugements et les désirs égoïstes de votre esprit, ou par ses peurs et ses préjugés.

Dans la pratique de la méditation, nous cultivons l'acceptation en prenant chaque instant comme il vient et en y étant pleinement présent, tel qu'il est. Nous n'essayons pas d'imposer nos idées sur ce que nous devrions sentir ou penser ou voir de notre expérience. Nous veillons simplement à rester réceptifs et ouverts à tout ce que nous sentons, pensons, ou voyons et à l'accepter parce que c'est ici, maintenant. Si nous maintenons notre attention centrée sur le présent, nous pouvons être sûrs d'une chose, à savoir que tout ce à quoi nous assistons en ce moment changera, nous donnant l'occasion de pratiquer l'acceptation de ce qui émergera – quoi que ce soit – à l'instant suivant. Il est clairement sage de cultiver l'acceptation.

1.7. Le lâcher-prise

Il y a, dit-on en Inde, une façon très intelligente d'attraper les singes. L'histoire raconte que les chasseurs font dans une noix de coco un trou dont la taille permet à un singe d'y passer juste la main. Puis ils forent deux trous plus petits à l'autre bout, y font passer un câble et fixent la noix de coco à la base d'un arbre. Ils glissent ensuite une banane dans la noix de coco et se cachent. Le singe descend, passe la main dans le trou et attrape la banane. Le trou est taillé pour y laisser entrer une main ouverte mais pas pour en laisser sortir un poing fermé. Pour être libre, il suffit au singe de lâcher la banane. Mais il s'avère que la plupart des singes ne lâchent pas prise.

Souvent, notre esprit nous tient captifs d'une façon fort semblable, malgré toute notre intelligence. C'est pourquoi il est fondamental pour la pratique de la pleine conscience de cultiver l'attitude du lâcher-prise, du non-attachement. Quand nous commençons à faire attention à notre expérience intérieure, nous découvrons rapidement qu'il y a des pensées, des sentiments et des situations auxquels notre esprit semble vouloir s'agripper. S'ils sont agréables, nous essayons de prolonger ces pensées, ces sentiments et ces situations, de les faire durer indéfiniment, de les faire revenir encore et encore.

De même, il y a de nombreuses pensées, situations et sentiments dont nous essayons de nous débarrasser et de nous protéger, ou que nous essayons d'éviter, car ils sont désagréables, pénibles et effrayants d'une façon ou d'une autre.

Dans la pratique de la méditation, nous mettons délibérément de côté notre tendance à valoriser certains aspects de notre expérience et à en rejeter d'autres. Nous laissons plutôt notre expérience être ce qu'elle est, et nous nous entraînons à l'observer d'instant en instant. Le lâcher-prise est une façon de laisser les choses être, de les accepter telles qu'elles sont. Quand nous observons notre propre esprit en train de retenir et de repousser, nous songeons à abandonner à dessein ces impulsions, simplement pour voir ce qui va arriver si nous le faisons.

Quand nous nous surprenons en train de juger notre expérience, nous laissons passer ces pensées-jugements. Nous les reconnaissons et, simplement, ne les poursuivons pas davantage. Nous les laissons être, et ce faisant, les laissons passer. De la même façon, quand des pensées ayant trait au passé ou au futur se présentent, nous les laissons passer. Nous regardons, tout simplement.

Si nous trouvons particulièrement difficile de lâcher quelque chose en raison de sa forte emprise sur notre esprit, nous pouvons diriger notre attention vers le ressenti de cette « emprise ». Se cramponner est le contraire de lâcher prise. Nous pouvons devenir experts dans nos propres attachements, quels qu'ils soient et quelles que soient leurs conséquences dans notre vie, experts aussi dans notre expérience quand finalement nous lâchons prise, et dans les conséquences de cette attitude. Voir comment nous nous accrochons nous apprend finalement beaucoup sur l'attitude contraire qu'est le lâcher-prise. Que nous « réussissions » à lâcher prise ou pas, la *mindfulness* continue à nous instruire dans la mesure où nous voulons voir.

Lâcher prise n'est pas une expérience si inconnue. Nous le faisons chaque soir en allant dormir. Nous sommes allongés sur une surface matelassée, lumières éteintes, dans un endroit calme, et nous nous abandonnons, corps et esprit. Si vous ne pouvez lâcher prise, vous ne vous endormez pas.

La plupart d'entre nous avons l'expérience de périodes où notre esprit ne s'arrête tout simplement pas quand nous allons nous coucher. C'est un des premiers signes d'augmentation du stress. À ces moments-là, il nous arrive de ne pouvoir nous libérer de certaines pensées dans lesquelles nous sommes en fait trop puissamment impliqués. Si nous essayons de nous forcer à dormir, les choses empirent. Si vous pouvez donc vous endormir, vous êtes déjà un expert en lâcher-prise. Vous devez simplement vous entraîner à utiliser aussi cette compétence quand vous êtes éveillé.

2. Engagement, autodiscipline et intentionnalité

Cultiver à dessein les attitudes de non-jugement, de patience, de confiance, d'esprit du débutant, de non-effort, d'acceptation et de lâcher-prise va épauler et approfondir votre pratique des techniques de méditation que vous rencontrerez dans les prochains chapitres.

Outre ces attitudes, vous devrez aussi insuffler une forme particulière d'énergie ou de motivation à votre pratique. La pleine conscience n'arrive pas d'elle-même tout simplement parce que vous avez décidé que c'était une bonne idée d'être plus conscient des choses. Un engagement fort à un travail sur vous-même et à une autodiscipline suffisante, pour persévérer dans le processus, sont essentiels pour développer une pratique forte de la méditation et un degré élevé de pleine conscience. Nous avons déjà vu au chapitre 1 l'importance de l'autodiscipline et d'une pratique régulière pour le travail entrepris par les patients de la clinique du stress. L'autodiscipline et une pratique régulière sont vitales pour le développement du pouvoir de la *mindfulness.*

À la clinique du stress, la règle fondatrice de base est que chacun pratique. Personne ne vient en touriste. Nous ne laissons pas entrer d'observateur ou de conjoint à moins qu'ils ne veuillent pratiquer la méditation tout comme le font les patients, c'est-à-dire quarante-cinq minutes par jour, six jours sur sept. Les médecins, les étudiants en médecine, les thérapeutes, le personnel infirmier et tous les autres professionnels de la santé qui passent par la clinique du stress dans le cadre de leur cursus de formation doivent tous être d'accord de pratiquer la méditation en suivant le même programme que les patients. Sans cette expérience personnelle, il ne leur serait pas possible de vraiment comprendre ce par quoi passent les patients et la quantité d'efforts demandée pour travailler avec les énergies de son propre mental et de son corps.

L'esprit d'implication engagée que nous demandons à nos patients pendant leurs huit semaines à la clinique de réduction du stress est semblable à celui exigé dans un entraînement athlétique. L'athlète qui s'entraîne en vue d'un événement particulier ne pratique pas uniquement quand il ou elle en sent l'envie, par exemple, ou uniquement quand le temps est beau ou que d'autres personnes peuvent lui tenir compagnie, ou encore quand il a assez de temps pour le combiner avec toutes ses autres activités. L'athlète s'entraîne régulièrement, chaque jour, qu'il pleuve ou qu'il vente, qu'il se sente bien ou pas, que le but lui semble valable ou pas.

Nous encourageons nos patients à développer la même attitude. Nous leur disons d'emblée : « Cela ne doit pas nécessairement vous plaire ; faites-le, c'est tout. Et quand les huit semaines seront passées, alors seulement vous pourrez nous dire si cela vous a servi ou pas. À ce stade, continuez simplement à pratiquer. »

Leur propre souffrance et la possibilité de faire eux-mêmes quelque chose pour améliorer leur santé sont en général des motivations assez fortes pour les patients de la clinique du stress. Ils s'investissent avec un fort degré d'implication, au moins pendant les huit semaines où nous le leur demandons. Pour la plupart d'entre eux, l'expérience d'un entraînement intensif est nouvelle, sans parler du travail systématique dans le domaine de l'être. La discipline exige que, dans une certaine mesure, ils réorganisent leur vie autour du programme d'entraînement. Suivre le programme de réduction du stress implique un changement majeur de son style de vie, ne fût-ce que pour dégager du temps chaque jour pour la pratique des techniques de méditation formelle pendant quarante-cinq minutes d'affilée. Ce temps n'apparaît pas d'un coup de baguette magique dans la vie de tout un chacun. Il vous faut réorganiser votre programme et vos priorités, et planifier comment vous aller le dégager pour la pratique. Ainsi, l'inscription au programme de réduction du stress peut augmenter le stress d'une personne dans sa vie, en tout cas à brève échéance.

Ceux qui enseignent à la clinique voient la méditation comme partie intégrante de leur vie et de leur croissance personnelle. Nous ne demandons donc pas à nos patients de faire quelque chose que nous ne pratiquons pas nous-mêmes régulièrement. Nous savons ce que nous leur demandons parce que nous le faisons également. Nous savons l'effort nécessaire pour faire de la place dans sa vie pour méditer, et nous connaissons la valeur de cette façon de vivre. Personne n'est jamais considéré comme patron à la clinique, à moins qu'il ou elle n'ait des années d'entraînement à la pratique et une intense pratique quotidienne. Les personnes référées à la clinique du stress sentent que ce qui leur est demandé n'est pas quelque chose de « thérapeutique » mais plutôt un « entraînement avancé » à mobiliser leurs ressources internes profondes pour faire face et pour guérir. Notre engagement personnel dans la pratique montre que le voyage auquel nous invitons nos patients est une vraie aventure de vie, une aventure que nous pouvons vivre ensemble. Le sentiment de partager cette discipline quotidienne est un soutien précieux pour chacun. En finale toutefois, nous demandons plus que cette pratique quotidienne à nos patients et à nous-mêmes, car c'est seulement en faisant de la méditation une « façon d'être » que nous lui donnons un pouvoir concret.

Pour en venir à utiliser ce pouvoir dans votre vie, nous vous recommandons de dégager une tranche horaire particulière chaque jour, six jours minimum par semaine, pendant au moins les huit semaines consécutives du programme. Le simple fait de vous réserver à vous-même ce laps de temps chaque jour constituera un changement de style de vie très positif. La plupart du temps, nos vies sont si complexes et nos esprits si occupés et agités qu'il est nécessaire, spécialement au début, de protéger et de soutenir votre pratique de méditation en y réservant un moment spécial et, si possible, en y consacrant un endroit spécial dans votre maison, où vous vous sentez particulièrement bien et « chez vous » pendant que vous pratiquez.

Ceci requiert d'être à l'abri des interruptions et des autres engagements pour pouvoir être simplement soi-même sans avoir rien à faire, sans devoir répondre à quoi que ce soit. Ce n'est pas toujours possible mais, si vous parvenez à arranger les choses de cette façon, ce sera utile. Un indice de votre implication est votre capacité à débrancher votre téléphone pendant que vous pratiquez, ou à laisser quelqu'un d'autre y répondre et prendre note des messages. C'est déjà un grand lâcher-prise de pouvoir être à la maison pour vous-même pendant ces moments-là, et une grande paix peut survenir de ce simple fait.

Une fois que vous avez pris envers vous-même cet engagement de pratiquer, l'autodiscipline vient au fur et à mesure de la pratique. Vous engager en vue de buts qui servent votre intérêt est facile. Mais garder le cap que vous avez choisi, quand vous rencontrez des obstacles et ne pouvez voir de « résultats » sur-le-champ, vous donne la mesure réelle de votre engagement. C'est là qu'intervient votre décision consciente, votre intention de pratiquer avec la détermination d'un athlète, que vous en ayez envie ou pas ce jour-là, que cela vous soit aisé ou pas.

Une fois que vous avez décidé de pratiquer et choisi une heure appropriée pour le faire, pratiquer régulièrement n'est pas aussi dur que vous pourriez le penser. Dans une certaine mesure, la plupart des gens sont déjà disciplinés intérieurement. Mettre le repas sur la table tous les soirs demande de la discipline. Se lever le matin et aller travailler demande de la discipline. Et prendre du temps pour vous-même en demande certainement aussi. Vous ne serez pas payé pour cela, et il y a fort à parier que vous ne serez pas embauché dans une clinique du stress où vous sauriez que tous les autres le font et sentiriez ainsi une pression sociale vous poussant à le faire. Vous devrez le faire pour de meilleures raisons que celles-là. Peut-être la capacité de fonctionner plus efficacement sous pression, d'être en meilleure santé et en meilleure forme, ou d'être plus détendu, plus confiant en vous-même et plus heureux, seront-elles suffisantes. Mais au bout du compte, vous devez décider pour vous-même pour quelles raisons vous prenez un tel engagement.

Certains ont une résistance à la seule idée de prendre du temps pour eux-mêmes. L'éthique puritaine nous a légué un héritage de culpabilité quand nous faisons quelque chose pour nous-mêmes. Certains découvrent qu'ils ont une petite voix en eux qui leur dit que c'est égoïste ou qu'ils ne méritent pas cette sorte de temps et d'énergie. Ils le reconnaissent en général comme un message qui leur a été donné très tôt dans leur vie : « Vis pour les autres, pas pour toi-même », « Aide les autres, ne t'appesantis pas sur toi-même ».

Si vous sentez en effet que vous ne méritez pas de prendre du temps pour vous, pourquoi ne pas examiner *cela* comme partie intégrante de votre pratique de la pleine conscience ? D'où viennent de tels sentiments ? Quelles pensées se cachent derrière cela ? Pouvez-vous les observer avec acceptation ? Sont-elles pertinentes ?

Même le degré auquel vous pouvez vraiment aider les autres, si c'est pour vous fort important, dépend directement de votre équilibre personnel. Prendre du temps pour « accorder » votre propre instrument et restaurer vos réserves d'énergie ne peut guère être considéré comme égoïste. *Intelligent* conviendrait mieux.

Heureusement, dès que les gens commencent à pratiquer la pleine conscience, l'idée que prendre du temps pour soi est « égoïste » et « narcissique » passe souvent bien vite. Ils voient en effet que de dégager du temps, pour simplement être, a un impact sur la qualité de leur vie, l'estime qu'ils ont d'eux-mêmes ainsi que sur leur relation aux autres.

Nous suggérons que chacun trouve le moment de pratique qui lui convient le mieux. Pour moi c'est tôt le matin. J'aime me lever environ une heure avant l'heure normale pour méditer et faire du yoga. J'aime le calme de cette période. Il est très agréable d'être levé et de n'avoir rien d'autre à faire que d'habiter le moment présent, étant avec les choses telles qu'elles sont, l'esprit ouvert et conscient. Je sais que le téléphone ne va pas sonner. Je sais que la maisonnée dort si bien que la méditation ne réduit pas le temps passé avec les miens. La plupart du temps mes enfants continuent à dormir maintenant, bien que, pendant des années, le plus jeune semblait toujours sentir quand quelqu'un était éveillé dans la maison, quelle que soit l'heure. À certaines périodes, j'ai dû avancer ma méditation à quatre heures du matin pour être certain d'avoir un peu de temps sans être interrompu. Maintenant, il arrive que les enfants méditent ou fassent du yoga avec moi. Je n'insiste pas. C'est simplement quelque chose que fait Papa et il est donc naturel pour eux de savoir un peu ce que c'est et d'en faire avec moi de temps en temps.

Une pratique de méditation et de yoga au petit matin a pour moi une influence positive sur le restant de la journée. Quand je démarre la journée en m'établissant dans le silence, étant dans la pleine conscience, nourrissant le domaine de l'être, et cultivant le calme et la concentration, il me semble que je suis plus présent et détendu le reste de la journée, capable d'identifier le stress et de le gérer de manière efficace. Quand je contacte mon corps et le mobilise doucement pour étirer mes articulations et sentir mes muscles, il se sent plus vivant et plus vibrant que les jours où je ne le fais pas. Je sais aussi dans quel état est mon corps ce jour-là et ce à quoi je devrais être attentif, comme le bas de mon dos ou ma nuque, s'ils sont particulièrement raides ou douloureux ce matin-là.

Certains de nos patients aiment pratiquer tôt le matin, mais beaucoup n'aiment pas ou n'y arrivent pas. Nous laissons à chaque personne le soin de choisir avec l'expérience le meilleur moment pour pratiquer. Toutefois, au début, il n'est pas recommandé de pratiquer tard dans la soirée. Quand vous êtes fatigué, en effet, maintenir votre attention éveillée, comme le demande la pratique, est très difficile.

Dans les premières semaines du programme de réduction du stress, de nombreuses personnes éprouvent de la difficulté à rester éveillées pendant le scan corporel (voir chapitre 5), même quand elles le font pendant la journée, tellement elles se détendent. Si je me sens engourdi en m'éveillant le matin, je m'asperge parfois le visage d'eau froide jusqu'à ce que je sente que je suis vraiment éveillé. Je ne souhaite pas méditer dans le brouillard. Je veux être éveillé. Ceci peut sembler excessif. En réalité, il s'agit simplement de percevoir la valeur qu'il y a à être éveillé avant d'essayer de pratiquer. Il est utile de se rappeler que la pleine conscience concerne le fait d'être pleinement éveillé. Elle ne se cultive pas en se détendant au point d'être emporté par l'inconscience et le sommeil. Ainsi, nous recommandons vivement de faire tout ce qui est nécessaire pour s'éveiller, même de se doucher à l'eau froide s'il le faut.

Votre pratique de la méditation sera à la mesure de votre motivation à dissiper le brouillard de votre manque de conscience. Quand vous vous trouvez dans ce brouillard, il est difficile de vous souvenir de l'importance de pratiquer la *mindfulness*, et difficile également de repérer vos schémas de comportement. La confusion, la fatigue, la dépression et l'angoisse sont des états mentaux puissants qui peuvent saper vos meilleures intentions de pratiquer régulièrement. Vous pouvez facilement être pris par eux puis y rester accroché sans même le savoir.

C'est à ces moments-là que votre engagement à pratiquer a la plus grande valeur. Il vous maintient engagé dans le processus. L'impulsion d'une pratique régulière aide à garder une certaine stabilité mentale et une certaine résilience même quand vous traversez des états d'agitation, de confusion, de manque de clarté et de procrastination. Ce sont parmi les moments les plus fructueux pour pratiquer, non pas pour vous débarrasser de votre confusion ou de vos émotions mais simplement pour en être conscient et les accepter.

⁂

La plupart des personnes qui viennent à la clinique du stress, quel que soit leur problème médical, nous disent qu'elles viennent vraiment pour trouver la paix de l'esprit. C'est un but compréhensible, vu leur souffrance mentale et physique. Mais pour trouver l'apaisement du mental, les personnes doivent susciter une représentation de ce qu'elles veulent réellement pour elles-mêmes et garder cette représentation vivante face aux difficultés intérieures et extérieures, face aux obstacles et aux reculs.

Je pensais que la pratique de la méditation était si puissante en elle-même, et si curative, qu'aussi longtemps que vous la pratiquiez, vous observiez un changement, une maturation. Mais j'ai appris avec le temps qu'il est également nécessaire d'avoir une sorte de représentation personnelle. Ce pourrait être la vision de ce que ou de qui vous pourriez être, si vous vous délestiez des entraves de votre esprit et des limitations de votre corps. Cette image ou cet idéal vous portera pendant les périodes inévitables de moindre motivation, et assurera une continuité à votre pratique.

Pour certains ce pourrait être une image de santé et de vibration, pour d'autres de relaxation, de bonté, de calme intérieur, d'harmonie ou encore de sagesse. Votre représentation devrait être ce qui est le plus important pour vous, ce que vous croyez être le plus fondamental pour votre capacité à être vraiment vous-même, à être en paix avec vous même, à être unifié.

Le prix de la complétude n'est rien de moins qu'un engagement total à être complet ainsi qu'une foi inébranlable dans votre capacité à la refléter à tout moment. C.G. Jung le dit en ces termes : « Atteindre la totalité demande d'y mettre tout son être. Rien de moins. Il ne peut y avoir ni facilités, ni substituts, ni compromis. »

Avec cet arrière-plan pour vous aider à comprendre l'esprit et les attitudes les plus utiles à cultiver dans votre pratique de la méditation, nous sommes à présent prêts à explorer la pratique elle-même.

Chapitre 3

Le pouvoir de la respiration : votre alliée insoupçonnée dans le processus de guérison

Les poètes et les scientifiques savent que notre organisme bat au rythme de celui de nos aïeux. Le rythme et la pulsation sont intrinsèques à toute vie, depuis le battement du cil bactérien à l'alternance des cycles de photosynthèse et de respiration des plantes, aux rythmes circadiens de notre corps et de sa biochimie. Ces rythmes du monde vivant s'inscrivent dans les rythmes plus vastes de la planète elle-même, le flux et le reflux des marées, les cycles de carbone, d'azote et d'oxygène de la biosphère, les cycles des nuits et des jours, les saisons. Notre corps lui-même est en lien avec la planète dans un échange rythmique permanent, va-et-vient constant de matière et d'énergie entre notre corps et ce que nous appelons « l'environnement ». Quelqu'un a calculé un jour que tous les sept ans en moyenne, tous les atomes de notre corps avaient été remplacés par d'autres venus de l'extérieur. Ceci en soi mérite notre réflexion. Que suis-je si quasiment toutes les substances de mon corps sont remplacées en dix ans ?

Cet échange de matière et d'énergie se produit notamment par la respiration. À chaque respiration, nous échangeons des molécules de dioxyde de carbone provenant de l'intérieur de notre organisme, avec des molécules d'oxygène venant de l'air ambiant. Évacuation des déchets à chaque expiration, renouvellement à chaque inspiration. Si ce processus est interrompu pendant plus de quelques minutes, le cerveau manque d'oxygène et subit des dommages irréversibles.

La respiration a un partenaire très important dans son travail, c'est le cœur. Pensez à ceci : ce muscle surprenant n'arrête jamais de pomper tout au long de notre vie. Il commence à battre en nous longtemps avant notre naissance et continue à battre, jour après jour, année après année, sans s'arrêter ni se reposer durant notre vie entière. Il peut même être maintenu en vie de manière artificielle pendant un certain temps après notre mort.

Tout comme le souffle, le battement cardiaque est un rythme vital fondamental. Le cœur pompe le sang riche en oxygène des poumons via les artères et leurs plus petites capillarités, et le dirige vers toutes les cellules du corps, leur apportant l'oxygène dont elles ont besoin pour fonctionner. Quand les cellules de sang rouge abandonnent leur oxygène, elles se chargent en dioxyde de carbone, le déchet majeur de tout tissu vivant. Le dioxyde de carbone est alors reconduit au cœur par les veines et, de là, est pompé vers les poumons, où il est déchargé dans l'atmosphère à l'expiration. Ceci est suivi par une autre inspiration, qui à nouveau oxygène les molécules porteuses d'hémoglobine, qui seront pompées à travers tout le corps par la contraction suivante du cœur. C'est littéralement la pulsation de vie en nous, le rythme de la mer primordiale internalisé, le flux et le reflux de la matière et de l'énergie dans notre corps.

Dès l'instant où nous naissons jusqu'au moment de notre mort, nous respirons. Le rythme de notre respiration varie considérablement en fonction de nos activités et de nos sentiments. Il s'accélère à l'effort physique et quand il y a émotion, et ralentit pendant le sommeil ou les périodes de détente. À titre d'expérience, vous pourriez essayer d'être conscient de votre respiration quand vous êtes excité, fâché, surpris et détendu, et observer la manière dont elle change. Parfois notre respiration est très régulière. D'autres fois elle est irrégulière, voire laborieuse.

Nous pouvons exercer un certain contrôle conscient sur notre respiration. Nous pouvons choisir de retenir notre souffle pendant un court moment ou de contrôler volontairement son rythme et sa profondeur.

Mais qu'il soit rapide ou lent, contrôlé ou livré à lui-même, le souffle se poursuit, nuit et jour, année après année, au long de toutes les expériences et de toutes les étapes que nous traversons au cours de notre vie. D'habitude, cela nous semble tout à fait normal. Nous ne faisons pas attention à notre respiration sauf si quelque chose se passe et nous empêche de respirer normalement. C'est-à-dire sauf si nous commençons à méditer.

Le souffle joue un rôle extrêmement important dans la méditation et dans la guérison. La respiration est une alliée incroyablement puissante et un enseignant dans le travail de la médiation. Pourtant, les gens qui n'ont pas appris à méditer n'en pensent rien ou ne trouvent pas cela intéressant.

Il est particulièrement fructueux de nous centrer sur les pulsations fondamentales du corps pendant la méditation, tant elles sont intimement connectées à l'expérience d'être vivant. Alors que nous pourrions théoriquement nous centrer sur les battements de notre cœur plutôt que sur notre respiration, il est beaucoup plus facile d'être conscient du souffle. Le fait que ce processus est rythmique, et qu'il change constamment, nous le rend bien plus précieux encore. En nous centrant sur le souffle quand nous méditons, nous apprenons d'emblée à nous sentir à l'aise dans le changement. Nous voyons que nous devrons être souples. Nous allons devoir nous entraîner à vivre un processus qui non seulement connaît des cycles et des flux, mais répond aussi à notre état émotionnel en changeant de rythme, parfois de manière bien spectaculaire.

Notre respiration est aussi très utile pour nous aider à maintenir une conscience continue dans notre vie quotidienne. Aussi longtemps que nous sommes en vie, elle nous accompagne. Nous ne pouvons quitter la maison sans elle. Elle est toujours présente et nous pouvons toujours y ramener notre attention, peu importe ce que nous sommes en train de faire ou de ressentir, quelle que soit notre expérience du moment et peu importe où nous nous trouvons. Nous y relier nous introduit de plain-pied dans l'ici et maintenant. L'attention au souffle ancre immédiatement notre conscience dans le corps, dans un processus vital fondamental, rythmique et fluide.

Certains ont du mal à respirer quand ils deviennent angoissés. Ils se mettent à respirer de plus en plus vite et de plus en plus superficiellement, provoquant une *hyperventilation*, c'est-à-dire qu'ils ne captent plus assez d'oxygène et rejettent trop de dioxyde de carbone. Cela provoque des sensations de vertige, souvent accompagnées d'une oppression dans la poitrine. Quand vous avez tout à coup l'impression de ne plus parvenir à avoir assez d'air, vous pouvez être submergé par la peur ou la panique. Et quand vous paniquez, bien entendu, il devient plus difficile encore de retrouver le contrôle de votre respiration.

Les gens qui font un épisode d'hyperventilation peuvent penser qu'ils font à ce moment une crise cardiaque et qu'ils vont mourir. En fait, le pire qui puisse leur arriver est de perdre connaissance, ce qui ne doit pas être pris à la légère. Mais s'évanouir est la façon dont le corps sort du cercle vicieux. Ce cercle commence quand vous vous sentez incapable de respirer, ceci conduit à la panique, et la panique conduit à son tour à un sentiment accru d'être incapable de respirer. Quand vous vous évanouissez, votre respiration revient d'elle-même à la normale. Si vous ne parvenez pas à garder votre souffle sous contrôle, votre corps le fera pour vous, en court-circuitant votre conscience pendant le temps nécessaire.

Quand des patients souffrant d'hyperventilation sont envoyés à la clinique du stress, on leur demande, comme à tout le monde, de se centrer sur leur respiration, comme premier pas d'entrée dans la méditation formelle. Pour beaucoup d'entre eux, la simple pensée de se centrer sur leur respiration génère de l'angoisse et ils ont beaucoup de difficulté à *observer* leur souffle sans essayer de l'influencer. Mais, avec de la persévérance, la plupart apprennent à avoir confiance dans leur respiration au fur et à mesure qu'ils s'y habituent par la pratique de la méditation.

Grégoire, un pompier de trente-sept ans, était venu à la clinique du stress. Il était envoyé par son psychiatre suite à une année d'épisodes d'hyperventilation et de traitement médicamenteux infructueux de son anxiété. Son problème avait commencé quand il a senti qu'il succombait à la fumée dans un immeuble en feu. À dater de ce jour, chaque fois qu'il enfilait son masque à gaz pour se rendre dans un immeuble en feu, sa respiration s'accélérait, devenait superficielle et il ne parvenait plus à le mettre. À plusieurs reprises il fut retiré d'urgence d'un incendie pour être transporté aux urgences de l'hôpital local, pensant qu'il faisait un infarctus. Mais les médecins diagnostiquaient chaque fois de l'hyperventilation. À l'époque où il fut référé à la clinique du stress, il n'avait plus été capable d'entrer dans un immeuble en flammes depuis plus d'un an.

À la première séance, Grégoire et tous les autres abordèrent les bases de la technique d'observation du souffle. Dès qu'il commença à se centrer sur son va-et-vient, il sentit monter l'angoisse. Mais comme il était réticent à quitter la pièce, il tint le coup en faisant comme il put. En désespoir de cause, il parvint également à pratiquer chaque jour de la semaine, malgré son inconfort et sa peur. Il se sentait vraiment mal chaque fois qu'il dirigeait son attention vers sa respiration : c'était comme si son souffle était un ennemi. Il y voyait une force potentiellement incontrôlable, sur laquelle il ne pouvait compter. Elle l'avait déjà empêché de travailler, avait donc changé sa relation aux autres pompiers et l'image qu'il avait de lui en tant qu'homme.

Toutefois, après deux semaines de travail obstiné sur sa respiration, alors qu'il faisait le scan corporel, il s'aperçut qu'il pouvait à nouveau mettre son masque et retourner dans les immeubles en feu.

Grégoire décrivit plus tard au groupe comment s'était produit ce changement bouleversant. À force de passer du temps à observer sa respiration, il était devenu un peu plus confiant en elle. Même s'il n'en était pas conscient au début, il se détendait un peu pendant le scan corporel, et tandis qu'il devenait plus détendu, ses sentiments au sujet de sa respiration commencèrent à changer. En passant du temps à observer simplement son souffle aller et venir tout en déplaçant son attention dans tout son corps, il commença à découvrir vraiment la perception de son souffle. En même temps, il observa qu'il était moins pris dans les pensées et dans les peurs qu'il avait *au sujet* de sa respiration. Il expérimenta de façon directe que sa respiration n'était pas son ennemie et qu'il pouvait même l'utiliser pour se détendre.

Il ne fallait qu'un pas pour qu'il pratique la conscience du souffle à d'autres moments de la journée et l'utilise pour devenir plus paisible où qu'il soit. Il lui arriva un jour de s'y essayer dans un incendie. Jusque-là, il était sorti avec les camions mais avait simplement accompli des tâches annexes. Quand il enfila son masque, il se centra délibérément sur sa respiration, l'observa, la laissant être telle qu'elle était, acceptant de sentir le masque quand il le mettait sur son visage, exactement comme il s'entraînait à accepter sa respiration et tous les ressentis dont il faisait l'expérience quand il pratiquait le scan corporel chez lui. Et il découvrit que c'était OK.

À dater de ce jour, Grégoire put enfiler son masque et entrer dans des immeubles en feu sans paniquer ni faire d'hyperventilation. Au cours des trois années qui ont suivi le programme de huit semaines, il a plusieurs fois senti la peur d'être coincé quand il intervenait dans des endroits clos et enfumés. Mais il put alors devenir conscient de sa peur, ralentir sa respiration et garder l'esprit suffisamment calme. Il n'a plus jamais fait de crise d'hyperventilation.

⁂

La façon la plus facile et la plus efficace de commencer à pratiquer la pleine conscience, en tant que pratique formelle de méditation, est de diriger simplement votre attention vers votre respiration et de voir ce qui se passe si vous essayez de la maintenir là, exactement comme nous l'avons fait au chapitre 1, mais pendant plus de trois minutes. Le souffle peut être observé à plusieurs endroits dans le corps. Les narines sont évidemment l'un d'entre eux. Si c'est de là que vous observez votre respiration, vous vous centrerez sur la perception de l'air alors qu'il pénètre dans les narines et même au-delà. Un autre endroit où se centrer est la poitrine qui s'ouvre et se ferme, et un autre encore est le ventre qui, quand il est détendu, gonfle puis revient à chaque respiration.

Quel que soit l'endroit choisi, l'idée est d'être conscient des sensations qui accompagnent votre respiration à cet endroit particulier et de les maintenir à l'avant-plan de votre conscience d'instant en instant. Ce faisant, nous *sentons* l'air entrer et sortir au-delà de nos narines, nous *sentons* le mouvement des muscles associés à la respiration, et nous *sentons* le ventre gonfler puis revenir.

Faire attention à votre respiration veut simplement dire faire attention. Rien de plus. Cela ne signifie pas que vous devriez « pousser » ou forcer votre respiration, ou essayer de la rendre plus profonde, ou encore changer ses proportions ou son rythme. La bonne nouvelle est que, pendant des années, votre souffle est fort bien entré et sorti de votre corps sans que vous y ayez pensé le moins du monde. Il n'est pas nécessaire d'essayer de le *contrôler* maintenant, simplement parce que vous avez décidé d'y être attentif. En fait, essayer de le contrôler est contre-productif. En étant conscients de la respiration, nous faisons l'effort d'être simplement conscients du *ressenti* de chaque inspiration et de chaque expiration. Si vous le voulez, vous pouvez également ressentir le souffle au moment où la direction du flux s'inverse.

Une autre erreur courante des participants, la première fois qu'ils entendent les instructions de méditation sur la respiration, est de comprendre que nous leur disons de *penser à* leur respiration. C'est tout à fait faux. Se centrer sur le souffle ne signifie pas penser à sa respiration. Cela signifie en être *conscient, sentir* les sensations qui y sont associées et être attentif à l'évolution de leurs qualités.

Dans la clinique du stress, nous nous centrons généralement sur la sensation du souffle dans le ventre plutôt que dans les narines ou dans la poitrine. C'est en partie parce que cette approche tend à être particulièrement relaxante et apaisante lors des premières étapes de la pratique. Tous les professionnels qui ont recours à la respiration dans leur travail, comme les chanteurs d'opéra, ceux qui jouent d'un instrument à vent, les danseurs, les acteurs, ceux qui pratiquent un art martial, savent l'importance de respirer dans le ventre et d'y « centrer » leur attention. Ils ont expérimenté de première main qu'ils auront plus de souffle et plus de contrôle si leur respiration vient du ventre.

Vous centrer sur votre souffle au niveau du ventre peut être apaisant. Tout comme la surface de l'océan est agitée quand le vent souffle, l'esprit aussi tend à être réactif et agité quand l'environnement extérieur n'est pas paisible. Dans l'océan, si vous descendez de trois à six mètres sous les vagues, vous ne trouvez plus qu'une douce ondulation. Il y fait calme même quand la surface est agitée. De même, quand nous nous situons au niveau du ventre pour nous centrer sur notre respiration, nous nous connectons à une région du corps située en deçà des agitations de notre esprit pensant, et donc intrinsèquement plus calme. C'est une façon précieuse de rétablir le calme intérieur et l'équilibre par temps de remous émotionnels, ou quand vous « avez la tête pleine ».

Dans la méditation, le souffle est comme une ancre pour notre attention. En nous y reliant là où nous le sentons dans notre corps, nous pouvons nous glisser sous les agitations de surface de l'esprit pour rejoindre la détente, le calme et la stabilité. L'agitation se poursuit en surface, exactement comme les vagues à la surface de l'océan. Mais nous sommes à l'abri du vent et les vagues ne nous font plus trembler. Elles ne nous stressent plus car, pendant un moment ou deux, nous pouvons déplacer notre attention vers le souffle. C'est une façon très efficace d'établir un centre paisible en vous-même, une façon d'accroître la stabilité globale de votre mental.

Quand vous pouvez contacter à tout moment cette part de votre esprit qui est calme et stable, votre perspective change immédiatement. Vous voyez les choses plus clairement et vous pouvez agir au départ de votre équilibre intérieur plutôt qu'en étant ballotté par les agitations de votre esprit. C'est une des raisons pour lesquelles il est si utile de vous centrer sur le souffle au niveau abdominal. Votre abdomen est littéralement le « centre de gravité » de votre corps, bien en dessous de la tête et du tapage de votre esprit pensant. C'est pourquoi nous entrons d'emblée « en amitié » avec notre ventre en tant qu'allié pour établir le calme et la présence.

Dans la journée, chaque moment où vous dirigez ainsi votre attention vers votre respiration devient un moment de conscience méditative. C'est une manière efficace de vous connecter au présent et de vous tourner vers votre corps et vers ce que vous ressentez, non seulement quand vous êtes occupé à « méditer » mais aussi pendant que vous êtes simplement occupé à vivre votre vie.

Quand vous pratiquez la pleine conscience du souffle, fermer les yeux peut vous aider à approfondir votre concentration. Cependant, il n'est pas toujours nécessaire de méditer les yeux fermés. Si vous décidez de les garder ouverts, ayez le regard fixe mais non concentré, dirigé vers l'avant ou vers le sol, et gardez-le immobile. Accordez la même sensibilité à ressentir votre respiration que celle accordée à manger les raisins, et décrite au premier chapitre. En d'autres mots, soyez conscient de ce que vous sentez vraiment d'instant en instant. Maintenez votre attention dirigée vers le souffle pendant toute la durée de l'expiration, le mieux que vous pouvez, et, quand vous remarquez que votre esprit vagabonde et n'est plus centré, ramenez-le sans plus à votre respiration.

La respiration diaphragmatique

Parmi nos patients, beaucoup ont trouvé bénéfique de respirer d'une façon spécifique qui demande au ventre de se détendre. C'est ce qu'on appelle la respiration diaphragmatique. Peut-être est-ce ou n'est-ce pas votre façon actuelle de respirer. Si ce n'est pas le cas, la respiration abdominale vous rendra progressivement plus conscient de votre façon de respirer. Vous respirerez peut-être plus spontanément de cette façon, plus lente et plus profonde que la respiration thoracique. Cette dernière tend, quant à elle, à être rapide et superficielle. L'observation de la respiration des nourrissons, nous montre que nous commençons tous à respirer par la respiration diaphragmatique quand nous sommes bébés.

Il est plus juste, en parlant de la respiration diaphragmatique, de parler de respiration abdominale ou de respiration du ventre, car tous les schémas respiratoires impliquent le diaphragme. Pour visualiser cette forme particulière de respiration, il est utile d'avoir au départ quelques connaissances sur la façon dont votre corps fait entrer puis sortir de l'air de vos poumons.

Le diaphragme est une grande membrane musculaire en forme de parapluie attachée sur tout le bord inférieur de la cage thoracique. Il sépare le contenu de la poitrine (le cœur, les poumons et les grands vaisseaux sanguins) du contenu de l'abdomen (l'estomac, le foie, les intestins, etc.). Quand il se contracte, il se resserre et tire vers le bas (voir figure 1) car il est arrimé à tout le pourtour de la cage thoracique. Ce mouvement vers le bas augmente le volume de la cavité thoracique dans laquelle les poumons se trouvent de part et d'autre du cœur. Cette augmentation de volume dans la poitrine réduit la pression de l'air dans les poumons. Suite à cette baisse de pression à l'intérieur des poumons, de l'air provenant de l'extérieur du corps, où la pression est plus élevée, entre dans les poumons pour égaliser la pression. C'est l'inspiration.

Après s'être contracté, le diaphragme connaît un temps de relaxation. Pendant ce temps-là, il se détend et retrouve sa position originale plus haute dans le thorax, réduisant par là le volume de la cavité thoracique. Ceci augmente la pression dans la cage thoracique qui fait sortir par le nez (et par la bouche si elle est ouverte) l'air contenu dans les poumons. C'est l'expiration. Ainsi donc, dans toutes les respirations, l'air est aspiré dans les poumons quand le diaphragme se contracte et s'abaisse, et en est expulsé quand le diaphragme se détend et remonte.

Supposez maintenant que les muscles qui forment la paroi de votre ventre (l'abdomen) sont tendus plutôt que relâchés quand le diaphragme se contracte. Quand le diaphragme appuie sur l'estomac, sur le foie et sur les autres organes de l'abdomen, il rencontrera une résistance et ne pourra descendre bien loin. Votre respiration aura tendance à être superficielle et à se situer plutôt haut dans le thorax.

Dans la respiration abdominale ou diaphragmatique, l'idée est de *relaxer* votre ventre autant que vous le pouvez. Alors, à l'inspiration, le ventre enfle légèrement (de lui-même) vers l'extérieur, le diaphragme exerçant une poussée de haut en bas sur le contenu de l'abdomen. Le diaphragme peut alors descendre un peu plus si bien que l'inspiration est un peu plus longue et que les poumons se remplissent d'un peu plus d'air. Un peu plus d'air est alors expulsé à l'expiration si bien que, dans l'ensemble, le cycle complet de votre respiration sera plus lent et plus profond.

FIGURE 1

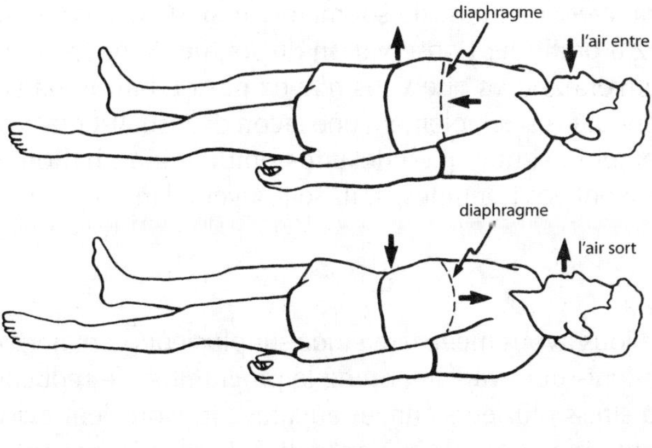

Si vous n'avez pas l'habitude de relâcher le ventre, vous serez peut-être frustré et dérouté lors de vos premières tentatives. Mais si vous persévérez sans forcer, cela deviendra bientôt naturel. Les bébés n'essaient pas de détendre leur ventre quand ils respirent ! Ils sont déjà détendus. Mais quand notre corps a développé quantité de tensions chroniques, comme il arrive en vieillissant, parvenir à détendre le ventre peut prendre du temps. Mais cela vaut à coup sûr la peine d'y faire attention.

Au début, il vous sera peut-être plus facile de vous allonger sur le dos ou dans un fauteuil à bascule, de fermer les yeux et de poser une main sur le ventre. Dirigez votre attention vers votre main et sentez-la bouger tandis que le souffle va et vient. Si votre main monte pendant l'inspiration et descend pendant l'expiration, votre respiration est abdominale. Ce ne doit pas être un mouvement violent ou forcé, ni davantage un mouvement très ample. Cela ressemble à un ballon, se gonflant doucement à l'inspiration et se dégonflant doucement à l'expiration. Si vous sentez ce mouvement maintenant, c'est OK. Si vous ne le sentez pas, c'est bien aussi. Cela viendra avec le temps, de soi-même, quand vous continuerez à pratiquer l'observation du souffle. Et pour rappel, souvenez-vous que vous n'avez pas de ballon dans le ventre. C'est simplement une façon de visualiser le mouvement ; si quelque chose ressemblait à un ballon, ce seraient vos poumons, et ils se trouvent dans la poitrine !

⁂

Nous avons mené une étude sur plusieurs centaines de patients qui avaient terminé le programme de réduction du stress plusieurs années auparavant. Nous leur avions demandé ce qu'ils avaient retiré de plus important du programme. La majorité répondit : « la respiration ». Je trouve cette réponse amusante dans la mesure où chacun d'eux respirait bien avant de participer à cet entraînement à la réduction du stress. Pourquoi la respiration, qu'ils pratiquaient de toute façon avant, serait-elle soudain si importante et si précieuse ?

Voici la réponse : une fois que vous commencez à méditer, respirer devient plus que respirer. Quand nous commençons à faire attention à notre respiration de façon régulière, la relation entre elle et nous change énormément. Comme nous l'avons déjà vu, nous y connecter nous aide à nous centrer. Le souffle nous *rappelle* de nous connecter à notre corps et de vivre le reste de notre expérience en étant pleinement conscients, maintenant.

Être présents à notre respiration nous aide à apaiser le corps et l'esprit. Nous sommes alors capables d'être conscients de nos pensées et de nos sentiments avec davantage de calme et de discernement. Nous pouvons voir les choses plus clairement et avec une perspective plus vaste, simplement parce que nous sommes un peu plus éveillés, un peu plus vigilants. Avec cette conscience, naît aussi la sensation d'avoir plus d'espace, d'avoir plus de choix et la liberté de répondre adéquatement au stress, plutôt que de perdre notre stabilité, de nous sentir submergés et déséquilibrés par nos réactions réflexes.

Tout ceci vient de la simple pratique qui consiste à faire attention à votre respiration, lorsque cette pratique est régulière. Vous découvrirez en plus qu'il est possible de diriger votre souffle de manière très précise vers différentes parties du corps, si bien qu'il peut pénétrer dans des parties blessées ou en souffrance et les apaiser, tout en calmant et en stabilisant le mental.

Nous pouvons également utiliser le souffle pour approfondir notre capacité à nous établir dans des états profonds de calme et de conscience concentrée. Le fait de donner à l'esprit *une chose* à suivre de près, à savoir le souffle, pour remplacer la série de choses dont il se préoccupe habituellement, accroît notre pouvoir de concentration. Rester centré sur le souffle pendant la méditation, conduit en fin de compte à de profondes expériences de calme et de conscience. C'est comme si le souffle contenait, lové en lui-même, un pouvoir que nous pouvons contacter en le suivant, simplement, comme s'il était un chemin.

Ce pouvoir se révèle quand nous dirigeons systématiquement notre attention vers le souffle et l'y maintenons durant de longues périodes. Il apporte avec lui une perception croissante du souffle en tant qu'allié fiable. Je soupçonne que c'est la raison pour laquelle nos patients disent si souvent que « la respiration » est la chose la plus importante qu'ils ont retenue du cours. Car, dans cette bonne vieille respiration (je ne dirai pas « juste sous notre nez »), se trouve, complètement ignorée, la source d'un pouvoir qui peut transformer notre vie. Tout ce que nous avons à faire pour en bénéficier est d'approfondir notre capacité d'attention et notre patience.

C'est la simplicité même de la pratique de la pleine conscience du souffle qui lui confère son pouvoir de nous dégager de l'emprise compulsive et habituelle des nombreuses préoccupations de l'esprit. Les yogis le savent depuis des siècles. La respiration est le fondement universel de la pratique de la méditation.

⁂

Il existe deux façons principales de pratiquer la pleine conscience de la respiration. L'une est la discipline formelle qui consiste à prévoir un temps spécifique pendant lequel vous arrêtez toute activité, adoptez une posture spéciale, et vous établissez pour un certain temps dans la conscience, d'instant en instant, de l'inspiration et de l'expiration, comme décrit ci-dessus. Par cette pratique régulière, vous approfondissez naturellement votre capacité à garder votre attention centrée sur le souffle durant un laps de temps continu. Ceci va améliorer votre capacité de concentration, au fur et à mesure que votre esprit devient plus centré et plus calme, moins réactif aux pensées et aux pressions extérieures. Si vous continuez à pratiquer, le calme venant de votre attention régulière au souffle développe par lui-même davantage de stabilité, de robustesse et de fiabilité. Alors, quelle que soit la technique, consacrer du temps à méditer revient en fait à vous donner du temps pour « revenir à la maison », dans votre moi intime, à vous donner un temps de paix et de renouveau intérieurs.

La deuxième manière de pratiquer en utilisant le souffle est d'en être conscient de temps en temps au cours de la journée, ou même tout au long de la journée, où que vous soyez et quoi que vous fassiez. Avec cette approche, le fil de la conscience méditative, y compris la relaxation physique, le calme émotionnel, et la vision pénétrante qu'elle apporte avec elle, est tissé dans chaque aspect de votre vie quotidienne. Nous appelons cela la pratique « informelle » de la méditation. Elle est certainement aussi valable que la pratique formelle. Cette approche est pourtant facilement négligée et perd une bonne part de sa capacité de stabiliser l'esprit si elle n'est pas combinée avec une pratique régulière de méditation formelle. La pratique de la méditation formelle et celle de la méditation informelle ayant recours au souffle se complètent et s'enrichissent mutuellement. Il vaut mieux les laisser travailler main dans la main. La seconde approche, bien sûr, ne prend pas de temps, il suffit de s'en souvenir.

La pleine conscience de la respiration est centrale de tous les aspects de la pratique méditative. Nous l'utiliserons dans la méditation assise, le scan corporel, le yoga et la méditation marchée, qui constituent toutes les pratiques de méditation formelle. Nous allons également l'utiliser d'un bout à l'autre de la journée, puisque nous nous entraînons à développer une conscience continue dans notre vie. Si vous vous y tenez, vous verrez bientôt le jour où vous considérerez votre respiration comme une amie intime et ancienne, une alliée puissante dans le processus de guérison.

EXERCICE 1

1. Installez-vous confortablement allongé sur le dos ou assis. Si vous êtes assis, gardez le dos redressé et laissez tomber les épaules.
2. Fermez les yeux, si cela vous convient.
3. Dirigez votre attention vers le ventre, sentez-le se soulever ou se gonfler doucement à l'inspiration et retomber ou revenir à l'expiration.
4. Maintenez votre attention sur votre respiration « étant avec » chaque inspiration pendant toute sa durée et « avec » chaque expiration pendant toute sa durée, comme si vous chevauchiez les vagues de votre propre respiration.
5. Chaque fois que vous remarquez que votre esprit s'est détourné du souffle, notez ce qui vous a distrait puis ramenez doucement votre attention à votre ventre et à la sensation du souffle qui entre et qui sort.

6. Si votre esprit se détourne mille fois du souffle, votre « job » alors consiste simplement à le ramener chaque fois au souffle, peu importe ce qui le préoccupe.
7. Pratiquez cet exercice un quart d'heure chaque jour pendant une semaine, à un moment qui vous convient, que vous en ayez envie ou pas. Voyez comment vous vous sentez d'introduire une pratique de méditation disciplinée dans votre vie. Soyez conscient de ce qu'éveille en vous le fait de passer du temps chaque jour à être simplement présent à votre souffle, sans avoir rien à *faire*.

EXERCICE 2

1. Connectez-vous à votre respiration à différents moments de la journée, sentez votre ventre monter puis descendre deux ou trois fois.
2. Prenez conscience de vos pensées et de vos sentiments à ces moments-là, en vous contentant de les observer sans les juger ni vous juger vous-même.
3. En même temps, soyez conscient de tout changement dans votre façon de voir les choses et dans votre humeur.

CHAPITRE 4

La méditation assise : nourrir le champ de l'être

Au cours de la première classe, chacun a l'occasion de dire pour quelle raison il ou elle est venu à la clinique du stress et ce qu'il ou elle espère réaliser. La semaine dernière, Linda décrivait sentir comme si un grand camion la talonnait en permanence, roulant juste un peu plus vite qu'elle ne pouvait avancer. Cette image parlait aux autres. Son intensité provoqua une vague d'acquiescements et de sourires dans la salle.

« À son avis, qu'était ce camion ? » demandai-je. Ses impulsions, son appétit dévorant (elle avait un important surpoids), ses désirs, répondit-elle. En un mot, son esprit. Son esprit était le camion. Il était toujours dans son dos, la poussant, la guidant, ne lui laissant aucun répit, ne la laissant jamais en paix.

Nous avons déjà évoqué la façon dont notre comportement et nos états émotionnels peuvent être dirigés par le jeu de nos attractions et de nos répulsions mentales, par nos addictions et par nos aversions. À y regarder de près, n'est-il pas exact de dire que votre esprit cherche la satisfaction en permanence, dresse des plans pour que les choses se déroulent comme vous l'entendez, essaye d'obtenir ce que vous souhaitez ou ce dont vous pensez avoir besoin et, en même temps, essaye d'écarter les choses que vous craignez et les choses que vous voulez éviter ? En conséquence de ce jeu habituel de notre esprit, n'avons-nous pas tous tendance à remplir nos journées avec des choses qui *doivent* simplement être faites, nous activant ensuite à essayer désespérément de les faire toutes, sans pour autant nous réjouir beaucoup quand nous les faisons car nous sommes trop pressés par le temps, trop « speedés », trop occupés, trop angoissés ? Nous nous retrouvons parfois débordés par nos horaires, par nos responsabilités et par nos fonctions, même quand tout ce que nous faisons est important et résulte de nos choix. Nous vivons constamment immergés dans un monde du « faire ». Il est rare que nous soyons en contact avec qui fait le faire ou, dit autrement, avec le monde de l'« être ».

Reprendre contact avec l'être n'est pas si difficile. Nous devons simplement penser à être conscients. Des moments de présence sont des moments de paix et de calme, même au cours de l'activité. Quand toute votre vie est pilotée par le mode faire, pratiquer la méditation formelle peut vous donner un havre de santé mentale et de stabilité. Vous pouvez l'utiliser pour retrouver équilibre et perspective. Ce peut être une façon d'arrêter la course effrénée qui vous pousse à tant faire, une façon de vous donner un peu de temps pour revenir à un état de relaxation et de bien-être profond, et de vous rappeler qui vous êtes. La pratique formelle peut vous donner la force et la connaissance de vous-même, pour retourner ensuite dans le monde du faire et y agir au départ de votre être. Alors au moins, une certaine quantité de patience et de calme intérieur, de clarté et d'équilibre mental infusera ce que vous faites. L'agitation et la pression des activités multiples seront moins pénibles. En fait, elles pourraient même disparaître entièrement.

La méditation est vraiment un non-agir. À ma connaissance, c'est la seule entreprise humaine qui n'implique pas d'essayer d'arriver ailleurs mais qui insiste plutôt sur le fait d'être où vous êtes déjà. La plupart du temps, nous sommes tellement occupés par ce qu'il y a à faire, par nos efforts, notre gestion du temps, nos réactions, nos nombreuses activités, que quand nous nous arrêtons pour sentir simplement où nous sommes, cela semble d'abord un peu particulier. Nous avons par exemple tendance à être peu conscients de l'activité incessante de notre mental et de son emprise sur nous. Ce n'est pas trop surprenant dans la mesure où nous ne nous arrêtons pour ainsi dire jamais pour observer directement l'esprit et voir ce qu'il a en tête. Il est rare que nous regardions lucidement les réactions et les habitudes de notre mental, ses peurs et ses désirs.

Il faut un peu de temps pour se sentir à l'aise avec la richesse de s'autoriser à simplement être avec son propre esprit. C'est un peu comme de revoir un vieil ami pour la première fois après des années. On peut se sentir un peu gauche au début, ne sachant plus qui est cette personne, ne sachant pas très bien comment nous comporter avec elle. Il faut peut-être un peu de temps pour rétablir le lien, pour se familiariser à nouveau l'un avec l'autre.

Même si nous avons tous une mémoire, il nous faut malgré tout nous remémorer de temps en temps qui nous sommes. Si nous ne le faisons pas, la dynamique de tout ce que nous faisons s'emballe, si bien qu'en finale nous risquons de suivre son ordre du jour plutôt que le nôtre, quasiment comme des robots. Ce mode de faire débridé peut nous mener pendant des dizaines d'années, même jusqu'à la mort, sans que nous sachions vraiment que le sablier de notre vie s'écoule et que nous n'avons que des instants à vivre.

Vu la dynamique qui sous-tend ce que nous faisons, arriver à nous souvenir du caractère précieux de l'instant présent semble exiger des mesures assez inhabituelles, voire drastiques. C'est pourquoi nous réservons un temps spécial, chaque jour, pour une pratique formelle de méditation. C'est une façon de nous arrêter, une façon de nous souvenir de nous-mêmes, de nourrir le champ de l'être. C'est un changement.

Dégager du temps dans votre vie pour être, pour du non-faire, peut sembler au début guindé et artificiel. Jusqu'à ce que vous vous y mettiez vraiment, cela peut vous donner l'impression d'avoir « une chose » de plus à *faire*. « Je dois maintenant trouver du temps pour méditer, en plus de toutes les autres obligations et du stress que j'ai déjà dans ma vie. » Et, à un certain niveau, c'est vrai, il n'y a pas à tourner autour du pot.

Mais quand vous voyez le besoin crucial de nourrir votre être, de calmer votre cœur et votre esprit, et de trouver un équilibre intérieur pour faire face aux tempêtes de la vie, il vous est alors plus naturel de donner la priorité à ce moment et de laisser se développer la discipline indispensable pour en faire une réalité. Il devient plus facile de dégager du temps pour méditer. Après tout, si vous constatez que cela nourrit vraiment ce qu'il y a de plus profond en vous, vous y arriverez certainement.

⁂

En méditation, nous appelons « méditation assise » ou simplement « assise » le cœur de la pratique formelle. Tout comme la respiration, l'assise n'est étrangère à personne. Nous nous asseyons tous, rien de particulier à cela. Mais l'assise consciente est différente de l'assise ordinaire de la même manière que la respiration consciente est différente de la respiration ordinaire. La différence, bien sûr, réside dans votre qualité de présence.

Pour pratiquer l'assise, nous dégageons un moment et un endroit particuliers, comme suggéré au chapitre 2. Nous décidons de nous asseoir dans une posture vivante et détendue, de manière à nous sentir assez à l'aise sans bouger, puis nous demeurons dans le présent avec une acceptation calme, sans essayer de le remplir avec quoi que ce soit. Vous avez déjà essayé cela dans les différents exercices d'observation de la respiration.

Adopter une position droite et digne, la tête, la nuque et le dos alignés verticalement, facilite grandement l'assise. Cela permet au souffle de circuler plus facilement. C'est également la contrepartie physique de l'attitude intérieure de confiance en soi, d'accueil de soi et d'attention ouverte, que nous cultivons.

Habituellement, nous pratiquons la méditation assise sur une chaise ou sur le sol. Si vous choisissez une chaise, l'idéal est d'en utiliser une dont le dossier est droit et qui vous permet d'avoir les pieds à plat sur le sol. Dans la mesure du possible, asseyez-vous à distance du dossier de la chaise, la colonne se soutenant elle-même (voir figure 2A). Mais si vous devez vous appuyer contre le dossier, c'est bien aussi. Si vous choisissez de vous asseoir sur le sol, utilisez un coussin ferme et épais qui soulève les fesses de huit à quinze centimètres du sol (un oreiller plié en deux fait l'affaire ; vous pouvez aussi acheter un coussin de méditation, appelé *zafu*, et spécialement conçu pour l'assise).

On utilise plusieurs façons de s'asseoir les jambes croisées ou de s'agenouiller par terre. Celle que j'utilise le plus consiste à m'asseoir en attirant un talon tout près du corps et en repliant l'autre jambe par-devant (voir figure 2B). Selon la souplesse des hanches, des genoux et des chevilles, vos genoux toucheront ou pas le sol. C'est un peu plus confortable s'ils le font. D'autres sont agenouillés, le coussin placé entre les pieds (voir figure 2C).

Être assis à même le sol peut vous donner la sensation rassurante d'être « enraciné » et stable par vous-même dans la posture de méditation, mais il n'est pas nécessaire de méditer assis par terre ou les jambes croisées. Certains de nos patients préfèrent le sol, mais la plupart s'assoient sur des chaises bien droites. En finale, ce qui compte en méditation n'est pas le support sur lequel vous êtes assis, mais la sincérité de votre effort.

Que vous choisissiez le sol ou une chaise, la posture est très importante en méditation. Elle peut soutenir extérieurement la culture d'une attitude intérieure de dignité, de patience et d'acceptation de soi. Les principaux éléments à avoir à l'esprit au sujet de la posture sont de garder le dos, la nuque et la tête alignés verticalement, de relâcher les épaules, et d'avoir les mains dans une position confortable. Nous les mettons habituellement sur les genoux, comme dans la figure 2, ou sur les cuisses, les doigts de la main gauche sur les doigts de la main droite et les bouts des pouces se touchant légèrement.

Quand nous sommes installés dans la posture choisie, nous dirigeons notre attention vers notre respiration. Nous *sentons* l'air entrer, et nous *sentons* l'air sortir. Nous demeurons dans le moment présent, instant après instant, une respiration après l'autre. Cela semble simple, et

FIGURE 2

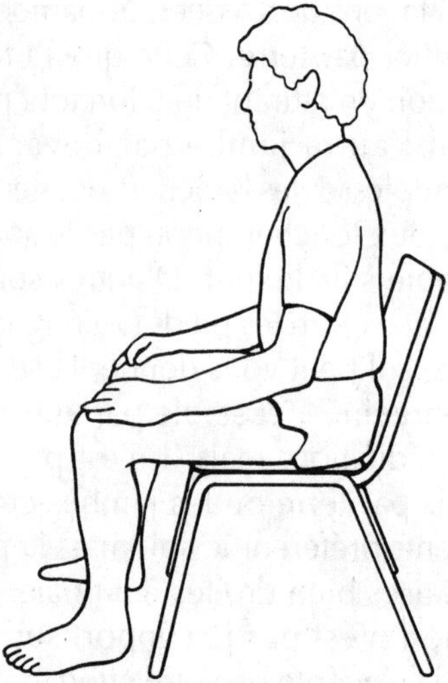

A.

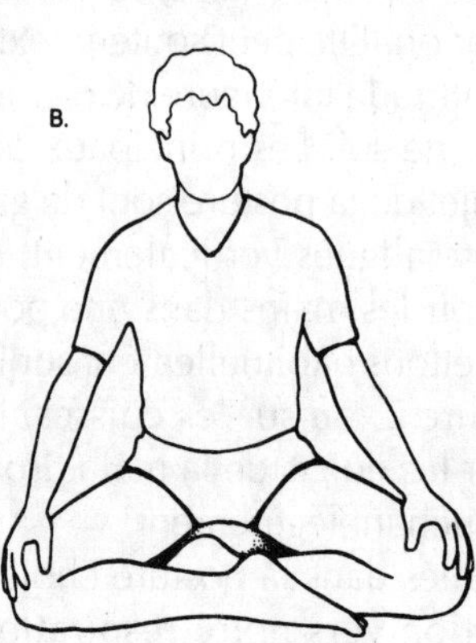

B.

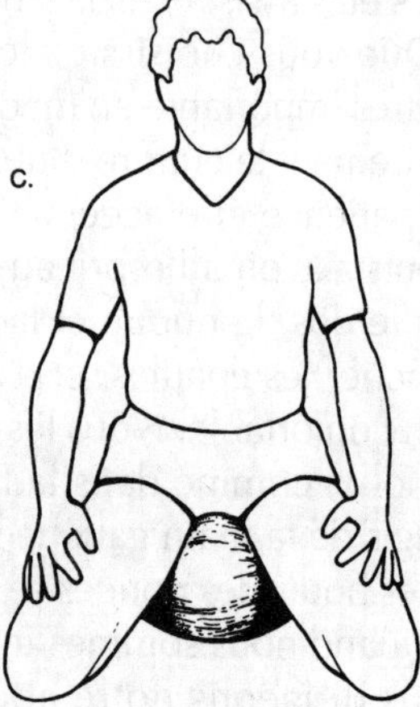

C.

cela l'est. Attention totale durant toute l'inspiration, attention totale durant toute l'expiration. Laisser simplement la respiration se dérouler, l'observer, en sentir toutes les sensations, grossières et subtiles, qui y sont associées.

C'est simple, mais pas facile. Vous pouvez probablement regarder la télé ou rouler pendant des heures sans même y penser. Mais quand vous essayez de vous asseoir chez vous sans rien d'autre à observer que votre souffle, votre corps et votre mental, sans rien pour vous divertir ni d'endroit où aller, la première chose que vous remarquerez peut-être est qu'en tout cas, une part de vous n'a pas envie de rester là bien longtemps. Après une, deux, trois ou quatre minutes peut-être, votre corps ou votre esprit en aura assez et réclamera autre chose, que ce soit changer de position ou faire quelque chose de tout à fait différent. Ceci est inévitable.

C'est à ce moment que le travail d'observation de soi devient particulièrement intéressant et fructueux. Normalement, chaque fois que l'esprit bouge, le corps suit. Si l'esprit est agité, le corps est agité. Si l'esprit veut un verre, le corps se dirige vers l'évier de la cuisine ou vers le réfrigérateur. Si l'esprit dit « c'est ennuyeux », avant même de le savoir, le corps s'est levé pour trouver ce qu'il peut faire ensuite pour satisfaire l'esprit. Cela marche aussi dans l'autre sens. Si le corps ressent le moindre inconfort, il va bouger pour être plus à l'aise ou il appellera l'esprit pour trouver quelque chose d'autre à faire et, à nouveau, vous serez debout avant même de vous en rendre compte.

Si vous vous entraînez sincèrement à être plus paisible et détendu, vous pourriez vous demander comment il se fait que votre esprit est si rapidement ennuyé de rester en sa propre compagnie et pourquoi votre corps est si agité et se sent si mal. Vous pourriez vous demander ce qui se cache derrière vos impulsions à remplir chaque moment avec quelque chose. Ce qu'il y a derrière votre besoin d'être distrait dès que vous avez un moment « vide », pour sauter sur vos pieds et vous remettre en mouvement, pour revenir à l'action et être occupé ? Qu'est-ce qui pousse le corps et l'esprit à rejeter le fait d'être immobile ?

En pratiquant la méditation, nous n'essayons pas de répondre à de telles questions. Nous observons plutôt simplement l'impulsion de nous lever ou les pensées qui nous viennent à l'esprit. Et, au lieu de nous lever et de faire ce que l'esprit a décidé d'inscrire comme point suivant à notre programme, nous ramenons doucement mais fermement notre attention au ventre et à la respiration, et continuons simplement à observer le souffle, d'instant en instant. Nous pouvons nous demander pendant un court instant pourquoi l'esprit est ainsi, mais, à la base, notre pratique consiste à accepter chaque moment tel qu'il est sans réagir à *comment* il est. Nous restons donc assis, nous continuons à suivre notre respiration.

1. Instructions de base pour la méditation

Les instructions de base pour pratiquer la méditation assise sont très simples. Nous observons le souffle qui va et vient. Nous accordons toute notre attention au ressenti du souffle pendant qu'il entre et toute notre attention au ressenti du souffle pendant qu'il sort, tout comme nous l'avons fait aux chapitres 1 et 3. Et quand nous nous apercevons que notre attention s'est déplacée, où que ce soit, nous le notons simplement, lâchons prise et la ramenons avec bienveillance au souffle, sentant notre ventre se soulever et descendre doucement.

Si vous avez essayé, vous avez sans doute observé que votre esprit a fortement tendance à vagabonder. Vous vous êtes peut-être engagé envers vous-même à maintenir votre attention dirigée vers le souffle quoi qu'il advienne. Mais bien vite, vous avez sans doute constaté que votre esprit est en vadrouille ailleurs... Il a oublié le souffle, il a été distrait.

Chaque fois que vous prenez conscience de cela pendant l'assise, ramenez doucement votre attention vers votre ventre et vers votre respiration, peu importe ce qui l'avait distraite. Si elle se détourne du souffle une centaine de fois, ramenez-la calmement une centaine de fois, dès que vous prenez conscience de ne plus être centré sur le souffle.

Ce faisant, vous entraînez votre esprit à être moins réactif et plus stable. Vous faites compter chaque moment. Vous prenez chaque moment comme il vient, n'accordant pas plus de valeur à l'un qu'à l'autre. Vous cultivez alors votre capacité naturelle à concentrer votre mental. En ramenant votre attention au souffle de manière répétée chaque fois qu'elle s'égare, votre concentration se construit et s'approfondit, tout comme les muscles se développent à force de soulever des poids de manière répétée. Le travail régulier avec (et non la lutte contre) la résistance de votre esprit construit votre force intérieure. En même temps, vous développez également la patience et vous vous entraînez à ne pas juger. Vous ne vous en voulez pas quand votre esprit a quitté le souffle. Vous le ramenez de façon simple et prosaïque au souffle, doucement mais fermement.

2. Que faire quand c'est inconfortable pour le corps ?

Comme vous le verrez rapidement quand vous vous assiérez pour méditer, presque tout peut éloigner votre attention de votre respiration. Votre corps est une source importante d'impulsions qui distraient. En règle générale, si vous êtes assis calmement dans n'importe quelle position, l'inconfort va se manifester dans votre corps. Normalement, nous changeons constamment de position sans réaliser que c'est en réponse à cet inconfort. Mais quand nous pratiquons la méditation, il est en fait utile de résister à la première impulsion à changer de position en réponse à l'inconfort de notre corps. Nous dirigeons au contraire notre attention vers ces sensations d'inconfort et les accueillons mentalement.

Pourquoi ? Car dès le moment où elles deviennent conscientes, ces sensations d'inconfort font partie de notre expérience du moment présent et deviennent donc des objets d'observation et d'enquête valables en eux-mêmes et d'eux-mêmes. Elles nous donnent l'occasion de regarder directement nos réactions automatiques et le processus complet qui se déroule quand notre esprit perd son équilibre et devient agité tout en étant distrait du souffle.

Dans cette perspective, la douleur de votre genou, votre mal de dos, et les tensions dans vos épaules, plutôt que d'être traités comme des distractions vous empêchant de rester en présence de votre souffle, peuvent être inclus dans le champ de votre conscience et simplement acceptés, sans y réagir en les voyant comme indésirables et en essayant de les chasser. Cette approche vous donne une autre façon de voir l'inconfort. Aussi inconfortables puissent-elles être, ces sensations physiques sont à présent des enseignantes potentielles et des alliées dans la connaissance de soi. Elles peuvent vous aider à développer votre pouvoir de concentration, votre calme et votre conscience plutôt que d'être uniquement perçues comme des obstacles frustrants pour vous qui essayez de rester centré sur le souffle.

La culture de ce genre de souplesse, qui vous permet d'accueillir *tout ce qui* se présente et d'être avec cela plutôt que d'insister pour diriger votre attention sur une seule chose, disons le souffle, est une des particularités les plus caractéristiques et les plus précieuses de la méditation en pleine conscience.

En pratique, cela signifie que nous faisons un effort pour nous asseoir avec les sensations d'inconfort quand elles se présentent pendant notre tentative de méditer, pas nécessairement au point d'avoir mal mais au moins au-delà du moment où nous pourrions d'habitude y réagir. Nous respirons *avec* elles. Nous les accueillons et essayons en fait de maintenir une conscience continue d'instant en instant de leur présence. Ensuite, s'il le faut, nous bougeons notre corps pour réduire l'inconfort, mais *même cela nous le faisons en pleine conscience,* avec une attention de chaque instant tandis que nous changeons notre position.

Cela ne signifie pas que le processus de la méditation considère que les messages d'inconfort et de douleur envoyés par le corps ne sont pas importants. Au contraire, comme vous le verrez aux chapitres 22 et 23, nous considérons la douleur et l'inconfort comme suffisamment importants pour mériter d'être examinés plus profondément. La meilleure façon de les examiner est de les accueillir quand ils se présentent plutôt que d'essayer de les chasser parce qu'on ne les aime pas. En restant assis avec quelque inconfort et en l'acceptant comme part de notre expérience du moment, même si nous ne l'aimons pas, ce qui est le cas, nous découvrons qu'il est en fait possible de se détendre dans l'inconfort physique. Ceci est un exemple de la manière dont l'inconfort ou même la douleur peuvent vous instruire et même vous aider à guérir.

Se relâcher dans l'inconfort réduit parfois l'intensité de la douleur. Plus vous pratiquez, plus vous pouvez développer l'aptitude à réduire la douleur ou, au moins, à lui devenir plus transparent. Mais, que vous expérimentiez ou non une réduction de votre douleur au cours de la méditation assise, travailler intentionnellement avec vos réactions à l'inconfort vous aidera à développer un certain degré de calme et d'équanimité. Ces qualités vous seront utiles quand vous serez confronté à nombre de défis variés et de situations stressantes tout comme à la douleur (voir parties 2 et 3).

3. Comment travailler avec les pensées en méditation

À côté de l'inconfort physique et de la douleur, de nombreux autres éléments peuvent détourner votre attention du souffle pendant la méditation. Le premier est la pensée. Le simple fait de décider d'immobiliser votre corps et d'observer votre souffle instant après instant ne veut pas dire que votre esprit pensant va coopérer. Il ne va pas s'apaiser simplement parce que vous avez décidé de méditer !

Quand nous faisons attention à notre respiration, nous voyons que nous vivons immergés dans un courant apparemment infini de pensées. Elles se succèdent rapidement l'une après l'autre, qu'on le veuille ou pas. De nombreuses personnes sont très soulagées quand elles reviennent à la clinique du stress après leur première semaine de pratique à domicile, et constatent qu'elles ne sont pas les seules à avoir découvert que leurs pensées dévalent dans leur esprit comme l'eau d'un torrent, hors de tout contrôle. Elles sont rassurées d'apprendre que chaque participant a un esprit qui se comporte comme le leur. C'est tout simplement la façon d'être du mental.

Cette découverte fait figure de révélation pour beaucoup de personnes de la clinique du stress. Cela donne lieu ou prépare à une expérience profonde qui, pour beaucoup, est la chose la plus précieuse qu'ils ont retiré de leur entraînement à la méditation, à savoir la prise de conscience qu'ils ne sont pas leurs pensées. Cette découverte signifie qu'ils peuvent choisir consciemment d'être en lien ou de ne pas être en lien avec leurs pensées, et cela de différentes façons qu'ils n'envisageaient pas quand ils étaient inconscients de ce simple fait.

Dans les premières étapes de la pratique de la méditation, l'activité de la pensée détourne constamment notre attention de la première tâche que nous avons établie nous-mêmes en développant le calme et la concentration, à savoir être avec le souffle. Pour arriver à une continuité et à une dynamique dans votre pratique de la méditation, vous devrez veiller à revenir encore et encore au souffle, peu importe ce qui agite votre esprit d'un instant à l'autre.

Les choses auxquelles vous vous surprendrez à penser pendant la méditation peuvent être plus ou moins importantes, mais qu'elles le soient ou pas, elles semblent mener leur vie de leur côté, comme nous l'avons vu. Si vous êtes en période de stress élevé, votre esprit aura tendance à vous tourmenter avec la situation stressante, ce que vous devriez faire, ou devriez avoir fait, ou ne devriez pas faire, ou n'auriez pas dû faire. Dans ces moments-là, vos pensées peuvent être fort chargées d'anxiété et d'inquiétude.

Dans des périodes moins stressantes, les pensées qui vous passent par la tête peuvent être moins angoissantes par nature, mais elles peuvent être tout aussi puissantes pour détourner votre attention du souffle. Vous vous retrouverez par exemple en train de penser à un film que vous avez vu, ou d'avoir en tête une ritournelle qui refuse obstinément de partir. Vous vous surprendrez peut-être aussi en train de penser au dîner, ou au travail, ou à vos parents, vos enfants, d'autres personnes, vos vacances, ou votre santé, votre mort, ou vos factures ou n'importe quoi d'autre. Des pensées d'une sorte ou de l'autre vont dévaler dans votre esprit pendant que vous êtes assis, la plupart d'entre elles sous le seuil de votre conscience, jusqu'à ce que vous découvriez enfin que vous n'observez plus votre respiration et que vous ne savez même plus depuis quand vous n'en êtes plus conscient, ni comment vous en êtes arrivé à penser à ce à quoi vous pensez maintenant, qui vous a éveillé au fait que le souffle était oublié.

C'est à ce stade que vous dites : « D'accord, revenons simplement au souffle maintenant et laissons aller les pensées que j'ai, quelles qu'elles soient. » Dans ces moments-là, il est aussi utile de vérifier votre position et de vous redresser si votre corps s'est affaissé, ce qu'il fait habituellement quand l'attention s'émousse.

Au cours de la méditation, nous accordons à toutes les pensées une valeur égale. Nous essayons d'en être conscients quand elles se présentent puis, délibérément, nous dirigeons à nouveau notre attention vers le souffle comme point principal d'observation, *indépendamment du contenu de la pensée !* En d'autres mots, nous nous entraînons délibérément à laisser passer chaque pensée qui attire notre attention, qu'elle semble importante et profonde ou peu importante et banale. Nous les observons comme de simples pensées, comme des événements distincts qui apparaissent dans le champ de notre conscience. Nous sommes conscients d'elles parce qu'elles sont là, mais nous évitons volontairement d'être pris dans le contenu des pensées pendant la méditation, peu importe l'intensité de la charge que leur contenu peut représenter pour nous à ce moment. Nous veillons plutôt à les percevoir comme de simples pensées, comme des événements distincts qui surviennent semble-t-il indépendamment dans le champ de notre conscience. Nous notons leur contenu et la quantité de « charge » qu'elles comportent. Autrement dit, nous notons si leur pouvoir de dominer l'esprit à ce moment est faible ou fort. Ensuite, peu importe la charge qu'elles ont pour nous à ce moment, nous décidons de les laisser passer et de nous centrer à nouveau sur notre respiration et sur l'expérience d'être « dans notre corps » pendant cette assise.

Laisser passer les pensées, cependant, ne veut pas dire les supprimer. Beaucoup de gens le comprennent de cette façon et commettent l'erreur de penser que la méditation leur demande d'arrêter d'avoir des pensées et des sentiments. En quelque sorte, ils entendent les instructions comme voulant dire que s'ils pensent, c'est « mauvais » et qu'une « bonne méditation » est une méditation pendant laquelle il y a peu ou pas de pensées. Il est donc important de souligner qu'*être en train de penser n'est ni mauvais ni indésirable pendant la méditation. Ce qui compte est de savoir si vous êtes conscient de vos pensées et de vos sentiments pendant la méditation. Ce qui compte aussi est la manière dont vous les gérez.* Essayer de les supprimer créera davantage de tensions, de frustrations et de problèmes, et ne sera aucunement porteur de calme et de paix.

La *mindfulness* n'implique pas de repousser les pensées ou de dresser un mur entre elles et vous pour apaiser votre esprit. Nous n'essayons pas d'arrêter la cascade de pensées de notre esprit. Nous leur faisons simplement de la place, nous les observons en tant que pensées et les laissons être, nous ancrant dans notre souffle, « point d'appui » pour observer, pour veiller à rester centrés et calmes.

En procédant de cette manière, vous découvrirez que chaque méditation est différente. Parfois vous vous sentirez relativement calme et détendu et ne serez pas troublé par des pensées ou par des émotions fortes. À d'autres moments, les pensées et les sentiments seront si forts et si récurrents que vous pourrez simplement les regarder du mieux que vous pourrez, et être avec votre souffle autant que vous le pourrez pendant les intervalles. *La méditation n'est pas tant concernée par la quantité de pensées qui passent que par l'espace que vous dégagez pour qu'elles puissent prendre place dans le champ de votre conscience d'instant en instant.*

⁂

Être capable de voir que vos pensées sont simplement des pensées et qu'elles ne sont pas « vous » ni la « réalité » est extrêmement libérateur. S'il vous vient par exemple la pensée que vous devez faire aujourd'hui un certain nombre de choses, que vous n'y reconnaissez pas une pensée mais agissez comme si c'était « la vérité », vous avez alors créé une réalité *au moment où* vous croyez vraiment que ces choses doivent être faites aujourd'hui.

Pierre qui, comme nous l'avons vu au premier chapitre, était venu car il avait eu une crise cardiaque et voulait éviter d'en avoir une autre, en donna l'exemple de façon spectaculaire un soir où il s'était trouvé en train de laver sa voiture vers vingt-deux heures sous la lumière vive des spots de son allée de garage. Je l'étonnai en lui disant qu'il ne *devait* pas faire cela. C'était simplement le résultat inévitable d'une journée entière passée à réussir à faire tout ce qu'il *pensait* devoir faire. Quand il vit ce qu'il se faisait à lui-même, il vit également qu'il avait été incapable de mettre en question sa conviction de départ, à savoir que tout devait être fait *ce jour-là,* car il était déjà tout à fait prisonnier de cette croyance.

Si vous constatez que vous agissez de façon similaire, tout comme Pierre, vous vous sentez sans doute pressé, tendu et inquiet sans même savoir pourquoi. Si donc la pensée du grand nombre de choses que vous devez faire aujourd'hui se présente pendant que vous méditez, accordez-lui toute votre attention *en tant que pensée* sinon vous serez peut-être déjà debout avant de vous en apercevoir, sans la moindre conscience d'avoir décidé de mettre fin à votre assise, simplement parce qu'une pensée est passée par votre esprit.

D'autre part, quand une pensée de ce type se présente, si vous êtes capable de vous en éloigner d'un pas et de la voir clairement, vous pourrez alors établir des priorités et prendre des décisions avisées, clarifiant ce qui doit vraiment être fait. Vous saurez quand vous arrêter au cours de la journée. Ainsi, le simple fait de reconnaître vos pensées *comme des pensées* peut vous libérer de la réalité distordue qu'elles créent souvent, vous procurer une vision plus claire et la sensation de mieux gérer votre vie.

Cette libération de la tyrannie de l'esprit pensant vient directement de la pratique de la méditation elle-même. Quand, chaque jour, nous passons un peu de temps dans un état de non-agir, observant le flot du souffle et l'activité de notre esprit et de notre corps sans être emporté dans cette activité, nous cultivons simultanément le calme et la pleine conscience. Tandis que l'esprit développe la stabilité et est moins pris par le contenu des pensées, nous renforçons sa capacité à se concentrer et à être calme. Nous renforçons notre attention vigilante chaque fois que nous reconnaissons une pensée en tant que pensée quand elle émerge, que nous sommes conscients de son contenu, que nous repérons la force de son emprise sur nous et la pertinence de son contenu. Nous renforçons notre attention vigilante chaque fois que, à ce moment, nous la laissons passer et revenons à notre respiration et à notre ressenti corporel. Nous nous connaissons et nous nous acceptons progressivement mieux, pas tels que nous aimerions être mais tels que nous sommes vraiment.

4. Autres objets d'attention dans la méditation assise

Nous introduisons la pratique de l'assise au cours de la deuxième classe de la clinique du stress. Pendant la deuxième semaine, les participants pratiquent l'assise dix minutes par jour comme tâche à domicile, en plus des quarante-cinq minutes du scan corporel qui est abordé au chapitre suivant. Au fil des semaines, nous augmentons le temps d'assise jusqu'à pouvoir rester en assise quarante-cinq minutes d'affilée. Ce faisant, nous élargissons aussi l'éventail des expériences rencontrées pendant l'assise.

Au cours des premières semaines, nous observons simplement le souffle entrer et sortir. Vous pourriez pratiquer de cette façon indéfiniment sans jamais en avoir fait le tour. Cette pratique s'approfondit progressivement. L'esprit finit par devenir plus calme et plus détendu, et la présence de plus en plus forte.

Dans le travail de la méditation, les techniques les plus simples, comme la conscience du souffle, sont aussi profondément curatives et libératrices que les méthodes les plus élaborées, que les gens prennent parfois à tort comme plus « avancées ». En aucune façon, le fait d'être avec votre souffle n'est moins « avancé » que de faire attention à d'autres aspects de votre expérience intérieure et extérieure. Toutes ont leur place et leur valeur dans le travail de la pleine conscience et de la sagesse. Fondamentalement, la qualité et la sincérité de votre effort dans la pratique ainsi que la profondeur de votre vision sont bien plus importants que la « technique » que vous utilisez ou le support choisi pour centrer votre attention. Si vous êtes vraiment dans l'attention, n'importe quel objet peut devenir une porte ouverte sur l'attention directe d'instant en instant. Mais la pleine conscience de la respiration est un ancrage très puissant et très efficace pour tous les autres aspects de la conscience méditative. C'est la raison pour laquelle nous y reviendrons encore et encore.

Au fil des semaines, nous élargissons le champ de notre attention dans la méditation assise de façon échelonnée pour inclure, en plus de la respiration, le ressenti corporel dans des régions particulières, la sensation du corps formant un tout, les sons, et finalement le processus de la pensée proprement dit. Parfois nous nous centrons seulement sur l'un d'entre eux. D'autres fois nous les couvrons tous, les uns après les autres, au cours d'une même assise, en terminant simplement dans la conscience de tout ce qui se présente, ne cherchant rien de particulier sur quoi nous centrer, comme les sons, les pensées ou même le souffle. C'est parfois appelé l'attention sans objet[1], et consiste à être simplement réceptif à

1. *Choiceless awareness. (N.d.T.)*

tout ce qui se déploie à chaque instant. Aussi simple que cela puisse paraître, pratiquer de cette façon nécessite un calme et une vigilance très grands, qualités qui sont le mieux cultivées, comme nous l'avons vu, en choisissant un objet, le plus souvent le souffle, et en travaillant avec lui pendant plusieurs mois, ou même plusieurs années. C'est pourquoi certaines personnes auraient le plus grand intérêt à rester présentes au souffle et au ressenti du corps dans sa globalité dans les premiers temps de leur pratique méditative, plus encore si elles ne sont pas guidées par les CD de méditations assises guidées. À ce stade, nous vous suggérons de pratiquer comme il est décrit dans les exercices repris à la fin de ce chapitre. Ensuite, au chapitre 10, vous trouverez un programme détaillé et complet expliquant comment développer une pratique de méditation sur une période de huit semaines, suivant le calendrier que nous appliquons à la clinique du stress.

Quand nous introduisons la méditation assise, les participants bougent habituellement beaucoup, sont agités, ouvrent et ferment les yeux tout en s'habituant à l'idée de ne rien faire et d'apprendre à s'installer pour simplement être. Pour ces personnes, qui viennent parce qu'elles ont mal ou sont angoissées, ou qui sont toujours actives, s'asseoir et ne plus bouger peut sembler au départ impossible. Elles pensent souvent qu'elles auront trop mal, seront trop nerveuses, ou vont trop s'ennuyer pour être capables de le faire. Mais, après quelques semaines, le calme dans la pièce devient « assourdissant », même si nous pouvons alors rester assis vingt à trente minutes d'affilée. Les gens changent très peu de position, sont beaucoup moins nerveux, même ceux qui sont venus avec des problèmes de douleur, d'anxiété et les « battants » qui ne s'arrêtent d'habitude jamais : ceci montre clairement qu'ils pratiquent chez eux et développent un certain degré de calme du corps et du mental.

Avant longtemps, la plupart des participants découvrent que méditer peut être très stimulant. Parfois, cela ne semble même pas être un travail. Il s'agit simplement de se relaxer sans effort dans le calme de l'être, accueillant chaque moment qui se déploie.

Ce sont de vrais moments de plénitude accessibles à chacun de nous. D'où viennent-ils ? De nulle part. Ils sont là tout le temps. Chaque fois que vous vous asseyez dans une posture digne et vivante, et dirigez votre attention vers votre respiration, peu importe le temps que vous y consacrez, vous revenez à votre propre plénitude, affirmant votre équilibre intrinsèque de l'esprit et du corps, libre à tout moment de l'état changeant de votre esprit ou de votre corps. S'asseoir devient une relaxation dans la tranquillité et la paix, sous la surface agitée de votre esprit. C'est aussi simple que de voir et de lâcher prise, voir et lâcher prise, voir et lâcher prise.

EXERCICE 1 – L'assise avec le souffle

1. Continuez à pratiquer la conscience de votre respiration dans une position confortable mais redressée pendant au moins dix minutes une fois par jour minimum.
2. Chaque fois que vous observez que votre esprit n'est plus attentif à votre souffle, voyez simplement où il est. Puis lâchez prise et revenez à votre ventre et à votre respiration.
3. Progressivement, essayez d'allonger le temps pendant lequel vous êtes assis jusqu'à trente minutes ou plus. Mais souvenez-vous que quand

vous êtes vraiment dans le présent, il n'y a pas de temps, le temps de l'horloge n'est donc pas aussi important que votre détermination à rester attentif et à lâcher prise d'instant en instant.

EXERCICE 2 – L'assise avec le souffle et le corps dans sa totalité

1. Quand votre pratique est solide dans le sens où vous pouvez maintenir une certaine continuité d'attention au souffle, essayez d'étendre le champ de votre conscience « autour » de votre respiration et « autour » de votre ventre pour y inclure une perception de votre corps dans sa totalité, alors que vous êtes assis.
2. Maintenez cette conscience du corps assis, parcouru par le souffle et, quand le mental vagabonde, ramenez-le à l'assise et au souffle.

EXERCICE 3 – L'assise avec les sons

1. Si cela vous dit, essayez d'écouter simplement les sons quand vous méditez. Cela ne veut pas dire *rechercher* les sons, mais plutôt simplement entendre ce qui est à entendre, d'instant en instant, sans jugement ni pensée à leur sujet. Simplement les entendre comme des sons, sans plus. Et écouter aussi les silences en eux et entre eux.
2. Vous pouvez aussi pratiquer ceci avec de la musique, entendant chaque note au moment où elle émerge ainsi que les espaces entre les notes.

Essayez d'inspirer les sons dans votre corps et de les laisser s'écouler hors de vous en expirant. Imaginez que votre corps est transparent aux sons, qu'ils peuvent entrer et sortir de votre corps par les pores de votre peau.

EXERCICE 4 – L'assise avec les pensées et les sentiments

1. Quand votre attention est relativement stabilisée sur le souffle, essayez de déplacer votre conscience vers le processus même de la pensée. Laissez le souffle et observez simplement les pensées entrer dans le champ de votre attention puis le quitter.
2. Essayez de les percevoir comme des « événements » se déroulant dans votre esprit.
3. Notez leur contenu et leur charge sans pour autant, dans la mesure du possible, vous mettre à penser à leur sujet, ou à penser à la prochaine pensée. Maintenez simplement le « viseur » par lequel vous observez le processus de la pensée.
4. Observez qu'une pensée individuelle ne dure pas longtemps. Elle est impermanente. Si elle vient, elle va partir. Soyez conscient de cela.
5. Notez comme certaines pensées reviennent encore et encore.
6. Notez ces pensées qui sont des pensées « Je », « moi », ou « à moi », observant attentivement comment « vous », l'observateur non-jugeant, vous vous sentez à leur sujet.

7. Notez quand le mental crée un « soi » qui se préoccupe de la façon positive ou négative dont va la vie.
8. Notez les pensées au sujet du passé et les pensées au sujet du futur.
9. Notez les pensées d'avidité, de désir, d'appropriation, d'attachement.
10. Notez les pensées de colère, d'antipathie, de haine, d'aversion, de rejet.
11. Notez vos émotions et vos humeurs, qui vont et qui viennent.
12. Notez quels sentiments sont associés aux contenus de différentes pensées.
13. Si vous vous sentez perdu dans tout cela, revenez à votre respiration.

Cet exercice exige une forte concentration et ne devrait se pratiquer que pendant de courts moments, comme deux ou trois minutes par assise dans les premiers temps.

EXERCICE 5 – L'assise avec une attention sans objet

1. Restez simplement assis. Ne vous accrochez à rien, ne cherchez rien. Entraînez-vous à être complètement ouvert et réceptif à tout ce qui se présente dans le champ de la conscience, laissant tout cela venir puis partir, l'observant dans l'attitude du témoin établi dans le calme.

CHAPITRE 5

Être dans votre corps : la technique du scan corporel

Je suis stupéfait de voir que nous pouvons être en même temps tout à fait préoccupés par l'apparence de notre corps tout en n'étant, au même moment, absolument pas en contact avec lui. Ceci vaut également pour notre relation au corps des autres. Dans notre société, nous semblons préoccupés, de façon envahissante, par les apparences en général, et l'apparence des corps en particulier. Les corps sont utilisés dans les publicités pour vendre tout, des cigarettes aux autos. Pourquoi ? Parce que les publicitaires tirent avantage de la forte identification des gens avec certaines images du corps. Les représentations d'hommes attirants et de femmes séduisantes génèrent chez les spectateurs des pensées qui à leur tour leur donnent envie d'avoir tel ou tel look pour se sentir spéciaux, meilleurs ou heureux.

La majorité de nos préoccupations pour notre apparence viennent d'une profonde insécurité au sujet de notre corps. Nous sommes nombreux à avoir grandi en nous sentant laids et sans attrait, n'aimant pas notre corps pour l'une ou l'autre raison. C'est en général un autre et pas nous qui avait le « look » idéal particulier, sans doute à notre adolescence, période de pics fébriles pour ces préoccupations. Si donc nous n'avions pas un « look » précis, nous étions obsédés, nous demandant ce que nous pourrions faire pour l'avoir ou pour compenser le fait que nous ne l'avions pas. Nous pouvions aussi être accablés par l'impossibilité d'être « comme il faut ». Pour beaucoup de gens, à un moment ou l'autre de leur vie, l'apparence de leur corps a revêtu une importance sociale majeure et, d'une manière ou d'une autre, ils se sont sentis inadéquats et gênés de leur apparence. À l'autre bout se trouvaient ceux qui étaient « conformes ». Ceux-ci étaient du coup souvent imbus de leur personne et dépassés par toute l'attention qu'ils recevaient.

Tôt ou tard, les gens surmontent ces préoccupations, mais peuvent garder une insécurité de base au sujet de leur corps. De nombreux adultes sentent au fond d'eux-mêmes que leur corps est trop gros, ou trop petit, ou trop grand, ou trop vieux ou trop « laid », comme s'il existait un corps parfait. Hélas, nous ne pourrons peut-être jamais nous sentir complètement à l'aise avec notre corps. Peut-être ne nous sentirons-nous jamais complètement chez nous en lui. De ceci peuvent découler des problèmes pour toucher et être touché, et donc d'intimité. Et en vieillissant, ce malaise peut être renforcé par la conscience que notre corps prend de l'âge et perd inexorablement les apparences et les qualités de la jeunesse.

Aucun sentiment de ce type, que vous avez éventuellement au sujet de votre corps, ne peut en fait changer avant que ne change votre expérience du corps. En réalité, ces sentiments s'enracinent d'abord dans une vision limitée de votre corps. Nos *pensées au sujet de* notre corps peuvent limiter de façon drastique la gamme de sentiments dont nous nous autorisons à faire l'expérience.

Quand nous mettons de l'énergie à vraiment *faire l'expérience* de notre corps et refusons d'être pris dans la strate de *pensées*-jugements à son sujet, toute la vision que nous en avons et que nous avons de nous-mêmes peut changer du tout au tout. Pour commencer, ce qu'il fait est remarquable ! Il peut marcher, parler, se lever, attraper des choses. Il peut évaluer une distance, digérer de la nourriture et connaître des choses par le toucher. Nous trouvons habituellement ces capacités normales et n'apprécions pas ce que notre corps est capable de faire jusqu'au jour où nous sommes blessés ou malades. Nous réalisons alors comme c'était bon quand nous pouvions faire les choses que nous ne pouvons plus faire à présent.

Avant donc de nous convaincre que notre corps est *trop* ceci ou *trop* cela, ne devrions-nous pas sentir davantage à quel point tout d'abord il est merveilleux d'avoir un corps, quel que soit son air et le ressenti que nous en avons ?

Faire cela demande de vous brancher sur votre corps, d'en être conscient sans le juger. Vous avez déjà entamé ce processus en devenant conscient de votre respiration dans la méditation assise. Quand vous centrez votre attention dans votre corps et que vous le sentez bouger, ou que vous centrez votre attention dans vos narines et sentez l'air y entrer et en sortir, vous captez les sensations que votre corps génère, associées à la vie même. Nous ne faisons habituellement aucun cas de ces sensations tant elles sont familières. Au moment où vous vous y connectez, vous vous réappropriez votre vie et votre corps, vous vous rendez littéralement plus réel et plus vivant.

1. La méditation du scan corporel

Une technique très puissante que nous utilisons pour rétablir le contact avec le corps est appelée scan corporel[1]. Caractérisée par un centrage complet et minutieux sur le corps, cette technique efficace développe simultanément la concentration et la souplesse de l'attention. Elle se pratique allongé sur le dos et consiste à déplacer votre esprit dans les différentes parties de votre corps.

Nous commençons par les orteils du pied gauche et remontons lentement dans le pied et la jambe, éprouvant les sensations tout en remontant et en dirigeant le souffle dans, puis hors, des différentes régions parcourues. Lorsque nous arrivons au bassin, nous allons aux orteils du pied droit et remontons dans la jambe droite pour revenir au bassin. De là, nous traversons le torse, en passant par le bas-ventre et l'abdomen, la poitrine, le haut du dos et les épaules.

Nous allons ensuite vers les doigts et les deux mains et remontons simultanément dans les deux bras, revenant ainsi aux épaules. Puis nous parcourons la nuque et la gorge, et finissons par toutes les régions du visage puis de l'arrière et du sommet de la tête.

Nous terminons en respirant par un « trou » imaginaire situé tout en haut de la tête, comparable aux évents d'une baleine. Nous laissons circuler notre souffle d'un bout à l'autre du corps tout entier, comme s'il s'y répandait par le sommet de la tête et s'en écoulait par les orteils, puis y rentrait par les orteils pour en ressortir par le sommet de la tête.

---

1. Le terme anglais *body scan* est encore régulièrement utilisé en français. *(N.d.T.)*

Quand le scan corporel est terminé, on a parfois l'impression que le corps a disparu, ou est devenu transparent, comme si sa substance avait été d'une certaine manière gommée. On peut avoir l'impression qu'il ne reste plus que le souffle s'écoulant librement au-delà de toutes les frontières du corps.

Quand le scan corporel se termine, nous restons établis dans le silence et la tranquillité, dans une conscience qui s'étend peut-être alors, au-delà du corps. Après un certain temps, quand cela nous convient, nous revenons à notre corps, nous le percevons comme un tout. Nous le sentons à nouveau consistant. Nous bougeons volontairement les pieds et les mains. Nous allons peut-être aussi nous masser le visage et nous balancer un peu d'un côté puis de l'autre avant d'ouvrir les yeux et de retourner à nos activités de la journée.

Dans le scan corporel, l'idée est de vraiment *sentir* chaque partie du corps sur laquelle vous vous focalisez et d'y demeurer, l'esprit centré *sur* elle ou *en* elle. Vous inspirez *dans* et expirez *hors* de chaque région plusieurs fois puis la laissez s'éloigner tandis que votre attention passe à la région suivante. Quand vous abandonnez les sensations perçues dans chaque région, et toutes les pensées et les images intérieures que vous avez peut-être trouvées en association avec elles, les muscles de cette région se détendent littéralement aussi, s'allongeant et relâchant une bonne part de la tension qu'ils avaient accumulée. Vous serez bien aidé si vous pouvez sentir ou imaginer que la tension de votre corps et les sensations de fatigue qui y sont associées *s'en écoulent* à chaque expiration et que, à chaque inspiration, vous inspirez de l'énergie, de la vitalité et de la détente.

À la clinique du stress nous pratiquons le scan corporel intensément, au moins pendant les quatre premières semaines du programme. C'est la première pratique formelle de pleine conscience dans laquelle nos patients s'engagent pour une durée soutenue. Avec la conscience du souffle, il fournit la base de toutes les autres techniques de méditation avec lesquelles ils vont travailler ultérieurement, y compris la méditation assise. C'est dans le scan corporel que nos patients apprennent pour la première fois à maintenir leur attention centrée pendant un temps prolongé. C'est la première technique qu'ils utilisent pour développer la concentration, le calme et l'attention vigilante. Pour beaucoup de gens, c'est le scan corporel qui les mène vers leur première expérience de bien-être et d'intemporalité dans la pratique de la méditation. C'est pour chacun une excellente façon de commencer une pratique formelle de méditation, suivant le programme déterminé au chapitre 10.

Au cours des deux premières semaines, nos patients pratiquent le scan corporel une fois par jour au moins, six jours sur sept, à l'aide d'un CD. Cela veut dire quarante-cinq minutes par jour de balayage minutieux et lent de tout le corps ! Au cours des deux semaines suivantes, ils le font un jour sur deux, en alternant avec la séance de yoga dont ils ont également un CD, si leur santé leur permet de la suivre. S'ils ne peuvent pas, ils font simplement chaque jour le scan corporel. Ils utilisent le même CD jour après jour, et c'est le même corps jour après jour. Le défi, bien entendu, est d'y apporter votre esprit du débutant, de permettre à chaque fois d'être comme si vous alliez à la rencontre de votre corps pour la première fois. Cela veut dire le faire moment après moment, et lâcher toutes vos attentes et tous vos préjugés.

À la clinique du stress, nous commençons par utiliser le scan corporel au cours des premières semaines pour différentes raisons. Premièrement, il se pratique allongé.

Cela le rend plus confortable et donc plus praticable qu'une assise le dos redressé pendant quarante-cinq minutes. De nombreuses personnes trouvent plus facile, surtout au début, d'entrer dans un état profond de relaxation quand elles sont allongées. De plus, le travail intérieur de guérison est fortement stimulé si vous pouvez développer votre capacité à placer votre attention systématiquement dans le corps, là où vous le voulez, et à y diriger l'énergie. Ceci demande un certain degré de sensibilité au corps et aux sensations que vous expérimentez au départ de ses différentes régions. En conjonction avec la respiration, le scan corporel est un excellent moyen de développer et d'affiner cette forme de sensibilité. Pour de nombreuses personnes, le scan corporel devient la première expérience positive qu'ils font de leur corps depuis plusieurs années.

En même temps, la pratique du scan corporel cultive la conscience de chaque instant. Chaque fois que l'esprit vagabonde, nous le ramenons à la partie du corps que nous étions en train d'explorer quand il a dérivé, exactement comme nous ramenons notre esprit au souffle quand il vagabonde au cours de la méditation assise. Si vous pratiquez le scan corporel avec un CD, vous ramenez votre esprit à l'endroit évoqué par la voix enregistrée dès que vous réalisez qu'il s'est égaré.

Quand vous pratiquez le scan corporel avec régularité pendant tout un temps, vous en venez à observer que votre corps n'est pas tout à fait le même chaque fois que vous le faites. Vous devenez conscient de ce que votre corps change constamment, que même les sensations dans vos orteils, par exemple, peuvent être différentes chaque fois que vous pratiquez avec le CD, ou même d'un moment à l'autre. Vous pouvez aussi entendre les instructions différemment d'une fois à l'autre. Beaucoup de gens n'entendent pas certains mots du CD avant plusieurs semaines. De telles observations peuvent leur en dire long sur leur ressenti par rapport à leur corps.

⁂

Il y a une dizaine d'années, Marie avait pratiqué chaque jour religieusement le scan corporel au cours des quatre premières semaines du programme. Après quatre semaines, elle expliqua en classe qu'elle pouvait le faire sans problème jusqu'à ce qu'elle arrive à sa nuque et à sa tête. Elle rapporta qu'elle se sentait chaque fois « bloquée » dans cette région et était incapable de passer sa nuque pour arriver au sommet de la tête. Je lui suggérai d'imaginer que son attention et sa respiration pouvaient s'écouler depuis ses épaules autour de la région bloquée et d'essayer de faire le scan corporel comme cela. La semaine suivante elle vint me voir pour discuter de ce qui s'était passé.

Elle avait essayé à nouveau le scan avec l'intention de contourner le bloc de la nuque. Cependant, alors qu'elle scannait la région pelvienne, elle entendit pour la première fois sur le CD les mots *organes génitaux*. Ces mots rappelèrent à Marie une expérience et elle réalisa immédiatement qu'elle l'avait réprimée depuis ses neuf ans. Cela réveilla en elle le souvenir d'avoir été fréquemment abusée sexuellement par son père entre cinq et neuf ans. Quand elle avait neuf ans, son père eut une crise cardiaque en sa présence dans le salon et mourut. La petite fille qu'elle était ne sut que faire. Il est facile d'imaginer les sentiments ambivalents d'une enfant déchirée entre le soulagement devant le malaise de son bourreau et son inquiétude pour son père. Elle ne fit rien.

Le flash-back se terminait par la vision de sa mère descendant les escaliers et trouvant son mari mort, et Marie assise dans un coin. Sa mère lui reprocha la mort de son père car elle n'avait pas appelé à l'aide et attrapa un balai pour la battre avec fureur à la tête et à la nuque.

Toute l'expérience, y compris les quatre années d'abus sexuels, avait été réprimée pendant plus de cinquante ans, et n'avait pas émergé pendant plus de cinq années de psychothérapies. Mais la connexion entre la sensation de blocage dans la nuque pendant le scan corporel et les coups qu'elle avait reçus des dizaines d'années plus tôt est évidente. On ne peut que s'émerveiller de sa force en tant que petite fille de réprimer ce qu'elle ne pouvait gérer d'aucune autre façon. Elle grandit et éleva cinq enfants dans un mariage raisonnablement heureux. Mais son corps souffrait au fil des ans de plusieurs problèmes chroniques qui allaient en empirant, comprenant hypertension, maladie coronarienne, ulcères, arthrite, lupus et infections urinaires fréquentes. Quand elle vint à la clinique de réduction du stress à l'âge de cinquante-quatre ans, son dossier médical mesurait plus d'un mètre vingt et ses médecins y faisaient référence à ses problèmes médicaux en utilisant un système de numérotation à deux points. Elle fut envoyée à la clinique du stress pour apprendre à contrôler sa tension artérielle, qui n'était pas bien régulée par traitement médical, en partie parce qu'elle était allergique à de nombreux médicaments. L'année précédente, elle avait été opérée d'un pontage cardiaque pour une artère coronaire occluse. Plusieurs autres artères coronaires étaient également occluses, mais considérées comme inopérables. Elle venait à la clinique du stress avec son mari qui souffrait également d'hypertension artérielle. Une de ses plus grandes plaintes à ce moment était qu'elle était incapable de bien

FIGURE 3

GRAPHIQUES DU SOMMEIL DE MARIE
AVANT ET APRÈS LE PROGRAMME

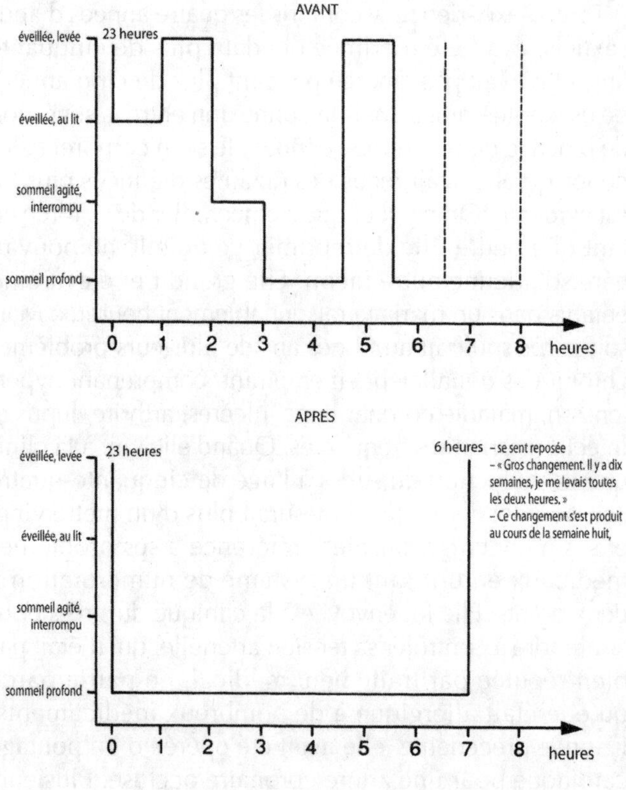

FIGURE 4

MESURES DE LA TENSION ARTÉRIELLE DE MARIE
AU COURS DE L'ANNÉE PENDANT LAQUELLE ELLE SUIVIT
LE PROGRAMME DE RÉDUCTION DU STRESS

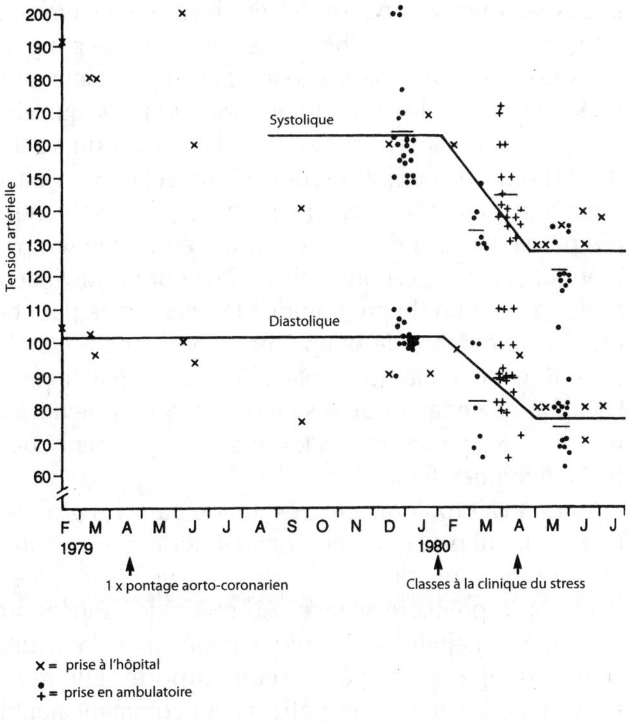

dormir et restait éveillée durant de longs moments au cours de la nuit.

À la fin des huit semaines, elle dormait en général d'un bout à l'autre de la nuit (voir figure 3), sa tension artérielle était descendue de 165/105 à 125/70 (voir figure 4), et elle disait avoir nettement moins mal au dos et aux épaules (voir figures 5A et B). En même temps, le nombre de symptômes *physiques* dont elle se plaignait au cours des deux mois précédents avait fortement diminué tandis que les symptômes *émotionnels* qui causaient sa détresse avaient augmenté. C'était dû au flux d'émotions libérées par le souvenir de cette expérience. Pour gérer cela, elle passa d'une séance de psychothérapie par semaine à deux et continua en même temps à pratiquer le scan corporel. Elle revint pour un suivi, deux mois après la fin du programme. Pendant cette période, dit-elle, le nombre de symptômes émotionnels avait lui aussi fortement diminué, suite à l'articulation et la perlaboration de certaines de ses émotions. Ses douleurs à la nuque, aux épaules et au dos avaient également continué à diminuer (figure 5C).

Marie avait toujours été très timide dans les groupes. Elle avait été pratiquement incapable de dire ne fût-ce que son nom quand était venu son tour de prendre la parole à la première séance. Au cours des années suivantes, elle maintint une pratique régulière de la méditation, principalement par le scan corporel. Elle revint souvent parler aux autres patients qui commençaient le programme, leur disant à quel point il l'avait aidée et leur recommandant de pratiquer régulièrement. Elle répondait aux questions avec finesse et aisance et s'émerveillait de sa nouvelle capacité à parler devant des groupes. Elle était nerveuse mais souhaitait partager son expérience avec les autres. Sa découverte la conduisit aussi à rejoindre un groupe de survivants de l'inceste, dans lequel elle pouvait partager ce qu'elle ressentait avec des personnes qui avaient vécu des expériences similaires.

Au cours des années suivantes, Marie fut souvent hospitalisée, pour son problème cardiaque ou pour le lupus. Il semblait qu'elle allait toujours à l'hôpital pour suivre des examens, et qu'en finale elle devait y rester des semaines sans que personne ne puisse lui dire quand elle pourrait rentrer chez elle. Une fois au moins, son corps gonfla tellement que son visage semblait avoir doublé de taille. Elle était presque méconnaissable.

Pendant tout ce temps, Marie put maintenir une acceptation et une égalité d'humeur remarquables. Elle sentait qu'elle devait recourir de façon continue à la méditation pour faire face à ses problèmes croissants de santé. Elle surprit les médecins qui la soignaient par sa capacité à contrôler sa tension artérielle et à gérer les traitements très stressants qu'elle devait subir. Parfois, avant un traitement, ils lui disaient : « Marie, ceci peut être douloureux, il vaut mieux faire votre méditation. »

J'ai appris qu'elle était décédée très tôt un samedi matin, un jour où nous avions notre séance d'une journée à la clinique du stress (décrite au chapitre 8). J'ai été dans sa chambre pour lui dire au revoir. Elle avait su peu avant que la fin était proche et s'en était approchée avec une paix qui l'avait surprise. Elle savait que sa souffrance était bientôt terminée, mais avait exprimé son regret de n'avoir eu que quelques années pour savourer, disait-elle, son « soi récemment découvert, libéré et conscient » à l'extérieur de l'hôpital. Nous lui avons dédié cette journée de pleine conscience. Elle nous manque aujourd'hui encore à la clinique du stress. Nombre de ses médecins vinrent à ses funérailles et y pleurèrent

FIGURE 5

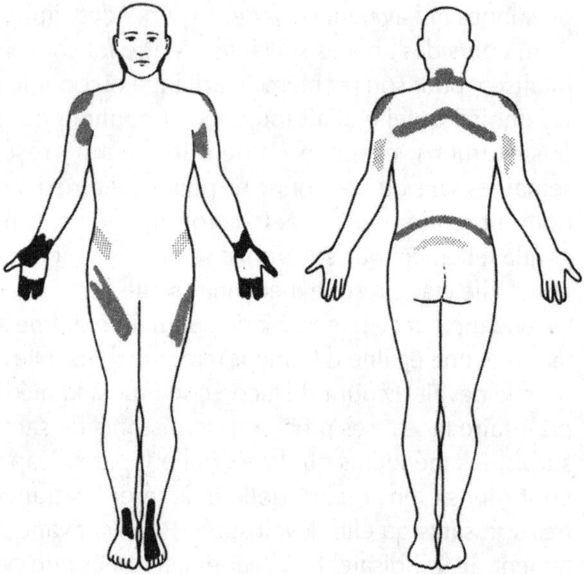

A. Dessin des douleurs de Marie avant le début du programme.

En sombre : douleur intense
Hachuré : douleur moyenne
Pointillé : douleur sourde

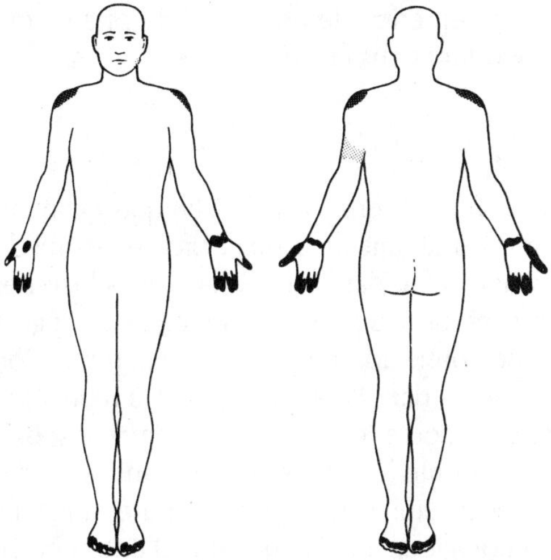

B. Dessin des douleurs de Marie dix semaines plus tard.

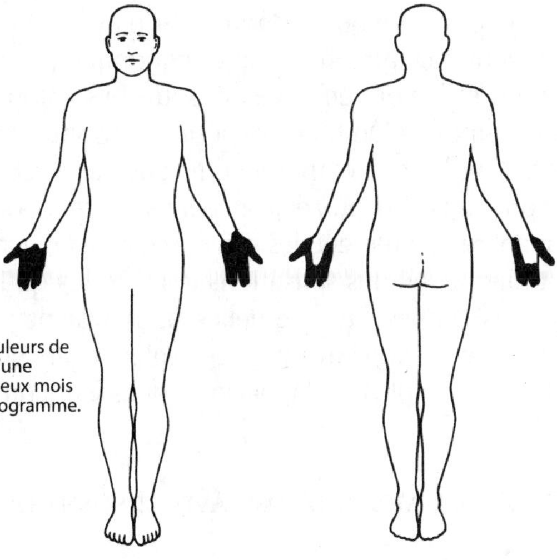

C. Dessin des douleurs de Marie au cours d'une séance de suivi deux mois après la fin du programme.

ouvertement. Finalement, elle nous avait appris ce qui est vraiment important dans la vie.

⁂

Au fil des ans, nous avons vu à la clinique de nombreuses personnes souffrant de sérieux problèmes médicaux, et qui avaient vécu dans leur enfance des histoires similaires d'abus sexuel ou psychologique. Cela suggère certainement une connexion possible entre la répression de ce genre de trauma dans l'enfance, quand la répression et le déni sont sans doute les seuls mécanismes disponibles à l'enfant confronté à de telles circonstances, et des maladies somatiques futures. Retenir et emmurer une telle expérience psychologique traumatique doit d'une certaine manière induire un stress énorme dans le corps, susceptible, des années après, de miner la santé physique.

L'expérience qu'a connue Marie avec le scan corporel ne veut pas faire croire que quiconque pratique le scan corporel va voir remonter des souvenirs enfouis au fond de sa mémoire. De telles expériences sont rares. Les gens trouvent le scan corporel bénéfique car il reconnecte leur esprit conscient aux états ressentis par leur corps. En pratiquant régulièrement, les gens se sentent en général plus en contact avec des sensations corporelles qu'ils n'avaient jamais senties ou auxquelles ils n'avaient jamais beaucoup pensé auparavant. Ils se sentent également bien plus détendus et plus « à la maison » dans leur corps.

2. Problèmes de départ avec le scan corporel

Quand les gens pratiquent le scan corporel, ils ont parfois au début de la difficulté à sentir leurs orteils ou d'autres parties de leur corps. D'autres, spécialement s'ils ont un problème de douleur, peuvent au début être tellement submergés par elle, qu'ils ont de la difficulté à se concentrer sur toute autre région de leur corps. Certains enfin constatent qu'ils continuent à s'endormir régulièrement. Quand ils sont plus détendus, ils ont de la difficulté à rester conscients. Ils ne sont tout simplement plus là.

Ces expériences, si elles arrivent, peuvent chacune vous donner des messages importants sur votre propre corps. Aucune n'est un obstacle sérieux si vous êtes déterminé à les surmonter et à approfondir la pratique.

3. Comment utiliser le scan corporel quand vous ne sentez rien ou quand vous avez mal

En pratiquant le scan corporel, vous vous connectez successivement sur chaque région et percevez toute sensation qui apparaît dans chacune d'elle. Si, par exemple, vous vous branchez sur vos orteils et ne sentez rien du tout, alors « ne rien sentir du tout » est votre expérience des orteils à ce moment particulier. Ce n'est ni mal ni bien, c'est simplement votre expérience à cet instant. Nous en prenons note, l'acceptons et continuons. Il n'est pas nécessaire de bouger vos orteils pour essayer de stimuler les sensations dans cette région et arriver à les sentir, bien que, au début, cela aille aussi.

Le scan corporel est spécialement puissant dans les cas où une région particulière de votre corps vous pose problème ou est douloureuse. Prenez par exemple une lombalgie chronique. Disons que quand vous vous allongez sur le dos pour le scan corporel, vous sentez une forte douleur dans le bas du dos et qu'elle n'est pas soulagée par de petits ajustements de votre position. Vous commencez néanmoins le scan corporel en étant conscient de votre respiration, puis essayez de déplacer votre attention dans le pied gauche, respirant jusque dans les orteils. Mais la douleur dans votre dos continue à y ramener votre attention et vous empêche de vous concentrer sur les orteils ou sur toute autre région. Vous revenez constamment au bas de votre dos et à la douleur.

Quand cela se produit, une approche consiste à continuer à ramener votre attention vers vos orteils et à y diriger à nouveau le souffle chaque fois que votre dos s'empare de votre attention. Vous continuez à remonter systématiquement dans la jambe gauche, puis dans la jambe droite, puis dans le bassin, tout en accordant une attention méticuleuse aux sensations dans ces régions, à toutes les pensées et à tous les sentiments dont vous devenez conscient, indépendamment de leur contenu. Il se peut bien entendu qu'une bonne partie de leur contenu concerne votre région lombaire et ce que vous y sentez. Quand vous passez par le bassin et approchez la région problématique, vous restez ouvert et réceptif, notant avec précision les sensations dont vous faites l'expérience alors que vous arrivez dans cette région, exactement comme vous l'avez fait pour les régions précédentes.

Maintenant vous inspirez dans les lombaires et en expirez, en étant au même moment conscient de toutes les pensées et de tous les sentiments qui se présentent. Vous y demeurez et y respirez, puis, quand vous êtes prêt, vous quittez volontairement le bas du dos et déplacez le centre de votre attention vers le haut du dos et vers la poitrine. De cette manière, vous pratiquez « se déplacer au travers » de la région avec un maximum d'intensité, en en faisant *à son tour* pleinement l'expérience, quand vous vous y centrez. Vous vous permettez d'être ouvert à toutes les sensations qui peuvent être là, dans toute leur intensité, les observant, respirant avec elles, puis les laissant passer tandis que vous vous dirigez vers une autre région.

4. Le scan corporel comme processus de purification

L'homme dont j'ai appris la technique du scan corporel avait été chimiste avant de devenir instructeur de méditation. Il aimait décrire le scan corporel comme une « purification » métaphorique du corps. Il s'agit d'une technique industrielle utilisée pour purifier certains métaux, en déplaçant un four rotatif le long d'un lingot métallique. La chaleur liquéfie le métal qui se trouve dans l'anneau du four, et les impuretés sont concentrées dans la phase liquide. Tandis que le métal fondu se déplace le long de la barre, les impuretés restent dans le produit liquide. Le métal à nouveau solide qui apparaît à la sortie du four est d'une bien plus grande pureté qu'il ne l'était au début du processus.

De même, on peut penser au scan corporel comme à une purification active du corps. La zone mobile de votre attention, quand elle traverse les différentes régions, recueille les tensions et les douleurs et les porte jusqu'au sommet de votre tête où, avec l'aide de la respiration, vous leur permettez de se décharger hors du corps, le laissant purifié. Chaque fois que vous scannez votre corps de cette façon, vous pouvez y penser ou le visualiser comme un processus de purification ou de désintoxication, un processus qui favorise la guérison en rendant un sentiment d'unité et d'intégrité à votre corps.

Bien que cela donne l'impression que le scan corporel est utilisé à des fins spécifiques, à savoir purifier votre corps, l'esprit dans lequel nous pratiquons reste un esprit de non-effort. Comme vous le verrez au chapitre 13, nous laissons toute purification éventuelle prendre soin d'elle-même. Nous nous contentons de persévérer dans la pratique.

Une pratique répétée du scan corporel au fil du temps nous conduit à saisir la réalité de notre corps comme une totalité située dans le moment présent. Cette sensation d'unité peut être expérimentée même si tout ne va pas dans votre corps. Même si une partie de votre corps ou de nombreuses parties de votre corps sont malades, souffrent ou même manquent, vous pouvez toujours les bercer dans cette expérience de totalité.

Chaque fois que vous scannez votre corps, vous laissez ce qui va s'en écouler s'en écouler. Vous n'essayez pas que le lâcher-prise ou une purification arrive, ce qui est de toute façon impossible, bien entendu. Lâcher prise est vraiment un acte d'acceptation de votre situation. Ce n'est pas céder à vos craintes à son sujet. C'est une vision de vous-même comme plus vaste que vos problèmes ou votre souffrance, plus vaste que votre cancer, plus vaste que votre maladie cardiaque, plus vaste que votre corps. C'est une vision de vous-même vous identifiant à la totalité de votre être plutôt qu'à votre corps, à votre cœur, à votre dos ou à vos peurs. L'expérience de la totalité transcendant vos problèmes résulte naturellement d'une pratique régulière du scan corporel. Elle est nourrie chaque fois que vous expirez d'une région particulière et lâchez prise.

Une autre façon de gérer la douleur quand elle émerge durant le scan corporel consiste à laisser votre attention aller vers la région où l'intensité est plus forte. Cette stratégie est la meilleure quand vous éprouvez de la difficulté à vous concentrer sur différentes parties du corps tant la douleur dans une région est forte. Au lieu de scanner, vous inspirez simplement dans la douleur elle-même et en expirez. Essayez d'imaginer ou de sentir l'air qui pénètre dans les tissus à l'inspiration jusqu'à ce qu'il soit complètement absorbé, et imaginez l'expiration comme un canal permettant à cette région de décharger à l'extérieur toute douleur, élément toxique ou « malaise » qu'il souhaite ou parvient à lâcher. Ce faisant, vous continuez à être présent, d'instant en instant, de respiration en respiration, notant que, même dans les régions les plus problématiques de votre corps, la qualité des sensations auxquelles vous êtes attentif change d'instant en instant. Vous observerez peut-être que l'intensité des sensations peut également varier. Si cela s'apaise un peu, vous pouvez essayer de retourner à vos orteils et au scan du corps entier, comme décrit ci-dessus. Dans les chapitres 22 et 23, vous trouverez des suggestions supplémentaires sur la façon d'utiliser la *mindfulness* pour travailler avec la douleur.

5. L'ACCEPTATION ET LE NON-EFFORT DANS LA PRATIQUE DU SCAN CORPOREL

Dans la pratique du scan corporel, le point clé consiste à maintenir une attention à chaque instant, une observation détachée de votre souffle et de votre corps, région par région, tandis que vous scannez le corps, des pieds au sommet de la tête. La qualité de votre attention et votre volonté de simplement sentir et être avec ce qui est là, quoi que ce soit, sont bien plus importantes que d'imaginer la tension quitter votre corps ou l'inspiration le revitaliser. Si vous travaillez seulement pour vous débarrasser des tensions, vous pouvez réussir ou pas, mais vous ne pratiquez pas la pleine conscience. Mais si votre pratique consiste à être présent à chaque moment et qu'en même temps vous *permettez* à votre respiration et à votre attention de purifier le corps dans ce contexte de conscience, avec la volonté d'accueillir tout ce qui arrive, alors vous pratiquez vraiment la *mindfulness* et sollicitez son pouvoir de guérison.

La distinction est importante. Sur le CD du scan corporel, dans l'introduction, il est dit que le meilleur moyen d'obtenir des résultats de la méditation est de ne pas essayer d'en retirer quoi que ce soit, mais de la faire simplement pour elle-même. Quand nos patients utilisent le CD, ils entendent ce message chaque jour. Chacun est confronté à un sérieux problème pour lequel il est venu chercher de l'aide, sous une forme ou une autre. Il est toutefois dit à ces patients que la meilleure façon d'obtenir quelque chose de la pratique méditative consiste simplement à pratiquer chaque jour tout en lâchant leurs attentes, leurs buts, et même les raisons de leur venue.

En présentant le travail de la méditation de cette manière, nous les mettons dans une situation paradoxale. Ils sont venus à la clinique avec l'espoir d'un résultat positif, et nous leur enseignons de pratiquer sans essayer de rien obtenir. Nous les encourageons plutôt à essayer d'être pleinement où ils se trouvent déjà, avec acceptation. En plus, nous leur suggérons de suspendre leur jugement au cours des huit semaines de cours et de décider à la fin seulement si cela valait la peine.

Pourquoi utilisons-nous cette approche ? Mettre les gens dans cette situation paradoxale les invite à explorer le non-effort et l'acceptation d'eux-mêmes comme façons d'être. Cela leur donne la permission de partir de zéro, d'essayer une nouvelle façon de voir et de sentir. Ils ne doivent pas se référer aux normes limitées qui classent en succès et en échec leurs problèmes, ni à leurs attentes de ce qu'ils *devraient* sentir. Nous pratiquons la méditation de cette manière parce que l'effort pour essayer « d'arriver quelque part » ne convient souvent pas pour catalyser le changement, la croissance ou la guérison. Il vient habituellement d'un rejet par la personne de la réalité du moment présent, sans qu'elle ait pleinement conscience de cette réalité ni ne la comprenne vraiment.

L'envie que les choses soient autres n'est en réalité qu'une façon de penser avide. Ce n'est pas une manière très efficace d'obtenir un vrai changement. Aux premiers signes de ce que vous pensez être un « échec », quand vous voyez que vous « n'arrivez nulle part » ou n'êtes pas parvenu où vous pensez que vous devriez être, vous serez probablement découragé ou vous sentirez accablé, perdrez espoir, en voudrez à des forces extérieures, et abandonnerez. Ainsi aucun changement réel n'arrive jamais.

Selon la vision méditative, c'est seulement par l'acceptation de l'actualité du présent, aussi douloureux, effrayant ou indésirable soit-il, que le changement, la croissance et la guérison peuvent se produire. Comme nous le verrons dans la partie intitulée « Le paradigme », on peut penser que de nouvelles possibilités sont déjà *contenues* dans la réalité du moment présent. Elles ont seulement besoin d'être nourries pour se déployer et être *dé-couvertes*.

Si ceci est vrai, vous n'avez alors pas besoin d'essayer d'aller où que ce soit quand vous pratiquez le scan corporel ou toute autre technique. Vous devez simplement être vraiment où vous êtes déjà et le *réaliser* (le rendre réel). En fait, dans cette façon de regarder les choses, *il n'y a nulle part d'autre où aller*. Les efforts pour aller n'importe où ailleurs reposent ainsi sur une fausse conception. Ils sont voués à conduire à la frustration et à l'échec. D'autre part, vous ne pouvez pas ne pas arriver à être où vous êtes déjà. Vous ne pouvez ainsi « échouer » dans votre pratique de la méditation si vous voulez simplement être avec les choses telles qu'elles sont.

Dans son expression la plus vraie, la méditation va au-delà des notions de succès et d'échec, et c'est pourquoi c'est un moyen si puissant de croissance, de changement et de guérison. Cela ne veut pas dire que vous ne pouvez progresser dans votre pratique de la méditation, ni qu'il est impossible de faire des erreurs qui vont en réduire la valeur pour vous. Une sorte particulière d'effort *est* nécessaire dans la pratique de la méditation, mais ce n'est pas un effort de lutte pour atteindre un état spécial, que ce soit la relaxation, la disparition de la douleur, la guérison ou la vision pénétrante. Ces états se révèlent naturellement avec la pratique car ils sont déjà inhérents au moment présent et à chaque moment. C'est pourquoi chaque instant convient aussi bien que n'importe quel autre pour goûter leur présence en vous.

Si vous voyez les choses sous cet éclairage, il est parfaitement sensé de prendre chaque moment comme il vient, de l'accepter tel qu'il est, le voyant clairement dans sa plénitude et le laissant passer.

Si vous vous demandez si vous pratiquez « correctement » ou pas, voici un bon test. Quand vous observez dans votre esprit des pensées qui parlent d'aller quelque part, qui parlent de « succès » et d'« échec », êtes-vous capable d'honorer chacune d'elle pendant que vous l'observez comme aspect de la réalité du moment présent ? Pouvez-vous la voir clairement comme une impulsion, une pensée, un désir, un jugement, la laisser être là puis la laisser s'en aller sans être aspiré en elle, sans l'investir d'un pouvoir qu'elle n'a pas, sans vous perdre dans le processus ? C'est la façon de cultiver la *mindfulness.*

⁂

Nous scannons ainsi le corps encore et encore, jour après jour, et en définitive pas pour le purifier, ni pour nous débarrasser de quoi que ce soit, ni même pour nous détendre. Ces éléments peuvent être les motifs premiers de notre pratique et nous faire persévérer jour après jour. Et nous pouvons en effet nous *sentir* plus détendus et en meilleure forme grâce à cette pratique. Mais, pour pratiquer correctement *à chaque instant,* nous devons même abandonner ces raisons-là. Pratiquer le scan corporel est alors simplement une façon d'être avec votre corps et avec vous-même, une façon d'être unifié à cet instant précis.

EXERCICES

1. Allongez-vous sur le dos dans un endroit confortable, par exemple sur un tapis en mousse déroulé sur le sol, ou sur votre lit (mais souvenez-vous que si vous l'utilisez pour le scan, vous cherchez à « tomber éveillé », pas à tomber endormi). Assurez-vous que vous aurez assez chaud. Peut-être aimerez-vous vous couvrir d'une couverture ou vous glisser dans un sac de couchage s'il fait froid dans la pièce.
2. Laissez les yeux se fermer doucement.
3. Sentez votre ventre se soulever puis s'abaisser à chaque inspiration et à chaque expiration.

4. Prenez un peu de temps pour sentir votre corps dans sa « totalité », de la tête aux orteils, l'« enveloppe » de votre peau, les sensations associées au toucher aux endroits où vous êtes en contact avec le sol ou le lit.
5. Dirigez votre attention vers les orteils du pied gauche. En dirigeant votre attention vers eux, voyez si vous pouvez « diriger », ou canaliser, aussi votre respiration vers eux, si bien que vous ressentez comme si vous inspiriez *vers* vos orteils et expiriez *depuis* vos orteils. Cela peut vous prendre un certain temps pour saisir ceci. Pour vous aider, vous pouvez imaginer simplement que votre respiration voyage dans votre corps en descendant depuis le nez, traverse les poumons, puis continue au travers de l'abdomen pour descendre dans toute la jambe gauche jusqu'aux orteils. Puis elle remonte en parcourant le chemin inverse et sort par le nez.
6. Permettez-vous de *sentir* chaque perception provenant de vos orteils, quelle qu'elle soit. Vous en distinguerez peut-être plusieurs et observerez le flux des sensations dans cette région. Si vous ne sentez rien pour l'instant, cela va aussi. Permettez-vous simplement de sentir « zéro sensation ».
7. Quand vous êtes prêt à quitter les orteils et à poursuivre, prenez une inspiration plus profonde, plus intentionnelle, qui descende jusque tout au bout des orteils et, sur l'expiration, laissez-les se « dissoudre ». Demeurez avec votre souffle pendant quelques respirations au moins, puis poursuivez en dirigeant votre attention successivement vers la plante du pied, le talon, le cou-de-pied, puis la

cheville, continuant à inspirer *dans* puis à expirez *depuis* chaque région, tout en observant les sensations dont vous faites l'expérience, puis en les laissant aller pour poursuivre.

8. Comme pour les exercices sur le souffle (chapitre 3) et les pratiques de méditation assise (chapitre 4), ramenez votre esprit vers le souffle, et vers la région sur laquelle vous vous centrez chaque fois que vous réalisez que votre attention s'est égarée.
9. De cette manière, comme décrit dans le corps de ce chapitre, continuez à remonter lentement dans votre jambe gauche et dans le reste de votre corps, tout en maintenant votre attention sur le souffle et sur le ressenti de chaque région que vous abordez, respirez avec elle et laissez-la vous quitter. Si vous ressentez de la douleur, consultez les parties de ce chapitre qui suggèrent comment travailler avec elle, ainsi que les chapitres 22 et 23.
10. Pratiquez le scan corporel au moins une fois par jour. Il est utile d'utiliser l'enregistrement au début pour le rythme qui est suffisamment lent, et pour vous aider à retenir les instructions avec justesse.
11. Souvenez-vous que le scan corporel est la première pratique formelle de *mindfulness* dans laquelle nos patients s'investissent intensément, quarante-cinq minutes par jour, six jours par semaine, pendant *au moins* deux semaines d'affilée au début de leur entraînement.
12. Si vous avez de la difficulté à rester éveillé, essayez de faire le scan corporel les yeux ouverts.

Chapitre 6

Cultiver la force, l'équilibre et la souplesse : le yoga *est* méditation

Comme vous l'avez probablement compris à présent, introduire la pleine conscience dans une activité la transforme en une sorte de méditation. La pleine conscience amplifie de façon impressionnante vos chances de voir toutes vos activités aboutir à une expansion de votre perspective et de votre compréhension de vous-même. Une grande part de la pratique est simplement un rappel à vous-même d'être pleinement éveillé, de ne pas être perdu dans un sommeil éveillé ou enfoui dans les voiles de votre esprit pensant. Pratiquer avec cette intention est crucial dans ce processus, tant le mode de pilote automatique prend facilement le dessus quand nous oublions de nous en souvenir.

J'aime les mots anglais *remember* et *remind*[1] car ils impliquent des connexions qui existent déjà mais qui ont

1. Ces deux termes signifient en français se souvenir, se rappeler. Littéralement en anglais on comprend « re-membre » et « re-esprit ». L'auteur développe toute une réflexion au départ de la racine de ces termes. *(N.d.T.)*

besoin d'être à nouveau reconnues. Ainsi, on peut penser à se souvenir – « *remember* » – dans le sens de *se reconnecter* à une appartenance – « *membership* » –, de se reconnecter à l'ensemble auquel appartient ce que l'on *connaît déjà*. Et cette qualité, que nous avons oubliée, est toujours ici, quelque part en nous. C'est son *accès* qui est temporairement voilé. Ce qui a été oublié doit réaffirmer son appartenance en toute conscience. Par exemple, quand nous veillons – « *re-member* » – à faire attention, à être dans le présent, à être dans notre corps, nous sommes déjà éveillés à cet instant précis. Cette appartenance se complète elle-même quand nous nous réapproprions notre totalité.

On peut dire la même chose pour le terme « *remind* », se souvenir, se rappeler. Il nous reconnecte à ce que certains appellent le « grand esprit », à un esprit de complétude, un esprit qui voit la forêt entière ainsi que les arbres individuellement. Puisque nous sommes toujours complets, de toute façon, nous n'avons en fait rien à *faire*. Nous avons simplement à nous « *re-mind* » cela, c'est-à-dire nous le remettre à l'esprit.

Je crois qu'une des raisons principales pour laquelle les personnes de la clinique du stress accrochent si rapidement à la méditation et la trouvent thérapeutique est celle-ci : la pratique de la pleine conscience leur rappelle ce qu'elles savaient déjà mais que, d'une certaine manière, elles ne savaient pas qu'elles savaient ou n'étaient pas capables d'utiliser, c'est-à-dire qu'elles sont déjà complètes.

Nous nous souvenons aisément de la plénitude car nous ne devons pas aller la chercher bien loin. Elle est toujours en nous, d'habitude sous la forme d'un vague sentiment ou d'un souvenir datant de notre enfance. Mais c'est un souvenir profondément familier, un de ces souvenirs que vous reconnaissez immédiatement dès que vous les contactez à nouveau, comme quand vous revenez chez vous après une longue absence. Quand vous êtes immergé dans le faire sans être centré, c'est comme si vous étiez loin de chez vous. Et quand vous reconnectez avec le mode être, même pour quelques instants, vous le savez immédiatement. C'est comme si vous vous sentiez à la maison, peu importe où vous vous trouvez et peu importent les problèmes auxquels vous êtes confronté.

Dans ces moments-là, vous ressentez notamment que vous êtes chez vous dans votre corps également. Il est donc un peu spécial que la langue anglaise ne nous permette pas le terme « *rebody* »[1] dans le sens d'habiter à nouveau son corps. Ce concept semble à ce stade aussi nécessaire et utile que celui de « *remind* »[2]. D'une façon ou d'une autre, tout le travail que nous faisons à la clinique du stress implique un retour au corps.

Les corps sont inévitablement sujets à l'effondrement. Mais il semble qu'ils flanchent plus rapidement et qu'ils guérissent moins vite et moins complètement si, à la base, on ne prend pas soin d'eux et si on ne les écoute pas davantage. Pour cette raison, il est très important de prendre soin de façon appropriée de votre corps, tant pour la prévention des maladies que dans les périodes de convalescence suite à une maladie ou à un accident.

Le premier pas dans le soin de votre corps, que vous soyez malade, blessé ou en bonne santé, consiste à vous entraîner à être « dans » votre corps. Vous relier à votre respiration et aux sensations que vous pouvez sentir dans

1. L'auteur poursuit ici le jeu de mot entrepris pour soutenir sa réflexion : *re-member, re-mind, re-body. (N.d.T.)*
2. Élaboré trois paragraphes plus haut. *(N.d.T.)*

votre corps est une façon très pratique de vous entraîner à être dans votre corps. Cela vous aide à rester en contact étroit avec lui puis à agir sur base de ce que vous apprenez en écoutant ses messages. Le scan corporel est une forme très puissante de réappropriation[1] de votre corps puisque vous êtes régulièrement en train de vérifier, d'écouter et de détendre chaque région de votre corps, systématiquement. Par cette pratique, vous ne pouvez éviter de développer une plus grande familiarité envers votre corps et une plus grande confiance en lui.

Il existe de nombreuses façons de s'entraîner à être dans votre corps. Toutes intensifient la croissance, le changement et la guérison, spécialement si elles sont pratiquées dans une conscience méditative. Une des plus puissantes pour sa capacité de transformer le corps, et des plus merveilleuses pour le sentiment de bien-être qu'elle procure, est le hatha-yoga.

Le hatha-yoga en pleine conscience est la troisième technique formelle de méditation que nous pratiquons à la clinique du stress, avec le scan corporel et la méditation assise. Il consiste en exercices d'étirements et de renforcement doux, exécutés très lentement, avec une attention d'instant en instant au souffle et aux sensations qui émergent quand vous mettez votre corps dans différentes positions appelées « postures ». De nombreuses personnes à la clinique du stress ne jurent que par la pratique du yoga et la préfèrent à l'assise et au scan corporel. Elles sont attirées par la relaxation et par l'augmentation de la force et de la souplesse musculaires squelettiques qui viennent d'une pratique régulière de yoga. Qui plus est, après avoir enduré l'immobilité de

1. *Re-bodying. (N.d.T.)*

l'assise et du scan corporel pendant plusieurs semaines, le yoga leur permet enfin de bouger !

Mais le yoga en pleine conscience fait bien plus que de vous rendre plus détendu et d'aider votre corps à devenir plus fort et plus souple. Il est une autre façon de vous découvrir et de ressentir votre complétude, indépendamment de votre condition physique. Bien que cela ressemble à des exercices et en apporte les bénéfices, c'est bien plus que cela. Pratiqué en pleine conscience, c'est une méditation tout autant que l'assise ou le scan corporel. Nous pratiquons le yoga avec la même attitude que celle accordée à la méditation assise et au scan corporel. Nous le faisons sans tendre à rien et sans forcer. Nous nous entraînons à accepter notre corps dans l'état où nous le trouvons, dans le présent, à ce moment-ci, et au moment suivant. Tandis que nous nous étirons, soulevons un membre ou sommes en équilibre, nous apprenons à travailler nos limites, maintenant une conscience de chaque instant. Nous sommes patients avec nous-mêmes. Et quand, par exemple, nous atteignons prudemment notre limite dans un étirement, nous respirons consciemment *à cette limite*, nous établissant dans l'espace créatif situé entre « ne pas du tout défier le corps » et « pousser le corps trop loin ».

Il y a une grande distance entre ceci et la plupart des classes d'exercices et d'aérobic, et même de nombreux cours de yoga, qui se centrent seulement sur ce que *fait* le corps. Ces approches ont tendance à insister sur les *progrès*. Elles aiment pousser, pousser et pousser encore. Pour cette raison, dans les classes d'exercices, peu d'attention est accordée à l'art du non-faire, à l'art de ne tendre à rien, au moment présent ou à l'esprit. Dans les exercices totalement centrés sur le corps, il y a généralement peu d'attention accordée explicitement au domaine de l'être, qui est en fait tout aussi important quand on travaille avec le corps que quand on fait n'importe quoi d'autre. Chacun peut bien entendu rejoindre par lui-même le champ de l'être, car il est toujours là. Mais il est bien plus difficile à trouver si l'ambiance et l'attitude sont diamétralement opposées à de telles expériences.

La plupart d'entre nous avons besoin de recevoir la permission pour passer du mode faire au mode être, principalement parce que nous avons été conditionnés depuis notre enfance à accorder plus de valeur au faire qu'à l'être. On ne nous a jamais enseigné comment travailler avec le mode être ou même comment le trouver. Ainsi, avons-nous pour la plupart besoin d'au moins quelques indications sur la façon d'y accéder.

Il n'est pas si facile de trouver le mode être par vous-même quand vous pratiquez, spécialement dans un groupe où l'accent est mis sur le faire et sur l'obtention de résultats. En plus de cela, c'est également difficile car, quand nous faisons les exercices, nous avons avec nous les agitations habituelles de notre esprit, notre réactivité et notre manque de conscience.

Pour trouver le champ de l'être, nous devons apprendre à mobiliser notre pouvoir d'attention et notre conscience au cours des exercices. Les athlètes professionnels et même les athlètes amateurs réalisent à présent qu'à moins d'être attentifs à leur mental autant qu'à leur corps, ils négligent une sphère entière de pouvoir personnel qui peut faire une différence critique en termes de performance.

Même la kinésithérapie est habituellement enseignée sans accorder d'attention à la respiration ni relever la capacité innée de la personne de se détendre au cœur des exercices d'étirement et de raffermissement. Or elle est spécifiquement orientée vers l'enseignement et la prescription d'exercices de ce type à des douloureux chroniques et à des personnes en convalescence après une opération chirurgicale. Les kinésithérapeutes apprennent souvent aux patients comment aider à la guérison de leur corps mais négligent deux de leurs alliés les plus puissants : le souffle et l'esprit. À maintes reprises, nos patients confrontés à la douleur, nous rapportent que leurs séances de kinésithérapie sont bien plus efficaces quand ils utilisent la conscience de la respiration au cours des exercices. C'est comme si une nouvelle dimension de ce qui leur est demandé leur était révélée. Et les kinésithérapeutes font souvent des commentaires sur les changements importants qu'ils observent chez leurs patients.

Quand le domaine de l'être est activement cultivé au cours des exercices lents et doux d'étirement et de raffermissement, comme en yoga ou en kinésithérapie, ce que les gens considèrent traditionnellement comme des « exercices » est transformé en *méditation*. Cela leur permet d'être exécutés et même appréciés par des personnes qui ne pourraient supporter un rythme plus soutenu, orienté « résultats ».

À la clinique du stress, la règle de base est que chaque personne doit assumer la responsabilité de lire les signaux de son corps pendant qu'elle fait du yoga. Cela signifie écouter attentivement ce que votre corps vous dit et faire cas de ses messages, *être plutôt conservateur.* Personne ne peut écouter votre corps à votre place. Si vous souhaitez grandir et guérir vous devez prendre la responsabilité de l'écouter vous-même. Le corps de chacun est différent si bien que chacun doit parvenir à connaître ses propres limites. Et la seule façon d'apprendre à connaître vos limites est de les explorer soigneusement et consciemment pendant une longue période.

En faisant cela, vous apprenez que, quand vous accordez de l'attention à votre corps et travaillez en explorant ses limites, quel que soit son état, elles ont tendance à se rétracter avec le temps. Vous découvrez que les frontières définissant jusqu'où votre corps peut s'étirer ou combien de temps vous pouvez rester dans une position ne sont ni fixes ni statiques. De même, vos pensées vous disant ce que vous pouvez ou ne pouvez pas faire ne devraient pas davantage être fixes ou statiques, car votre corps peut vous enseigner autre chose, si vous l'écoutez soigneusement.

Cette observation n'a rien de neuf. Les athlètes utilisent constamment ces principes pour améliorer leurs performances. Ils explorent toujours leurs limites. Mais ils le font pour arriver quelque part, alors que nous le faisons pour être où nous sommes déjà et découvrir où cela se situe. Nous constaterons que nous arriverons quelque part, nous aussi, mais sans avoir fait d'effort dans cette direction.

Il est très important, quand on a des problèmes de santé, de travailler dans ses zones limites, tout comme le font les athlètes. La raison en est que, quand quelque chose « cloche » dans une partie de votre corps, vous avez tendance à faire marche arrière et à ne *plus* l'utiliser *du tout*. C'est un mécanisme de protection à court terme qui a du sens quand vous êtes malade ou blessé. Le corps a besoin de périodes de repos pour guérir et récupérer.

Mais souvent, la solution à court terme se transforme en style de vie à long terme. Avec le temps, spécialement si nous avons une blessure ou un problème avec notre corps, une image corporelle limitée peut insidieusement transformer la façon dont nous nous voyons. En finale, si nous sommes inconscients de ce processus interne, nous risquons de nous identifier à cette image et à y croire. Au lieu de trouver nos limites et nos limitations par l'expérience directe, nous déclarons qu'elles sont telles, sur base de ce que nous pensons ou de ce qui nous a été dit par le médecin ou des membres de la famille soucieux de notre bien-être. Nous pouvons inconsciemment créer une brèche entre nous et notre propre bien-être.

Cette façon de penser peut mener à une vue rigide et fixe de vous-même, vous disant que vous êtes « en mauvaise forme », « délabré » ou que quelque chose « cloche » chez vous, peut-être même que vous êtes « handicapé » : autant de raisons suffisantes pour vous installer dans l'inactivité et négliger tout votre corps. Nous croyons peut-être de façon exagérée que nous devons rester au lit toute la journée, ou que nous ne pouvons sortir de la maison pour faire certaines choses.

De telles vues conduisent rapidement à ce qu'on appelle parfois un « comportement dicté par la maladie ». Nous commençons à construire notre vie psychologique autour des préoccupations que nous avons au sujet de notre maladie, de notre blessure ou de notre handicap. Pendant ce temps-là, le reste de notre vie est suspendu et est malheureusement en train de s'atrophier en même temps que notre corps. En réalité, même si rien ne « cloche » dans votre corps, si vous ne le sollicitez pas suffisamment, vous pouvez entretenir une image très limitée de ce qu'il est (et de ce que vous êtes) capable de faire.

Aux États-Unis, les kinésithérapeutes ont deux merveilleuses maximes très pertinentes pour les gens qui souhaitent prendre mieux soin de leur corps. La première dit : « Si c'est physique, cela se soigne. » La seconde dit : « Si vous ne l'utilisez pas, vous le perdez. » La première implique que ce n'est pas tant ce que vous faites qui est important que de faire *quelque chose* avec votre corps. La seconde maxime nous rappelle que le corps n'est jamais dans un état figé. Il change constamment, en réponse aux sollicitations qu'il rencontre. S'il ne lui est jamais demandé de se pencher, de s'accroupir, de se tourner, de s'étirer ou de courir, sa capacité à faire ces mouvements ne reste pas stable, en réalité, elle décroît avec le temps. Cela s'appelle parfois être « en mauvaise forme », mais être en mauvaise forme implique un état figé. En fait, plus longtemps vous restez en mauvaise forme, plus votre corps décline.

Ce déclin s'appelle techniquement une *atrophie d'immobilisation*. Quand le corps reste au repos complet, quand vous êtes par exemple en convalescence à l'hôpital suite à une opération chirurgicale, il perd rapidement une bonne partie de sa masse musculaire, spécialement dans les jambes. Vous pouvez en fait voir les cuisses devenir plus fines de jour en jour. S'ils ne sont pas entretenus par une utilisation constante, les tissus musculaires s'atrophient. Ils fondent et sont réabsorbés par l'organisme. Quand vous vous levez, que vous commencez à circuler et à exercer vos jambes, ils se reconstruisent.

L'atrophie d'immobilisation ne se limite pas aux muscles des jambes. Elle gagne tous les muscles du squelette. Ils ont aussi tendance à se raccourcir, à perdre leur tonus et sont plus facilement blessés chez les gens qui mènent une vie sédentaire. En plus, quand certaines parties du corps ne sont pas utilisées ou sont sous-utilisées pendant de longues périodes, les articulations, les os, les vaisseaux sanguins qui les nourrissent, et même les nerfs qui s'y ramifient, en sont probablement aussi affectés. Il est vraisemblable qu'avec l'inactivité, tous ces tissus subissent des changements structurels et fonctionnels conduisant à la dégénérescence et à l'atrophie.

Il y a vingt-cinq ans, un long repos alité était le traitement de choix suite à un infarctus. À présent, les gens se lèvent, marchent et font des exercices dans les jours qui suivent l'infarctus, car la médecine a reconnu que l'inactivité ne fait qu'augmenter les problèmes cardiaques du patient. Même un cœur atteint d'athérosclérose répond au challenge d'un exercice régulier et progressif. Il en bénéficie en devenant fonctionnellement plus fort (plus encore si la personne suit un régime très pauvre en graisses, comme nous le verrons au chapitre 31).

Bien évidemment, le niveau d'exercice doit être ajusté à votre état physique de façon à ce que vous ne forciez jamais au-delà de vos limites mais travailliez dans un intervalle cible de fréquence cardiaque qui produit ce qu'on appelle un « effet d'entraînement » sur le cœur. Vous augmentez alors progressivement vos exercices au fur et à mesure du recul de votre limite, en d'autres mots, quand votre cœur devient plus fort. De nos jours, nous entendons que des personnes qui ont eu un infarctus se reconstruisent au point de pouvoir courir un marathon, c'est-à-dire de pouvoir courir 42,195 km !

Le yoga est une forme d'exercice merveilleuse pour plusieurs raisons. Pour commencer, c'est très doux. Il peut être bénéfique à n'importe quel niveau de condition physique et, s'il est pratiqué régulièrement, il neutralise le processus d'atrophie d'immobilisation. On peut le pratiquer sur un lit, sur une chaise, ou dans une chaise roulante. On peut le faire debout, couché ou assis. En fait, l'intérêt fondamental du hatha-yoga est qu'il peut se pratiquer dans n'importe quelle position. Toute posture peut devenir le point de départ d'une pratique. Il suffit d'être en vie et de pouvoir commander ses mouvements.

Le yoga est aussi un bon exercice car c'est une forme de conditionnement de l'ensemble du corps. Il en augmente la force et la souplesse. C'est comme la natation, en ce sens que chaque partie du corps est impliquée et en bénéficie. Une pratique vigoureuse peut même avoir des effets cardiovasculaires. Mais à la clinique, nous ne le faisons pas comme un exercice cardiovasculaire. Nous le faisons en premier lieu pour étirer et renforcer vos muscles et vos articulations, pour éveiller le corps à tout son éventail de mobilité. Les personnes qui ont besoin d'exercices cardiovasculaires marchent, nagent, pédalent, courent ou rament en plus de leur pratique de yoga.

Le plus remarquable en yoga est sans doute la quantité d'énergie que vous sentez *après* en avoir fait. Vous pouvez vous sentir épuisé, faire un peu de yoga, et vous sentir complètement revivifié en peu de temps. Les personnes qui ont pratiqué le scan corporel chaque jour pendant deux semaines d'affilée et trouvent difficile de se détendre, sont surprises de découvrir au cours de la troisième semaine de la clinique du stress qu'elles peuvent facilement atteindre un état de relaxation profonde avec le yoga. Il est presque impossible de ne pas y accéder à moins de souffrir de douleurs chroniques, auquel cas vous devez être particulièrement attentif à ce que vous faites, comme nous le verrons dans un instant. En même temps, ces personnes constatent qu'elles restent éveillées pendant le yoga et en viennent à savourer des sentiments de calme et de paix dont elles ne faisaient pas l'expérience dans le scan corporel car elles étaient incapables de se concentrer ou tombaient endormies. Et à partir du moment où elles ont eu une expérience de ce type, beaucoup deviennent plus positives envers le scan corporel aussi. Elles le comprennent mieux et, quand elles le font, ont plus de facilité à rester détendues et éveillées.

Je fais du yoga presque tous les jours et en ai fait pendant plus de vingt ans. Je me lève et m'asperge le visage d'eau froide pour être sûr d'être éveillé. Puis, je travaille avec mon corps consciemment en faisant du yoga. Certains jours, je sens comme si mon corps se rassemblait littéralement pendant que je pratique. D'autres jours, la sensation est différente. Mais j'ai toujours le sentiment de savoir comment est mon corps ce jour-là car je lui ai consacré du temps le matin, ai été avec lui, l'ai nourri, fortifié, étiré et écouté. Ce sentiment est très rassurant quand vous avez des problèmes et des limitations physiques et que vous n'êtes jamais vraiment sûr de l'état dans lequel vous retrouverez votre corps d'un jour à l'autre.

Certains jours je pratique une quinzaine de minutes, rien qu'un travail de base du dos, des jambes et des épaules. Parfois je fais une demi-heure ou une heure. Mes cours de yoga durent habituellement deux heures car je souhaite que les gens prennent leur temps et savourent longuement l'expérience de se centrer dans leur corps tandis qu'ils explorent leurs limites dans différentes postures. Mais même cinq ou dix minutes par jour peuvent être très utiles comme pratique régulière. Toutefois, si vous vous êtes engagé dans notre programme de huit semaines d'entraînement à la pleine conscience, ou si vous envisagez de le faire, nous vous recommandons de pratiquer quarante-cinq minutes par jour, à partir de la troisième semaine, en alternant d'un jour à l'autre yoga et scan corporel, comme décrit au chapitre 10.

⁂

Yoga est un mot sanscrit qui signifie littéralement « joug ». La pratique du yoga consiste à atteler sous le même joug ou à unifier le corps et l'esprit, ce qui signifie en réalité entrer dans l'expérience qu'ils ne sont fondamentalement pas séparés. Vous pouvez aussi y voir l'expérience de l'unité ou de la connectivité entre l'individu et l'univers dans sa totalité. Le mot yoga a d'autres significations spécifiques, qui ne nous concernent pas ici, mais le concept de base est toujours le même : réaliser la connectivité, réaliser la totalité via une pratique disciplinée. L'image du joug s'applique joliment à nos notions de « *re-minding* » et de « *re-bodying* »[1].

L'ennui avec le yoga, c'est que d'en parler ne vous aide pas à en faire, et que des instructions écrites, même dans les meilleures circonstances, ne peuvent communiquer réellement le sentiment éprouvé quand on pratique. Un des aspects les plus agréables et les plus délassants du yoga pratiqué en pleine conscience est la perception du corps se coulant d'une posture à l'autre, traversant des périodes d'immobilité lorsqu'il est allongé sur le dos ou sur le ventre. Ceci ne peut arriver quand vous faites des va-et-vient entre les illustrations et les descriptions d'un livre, et votre corps sur le sol. Cela m'a toujours exaspéré les quelques fois où j'ai essayé d'apprendre à partir d'un livre de yoga, même si le livre était excellent. C'est pourquoi nous recommandons fortement, si vous souhaitez pratiquer le yoga en pleine conscience, d'utiliser au début les séances enregistrées. Tout ce que vous avez à faire alors est d'en lancer un enregistrement et de vous laisser guider dans les différentes séquences de postures. Ceci vous permet de mettre toute votre énergie dans la conscience d'instant en instant de votre corps, de votre souffle et de votre esprit. Les illustrations et les instructions de ce chapitre peuvent alors être utilisées pour clarifier vos hésitations éventuelles et s'ajouter à votre compréhension. Au fil de la pratique, celle-ci va croître principalement à partir de vos expériences personnelles. Une fois que vous savez ce qui est en jeu, vous pouvez

1. Voir notes de bas de page n° 1 pages 192 et 194. *(N.d.T.)*

pratiquer sans enregistrement, et combiner différentes séquences de postures pour vous-même.

Nous avons déjà vu que la *posture* est très importante dans la méditation assise, et que mettre votre corps dans certaines positions peut avoir des effets immédiats sur votre état mental et émotionnel. Être conscient du langage de votre corps et de ce qu'il révèle au sujet de vos attitudes et de vos sentiments peut vous aider à les changer rien qu'en modifiant votre posture physique. Même quelque chose d'aussi simple que de relever le coin des lèvres dans un demi-sourire peut produire un sentiment de bonheur et de détente qui n'était pas présent avant que vous ne mobilisiez vos muscles faciaux pour imiter un sourire.

Il est important de vous souvenir de ceci quand vous faites du yoga. Chaque fois que vous entrez volontairement dans une nouvelle posture, vous changez littéralement votre orientation physique et de ce fait changez tout autant votre perspective intérieure. Vous pouvez ainsi penser à toutes les positions dans lesquelles vous vous trouvez en faisant du yoga comme à autant d'occasions de pratiquer la pleine conscience de vos pensées, de vos sentiments et de vos états d'humeur ainsi que de votre respiration et des sensations associées à l'étirement et à la mobilisation de différentes parties du corps.

Par exemple, rouler parfois en position fœtale vers l'arrière pour se retrouver en position inversée, en appui sur l'arrière de la nuque et des épaules (position 21 de la figure 6), peut procurer un changement bienvenu de perspective, voire un changement d'humeur positif. Même des choses aussi simples que la position de vos mains quand vous êtes assis, les paumes ouvertes vers le ciel ou tournées vers les genoux, les paumes en contact avec les cuisses ou pas, les pouces en contact ou pas, tous ces détails peuvent avoir un effet sur votre ressenti dans une posture donnée. Ils constituent un domaine fructueux pour développer la conscience du flux de l'énergie dans le corps.

Quand vous pratiquez le yoga, vous devriez être à l'affût des nombreuses manières, certaines bien subtiles, dont votre perspective sur le corps, vos pensées et tout ce que vous ressentez de vous-même peut changer quand vous adoptez différentes postures délibérément et y demeurez un certain temps, pleinement attentif d'instant en instant. Pratiquer de cette façon enrichit énormément le travail intérieur et l'entraîne bien au-delà des bénéfices physiques qui viennent naturellement de l'étirement et du renforcement du corps.

COMMENT COMMENCER

1. Allongez-vous sur le dos sur un tapis de yoga plus ou moins épais qui amortit la dureté du sol. Si vous ne pouvez être allongé sur le dos, installez-vous d'une autre manière.
2. Devenez conscient du flux de votre respiration et sentez l'abdomen se soulever puis redescendre à chaque inspiration puis à chaque expiration.
3. Prenez quelques instants pour ressentir votre corps dans son unité, de la tête aux pieds, ressentir l'« enveloppe » de votre peau, et les sensations associées au toucher là où votre corps est en contact avec le sol.
4. Comme pour la méditation assise et le scan corporel, gardez votre attention centrée sur le moment présent et ramenez-la quand elle

s'égare, notant ce qui l'a distraite avant de vous en écarter.

5. Positionnez votre corps le mieux que vous pouvez dans les différentes postures illustrées ci-dessous, et essayez de rester dans chacune d'elles tout en vous centrant sur votre respiration au niveau de l'abdomen. Les figures 6 et 7 vous donnent les séquences de postures que nous faisons sur les deux enregistrements qui accompagnent ce programme[1]. Sur ces enregistrements, certaines postures sont répétées à différents endroits. Ces répétitions ne sont pas reprises dans les dessins. Quand une posture est dessinée exécutée du côté droit ou du côté gauche, faites-la des deux côtés, comme indiqué.
6. Pendant que vous êtes dans la posture, pour chacune d'elles, soyez conscient des sensations dont vous faites l'expérience dans les différentes parties de votre corps. Si vous le souhaitez, dirigez votre souffle dans, puis hors, de la région où l'intensité est plus grande, dans un étirement ou une posture spécifique. L'idée est de se relaxer dans chaque posture du mieux que vous pouvez et de respirer avec votre ressenti.
7. Sentez-vous libre de passer toutes les postures susceptibles d'exacerber un problème que vous pouvez avoir. *Vérifiez avec votre médecin ou votre kinésithérapeute certaines postures, si vous avez un problème à la nuque ou au dos. C'est une zone dans laquelle vous avez à utiliser*

1. Voir en fin de livre le site de l'Association pour le développement de la *mindfulness. (N.d.T.)*

votre jugement et à être responsable de votre corps. À la clinique du stress, de nombreuses personnes souffrant de problèmes de nuque ou de dos disent qu'elles peuvent faire au moins quelques-unes de ces postures, mais qu'elles les font *très prudemment*, sans pousser, forcer ni tirer. Bien que ces exercices soient très doux et puissent soigner, ils sont aussi étonnamment puissants et peuvent conduire à des élongations musculaires et à des problèmes plus sérieux s'ils ne sont pas faits lentement, consciemment et avec une progression dans le temps.

8. Ne vous mettez pas en compétition avec vous-même, et si vous vous surprenez à le faire, notez-le et lâchez prise. L'esprit du yoga est l'esprit d'acceptation de soi dans le moment présent. L'idée est d'explorer vos limites doucement, avec amour, en respectant votre corps. L'idée n'est pas d'essayer de forcer les limites de votre corps parce que vous souhaitez avoir l'air plus souple ou avoir plus belle allure dans votre maillot de bain l'été prochain. Cela peut arriver naturellement si vous continuez à pratiquer, mais si vous avez tendance à aller au-delà de vos limites du moment au lieu de vous détendre en elles, vous finirez peut-être par vous blesser. Ceci vous ferait simplement reculer et vous découragerait de continuer à pratiquer. Dans ce cas, vous blâmerez peut-être le yoga au lieu de voir que c'est l'attitude d'effort non respectueux des limites qui a conduit à cet excès. Certains ont tendance à entrer dans un cercle vicieux où ils dépassent la mesure quand ils se sentent bien

et enthousiastes, puis ne peuvent ensuite plus rien faire pendant un temps et se découragent. Si vous avez cette tendance, cela vaut la peine d'être très attentif et de rester plutôt modéré.

9. Bien que cela n'apparaisse pas dans la séquence des postures illustrées dans les figures 6 et 7 pour de simples raisons d'espace, *vous devriez vous arrêter entre chaque posture*. Selon ce que vous venez de faire, vous pouvez faire une pause allongé sur le dos ou dans une autre position confortable. À ces moments-là, restez conscient du mouvement de votre souffle d'instant en instant, sentant votre ventre monter et descendre doucement. Si vous êtes allongé sur le sol, sentez vos muscles se relâcher tandis que vous vous enfoncez plus profondément dans votre tapis à chaque expiration. Chevauchez les vagues de votre respiration en vous relaxant et enfoncez-vous plus profondément encore dans le sol. Vous pouvez vous détendre d'une façon similaire quand vous vous arrêtez entre deux postures debout. Sentez le contact des pieds avec le sol et laissez les épaules se lâcher, en expirant. Dans les deux cas, tandis que vos muscles se relâchent, laissez passer toutes les pensées, quelles qu'elles soient, et continuez à chevaucher les vagues du souffle.

10. Deux règles générales vont vous aider si vous les gardez à l'esprit en pratiquant le yoga. La première est que vous *expirez* en faisant tout mouvement qui contracte le ventre et l'avant du corps, et *inspirez* en faisant tout mouvement qui ouvre l'avant du corps et contracte l'arrière. Si par

exemple vous soulevez une jambe tout en étant allongé sur le dos (voir figure 6, posture 14), vous devriez *expirer* en la soulevant. Mais si vous êtes allongé sur le ventre et soulevez une jambe (voir figure 6, posture 19), vous devriez *inspirer*. Cela s'applique uniquement au mouvement en lui-même. Une fois que la jambe est soulevée, vous continuez simplement à observer le flux naturel de votre souffle.

L'autre règle est de demeurer dans chaque posture suffisamment longtemps pour pouvoir s'y relâcher. L'idée est de se détendre dans chacune d'elles. Si vous vous trouvez en train de vous battre avec une posture, veillez à lâcher prise dans votre respiration. Au début, vous constaterez peut-être que vous êtes inconsciemment en train de vous raidir dans de nombreuses zones pendant que vous restez dans une certaine position. Après un certain temps, votre corps le percevra d'une façon ou d'une autre, et vous observerez que vous vous relâchez et vous enfoncez plus loin dans la posture. Laissez chaque inspiration élargir la posture légèrement dans toutes les directions. Sur chaque expiration, glissez vous dans cette posture un peu plus profondément, permettant à la gravité d'être votre amie et de vous aider à explorer vos limites. Essayez de ne pas utiliser les muscles qui ne sont pas nécessaires dans ce que vous faites. Vous pourriez par exemple détendre votre visage quand vous remarquez qu'il est tendu.

11. Travaillez dans les limites de votre corps à tout moment, avec l'intention d'observer et d'explorer la frontière entre ce que votre corps peut faire

et l'endroit où il dit « Stop pour le moment ». N'étirez jamais au-delà de cette limite au point d'avoir mal. Un certain inconfort est inévitable quand vous travaillez vos limites, mais vous devrez apprendre comment entrer dans cette « zone d'étirement saine » lentement et en pleine conscience, si bien que vous nourrissez votre corps, ne lui causant aucun dommage tout en explorant vos limites.

FIGURE 6

SÉQUENCE DE POSTURES DE YOGA

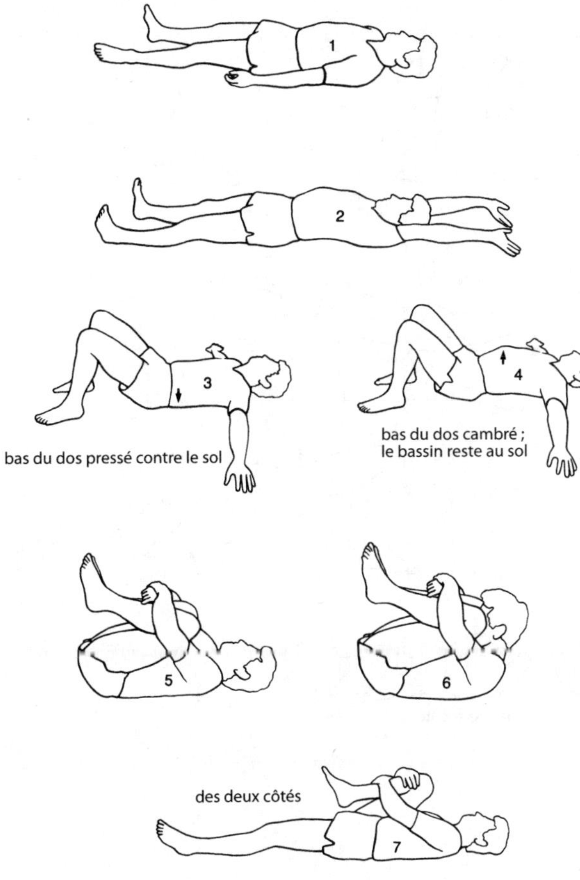

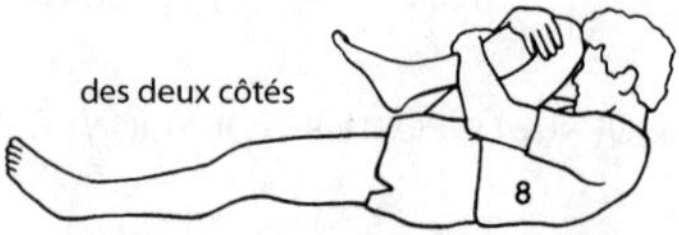
des deux côtés
8

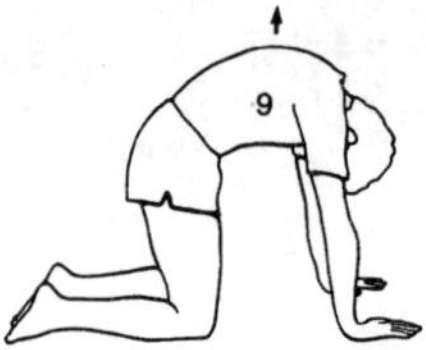
9

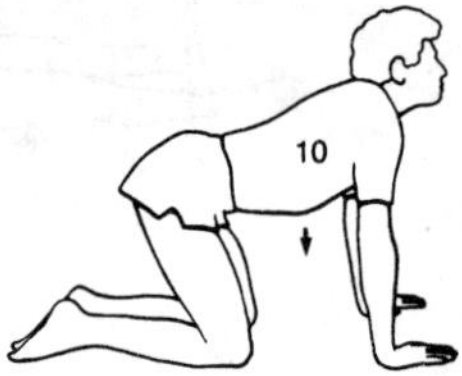
10

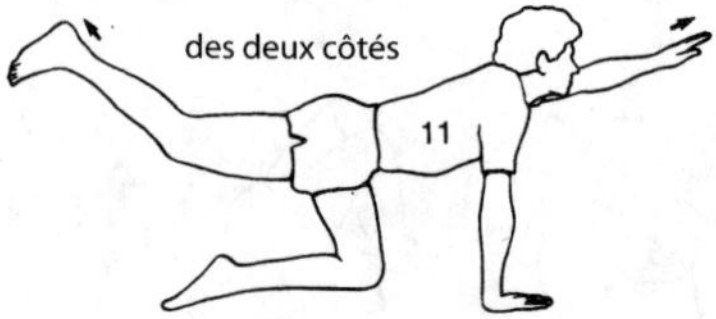
des deux côtés
11

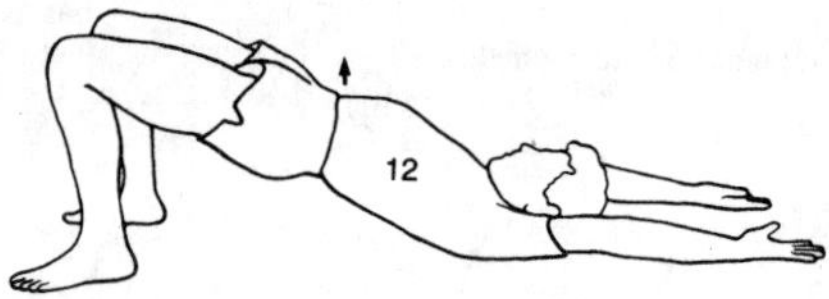
12

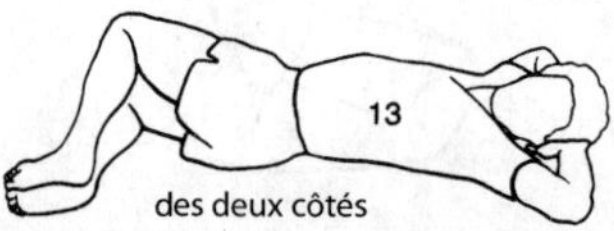
13
des deux côtés

des deux côtés

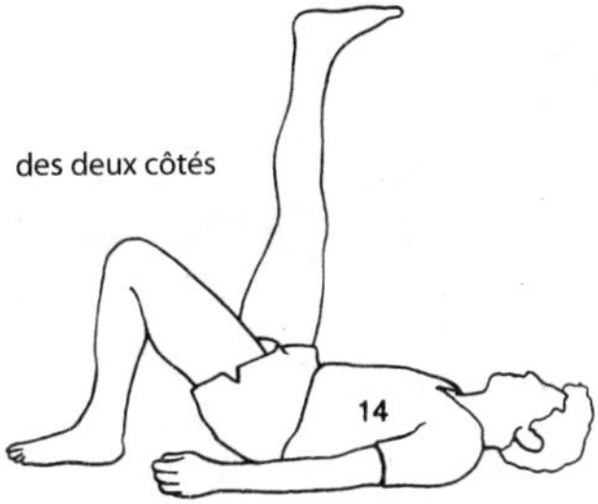

des deux côtés

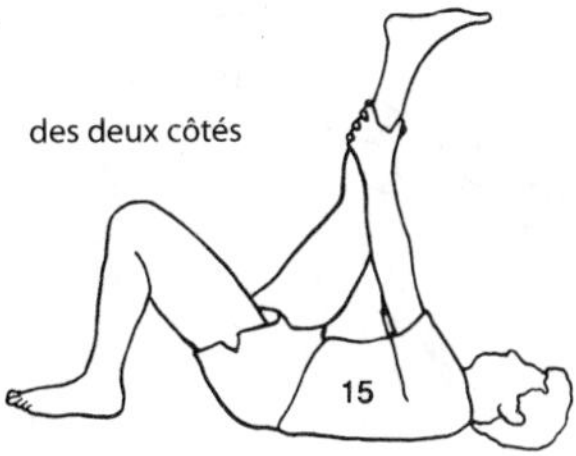

des deux côtés

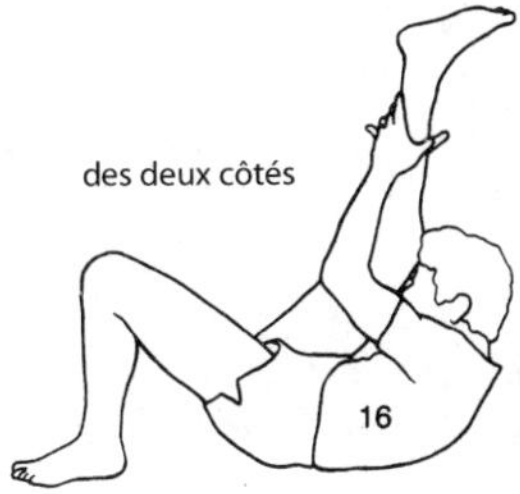

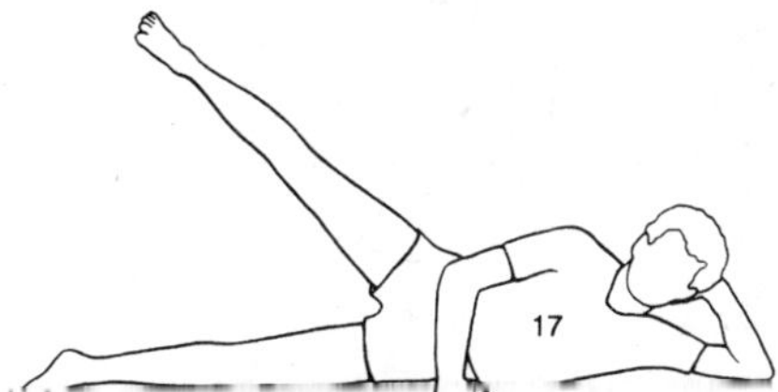

des deux côtés

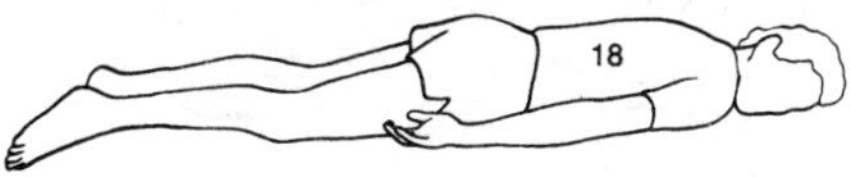

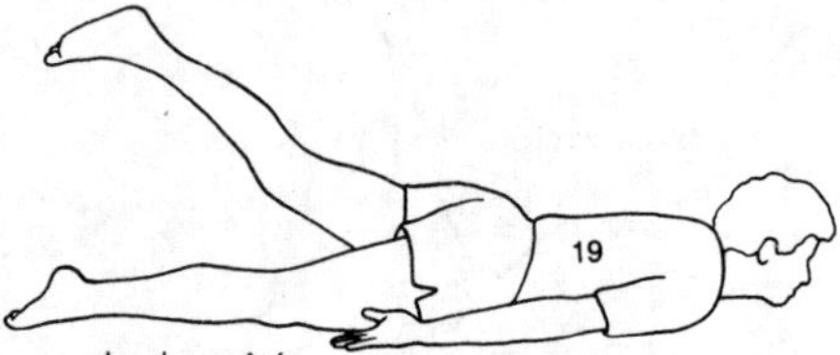

des deux côtés

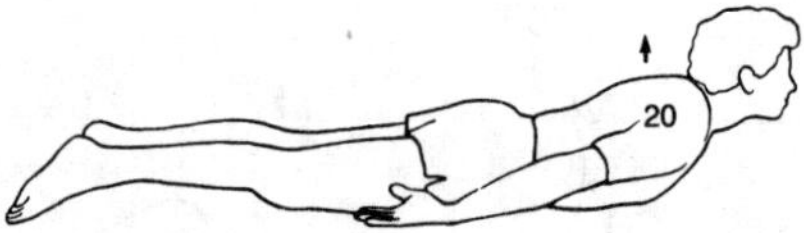

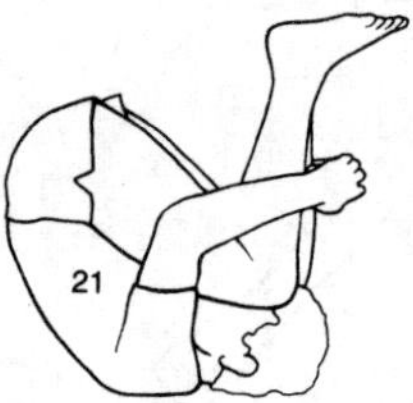

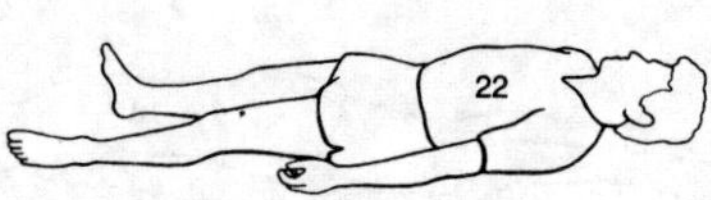

FIGURE 7

SÉQUENCE DE POSTURES DE YOGA

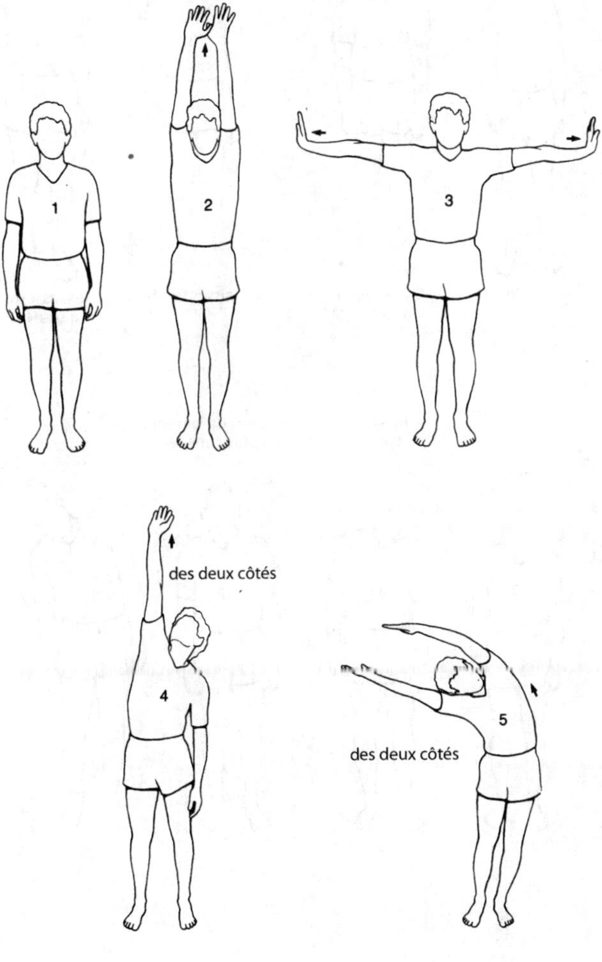

roulements d'épaule : vers l'avant puis vers l'arrière

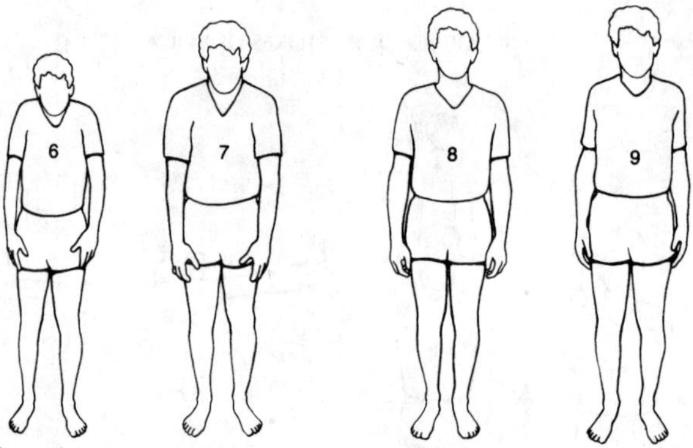

les soulever

les resserrer à l'avant

les laisser tomber

les resserrer à l'arrière

mouvements circulaires de la nuque : dans une direction puis dans l'autre

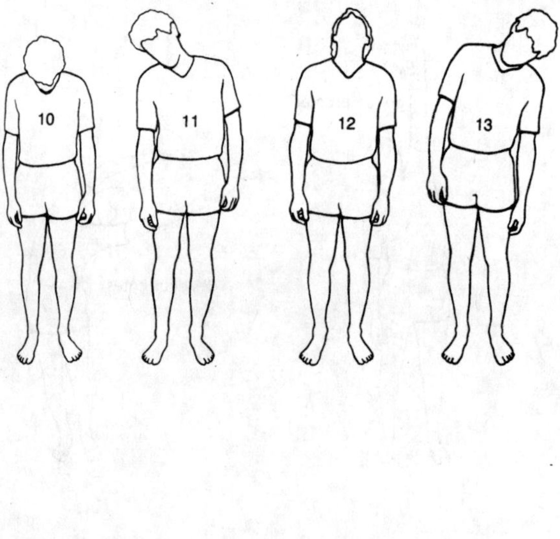

des deux côtés

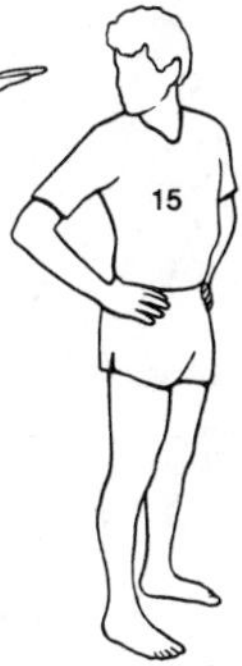

des deux côtés

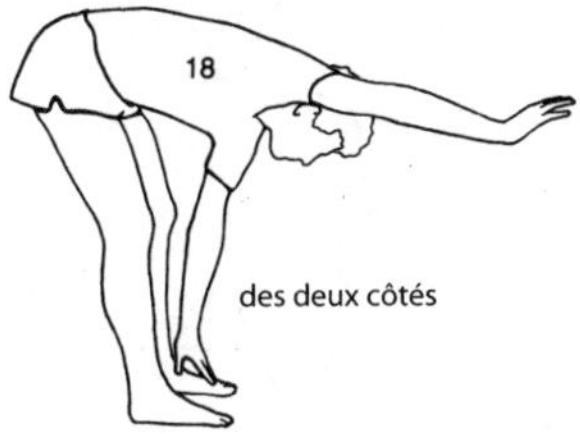

des deux côtés

des deux côtés

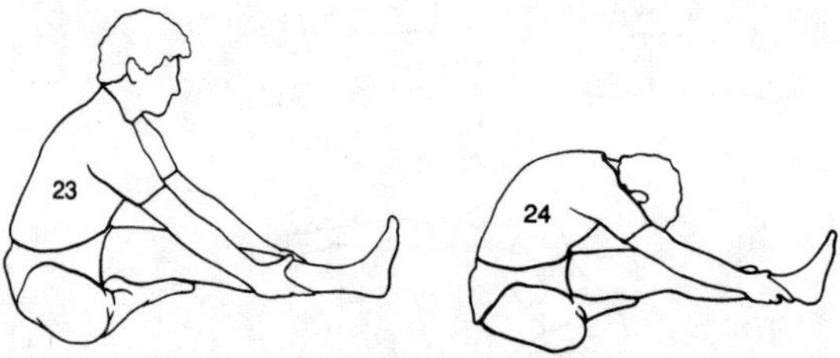

répétez 22 à 24 de l'autre côté

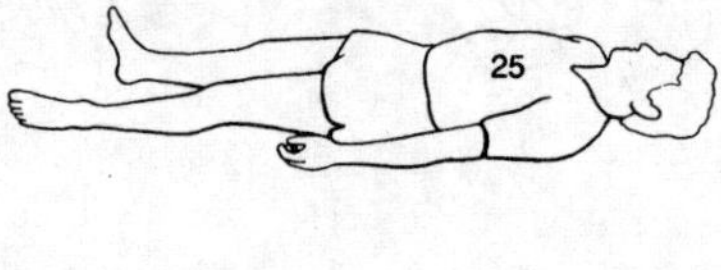

CHAPITRE 7

La méditation marchée

La méditation marchée est une façon simple d'introduire de la présence dans votre vie quotidienne. Comme vous le devinez sans doute, ceci consiste à diriger votre attention vers l'expérience même de la marche au moment où vous marchez. Cela signifie simplement marcher *et* savoir que vous êtes en train de marcher. Cela *ne* signifie *pas* regarder vos pieds !

Une des choses que vous découvrez quand vous avez pratiqué la pleine conscience pendant un certain temps est que rien n'est aussi simple qu'il n'y paraît. C'est aussi vrai pour la marche que pour n'importe quoi d'autre. Tout d'abord, nous avons notre esprit avec nous quand nous marchons, et nous sommes ainsi habituellement absorbés dans nos pensées du début à la fin. Nous sommes rarement en train de simplement nous promener, même quand nous « allons simplement faire une balade ».

En général nous avons une raison de marcher. La plus courante est notre souhait aller d'un endroit à un autre et c'est en marchant que nous pouvons le mieux le faire.

L'esprit a bien sûr tendance à penser à l'endroit où il veut aller et à ce qu'il va y faire. Il presse le corps de se mettre à son service et, pour ainsi dire, de le conduire là. Nous pourrions donc dire que le corps est souvent le chauffeur de l'esprit, qu'il le transporte et fait ce que celui-ci lui demande, de son plein gré (ou contre son gré). Si le mental est pressé, le corps fonce. Si le mental est attiré vers quelque chose qu'il trouve intéressant, la tête tourne et votre corps peut changer de direction ou s'arrêter. Et bien sûr, des pensées de toutes sortes cascadent à travers votre esprit, telles qu'elles sont, quand vous êtes assis et centré sur la respiration. Tout ceci arrive sans une once de conscience.

La méditation marchée implique de se centrer délibérément sur l'expérience de la marche elle-même. Elle implique de se centrer sur les sensations dans vos pieds ou dans vos jambes ou, alternativement, de sentir tout votre corps en mouvement. Vous pouvez également intégrer à l'expérience de la marche la conscience de votre respiration.

Nous commençons par nous attacher à être pleinement conscients quand un pied entre en contact avec le sol, quand le poids se déplace en lui tandis que l'autre pied se soulève et bouge vers l'avant puis descend pour entrer en contact avec le sol à son tour. Comme avec toutes les autres méthodes que nous avons explorées, quand l'esprit s'éloigne des pieds, des jambes ou de la sensation du corps en marche, nous l'y ramenons simplement quand nous nous en rendons compte. Pour approfondir notre concentration, nous ne regardons pas ce qui peut nous attirer alentour, mais gardons le regard focalisé devant nous. Nous ne regardons pas non plus nos pieds. Ils savent d'eux-mêmes fort bien comment marcher. C'est une attention intérieure qui est cultivée, simplement les sensations ressenties dans la marche, rien de plus.

Comme nous avons tendance à vivre si inconsciemment, nous considérons certaines choses comme tout à fait normales, comme par exemple la capacité de marcher. Si vous commencez à y faire attention, vous allez réaliser à quel point cet acte d'équilibre est surprenant, vu la petite surface de nos deux pieds. Il nous a fallu à peu près un an quand nous étions bébés pour être prêts à apprendre cet acte d'équilibre dynamique qu'est la locomotion.

Bien que nous sachions tous comment marcher, si nous sommes conscients que d'autres personnes nous observent ou même qu'il nous arrive de nous observer nous-mêmes, cette perception de nous peut nous rendre maladroits, au point même de perdre l'équilibre. C'est comme si, quand nous y regardons de près, nous ne savions pas vraiment ce que nous faisons quand nous marchons. Vous pourriez dire que nous ne savons même pas comment marcher ! Les futurs acteurs doivent réapprendre à marcher quand vient le moment de « simplement marcher » d'un bout à l'autre de la scène. Même marcher n'est pas si simple.

Tous les jours, il y a à l'hôpital de nombreuses personnes qui sont incapables de marcher suite à une blessure ou à une maladie, et d'autres ne pourront plus jamais marcher. Pour tous ces gens, être simplement capable de faire un pas sans être aidé – sans parler de descendre dans le hall ou de sortir d'une voiture – relève du miracle. Et pourtant, nous apprécions rarement à quel point marcher est merveilleux.

Quand nous pratiquons la méditation marchée, nous n'essayons pas d'aller quelque part. Être simplement présent à chaque pas, réaliser que vous êtes simplement où vous êtes suffit. L'astuce est d'être complètement là.

Pour appuyer ce message, nous marchons en rond dans une pièce ou allons et venons dans une allée. Ceci aide à mettre l'esprit au repos car il ne doit littéralement aller nulle part, et rien d'intéressant ne se passe pour le divertir. Soit vous marchez en rond, soit vous allez et venez. Dans ces circonstances, l'esprit peut uniquement saisir le fait qu'il n'y a pas de raison de se dépêcher d'aller ailleurs et peut-être va-il vouloir être là où vous êtes en réalité à chaque instant et sentir les sensations dans les pieds.

Ceci ne signifie pas que votre esprit va être d'accord avec votre intention d'être simplement avec chaque pas pendant bien longtemps, sans un effort concerté de le maintenir centré. Vous le trouverez peut-être bientôt en train de condamner l'exercice en bloc, le traitant de stupide, d'inutile et d'idiot. Il pourrait aussi commencer à jouer avec le rythme ou avec l'équilibre, vous faire regarder autour de vous ou penser à d'autres choses encore. Mais si votre vigilance est forte, vous prendrez rapidement conscience de cette activité et ramènerez simplement votre attention à vos pieds, à vos jambes et à votre corps. C'est une bonne idée de commencer par la conscience des pieds et des jambes et de pratiquer sous cette forme pendant un temps. Ensuite, quand votre concentration est plus forte, vous pouvez élargir le champ de votre attention pour y inclure le ressenti de tout votre corps en marche.

Vous pouvez pratiquer la méditation marchée à n'importe quelle allure. Nous le faisons parfois très lentement et un pas peut alors prendre une minute. Ceci vous permet d'être vraiment avec chaque mouvement, d'instant en instant. Mais nous la pratiquons également à un rythme plus naturel. À la clinique du stress, au cours de la séance d'une journée décrite au chapitre suivant, nous pratiquons à certains moments la méditation marchée à très vive allure. Cette pratique consiste alors à rester conscient même quand on bouge rapidement. Si vous essayez, vous constaterez que vous ne pouvez être aussi facilement avec chaque pas, mais que vous pouvez plutôt déplacer votre conscience vers un ressenti plus global de votre corps qui se déplace dans l'espace. Ainsi, même quand vous vous dépêchez, vous pouvez être conscient, si vous pouvez vous en souvenir.

⁂

Pour commencer la marche en tant que pratique formelle de méditation, vous devriez avoir l'intention précise d'y consacrer un certain temps, disons dix minutes, dans un endroit où vous pouvez aller et venir sur une ligne. Pour garder une attention ferme, il est utile de centrer votre attention sur un aspect de votre marche, plutôt que de changer tout le temps. Si donc vous avez décidé de faire attention à vos pieds, vous devriez alors rester avec vos pieds pendant toute cette période de marche, plutôt que de passer au souffle ou aux jambes ou à l'ensemble de la marche. Puisque les gens trouvent étrange d'aller et venir sans but apparent, spécialement si vous le faites lentement, vous devriez le faire dans un endroit où vous ne serez pas observé, comme dans votre chambre à coucher ou dans votre salon. Choisissez un rythme qui optimalise votre capacité à être attentif. Cela peut varier d'une fois à l'autre, mais en général, il devrait être plus lent que votre rythme de marche habituel.

Une jeune femme était si nerveuse quand elle a commencé le programme de réduction du stress qu'elle ne pouvait supporter aucune immobilité. Elle était incapable de rester tranquille. Elle gigotait, allait et venait, tapait sur les murs ou triturait nerveusement le fil du téléphone du bureau pendant que nous parlions. Il était hors de question pour elle de pratiquer le scan corporel ou l'assise, même pendant de courts laps de temps. Même le yoga était trop statique. Mais malgré son anxiété extrême, cette femme savait intuitivement que la pratique de la méditation était pour elle un chemin vers la santé, si elle parvenait seulement à trouver un moyen de le faire. Il s'avéra que la marche méditative devint sa ligne de sauvetage. Elle l'utilisait pour ancrer son mental quand elle commençait à travailler en pleine conscience avec ses démons, à un moment où les choses échappaient totalement à son contrôle. Au fil des mois et des années, sa condition s'améliora progressivement, et elle fut capable de pratiquer aussi les autres techniques. Mais c'est la méditation marchée qui venait à elle quand plus rien d'autre n'était possible. La méditation marchée peut être une pratique méditative aussi profonde que l'assise, le scan corporel ou le yoga.

⁂

Quand mes enfants étaient bébés, j'ai fait de nombreuses méditations marchées « forcées ». Cela se passait à la maison, tard le soir, en tenant l'un d'eux sur mon épaule. Aller et retour, aller et retour. Puisque je devais « faire les quatre cents pas » de toute façon avec eux, en faire une occasion de méditer m'aidait à être présent cent pour cent à ce qui se passait.

Une bonne partie du temps, mon esprit résistait bien sûr à être levé au milieu de la nuit. Je n'aimais pas être privé de sommeil et avais grande envie de retourner au lit. Chaque parent sait de quoi je parle, spécialement quand un enfant est malade.

La réalité de la situation était que je devais être levé. Cela avait donc du sens pour moi de décider d'être complètement debout, en d'autres mots de pratiquer à être pleinement présent en tenant le bébé et en marchant lentement dans un sens puis dans l'autre, et de travailler à lâcher prise sur la question de savoir si j'avais envie ou pas de faire ceci. Parfois, cette marche lente se poursuivait pendant un temps interminable. La pratique de la pleine conscience rendait bien plus facile à faire ce qui devait de toute façon être fait, et elle me mettait en contact beaucoup plus étroit avec mes enfants pendant ces moments-là, puisque j'incluais dans le champ de ma conscience la perception du petit corps pelotonné sur mon épaule ou dans mes bras et de nos corps respirant ensemble. Quand un parent est dans un état méditatif, c'est très sécurisant et réconfortant pour l'enfant qui sent le calme et l'amour venir en lui par son propre corps.

Il y a sans doute des circonstances dans votre vie, où vous devez marcher, de gré ou de force. Elles peuvent être de merveilleuses occasions d'amener de la conscience à votre marche et, du coup, de transformer une charge pesante, en grande part inconsciente, en quelque chose de riche et de nourrissant.

⁂

Une fois que vous avez une pratique de marche consciente comme exercice formel et quelque expérience de ce qui est impliqué, vous verrez que vous pouvez facilement pratiquer une marche consciente de façon informelle dans différentes circonstances. Quand vous garez votre voiture par exemple pour aller faire des courses dans un magasin, c'est une bonne occasion d'essayer de marcher jusque-là en restant continuellement conscient. Bien souvent, quand nous faisons nos courses habituelles, nous sentons une urgence qui nous presse d'un endroit à l'autre jusqu'à ce que toutes les courses soient terminées. Cela peut être épuisant, même déprimant, en raison de la monotonie de ces commissions que nous faisons depuis bien longtemps dans les mêmes endroits. Le mental aspire à quelque chose de neuf. Mais si nous nous mettons à marcher avec conscience au cours de ces tâches routinières, nous allons court-circuiter le mode de pilotage automatique et rendre nos expériences habituelles plus vives et, en fait, plus intéressantes. En finale, nous serons plus calmes et moins épuisés.

Je le fais habituellement en sentant tout mon corps marcher et respirer. Vous pouvez marcher à votre rythme habituel ou décider de simplement ralentir votre pas pour être plus attentif. Personne ne remarquera que vous faites cela, mais vous constaterez peut-être une grande différence dans votre état d'esprit.

Beaucoup de nos patients s'exercent régulièrement à marcher en pleine conscience. Ils observent qu'ils apprécient bien plus la marche quand ils sont délibérément conscients de leur respiration, de leurs pieds et de leurs jambes à chaque pas. Certains le fond tôt chaque jour comme discipline régulière. Jean, agent de change de quarante-quatre ans et père de deux enfants, avait été référé à la clinique du stress avec une cardiomyopathie idiopathique (une maladie peu comprise et très dangereuse impliquant le muscle cardiaque lui-même, où le cœur remplit mal sa fonction). Il était, selon sa propre description, une épave quand il vint à la clinique du stress. Le diagnostic établi deux ans plus tôt, après de graves problèmes au cœur, l'avait plongé dans une profonde dépression et dans des comportements auto-destructeurs. Tout dans son attitude disait alors « Je vais de toute façon mourir, pourquoi m'emmerder à essayer de prendre soin de moi ». Il aimait tout ce qui était mauvais pour lui : l'alcool et une nourriture riche en sel et en graisses. Ses mouvements d'humeur sauvages déclenchaient un cercle vicieux composé d'anxiété suivie d'essoufflement. Il mangeait alors sciemment des aliments qui ne lui convenaient pas. Ces comportements provoquaient des œdèmes pulmonaires sévères (un état dangereux dans lequel les poumons se remplissent de liquide) nécessitant l'hospitalisation.

À une session de suivi pour son groupe, trois mois après le programme, il rapporta qu'au début de la clinique du stress, il était incapable de marcher plus de cinq minutes. Après les huit semaines, il se levait à 5 h 15 le matin et marchait consciemment pendant quarante-cinq minutes chaque jour avant d'aller travailler. Et maintenant, trois mois plus tard, il le faisait encore. Son pouls était descendu en dessous de 70 et son cardiologue lui avait dit que le volume de son cœur avait diminué, un très bon signe.

Jean me rappela six mois plus tard pour m'informer que sa pratique allait bien et qu'elle « marchait » encore pour lui. Il dit qu'il le savait parce qu'il avait eu beaucoup de stress récemment dans sa vie et l'avait géré, pensait-il, fort bien même. Sa mère était décédée plusieurs semaines auparavant, et il sentait qu'il avait pu l'accepter, être conscient pendant tout ce temps et en cela aider sa famille. Il venait de traverser une période d'étude très intense pour un examen professionnel, pendant laquelle il n'avait dormi que trois heures par nuit. Il dit que la pratique de la méditation l'avait aidé à traverser cette période sans recourir au moindre médicament pour ses angoisses. Il continue à pratiquer le scan corporel avec l'enregistrement environ trois soirs par semaine. Ces jours-là, dès qu'il rentre du travail, il monte et le fait immédiatement. Avant le programme de réduction du stress, il disait qu'il avait passé deux années à se sentir uniquement désolé pour lui-même. Il restait assis chez lui et disait « Mon Dieu, je suis en train de mourir ». Maintenant il se lève et sort chaque matin, même dans le temps froid de la Nouvelle-Angleterre – et il se sent en meilleure santé chaque jour. Son cardiologue m'a récemment dit que la *mindfulness* convient parfaitement à Jean. Selon lui, Jean *doit* être conscient toute sa vie. Quand il fait vraiment attention à tous les aspects de son existence, il va fort bien. Quand ce n'est pas le cas, il attire à lui de graves urgences médicales.

Au cours de la même séance de suivi trois mois après la fin d'un programme, plusieurs autres personnes expliquèrent la façon dont la méditation avait amélioré leur capacité à marcher et augmenté leur joie de marcher. Rose dit qu'elle avait pratiqué la méditation marchée régulièrement depuis la fin de la session et qu'elle le faisait habituellement en se centrant sur les sensations de contact, comme la chaleur du soleil ou le souffle du vent sur sa peau. Carine, une femme d'environ quarante-cinq ans, raconta qu'elle marche cinq à six kilomètres chaque soir comme part de sa pratique méditative. Elle n'avait pas fait le moindre exercice corporel régulier depuis vingt-deux ans et était très touchée d'« utiliser son corps » à nouveau.

En bref, tout moment où vous marchez est un bon moment pour pratiquer la pleine conscience. Mais il est parfois bon de trouver un endroit isolé et de la pratiquer également de façon formelle, allant et venant, pas à pas, d'instant en instant, marchant doucement sur la terre, en cadence avec votre vie, étant exactement où vous êtes.

Chapitre 8

Une journée de pleine conscience

C'est une belle matinée de juin en Nouvelle Angleterre. Le ciel est bleu et sans nuages. À 8 h 15, les gens commencent à arriver à l'hôpital, avec leur sac de couchage, leur oreiller, leur couverture et leur pique-nique. Ils ressemblent bien plus à un groupe de campeurs qu'à des patients. Des chaises en métal et en plastique, au dossier droit, forment un grand cercle dans la salle de conférence de la Faculté. Dès 8 h 45, cent vingt personnes occupent cette grande pièce ensoleillée et amicale, rangeant leur veste, leurs souliers, leur sac et leur repas sous les sièges puis s'asseyant sur les chaises ou sur les coussins de méditation colorés dispersés dans la salle. Une quinzaine de personnes qui ont déjà suivi le programme reviennent à cette journée ou y viennent parce qu'elles l'ont ratée la première fois. Sam, soixante-quatorze ans, vient avec son fils, Patrick, quarante ans. Ils ont tous les deux suivi le programme au cours des années précédentes et ont décidé de revenir pour « recharger leurs batteries ». Ils ont pensé que ce serait amusant de le faire ensemble.

Sam a l'air terrible. Camionneur retraité, il vient me saluer avec un large sourire et me dit à quel point il est content d'être revenu. Il est petit, mince et semble détendu et jovial. Il a l'air vraiment différent de l'homme fermé, tendu et fâché qui était entré la première fois dans ma classe deux ans plus tôt, le visage noué et les mâchoires fameusement contractées. Je m'émerveille de cette transformation en me rappelant un instant son diagnostic de type A, ses problèmes avec la colère, sa grande dureté envers sa femme et ses enfants. Il admettait lui-même qu'il était « impossible à vivre » depuis sa retraite, qu'il était un « vrai fils de pute » avec ses proches et un vrai « chouette gars » pour tous les autres.

Quand je lui dis qu'il a l'air d'aller vraiment bien, il me répond « Jon, je suis un autre homme ». Patrick, son fils, opine de la tête, disant que Sam n'est plus hostile ni rude ni difficile à atteindre. Cela se passe bien avec sa famille à présent. Il est heureux et détendu à la maison, même insouciant. Nous bavardons un peu avant que la séance ne commence vraiment à neuf heures précises.

Tandis que le staff de la clinique se prépare à entamer la journée, nous regardons autour de la pièce. À côté des « certifiés » comme Sam et Patrick, les autres participants en sont en général à leur sixième semaine du programme de réduction du stress. Après cette journée, ils ont encore deux semaines avant de l'avoir terminé. Nous avons mélangé toutes les différentes classes de réduction du stress ce samedi pour notre séance d'une journée. Elle fait intégralement partie de la formation, en est un élément nécessaire, et prend toujours place entre la sixième et la septième séance.

Il y a quelques médecins dans la salle, qui suivent tous le programme. L'un d'entre eux est un cardiologue expérimenté qui a décidé de suivre lui-même le programme après y avoir envoyé de nombreux patients. Il est en sweat-shirt et caleçon long, et a enlevé ses chaussures comme nous tous. Cela le change de sa tenue habituelle à l'hôpital : cravate, blouse blanche et stéthoscope pendant à moitié hors de la poche. Aujourd'hui, dans cette pièce, les médecins sont des personnes comme les autres, même s'ils travaillent ici. Aujourd'hui ils sont ici pour eux-mêmes.

Norma Rosiello est ici aussi. Elle a suivi le programme pour la première fois il y a neuf ans comme patiente douloureuse et termine à présent sa sixième année comme secrétaire et réceptionniste dans les bureaux de la clinique du stress. À de nombreux égards, Norma est le cœur de la clinique. Elle est la première personne à qui les patients parlent en général du programme après avoir été envoyés par leur médecin. À un moment ou à un autre, elle a ainsi parlé avec la plupart des personnes de cette pièce, souvent en les rassurant et en leur apportant du réconfort et de l'espoir. Elle accomplit son travail avec tant de calme, d'aisance et d'indépendance que nous notons à peine la quantité de besogne qu'elle abat et à quel point son travail fluidifie les choses.

La première fois qu'elle vint en tant que patiente souffrant de douleurs faciales et de maux de tête, elle allait aux urgences avec la régularité d'une horloge, au moins une fois par mois, avec une douleur insupportable qu'elle ne parvenait pas à soulager. Elle travaillait comme coiffeuse plusieurs fois par semaine mais s'absentait constamment de son travail à cause de ses douleurs, dont elle souffrait depuis quatorze années et pour lesquelles elle avait cherché de l'aide auprès de nombreux spécialistes. À la clinique du stress, en une période de temps assez courte, elle put reprendre le contrôle sur sa douleur par la méditation plutôt que par des visites à l'hôpital et des médicaments. Puis elle commença à travailler avec nous comme volontaire, venant de temps à autre pour donner un coup de main. Je parvins finalement à la persuader de devenir notre secrétaire et réceptionniste, même si elle était coiffeuse, ne pouvait dactylographier et n'avait jamais travaillé dans un bureau. Je pensais qu'elle était la personne idéale pour ce travail car elle était passée par la clinique elle-même et serait capable de parler avec les personnes mieux qu'aucune autre personne qui ferait ce travail comme un « job ». Je me disais qu'elle pourrait apprendre la dactylographie et les autres tâches nécessaires pour ce poste. Et elle le fit. En plus, pendant ces six dernières années, ses maux de tête et ses douleurs faciales l'avaient empêchée de venir travailler six jours peut-être, dont aucun au cours des deux dernières années. Quand je la regarde maintenant, je m'émerveille et suis heureux de la voir ici. Elle a empiété sur son temps privé pour pratiquer avec nous aujourd'hui.

Quand je regarde les participants, j'observe un mélange d'âges. Certaines personnes ont des cheveux blanc argenté tandis que d'autres ont l'air d'avoir vingt ou vingt-cinq ans. Certains viennent avec des béquilles ou avec des cannes. Annie, qui a suivi le programme de la clinique du stress et est atteinte d'infirmité motrice cérébrale, est venue à chacune de nos journées dans sa chaise roulante depuis qu'elle a suivi le programme il y a plusieurs années. Elle n'est pas là aujourd'hui et je ressens son absence. Elle a déménagé récemment à Boston, où elle étudie dans une université. Elle a appelé la veille pour dire qu'elle ne viendrait pas. Elle n'a pu trouver personne pour l'accompagner toute la journée. Elle a sa propre voiture, avec un élévateur spécial pour sa chaise roulante, mais a besoin de quelqu'un pour conduire.

Quand je regarde le cercle des visages, je me souviens de sa détermination à participer pleinement aux activités de la journée chaque fois qu'elle est venue, même si cela signifiait laisser un de nous lui donner son repas, lui essuyer la bouche et la conduire aux toilettes. Son courage, sa persévérance et sa simplicité au sujet de son état étaient devenus pour moi une part du sens de ces sessions d'une journée. J'étais désolé qu'elle n'ait pu venir cette fois car elle nous enseignait toujours beaucoup par sa façon d'être et par ses paroles. Même s'il est parfois difficile de comprendre quand elle parle, sa volonté et son courage de s'exprimer, de poser des questions et de partager ses expériences, dans un si grand groupe, à la fin de la journée, nous a tous inspirés.

À neuf heures, mon collègue et ami Saki Santorelli accueille le groupe et nous invite à nous asseoir, c'est-à-dire, à commencer à méditer. Le bruit de tous ceux qui bavardent dans la salle se calme un peu quand il parle, mais disparaît tout à fait quand il nous invite à nous redresser sur nos chaises ou sur le sol, et à diriger notre attention vers notre respiration. Vous pouvez vraiment entendre une onde de silence s'élever dans la salle pendant que cent vingt personnes y dirigent leur attention vers leur respiration. C'est un crescendo de silence. J'en suis chaque fois ému.

Par ce beau samedi, commencent ainsi six heures de pratique silencieuse de la *mindfulness*. Nous pourrions tous faire d'autres choses aujourd'hui. Nous avons cependant tous choisi d'être ici ensemble, travaillant l'esprit et le corps, nous entraînant à faire attention d'instant en instant pendant toute la journée, travaillant à approfondir notre capacité à nous concentrer et à être calmes, nous détendant en étant simplement nous-mêmes.

Nous avons radicalement simplifié notre vie aujourd'hui, rien qu'en venant, comme l'explique Saki après notre première assise. Venir ici, c'était choisir de ne pas nous agiter à l'occasion des activités habituelles du week-end, comme faire les commissions, nettoyer la maison, partir ou travailler. Pour simplifier les choses plus encore afin que nous puissions bénéficier au maximum de cette journée très spéciale, Saki rappelle à présent certaines « règles de base » de la journée, parmi lesquelles ne pas parler ni contacter les autres par le regard. Il explique que ces règles vont nous permettre de descendre plus profondément dans la pratique de la méditation et de conserver notre énergie pour le travail de la pleine conscience. En six heures très concentrées de « non-agir », étant simplement assis, allongés, en train de marcher, de manger et de s'étirer, de nombreux sentiments différents peuvent émerger. Beaucoup de ces sentiments peuvent devenir très intenses, spécialement quand nos échappatoires habituelles – parler, s'activer, bouger, lire ou écouter la radio – sont délibérément suspendues. Alors que de nombreuses personnes trouvent d'emblée la séance d'une journée agréable, pour d'autres, les moments de relaxation et de paix, s'il y en a, peuvent être entremêlés d'autres expériences nettement moins agréables. La douleur physique peut survenir au cours d'étirements prolongés. La douleur émotionnelle ou l'inconfort sous la forme de sentiments d'anxiété, d'ennui ou de culpabilité d'être ici plutôt qu'ailleurs peuvent aussi survenir, spécialement si quelqu'un a dû abandonner beaucoup pour être présent aujourd'hui.

Plutôt que de commenter nos sentiments à un voisin et de distraire peut-être la concentration de quelqu'un d'autre tout en augmentant nos propres réactions, Saki nous conseille aujourd'hui de simplement observer ce qui émerge et d'accueillir nos sentiments et nos expériences à chaque instant. Le silence et l'abstention de contact du regard vont soutenir ce processus, nous amenant à voir en nous et à nous accepter, dit-il. Ils vont nous aider à devenir réellement plus intimes et plus familiers avec les allées et venues de notre mental et de notre corps, même avec celles qui sont tristes ou douloureuses. Nous ne pouvons parler d'elles avec notre voisin, nous ne pouvons nous plaindre ou faire des commentaires sur le déroulement des choses ou sur ce que nous ressentons. Nous pouvons simplement pratiquer, être là avec les choses telles qu'elles sont. Nous pouvons cultiver le calme. Nous pouvons pratiquer exactement comme nous avons pratiqué la méditation au cours des six semaines écoulées à la clinique du stress, sauf que maintenant cela se passe sur une période de temps plus longue et dans des circonstances plus intenses, peut-être même stressantes.

Saki nous rappelle que nous dégageons volontairement du temps pour que ce processus puisse se dérouler. Ceci doit être un jour de pleine conscience, un jour pour être avec nous-mêmes sur un mode pour lequel nous n'avons en général pas de temps. Nous n'avons pas de temps en raison notamment de toutes nos obligations, de la complexité de nos vies et de nos occupations multiples. Mais bien souvent, à y regarder de près, nous n'avons pas de temps parce que nous n'avons pas envie de porter trop attention à notre être, spécialement si nous sommes en souffrance, et parce que nous préférerions en général ne pas être calmes et silencieux. Ainsi, quand nous avons du temps « libre », nous avons plutôt tendance à le remplir sur-le-champ pour rester occupés.

Nous nous amusons ou nous nous distrayons pour « passer » le temps.

Aujourd'hui ce sera différent, conclut-il. Aujourd'hui, nous n'aurons pas d'appui pour passer le temps ni pour nous distraire. L'idée est d'être avec tout ce que nous sentons à tout moment, et de l'accepter alors que nous nous appliquons à rester présents à notre respiration, à la marche, aux étirements, à tout ce dans quoi les instructeurs nous guident. Il souligne qu'aujourd'hui n'est pas un jour pour essayer de se sentir d'une certaine façon mais seulement pour laisser les choses se déployer. Il nous conseille donc de lâcher toutes nos attentes, y compris celle de passer une journée relaxante et agréable, et de nous employer à être pleinement éveillés et conscients de tout ce qui arrive, d'instant en instant.

Elana Rosenbaum et Kacey Carmichael, les autres instructeurs de la clinique du stress, guident avec Saki et moi la suite de la journée. Après l'introduction de Saki, nous nous allongeons tous sur nos tapis pour une heure de yoga. Nous le faisons lentement, doucement, en pleine conscience, à l'écoute de nos corps. En commençant à guider cette partie de la journée, je souligne l'importance de se souvenir d'écouter notre corps soigneusement, et de l'honorer en ne faisant rien qui serait inapproprié dans l'état particulier dans lequel nous nous trouvons. Certains patients, particulièrement ceux qui ont des problèmes dans le bas du dos ou à la nuque, ne font pas du tout de yoga mais restent simplement assis sur le côté de la salle et observent ou méditent. D'autres en font un petit peu, mais seulement ce qu'ils savent pouvoir gérer. Les patients cardiaques surveillent leur pouls comme ils ont appris à le faire en revalidation cardiaque. Ils ne restent dans les postures que tant que leur pouls reste dans les valeurs appropriées. Ils se reposent ensuite puis reprennent la posture alors que les autres la maintiennent un peu plus longtemps, se situant « derrière » l'intensité des sensations, qui croît et se modifie au fil du maintien de chaque pose.

Chacun fait plus ou fait moins, en fonction de ce qu'il ressent comme confortable. Nous travaillons à nos limites, d'instant en instant, tandis que nous enchaînons les postures dans une lente séquence. Nous inspirons dans nos limites et percevons les sensations dans les différentes parties de notre corps pendant que nous nous levons, nous étirons, nous tendons, roulons, bougeons, fléchissons, et nous reposons. En même temps, nous notons nos pensées et nos sentiments au fur et à mesure qu'ils émergent, et nous nous entraînons à les voir et à les laisser être, à les voir et à les laisser passer, ramenant notre esprit au souffle chaque fois qu'il s'évade.

Après le yoga, nous restons en assise une trentaine de minutes. Nous marchons ensuite en pleine conscience en cercle autour de la salle pendant dix minutes environ. Puis nous nous asseyons à nouveau pendant vingt minutes. Tout ce que nous faisons aujourd'hui, nous le faisons avec conscience et en silence. Même le repas est en silence. Nous pouvons ainsi manger en sachant que nous sommes en train de manger, de mâcher, de goûter, d'avaler et de faire une pause. Il n'est pas si simple de faire cela. Rester vigilant et concentré sur l'instant présent requiert beaucoup d'énergie.

Pendant le lunch, je remarque qu'un homme lit un journal malgré l'esprit de la journée et notre règle de base explicite allant en sens contraire. Nous espérons que chacun voie l'intérêt, au moins comme expérience, d'appliquer ces règles de base et prenne la responsabilité de s'y maintenir. Mais peut-être est-ce pour lui trop intense d'arriver à manger en pleine conscience pour le moment. Je souris en moi-même, observant mon impulsion de bon apôtre à insister pour qu'aujourd'hui, il fasse « à notre façon », et je lâche prise. Après tout, il est ici, non ? Peut-être est-ce suffisant. Qui sait comment s'est passée sa matinée ?

Nous avons donné l'an dernier un programme de réduction du stress spécial à un groupe de juges de première instance. Ils formaient un groupe rien qu'à eux et pouvaient donc parler librement de leurs difficultés et de leur stress spécifiques. Puisque la description du travail des juges est qu'ils « siègent », et sont donc assis, il semblait opportun de leur donner un entraînement formel sur la manière d'être assis et aussi de cultiver l'attitude consistant à être délibérément non-jugeant. Plusieurs d'entre eux étaient fortement attirés par le concept de la *mindfulness* la première fois que nous avons évoqué la possibilité d'un programme spécifique pour eux. Bien faire leur travail exige énormément de concentration et de patience, et, en même temps, de la compassion et de l'impartialité. Ils doivent écouter un flot continu de témoignages, parfois pénibles et répugnants mais le plus souvent ennuyeux et prévisibles, tout en restant tranquilles et impartiaux et, surtout, en prêtant soigneusement attention à ce qui se passe dans la salle d'audience. Il peut être particulièrement utile professionnellement pour un juge, d'avoir une façon systématique de gérer les pensées et les sentiments qui l'envahissent ainsi que ses réactions. Cela peut en plus l'aider à réduire son niveau de stress.

Lorsque les juges participèrent à la séance d'une journée, ils furent présents de façon anonyme dans le grand groupe de patients. Je remarquai qu'ils s'étaient assis les uns à côté des autres et qu'ils mangeaient leur lunch ensemble en dehors de la salle. Plus tard, ils expliquèrent qu'ils avaient ressenti une proximité particulière entre eux lors qu'ils étaient assis ensemble, sans toutefois parler ni se regarder. Ce fut une expérience très inhabituelle pour eux.

⁂

Aujourd'hui, l'énergie dans la salle est très positive. La plupart des participants sont clairement éveillés et centrés durant l'assise et la marche. Nous pouvons sentir les efforts qu'ils font pour se concentrer. Le silence a jusqu'ici été profond et léger en même temps.

Après une période de marche silencieuse au cours de laquelle les gens vont marcher de leur côté pendant une demi-heure, nous entamons le programme de l'après-midi avec une méditation sur la bienveillance et le pardon. Cette méditation simple (voir chapitre 13) provoque souvent chez les gens des larmes de tristesse ou de joie. Ensuite, nous poursuivons avec une assise silencieuse, suivie à nouveau d'une marche lente.

Nous faisons une « marche folle » au milieu de l'après-midi pour maintenir un niveau élevé d'énergie. Presque tout le monde apprécie le changement de rythme, même si certains doivent s'asseoir en dehors et se contentent d'observer. La marche folle implique de marcher très vite, changeant de direction tous les sept pas, puis tous les quatre pas, puis tous les trois pas, avec les mâchoires et les poings serrés, sans contacter les autres du regard, tout cela avec une conscience d'instant en instant. Puis nous la pratiquons avec le contact des yeux, au même rythme, attentifs aux différences de cette formule modifiée. Nous marchons ensuite en arrière, très lentement, les yeux fermés, changeant de direction quand nous cognons quelqu'un. Nous nous autorisons ensuite à sentir le choc, le contact avec un autre corps. Pour terminer la marche folle, chacun recule lentement vers ce qu'il pense être le centre de la pièce, les yeux fermés, jusqu'à ce que nous formions tous une grande masse. Nous appuyons alors la tête sur ce que nous trouvons comme support. De nombreux rires fusent en général à ce stade. Cela adoucit l'intensité qui se construit au fur et à mesure que s'approfondit le niveau de concentration au cours de l'après-midi.

La plus longue assise de l'après-midi débute avec ce que nous appelons la *méditation de la montagne*. Nous utilisons l'image de la montagne pour aider les gens à se souvenir de tout ce que comporte l'assise, alors que la journée se poursuit et qu'une certaine fatigue s'installe. L'image est inspirante, elle suggère que nous sommes assis comme des montagnes, nous sentant enracinés, massifs et immobiles dans notre posture. Nos bras sont les flancs pentus de la montagne, notre tête le sommet élevé, le corps forme un ensemble majestueux et magnifique, comme tendent à l'être les montagnes. Nous sommes assis immobiles, étant simplement qui nous sommes, exactement comme une montagne « se trouve là », non altérée par l'alternance du jour et de la nuit, les variations du temps et la succession des saisons. La montagne est toujours ancrée, enracinée dans la terre, toujours tranquille, toujours belle. Elle est belle en étant simplement ce qu'elle est, vue ou pas, couverte de neige ou verdoyante, arrosée par la pluie ou enveloppée de nuages.

Cette image nous aide parfois à nous rappeler notre propre force et nos intentions tandis que la lumière du soleil commence à faiblir dans la salle en cette fin d'après-midi. Elle nous rappelle que nous pourrions considérer les changements que nous observons dans notre esprit et dans notre corps comme un « temps » intérieur. La montagne nous rappelle que nous pouvons rester stables et équilibrés dans notre assise face aux tempêtes de notre esprit et de notre corps.

Les gens aiment la méditation de la montagne car elle leur donne une image qu'ils peuvent utiliser pour s'ancrer dans la pratique de l'assise et approfondir leur calme et leur égalité d'humeur. Mais l'image connaît aussi ses limites, puisque nous sommes une sorte de « montagne » qui peut marcher, parler, penser et agir, tout comme elle peut simplement rester immobile.

⁂

Et la journée se déploie ainsi, d'instant en instant, de respiration en respiration. De nombreuses personnes étaient venues ce matin inquiètes, se demandant si elles pourraient survivre à ces six heures de silence, si elles pourraient endurer simplement le fait de rester assises, de marcher et de respirer en silence une bonne partie d'une journée. Or il est déjà trois heures et chacun est encore là et semble fort bien présent.

Nous suspendons à présent le silence et l'injonction de ne pas croiser le regard des autres. Nous commençons à parler, cent vingt personnes assises en cercle, tenant une conversation intime sur leurs expériences, posant des questions et partageant comment elles se sont senties, ce qu'elles ont vu et appris. Le calme et la sérénité de la pièce sont tels qu'on sent une réelle intimité, même avec tant de personnes. Cela donne presque l'impression que nous partageons ensemble un grand esprit dans tout le cercle et en reflétons différents aspects, de part en part, les uns aux autres.

Une femme dit que, pendant la méditation de la bienveillance et du pardon, elle avait pu diriger de l'amour et de la bonté vers elle-même et qu'elle avait observé qu'elle pouvait un tout petit peu pardonner à son mari des années de violence et d'abus physique qui, disait-elle, l'avaient presque tuée. Elle dit que cela lui faisait du bien de pouvoir un peu lâcher prise de cette façon, pour le peu qu'elle avait lâché, et qu'elle sentait comme si cette démarche avait guéri quelque chose en elle. Elle voyait, dit-elle, qu'elle ne devait pas toujours emporter sa colère avec elle, comme un poids énorme, et qu'elle pouvait poursuivre sa vie en laissant ce fardeau derrière elle.

Suite à cela, une autre femme se demanda s'il était toujours approprié de pardonner. Elle dit qu'elle ne pensait pas qu'il était sain pour elle de pratiquer le pardon à ce moment-là. Elle avait été une « victime professionnelle » pendant la plus grande partie de sa vie d'adulte, avait coutume de pardonner tout le temps aux autres, faisant d'elle l'objet de leurs besoins à ses propres dépens. Elle dit qu'elle pensait qu'elle avait besoin de *sentir* sa colère. Elle l'avait contactée aujourd'hui pour la première fois, dit-elle, et avait observé qu'elle n'avait pas voulu y faire face par le passé. Elle réalisait aujourd'hui qu'elle devait être attentive et honorer le sentiment dominant qu'elle avait à ce moment-ci, à savoir énormément de colère, et que « le pardon pouvait attendre ».

Plusieurs anciens dirent qu'ils étaient venus pour « recharger leurs batteries », pour revenir régulièrement à une méditation quotidienne, dont certains s'étaient éloignés. Jeanne dit que cela lui rappelait à quel point elle se sentait mieux quand elle méditait régulièrement. Marc dit que sa pratique régulière de l'assise l'aidait à faire confiance à son corps et à l'écouter plutôt que d'écouter exclusivement ses médecins. Il dit qu'ils lui avaient annoncé qu'il ne pourrait plus jamais faire toutes sortes de choses, car l'état de sa colonne empirait. Il avait une spondylarthrite ankylosante, maladie dans laquelle les vertèbres se soudent pour former une structure en forme de tige. Mais il trouve qu'il peut à présent en faire à nouveau beaucoup.

Au cours de cette discussion d'une heure, de longs silences s'étirent fréquemment dans le groupe, comme si nous avions atteint ensemble un état où la parole n'est plus nécessaire. On dirait que le silence communique quelque chose de plus profond que ce que nous sommes capables d'exprimer en mots. Il nous relie. Nous nous y sentons en paix, à l'aise.

Et la journée touche à sa fin. Nous nous asseyons pour les quinze dernières minutes puis nous disons au revoir. Le visage de Sam est toujours aussi souriant. Il est évident qu'il a eu une bonne journée. Nous nous saluons une fois de plus en nous promettant de garder le contact. Quelques personnes nous aident à rouler et à ranger les tapis.

Plus tard dans la semaine, dans nos classes habituelles, nous discutons davantage de cette séance d'une journée. Bernadette dit qu'elle était si nerveuse à l'idée de venir qu'elle n'avait pratiquement pas dormi la nuit précédente. Vers cinq heures du matin, elle fit le scan corporel – c'est la première fois qu'elle n'utilisait pas l'enregistrement – dans une dernière tentative de se détendre suffisamment pour se sentir capable de venir. À sa grande surprise, cela marcha. Elle s'était éveillée encore dérangée par son manque de sommeil et faillit décider que ce serait trop dur pour elle de rester assise toute une journée, avec tant de gens, sans parler. Pour une raison qu'elle ne pouvait pas vraiment s'expliquer, elle décida à un moment donné qu'elle serait capable de le faire. Elle monta dans sa voiture et, pendant toute la route, fit passer le scan corporel pour être rassurée par le son de ma voix. Elle dit cela d'un air penaud puis rit avec le reste de la classe, car tous savaient qu'on n'était pas censé utiliser les méditations enregistrées en conduisant.

Au cours de la matinée, poursuivit Bernadette, elle faillit se ruer hors de la pièce à trois reprises, dans un état de pure panique. Mais elle ne le fit pas. Chaque fois elle se dit qu'elle pouvait toujours partir s'il le fallait et que rien ne la retenait prisonnière de la salle. Recadrer la situation de cette manière avait suffi pour l'aider à rester avec ses angoisses, à respirer avec elles quand elles montaient en elle. L'après-midi, elle ne connut aucun sentiment de panique. Elle se sentit plutôt paisible. Elle avait découvert pour la première fois dans sa vie, dit-elle, qu'elle pouvait en fait « rester avec » ses émotions et les observer sans devoir s'en encourir.

Elle ne découvrit pas seulement qu'elles finissaient par s'évanouir d'elles-mêmes. Elle découvrit aussi un sentiment de confiance dans sa capacité à gérer de tels épisodes. Elle vit qu'elle pouvait avoir de longues périodes de détente et de paix au cours de l'après-midi, même si elle n'avait presque pas dormi la nuit précédente, et avait donc de bonnes raisons de s'attendre à ce que les choses aillent « mal ». Cette découverte l'emballait. Elle sentait que cela pourrait s'appliquer à d'autres situations dans lesquelles, avant, elle avait été sous l'emprise de ses peurs.

Bernadette était particulièrement heureuse de cette découverte parce qu'elle souffrait de la maladie de Crohn, une pathologie ulcéreuse chronique des intestins, qui provoque une douleur abdominale intense quand la personne est tendue ou stressée. Bernadette n'avait connu aucun de ses symptômes habituels au cours de la journée de pleine conscience. Elle avait réussi à rester en selle et à réguler ses sentiments de panique ce matin-là.

Ralph raconta alors qu'il avait sauté hors de la voiture de ses parents quand il était enfant alors qu'ils étaient coincés dans un embouteillage dans un long tunnel. Il avait couru vers la sortie du tunnel, mû par une peur incontrôlable. Ce souvenir résonna chez Bernadette, qui avoua qu'elle n'allait pas à l'aéroport de Boston car elle devait passer dans le tunnel Callahan. Mais plus tard, avant la fin de la classe, elle dit qu'aller dans un tunnel serait sans doute comme survivre à la session d'une journée. Puisqu'elle l'avait fait, elle décida qu'elle pouvait probablement aussi emprunter le tunnel Callahan. Elle semblait à présent envisager de le faire, presque comme un travail à domicile pour elle-même, un rite de passage pour tester son évolution à la clinique du stress.

Francine dit que son expérience d'une journée de *mindfulness* lui procurait un « drôle » de sentiment. Elle ne voulait pas appeler cela de la détente ou de la paix, elle se sentait plutôt « solide » et « libre ». Même la sieste dans l'herbe après le lunch, dit-elle, était particulière. Depuis qu'elle était petite, elle ne s'était plus couchée sur une pelouse rien que pour regarder le ciel. Elle a quarante-sept ans maintenant. Après avoir réalisé à quel point elle se sentait bien, sa première pensée avait été « Quel gâchis ! », en ce sens qu'elle avait perdu le contact avec elle-même pendant toutes ces années. Je suggérai que c'est toutes ces années qui avaient conduit à cette expérience de liberté et de solidité, et l'invitai aussi à diriger son attention vers l'impulsion à les étiqueter comme « mauvaises » ou « gâchis », exactement comme elle le ferait en méditation. Peut-être alors pourrait-elle voir ces années avec plus d'acceptation.

Le cardiologue dit qu'il réalisait que toute sa vie se passait à essayer d'aller ailleurs, utilisant le présent pour réaliser des résultats qui lui apporteraient un peu plus tard ce qu'il souhaitait. Au cours de cette journée, il avait vu que rien de mal ne pouvait lui arriver s'il commençait à vivre dans le présent et à l'apprécier *en tant que tel*. Il s'étonnait aussi de la fluidité qu'il avait constatée au cours de la marche folle. Il dit que s'il avait dû y penser, il aurait prédit que les gens auraient foncé les uns dans les autres et se seraient fait mal, un si grand nombre de personnes marchant à vive allure en changeant de direction au hasard tous les deux pas. Mais il s'aperçut qu'il frôlait à peine les autres ou était à peine frôlé par eux. Il pensait, ajouta-t-il, que c'était grâce à la méditation du matin qui avait affiné la concentration et la conscience de chacun, au point où ils avaient pu être bien plus sensibles à une vitesse élevée, le tout sans communication explicite ni contacts du regard.

Une jeune psychiatre dit à quel point elle s'était sentie découragée samedi pendant la méditation. Elle avait eu de la difficulté à garder son attention centrée sur son souffle et sur son corps. Elle décrivit qu'elle avait vraiment eu l'impression de « se frayer un chemin dans la boue ». Elle dit qu'elle continuait à devoir « recommencer depuis le début, encore et encore ».

Cette image fit l'objet d'une discussion : il y a en effet une grande différence entre « recommencer » et « recommencer depuis le début ». Recommencer implique d'être simplement dans l'instant présent. Un nouveau commencement est possible à chaque respiration. Si l'on voit les choses de cette façon, revenir au souffle chaque fois que l'esprit vagabonde se passe relativement sans effort, ou au moins de façon neutre. Chaque respiration est en réalité un nouveau commencement du reste de notre vie. Mais les mots utilisés comportaient un jugement négatif fort. « Recommencer depuis le début » implique qu'elle sentait avoir perdu du terrain, être submergée, devoir remonter. Si l'on y ajoute le poids et la résistance de l'image de la boue, on comprend facilement son sentiment de découragement à l'idée de ramener son esprit à sa respiration, chaque fois qu'elle le surprend en train de vagabonder.

Quand elle perçut cela, elle en rit de bon cœur. La pratique de la méditation est un miroir parfait. Elle nous permet de regarder les problèmes que nos pensées nous créent, ces petits ou pas si petits pièges que nos esprits nous tendent, et dans lesquels nous sommes pris et parfois retenus. Ce que nous avons nous-mêmes rendu laborieux et difficile devient plus facile dès l'instant où nous voyons notre propre mental réfléchi dans le miroir de la pleine conscience. Dans un moment de vision pénétrante, où confusion et difficulté sont dissoutes, laissant le miroir vide, en tout cas pour un instant. En riant.

CHAPITRE 9

Faire vraiment ce que vous êtes en train de faire : la pleine conscience jour après jour

Jacqueline rentrait chez elle le samedi après-midi, après la journée intensive de *mindfulness*. Elle était fatiguée par l'effort fourni, mais sentait en même temps que cela avait été une bonne journée. Elle avait été jusqu'au bout et avait apprécié d'être en silence et seule avec toutes ces personnes. Elle était en fait heureusement surprise de constater à quel point elle était contente d'elle après sept heures et demie d'assise et de marche, sept heures et demie, en réalité, sans rien faire.

En arrivant à la maison, un mot de son mari l'attendait, disant qu'il était parti jusqu'au lendemain pour s'occuper de leur maison de campagne dans un État voisin. Quand il lui avait dit qu'il le ferait peut-être, elle ne l'avait pas pris au sérieux car il savait fort bien qu'elle n'aimerait pas être seule cette nuit-là. Si elle avait su d'avance qu'il serait parti, elle aurait pu s'arranger pour ne pas rester seule, comme elle l'avait toujours fait par le passé. Jacqueline avait en fait passé fort peu de temps seule dans sa vie, et elle était bien consciente que cette perspective l'effrayait. Quand ses filles étaient jeunes et vivaient encore à la maison, elle les avait toujours encouragées à quitter la maison pour s'occuper à l'extérieur, pour rejoindre des amis : tout plutôt que d'être seules dans la maison, à quoi elles avaient toujours répondu : « Mais Mam, nous *aimons* être seules. » Jacqueline n'avait jamais pu comprendre comment elles pouvaient aimer être seules. Cette perspective la terrifiait, tout simplement.

Quand elle rentra à la maison et trouva la note de son mari, sa première impulsion fut de prendre le téléphone et d'inviter une amie à la rejoindre pour le dîner et pour la nuit. Elle composait le numéro quand elle s'arrêta et pensa : « Pourquoi suis-je si pressée de remplir ce temps ? Pourquoi ne pas prendre au sérieux ce que disent les gens de la clinique du stress et vivre pleinement ma vie ? » Elle raccrocha et décida de s'en remettre à la dynamique de sa journée de *mindfulness* qui avait commencé ce matin-là à l'hôpital. Elle décida ensuite qu'elle s'autoriserait à être dans sa maison, toute seule, pour la première foi dans sa vie d'adulte et de simplement le ressentir.

En me décrivant cela quelques jours plus tard, il s'avéra que cela avait été un passage particulier. Plutôt que de faire l'expérience de la solitude et de l'angoisse, elle fut remplie d'un sentiment de joie qui dura toute la soirée. Avec effort, elle déménagea son matelas et son sommier dans une autre chambre. Elle savait qu'elle s'y sentirait plus en sécurité, seule pendant la nuit du samedi au dimanche, la fenêtre ouverte. Elle resta éveillée tard, contente d'être dans sa maison. Elle se leva tôt le matin suivant, avant l'aube, toujours ravie, et contempla le lever du soleil.

Jacqueline avait fait une découverte très importante. Au milieu de la cinquantaine, elle venait de découvrir que tout son temps lui appartenait vraiment. L'expérience de cette nuit et de la matinée suivante l'avait aidée à voir qu'elle vivait vraiment à chaque instant sa vie à elle, que tous ses moments étaient siens, prêts à être ressentis et vécus si elle le choisissait. En parlant, elle dit qu'elle était touchée de savoir qu'elle ne pourrait reproduire le sentiment de paix qu'elle avait vécu cette nuit-là et le jour suivant. Je lui rappelai que ce souci-là n'était lui-même qu'une autre pensée inquiète au sujet du futur. Elle acquiesça, consciente que c'était d'abord sa détermination à être présente cette nuit-là qui avait été à la source de cette expérience de paix intérieure, et consciente aussi que cette expérience positive, vécue dans ces conditions, était en soi une percée pour elle.

Elle avait pu découvrir sa capacité à être heureuse par elle-même car elle avait choisi d'utiliser l'élan construit par la pratique méditative de la journée de *mindfulness*. Nous avons passé en revue la façon dont elle était restée en « mode être » en rentrant à la maison et quand elle avait rencontré l'inattendu. Elle s'était vue en train de penser tout d'abord à remplir ce temps pour éviter d'être avec elle-même, et avait plutôt choisi, délibérément, de demeurer dans le présent, de l'accepter tel qu'il était à ce moment. Ceci étant établi, nous avons envisagé l'éventualité qu'elle n'avait peut-être pas à s'inquiéter de *reproduire* ou de *perdre* son expérience. Le bonheur qu'elle avait connu venait en premier lieu de l'intérieur d'elle-même. Il avait été libéré par son courage et son intention d'introduire de la présence dans sa situation et d'être consciente face à ses insécurités. Pendant que nous parlions, elle commença à entrevoir qu'elle pouvait contacter cette dimension de son être à tout moment. C'était une part d'elle-même, qui demandait simplement sa détermination à être pleinement consciente et à ajuster ses priorités de façon à ce qu'elle accorde de la valeur au temps passé avec elle-même et le protège.

⁂

La paix que Jacqueline a ressentie cette nuit-là est quelque chose dont on peut faire l'expérience à tout moment et en toutes circonstances. C'est un grand cadeau que l'on peut s'offrir. Cela signifie que nous pouvons nous réapproprier notre vie entière, plutôt que de simplement vivre pour nos vacances ou pour cette autre période « spéciale » où tout sera « parfaitement en ordre » et où ces sentiments tant espérés de paix intérieure et de sérénité pourront se vivre. Bien sûr, cela ne marche presque jamais de cette manière-là, même en vacances.

Le défi est d'intégrer pleinement le calme, l'équilibre intérieur et la vision claire dans notre vie quotidienne. De même qu'il est possible d'être conscient *à tout moment* quand nous marchons, et pas uniquement quand nous pratiquons la méditation marchée, nous pouvons essayer de porter une attention d'instant en instant aux tâches, aux expériences et aux rencontres de la vie courante, comme dresser le couvert, manger, faire la vaisselle, lessiver, nettoyer la maison, sortir les poubelles, jardiner, tondre la pelouse, se brosser les dents, se raser, prendre une douche ou un bain, se sécher avec la serviette, jouer avec les enfants, ranger le garage, conduire la voiture à l'entretien ou la réparer soi-même, rouler à vélo, prendre le métro ou le bus, parler au téléphone, saluer, embrasser, toucher, faire l'amour, prendre soin des gens qui dépendent de nous, aller travailler, travailler, ou être simplement assis sur les escaliers devant la maison ou dans l'arrière-cour.

Si vous pouvez nommer quelque chose ou même le sentir, vous pouvez en être conscient. Comme nous l'avons déjà vu plusieurs fois, en introduisant de la conscience dans une activité ou dans une expérience, quelle qu'elle soit, vous lui donnez de la densité. Elle devient plus vive, plus lumineuse, plus réelle pour vous. Les choses deviennent en partie plus vives parce que le courant de vos pensées s'affaiblit un peu et est moins susceptible de s'interposer entre vous et ce qui se passe en réalité à ce moment. Cette clarté et cette plénitude plus grandes peuvent être vécues dans les activités de la vie quotidienne, exactement de la manière que nous avons sentie en pratiquant le scan corporel, l'assise et le yoga. Votre pratique formelle de la pleine conscience augmente votre capacité de rencontrer votre vie entière avec une présence de chaque instant. Si vous pratiquez régulièrement, la pleine conscience tendra naturellement à se répandre dans tous les différents méandres de votre vie quotidienne. Vous observerez peut-être que votre mental devient à la fois plus calme et moins réactif.

Cette rencontre de chaque instant avec conscience vous devenant plus familière, vous trouverez qu'il n'est pas seulement possible mais qu'il est même agréable d'être dans l'instant, même au cours de tâches aussi ordinaires que de laver la vaisselle. Vous vous rendrez compte que vous ne devez pas vous dépêcher de terminer de laver la vaisselle pour passer à autre chose de mieux ou de plus important car, au moment où vous essuyez les plats, c'*est* votre vie. Comme nous l'avons vu, si vous ratez ces moments parce que votre esprit est ailleurs, vous appauvrissez sérieusement votre vie.

Essayez donc de prendre chaque pot, chaque tasse et chaque assiette comme elle vient, conscient des mouvements de votre corps quand vous tenez, frottez, rincez, conscient des mouvements du souffle et des mouvements de votre esprit.

Vous pouvez suivre une approche similaire avec toute et n'importe quelle chose que vous êtes en train de faire, seul ou avec d'autres. Tant que vous êtes en train de le faire, cela n'a-t-il pas de sens de le faire avec tout votre être ? Si vous choisissez de faire les choses en pleine conscience, ce que vous serez en train de faire émergera alors de votre non-faire. Cela lui donnera toute sa valeur et demandera moins d'efforts.

Si vous êtes capable d'être présent chaque jour pendant vos activités habituelles, si vous voulez vous souvenir que ces moments peuvent être des moments d'attention calme et vive, tout autant que ceux où se font les choses qui doivent être faites, vous ferez des découvertes. Vous trouverez peut-être que non seulement vous appréciez davantage l'activité en elle-même, mais que, au cours de ces activités habituelles, vous êtes également plus susceptible d'avoir des éclairages profonds sur vous-mêmes et sur votre vie.

En lavant par exemple la vaisselle en pleine conscience, vous verrez peut-être avec une acuité profonde la réalité de l'impermanence. Vous revoici, faisant à nouveau la vaisselle. Combien de fois l'avez-vous faite ? Combien de fois encore la ferez-vous dans votre vie ? Qu'est cette activité que nous appelons laver la vaisselle ? Qui la lave ? Pourquoi ?

En enquêtant de cette façon, en explorant profondément cette activité de routine appelée « laver la vaisselle », vous constaterez peut-être que le monde entier s'y trouve représenté, que vous pouvez apprendre beaucoup à votre sujet et au sujet du monde en lavant la vaisselle avec tout votre être, avec un intérêt vif et un esprit curieux. La vaisselle peut de cette façon vous apprendre quelque chose d'important. Elle devient un miroir de votre propre esprit.

Nous ne parlons pas simplement de voir que la vie est un long fleuve de vaisselle sale, pour ensuite laver à nouveau la vaisselle de façon mécanique. Il s'agit de vraiment *faire* la vaisselle quand vous la lavez, d'être éveillé et vivant quand vous la lavez. Vous serez peut-être alors conscient de plein de choses : conscient de la tendance à retomber dans le pilotage automatique et à la laver inconsciemment, peut-être aussi conscient de votre résistance à vous y mettre, de votre tendance à la remettre à plus tard, à en vouloir à d'autres dont vous aimeriez l'aide mais qui ne vous aident pas. La *mindfulness* peut également vous conduire à décider d'apporter des changements dans votre vie, basés sur vos prises de conscience. Peut-être allez-vous même obtenir que les autres assument leur juste part de la vaisselle !

Prenez le nettoyage de la maison comme autre exemple. Si vous devez nettoyer votre maison, pourquoi ne pas le faire en pleine conscience ? Tant de gens me disent que leur maison est d'une propreté irréprochable, qu'ils ne peuvent pas vivre dans le fouillis, dans le désordre, qu'ils sont *toujours* en train de nettoyer, de ramasser, de ranger et de dépoussiérer. Mais pendant quelle proportion de temps le font-ils avec conscience ? Quelle part du temps sont-ils conscients de leur corps pendant qu'ils nettoient ? Et se demandent-ils seulement de quelle manière le propre est propre ? S'interrogent-ils sur l'importance pour eux d'habiter une maison propre ? Sur ce que cela leur apporte de faire comme cela ? Ou s'ils répugnent à le faire ? Examinent-ils quand ils devraient s'arrêter ? Ou ce qu'ils pourraient faire d'autre avec leur énergie au lieu d'entretenir leur maison comme une salle d'exposition ? Ce qui les pousse à nettoyer de manière compulsive ? Et qui va nettoyer leur maison quand ils seront morts depuis vingt ans, ou si cela comptera pour eux ?

En faisant du ménage une partie de votre pratique méditative, cette charge récurrente peut devenir une expérience entièrement nouvelle. Vous commencerez peut-être à la remplir d'une façon tout à fait différente, ou à vous en acquitter moins souvent, et pas parce que vous aurez arrêté de vous soucier de l'ordre et de la propreté. Ceux-ci ne doivent pas être sacrifiés. Mais vous pouvez changer votre manière de nettoyer la maison parce que vous avez examiné plus en profondeur votre relation à l'ordre, au nettoyage, à vous-même, à vos besoins et à vos priorités. Cet examen signifie ici simplement une conscience sans jugement, une pénétration au-delà du voile de l'inconscience qui recouvre habituellement nos activités, particulièrement celles qui font partie de notre routine.

Peut-être ces suggestions sur la façon de laver la vaisselle en pleine conscience ou de nettoyer la maison en pleine conscience, vous donneront-elles des idées pour faire ce que vous êtes en train de faire, quoi que ce soit, avec une conscience accrue, et pour cultiver une compréhension plus claire et plus profonde de votre esprit et de votre vie actuelle. Le point important à garder à l'esprit est que chaque instant où vous êtes vivant est un instant que vous pouvez vivre pleinement, un instant à ne pas rater.

⁂

Georges fait chaque semaine les courses du ménage pour lui et pour sa femme. Il les fait en pleine conscience. Il n'a pas le choix. Dans son état, presque tout ce qu'il fait peut déclencher une crise d'essoufflement grave. Une attention de chaque instant l'aide à garder son corps et sa respiration sous contrôle.

Georges souffre de broncho-pneumopathie chronique obstructive (BPCO). Il ne peut travailler et essaie donc au moins d'aider en faisant des choses dans la maison pendant que sa femme est au travail. Il a soixante-six ans et a souffert de cette maladie au cours des six dernières années. Il a été fumeur et, pour couronner le tout, a travaillé pendant toute sa vie d'adulte dans un atelier de réparation de machines peu ventilé, respirant continuellement des produits chimiques et de la poussière abrasive. Il a dû récemment être mis sous oxygène vingt-quatre heures sur vingt-quatre. Il est accompagné d'un concentrateur d'oxygène portable qu'il tire avec lui. Un tuyau conduit l'oxygène à ses narines. Il peut donc se déplacer.

Georges a appris à pratiquer la pleine conscience quand il s'est inscrit au programme de revalidation pulmonaire il y a quatre ans, dans notre hôpital. Une partie de ce programme consiste à utiliser la pleine conscience de la respiration pour contrôler le manque de souffle et la panique qui surgissent quand vous vous rendez compte que vous ne parvenez pas à faire entrer l'air de la respiration suivante dans vos poumons. Au cours des quatre dernières années, il a pratiqué fidèlement quatre ou cinq matins par semaine pendant quinze minutes. Pendant qu'il médite, sa respiration est aisée et il n'a pas besoin d'oxygène, même s'il l'utilise toujours.

Pour Georges, pratiquer la méditation a fortement modifié sa qualité de vie. En premier lieu, il a appris à réduire la fréquence des épisodes de courtesse d'haleine en dirigeant sa conscience vers sa respiration. « Ma respiration n'est pas vraiment un problème. Disons qu'elle ralentit un petit peu et que je ne dois pas m'en préoccuper, elle se stabilise d'elle-même. » Même s'il sait que son état ne va pas s'améliorer et que beaucoup de choses lui sont impossibles, Georges l'a petit à petit accepté et a appris qu'il peut évoluer au rythme lent dont il est capable tout en étant heureux. Il est extrêmement conscient de ses limites et essaie d'être conscient de son corps et de sa respiration tout au long de la journée.

Quand il est arrivé à l'hôpital aujourd'hui, il a garé sa voiture, est entré en marchant lentement dans l'immeuble, puis s'est arrêté dans les toilettes des hommes pour se reposer et respirer pendant quelques minutes. Il est ensuite allé vers les ascenseurs et s'est à nouveau arrêté quelques minutes. Il mesure consciemment ses pas et prend son temps où qu'il aille. Il le doit. Sinon il serait tout le temps à la salle des urgences.

Il lui a fallu un petit temps pour s'ajuster psychologiquement à son besoin permanent d'oxygène, vingt-quatre heures par jour. Au début, il avait arrêté d'aller au magasin car il se sentait embarrassé, et gêné par sa bombonne d'oxygène, puis il s'est finalement dit : « C'est fou ! Je me fais du mal, c'est tout. » Et maintenant, il retourne faire des courses à l'épicerie. Il fait tout mettre dans des sacs en plastique plus petits que la moyenne et munis de poignées. S'il le fait lentement, avec vigilance, il peut soulever ces sacs et les déposer dans le coffre de sa voiture.

Quand il arrive chez lui, il doit marcher environ un mètre cinquante de la voiture à la maison. Il peut tirer sa bombonne d'oxygène et porter quelques sacs s'ils ne sont pas trop lourds. Il laisse les plus lourds dans la voiture et sa femme les rentre plus tard. Il raconte : « Les gens du magasin me connaissent maintenant et me donnent sans problème les sacs de plastique ad hoc. C'est comme si j'avais réglé le problème. C'est courant. Il y a une façon de rendre les choses plus faciles, voyez-vous. Je me dis " Si je peux le faire, je le fais. Si je ne peux pas, je laisse ", c'est l'idée générale. »

En faisant les courses familiales, Georges contribue au travail qui doit être fait pour la gestion du ménage et évite à sa femme de devoir les faire en plus de son travail. Ceci l'aide à continuer à se sentir impliqué dans sa propre vie. Dans les limites de sa maladie, il rencontre activement les défis de la vie plutôt que de rester assis à la maison, maudissant son destin. Il prend chaque moment comme il vient et voit comment il peut travailler avec lui, tout en restant détendu et attentif. En vivant de cette façon, en explorant ses limites et en maîtrisant son rythme, respectant son souffle tout au long de la journée, Georges fonctionne fort bien dans sa vie avec un niveau de déficience pulmonaire qui handicaperait peut-être complètement quelqu'un d'autre. Car, dans cette maladie plus particulièrement, le degré d'incapacité à un certain niveau de déficience pulmonaire dépend surtout de facteurs psychologiques, à partir du moment où la personne reçoit le traitement médical approprié.

Tout comme Georges a trouvé une façon d'utiliser la pleine conscience dans sa vie quotidienne et de l'adapter à sa situation et à sa condition physique, chacun de nous pourrait commencer, dans une attitude responsable, à cultiver la *mindfulness* dans sa vie de tous les jours, quelles que soient les circonstances. Comme nous le verrons dans le chapitre sur le temps et sur le stress qui y est relié (chapitre 26), introduire la pleine conscience dans chaque instant est une façon particulièrement efficace d'utiliser au mieux le temps dont nous disposons. En vivant de cette manière, la vie devient naturellement plus équilibrée et l'esprit plus stable et plus calme.

⁂

Fondamentalement, le défi de la pleine conscience est de réaliser « C'*est ça.* » Cet instant-ci *est* ma vie. La question est : « Quelle va être ma relation à ma vie ? Ma vie m'« arrive-t-elle » automatiquement ? Suis-je totalement prisonnier des circonstances ou de mes obligations, de mon corps ou de ma maladie, ou encore de mon histoire ? Suis-je hostile, défensif ou déprimé quand certains « boutons » sont activés ? Heureux si on pousse sur d'autres ? Effrayé si quelque chose d'autre arrive ? Quels sont mes choix ? Ai-je des options ? »

Nous examinerons ces questions plus en profondeur quand nous aborderons le sujet de nos réactions au stress et de la manière dont nos émotions affectent notre santé. Pour le moment, l'important est de saisir la valeur qu'il y a à introduire une pratique de la pleine conscience chaque jour dans notre vie. Y a-t-il un seul moment de veille de votre vie qui ne serait pas plus riche et plus vivant si vous étiez plus pleinement éveillé pendant qu'il se déroule ?

Chapitre 10

Commencer à pratiquer

Si vous souhaitez établir vous-même une pratique formelle de méditation en pleine conscience et avez essayé les différentes techniques discutées plus haut, vous vous demandez peut-être quelle pourrait être à ce stade la meilleure façon de faire. Devriez-vous commencer avec l'assise ou le scan corporel ? Qu'en est-il du yoga ? Où vont s'introduire les recommandations sur la respiration, et les instructions du chapitre 4 au sujet de l'assise ? À quelle fréquence devriez-vous pratiquer, quand et pendant combien de temps ? Quid de la méditation marchée et de la pratique de la pleine conscience dans la vie active ?

Nous avons déjà donné au fil des pages des indications sur la façon dont nous combinons les différents aspects de la pratique formelle à la clinique du stress. Dans ce chapitre, nous vous donnons des recommandations spécifiques pour entamer votre propre pratique quotidienne de la *mindfulness* en nous basant précisément sur ce que nous faisons à la clinique avec les patients. De cette façon, tout en continuant à lire la suite du livre, vous pouvez également pratiquer, comme vous le feriez si vous étiez inscrit à la clinique. Mais vous pourriez aussi bien souhaiter lire ce livre jusqu'au bout avant de décider si vous vous lancez ou non dans la pratique elle-même, de façon régulière. Vous trouverez davantage de détails expliquant comment développer et maintenir une pratique régulière de méditation aux chapitres 34 et 35.

Si ce qui précède vous a parlé, c'est une bonne idée de commencer à pratiquer à ce stade. C'est certainement ce que vous devriez faire si vous deviez vous inscrire à la clinique du stress. Toutes les paroles *au sujet de* la pratique, les instructions sur la façon de pratiquer, les discussions sur les applications de la *mindfulness* dans le cas de maladies, de problèmes et de personnes spécifiques, de même que la question de sa relation aux champs plus vastes de la médecine, de la santé et de la maladie, du corps et de l'esprit, et du stress : toutes ces considérations et ces discussions sont secondaires à la pratique de la méditation proprement dite. Méditer est ce qu'il y a de plus fondamental.

À la clinique, nous commençons à pratiquer dès la toute première séance. Le matériel que vous rencontrerez dans les parties suivantes de ce livre sera plus riche et plus parlant si vous vous y êtes déjà mis, et si vous cultivez la pleine conscience dans votre vie. Si donc vous vous sentez porté maintenant à entamer un programme structuré, ce chapitre vous donnera les recommandations vous permettant d'aller plus loin pendant les huit semaines à venir. Vous aurez peut-être seulement pratiqué les deux premières semaines quand vous aurez terminé ce livre. C'est parfait. Il n'est pas nécessaire de passer huit semaines à lire ce livre. L'important est simplement de vous y mettre si vous êtes prêt à prendre cet engagement envers vous-même. J'espère qu'après avoir commencé, vous tiendrez le cap et irez jusqu'au bout des huit semaines. C'est certainement ce que nous recommanderions. Souvenez-vous, nous disons à nos patients : « Vous n'avez pas à aimer cela, faites-le, c'est tout. » Quand vous aurez pratiqué pendant huit semaines, vous serez suffisamment lancé et aurez assez d'expérience directe de la pratique pour la poursuivre pendant des années, si vous en faites le choix.

Le lieu où commencer est, bien sûr, votre respiration. Si vous n'avez pas fait l'expérience des trois minutes d'attention à votre respiration (voir chapitre 1) et à votre esprit, vous voudrez peut-être la faire maintenant, simplement pour être sûr que vous savez ce que nous voulons dire par maintenir l'esprit centré sur le souffle et l'y ramener quand il vagabonde. Nous recommandons que, au grand minimum, vous fassiez cela chaque jour pendant cinq ou dix minutes, assis ou couché, à un moment qui vous convient. Revoyez le chapitre sur la respiration (chapitre 3) et commencez à vous sentir à l'aise quand votre ventre se soulève et descend au fil du souffle, puis suivez les instructions des exercices 1 et 2 décrits à la fin de ce chapitre.

La chose la plus importante est de veiller à pratiquer chaque jour. Même si vous ne pouvez pratiquer que cinq minutes dans votre journée, cinq minutes de pleine conscience peuvent être très reconstituantes. Comme nous l'avons toutefois souligné, à la clinique du stress, nous demandons aux personnes de consacrer entre quarante-cinq minutes et une heure de pratique par jour, six jours par semaine pendant au moins huit semaines, et nous vous recommandons fortement de vous engager à un programme similaire. Les enregistrements de pratique de la pleine conscience peuvent vous aider grandement à vous y mettre. Cependant, comme nous l'avons fait remarquer avant, cette section du livre vous donne de nombreuses instructions pour vous permettre de développer une pratique formelle de *mindfulness* sans les enregistrements. Nous vous recommandons d'étudier tous les chapitres de cette section de temps en temps pour revoir les descriptions et les suggestions qu'elle contient, que vous écoutiez les enregistrements ou non.

1. Semaines 1 et 2

Au cours des deux premières semaines de votre pratique formelle, nous vous recommandons de faire le scan corporel tel qu'il est décrit dans le chapitre 5[1]. Faites-le chaque jour, que vous en ayez envie ou non, pendant à peu près quarante-cinq minutes. Comme nous l'avons vu, vous devrez trouver quel moment de la journée convient le mieux pour votre pratique. Souvenez-vous que l'idée est de « tomber éveillé », pas de tomber endormi. Si vous avez beaucoup de problèmes de somnolence, faites-le les yeux ouverts. En plus du scan corporel, pratiquez la pleine conscience de la respiration pendant une dizaine de minutes à un autre moment de la journée.

Pour pratiquer la pleine conscience dans votre vie active – ce que nous appelons la « pratique informelle » – vous pourriez introduire la conscience d'instant en instant dans des activités habituelles, comme s'éveiller le matin, se brosser les dents, se doucher, se sécher, s'habiller, manger, conduire, sortir les poubelles, faire des courses. La liste est sans fin. Il s'agit en fait simplement de revenir à *savoir ce que vous êtes en train de faire au moment où vous êtes*

1. L'auteur renvoie ici aux CD enregistrés en anglais qui accompagnent ce programme et dont vous trouverez les références en fin de livre. *(N.d.T.)*

en fait en train de le faire, et également savoir que vous êtes en train de penser et de sentir d'instant en instant. Si c'est trop pour vous, choisissez simplement une activité routinière chaque semaine, comme vous doucher, et voyez si vous pouvez vous souvenir d'être simplement pleinement là quand vous prenez votre douche, chaque fois que vous la prenez. Vous pourriez aussi essayer de manger au moins un repas par semaine en pleine conscience.

2. Semaines 3 et 4

Après avoir pratiqué de cette façon pendant deux semaines, commencez à alterner le scan corporel le premier jour avec la première séquence de postures de hatha-yoga[1] le jour suivant, et poursuivez cela pendant les semaines 3 et 4. Suivez les recommandations pour le yoga telles que décrites au chapitre 6. Veillez à ne faire que ce que vous sentez votre corps capable de faire, et à toujours pécher plutôt par modération, écoutant attentivement les messages de votre corps pendant que vous pratiquez. Pensez aussi à les vérifier avec votre médecin ou votre kinésithérapeute si vous souffrez de douleur chronique, d'un problème, ou d'une maladie cardiaque ou pulmonaire. Continuez à pratiquer la pleine conscience du souffle dans l'assise, de quinze à vingt minutes par jour à présent.

Pour la pratique informelle, essayez pendant la semaine 3, d'être conscient d'*un événement agréable* par jour *pendant qu'il se passe.* Tenez un calendrier pour la semaine, écrivant en quelques mots quelle était

1. Même remarque que dans la note précédente. *(N.d.T.)*

l'expérience, si vous en étiez conscient au moment même (c'est le devoir mais cela ne marche pas toujours comme cela), votre ressenti corporel à ce moment, quels pensées et sentiments étaient présents, et ce que cela représente pour vous au moment où vous l'écrivez. Vous trouverez un calendrier modèle à l'appendice. Pendant la semaine 4, faites la même chose pour *un événement désagréable ou éprouvant* par jour, y apportant à nouveau de la conscience *pendant qu'il se passe.*

3. Semaines 5 et 6

Pendant les semaines 5 et 6, nous vous recommandons d'arrêter de faire le scan corporel pendant un moment et de le remplacer par de plus longues assises (jusqu'à quarante-cinq minutes d'une traite)[1]. Pratiquez la méditation assise en vous aidant des exercices décrits à la fin du chapitre 4. Vous pouvez rester assis tout ce temps, en vous centrant simplement sur votre respiration (exercice 1), ou vous pouvez étendre progressivement le champ de votre conscience pour y inclure d'autres objets comme les sensations corporelles (exercice 2), les sons (exercice 3), les pensées et les sentiments (exercice 4), ou aucun objet particulier (exercice 5). Veillez à laisser votre respiration vous servir d'ancrage dans toutes ces pratiques.

À long terme, vous bénéficierez peut-être le plus de la méditation assise, spécialement si vous n'utilisez pas les enregistrements, si vous vous en tenez au souffle comme objet premier d'attention pendant des semaines, voire des mois. Dans les premiers stades de la pratique assise, on ne sait parfois pas bien où ni quand centrer son

1. Voir note 1 page 265. *(N.d.T.)*

attention, et on s'inquiète fort de savoir si on le fait « bien ». Pour rappel, si votre énergie s'investit continuellement dans une observation patiente de vous-même, d'instant en instant, et que vous ramenez votre attention vers le souffle ou vers d'autres objets chaque fois qu'elle vagabonde sans vous en vouloir, alors vous êtes dans le bon. Si vous recherchez un état particulier, que ce soit de relaxation, de calme, de concentration ou de vision pénétrante, vous essayez alors d'atteindre quelque chose d'autre que ce qui est déjà. Rappelez-vous alors qu'il s'agit simplement d'être avec le souffle dans l'instant présent. Paradoxalement, comme nous l'avons vu, c'est la façon la plus efficace d'« arriver quelque part » et de cultiver la relaxation, le calme, la concentration et la vision pénétrante. Ceux-ci viendront d'eux-mêmes en leur temps si vous poursuivez une discipline quotidienne et pratiquez selon ces indications.

À la clinique du stress, au cours des semaines 5 et 6, les gens alternent jour après jour une assise de quarante-cinq minutes avec une pratique de yoga. Si vous ne pratiquez pas le yoga, vous pourriez alors alterner l'assise et le scan corporel pendant ces deux semaines ou simplement vous asseoir chaque jour. C'est aussi un bon moment pour commencer à pratiquer un peu la méditation marchée décrite au chapitre 7.

Ensuite, vous aurez sans doute envie de décider vous-même du moment, du type et de la durée de votre pratique. Après quatre ou cinq semaines, beaucoup de personnes se sentent prêtes à commencer à façonner et à personnaliser de plus en plus leur pratique de méditation, en utilisant simplement nos indications comme des suggestions. Notre but est, à la fin des huit semaines, que vous vous soyez approprié la pratique, en l'adaptant pour qu'elle convienne à votre programme, aux besoins et aux capacités de votre corps, ainsi qu'à votre personnalité en sachant quelle combinaison de techniques formelles et informelles vous semble donner le mieux.

4. Semaine 7

Pour encourager la pratique autonome, la semaine 7 à la clinique du stress est consacrée à pratiquer, dans la mesure du possible, sans recours aux enregistrements. Les gens consacrent en tout quarante-cinq minutes par jour à une pratique combinant assise, yoga et scan corporel, mais ils ont à décider eux-mêmes de la combinaison. Ils sont encouragés à faire leurs expériences, peut-être vont-ils recourir à deux ou trois techniques le même jour, par exemple trente minutes de yoga suivies de quinze minutes d'assise, ou vingt minutes d'assise suivies de yoga immédiatement après, ou à un tout autre moment de la journée.

Certaines personnes ne se sentent pas prêtes à ce stade à pratiquer de cette façon. Elles préfèrent continuer en utilisant les enregistrements. Être guidées les encourage et les rassure. Elles n'atteignent pas le même degré de relaxation par elles-mêmes quand elles doivent décider que faire ensuite, particulièrement dans le scan corporel et le yoga. À notre avis, ce n'est pas un problème. Nous avons l'espoir qu'avec le temps les gens intériorisent la pratique et se sentent bien en pratiquant par eux-mêmes, sans CD ni livre pour guides. Toutefois, développer la confiance en sa capacité de guider la méditation prend du temps et varie d'une personne à l'autre. Parmi nos patients, beaucoup peuvent méditer par eux-mêmes mais ils préfèrent encore utiliser leurs CD, des années même après avoir suivi le programme.

5. Semaine 8

À la huitième semaine, à la clinique du stress, nous revenons aux CD. Les quitter puis y revenir de cette façon peut s'avérer extrêmement révélateur. Vous allez sans doute y entendre des choses que vous n'aviez jamais entendues avant, et percevoir la structure plus profonde de la pratique méditative d'une façon nouvelle. Au cours de cette semaine, vous êtes encouragé à pratiquer avec les CD, même si vous préférez vous en passer. À ce stade toutefois, c'est *vous* qui décidez quelle technique ou quelles techniques vous allez utiliser. Vous pouvez pratiquer simplement la méditation assise, le yoga ou le scan corporel, selon votre situation. Vous pouvez aussi combiner deux ou trois de ces pratiques de différentes façons.

Que vous le réalisiez ou non, il est important que vous ayez à ce stade une familiarité avec les trois techniques formelles. Cette connaissance vous aidera sans doute de façon très pratique. Vous vous sentirez par exemple attiré de temps en temps par une pratique de yoga ou un scan corporel et ce, même si votre pratique quotidienne est principalement l'assise. Le scan corporel peut être particulièrement utile quand vous êtes alité et malade, ou souffrez de douleur aiguë, ou encore si vous n'arrivez pas à dormir, même si ce n'est pas votre pratique régulière. De même, un peu de yoga peut être particulièrement utile à certains moments, comme quand vous êtes très fatigué et devez vous revitaliser, ou quand il y a de la raideur dans certaines régions de votre corps.

La huitième semaine voit la fin de nos recommandations formelles pour la pratique. Elle est aussi la première semaine de votre pratique autonome. Nous disons à nos patients que la huitième semaine dure le restant de leur vie. Nous y voyons bien plus un début qu'une fin. La pratique ne se termine pas simplement parce qu'on ne vous dit plus que faire. À cette étape, c'est vous qui serez aux commandes. Si vous avez pratiqué de façon régulière et disciplinée, vous aurez acquis assez d'habileté et d'expérience pour maintenir le rythme que vous avez développé et guider votre pratique personnelle de *mindfulness*, c'est du moins notre espoir. À la fin du livre, vous trouverez davantage de suggestions pour maintenir la pratique et l'approfondir au fil des ans. Ceci n'inclut pas seulement une revue de la pratique formelle, mais plus de suggestions pour introduire la pleine conscience dans la vie courante et l'utiliser pour gérer les situations auxquelles vous êtes confronté. Mais sans doute en aurez-vous inventé de meilleures pour vous-même au moment où vous arriverez à cet endroit du livre.

Dans la partie suivante, nous examinerons une façon nouvelle d'envisager la santé et la maladie, ainsi que la façon dont elle est en lien direct avec vos efforts pour développer une pratique personnelle de méditation *mindfulness*. De là, nous poursuivrons en explorant diverses façons de voir le stress et le changement dans une perspective méditative. Nous explorerons aussi des applications spécifiques de la pleine conscience dans différents problèmes médicaux et dans la gestion du stress sous ses nombreux déguisements. En même temps, nous vous recommandons de suivre le programme de pratique décrit plus haut : ainsi, vous lirez davantage *au sujet du* processus et de ses développements, tandis que ce dernier se déploiera en fait simultanément dans votre vie et dans votre cœur.

Partie 2

LE PARADIGME : UNE NOUVELLE FAÇON DE PENSER LA SANTÉ ET LA MALADIE

CHAPITRE 11

Introduction au paradigme

Pour que la pratique de la méditation s'enracine et grandisse dans votre vie, vous devrez savoir pourquoi vous pratiquez. Comment pourrez-vous autrement soutenir une attitude de non-faire dans un monde où seul le faire semble compter ? Qu'est-ce qui vous fera vous lever tôt le matin pour vous asseoir et suivre votre respiration, alors que tous les autres sont bien au chaud sous la couette ? Qu'est-ce qui va vous motiver à pratiquer pendant que les roues du monde actif tournent, quand vos obligations et vos responsabilités vous appellent et qu'une partie de vous décide ou se souvient de prendre un peu de temps pour « simplement être » ? Qu'est-ce qui va vous motiver à apporter une conscience d'instant en instant dans votre vie de tous les jours ? Qu'est-ce qui va empêcher votre pratique de perdre en énergie et de devenir terne, ou de se réduire complètement à rien après une première flambée d'enthousiasme ?

Pour maintenir votre implication et garder une pratique vivante de méditation au fil des mois et des années, il est important que vous développiez votre vision, qu'elle puisse vous guider dans vos efforts et vous rappeler dans les temps critiques la valeur qu'il y a à donner à sa vie une orientation si peu courante. Il y aura peut-être des moments où seule votre vision vous soutiendra dans la poursuite de la pratique.

Votre représentation sera, pour une part, forgée par les circonstances propres de votre vie, par vos croyances et par vos valeurs personnelles. Une autre part se développera à partir de votre expérience de la méditation elle-même, de l'enseignement que vous voudrez bien recevoir de toute chose : votre corps, vos attitudes, votre esprit, votre douleur, votre joie, les autres, vos fautes, vos échecs, vos succès, la nature, bref : tous les moments que vous vivez. Si vous cultivez la pleine conscience dans votre vie, il n'y a pas une seule chose que vous faites ou dont vous faites l'expérience qui ne pourra vous apprendre quelque chose sur vous-même en vous renvoyant le reflet de votre mental et de votre corps.

Cependant, un autre élément de votre perspective devra provenir de votre connaissance du monde et de vos croyances sur l'endroit et la manière de vous y inscrire. Si votre santé est la raison principale pour laquelle vous vous mettez à méditer, alors votre connaissance et votre respect du corps et de son fonctionnement, votre avis sur ce que la médecine peut et ne peut faire pour vous, ainsi que votre compréhension du rôle de l'esprit dans la santé et dans la guérison, constitueront tous un élément important de votre vision. La force de votre représentation dépendra en grande partie de ce que vous connaissez dans ces domaines-là et de combien vous voulez en apprendre. Tout comme pour la pratique de la méditation, cette sorte d'apprentissage requiert un engagement de toute la vie à vous informer en permanence, ainsi que la volonté de modifier votre perspective au fil des connaissances nouvellement acquises et des nouveaux niveaux de compréhension et de vision atteints.

À la clinique du stress, nous nous efforçons de stimuler les gens à s'informer davantage au sujet de leur corps et du rôle de l'esprit dans la santé et dans la maladie, comme part fondamentale de leur aventure de croissance et de guérison. Nous le faisons en évoquant les diverses façons dont la recherche récente et la pensée scientifiques transforment la pratique médicale elle-même, et en explorant aussi la pertinence directe de ces nouveaux développements pour nos vies individuelles et pour la pratique de la méditation.

La clinique du stress n'existe pas au milieu de nulle part. C'est une clinique de médecine comportementale du département de médecine d'un grand centre médical. La médecine comportementale représente un courant important qui répand rapidement nos idées et notre connaissance de la santé et de la maladie[1]. Les résultats de nouvelles recherches et de nouvelles façons de penser la santé et la maladie en médecine comportementale mènent rapidement à une perspective médicale plus complète, une perspective qui reconnaît l'unité fondamentale du corps et de l'esprit. Cette vision reconnaît de façon explicite que les personnes doivent participer activement et autant que possible à la prise en charge de leur santé, en apprenant davantage au sujet de la santé et de la façon de la préserver voire de l'optimiser. Elle reconnaît également l'importance pour ces personnes d'apprendre à communiquer de façon plus efficace avec

---

1. L'auteur a souhaité ajouter cette phrase : Au cours des vingt dernières années, la médecine comportementale s'est développée et s'est couplée avec d'autres courants de la médecine pour donner naissance à ce que l'on appelle à présent la médecine *psychocorporelle* et même au concept plus vaste de *médecine intégrative. (N.d.T.)*

leur médecin afin de comprendre autant qu'elles le souhaitent ce qu'il leur dit, qu'elles soient à leur tour comprises par leur médecin et que leurs besoins soient reconnus et pris en compte. C'est dans cet esprit qu'à la clinique du stress, nous présentons en partie aux participants les développements de la recherche en médecine comportementale ainsi que les nouvelles perspectives qui s'y développent. Ils ont ainsi une meilleure compréhension de notre demande et de son importance.

Peut-être le développement le plus fondamental en médecine comportementale est-il la reconnaissance que nous ne pouvons plus penser la santé en la limitant à une caractéristique du corps ou de l'esprit, car le corps et l'esprit sont interconnectés. Cette nouvelle vision reconnaît l'importance centrale du processus de la pensée en termes de *totalité* et d'*interconnexion,* ainsi que la nécessité de porter attention aux interactions entre l'esprit, le corps et le comportement dans les efforts faits pour comprendre et traiter la maladie. Cet angle de vue souligne que la science ne sera jamais capable de décrire pleinement un processus dynamique complexe tel que la santé, ni même celui d'une maladie chronique relativement simple, sans examiner le fonctionnement de l'organisme entier. Elle n'en sera pas davantage capable en se *restreignant* à une analyse des parties et des composantes, indépendamment de la valeur d'une telle approche.

La médecine étend actuellement son propre modèle de travail à ce que sont la santé et la maladie, et à la façon dont le style de vie, les schémas de pensée et de sentiments, les relations et les facteurs environnementaux interagissent tous pour influencer la santé. Ce nouveau modèle rejette explicitement le point de vue selon lequel l'esprit et le corps sont fondamentalement et inexorablement séparés. Au lieu de cela, la médecine cherche actuellement à articuler une vision alternative, plus globale, qui comprenne ce que nous voulons en fait dire par « esprit » et « corps », « santé » et « maladie ».

On évoque parfois cette transformation en médecine comme un *renversement de paradigme*, un glissement d'une vision entière du monde à une autre. Il y a peu de doutes que non seulement la médecine mais toute la science soient en train de faire un tel renversement, dans la mesure où les implications des changements révolutionnaires de notre compréhension de la nature et de nous-mêmes, qui ont émergé au cours du XXe siècle, deviennent plus claires. Car la plus grande partie de notre pensée habituelle de la réalité physique – notre postulat tacite sur le monde, le corps, la matière et l'énergie – se base sur une vue démodée de la réalité, une vue qui a peu changé au cours des trois derniers siècles. La science cherche à présent des modèles plus complets, qui soient plus conformes à notre compréhension de l'interconnexion de l'espace et du temps, de la masse et de l'énergie, du corps et de l'esprit, et même de la conscience et de l'univers.

Dans cette partie, vous rencontrerez certaines de ces nouvelles visions du monde, basées sur les principes de totalité et de connexion, et leurs implications dans la médecine et dans les soins de santé. Nous suivrons deux fils majeurs, tous deux intimement reliés à la fois à la méditation, et l'un à l'autre. Le premier a à voir avec tout le processus de l'attention. Dans le chapitre suivant, nous examinerons de plus près comment nous voyons les choses (ou ne les voyons pas), comment nous y pensons, et nous les représentons. Cela est en lien direct avec notre façon de conceptualiser nos problèmes et notre capacité de faire face au stress et à la maladie. Nous explorerons ce que nous voulons dire par totalité et par interconnexion, de même que les raisons pour lesquelles ces dernières sont si importantes pour la santé et pour la guérison. Nous reviendrons à ce thème au dernier chapitre de cette partie.

Le second fil que nous suivrons a à voir avec la nouvelle perspective qui se développe et se base sur la recherche en médecine comportementale. Elle questionne la façon dont l'esprit et le corps interagissent pour influencer la santé et la maladie, les implications de cette nouvelle compréhension pour les soins de santé, et ce que nous voulons principalement dire quand nous parlons de « santé » et de « guérison ».

Pris ensemble, ces deux fils peuvent vous aider à élargir votre perspective sur la pratique de la méditation. Ils soulignent l'importance de porter attention à votre expérience personnelle *ainsi qu'*aux développements actuels de la recherche médicale si vous souhaitez améliorer votre santé.

Toutefois, si les informations et l'éclairage apportés dans cette section sont seulement assimilés par votre esprit pensant, ils auront peu de valeur pratique. Cette section et la suivante, qui traite du stress, ont pour but de stimuler en vous un intérêt, un respect et une appréciation grandissants pour la beauté inouïe et la complexité de votre corps, ainsi que pour sa capacité remarquable de s'autoréguler et de retrouver la santé. Le but n'est pas de vous donner une information détaillée au sujet de disciplines spécialisées comme la physiologie, la psychologie ou la psycho-neuro-immunologie. Le but est plutôt d'élargir votre vision et vos croyances sur vous-même et sur votre relation au monde en tant qu'être qui pense, ressent et interagit socialement. Il vise aussi à vous stimuler à réfléchir plus profondément à votre corps et à votre esprit, et à développer davantage de confiance en eux. J'espère que les éclairages et les informations présentés ici vous aideront à développer votre vision personnelle des raisons pour lesquelles vous pouvez commencer à méditer régulièrement, une vision dans laquelle vous pouvez activer pratiquement dans votre vie le pouvoir naturellement thérapeutique de la pleine conscience.

CHAPITRE 12

Aperçus de la totalité, illusions de séparation

Avez-vous jamais regardé un chien, tout en le voyant dans sa « chiénitude » totale ? Un chien est un véritable miracle quand vous le voyez vraiment. Qu'est-ce que c'est ? D'où vient-il ? Où va-t-il ? Que fait-il ici ? Pourquoi a-t-il cette forme-là ? Comment « voit »-il les choses, l'environnement ? Qu'éprouve-t-il ?

Les enfants ont tendance à penser aux choses de cette façon. Leur vision est fraîche. Ils voient les choses comme si c'était la première fois. Parfois notre vue se fatigue. Nous voyons simplement un chien. « Quand vous en avez vu un, vous les avez tous vus. » Nous le voyons alors à peine. Nous avons tendance à voir davantage par nos pensées et par nos opinions que par nos yeux. Nos pensées fonctionnent comme une sorte de voile qui nous empêche de voir les choses avec des yeux neufs. Ce qui arrive dans notre champ de vision est identifié par la pensée, catégorisé par l'esprit et rapidement étiqueté : un chien. Ce mental nous empêche en fait de voir le chien dans sa plénitude. Il traite et catégorise le signal « chien » très rapidement dans notre cerveau, puis s'en va faire la même chose avec la perception ou la pensée suivante.

Quand mon fils avait deux ans, il voulait savoir s'il y avait quelqu'un à l'intérieur de notre chien. Cela me réchauffa le cœur de voir à cet instant avec ses yeux d'enfant. Je savais pourquoi il posait cette question. Sage était vraiment un membre de la famille. Il avait pleinement sa place légitime. On sentait sa présence. Il participait à l'espace psychique de la maison, il était un être complet, une « personnalité » tout autant que les autres membres de la famille. Que pouvais-je lui dire ?

Mais oublions les chiens. Qu'en est-il d'un oiseau, ou d'un chat, ou d'un arbre, ou d'une fleur, ou d'un rhinocéros ? ! Tous sont vraiment miraculeux. Quand vous regardez vraiment l'un d'eux, vous pouvez à peine croire que cela existe. Voyez donc, cette chose parfaite, être simplement ce qu'elle est, complète en elle-même. N'importe quel enfant imaginatif pourrait avoir imaginé en rêve un rhinocéros, un éléphant ou une girafe. Mais ces animaux ne sont pas arrivés jusqu'à nous en étant simplement produits par l'imagination d'un enfant. L'univers tisse ces rêves. Ils proviennent de l'univers, tout comme nous.

Ça ne coûte rien de garder ceci à l'esprit chaque jour. Cela nous aiderait même à être plus conscients. Toute vie est fascinante et belle quand le voile de nos pensées ordinaires se soulève, ne fût-ce qu'un instant.

Il y a beaucoup de façons différentes de regarder n'importe quelle chose, quel fait ou quel processus. Un chien est un chien, sans plus. D'une certaine façon, il n'y a rien de spécial à cela et, en même temps, c'est extraordinaire, c'est même miraculeux. Cela dépend entièrement de la façon dont vous le regardez. Nous pourrions dire que c'est à la fois ordinaire et extraordinaire. Le chien ne change pas quand vous changez la façon dont vous le regardez. Il reste toujours ce qu'il est, sans plus. C'est pourquoi les chiens, les fleurs, les montagnes et la mer sont vraiment d'excellents maîtres. Ils reflètent votre propre esprit. C'est votre esprit qui change.

Quand votre mental change, de nouvelles possibilités ont tendance à émerger. En fait, tout change quand vous pouvez voir les choses à différents niveaux au même moment, quand vous pouvez *voir* la plénitude et la connexion ainsi que l'individualité et la séparation. Le champ de votre pensée s'élargit. Cette expérience peut être profondément libératrice. Elle peut vous entraîner au-delà de vos préoccupations limitées sur vous-même. Elle peut placer les choses dans une perspective plus vaste. Elle va certainement modifier la façon dont vous êtes en lien avec le chien.

Quand vous observez les choses à la loupe de la pleine conscience, que ce soit au cours de la pratique formelle de la méditation ou dans la vie quotidienne, vous commencez invariablement à apprécier les choses d'une façon nouvelle, car votre perception elle-même change. Des expériences ordinaires peuvent tout à coup sembler extraordinaires. Cela ne signifie pas qu'elles arrêtent d'être ordinaires. Chacune reste toujours simplement ce qu'elle est. Simplement, vous les appréciez à présent davantage dans leur plénitude.

Reprenons à nouveau comme exemple le fait de manger. Manger est une activité ordinaire. Nous le faisons tout le temps, habituellement sans grande conscience, ni sans grandement y réfléchir. Nous avons déjà vu cela dans l'exercice de méditation des raisins secs. Mais le fait que votre corps peut digérer votre nourriture et en retirer de l'énergie est extraordinaire. Le processus par lequel cela s'accomplit est incroyablement organisé et régulé à chaque niveau, depuis la capacité de votre langue et de vos joues à garder la nourriture entre les dents pour qu'elle puisse être mâchée, en passant par les processus biochimiques progressifs par lesquels elle est broyée, absorbée et utilisée pour alimenter votre corps, et reconstruire ses cellules et ses tissus, jusqu'à l'élimination effective des déchets de ce processus, de manière à ce que les toxines ne s'accumulent pas et que le corps reste dans un équilibre métabolique et biochimique.

En fait, tout ce que votre corps fait normalement est tout à fait merveilleux et extraordinaire, même si vous n'y pensez peut-être jamais de cette façon. Marcher est un aussi bon exemple. Si vous avez été un jour incapable de marcher, vous savez à quel point marcher est précieux et tient du miracle. C'est une aptitude extraordinaire. Il en est de même pour voir et parler, penser et respirer, pouvoir se retourner dans son lit et tout ce que fait votre corps et sur quoi vous choisissez de vous centrer.

Une petite réflexion sur votre corps vous conduira facilement à conclure qu'il fait des choses fantastiques, qui vous semblent probablement tout à fait normales. Quand avez-vous par exemple pensé la dernière fois au travail remarquable accompli par votre foie ? C'est le plus grand organe interne de votre corps. Il accomplit plus de trente mille réactions enzymatiques par seconde pour assurer l'harmonie enzymatique. Le docteur Lewis Thomas, chancelier du *Memorial Sloan-Kettering Cancer Center,* écrivait dans *The Lives of a Cell*[1] qu'il préférerait recevoir le contrôle d'un 747 sans avoir aucune notion de pilotage, que d'être responsable du fonctionnement de son foie.

1. Littéralement « Les vies d'une cellule ». *(N.d.T.)*

Et que dire de votre cœur, de votre cerveau et du reste de votre système nerveux ? Y pensez-vous jamais pendant qu'ils accomplissent bien leur travail ? Si vous le faites, les voyez-vous comme ordinaires ou comme extraordinaires ? Et la capacité de voir de vos yeux, la capacité d'entendre de vos oreilles, la capacité qu'ont vos bras et vos jambes de se diriger exactement là où vous le voulez, la capacité de vos pieds de garder tout votre corps en équilibre quand vous êtes debout. Ces fonctions sont absolument extraordinaires. Notre bien-être dépend à tout moment du fonctionnement intégré de nos organes sensoriels, de nos muscles et de nos nerfs, de nos cellules, de nos organes et de nos systèmes. Nous avons cependant tendance à ne pas voir ni à penser de cette façon, et oublions ainsi, ou ignorons, le fait que notre corps est vraiment fantastique. C'est un « univers » en soi, consistant en plus de dix millions de fois dix millions de fois dix millions de cellules, provenant toutes d'une seule cellule, toutes organisées en tissus, en organes, en systèmes et en structures, avec une capacité intérieure de se réguler, formant un ensemble qui maintient l'équilibre et l'ordre intérieurs. En un mot, indéniablement, notre corps s'organise et se soigne de lui-même.

Le corps accomplit cet équilibre intense par des boucles de rétroaction finement accordées qui connectent entre elles tous les aspects de l'organisme. Quand vous vous dépensez, par exemple, en courant ou en grimpant les escaliers, votre cœur va automatiquement pomper plus de sang pour fournir plus d'oxygène à vos muscles afin qu'ils puissent accomplir leur tâche. Quand l'effort est terminé, le rendement du cœur revient à un niveau de repos, et les muscles se reposent et récupèrent. Si cela a duré un certain temps, l'effort peut aussi vous avoir donné chaud, ce qui vous a peut-être fait transpirer. C'est la façon dont votre corps se refroidit. Si vous avez beaucoup transpiré, vous aurez soif et boirez quelque chose. C'est la façon dont votre corps s'assure que le liquide perdu sera remplacé. Tous ces processus régulateurs sont interconnectés, ils opèrent par boucles de rétroaction.

Ces interconnexions constituent des systèmes vivants. Quand la peau est coupée, des signaux biochimiques sont émis et les processus cellulaires de coagulation sanguine se mettent en route pour arrêter le saignement et guérir la blessure. Quand le corps est infecté par des micro-organismes comme des bactéries ou des virus, le système immunitaire s'active pour les isoler et les neutraliser. Si certaines de nos cellules perdent les boucles de rétroaction qui contrôlent la croissance des cellules et deviennent cancéreuses, un système immunitaire sain va mobiliser des types spécifiques de lymphocytes, les NK, qui peuvent reconnaître des changements structurels à la surface des cellules cancéreuses et les détruire avant qu'elles ne puissent être délétères.

À chaque niveau d'organisation, de la biologie moléculaire de nos cellules jusqu'au fonctionnement de l'ensemble des organes et des systèmes plus grands, notre biologie est régulée par un flux d'information, qui connecte chaque partie du système avec les autres parties importantes pour son fonctionnement. D'une part ce réseau incroyable d'interconnexions par lesquelles le système nerveux surveille et régule toutes nos fonctions organiques, d'autre part le nombre incalculable d'hormones et de neurotransmetteurs libérés par les glandes et par le système nerveux lui-même – qui transmet les messages chimiques aux cibles dans tout le corps via la circulation sanguine et les fibres nerveuses –, et enfin la panoplie de cellules spécialisées dans le système nerveux, tous jouent des rôles cruciaux et variés dans l'organisation et la régulation de ce flux d'information dans le corps, vous permettant de fonctionner comme un être intégré, cohérent et complet.

Il est crucial, pour l'intégration physique et pour la santé, d'être connecté. Il l'est tout autant au niveau psychologique et social. Nos sens nous permettent d'être connectés tant avec la réalité externe qu'avec nos états internes. Ils nous donnent une information essentielle sur notre environnement et sur les autres gens, ce qui nous permet d'organiser une impression cohérente du monde, de fonctionner dans un « espace psychologique », d'apprendre, de nous souvenir de choses, de raisonner. Sans ces impressions cohérentes, nous serions incapables de fonctionner dans le monde, même de la façon la plus basique. Ainsi donc, l'organisation du corps permet à un ordre psychologique d'émerger de l'ordre physique, tout en le contenant. À chaque niveau de notre être se trouve un ensemble lui-même enchâssé dans un ensemble plus vaste.

Le réseau d'interconnexions dépasse notre moi psychologique individuel. Tandis que nous formons un tout nous-mêmes, en tant qu'êtres individuels, nous faisons également partie d'un ensemble plus vaste, interconnecté via notre famille, nos amis et nos relations à la société et, en finale, à l'humanité entière et à la vie sur la planète. Nous pouvons percevoir par nos sens et par nos émotions que nous sommes connectés au monde. Au-delà de ces perceptions, il existe aussi un nombre incalculable de fils par lesquels notre être est intimement tissé au cœur d'autres ensembles et d'autres cycles plus vastes de la nature. Ces ensembles et ces cycles, nous les connaissons uniquement par la science et par la pensée (bien que les peuples anciens aient toujours connu et respecté comme lois naturelles ces aspects plus subtils d'interconnexion). Pour en citer quelques-uns, nous dépendons de la couche d'ozone de l'atmosphère qui nous protège des radiations mortelles des ultraviolets ; nous dépendons des forêts tropicales et des océans pour recycler l'oxygène que nous respirons ; nous dépendons d'un contenu relativement stable de dioxyde de carbone dans l'atmosphère pour réduire les changements globaux de température. En fait, une vue scientifique, appelée hypothèse de Gaia, développe que la Terre dans son ensemble se comporte comme un organisme vivant autorégulé, du nom de Gaia, déesse grecque de la Terre. Cette hypothèse se base sur un raisonnement scientifique dont l'essence était également adoptée par toutes les cultures et tous les peuples traditionnels : dans notre monde, les humains sont interconnectés, et interdépendants avec tous les êtres et la Terre elle-même.

La capacité de percevoir l'interconnexion et la totalité, en plus de la séparation et de la fragmentation, peut être cultivée par la pratique de la pleine conscience. Elle vient en partie en discernant la façon dont notre esprit se dépêche de voir les choses d'une façon particulière, par habitude ou par manque de conscience, en constatant la facilité avec laquelle notre vision des événements et de nous-mêmes est façonnée par les préjugés, les croyances, les affinités et les aversions que nous avons acquises par le passé. Si nous espérons voir les choses plus clairement, dans leur réalité, et de ce fait les percevoir dans leur totalité et leur interconnexion intrinsèques, nous devons être conscients des ornières dans lesquelles notre pensée nous met, nous devons aussi apprendre à voir et à approcher les choses différemment.

À la clinique du stress, pour illustrer la nature automatique de nos schémas de vision et de pensée, ainsi que le pouvoir inhérent qu'il y a à garder la totalité à l'esprit, nous donnons l'exercice suivant aux participants, comme « problème » à résoudre chez eux dès la première classe. Il génère habituellement pas mal de stress au cours de la semaine car certaines personnes pensent immanquablement qu'elles seront jugées sur leur réponse. Volontairement, nous ne disons rien avant la deuxième séance sur les liens entre ce problème et ce qu'ils font à la clinique. Nous l'appelons le problème des neuf points. Vous le connaissez peut-être de votre enfance. Il montre d'une manière claire et facilement compréhensible à quel point la façon dont nous percevons un problème tend à limiter notre capacité à y apporter des solutions. Je remercie le docteur Ilan Kutz d'en avoir suggéré l'utilisation dans notre programme.

Le problème se présente comme suit : ci-après se trouve un tableau comprenant neuf points. Vous devez relier tous les points en traçant quatre droites sans soulever votre plume ni repasser deux fois sur le même trait. Avant de changer de page, essayez vous-même de résoudre cette question pendant cinq à dix minutes, sauf si vous connaissez déjà la réponse.

FIGURE 8

A.

La plupart des gens commencent par un coin et tracent trois lignes autour du carré, puis cela devient moins clair ! Un des points ne sera pas relié en procédant ainsi.

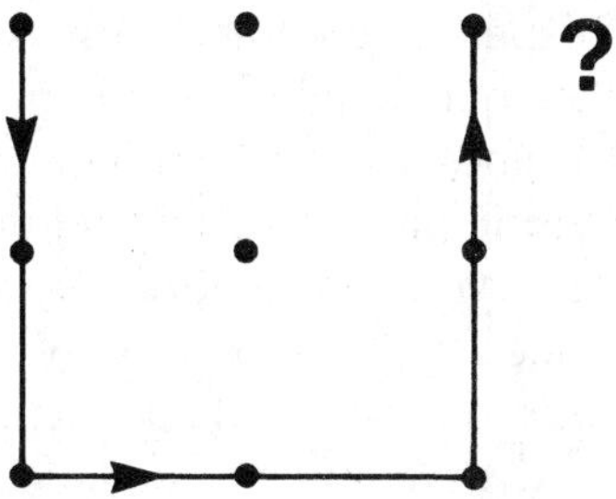

B.

À ce moment, l'esprit peut se sentir en difficulté. Plus vous essayez de solutions qui ne marchent pas, plus vous risquez d'être frustré. Quand nous arrivons à ce sujet au cours de la seconde classe, nous demandons à tous ceux qui ne connaissent pas la réponse, d'observer soigneusement leur réaction quand tout à coup ils « voient » la solution qu'un volontaire est en train de dessiner au tableau.

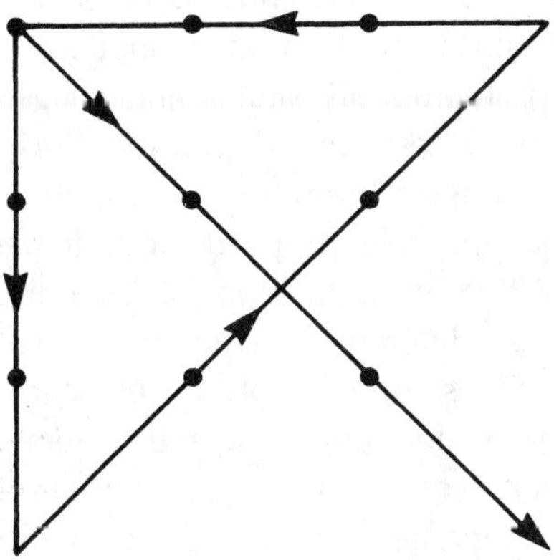

C.

Quand vous voyez ou découvrez par vous-même la solution à ce problème, plus encore si vous l'avez cherchée intensément et longuement, survient en général l'expérience « Aha ! », au moment même de la découverte. L'expérience « Aha ! » est associée à la prise de conscience que la solution se trouve dans le prolongement des lignes que vous dessinez *au-delà* du carré imaginaire formé par les points. Tel qu'il est présenté, le problème ne vous empêche pas de sortir des points, mais la tendance « normale » est de voir le carré des neuf points comme le champ du problème plutôt que de voir les points dans le contexte de la feuille de papier et de reconnaître que le champ du problème est la surface entière qui contient les points.

Si vous isolez les neuf points comme tels en tant que cadre du problème suite à la façon automatique dont vous percevez les choses et y pensez, vous ne trouverez jamais de solution satisfaisante à ce problème. Du coup, vous pouvez finir par vous blâmer de votre stupidité ou par en vouloir à ce problème et le déclarer impossible ou ridicule. Pendant tout ce temps-là, vous investissez votre énergie au mauvais endroit. Vous ne voyez pas l'entièreté du problème. Il vous manque le contexte plus large.

Le problème des neuf points suggère que nous pouvons avoir besoin d'adopter une perspective plus large sur certains problèmes si nous souhaitons les résoudre. Cette approche implique de nous demander quelle est en réalité l'étendue du problème, de discerner la relation entre ses différentes parties prises isolément et le problème dans son ensemble. Cela s'appelle adopter une « vision systémique ». Si nous n'identifions pas le système correctement dans son entièreté, nous ne serons jamais capables d'aboutir à une solution satisfaisante du problème, car une dimension clef manquera toujours, la dimension de la totalité.

Le problème des neuf points nous enseigne que nous devons parfois nous ouvrir au-delà de nos façons courantes de voir, de penser et d'agir pour résoudre certains types de problèmes. Si nous ne le faisons pas, nos tentatives d'identifier et de résoudre nos problèmes seront habituellement empêchées par nos préjugés et nos a priori. Notre manque de conscience du système dans sa totalité nous empêchera souvent de voir de nouvelles options et de nouvelles manières d'aborder les problèmes. Nous aurons tendance à nous embourber en eux et dans nos crises, à prendre des décisions et à faire des choix malheureux. Plutôt que de prendre les problèmes à bras-le-corps jusqu'à atteindre des solutions, nous avons tendance quand nous sommes embourbés, à multiplier les problèmes, à les aggraver, et aussi à arrêter de chercher des solutions. Ces expériences peuvent nous conduire à des sentiments de frustration, d'insuffisance et d'insécurité. Quand la confiance en soi s'érode, il devient plus difficile de résoudre les problèmes qui se présentent. Les doutes que nous avons au sujet de nos capacités se transforment en prophéties qui s'autoalimentent. Elles peuvent aller jusqu'à dominer notre vie. De cette façon, ce sont nos processus de pensées qui créent nos propres limites. Nous oublions alors, trop souvent, que c'est nous qui les avons créées. Nous sommes alors bloqués et sentons que nous n'arrivons pas à les dépasser.

Jour après jour vous pouvez examiner ce processus en étant attentif à votre dialogue intérieur et à vos croyances. Vous observerez aussi la façon dont ils affectent ce que vous finissez par faire dans certaines situations. À moins de pratiquer la *mindfulness*, nous observons rarement notre dialogue intérieur avec détachement, ni ne réfléchissons davantage sur sa validité, spécialement quand il concerne nos pensées et nos croyances sur nous-mêmes. Si vous avez par exemple l'habitude de vous dire « Je ne pourrais jamais faire cela » quand vous êtes face à un problème ou à un dilemme (comment utiliser un outil, réparer un appareil, prendre position devant un groupe de personnes), ou dans toute autre situation, une chose est sûre : vous ne serez pas capable de le faire. À ce moment, votre pensée accomplit ou rend réel son propre contenu. Dire « Je ne peux pas » ou « Je ne pourrais jamais… » est une prophétie qui porte en elle son accomplissement.

Si telle est votre habitude de penser dans ce genre de situations, avant d'avoir la chance d'agir ou de faire quelque chose pour résoudre le problème, vous vous serez sans doute déjà mis dans une boîte créée par vous-même et aurez limité vos possibilités. Le fait est que, dans de nombreuses situations, vous ne savez vraiment pas ce que vous êtes capable de faire à un moment donné. Vous pourriez vous surprendre en abordant un problème, pour le plaisir, et en essayant quelque chose de neuf pour le résoudre, même sans savoir ce que vous êtes en train de faire et même si vous doutez en vous-même de votre capacité à le résoudre. J'ai réparé plus d'une horloge et plus d'une porte de voiture de cette façon, parfois apprenant à leur sujet, mais parfois en arrivant à les réparer rien qu'en y chipotant, sans avoir la moindre idée de comment j'avais fait pour les réparer.

En fait, nous ne savons pas toujours quelles sont nos vraies limites. Toutefois, si vos croyances et vos attitudes, vos pensées et vos sentiments produisent en permanence des raisons pour ne pas relever de nouveaux défis, pour ne pas prendre de risques, pour ne pas explorer ce qui pourrait être possible pour vous aux limites de votre compréhension et de vos croyances, pour ne pas regarder ce qui pourrait être l'entièreté d'un problème et votre relation à ce problème, vous pouvez limiter sérieusement et inutilement votre apprentissage, votre croissance et votre capacité à opérer des changements dans votre vie. Il est pertinent de vous en souvenir dans de nombreuses circonstances : qu'il s'agisse de perdre du poids, d'abandonner la cigarette une fois pour toutes, de ne plus crier tout le temps sur vos enfants, de retourner à l'école, de lancer vos propres affaires, ou encore quand il s'agit de trouver ce qu'il y a à vivre quand vous faites l'expérience d'une grande perte personnelle ou êtes au cœur d'un changement momentané dans votre vie, qui menace votre bien-être et celui de tout ce qui vous est cher. Ce que vous pouvez faire alors dépendra grandement de la façon dont vous voyez les choses, de vos croyances au sujet de vos limites et de vos ressources, et de vos croyances en la vie elle-même. Comme nous le verrons au chapitre 15, nos croyances et nos attitudes, nos pensées et nos émotions, peuvent en fait influencer grandement notre santé. À la clinique du stress, la plupart des gens relèvent le défi et prennent le risque de faire face aux difficultés en pleine conscience. Souvent, ils se surprennent eux-mêmes et leurs familles par le courage et la clarté récemment découverts. Au cours du processus, ils découvrent que leurs limites reculent et qu'ils sont capables de faire des choses qu'ils ne pensaient jamais pouvoir faire, portés par le sens nouveau d'être complets et connectés au cœur d'eux-mêmes.

⁂

Complétude et connexion sont deux des qualités les plus fondamentales de notre nature d'êtres vivants. Peu importe le nombre de cicatrices que nous gardons de nos épreuves passées, notre totalité intrinsèque est toujours là : que contiennent d'autre les cicatrices ? Aucun d'entre nous ne doit être une victime impuissante de ce qui a été fait, ou n'a pas été fait, pour nous dans le passé ; nous n'avons pas non plus à être impuissants face à ce dont nous souffrons peut-être maintenant. Nous sommes également ce qui était présent avant ces blessures, nous sommes également notre complétude première, ce qui est né entier. Et nous pouvons nous reconnecter à notre totalité intrinsèque à tout moment, car sa nature même est d'être toujours présente. Ainsi, quand en méditation nous prenons contact avec le champ de l'être, nous nous situons déjà au-delà de nos blessures, au-delà de l'isolement, de la fragmentation et de la souffrance dont nous pouvons faire l'expérience. Cela signifie qu'il vous sera toujours possible de transcender la fragmentation, la peur, la vulnérabilité, l'insécurité et même le désespoir, si vous parvenez à voir différemment, à voir avec la perception de la totalité.

Plus que tout sans doute, le travail de la clinique du stress implique-t-il d'aider les gens à voir, à sentir et à croire qu'ils forment un tout complet, de les aider aussi à réparer les blessures dues à la déconnexion, à adoucir la douleur de se sentir isolés, fragmentés et séparés, à découvrir enfin *en eux-mêmes* une trame sous-jacente faite de complétude et de connexion. De toute évidence, c'est le travail de toute une vie. Pour nos patients, la clinique du stress est souvent le premier pas conscient et intentionnel en tant qu'adultes dans ce processus de toute une vie.

Le corps est clairement l'endroit idéal où commencer. Tout d'abord, comme nous l'avons vu, c'est pratique. C'est aussi une porte ouverte sur le monde plus vaste : ce que nous voyons dans le fonctionnement de notre corps nous donne de nombreuses leçons s'appliquant aux autres domaines de notre vie. Qui plus est, notre corps a habituellement besoin d'être soigné. Nous portons tous avec nous l'une ou l'autre tension ou armure physique ou psychologique. Notre corps a beaucoup à nous apprendre sur le stress, la douleur, la maladie et la santé.

Ce sont plusieurs des raisons pour lesquelles nous centrons notre attention sur notre respiration, et pour lesquelles nous commençons à la clinique en pratiquant chaque jour pendant deux semaines le scan corporel. C'est pourquoi nous contactons notre ressenti dans différentes régions du corps, c'est pourquoi aussi nous cultivons un sens de la globalité du corps, sommes attentifs au cours d'activités de base comme manger, marcher, bouger et nous étirer dans la pratique de la méditation. Toutes ces facettes dont notre corps fait l'expérience, sont autant de portes ouvertes par lesquelles nous pouvons d'emblée avoir un aperçu de notre unité profonde à tout moment. Avec le temps, par la pratique quotidienne, nous pouvons franchir ces portes de plus en plus fréquemment. Par la pratique, nous pouvons arriver à vivre d'une façon plus intégrée de jour en jour et d'instant en instant, en contact avec notre unité profonde et notre connectivité, et également conscients de notre *interconnectivité*. Se sentir unifié, complet, même pour de brefs instants, nous nourrit en profondeur. C'est une source de guérison et de sagesse dans les moments où nous sommes confrontés au stress et à la douleur.

⁂

Vous ne serez probablement pas trop surpris d'apprendre que le mot *health* (santé) lui-même veut dire *whole* (entier, complet)[1]. *Sain* implique une intégration, une interconnexion de toutes les parties d'un système ou d'un organisme, une complétude. La nature de la complétude est d'être toujours présente. Quelqu'un qui a été amputé d'un bras ou a perdu une partie du corps, ou qui est confronté à la mort suite à une maladie incurable, est toujours fondamentalement entier. Il devra cependant *accepter* la perte physique ou les conséquences du pronostic pour faire l'expérience de cette intégralité. Ceci va certainement entraîner de profonds changements dans la vue de soi-même, du monde, du temps et même de la vie elle-même. C'est ce processus d'acceptation des choses telles qu'elles sont qui incarne le processus de guérison.

Tandis que tout organisme vivant est entier en lui-même, il est aussi enchâssé dans un ensemble plus vaste. Nous sommes entiers dans notre corps mais, comme nous l'avons déjà vu, nos corps sont constamment en train d'échanger de la matière et de l'énergie avec l'environnement. Ainsi, bien que nos corps soient complets, ils sont aussi constamment en train de changer. Nos corps sont littéralement immergés dans un tout plus grand, à savoir l'environnement, la planète, l'univers. Vue de cette façon, la santé est un processus dynamique. Ce n'est pas un état figé que vous « avez » et que vous conservez ensuite.

La notion de complétude ne se retrouve pas seulement dans le sens des mots *santé* et *guérison* (et, bien entendu, également dans le mot *saint*)[2] ; nous la trouvons également

1. En anglais, les termes « *health* » et « *whole* » viennent de la racine indo-européenne *kailo*, qui signifie complet, intact. En français, le terme « santé » n'est pas associé à cette racine. *(N.d.T.)*
2. *Health, healing, holy. (N.d.T.)*

enchâssée dans la signification profonde des termes *méditation* et *médecine*, mots qui sont de toute évidence reliés entre eux d'une manière ou d'une autre. Selon David Bohm, physicien théoricien dont le travail implique l'exploration de la totalité en tant que propriété fondamentale de la nature, les mots *médecine* et *méditation* viennent du latin *mederi* qui veut dire « soigner ». *Mederi* vient de la racine indo-européenne plus ancienne qui signifie « mesurer ».

Maintenant, que peut bien avoir à faire le concept de mesure avec la méditation ou la médecine ? Rien, si nous pensons à la mesure de la manière habituelle, en tant que processus de comparaison de dimensions d'un objet à un standard extérieur. Mais le concept de « mesure » a une autre signification, qui nous vient de Platon. C'est la notion que toutes les choses ont, selon David Bohm, leur « juste mesure intérieure » qui les rend telles qu'elles sont, qui leur donne leurs propriétés. La « médecine », vue sous cet angle, est fondamentalement le moyen par lequel la mesure interne juste est restaurée quand elle est troublée par une maladie, une lésion ou une blessure. De même, la « méditation » est le processus consistant à percevoir directement la mesure interne juste de son être, par une observation de soi attentive et dénuée de jugement. La juste mesure intérieure est, dans ce contexte, une autre façon de nommer la plénitude. Il n'est donc peut-être pas aussi farfelu qu'il y paraît, à première vue, d'avoir dans un centre médical une clinique basée sur la méditation.

Le choix de la formation à la méditation comme pratique centrale et harmonisante à la clinique du stress n'a pas été arbitraire. La formation à la méditation a des caractéristiques uniques qui la distinguent de nombreuses techniques courantes de relaxation et de réduction du stress. Le plus important est qu'elle est une porte vers des expériences directes de la plénitude, expériences pas si facilement contactées ni approfondies par les méthodes qui se centrent sur le faire et sur la réalisation d'objectifs plutôt que sur le non-faire et l'être. La méditation est une *discipline de conscience,* c'est ainsi que l'appelle le docteur Roger Walsh. Professeur de psychiatrie et de sciences comportementales à la faculté de médecine de l'université de Californie à Irvine, il étudie l'interface entre les psychologies occidentales et orientales. Le docteur Walsh souligne que les disciplines de la conscience se basent sur un paradigme profondément différent de celui de la psychologie occidentale prédominante. Du point de vue des disciplines de la conscience, notre état d'éveil ordinaire est *loin d'être optimal.* Cette perspective ne contredit pas le paradigme occidental, mais va plutôt au-delà de la préoccupation dominante de la psychologie occidentale au sujet de la pathologie et des thérapies, qui visent à rétablir les gens dans un fonctionnement « normal », dans l'état d'éveil qu'a la conscience habituellement. Au cœur de cette perspective gît la conviction qu'il est essentiel pour une personne de s'engager dans un entraînement personnel, intensif et systématique de l'esprit, en pratiquant la méditation avec discipline pour se libérer des distorsions caractéristiques incessantes de nos processus émotionnels et mentaux quotidiens, distorsions qui, comme nous l'avons vu, peuvent miner continuellement l'expérience que nous faisons de notre plénitude intrinsèque.

De nombreux grands esprits ont été préoccupés par la notion de totalité et par la façon de réaliser que cette totalité est présente dans notre vie. À cet égard, le grand psychiatre Carl Jung avait beaucoup de considération pour les traditions méditatives orientales. Il écrivait :

« Cette question (*réaliser la totalité*) a occupé la plupart des esprits aventureux en Orient depuis plus de deux mille ans et, à cet égard, des méthodes et des doctrines ont été développées qui repoussent tout simplement dans l'ombre toutes les tentatives occidentales à ce sujet[1]. » Jung comprenait bien la relation entre pratique de la méditation et réalisation de la totalité.

Albert Einstein a également articulé avec clarté l'importance de voir avec une vision d'ensemble. À la fin du programme de réduction du stress, nous donnons à nos patients un livret. La dernière page se termine par quelques lignes tirées d'une lettre d'Einstein et publiées dans le *New York Times* du 29 mars 1972. Cette phrase est très parlante, en partie car elle capture si bien l'esprit de la pratique de la méditation et aussi parce qu'elle a été dite par un scientifique qui, plus que tout autre, a révolutionné nos concepts de la réalité physique et démontré l'unité de l'espace et du temps ainsi que de la matière et de l'énergie.

Quand Einstein vivait à Princeton et travaillait à l'*Institute of Advanced Study*, il recevait souvent du courrier du monde entier, de personnes qui lui demandaient son avis sur leurs problèmes personnels. Il jouissait d'une réputation de sagesse unique parmi les non-scientifiques de par le monde, à cause de ses exploits scientifiques, que peu comprenaient, mais dont la plupart savaient qu'ils étaient révolutionnaires. Mais il avait aussi une profonde réputation de compassion à cause de son visage avenant et de son implication franche dans les causes humanitaires. Beaucoup pensaient qu'il était « l'homme le plus intelligent du monde », mais lui n'a

1. Dans *Introduction to Zen Buddhism*, D.T. Suzuki : Psychology and the East (The Collected Works of C.G. Jung). *(N.d.T.)*

jamais compris pourquoi on faisait tout ce foin à son sujet. Le passage suivant est extrait d'un courrier qu'il a écrit en réponse à un rabbin. Celui-ci lui avait expliqué dans une lettre qu'il avait cherché en vain à réconforter sa fille de dix-neuf ans au sujet de la mort de sa sœur, une « enfant pure et belle de seize ans ». Cette lettre à Einstein était clairement un appel à l'aide, venant d'une des expériences humaines les plus douloureuses, la mort d'un enfant. Einstein répondit :

> *Un être humain est une partie de la totalité, que nous appelons « univers », une partie limitée dans le temps et dans l'espace. Il fait l'expérience de lui-même, de ses pensées et de ses sentiments, comme de quelque chose de séparé du reste – une sorte d'illusion optique de sa conscience. Cette illusion est une sorte de prison pour nous, nous limitant à nos désirs personnels et à notre affection pour quelques personnes les plus proches de nous. Notre tâche doit être de nous libérer de cette prison en élargissant notre cercle de compassion pour embrasser toutes les créatures vivantes et la nature entière dans sa beauté. Personne n'est capable de réaliser cela complètement, mais tendre à cet accomplissement est en soi une part de la libération et le fondement d'une sécurité intérieure.*

Dans sa réponse, Einstein suggère que nous pouvons facilement devenir prisonniers de nos pensées et de nos émotions, et être aveuglés par elles, car nous sommes uniquement préoccupés par les côtés particuliers de notre vie et de nos désirs en tant qu'êtres séparés. Il ne minimise pas la souffrance que nous vivons dans une telle perte. Mais il dit que notre préoccupation extrême pour notre vie séparée ignore un niveau autre et fondamental de la réalité. Selon lui, nous arrivons tous dans ce monde, puis le quittons comme des agrégats passagers d'énergie structurée. Einstein nous invite à voir l'ensemble comme plus fondamental que les parties. Il nous rappelle que notre expérience de nous-mêmes, comme séparés et permanents, est une illusion qui, en finale, nous emprisonne.

Mais nous *sommes* séparés en ce sens que nos vies sont localisées dans le temps (le temps d'une vie) et dans l'espace (le corps). Nous *avons* des pensées et des émotions propres ainsi que des relations uniques, merveilleuses et remplies d'amour, et nous souffrons fort et de manière compréhensible quand ces liens et ces connexions sont rompus, spécialement quand la mort emporte un jeune. Mais, en même temps, n'est-il pas aussi vrai que nous sommes tous là pour repartir l'instant d'après, petits remous ou tourbillons dans le courant, vagues émergeant brièvement dans un océan de plénitude ? En tant que remous et que vagues, nos vies ont un caractère unique, mais elles sont aussi la matière d'un tout plus vaste qui emprunte pour s'exprimer des formes, qui, en finale, surpassent notre compréhension.

Einstein nous rappelle que quand nous perdons de vue la totalité et la connexion, nous ne voyons qu'un seul côté de la vie. Cette vision gonfle l'importance donnée à *ma* vie, à *mes* problèmes, à *mes* pertes et à *ma* souffrance, et nous empêche de voir une autre dimension véritable de notre être, qui n'est pas si séparé ni unique. Quand nous nous identifions avec un « soi » permanent et solide, c'est une illusion de conscience, une forme d'auto-emprisonnement, selon Einstein. Il a écrit ailleurs que « la vraie valeur de l'être humain est principalement déterminée par la mesure et le sens grâce auxquels il a atteint la libération du soi ».

Le remède d'Einstein à ce dilemme de l'illusion et de la tyrannie de ce que nous pourrions appeler le petit soi –

remède dont il a largement montré l'exemple dans sa vie – est de sortir de cette « illusion d'optique » de la conscience, en cultivant délibérément la compassion pour toute forme de vie, la bienveillance vis-à-vis de soi-même et de « toutes les créatures vivantes » parties du monde naturel dans toute sa beauté. En suggérant ceci comme chemin menant à la liberté et à la sécurité intérieure, Einstein ne parlait pas seulement de façon romantique ou philosophique. Il avait compris qu'il fallait un certain *travail* pour réaliser la libération de la prison de nos propres habitudes de pensée. Il savait également que ce travail était intrinsèquement thérapeutique.

Pour revenir aux neuf points, nous avons vu que la façon dont nous percevons un problème et par extension la façon dont nous percevons le monde et nous-mêmes peuvent influencer profondément ce que nous sommes capables de faire. Voir avec les yeux de la totalité signifie reconnaître que rien n'arrive de manière isolée, que les problèmes doivent être considérés dans le contexte de tout le système. En observant de la sorte, nous pouvons percevoir le réseau intrinsèque d'interconnexions qui soustend notre expérience et fusionne avec elle. Voir ainsi est thérapeutique. Cela nous aide à reconnaître comme nous sommes extraordinaires et miraculeux, sans perdre de vue que nous ne sommes en même temps rien de spécial, rien qu'une part d'un déploiement global plus vaste, des vagues sur la mer, qui s'élèvent et retombent en de brefs instants que nous appelons durées d'une vie.

CHAPITRE 13

La guérison

Quand nous utilisons le terme *guérir* pour décrire les expériences des participants à la clinique du stress, nous voulons dire avant tout qu'ils passent par une profonde transformation de leur vision. Cette transformation est due à la rencontre de leur plénitude, catalysée par la pratique de la méditation. Quand nous apercevons notre complétude au cœur de chaque moment, quand nous faisons l'expérience directe de nous-mêmes au cours du scan corporel, de l'assise ou du yoga, complets à ce moment et aussi parties d'un tout plus vaste, une façon nouvelle et profonde d'aborder nos problèmes et nos souffrances commence à prendre place. Nous commençons à nous voir différemment, nous et nos problèmes, à avoir une vision d'ensemble. Cette transformation de vue crée un contexte tout à fait différent dans lequel nous pouvons voir et travailler avec nos problèmes, aussi sérieux soient-ils. C'est un déplacement perceptuel de la fragmentation et de l'isolement en direction de la connexion et de la totalité. Avec ce changement de perspective vient un déplacement du sentiment de perte de contrôle et d'impuissance (désemparé et pessimiste) vers un sentiment de possible, un sentiment d'acceptation, de paix intérieure et de contrôle. Guérir implique toujours une transformation de nos attitudes et de nos émotions. Parfois, mais pas toujours, cette transformation est aussi accompagnée par une réduction majeure des symptômes physiques et une amélioration de la condition physique de la personne.

Quand les gens se plongent dans la pratique de la méditation en pleine conscience, ce changement de perspective peut prendre de nombreuses formes. À la clinique du stress, les personnes font parfois des expériences soudaines et spectaculaires au cours de la méditation, qui les mènent à de nouvelles perceptions. Plus souvent, les gens parlent plutôt de moments où ils se sentent profondément détendus et confiants. Bien souvent, ils ne reconnaissent même pas ces expériences comme particulièrement importantes quand elles produisent un effet, même s'ils ne peuvent généralement pas se souvenir d'avoir fait une expérience similaire auparavant. Ces transformations progressives peuvent être très subtiles. Elles peuvent toutefois être aussi profondes voire plus profondes que les plus spectaculaires. Spectaculaires ou subtils, ces renversements de perspective sont les signes d'une vision globale. De ce changement de perspective découle une capacité d'agir avec davantage d'équilibre et de sécurité interne dans le monde, spécialement quand on rencontre le stress et la douleur.

⁂

Philippe, un camionneur franco-canadien de quarante-sept ans, s'était blessé le dos trois années plus tôt en soulevant quelque chose et avait été référé à la clinique du stress par ses médecins de la clinique de la douleur. Au cours de la première semaine du programme, il fit une découverte importante pendant le scan corporel. Il avait commencé à écouter le CD allongé sur le dos. Il avait fort mal et s'était dit : « Oh, mon Dieu, je ne sais pas si je peux faire cela. » Mais il s'était engagé à « bien le faire » et il continua le CD malgré sa douleur. Après une vingtaine de minutes, il commença à sentir sa respiration « dans tout son corps » et se centra complètement sur cette sensation extraordinaire de son corps en train de respirer. Il se dit : « Ben dis donc, c'est génial ! » Puis il réalisa autre chose. Il ne sentait plus aucune douleur. Philippe découvrit qu'il pouvait reproduire cette expérience chaque jour de cette semaine, pendant le scan corporel. Il arriva radieux à la seconde séance.

La deuxième semaine s'avéra tout à fait à l'opposé. Rien de ce qu'il fit ne marcha. Il pratiqua le scan corporel aidé du CD chaque jour, et sa douleur n'avait jamais été aussi forte. Rien de ce qu'il fit ne put ramener les sensations qu'il avait connues au cours de la première semaine. Je suggérai qu'il essayait peut-être trop fort de reproduire les expériences de la première semaine. Peut-être maintenant combattait-il sa douleur, essayant de s'en débarrasser pour retrouver ces bonnes sensations. Il rentra chez lui déterminé à examiner ce que je lui avais suggéré. Il s'était dit qu'il essaierait simplement de laisser arriver ce qui arriverait pendant le scan corporel sans essayer d'arriver à autre chose. Après cet épisode, les choses avancèrent plus doucement. Quand il arrêta de se battre contre sa douleur, il put se concentrer et rester calme pendant le scan corporel. Il découvrit que la douleur diminuait avec la profondeur de sa concentration. En moyenne, disait-il, elle était 40 à 50 % moins forte, parfois plus encore à la fin des quarante-cinq minutes.

⁂

Jocelyne vint à la clinique du stress en 1980, envoyée par son oncologue, peu de temps après avoir été traitée pour une tumeur maligne à la jambe. Elle avait cinquante ans à cette époque. Son mari était mort d'un cancer de l'œsophage deux années plus tôt, « une mort horrible et douloureuse ». En plus, le jour de la mort de son mari, la mère de Jocelyne mourut de façon inattendue. Les problèmes médicaux de Jocelyne avaient commencé quand elle prenait soin de son mari. De plus en plus fréquemment, elle sentait une douleur à la cuisse droite, qui descendait dans la jambe. Elle consulta plusieurs médecins, qui lui dirent qu'il n'y avait rien de grave, que c'était sans doute dû à des veines variqueuses ou simplement au fait qu'elle vieillissait. Un jour, deux ans après le décès de son mari et de sa mère, alors qu'elle portait un arbre de Noël avec son fils, son fémur se fractura. Au cours de l'opération, on découvrit qu'une tumeur appelée *plasmacytome* avait rongé l'os jusqu'à ce qu'il se désagrège. Ils enlevèrent la tumeur et reconstruisirent l'os avec une greffe osseuse. Jocelyne avait perdu tant de sang pendant l'opération que le chirurgien avait dit à ses enfants qu'il n'était pas sûr qu'elle se remettrait. Mais elle survécut. Elle eut ensuite six semaines de radiothérapie, puis vint peu après à la clinique du stress.

Quand Jocelyne emporta le CD après la première séance, elle se dit qu'elle ferait tout ce qui était demandé au cours et qu'elle allait vraiment s'impliquer. La première fois qu'elle fit le scan corporel, elle eut ce qu'elle décrivit comme « une expérience très puissante d'une forme d'altérité ». Ce sentiment survint vers la fin du CD, au cours d'un long temps de silence. Elle se souvint s'être dit : « Oh, alors c'est cela Dieu. » En décrivant cette expérience, elle dit « c'était comme si c'était rien et tout en même temps. Ce n'était pas quelqu'un ou quelque chose que je me serais représenté comme Dieu. »

Jocelyne se souvient encore de ce sentiment dix années après et dit que c'est ce qui l'a aidée à traverser des temps très difficiles, qui ont compris de nombreuses opérations pour réparer sa greffe osseuse, une prothèse de la hanche, et de grandes souffrances familiales. Elle est persuadée que c'est sa pratique de la méditation qui a maintenu son plasmacytome en rémission au cours des dix dernières années, l'empêchant de progresser pour devenir un myélome multiple, ce qui se passe dans presque tous les cas au cours des cinq années qui suivent. Son oncologue dit qu'il n'a jamais vu un autre cas dans lequel un plasmacytome ne se transforme pas en myélome multiple sur ce laps de temps. Il n'est pas sûr que le fait que Jocelyne médite soit responsable de sa rémission, mais il admet qu'il n'a aucune idée expliquant pourquoi la maladie n'a pas progressé. Quelle que soit la raison, il s'en réjouit et espère que les choses vont continuer de la sorte. Il soutient Jocelyne dans ses initiatives positives pour garder son corps et son esprit en harmonie.

⁂

Philippe et Jocelyne eurent tous deux d'emblée de fortes expériences avec le scan corporel. D'autres doivent parfois le pratiquer pendant des semaines avant de sentir un peu de détente ou un changement de perspective. Un examen en profondeur montre cependant que, suite à la pratique régulière du scan corporel au cours des deux premières semaines, quelque chose de positif se passe habituellement sous la surface chez la plupart des participants, même si ce n'est pas si spectaculaire. Parfois ces agitations ne se manifestent pleinement que lorsque la personne passe à la pratique du yoga. Ce passage à un usage plus actif du corps peut déclencher un changement de perspective qui s'est construit lentement sous le niveau de conscience de la personne au cours des semaines où elle a travaillé avec le scan corporel.

En finale, le processus de guérison sera différent – dans ses détails – pour chaque individu. Guérir est chaque fois une expérience unique et profondément personnelle. Chacun de nous, qu'il soit en bonne santé ou malade, a à faire face aux circonstances particulières de sa vie et à se débrouiller avec elles. La pratique de la méditation, faite avec l'esprit d'auto-exploration et de recherche sur soi, peut transformer notre capacité à faire face, à embrasser et à travailler avec et au cœur de nos difficultés. Mais pour que cette transformation s'incarne dans votre vie, vous devez adapter la pratique de base pour qu'elle devienne *vôtre*, pour vous l'« approprier », pour qu'elle convienne à *votre* vie et réponde à *vos* besoins ! Les choix particuliers que vous faites dépendront des circonstances uniques de votre vie et de votre tempérament.

Et c'est ici qu'interviennent votre imagination et votre créativité. Comme nous l'avons vu, la pratique de la méditation est, plus que tout, une façon d'être. Ce n'est pas un ensemble de techniques pour aller mieux. La guérison vient de la pratique quand celle-ci devient à nos yeux *une façon d'être*. La méditation vous guérira probablement nettement moins si vous l'utilisez comme moyen pour aller quelque part, même si ce quelque part est la plénitude. Sous cet angle de vue, vous êtes déjà entier, alors, pourquoi essayer de devenir ce que vous êtes déjà ? Ce qui est demandé par-dessus tout est que nous *lâchions prise pour entrer dans* le domaine de l'être.

C'est cela qui est profondément régénérant.

⁂

À la clinique du stress, nous sommes constamment surpris de la façon dont nos patients parviennent à adapter la pratique dans leur vie, et les effets progressifs de cette pratique sur eux. Ces effets sont tout à fait imprévisibles. La plupart des gens viennent à la clinique car ils veulent apprendre à se relaxer. Mais ils en repartent souvent transformés au-delà de ce qu'ils avaient espéré réaliser au début. Hector, par exemple, était lutteur à Puerto Rico. Quand il est arrivé, il éclatait souvent en colère et avait mal dans la poitrine. À son départ, il contrôlait les deux et avait découvert un profond courant de douceur en lui, qu'il ignorait jusque-là.

Bruno était boucher. Il y a plusieurs années, son psychiatre l'avait pressé de venir. Il se retrouvait seul avec six enfants, après le suicide de son épouse. Bruno devint végétarien et me dit récemment : « Jon, la pratique s'est approfondie en moi au point que je ne parviens plus à mentir. » Il démarre à présent son propre groupe de méditation.

Édith apprit à méditer dans le cadre du programme de revalidation pulmonaire afin de contrôler sa courtesse d'haleine. Elle continua à pratiquer par elle-même et me raconta fièrement, au cours d'une réunion plusieurs années après, la façon dont elle avait utilisé la méditation pendant une opération de la cataracte. Elle y avait eu recours pour contrôler la douleur, quand les médecins lui dirent au dernier moment qu'ils ne pouvaient utiliser l'anesthésie à cause de son problème pulmonaire, puis commencèrent à enfoncer des aiguilles dans son œil.

Henri vint pour de l'angoisse, un problème cardiaque et une tension artérielle trop élevée. Au cours de la quatrième semaine du programme, des ulcères lui firent vomir du sang. Emporté aux soins intensifs, il se dit qu'il risquait de mourir. Tandis qu'il était alité et intubé, Henri se calma à l'aide de sa respiration.

Nathan était un homme d'affaires, la quarantaine, vraiment désespéré suite à une tension artérielle élevée, même sous médicament (il avait été licencié deux semaines plus tôt), et l'annonce qu'il était séropositif après que sa femme ait contracté le sida (probablement au cours d'une transfusion sanguine reçue au cours d'une appendicectomie) et en soit décédée. Il était dans un tel état que l'infirmière de la clinique des premiers soins descendit personnellement avec lui au bureau de la clinique du stress pour être sûre qu'il s'inscrive. Huit semaines après, la tension artérielle de Nathan était redevenue normale, il avait retrouvé le contrôle de son humeur, était en bien meilleure relation avec son seul enfant et voyait sa vie avec optimisme malgré son test HIV positif.

Édouard est un jeune homme séropositif. En six mois, il n'a raté aucun jour de méditation et pense qu'il n'est plus une « épave nerveuse » au travail. Au cours d'un nouveau test de la moelle, il pensa à utiliser sa respiration pour lâcher sa peur de la douleur, et observa qu'il n'avait pas senti de douleur. Aucun de ces « résultats » ne pouvait être prédit. Mais tous provenaient directement de sa pratique de la méditation.

Vous approprier la pratique, comme nous le verrons plus loin, vous demandera bien entendu d'être attentif aux détails de votre vie qui peuvent influencer votre santé de façon directe ou indirecte. Il s'agit par exemple de l'alimentation, l'exercice physique, les habitudes mauvaises pour la santé comme le tabac, l'alcool et la drogue, des attitudes négatives spécialement l'hostilité et le cynisme, et enfin, de la constellation unique de stress et de difficultés à laquelle vous êtes confronté. Cultiver la pleine conscience dans ces domaines stimule le processus de transformation personnelle. S'établir régulièrement dans le champ de l'être le nourrit.

⁂

Guérir, dans le sens où nous utilisons ce mot ici, ne veut pas dire « soigner », même si ces deux mots sont souvent interchangeables. Comme nous le verrons au chapitre suivant, il y a peu, voire pas, de *soins* qui soignent de façon absolue les maladies chroniques ou les troubles en lien avec le stress. Alors qu'il peut ne pas être possible pour nous de nous *soigner* ou de trouver quelqu'un qui puisse le faire, il nous est possible de nous *guérir*. Guérir implique la possibilité pour nous d'établir une relation différente à la maladie, à l'incapacité, même à la mort, dans la mesure où nous apprenons à voir la totalité. Comme nous l'avons vu, cette perspective naît d'un entraînement à des pratiques fondamentales. Une de ces pratiques consiste, par exemple, à entrer et à demeurer dans des états de profonde relaxation psychologique, à voir et à transcender nos peurs et nos limites, au niveau du corps et au niveau de l'esprit. Dans des moments de profonde immobilité, vous réalisez que vous êtes déjà entier, déjà complet dans votre être, même si votre corps a le cancer, une maladie cardiaque, le sida ou s'il est habité par la douleur, même si vous ne savez pas combien de temps vous allez vivre ou ce qui vous attend.

Des expériences de plénitude sont tout aussi accessibles aux personnes souffrant de maladie chronique ou de problèmes de stress qu'à n'importe qui d'autre. Ces moments de plénitude, ces moments où vous connectez le champ de votre être, comportent souvent la sensation palpable d'être plus vaste que votre maladie ou vos problèmes, et de vous trouver dans une position bien meilleure pour les accueillir et y apporter la réponse adéquate. Penser que vous êtes un « échec » si vous avez « encore » mal, ou souffrez « encore » d'un problème cardiaque, du cancer ou du sida après avoir médité tout un temps revient à vous méprendre complètement sur la pratique de la *mindfulness. Nous ne méditons pas pour nous débarrasser de quoi que ce soit.* Que nous soyons à cet instant fondamentalement en bonne santé ou que nous soyons en phase terminale, personne d'entre nous ne sait combien de temps il nous reste à vivre. La vie se déploie d'instant en instant. Le pouvoir guérisseur de la pleine conscience réside dans le fait de vivre chaque instant aussi pleinement que nous le pouvons.

Un jour, une femme qui souffrait d'un cancer du sein vit clairement pendant qu'elle méditait qu'*elle* n'était pas son cancer. À un moment, elle vit clairement qu'elle était une personne, qu'elle était entière, et que le cancer était un processus qui se déroulait à l'intérieur de son corps. Avant cela, sa vie s'était épuisée en identifications avec la maladie et avec le fait d'être une « patiente cancéreuse ». Quand elle réalisa qu'elle n'était pas son cancer, elle se sentit plus libre. Elle put penser plus clairement à sa vie et décida d'utiliser ce cancer comme une occasion de croître et de vivre plus pleinement, quel que soit le temps qui lui restait à vivre. En s'engageant à vivre chaque moment de sa vie aussi pleinement que possible et à utiliser son cancer pour s'aider plutôt que pour se blâmer, elle préparait sa guérison, la dissolution des limites et la confrontation avec les choses telles qu'elles étaient. Elle comprit que, même si elle avait l'espoir d'influencer ainsi le cancer lui-même, il n'y avait aucune garantie qu'elle vive plus longtemps ou que la tumeur diminue. Ce n'est pas pour ces raisons qu'elle s'était engagée à vivre avec plus de conscience. Elle s'y était engagée parce qu'elle souhaitait vivre sa vie aussi pleinement que possible, quelle qu'elle soit. À ce moment, elle voulait rester ouverte à la possibilité que le cours de la maladie puisse être positivement influencé par son état de totale intégration du corps et de l'esprit.

⁂

Les preuves que ceci serait possible sont de plus en plus nombreuses. Un champ tout à fait neuf a émergé au cours des dix dernières années, appelé psycho-neuro-immunologie, ou PNI, merveilleusement décrit pour le grand public dans le livre *The Healer Within*[1] du docteur Steven Locke, membre de faculté de médecine d'Harvard, et de Douglas Colligan. Plus simplement, les études de ce nouveau champ montrent que les mécanismes nombreux et sophistiqués de défense cellulaire et moléculaire contre l'infection et la maladie, connus sous le nom collectif de système immunitaire, n'opèrent pas seuls pour nous garder en bonne santé. Comme le suggère le terme psycho-neuro-immunologie, on sait à présent que le système immunitaire est contrôlé, en partie au moins, par le système nerveux, qui intègre tous les

1. *Healer* signifie le guérisseur, le médecin. *Within* signifie à l'intérieur, au-dedans. À ma connaissance ce livre n'a pas été publié en français à ce jour. *(N.d.T.)*

systèmes de notre organisme, pour nous permettre de fonctionner harmonieusement. Et, bien sûr, le système nerveux permet la vie de l'esprit. D'importantes interconnexions apparaissent donc, peu comprises seulement à ce stade, entre le cerveau et le système immunitaire. Cela signifie que la science peut à présent au moins travailler sur un modèle pour expliquer la façon dont nos pensées, nos émotions et nos expériences de vie pourraient, dans certaines circonstances, influencer notre susceptibilité ou notre résistance à la maladie.

De nombreuses études récentes ont montré que des expériences de vie stressantes peuvent influencer l'activité du système immunitaire. Le docteur Janice Kielcot-Glaser et le docteur Ron Glaser de la faculté de médecine de l'*Ohio State University*, avec leurs collègues, ont montré que l'activité des cellules NK (*Natural Killer*, cellule tueuse naturelle) des étudiants en médecine se réduisait puis augmentait en fonction des pressions qu'ils subissaient. Pendant les examens, l'activité de ces cellules et d'autres fonctions immunes diminuait en comparaison du niveau observé en dehors des périodes d'examens. Ces recherches et d'autres ont également montré que la solitude, la séparation et le divorce sont parfois associés à un déficit du système immunitaire, et que la pratique de techniques de relaxation peut avoir des effets bénéfiques. Certaines fonctions immunitaires mesurées dans des études de ce type (comme l'activité des cellules NK) jouent, pense-t-on, un rôle important dans les mécanismes de défense contre le cancer et contre les infections virales.

Une série remarquable d'expériences conduites par le docteur Robert Ader et le docteur Nicolas Cohen à la faculté de médecine de la *Rochester University*, entamées au milieu des années 1970, a profondément contribué à l'explosion des recherches et à l'intérêt pour la PNI. Elles découvrirent l'importante relation entre le cerveau et le système immunitaire. Elles montrèrent que l'immunosuppression (une diminution de la réponse immunitaire) chez les rats pouvait en fait être *conditionnée* en couplant le traitement des animaux avec un médicament ayant la propriété de réduire les fonctions immunitaires (traitement immunosuppresseur) et l'exposition à un produit chimique au goût sucré (de la saccharine) mélangé à leur eau. Plus tard, après avoir reçu pendant un temps cette combinaison d'immunosuppresseur en injection et de saccharine via leur eau, quand ils ne reçurent plus que de la saccharine dans leur eau, ces animaux montrèrent à nouveau de l'immunosuppression, cette fois donc *sans traitement immunosuppresseur*. Il se révéla que leur corps avait pour ainsi dire *appris* à supprimer sa fonction immunitaire en réponse à la saccharine après en avoir ingéré avec le médicament immunosuppresseur. Les animaux du groupe contrôle ne montrèrent pas cette réponse conditionnée. Chez les animaux conditionnés, ces résultats suggérèrent que leurs fonctions immunitaires étaient affectées par une sorte d'apprentissage psychologique, qui ne pouvait être transmis que par le système nerveux.

De nombreuses études suggèrent que des expériences de stress incontrôlable chez l'animal induisent un déficit immunitaire, et réduisent leur résistance naturelle aux cancers et à la croissance tumorale. De récentes études sur l'humain montrent également des connexions intéressantes entre le stress, les sentiments d'impuissance, l'immunodéficience et certaines maladies, comme le cancer. En finale, une question centrale pour la recherche future est de savoir à quel point l'esprit influence la *guérison* de certaines maladies, pas simplement de façon indirecte en introduisant des changements dans le mode de vie, aussi importants soient-ils, mais aussi en influençant directement le fonctionnement du système immunitaire. Selon le docteur Ader toutefois, il n'y a actuellement pas de preuve formelle que les changements observés au niveau immunitaire, dans toutes ces études sur l'être humain, soient en relation avec un processus pathologique spécifique en augmentation ou en diminution. Il faut donc être prudent dans les conclusions tirées sur l'importance des changements mesurés à ce stade. Il sera intéressant de voir ce que les recherches futures découvriront dans ce domaine en pleine expansion.

À la faculté de médecine de l'université du Massachusetts, nous avons fait une étude visant à examiner si l'esprit a un effet direct sur un point de guérison bien déterminé. En collaboration avec le docteur Jeffrey Bernhard et ses collègues du département de dermatologie, et avec le docteur Jean Kristeller en médecine comportementale, nous étudions pour le moment des personnes qui ont une maladie de la peau appelée psoriasis. Les personnes atteintes d'un psoriasis souffrent d'un taux accru de croissance de leurs cellules cutanées, qui produisent des squames. Le champ de la maladie fluctue et on pense qu'il est en lien avec le stress émotionnel ainsi qu'avec d'autres facteurs.

Pour le psoriasis, on a habituellement recours à un traitement aux ultra-violets, appelé *photothérapie*. La lumière ultraviolette est utilisée car elle ralentit la croissance des cellules dans les fragments de peau squameux. Le traitement demande que le patient se tienne debout et nu dans une boîte ronde lumineuse, semblable à une cabine téléphonique, dont les parois sont couvertes de tubes de lumière ultraviolette, pendant un laps de temps de plus en plus long. Les traitements ont lieu habituellement trois fois par semaine. Il faut parfois plusieurs traitements pour nettoyer complètement la peau.

Dans notre étude sur le processus de guérison, vingt-trois personnes devant suivre un traitement par photothérapie furent partagées de façon aléatoire en deux groupes. Les membres du premier groupe pratiquèrent la méditation *mindfulness*, centrés sur leur respiration et leurs ressentis corporels pendant qu'ils étaient dans la cabine lumineuse. Les membres de l'autre groupe reçurent le traitement lumineux standard, sans entraînement mental particulier. Quand les séances du traitement devinrent plus longues, les méditants visualisèrent également que la lumière ultraviolette ralentissait la croissance des cellules de leur peau, enrayant la machinerie permettant à ces cellules de se diviser.

Nous avons observé que, après une période de douze semaines, les fragments de peau des méditants s'étaient assainis bien plus vite que ceux des personnes qui ne méditaient pas, même si les deux groupes recevaient le même traitement standard de photothérapie. Des treize personnes du groupe des méditants, dix avaient une peau saine à la fin des quarante séances, alors que la peau de seulement deux des dix personnes de l'autre groupe s'était assainie au cours de la même période. Cette étude vient à peine de commencer. Elle suggère toutefois que quelque chose chez les méditants a eu un impact sur leur taux de guérison en plus et au-delà de l'effet de la lumière elle-même. Cette expérience doit être répétée et d'autres expériences semblables doivent être menées, avant de parler avec certitude d'un exemple d'effet direct de l'esprit sur la guérison. À ce stade, cette découverte est intéressante et prometteuse.

⁂

La psycho-neuro-immunologie a fait l'objet de nombreux articles dans la presse populaire. On a beaucoup parlé des différents résultats expérimentaux de ces recherches. Ensuite de quoi, de nombreuses personnes atteintes de cancer ou du sida veulent apprendre la méditation pour contrôler leur stress, et s'attendent à ce que cette pratique permette de stimuler leur système immunitaire pour combattre leur maladie plus efficacement. Mais, tandis qu'il est tout à fait possible que la pratique de la méditation et de visualisations spécifiques influencent de façon significative l'immunité, cette hypothèse, comme nous l'avons dit, est loin d'être prouvée à l'heure où ces lignes sont écrites.

À notre avis, une personne qui vient à la clinique du stress avec une forte attente de voir son système immunitaire se renforcer par la méditation peut en fait créer des obstacles à sa guérison. Un investissement trop fort pour amener votre système immunitaire à répondre de la façon qui vous convient peut être davantage un problème qu'une aide. En effet, la recherche de *n'importe quel* but peut facilement miner la qualité et l'esprit de la méditation. Si l'essence de la méditation est le non-agir, alors, essayer de la contourner pour avoir ce que vous voulez peut altérer et miner ces qualités fondamentales de lâcher-prise et d'acceptation. Ce sont elles qui vous permettent de faire l'expérience de la totalité, qui est, selon nous, la base de la guérison. Ceci resterait vrai même s'il est en finale démontré que la méditation peut mener à des changements positifs dans la fonction immunitaire, qui résultent en une capacité accrue pour le corps de soigner les processus pathologiques.

Cela ne veut pas dire que vous ne pouvez pas utiliser la méditation à des fins spécifiques. Il y a un nombre infini de façons d'incorporer des visualisations et des buts spécifiques dans la méditation. C'est le cas dans l'utilisation de la méditation de la montagne décrite au chapitre 9, dans l'expérience avec le psoriasis évoquée juste avant, et dans la méditation de la bienveillance que nous aborderons sous peu. Dans toutes les traditions méditatives du monde, les visualisations et les images sont utilisées pour induire des états mentaux particuliers. Il y a des méditations sur l'amour, sur Dieu, sur la bienveillance, sur la paix, le pardon, la vacuité, l'impermanence et la souffrance. Il y a des méditations sur l'énergie, sur les états du corps, sur des émotions particulières, la compassion, la générosité, la sagesse, la mort et, bien sûr, sur la guérison. La visualisation et la canalisation spécifique de notre énergie et de notre attention font partie de ces pratiques.

Il est toutefois important de souligner que toutes sont des *pratiques*, pratiquées avec une discipline et une implication systématiques, et toujours dans le contexte plus vaste de la méditation *en tant que façon d'être*. Si nous les prenons comme des techniques isolées auxquelles nous recourons seulement quand nous nous sentons mal ou quand nous voulons quelque chose, nous ignorons ou écartons immanquablement ce contexte plus vaste. En fait, nous ne réalisons peut-être pas qu'il existe. Dans tous les cas, la sagesse profonde et le pouvoir considérable inhérents à cette perspective de non-faire sont facilement perdus ou négligés et, avec eux, le pouvoir plus profond de la visualisation particulière. Cette approche contient peu de sagesse et peut être la source d'une grande quantité de frustrations, de déceptions et d'énergie perdue.

Pour qu'il soit réellement thérapeutique, nous croyons que le recours à la visualisation et à l'imagerie mentale doit s'inscrire dans un contexte plus vaste, un contexte qui comprenne et honore le non-agir et le non-effort. Autrement, les exercices de visualisation peuvent trop facilement dégénérer d'une méditation en une pensée avide. De même, le pouvoir intrinsèque de guérison et la sagesse compris dans la pratique toute simple de la pleine conscience peuvent rester inutilisés ou banalisés dans la recherche de quelque chose de plus élaboré, orienté vers un but. Même pour ce qui est d'abaisser la tension artérielle : de nombreuses études cliniques ont montré que la méditation est efficace et il n'est pourtant pas sage de méditer en premier lieu dans ce but. Cela tend à rendre la méditation mécanique et trop orientée en termes de réussite et d'échec. Nous croyons qu'il est bien plus efficace de simplement méditer de façon régulière tout en laissant votre tension artérielle prendre soin d'elle-même.

Quand vous pratiquez la méditation comme une façon d'être et non comme un moyen en vue d'un but particulier, le recours à des visualisations spécifiques, pour travailler sur des zones particulières en difficulté dans un contexte plus large, peut parfois s'avérer très utile. À l'heure actuelle, il n'y a pas encore suffisamment de recherches permettant de déterminer l'importance relative de visualisations spécifiques dans le processus de guérison, comparées à la pratique consistant simplement à être conscient d'instant en instant. L'expérience menée sur le psoriasis peut mener à des études de ce type.

D'après les expériences que nous avons menées à la clinique, nous croyons qu'en cultivant activement le non-faire par la méditation, vous augmentez les chances d'assister à une réduction du symptôme et à une transformation de perspective, plutôt qu'en vous préoccupant des modifications de votre tension artérielle, de symptômes particuliers ou de votre système immunitaire.

Nous disons à nos patients de la clinique du stress, qu'ils aient une tension artérielle élevée, le cancer ou le sida, qu'il est bien de venir avec l'espoir de contrôler leur tension artérielle ou de renforcer leur système immunitaire, tout comme il est bien de venir avec le souhait d'apprendre à se relaxer et à devenir plus calme. Mais, une fois qu'ils décident d'entamer le programme, ils doivent lâcher leurs buts pendant ces huit semaines et pratiquer, simplement pour pratiquer. Puis, si leur tension artérielle baisse ou si leurs cellules NK ou leurs lymphocytes T auxiliaires naturels augmentent en nombre et en activité, ou encore si leur douleur diminue, tant mieux. Nous souhaitons que nos patients fassent l'expérience de ce que leur corps et leur esprit sont capables de faire, sans sentir qu'ils doivent accomplir une tâche physiologique spécifique en un temps donné. Ramener le calme à l'esprit et au corps requiert que nous voulions à un certain point abandonner tout souhait que quelque chose arrive, et acceptions simplement les choses telles qu'elles sont, et nous-mêmes tels que nous sommes, avec un cœur ouvert et accueillant. La paix intérieure et l'acceptation résident à la fois au cœur de la santé et au cœur de la sagesse.

⁂

Idéalement, les hôpitaux devraient être des lieux dans lesquels la capacité de guérison de la personne soit estimée et soutenue, comme complément à la gestion médicale de ses problèmes. De nombreux médecins et infirmier(e)s sont d'accord et essaient de travailler dans ce cadre le mieux qu'ils peuvent, vu leurs conditions de travail souvent imparfaites et la situation de leurs patients.

Pour donner aux patients un moyen de participer plus directement à leur guérison au cours de leur hospitalisation, et pour donner aux médecins et aux infirmier(e)s un outil à proposer à leurs patients, la clinique du stress a développé un programme télévisé interne à leur intention. Il apprend comment méditer aux patients hospitalisés. Nous avions l'espoir que ces patients puissent entamer sur eux-mêmes un travail similaire à celui proposé aux patients ambulatoires de la clinique du stress.

Habituellement, la télévision fonctionne pour nous éloigner de nous-mêmes et du moment présent, en utilisant des moyens discutés au chapitre 32. Nous avons essayé d'utiliser cet outil d'une façon nouvelle, on pourrait parler d'une télévision interactive.

À l'hôpital, de nombreux patients ont leur télévision allumée la plupart du temps. Quand je rends visite aux personnes dans leur chambre, un jeu télévisé, les nouvelles, un opéra, un feuilleton ou encore un film défilent habituellement sur le petit écran. Souvent, la personne ne regarde même pas. La télé est néanmoins allumée. Cela induit difficilement la détente et la guérison. Le silence conviendrait mieux, spécialement si les gens savaient qu'en faire, s'ils savaient *comment* être en silence, *comment* concentrer leurs énergies pour être dans l'instant et demeurer tranquillement dans le silence.

Si vous êtes hospitalisé dans une chambre double, vous devez peut-être vous accommoder de l'émission que regarde l'autre personne, même si votre télé est éteinte. Pour les personnes qui ont mal, qui sont en train de mourir ou qui traversent une crise, il peut être humiliant et démoralisant de devoir supporter des feuilletons ou des jeux télévisés en toile de fond des problèmes vitaux avec lesquels ils sont aux prises. Cette atmosphère manque de dignité pour y mourir, elle ne réunit pas davantage les conditions optimales pour tenter de guérir.

L'idée de notre programme télé, que nous appelons *Le monde de la relaxation* est de contacter les patients depuis leur écran de télévision et de leur dire « Regardez, aussi longtemps que vous êtes alité ici à l'hôpital, vous avez du temps entre les mains. Peut-être aimeriez-vous utiliser ce temps pour apprendre comment entrer et demeurer dans de profonds états de relaxation. Ceci pourrait au moins vous donner le sentiment d'être capable de contrôler et de réduire une partie du stress, de la douleur et de l'angoisse que vous connaissez peut-être. En plus, cela pourrait aussi stimuler le processus de guérison lui-même ».

Le monde de la relaxation utilise la télévision de façon originale. L'image montre simplement mon visage à l'écran pendant une heure – pas vraiment très spectaculaire ni amusant. Pire, après une brève introduction, je demande au spectateur de fermer les yeux, puis je ferme également les miens. Ainsi, pendant quasiment toute l'heure, l'écran montre simplement mon visage, les yeux fermés. Je suis en train de méditer et de guider l'auditeur dans une longue méditation orientée vers la guérison, qui inclut la pleine conscience de la respiration, un scan corporel modifié, et l'envoi du souffle vers les régions dont le patient sent qu'elles demandent le plus d'attention. Cette guidance verbale est mêlée de musique de harpe apaisante, jouée par Georgia Kelly, musicienne et compositrice qui utilise la musique et les sons pour la guérison.

Vous pourriez poser la question suivante : « Pourquoi un programme de télévision si le patient a la plupart du temps les yeux fermés ? » Je vous réponds : « Parce que l'image d'une autre personne est là, et que cela peut apporter ou augmenter la confiance et l'acceptation du patient. » Si la personne est perdue ou s'ennuie, elle peut toujours ouvrir les yeux, voir quelqu'un sur l'écran : cela la rassurera peut-être sur le fait qu'il est possible de devenir calme et centré, et l'encouragera à revenir une fois de plus à son souffle, au moment présent, et aux sons de la musique.

Nous encourageons les gens à se connecter ou pas à ce qui est dit, comme ils le sentent, et à simplement s'abandonner aux sons de la harpe, instrument associé à la guérison depuis les temps bibliques. Dans ce morceau, les notes de la harpe résonnent comme si elles venaient de nulle part et retournaient nulle part. Elles ont une qualité intemporelle, et ne donnent pas le sentiment d'aller quelque part. La musique crée un arrière-plan efficace pour la méditation, spécialement pour quelqu'un qui essaie pour la toute première fois. Elle reflète la façon dont les pensées, les sentiments et les perceptions semblent aussi venir de nulle part et retourner nulle part, d'instant en instant.

Le monde de la relaxation passe sur le canal interne de l'hôpital sept fois par jour. Les médecins peuvent le « prescrire » à leurs patients pour les aider dans leur douleur, leurs angoisses, ou leurs problèmes de sommeil, ou encore pour stimuler la relaxation et le bien-être, et réduire le stress de l'hospitalisation. Pour cela, ils remettent à leurs patients un petit feuillet reprenant les heures où passe ce programme et quelques suggestions sur la façon de l'utiliser. Ils leur suggèrent de le « faire » deux fois par jour pendant leur séjour à l'hôpital. De notre point de vue, une pratique régulière de la méditation avec ce programme est un bien meilleur régime pour les patients hospitalisés que le menu habituel servi à la télé. Nous entendons de nombreux témoignages de patients en ce sens. Ce programme a actuellement été acheté par plus d'une centaine d'hôpitaux aux États-Unis et au Canada qui, je l'espère, l'utilisent sur leurs canaux télévisés internes à l'intention des patients hospitalisés.

J'ai été récemment contacté par une femme qui a utilisé *Le monde de la relaxation* quand elle était patiente au Centre médical de l'université de New York. Nous avons longuement parlé et je lui ai demandé si elle serait d'accord d'écrire les circonstances dans lesquelles elle l'avait utilisé. Voici comment elle décrivit son expérience :

Le 31 octobre 1988

Cher Docteur Kabat-Zinn,

« *En vous, il y a plus de choses qui vont que de choses qui ne vont pas.* » Vos mots m'ont accompagnée pendant deux opérations effrayantes d'un cancer. Bien d'autres pensées réconfortantes que vous partagez sur votre vidéo m'ont aidée à rester saine d'esprit.

Le soir, seule après le départ de mes visiteurs, j'étais impatiente d'allumer la chaîne intérieure de l'hôpital car, d'une certaine manière, j'étais devenue dépendante du bien-être que vous offriez. Je peux encore voir votre visage devant moi, presque comme si je l'avais vu en réalité. Vous offrez une philosophie pleine de sens, qui met tout en perspective pour un être humain effrayé. Un grand merci pour cela. J'ai vraiment essayé de retenir comment pratiquer la technique de relaxation, mais ai encore besoin de l'aide de l'enregistrement pour cela.

Pendant mon séjour à l'hôpital, votre voix réconfortait tant de patients. Quand je faisais les pas prescrits le long des corridors, j'entendais l'enregistrement venant de différentes chambres. Si j'avais la chance de parler à un patient qui souffrait, je lui disais de mettre la bande et en étais remerciée. (Mon premier séjour à l'hôpital a duré vingt-trois jours. J'ai eu beaucoup de temps pour rencontrer les autres.)

J'ai toujours mal suite à mes opérations récentes, et j'ai toujours peur. Mais je vis également tant de bons et merveilleux moments, grâce à votre aide. Je suis vraiment très reconnaissante.

La méditation de la bienveillance[1]

L'énergie de guérison peut être dirigée vers les autres, vers ceux avec qui vous êtes en relation, ainsi que vers votre propre corps. C'est une manière très efficace de vous guérir, car le processus consistant à générer de forts sentiments d'empathie, de compassion et d'amour envers les autres a son effet propre de purification sur l'esprit. Quand de tels sentiments forts et positifs sont suscités dans un esprit qui est devenu relativement calme et stable par une pratique intense de méditation, ils peuvent alors être utilement dirigés vers les autres.

Au cours de la session d'une journée, nous faisons une méditation de la bienveillance pour faire goûter aux participants le pouvoir qu'un esprit calme et concentré peut générer en évoquant des sentiments de bonté, de générosité, de courtoisie, d'amour et de pardon. La réponse est émouvante à tout coup. De nombreuses larmes sont versées, dans la joie comme dans la désolation. Ce genre de méditation touche en profondeur de nombreuses personnes. Elle peut nous aider à cultiver de fortes émotions positives en nous-mêmes et à lâcher la rancune et la malveillance. L'expérience de plusieurs participants concernant cette forme de méditation a déjà été exprimée au chapitre 8.

---

1. « *Lovingkindness meditation* ». *Lovingkindness* peut aussi se traduire par amour bienveillant ou amour altruiste. *(N.d.T.)*

Pour pratiquer la méditation de la bienveillance, nous commençons par stabiliser l'esprit et par l'apaiser avec la pleine conscience de la respiration. Puis nous éveillons consciemment des sentiments d'amour et de bienveillance *envers nous-mêmes*, peut-être en nous disant en nous-mêmes « Puissé-je être libre de la colère, puissé-je être libre de la haine ; puissé-je être rempli de compassion, puissé-je sentir de la bienveillance envers moi-même. »

Puis nous pouvons poursuivre en évoquant quelqu'un d'autre, peut-être une personne précise qui compte pour nous. Nous pouvons visualiser cette personne ou la garder dans notre cœur pendant que nous lui souhaitons du bien : « Puisse-t-il (elle) être libre de la douleur et de la souffrance, puisse-t-il (elle) connaître l'amour et la joie. » Nous pouvons alors inclure d'autres personnes que nous connaissons et que nous aimons : parents, enfants, amis.

Nous identifions ensuite une personne avec laquelle nous sommes peut-être dans une période difficile, peut-être quelqu'un pour qui nous ne sommes *pas* tentés de ressentir de la sympathie. Nous cultivons délibérément des sentiments de bienveillance, de générosité et de compassion envers elle, abandonnant nos sentiments de rancune ou d'aversion et veillant plutôt à la voir comme un être humain dans sa totalité, qui mérite amour et bienveillance, et qui a des émotions, comme quelqu'un qui connaît la douleur et l'angoisse, quelqu'un qui souffre. Si cette personne nous a causé du tort, nous lui pardonnons délibérément dans notre cœur, abandonnant notre colère, notre rancune et notre peine, abandonnant nos sentiments d'avoir raison, les justifications de notre manque d'empathie. Nous demandons aussi que cette personne nous pardonne si, consciemment ou pas, nous lui avons fait de la peine. Cette pratique peut se faire avec toute personne, encore en vie ou décédée. Demander d'être pardonné et pardonner peut vous dégager en profondeur d'émotions négatives, enfouies de longue date. Faire la paix dans son cœur et dans son esprit avec les choses, telles qu'elles sont en ce moment, est un processus intense, un profond lâcher-prise d'émotions et de blessures anciennes.

Nous pouvons continuer en dirigeant de la bienveillance vers d'autres, peut-être ceux chez qui nous sentons le besoin d'énergie positive, qui ont moins de chance que nous. Nous pouvons ensuite élargir notre champ davantage encore, laissant rayonner nos sentiments de bienveillance vers tous les gens qui souffrent, sont opprimés, ont besoin de bonté et d'attention. La méditation peut porter plus loin encore, étendant le champ de bienveillance de notre cœur dans toutes les directions jusqu'à ce qu'il inclue toute vie sur la planète, pas simplement les gens, et la planète elle-même si nous le souhaitons.

Nous revenons enfin à notre propre corps, nous revenons au souffle, et terminons en berçant nos sentiments de chaleur, de générosité et d'amour pour tous les êtres dans notre cœur.

J'ai toujours pensé que cette pratique était un peu étrange et forcée jusqu'à ce que j'en observe le pouvoir. Pratiquée régulièrement, la méditation de la bienveillance adoucit le cœur. Elle peut vous aider à être meilleur avec vous-même et avec les autres dans vos pensées, à voir que tous les êtres méritent la bonté et la compassion. Alors, même si des conflits ont lieu, votre esprit peut rester clair, votre cœur peut éviter de se fermer ou de s'égarer dans des émotions, ou encore de se perdre dans des états d'esprit égocentrés, qui s'avèrent en finale autodestructeurs.

⁂

En résumé, la guérison est une transformation de vision plutôt qu'un traitement. Elle implique de reconnaître votre totalité intrinsèque et, simultanément, votre connexion à tout ce qui existe hors de vous. Comme nous l'avons vu et le verrons encore dans les parties suivantes, ceci peut mener à une amélioration spectaculaire des symptômes et à une capacité renouvelée d'aller vers une meilleure santé et davantage de bien-être.

CHAPITRE 14

Médecins, patients et personnes : aller vers une perspective unifiée de la santé et de la maladie

Cette période est excitante dans l'histoire de la médecine et des sciences médicales. Plus que jamais, la structure et le fonctionnement des organismes vivants à tous niveaux sont connus en détail. La recherche biologique se poursuit à un rythme effréné et nous en apprend davantage chaque jour. Depuis 1944, année où l'ADN a été identifié comme matériel génétique, la biologie moléculaire a complètement révolutionné la pratique de la médecine. Elle lui a fourni une base scientifique compréhensible, qui a mené à des résultats heureux dans de nombreux domaines, et est encore pleine de promesses pour de futurs progrès.

Nous disposons à présent d'informations sur la base génétique et moléculaire de nombreuses maladies. Nous disposons aussi d'une série élaborée, de plus en plus fournie, de médicaments pour contrôler de nombreuses maladies infectieuses et pour réguler une bonne part des réponses physiologiques du corps quand celles-ci sont hors contrôle. Nous savons que nos cellules hébergent certains gènes – appelés proto-oncogènes – qui contrôlent les fonctions normales à l'intérieur des cellules mais qui, quand ils sont altérés par une mutation, peuvent entraîner la croissance d'une tumeur. Nous en savons bien plus sur la prévention et le traitement des cardiopathies qu'il y a à peine une dizaine d'années. Si elle est soignée à temps, une personne qui a un infarctus, ou qui vient d'en avoir un, peut à présent recevoir une enzyme spécifique (tPA[1] ou streptokinase) par injection dans le sang, qui va dissoudre le caillot sanguin coupable situé dans une des artères coronaires, et réduire grandement le dommage causé au muscle cardiaque.

Ces vingt dernières années ont vu le développement d'une technologie diagnostique informatisée complexe, comprenant l'échographie, le scanner, le PET scan et l'IRM. Ces nouvelles techniques permettent aux médecins d'examiner l'intérieur du corps sous différents angles et de déterminer son fonctionnement dans différentes circonstances.

Des progrès comparables ont été réalisés dans les procédures chirurgicales. Les lasers sont couramment utilisés pour exécuter de délicates réparations à des rétines détachées et préserver ainsi la vision. Des prothèses de hanche et de genoux ont été développées pour pouvoir restaurer la capacité de marcher sans mal chez beaucoup de personnes souffrant d'arthrite sévère. Les pontages cardiaques et même les transplantations d'organe sont devenues des opérations courantes.

Nous n'avons jamais eu tant de connaissances au sujet de la maladie, et avons amélioré notre façon d'établir un

1. tPA : *tissue plasminogen activator.*

diagnostic et de traiter de nombreuses maladies, et pourtant, bien davantage encore nous reste inconnu. Nulle part la médecine moderne n'est près de prendre congé pour avoir éradiqué ou même contrôlé la maladie. Malgré les progrès rapides de la génétique, de la biologie moléculaire et cellulaire, et de la neurophysiologie, nous avons une compréhension encore rudimentaire des organismes vivants, même les plus simples. Et quand il s'agit de la capacité de la médecine de traiter certaines maladies et les personnes qui en souffrent, nous découvrons des limites bien réelles et d'importantes zones d'ignorance.

Nous mettons naturellement une foi énorme dans la médecine moderne en raison de ses succès spectaculaires. Mais en même temps, bien souvent, nous ne sommes pas informés de ce que la médecine ne sait pas et de ce qu'elle n'arrive pas à faire. Parfois, nous ne découvrons les vraies limites de la médecine que lorsque notre corps, ou le corps de quelqu'un que nous aimons, connaît la douleur ou la maladie. Nous pouvons alors devenir très déçus, frustrés, et même fâchés par l'écart entre nos attentes sur les pouvoirs de la médecine et la réalité.

Il n'est pas correct de blâmer un médecin pour les limites de la connaissance médicale. À y regarder de près, il y a peu de traitements médicaux actuellement, ou même à l'horizon, qui soignent les maladies chroniques ou d'autres états chroniques (comme de nombreuses formes de douleur), bien qu'ils soient une cause majeure de souffrance, d'incapacité et de décès dans notre société. Il vaut bien mieux essayer tout d'abord d'éviter ces maladies, plutôt que de devoir être traité pour elles.

Il existe de nombreuses maladies dont les origines sont tout à fait mystérieuses ou qui sont intimement mêlées à des facteurs sociaux comme la pauvreté ou l'exploitation sociale, à des conditions de travail dangereuses, à des conditions environnementales stressantes et toxiques, et à des habitudes culturellement ancrées, autant de facteurs qui se situent en dehors de l'influence directe de la médecine et des sciences dans leur organisation actuelle.

Bien que l'on ait déjà beaucoup de connaissances sur la biologie moléculaire de certains cancers et qu'il existe des traitements efficaces pour certaines formes de cancer, de nombreux cancers restent pour le moment très mal compris et ne reçoivent pas de traitement efficace. Même dans ces cas-là pourtant, il y a toujours des gens qui survivent bien plus longtemps que prévu. Dans certains cas, on sait aussi que des tumeurs ont régressé ou même tout à fait disparu sans traitement médical. La médecine ne sait presque rien sur les causes ni sur le processus de ces guérisons. On sait cependant que cela arrive. Ces situations peuvent être source d'espoir pour des personnes qui ont épuisé les options offertes par la médecine traditionnelle.

La plupart des médecins reconnaissent le rôle de l'esprit et des facteurs sociaux dans la guérison. Ils y font souvent référence comme « la volonté de vivre »[1]. Beaucoup l'ont observée de première main chez leurs patients, mais personne ne la comprend vraiment. On a tendance à l'évoquer avec un geste de la main, de façon un peu mystique, en général quand toutes les autres options médicales ont été épuisées. C'est une façon de dire : « Nous ne pouvons rien faire de plus, mais je sais qu'un miracle peut toujours arriver, un de ces miracles pour lesquels la médecine traditionnelle n'a en fait pas d'explication ou ignore comment le provoquer chez les patients. »

1. *The will to live.*

Si une personne croit qu'elle va mourir et perd espoir, cette capitulation émotionnelle même peut disposer le système contre la convalescence. On sait que les motivations personnelles de vivre influencent parfois la survie. La disposition émotionnelle et le support de la famille et des amis peuvent faire une grande différence dans la façon dont les gens font face à une maladie grave.

Jusqu'il y a peu cependant, les médecins recevaient peu, ou pas, de formation sur la façon d'aider les patients à utiliser leurs ressources internes pour guérir, ou même à reconnaître les moments où ils sapaient, peut-être sans le savoir, ces ressources-mêmes, qui sont les meilleures alliées des patients dans le processus de guérison.

Trop souvent, la sophistication scientifique et médicale de l'approche médicale traditionnelle de la maladie conduit dans sa pratique à une approche impersonnelle du patient. C'est comme si la connaissance de la médecine était si puissante que la compréhension du patient, sa coopération et sa collaboration dans le traitement étaient de moindre valeur. Quand un médecin a ce type de relation avec un patient, quand il lui fait sentir, par action ou par omission, qu'il est inadéquat, ignorant ou de toute façon à blâmer pour son état ou pour son manque de réponse au traitement, ou quand ce que le patient ressent est simplement ignoré, les conditions de soins adéquats ne sont pas réunies.

« Soigner un patient nécessite de prendre soin de ce " patient " » a toujours été un aphorisme capital de la médecine traditionnelle. Cet aphorisme doit être gardé plus activement à l'esprit des professionnels de la santé. Dans une rencontre optimale entre patient et médecin, chacun a une aire d'expertise vitale, et ces deux territoires sont importants pour le processus de guérison, qui débute lors de la rencontre initiale, avant même le diagnostic. La dignité du patient doit être honorée et préservée d'un bout à l'autre de toute la séquence des rencontres médicales, qu'elles conduisent ou pas à une issue « heureuse ».

Il n'est pas rare que des médecins qui tombent malades découvrent pour la première fois dans leur vie les petits ou pas si petits manques de sensibilité du système de soins de santé. Ces manquements volent aux gens leur dignité et leur sens du contrôle. À ces moments-là, passant du rôle de « médecin » au rôle de « patient », ils ont bien plus de chance de voir que les patients risquent de ressentir de la honte, une perte de contrôle et une perte de leur dignité. Ils sont pourtant toujours la même personne, ils ont simplement changé de rôle. Si ceci est vrai pour des médecins, qui comprennent le processus bien plus que la plupart des gens, on comprend à quel point le système de soins de santé peut être aliénant pour des patients qui n'ont pas de *background* ou de compréhension susceptibles de les aider à faire la part des choses.

Quand nous tombons malades, nous avons besoin de soins médicaux et endossons le rôle du « patient ». Nous sommes en général dans un état psychologique particulièrement vulnérable car nous sommes naturellement concernés par les implications plus larges de notre maladie. Nous sommes aussi en grande partie dans une position d'ignorance considérable et de faible expertise comparé à notre médecin, même si c'est cependant notre corps qui est le sujet de toute l'attention. Dans cette situation, nous pouvons être inhabituellement sensibles aux messages, tant verbaux que non verbaux, que nous recevons des médecins. Ces messages peuvent nourrir le processus de guérison en nous, ou le subvertir tout à fait si notre médecin est inconscient de ses comportements et des effets qu'ils peuvent avoir sur ses patients.

Une histoire illustre ceci puissamment. Elle est racontée par Bernard Lown, cardiologue réputé, au sujet d'un incident dont il avait été témoin au cours de sa formation :

> Cette expérience provoque encore en moi un frisson d'incrédulité. Il y a une trentaine d'années, je faisais un post-doctorat avec le docteur S.A. Levine, professeur de cardiologie à la faculté de médecine de Harvard et à l'hôpital Peter Bent Brigham. Il était un observateur passionné de la vie humaine, avait une présence imposante et était doué d'une mémoire prodigieuse. Il était, en effet, le clinicien parfait au chevet de son patient. Le docteur Levine dirigeait à l'hôpital une clinique de jour de revalidation cardiaque. Après nous avoir laissé examiner le patient – nous, jeunes assistants –, il passait rapidement pour évaluer ce que nous avions trouvé, affiner le diagnostic ou modifier le programme thérapeutique. Avec les patients, il était invariablement rassurant et convaincant, et ceux-ci vénéraient chacun de ses mots. Au cours d'une de mes premières cliniques, j'avais pour patiente Mme S., une bibliothécaire à la cinquantaine fort bien conservée. Elle avait un rétrécissement d'une des valves du cœur droit, la valve tricuspide. Elle avait été en insuffisance cardiaque congestive de bas grade avec un léger œdème des chevilles, mais était capable de garder son travail et de s'acquitter efficacement des tâches ménagères. Elle recevait de la digitale et des injections hebdomadaires d'un diurétique mercuriel. Le docteur Levine, qui l'avait suivie à la clinique depuis plus de dix ans, salua Mme S. chaleureusement puis se tourna vers le grand groupe de médecins visiteurs et dit : « Cette femme a une ST[1] », puis s'en alla directement.
>
> À peine le docteur Levine eut-il quitté la chambre que le comportement de Mme S. changea du tout au tout. Elle avait l'air anxieuse et effrayée, et respirait rapidement, elle faisait

1. ST signifie sténose tricuspidienne. *(N.d.T.)*

clairement de l'hyperventilation. Des gouttes de sueur perlaient sur sa peau et son pouls avait accéléré à plus de 150 pulsations la minute. En la réexaminant, je fus surpris de constater que les poumons, qui quelques minutes plus tôt étaient bien dégagés, présentaient maintenant des râles crépitants humides à leurs bases. C'était extraordinaire car, avec une obstruction de la valve du cœur droit, les poumons sont dispensés d'une accumulation de fluide excédentaire.

Je questionnai Mme S. sur les raisons de son soudain bouleversement. Elle répondit que le docteur Levine avait dit qu'elle avait une ST, et qu'elle savait que cela voulait dire « situation terminale ». Je fus tout d'abord amusé par l'erreur d'interprétation de cet acronyme médical de « sténose tricuspidienne ». Mais mon amusement se transforma rapidement en appréhension : mes mots ne parvenaient pas à la rassurer et sa congestion empirait. Rapidement après, elle fit un œdème pulmonaire aigu. Des mesures héroïques ne purent rétablir la situation. J'essayai d'atteindre le docteur Levine, qui ne put être localisé. Elle mourut ce jour-là, en soirée, d'une insuffisance cardiaque réfractaire. Aujourd'hui encore, le souvenir de cet accident tragique me fait trembler à l'idée du pouvoir terrible des mots du médecin.

Dans cette histoire, nous assistons à une interaction très rapide spectaculaire entre le corps et l'esprit, qui aboutit de manière presque incroyable à la mort. Par les yeux du docteur Lown, nous sommes témoins de l'apparition d'une pensée particulière dans l'esprit de la patiente, déclenchée par l'utilisation non explicitée d'un terme médical par son médecin, pour qui elle a la plus haute estime. *Elle a cru* que la pensée, que sa situation était terminale, *était vraie* alors qu'en réalité, elle était totalement fausse. Cela mit en route une réaction psychophysiologique immédiate. Sa croyance dans cette pensée était si fermement ancrée qu'elle était complètement fermée à toute réassurance, même d'un autre médecin faisant autorité lui expliquant qu'elle avait mal compris. À ce stade, son esprit était en pleine effervescence, clairement débordé par l'angoisse et par la peur. Apparemment, son état émotionnel prenait le dessus sur les mécanismes régulateurs de son corps, qui assurent normalement l'équilibre physiologique. Son corps entra ainsi dans une forte réaction de stress dont ni elle ni ses médecins ne purent la dégager. Même les mesures extrêmes de soutien vital et de sauvetage déployées par un des meilleurs hôpitaux du monde ne purent la sauver à partir du moment où cette chaîne d'événements fut déclenchée, alors même qu'elle l'avait été par une remarque d'allure innocente, exprimée avec insensibilité.

L'histoire du docteur Lown illustre de façon concrète le pouvoir énorme que peuvent avoir sur notre santé des croyances fermement établies, qui sont en réalité simplement des pensées. Si cette femme avait été un peu moins réactive, si elle avait juste voulu considérer cette croyance soudainement acquise comme une pensée – qui pouvait nécessiter une clarification ou être erronée –, si elle avait été capable de laisser passer cette pensée pour envisager que les paroles du docteur Lown étaient peut-être vraies, elle aurait pu vivre. Malheureusement, elle n'a pas eu à ce moment cette souplesse d'esprit. Peut-être croyait-elle trop fortement en son médecin et pas assez en elle-même. En tout cas, le récit du docteur Lown nous montre clairement qu'une réaction émotionnelle à un commentaire mal compris de son médecin a été la cause directe de sa mort.

Si son médecin avait quitté son chevet un peu moins abruptement et s'il avait observé l'effet de ses mots sur elle, ce que le docteur Lown put faire sans difficulté, il aurait remarqué sa détresse. S'il avait vu et essayé de comprendre sa réaction immédiate d'anxiété, il aurait sans doute été capable d'apaiser ses peurs sur-le-champ et d'empêcher toute cette séquence d'événements.

La mort dans de telles circonstances est rare, en médecine. Toutefois, la souffrance et l'humiliation des patients dans le cadre du système de soins de santé, malheureusement, ne sont pas rares. Une grande part pourrait en être facilement évitée si les médecins, outre l'attention qu'ils accordent au traitement médical des patients, avaient appris l'importance psychologique et sociale de leurs observations.

Le docteur George Engel, professeur émérite de la faculté de médecine de l'université de Rochester, a longtemps plaidé en faveur d'une formation spécifique des médecins. Cette formation leur apprendrait à accorder de l'importance à l'observation de leurs patients, à y apporter le même soin et la même rigueur scientifique que ceux accordés à l'examen des résultats de laboratoire et des radiographies. Le docteur Engel est une voix importante, il exprime un modèle plus vaste pour la pratique de la médecine, un modèle qui prend en considération l'importance des facteurs psychologiques et sociaux dans la santé et dans la maladie et qui adopte une perspective d'ensemble (voir chapitre 12) sur la santé, la maladie et le patient vu comme une personne dans sa totalité. Le modèle du docteur Engel est appelé le *modèle biopsychosocial*. Élaboré il y a une dizaine d'années, il influence toute une génération de jeunes médecins, formés à aller au-delà du modèle médical traditionnel dans leur pratique médicale.

Jusqu'à ce que le modèle du docteur Engel soit publié, les effets des facteurs psychologiques sur la maladie n'étaient pas abordés de façon conséquente dans le curriculum de la formation médicale moderne, alors qu'il est reconnu depuis Hippocrate que l'esprit joue un rôle majeur et parfois premier dans la maladie et dans la santé. L'exclusion virtuelle du domaine de l'esprit des principaux courants de la formation des médecins était due principalement au fait que, depuis l'époque de Descartes au XVIIe siècle, la pensée scientifique occidentale a divisé l'unité intrinsèque globale de l'être en deux domaines séparés n'interagissant pas par essence, celui du *soma* (le corps) et celui de la *psyché* (l'esprit). Ces catégories facilitent la compréhension à un niveau ce qui leur donne un côté pratique. Mais on a eu tendance à oublier que le corps et l'esprit sont séparés uniquement en pensée. Cette façon dualiste de penser et de voir a tellement imprégné la culture occidentale qu'elle a exclu du champ de la recherche scientifique tout le domaine des interactions du corps et de l'esprit dans la santé. Cela n'a commencé à changer que très récemment, quand les faiblesses majeures de ce paradigme dualiste sont devenues apparentes.

Une faiblesse notoire venait de l'échec du modèle médical standard à expliquer pourquoi, alors qu'elles sont exposées à des agents causals et à des conditions environnementales semblables, certaines personnes tombent malades et d'autres pas. Alors que la variabilité génétique pouvait justifier des différences dans la résistance à la maladie, d'autres facteurs semblaient également jouer un rôle. Le modèle biopsychosocial proposait que des facteurs psychologiques et sociaux pouvaient soit protéger une personne de la maladie, soit y augmenter sa sensibilité. De tels facteurs comprennent les croyances et les attitudes d'une personne, le degré auquel elle se sent soutenue et aimée par sa famille et ses amis, les tensions psychologiques et environnementales auxquelles elle est exposée, ainsi que son hygiène personnelle. La découverte que le système immunitaire peut être influencé par des facteurs psychologiques étaya le modèle biopsychosocial et fournit un chemin biologique plausible expliquant de telles interactions corps-esprit.

Un autre élément important, soulignant la nécessité d'inclure un rôle de l'esprit dans un modèle plus exact de la santé et de la maladie, était l'*effet placebo*, un phénomène fort bien connu auquel le modèle biomédical standard ne donne pas d'explication. De nombreuses études ont montré que quand les gens croient prendre un médicament ayant un effet particulier, ils montrent des effets cliniques signifiants typiques du médicament en question, même si en fait ils n'ont pas ingéré ce médicament mais simplement une pilule en sucre, appelée un *placebo*. Parfois, la magnitude de l'effet placebo avoisine la magnitude du médicament lui-même. Ce phénomène s'explique seulement en supposant que la *suggestion* que vous prenez un médicament puissant influence d'une certaine manière le système nerveux et crée dans le corps des conditions semblables à celles produites à un niveau moléculaire par la présence dudit médicament. Il suggère que, quel que soit le mécanisme, les croyances d'une personne peuvent changer sa biochimie ou imiter fonctionnellement un changement biochimique. Le pouvoir de suggestion est à la racine du phénomène de l'hypnose, dont nous savons depuis longtemps qu'il peut fortement affecter de nombreuses activités humaines, y compris la perception de la douleur et la mémoire. Bien entendu, le modèle médical standard ne fait pas davantage de place pour les phénomènes hypnotiques.

Une autre influence dans ce mouvement vers une perspective plus vaste sur la santé et la maladie est venue par l'acceptation de l'acupuncture en Occident. Le moment le plus spectaculaire survint quand James Reston du *New York Times*, alors qu'il était en Chine, eut une crise d'appendicite et subit une opération, aidé par l'acupuncture pour toute anesthésie. L'acupuncture se base sur un modèle chinois de santé et de maladie classique, vieux de cinq mille ans. Le traitement consiste à stimuler les canaux d'énergie, appelés *méridiens*, qui n'ont pas de base anatomique dans la pensée médicale occidentale. Cette approche force la mentalité occidentale à envisager qu'une vision différente du corps peut mener à un diagnostic et à des méthodes de traitements efficaces.

Le docteur Herbert Benson, de la faculté de médecine de Harvard, effectua au début des années 1970 des études sur des personnes pratiquant une forme de méditation appelée la méditation transcendantale, ou MT. Les résultats montrèrent que la méditation peut produire un ensemble de changements physiologiques signifiants, qu'il appela « *la réponse de relaxation* ». Ces changements comprennent une réduction de la tension artérielle, une consommation réduite d'oxygène et une réduction d'activation généralisée. Le docteur Benson avança que la réponse de relaxation était l'opposé de la *suractivation*, état dont nous faisons l'expérience quand nous sommes stressés ou menacés. Il émit l'hypothèse que si la réponse de relaxation était régulièrement induite, elle pouvait avoir une influence positive sur la santé et nous protéger de certains effets très nocifs du stress. Le docteur Benson souligna que toutes les traditions religieuses ont des moyens de provoquer cette réponse. Il souligna également qu'il y a une forme de sagesse associée à la prière et à la méditation, qu'elle est pertinente pour la santé du corps et mérite d'être étudiée plus profondément.

À la fin des années 1960 et des années 1970, la majorité de la recherche effectuée dans le champ du biofeedback et de l'autorégulation montra que les êtres humains pouvaient apprendre à contrôler de nombreuses fonctions physiologiques qui avaient précédemment été considérées comme involontaires. Il s'agissait par exemple du rythme cardiaque, de la température de la peau, de la conductance cutanée, de la tension artérielle, et des ondes cérébrales quand le feedback d'une machine leur disait où ils en étaient. Les pionniers de cette recherche étaient le docteur Elmer et le docteur Alyce Green de la Fondation Menninger, le docteur David Shapiro et le docteur Gary Schwartz qui étaient à Harvard à cette époque, le docteur Chandra Patel en Angleterre, et de nombreux autres. En fait, beaucoup de ces études sur le biofeedback utilisaient la relaxation, la méditation ou le yoga pour aider les personnes à apprendre à contrôler ces réponses corporelles.

En 1977 parut un livre réunissant pour la première fois la majorité de ces différents courants et les rendant accessibles au grand public. Il s'intitulait *Mind as Healer, Mind as Slayer,* du docteur Kenneth Pelletier[1] et présentait toute une série de preuves incontestables que l'esprit participait de façon majeure à la maladie et pouvait tout autant être un facteur-clé dans la santé. Ce livre provoqua un grand intérêt pour les interactions corps-esprit. Il montrait qu'il y avait des nombreuses raisons de prendre sa santé en main plutôt que d'attendre qu'elle se détériore sous les effets du stress, pour ensuite compter sur les soins médicaux pour la restaurer. Ce livre est devenu depuis lors un classique dans ce domaine.

Les écrits de Norman Cousins ont également élargi de façon substantielle l'intérêt du public pour la prise en

1. *Le pouvoir de se guérir ou de s'autodétruire,* Éd. Québec/Amérique, 1979. *(N.d.T.)*

charge de sa propre santé, spécialement quand elle se détériore. Les livres de Cousins relatent ses expériences personnelles avec la maladie ainsi que sa détermination à être le premier responsable de sa guérison et à ne pas laisser cette responsabilité entre les mains des médecins. Ces livres furent très controversés et créèrent un débat dans le monde médical. Dans *Anatomy of an Illness as Perceived by the Patient*[1], Cousins détaille ses efforts fructueux pour vaincre une maladie du collagène dégénérative en utilisant, entre autres choses, de fortes doses auto-prescrites de thérapie par le rire. Le rire s'avère être un état profondément sain d'intégration et d'harmonie corps-esprit momentanée. Selon la vision de Cousins, cultiver de forts états émotionnels positifs par l'humeur et ne pas se prendre trop au sérieux, même en présence de circonstances qui menacent notre vie, a une valeur thérapeutique majeure dans le processus de guérison. Ceci est certainement dans la ligne de l'esprit de Zorba qui danse et chante en pleine tourmente.

Dans *The Healing Heart*[2] Cousins décrit les expériences qu'il a menées suite à un infarctus survenu quelques années après cette maladie du collagène. Dans ces deux livres, il rapporte la façon dont il a approché ces maladies. Il a analysé la connaissance médicale de cette époque et ses limites par rapport aux problèmes et aux circonstances qui lui étaient propres, et décrit comment il arriva à dessiner son chemin, avisé et personnel, vers la guérison, en proche collaboration avec ses médecins parfois stupéfiés.

1. Ce titre signifie : Anatomie d'une maladie telle que la perçoit le patient. *(N.d.T.)*
2. Ce titre signifie : La guérison du cœur. *(N.d.T.)*

En raison de sa popularité comme éditeur de l'hebdomadaire *Saturday Review* et de sa connaissance détaillée des questions médicales, Cousins reçu un traitement très spécial de ses médecins. Dans l'ensemble ils furent extraordinairement tolérants pour ses idées et son désir de participer pleinement à tous les aspects du processus de prise de décision au sujet de son traitement médical.

Pas uniquement Norman Cousins mais *quiconque* souhaite participer au processus de convalescence d'une maladie de cette façon mérite ce type d'« association de traitement » avec ses médecins et le système de soins de santé. Pour arriver à cela nous devons demander des informations et des explications à nos médecins, et insister pour être activement impliqués dans les décisions qui nous concernent. De nombreux médecins accueillent et encouragent ce type d'interaction avec leurs patients. Cousins a conduit de nombreux malades et de nombreux soignants à voir le rôle du patient comme essentiel dans le processus de guérison. Cependant, de nombreuses personnes ont tendance à être intimidées par l'autorité du médecin. C'est spécialement le cas quand elles sentent leur santé vulnérable et ont elles-mêmes peu de connaissance en médecine. Si vous vous sentez comme cela, vous serez peut-être amené à devoir vous montrer très assertif, à maintenir votre mental stable et à garder confiance en vous quand vous vous trouverez dans ce type de situation. Diriger la pleine conscience dans vos interactions avec les médecins, avant de les rencontrer et au cours des réunions avec eux, peut vous aider à formuler et à poser les questions auxquelles vous souhaitez avoir des réponses ainsi qu'à plaider votre cause plus efficacement.

Une autre influence poussant la médecine vers un nouveau paradigme, ne fût-ce qu'indirectement, provient de la révolution qu'a connue la physique, qui débuta au début du XXe siècle et se poursuit toujours. Les sciences physiques les plus rigoureuses ont dû composer avec quelques découvertes fondamentales qui montraient que, au niveau le plus profond et le plus fondamental, le monde naturel ne peut être ni décrit ni compris en termes conventionnels. Nos notions fondamentales disaient que les choses sont *ce qu'*elles sont, qu'elles sont *où* elles sont, et qu'un ensemble de conditions provoque toujours la même chose. Ces notions ont dû être complètement révisées pour comprendre le monde du très petit et du très rapide. Il est par exemple connu à présent que les particules subatomiques (comme les électrons, les protons et les neutrons) qui constituent l'atome dont sont composées toutes les substances, y compris nos corps, ont des propriétés qui apparaissent parfois comme des ondes et parfois comme des particules. De plus, on ne peut dire avec une certitude totale qu'elles ont une énergie particulière à un moment donné. Et la connexion entre les événements à ce niveau de réalité physique ne peut être décrite que par probabilité.

Les physiciens ont dû étendre drastiquement leur vision de la réalité pour décrire ce qu'ils ont trouvé à l'intérieur de l'atome. Ils forgèrent le mot *complémentarité* pour communiquer l'idée qu'une « chose » (disons un électron) peut avoir deux sets de propriétés physiques totalement différents et en apparence contradictoires (c'est-à-dire apparaître comme une onde ou comme une particule), selon la méthode utilisée pour l'observer. Ils furent obligés d'évoquer un principe d'*incertitude* comme loi fondamentale de la nature pour expliquer que l'on peut connaître soit la position d'une particule subatomique soit son impulsion, mais pas les deux simultanément. Et ils durent développer l'idée d'un *quantum de champ,* qui avance que la matière ne peut être séparée de l'espace qui l'entoure, c'est-à-dire, que les particules sont simplement des « condensations » d'un champ continu qui existe partout. Dans cette description du monde, demander ce qui « cause » l'apparition ou la disparition de la matière hors du vide ne sera pas pertinent, même si on sait que cela arrive. Ces nouvelles descriptions de la réalité, de la structure interne de l'atome même, qui constitue notre corps et le monde, sont si éloignées de notre mode habituel de pensée qu'elles requièrent un changement majeur dans notre pensée.

Ces concepts révolutionnaires, avec lesquels nos physiciens ont été aux prises au cours des quatre-vingt-dix dernières années, se sont graduellement infiltrés dans la culture intellectuelle, poussant les gens à nourrir leur réflexion d'informations complémentaires dans tous les domaines. Cela signifie qu'il est actuellement plus acceptable de soutenir, par exemple, que, la science et la médecine ayant une *description particulière* de la santé, *cette description peut pourtant ne pas être la seule possiblement valide.* La notion de complémentarité nous rappelle que tous les systèmes de connaissance peuvent être incomplets et doivent être vus comme aspects d'un ensemble plus vaste. Cet ensemble réside au-delà des modèles et des théories qui essaient de le décrire. Loin d'invalider la connaissance dans un domaine particulier, la complémentarité souligne simplement le fait que la connaissance est limitée et doit être utilisée dans des domaines où ses descriptions sont valides et pertinentes.

Les idées d'un médecin sur les implications médicales éventuelles de cette nouvelle façon de penser sont présentées dans Space, *Time and Medecine*[1] de Larry Dossey.

---

1. Ce titre signifie : Espace, temps et médecine. *(N.d.T.)*

Le Dr Larry Dossey soutient que « notre vision ordinaire de la vie, de la mort, de la santé et de la maladie s'appuie sur la physique du XVIIe siècle, et que si cette physique a été jetée par-dessus bord en faveur d'une description plus juste de la nature, la question suivante se pose inévitablement : nos définitions de la vie, de la mort, de la santé et de la maladie elles-mêmes ne doivent-elles pas changer ? » Le docteur Dossey croit que « nous avons la possibilité extraordinaire de façonner un système [de soin de santé] qui souligne la vie au lieu de souligner la mort, qui souligne l'unité et l'unicité au lieu de souligner la fragmentation, l'obscurité et l'isolement ».

⁂

Comme nous l'avons vu, le besoin de conceptualiser la santé et la maladie dans un cadre plus vaste que le cadre traditionnel a conduit à la formulation d'un nouveau paradigme, toujours à ses débuts, mais qui a déjà des répercussions substantielles dans la pratique de la médecine. Une de ces répercussions a été le développement d'un nouveau champ au sein de la médecine, appelé *médecine comportementale*. La médecine comportementale se consacre à une compréhension plus profonde de ce que nous entendons par santé. Elle explore aussi les moyens visant au mieux à promouvoir la santé, à prévenir la maladie, ainsi qu'à traiter et à guérir les maladies et les incapacités dont nous faisons l'expérience.

La médecine comportementale a été formellement établie en 1977. Elle reconnaît explicitement que l'esprit et le corps sont intimement interconnectés, et qu'une appréciation de ces interconnexions et leur étude scientifique sont vitales pour une compréhension plus complète de la santé et de la maladie. C'est un champ interdisciplinaire.

Il unit les sciences comportementales et les sciences biomédicales, dans l'espoir que leur fertilisation croisée donne lieu à une représentation de la santé et de la maladie, plus complète qu'il n'est possible lorsqu'elles sont étudiées isolément. La médecine comportementale reconnaît que nos schémas de pensée et nos émotions peuvent jouer un rôle significatif dans la santé et la maladie. Elle reconnaît que ce que les gens croient au sujet de leur corps et de leurs maladies peut être important pour leur guérison et que la façon dont nous vivons notre vie, ce que nous pensons, et ce que nous faisons, tous ces éléments peuvent influencer notre santé de façon importante.

Le champ de la médecine comportementale offre de nouveaux espoirs aux gens qui ont tendance à tomber entre les griffes du système de soins de santé et s'en éloignent sans aide, frustrés et amers. Dans des programmes cliniques comme à la clinique du stress, ils ont l'occasion d'essayer de faire quelque chose pour eux-mêmes en *complément* des approches médicales traditionnelles. Les gens sont à présent encouragés par leurs médecins à poursuivre ce type de programmes, à apprendre la méditation et d'autres méthodes pour être aidés face au stress, à la maladie et à la douleur. Dans ces programmes, ils apprennent à faire face aux problèmes de leur vie et à développer des stratégies personnalisées pour travailler avec eux plutôt que de s'en remettre à des « experts » qui sont simplement supposés les « réparer » ou faire disparaître par magie leurs problèmes. De tels programmes sont des vecteurs dans lesquels les participants peuvent travailler pour acquérir une meilleure santé et devenir plus résilients, par lesquels ils peuvent changer leurs croyances sur ce qu'ils sont capables de faire et d'apprendre pour se détendre et pour gérer plus efficacement le stress de la vie. En même temps, ils peuvent travailler à modifier fondamentalement leur style de vie, et ces modifications sont susceptibles d'affecter directement leur santé et leur bien-être physique. Le pas le plus important qu'ils peuvent peut-être faire dans ce type de programme consiste à élargir leur vision d'eux-mêmes ainsi que leur relation à la vie et au monde.

La médecine comportementale étend le modèle traditionnel du soin médical pour qu'il concerne l'esprit aussi bien que le corps, le comportement, les croyances et les émotions aussi bien que les signes, les symptômes et les procédés. En impliquant les patients d'une façon *participative* dans cette définition élargie de la médecine et des soins de santé, la médecine comportementale les aide à déplacer la responsabilité de leur bien-être. Celui-ci dépend moins exclusivement de leurs médecins et s'appuie davantage sur leurs efforts personnels, sur lesquels ils peuvent exercer un contrôle plus direct que sur les hôpitaux, les procédures médicales et les médecins.

En venant à la clinique du stress sur la suggestion de leur médecin, les patients confrontés à des problèmes médicaux peuvent devenir personnellement responsables, participer et contribuer eux-mêmes à leur processus de guérison. Une partie, petite mais importante, de leur expérience à la clinique consiste à prendre connaissance de différentes recherches effectuées en médecine comportementale, qui illustrent l'importance d'être attentif aux interactions corps-esprit. Informés sur les études prouvant les connexions entre l'esprit et la santé, ils peuvent mieux comprendre les raisons pour lesquelles les professionnels de la santé leur recommandent de changer de style de vie. Cela démystifie la connaissance médicale en montrant aux patients les sources des connaissances des professionnels de la santé, et comment on en arrive à des déclarations de « fait ». À la clinique du stress, nous encourageons les patients à penser par eux-mêmes aux implications et aux limites de ce type de connaissances et à s'interroger sur la pertinence de ces connaissances dans leur propre cas. Les résultats d'études examinant la relation entre les facteurs psychologiques d'une part et la santé et la maladie d'autre part peuvent stimuler les gens à examiner leurs croyances souvent très limitatives sur eux-mêmes, sur leur maladie, et sur les possibles.

De cette manière, nos patients en viennent à voir que la science confirme ce qui était connu depuis longtemps, à savoir que chacun de nous a un rôle important à jouer dans son propre bien-être. Ce rôle peut être joué plus efficacement si nous pouvons devenir conscients de certains aspects de notre façon de vivre, qui ont un impact possible sur notre santé, et les modifier. Ceci inclut nos attitudes, nos pensées et nos croyances. Ceci inclut également nos émotions, notre position en rapport avec la société et nos comportements. Tous peuvent influencer notre santé de diverses façons. Tous sont reliés au stress et à nos tentatives de le gérer, et tous sont directement influencés par la pratique de la *mindfulness*. Dans le chapitre suivant, nous examinerons une série de preuves qui soutiennent une perspective nouvelle et unifiée du corps et de l'esprit, sur la santé et sur la maladie Cette perspective éclaire l'importance de devenir conscients de nos schémas de pensée, de sentiments et de comportements.

Chapitre 15

Le corps et l'esprit : preuve que les croyances, les attitudes, les pensées et les émotions peuvent nuire ou guérir

1. Le rôle des perceptions et des schémas de pensée dans la santé

Dans le dernier chapitre, nous avons vu l'exemple dramatique de la façon dont la pensée, déclenchée par une remarque mal comprise, a mené à une crise très forte du corps et de l'esprit qui a conduit à la mort d'une femme. Bien qu'étant souvent inconscients de nos pensées en tant que pensées, elles ont un effet profond sur tout ce que nous faisons et peuvent également avoir un effet profond sur notre santé, pour le meilleur ou pour le pire.

Nos schémas de pensée dictent la façon dont nous percevons et dont nous expliquons la réalité, y compris notre relation à nous-mêmes et au monde. Nous avons tous nos façons particulières de penser et d'expliquer les raisons pour lesquelles certaines choses nous arrivent. Nos schémas de pensée sont sous-jacents à nos raisons de faire certaines choses ou de faire des choix. Ils influencent le degré de confiance que nous avons dans notre capacité à agir sur le cours des choses. Ils sont au cœur de nos croyances au sujet du monde, de sa façon de fonctionner, et de la place que nous y occupons. Les schémas de pensée peuvent être groupés en catégories et étudiés systématiquement par des scientifiques. Ces études déterminent les comparaisons possibles entre des personnes ayant des schémas de pensée différents.

1.1. Optimisme et pessimisme – filtres fondamentaux du monde

Le docteur Martin Seligman et ses collègues de l'université de Pennsylvanie ont étudié les différences observées dans la santé de personnes identifiées comme fondamentalement optimistes et d'autres fondamentalement pessimistes dans leur façon de s'expliquer ce qui leur arrive. Ces deux groupes de personnes comprennent très différemment les causes de ce que le docteur Seligman appelle les « mauvais » événements qui se produisent dans leur vie. (Les « mauvais » événements comprennent les catastrophes naturelles – comme les inondations et les tremblements de terre –, les défaites ou les reculs personnels – comme la perte d'un travail ou le rejet par un être cher –, une maladie, une blessure ou toute autre circonstance stressante.)

Certaines personnes ont tendance à être pessimistes dans la façon dont elles s'expliquent les causes d'un mauvais événement. Ce schéma implique qu'elles se font des reproches pour les choses difficiles qui leur arrivent, pensent que les effets de tout ce qui est arrivé vont durer longtemps et que l'événement difficile affectera de nombreux aspects de leur vie. Le docteur Seligman fait référence à ce *style attributionnel*, de son nom technique, comme le schéma « C'est bien moi, cela ne finira jamais, cela va toucher tout ce que je fais ». À l'extrême, ce schéma reflète une personne fortement déprimée, sans espoir et très occupée par elle-même. Certaines personnes appellent ce mode de pensée *catastrophisant*. Un exemple de ce style est par exemple la réaction suivante : « J'ai toujours su que j'étais stupide et ceci le prouve. Je ne peux jamais rien faire de bien », quand vous rencontrez un échec ou une difficulté.

Une personne optimiste vivant le même événement le verrait très différemment. Les optimistes ont tendance à ne pas se faire de reproches quand ils sont aux prises avec des difficultés ou, s'ils s'en font, ils voient plus ces difficultés comme des situations momentanées, qui vont se résoudre. Ils ont tendance à voir les mauvais événements comme limités dans le temps et à voir aussi la dimension que prendra le dommage qu'ils ont causé. En d'autres termes, ils se focalisent sur les *conséquences spécifiques* de ce qui s'est passé et ne font pas de déclarations générales ni de projections qui augmentent les proportions de l'événement. Un exemple de ce style serait « Bon, je me suis complètement planté cette fois, mais je vais trouver un moyen, faire quelques ajustements et la prochaine fois ça ira ».

Le docteur Seligman et ses collègues ont montré que les personnes qui ont un style attributionnel hautement pessimiste ont un risque significativement plus élevé de devenir dépressives quand elles rencontrent un mauvais événement que d'autres personnes, qui ont une façon optimiste de penser. De même, suite à un mauvais événement, les pessimistes ont plus de risques que les optimistes de développer des symptômes physiques et de connaître, au niveau hormonal et au niveau immunologique, les changements typiques d'une susceptibilité à la maladie. Dans une étude menée avec des patients cancéreux, ces chercheurs montrèrent que plus le style attributionnel du patient était marqué, plus vite il mourait. Dans une autre étude, ils montrèrent que des joueurs de baseball qui avaient, quand ils étaient jeunes et en bonne santé, un style attributionnel pessimiste risquaient plus de mourir jeunes que ceux qui avaient un style attributionnel optimiste.

Le docteur Seligman conclut cette étude et d'autres en avançant que ce n'est pas tant le monde lui-même qui nous fait davantage risquer la maladie que notre vision et nos pensées au sujet de ce qui nous arrive. Un schéma très pessimiste, expliquant pourquoi des événements mauvais ou stressants arrivent, semble avoir des conséquences particulièrement toxiques. Les travaux du docteur Seligman suggèrent que cette façon de penser expose les gens à la maladie et peut expliquer pourquoi certaines personnes sont davantage susceptibles d'être malades et de mourir jeunes que d'autres après que d'autres facteurs comme l'âge, le sexe, le tabac, le régime alimentaire aient été pris en considération. Un schéma de pensées optimiste en réponse à des événements stressants, d'autre part, s'avère avoir des effets protecteurs contre la dépression, la maladie et une mort prématurée.

1.2. L'auto-efficacité – votre confiance en votre capacité à croître influence votre capacité à croître

Un schéma de pensées qui s'avère extrêmement puissant pour améliorer la santé est appelé l'*auto-efficacité*. C'est une croyance dans votre capacité à garder le contrôle sur certains événements de votre vie. Elle reflète la confiance dans votre capacité de vraiment faire des choses, une confiance dans votre capacité à arriver à ce que les choses se passent, même si vous deviez rencontrer des situations nouvelles, imprévisibles et stressantes. Le docteur Albert Bandura et ses collègues de la faculté de médecine de l'université de Stanford ont montré qu'un sens fort d'auto-efficacité prédit, de la façon la meilleure et la plus forte, des résultats positifs de santé dans de nombreuses situations médicales. Ces situations incluent de se remettre au mieux d'un infarctus, de pouvoir gérer au mieux les douleurs de l'arthrite et d'être capable d'opérer des changements dans son style de vie (arrêter de fumer par exemple). Une confiance forte dans votre capacité à réussir ce que vous entreprenez peut influencer le type d'activités dans lesquelles vous allez choisir de vous investir, la quantité d'effort que vous allez mettre dans quelque chose de nouveau et de différent avant d'abandonner, et le degré de stress des efforts faits pour contrôler les domaines importants de votre vie.

L'auto-efficacité augmente quand vous connaissez la réussite dans quelque chose d'important à vos yeux. Par exemple, si vous pratiquez le scan corporel et vous sentez du coup plus en contact avec votre corps et plus détendu, ce goût de la réussite vous conduira à vous sentir plus confiant dans votre capacité à vous détendre quand vous le souhaitez. En même temps, ce genre d'expérience fera que vous continuerez plus que probablement à pratiquer le scan corporel.

L'auto-efficacité peut également augmenter si ce que font d'autres personnes vous inspire. À la clinique de réduction du stress, quand une personne témoigne d'une expérience positive au cours du scan corporel, par exemple par le contrôle de la douleur, cela produit un effet très positif sur les autres participants de la classe qui n'ont pas encore eu une telle expérience. Ils peuvent se dire « Si cette personne y arrive avec ses problèmes, alors je peux y arriver avec le mien ». Ainsi, voir qu'une personne en sort avec son problème peut stimuler la confiance des autres, tant dans leurs capacités que dans la technique qu'ils utilisent.

Le docteur Bandura et ses collègues étudièrent l'auto-efficacité dans un groupe d'hommes qui avaient eu un infarctus et étaient en revalidation cardiaque. Ils purent montrer que les hommes qui avaient la ferme conviction que leur cœur était très robuste et pouvait récupérer pleinement couraient beaucoup moins de risques d'abandonner leur programme d'exercices que ceux qui étaient moins confiants, même si la sévérité de la maladie cardiaque était la même dans les deux groupes. Ceux à haute auto-efficacité pouvaient faire des exercices sur le tapis roulant sans s'inquiéter ou se sentir découragés par les sensations normales d'inconfort, de courtesse d'haleine, et de fatigue qui font naturellement partie de tout programme d'exercices. Ils pouvaient accepter leur inconfort sans se dire, inquiets, que c'était « mauvais signe », et pouvaient plutôt se focaliser sur les bénéfices positifs de leur programme d'exercices, comme par exemple le fait de se sentir plus forts et d'être capables de faire davantage. D'autre part, les hommes qui n'avaient pas ce genre de conviction positive avaient tendance à arrêter l'entraînement, confondant l'inconfort normal, leur courtesse d'haleine et la fatigue avec les signes d'un cœur en souffrance. Des études supplémentaires montrèrent que lorsque les gens à faible auto-efficacité suivent un entraînement qui développe des expériences de maîtrise, leur confiance dans leur capacité à fonctionner avec succès et à contrôler des aires de leur vie qui avaient semblé un temps hors contrôle croît et fleurit.

⁂

Une intéressante ligne de recherches sur les effets des pensées et des sentiments sur la santé comprend l'étude des personnes auxquelles le stress semble réussir ou qui ont survécu à des situations extrêmement stressantes. Le but ici est de voir si certaines personnes ont des traits de personnalité particuliers qui peuvent expliquer leur apparente « immunité » au stress et aux maladies reliées au stress. Le docteur Suzanne Kobasa, de la City University de New York et ses collègues ainsi que le docteur Aaron Antonovsky, médecin sociologue en Israël, ont tous deux mené des études dans ce domaine.

1.3. La résilience[1]

Le docteur Kobasa a étudié des dirigeants d'entreprise, des avocats, des conducteurs de bus, des employés de compagnie de téléphone et d'autres groupes de personnes menant des vies très stressantes. Dans chaque groupe, comme vous vous y attendez, elle trouva certaines personnes en bien meilleure santé que d'autres soumises à la même quantité de stress. Elle se demanda si les personnes mieux portantes partageaient des traits de personnalité qui pouvaient les protéger des effets négatifs des grands stress. Elle observa qu'une caractéristique psychologique particulière différenciait ceux qui tombaient malades de ceux qui restaient en bonne santé. Elle

1. *Hardiness.*

appela cette caractéristique la *hardiness* psychologique. On parle parfois de *stress hardiness.*

Comme avec les autres facteurs psychologiques que nous avons examinés, la résilience implique aussi une façon particulière de se voir soi-même et de voir le monde. Selon le docteur Kobasa, les individus résilients montrent un niveau élevé de trois caractéristiques psychologiques : le *contrôle,* l'*engagement/implication* et le *défi.* Les gens qui ont un haut niveau de *contrôle* croient fermement qu'ils peuvent exercer une influence sur leur entourage, qu'ils peuvent influencer le cours des événements. Cela ressemble à la notion d'auto-efficacité du docteur Bandura. Les gens ayant un haut niveau d'*engagement* ont tendance à se sentir pleinement impliqués dans ce qu'ils font jour après jour. Ils veillent à donner à ces activités le meilleur d'eux-mêmes. Les gens ayant un haut niveau de *défi* voient le changement comme une partie naturelle de la vie. Pour eux, le changement a le mérite de donner quelque chance de développement ultérieur. Cette vision permet aux individus résistants au stress de voir davantage dans les nouvelles situations des occasions et non des menaces, à la différence d'autres personnes qui ne partagent pas cette orientation voyant la vie comme un défi continu.

Le docteur Kobasa souligne qu'une personne peut faire de nombreuses choses pour augmenter son niveau de résistance au stress. Elle suggère que la meilleure façon de développer davantage de résilience est de prendre sa vie à bras-le-corps en voulant se poser les rudes questions sur le sens de sa vie, sur la façon dont des choix spécifiques pourraient l'enrichir, et sur les changements qui pourraient être faits dans ces trois domaines de contrôle, d'engagement et de défi. Elle souligne aussi que la *hardiness* pourrait aussi être améliorée dans des environnements de haut stress. Elle préconise à cette fin une restructuration des rôles et des relations au sein des organisations afin de promouvoir parmi les employés davantage de contrôle, d'implication et de sens du défi.

1.4. Sentiment de cohérence

Les recherches du docteur Aaron Antonovsky se sont aussi centrées sur les gens qui ont survécu à des stress extrêmes, comme les camps de concentration nazis. Selon le docteur Antonovsky, être en bonne santé implique la capacité de rétablir constamment l'équilibre en réponse à sa rupture continuelle. Il se demandait ce qui permettait à certaines personnes de résister à des stress très élevés dans les camps de concentration nazis, alors que leurs ressources pour y résister étaient constamment rompues ou menacées de rupture. Le docteur Antonovsky trouva que les gens qui survivent à des stress extrêmes ont ce qu'il appelle un *sentiment de cohérence* au sujet du monde et d'eux-mêmes. Ce sentiment de cohérence est caractérisé par trois composantes qu'il appelle *intelligibilité, capacité à gérer* et *sentiment du sens*[1]. Les gens possédant un sentiment élevé de cohérence croient profondément qu'ils peuvent trouver du sens à leur expérience interne et externe (qu'elle est fondamentalement *intelligible*), qu'ils ont les ressources disponibles pour faire face et pour gérer les situations qu'ils rencontrent (*capacité à gérer*), et que ces situations constituent des défis dans lesquels ils peuvent trouver du sens et dans lesquels ils peuvent s'impliquer (*sentiment de sens*).

1. *Comprehensibility, manageability and meaningfulness.*

2. Le rôle des émotions dans la santé – le cancer

Les études que nous avons examinées à ce stade ont eu un focus principalement cognitif, c'est-à-dire qu'elles se sont principalement penchées sur les schémas de pensée, les croyances et leurs effets sur la santé et sur la maladie. Un domaine parallèle de recherche s'est préoccupé du rôle des émotions dans la santé et dans la maladie. De toute évidence, nos schémas de pensée et nos émotions se façonnent et s'influencent mutuellement. Il est souvent difficile de déterminer dans une situation particulière si l'un est plus fondamental que l'autre ou vice versa. Nous allons maintenant regarder les résultats de recherches se centrant en premier lieu sur la relation entre les schémas émotionnels et la santé.

Depuis un certain temps, on assiste à une controverse considérable sur la question de savoir si certains types de personnalité prédisposent à certaines maladies. Certaines études par exemple suggèrent qu'il peut y avoir une personnalité « prédisposant au cancer », et d'autres qu'il peut y avoir une personnalité « prédisposant à la maladie cardio-vasculaire ». Le schéma prédisposant au cancer est fréquemment décrit sous les traits de quelqu'un qui a tendance à dissimuler ses émotions et est très orienté vers les autres, tout en se sentant en réalité profondément aliéné, ainsi que non aimé et non aimable. Sentir un manque de proximité avec ses parents quand on est jeune est fortement associé à ce profil.

Une grande part de preuve soutenant ce lien vient d'une étude de quarante ans conduite par le docteur Caroline Bedell Thomas de la faculté de médecine John Hopkins. Le docteur Thomas rassembla de nombreuses informations sur la situation psychologique des étudiants commençant leurs études de médecine à John Hopkins dans les années 1940, puis suivit ces individus périodiquement au fil des ans alors qu'ils devenaient plus âgés et, dans certains cas, tombèrent malades et moururent. Elle put de cette façon mettre en lien des caractéristiques psychologiques particulières et des expériences familiales précoces racontées par ces médecins quand ils étaient jeunes et en bonne santé (vers vingt-et-un an), avec différentes maladies que plusieurs d'entre eux rencontrèrent au cours des quarante années suivantes. Les résultats démontrèrent entre autre qu'*une constellation d'événements vécus au début de la vie était associée à une probabilité accrue de développer un cancer à un stade ultérieur de la vie.* Parmi ces caractéristiques, un manque de proximité dans la relation aux parents ainsi qu'une attitude ambivalente envers la vie et les relations humaines constituaient un fait saillant. La conclusion, bien sûr, est que nos expériences émotionnelles précoces peuvent jouer un rôle important dans notre santé à l'âge adulte.

Le docteur Bernie Siegel, chirurgien associé à l'université de Yale, auteur célèbre de *L'amour, la médecine et les miracles*, et de *Peace, Love and Healing*[1], voit une forte relation entre le fait de survivre à un cancer et le degré auquel vous pouvez vous aimer et être ouvert pour recevoir l'amour. Ses livres rapportent de nombreuses histoires de personnes ayant le cancer et qui utilisèrent leur expérience du cancer pour apprendre à s'aimer à nouveau elles-mêmes. Se basant sur sa grande expérience avec des patients atteints du cancer, et très conscient de son rôle comme guérisseur autant que de son rôle de chirurgien qui enlève les tumeurs des corps des gens, le docteur Siegel souligne l'importance

1. Ce titre signifie : Paix, amour et guérison. *(N.d.T.)*

cruciale qu'il y a à examiner sa vie émotionnelle pour stimuler le processus de guérison, si on choisit de travailler *avec* son cancer. Il recommande fortement la méditation pour les patients souffrant de cancer, et écrit dans *L'amour, la médecine et les miracles,* qu'il ne connaît pas une seule autre activité capable par elle-même d'améliorer autant la qualité de la vie.

⁂

Tout en examinant les recherches reliant à la santé les schémas de pensée et les facteurs émotionnels, il est important que nous gardions fermement à l'esprit qu'il est toujours dangereux et presque toujours faux de prétendre que, parce qu'une connexion a été trouvée entre certains traits de personnalité ou certains comportements et une maladie, une certaine façon d'être ou de penser a *pour conséquence* une certaine maladie. Il est plus adéquat de dire que cela *peut* augmenter dans une certaine mesure (laquelle mesure dépend de la force de la corrélation et de nombreux autres facteurs) votre risque d'attraper cette maladie. Ceci parce que les études réalisées résultent toujours dans des relations statistiques, pas dans un rapport de proportionnalité un sur un. Tous les gens qui ont un trait de personnalité particulier, dont on a montré qu'il est associé au cancer, n'ont pas chaque fois le cancer. En fait tous les gens qui fument ne meurent pas d'un cancer du poumon, d'emphysème ou de maladie cardiaque, même s'il a été démontré sans plus aucun doute que la cigarette augmente fortement le risque de développer toutes ces maladies. La relation est de type statistique, elle parle de probabilités.

C'est pourquoi il est faux de conclure de n'importe quelle preuve montrant une relation possible entre les émotions et le cancer, que certains traits de personnalité « causent » directement la maladie. Il y a néanmoins de plus en plus de preuves que certains schémas psychologiques et comportementaux peuvent *prédisposer* une personne à au moins l'une ou l'autre forme de cancer, alors que d'autres caractéristiques peuvent protéger une personne d'un cancer ou augmenter ses chances d'y survivre. Ainsi donc, les sentiments dont vous faites l'expérience envers vous-même et d'autres personnes, et la façon dont vous les exprimez ou ne les exprimez pas, semblent être particulièrement importants.

Par exemple, le docteur David Kissen et ses collaborateurs de l'université de Glasgow en Écosse dirigèrent dès la fin des années 1950 une série d'études sur des patients de sexe masculin atteints d'un cancer du poumon. Dans une de ces études, ils analysèrent les histoires personnelles de plusieurs centaines de patients, recueillies au moment où ils entraient à l'hôpital pour des douleurs dans la poitrine mais avant l'établissement de tout diagnostic. Les hommes chez lesquels on diagnostiqua plus tard un cancer du poumon avaient fait part de bien plus de difficultés dans leur enfance, comme une maison malheureuse ou la mort d'un parent, que ceux pour lesquels on trouva d'autres diagnostics. Ce résultat est compatible avec les résultats plus récents du docteur Thomas, obtenus dans l'étude sur des étudiants en médecine de Johns Hopkins. Comme nous l'avons vu, elle trouva qu'un cancer survenant plus tard dans la vie de ces médecins était associé à un manque de proximité avec les parents et à des sentiments ambivalents dans leurs relations, dont ils avaient parlé quarante années auparavant. Dans l'étude Kissen, les hommes chez lesquels on trouva un cancer du poumon avaient rapporté davantage de difficultés dans leur vie d'adulte, parmi lesquelles des relations interpersonnelles troublées. Les chercheurs observèrent que les personnes du groupe souffrant d'un cancer du poumon montraient une difficulté particulière à exprimer leurs émotions. Elles n'exprimaient pas leurs sentiments au sujet d'événements difficiles, spécialement ceux impliquant des liens avec d'autres personnes (comme des problèmes de couple ou la mort d'un proche), alors que, aux yeux des chercheurs, ces événements provoquaient de toute évidence une souffrance émotionnelle dans leur vie. Ces personnes avaient au contraire tendance à nier qu'elles souffraient émotionnellement et, pendant les interviews, parlaient de leurs difficultés d'un ton neutre, qui semblait inapproprié aux interviewers compte tenu des circonstances. Le contraste était frappant avec les patients du groupe contrôle (chez lesquels on trouva plus tard d'autres maladies que le cancer du poumon), qui décrivaient des situations similaires avec des expressions émotionnelles appropriées.

Dans cette étude, l'incapacité à exprimer des émotions était fortement liée à la mortalité chez les patients atteints d'un cancer du poumon. *Les personnes qui avaient la plus pauvre capacité à exprimer leurs émotions avaient un taux de mortalité quatre fois et demi plus élevé que les patients souffrant d'un cancer du poumon et ayant la plus haute capacité de décharge émotionnelle.* Cette découverte restait vraie peu importe le nombre de cigarettes qu'ils fumaient malgré que, comme vous vous en doutez, les gros fumeurs avaient dix fois plus d'incidence de cancer que les personnes qui n'avaient jamais fumé.

Davantage de preuves liant les facteurs émotionnels et le cancer vinrent des chercheurs du *King's College Hospital* de Londres, qui menèrent une étude similaire sur des femmes atteintes d'un cancer du sein. Le docteur S. Greer et le docteur Tina Morris réalisèrent des interviews psychologiques approfondies de cent soixante femmes admises à l'hôpital pour une masse au sein, avant de savoir si elle était maligne. Au moment de l'interview, toutes ces femmes subissaient le même stress puisqu'elles ne savaient pas si elles avaient ou non le cancer. Les entretiens avec les femmes, leurs maris et d'autres proches étaient utilisés comme outil pour mesurer à quel degré ces femmes dissimulaient ou exprimaient leurs sentiments.

La majorité des femmes chez lesquelles on diagnostiqua plus tard qu'elles n'avaient pas de cancer du sein avaient ce que ces chercheurs appelaient un schéma « normal » d'expression émotionnelle. Toutefois, la majorité des femmes chez qui on trouva plus tard un cancer du sein avaient soit un schéma permanent de forte suppression de leurs sentiments (de la colère pour la plupart d'entre elles) soit d'« explosion » de l'émotion. Les deux extrêmes étaient associés à un risque plus élevé de cancer. Il était toutefois bien plus courant pour ces femmes de supprimer leurs sentiments que d'être des « détonateurs ».

Dans un suivi de cinq ans de cinquante femmes ayant eu un cancer du sein, et ayant toutes été traitées chirurgicalement, les chercheurs firent les observations suivantes. Trois mois après l'opération, les femmes qui faisaient face à leur situation avec ce qu'ils appelaient un « esprit battant », c'est-à-dire une attitude hautement optimiste et une croyance dans leur propre capacité à survivre, avaient bien plus de chance de rester en vie que celles qui avaient adopté une attitude d'acceptation stoïque envers leur maladie ou qui étaient complètement débordée par elle et se sentaient impuissantes, désespérées et vaincues. Les femmes qui niaient tout à fait qu'elles avaient le cancer, qui refusaient d'en discuter et qui ne montraient pas de détresse émotionnelle au sujet de leur situation, avaient aussi beaucoup plus de chance de survivre pendant ces cinq années. Les résultats de cette étude suggèrent que les émotions peuvent jouer un rôle dans la survie à un cancer. Les émotions positives fortes (un esprit battant, le déni total) s'avèrent protectrices et une expression émotionnelle bloquée (stoïcisme et impuissance) réduit la survie. Toutefois, comme ces chercheurs eux-mêmes le soulignaient, leur étude portait sur un nombre relativement petit de personnes. Elle ne peut donc être prise en considération qu'à titre de suggestion.

Pour que des liens non équivoques soient établis entre une caractéristique psychologique et une maladie, de larges études cliniques (souvent fort chères) doivent être menées. Les résultats d'une étude de ce genre qui examinait la relation entre dépression et cancer chez plus de six mille hommes et femmes aux États-Unis ont été publiés récemment. Bien que de nombreuses études plus petites et moins élaborées aient fait part d'une association entre dépression et cancer, aucun lien ne fut trouvé dans cette étude plus vaste. Tant le groupe de personnes présentant des symptômes de dépression que le groupe n'en ayant pas avaient des taux de cancer avoisinant les 10 %. Cependant, de nombreuses études bien élaborées montrent un lien non équivoque entre un schéma comportemental relié à la dépression, appelé inopérance, des fonctions immunitaires réduites incluant les taux de cellules NK, et une croissance accrue de la tumeur chez l'animal. Des recherches supplémentaires doivent encore examiner la relation entre ces résultats, le travail sur l'inopérance chez les humains (qui a également montré une relation avec des réductions de la fonction immunitaire) et ce résultat négatif de l'essai clinique sur la dépression et le cancer. Ce domaine fait continuellement l'objet de controverses.

⁂

Le cancer est un état dans lequel des cellules à l'intérieur du corps perdent les mécanismes biochimiques qui contrôlent leur croissance. En conséquence, elles se multiplient largement, et forment dans de nombreux cas des masses appelées tumeurs. De nombreux scientifiques croient que la production de cellules cancéreuses dans le corps arrive à tout moment à un niveau peu élevé comme « processus » normal, et que le système immunitaire, quand il est sain, les reconnaît et les détruit avant qu'elles ne causent des dommages. Selon ce modèle, c'est lorsque le système immunitaire est affaibli, par un dommage physique direct ou par les effets psychologiques du stress, et qu'il ne peut plus identifier et détruire ces petits nombres de cellules cancéreuses, qu'elles se multiplient de façon incontrôlée. Alors, selon le type de cancer, soit elles développent leur propre réseau sanguin et forment une tumeur solide, soit elles se disséminent en large nombre dans la circulation sanguine, comme dans la leucémie.

Il est possible bien sûr qu'une personne soit exposée à de tels niveaux massifs de substances carcinogènes que même un système immunitaire sain en serait submergé. Ceci est arrivé à des personnes vivant dans des régions où il y a eu des rejets toxiques. De même, l'exposition à de fortes doses de radiation, comme après les bombardements d'Hiroshima et de Nagasaki et après l'accident nucléaire de Tchernobyl, peuvent causer la formation de cellules cancéreuses, et en même temps affaiblir la capacité du système immunitaire à les reconnaître et les neutraliser. En bref, le développement de toute forme de cancer est un événement complexe. Il se passe en plusieurs étapes, implique nos gènes et nos processus cellulaires, l'environnement ainsi que nos actions et nos comportements individuels.

⁂

Même s'il s'avère qu'il existe une relation statistiquement importante entre les émotions négatives et le cancer, suggérer à une personne ayant un cancer que sa maladie a été causée par un stress psychologique, un conflit non résolu ou des émotions non exprimées serait totalement injustifiable. Cela revient à reprocher subtilement, ou pas si subtilement, à la personne sa maladie. Les gens font souvent cela sans le vouloir, peut-être pour essayer de rationaliser une réalité douloureuse et de la gérer eux-mêmes au mieux. Dès que nous pouvons trouver une explication à quelque chose, nous nous sentons un peu mieux car nous pouvons nous rassurer, peut-être à tort, car nous « comprenons » pourquoi cette personne a « attrapé » un cancer. Mais cette attitude est une violation de l'intégrité psychique de cette personne, basée sur de l'ignorance et sur des suppositions. Cela prive aussi ces personnes du présent en dirigeant leur attention vers le passé alors qu'elles ont surtout besoin de centrer leurs énergies et de faire face à la réalité qui est d'avoir une maladie qui menace leur vie. Malheureusement, cette façon de penser, qui cherche à attribuer à une subtile déficience psychologique la « cause » du cancer, est devenue populaire dans certains cercles. Cette attitude risque bien plus de provoquer davantage de souffrances que de guérison. De tout ce que nous savons sur les émotions et sur la santé, l'acceptation et le pardon sont ce que nous devons cultiver pour stimuler la guérison, pas l'auto-condamnation ni l'autocritique.

Si une personne qui a le cancer croit que des facteurs émotionnels peuvent avoir été importants dans sa maladie, cela lui appartient. Il peut être très utile d'explorer cette question, et il peut aussi ne pas l'être, selon la vie de la personne et la façon dont ce sujet est abordé. Certains sont renforcés en réalisant qu'ils ont peut-être contribué à leur maladie par la façon dont ils ont traité leurs émotions et leurs ressentis dans le passé. Pour eux, cela signifie qu'en devenant plus conscients de ces questions et de ces domaines particuliers, ils pourraient stimuler leur guérison et leur rétablissement. Mais cette perspective ne devrait pas être *imposée* par d'autres. Les explorations dans ce domaine doivent être entreprises avec beaucoup de compassion et d'attention, que ce soit par la personne elle-même ou avec l'aide d'un médecin ou d'un thérapeute. La recherche des facteurs qui pourraient avoir contribué à sa maladie peut seulement aider la personne si elle prend sa source dans le non-jugement, dans la générosité, dans la compassion, dans l'acceptation de soi et de son passé, et pas dans la condamnation.

On ne saura jamais avec certitude si des facteurs psychologiques ont causé ou avivé une maladie particulière chez telle personne. Comme en premier lieu l'esprit et le corps ne sont pas réellement séparés, l'état de santé physique d'une personne sera toujours affecté dans une certaine mesure par des facteurs psychologiques. Mais dès le moment où on a diagnostiqué chez une personne une certaine maladie, la question des facteurs psychologiques causals peut être, au mieux, secondaire. À ce stade, il devient bien plus important d'être responsable de ce qui est nécessaire à ce moment. Puisqu'on a prouvé que des facteurs émotionnels positifs peuvent stimuler la guérison, un diagnostic de cancer peut être un moment charnière important dans la vie d'une personne, un temps pour mobiliser une perspective optimiste, cohérente, auto-efficace et engagée, et pour travailler à être moins sensible à l'attraction des états d'esprit pessimistes, désemparés et ambivalents. Diriger délibérément vers soi de la bonté, de l'acceptation et de l'amour est un très bon endroit pour commencer.

2.1. Hypertension et colère

On a prouvé que la suppression de l'expression émotionnelle peut jouer un rôle dans l'hypertension tout comme dans le cancer. Dans ce domaine, on s'est d'abord centré sur la colère. Les gens qui ont l'habitude d'exprimer leur colère quand ils sont provoqués par d'autres ont une tension artérielle en moyenne plus basse que ceux qui ont l'habitude de supprimer ces émotions. Dans une étude portant sur 431 hommes adultes vivant à Detroit, Margaret Chesney, Doyle Gentry et leurs collaborateurs trouvèrent que la tension artérielle était plus élevée chez les hommes qui avaient déclaré avoir un métier important ou un stress familial *et* avoir tendance à supprimer leurs sentiments de colère. Il semble que dans des situations fort stressantes, la capacité d'exprimer ses sentiments de colère protège contre une tension artérielle élevée. D'autres études suggèrent qu'une tension artérielle élevée peut être associée avec chacun des deux comportements émotionnels extrêmes, soit supprimer toujours la colère, soit l'exprimer toujours ouvertement. Cela avait aussi été relevé dans l'étude menée auprès de femmes ayant un cancer du sein, et qui avaient soit de la difficulté à exprimer ce qu'elles ressentaient, soit tendance à « exploser » quand elles étaient en colère.

2.2. Maladie coronarienne, hostilité et cynisme

Sans doute l'examen scientifique minutieux le plus important des facteurs de personnalité en relation à la maladie chronique s'est-il centré sur la question de savoir s'il existe une personnalité prédisposant à la maladie cardiovasculaire. Tout un temps on a pensé que les résultats des études permettaient de conclure qu'il existait en effet un schéma de comportement particulier associé à un risque accru de maladie coronarienne, appelé *comportement de type A*. Mais la recherche récente a montré que selon toute vraisemblance, ce n'est pas le schéma de type A entier comme décrit à l'origine mais simplement un de ses aspects qui est relié à la cardiopathie.

Les types A sont décrits comme pilotés par l'urgence du temps et de la compétitivité. Ils sont typiquement impatients, hostiles et agressifs. Leurs gestes et leur débit de parole ont tendance à être rapides et abrupts. Selon cette terminologie, les personnes qui ne montrent pas de schémas du type A sont référencées comme personnalités de type B. Selon le docteur Meyer Friedman, un des initiateurs du concept du type A, les types B sont plus paisibles que les types A. Ils ne sont pas menés par un sentiment d'urgence et ne sont pas sujets à une irritabilité, une hostilité et une agressivité généralisées. Ils sont également plus enclins à des périodes de contemplation. Il n'y a toutefois pas de preuve que les types B sont moins productifs ou réussissent moins que les types A.

La première affirmation établissant un lien entre le comportement de type A et la maladie coronarienne venait d'un vaste projet de recherche appelé *Western Collaborative Groupe Study*. Cette étude définissait 3 500 hommes comme appartenant au type A ou au type B alors qu'ils étaient en bonne santé et ne montraient aucun signe de maladie. Huit années plus tard, ils furent à nouveau examinés pour voir lesquels d'entre eux avaient développé une maladie cardiaque et lesquels d'entre eux n'en n'avaient pas développé. Il s'avéra que les personnalités de type A avaient développé une maladie coronarienne deux à quatre fois plus (selon l'âge, les hommes plus jeunes ayant un risque accru) que les types B.

Beaucoup d'autres études ont confirmé la relation entre le schéma de comportement de type A et la maladie coronarienne, et ont démontré que cette relation était vraie tant pour les femmes que pour les hommes. Mais, récemment, d'autres études, particulièrement celles du docteur Redford Williams de la faculté de médecine de la Duke University et ses collaborateurs, ont uniquement examiné la composante hostilité du comportement de type A et ont trouvé qu'elle était plus fortement prédictive de cardiopathie en elle même que l'ensemble du schéma de type A. En d'autres termes, ceci suggère que vous courez moins le risque d'une maladie cardiaque en tant que type A si vous avez peu d'hostilité, même si vous êtes constamment dans l'urgence et dans la compétitivité. Qui plus est, *un degré élevé d'hostilité ne prédisait pas simplement un infarctus du myocarde ou une mort par accident cardiaque, il prédisait également un risque accru de mort des suites d'un cancer et pour d'autres causes tout autant* !

Dans une étude fascinante, le docteur Williams et ses collaborateurs firent une étude de cohorte sur des médecins de sexe masculin dont le niveau d'hostilité au cours d'un test psychologique particulier avait été mesuré quand ils étaient étudiants en médecine vingt-cinq ans plus tôt. Ils trouvèrent que ceux dont le taux d'hostilité était bas quand ils étaient étudiants couraient quatre fois moins le risque d'avoir une maladie cardiaque vingt-cinq ans plus tard que ceux à hostilité élevée. Quand ils examinaient les décès pour différentes causes, les résultats étaient également saisissants. Depuis l'obtention de leur diplôme de médecin, 2 % seulement des hommes du groupe de faible hostilité étaient morts alors que 13 % des hommes du groupe à hostilité élevée étaient décédés au cours de la même période. En d'autres termes, ceux qui avaient montré un degré élevé d'hostilité dans un test psychologique passé vingt-cinq années auparavant décédaient à présent à un taux six fois et demi plus important que ceux dont l'hostilité était basse à cette époque.

Williams décrit l'hostilité comme une « absence de confiance dans la bonté fondamentale des autres », ancrée dans « la croyance que les autres sont en général minables, égoïstes et peu sûrs ». Il souligne que cette attitude est habituellement acquise tôt dans la vie, de ceux qui prennent soin de nous, comme nos parents ou d'autres, et que cela reflète probablement un arrêt du développement de la « confiance fondamentale ». Il fait remarquer que cette attitude comporte un fort élément de cynisme, tout comme l'hostilité, et prend pour exemple deux items typiques du questionnaire utilisé pour mesurer l'hostilité : « La plupart des gens se font des amis car des amis pourront leur être utiles » et « J'ai souvent travaillé pour des gens qui semblent s'être arrangés pour être reconnus pour leur bon travail mais, qui sont capables de faire porter les erreurs par ceux qui leur sont hiérarchiquement inférieurs. » Quiconque croit fortement ces deux affirmations a probablement une vue très cynique des gens en général. Avec une telle vision du monde et des autres, on peut s'attendre à ce que les personnes hostiles et cyniques sentent puis soit répriment, soit déchargent leur colère et leur agressivité bien plus fréquemment que les autres.

L'étude de ces médecins démontre fortement qu'une vision hostile et cynique du monde peut, en elle-même et par elle-même, augmenter considérablement plus le risque de maladie et de mort prématurée d'une personne qu'une vision confiante des autres. Il semble qu'une attitude cynique et hostile solidement ancrée soit hautement toxique pour le bien-être. Ces résultats et d'autres sont détaillés dans le livre du docteur Williams, *The Trusting Heart*[1], dans lequel il souligne également que toutes les grandes traditions religieuses du monde accordent de l'importance au développement de qualités dont la science semble à présent nous montrer qu'elles sont bonnes pour la santé.

2.3. Autres traits de personnalité et santé

Le Dr David McClelland, psychologue réputé, anciennement chercheur à Harvard et actuellement à l'université de Boston, a mené pendant plus de vingt ans des recherches sur la relation entre la motivation et la santé. Les facteurs motivationnels sous-tendent non seulement nos actions mais également la façon dont nous organisons notre expérience en une vision du monde.

1. Ce titre signifie : *Le cœur confiant. (N.d.T.)*

Le Dr McClelland a identifié un type motivationnel particulier davantage prédisposé que les autres à la maladie. Il l'appelle le syndrome *stressed power-motivation*[1]. Les gens qui présentent cette caractéristique à un degré élevé ont un grand besoin de pouvoir dans leurs relations avec les autres. Leur besoin de pouvoir surpasse tout autre besoin qu'ils pourraient avoir dans leur lien aux autres. Ils ont tendance à être agressifs, à argumenter, à être dans la compétition et à entrer dans des organisations pour augmenter leur statut et leur prestige personnels. Mais ils sont aussi très frustrés, se sentent bloqués et menacés dès que surviennent des événements stressants susceptibles de défier leur sens du pouvoir. Quand ils sont sous stress, les gens qui ont ce schéma motivationnel particulier tombent malades bien plus promptement que les autres, qui ne partagent pas ce trait de caractère.

Le Dr McClelland a également identifié un schéma motivationnel opposé, qui semble conférer de la résilience ou de la résistance à la maladie. Il l'appelle *unstressed affiliation motivation*[2]. Les personnes qui montrent une affiliation non stressée élevée ont un grand besoin d'affiliation. Elles sont attirées par le fait d'être avec les gens et souhaitent être amicales et aimées par les autres, pas comme moyen pour une fin (comme les types A cyniques) mais comme une fin légitime en soi. Elles sont aussi libres d'exprimer leur besoin d'affiliation puisqu'il n'est pas bloqué ou menacé par des événements stressants. Dans une étude menée avec des collégiens, ceux qui étaient supérieurs à la moyenne, en termes de motivation de pouvoir, signalaient davantage de maladies que les autres étudiants, tandis que les

1. Motivation de pouvoir stressée. *(N.d.T.)*
2. Motivation pour l'affiliation non-stressée. *(N.d.T.)*

collégiens se situant au-dessus de la moyenne dans le syndrome d'affiliation non stressée signalaient le moins de maladies.

Nous trouvons à nouveau ici la preuve qu'il existe une certaine façon de voir le monde qui prédispose une personne à la maladie, et une autre façon de le voir qui semble stimuler un degré élevé de santé.

2.4. Études de personnalité menées à la clinique du stress

Nous collaborons pour le moment avec le Dr McClelland et ses collègues, le Dr Joel Weinberger et le Dr Carolyn McCleod. Ils étudient la façon dont les schémas motivationnels se modifient chez les patients suivant l'entraînement à la pleine conscience à la clinique du stress. Dans une étude, nous avons trouvé que la plupart des gens montraient des augmentations majeures de *confiance interpersonnelle* (un schéma motivationnel associé à une fonction immunitaire accrue et à une probabilité réduite de maladie) au cours du programme. Par contraste, un groupe de patients qui attendaient de commencer le programme furent testés au cours de la même période et ne montrèrent aucun changement dans leur confiance interpersonnelle.

Dans des études apparentées, nous avons trouvé que les personnes de la clinique du stress montraient des améliorations signifiantes sur l'échelle de résilience du Dr Kobasa et sur l'échelle du sens de cohérence du Dr Antonovsky au cours des huit semaines où elles suivaient le programme. Les personnes ayant les plus grands progrès de sens de cohérence montraient également les plus grandes réductions de leurs symptômes physiques et psychologiques.

Des analyses préliminaires de ces études actuellement en cours montrent que les participants à la clinique du stress semblent connaître un profond changement non seulement dans leurs symptômes et dans leur capacité à se détendre, mais également dans les schémas mêmes de leurs pensées et de leurs émotions. On a vu que ces caractéristiques motivationnelles sont traditionnellement associées à des structures de personnalité profondes et stables. En général, on ne les considère pas comme susceptibles de changer, particulièrement sur une courte période. Les changements que nous voyons dans ces variables de personnalité chez les personnes qui passent par la clinique du stress suggèrent que *l'entraînement à la méditation mindfulness peut avoir une influence profonde et positive sur la vision de soi et du monde, y compris une capacité de faire davantage confiance à soi-même et aux autres.*

2.5. Influences sociales sur la santé

Nous avons passé en revue certaines preuves tirées des études de médecine comportementale, qui suggèrent que nos schémas de pensée, nos croyances, nos émotions, bref notre personnalité même, peuvent affecter notre santé de façon majeure. Il existe aussi de nombreuses preuves qui suggèrent que les facteurs sociaux, qui sont bien entendu en lien avec des facteurs psychologiques, jouent également un rôle important dans la santé et dans la maladie. On sait depuis longtemps par exemple que, statistiquement parlant, les personnes socialement isolées ont tendance à être en moins bonne santé psychologique et physique, et risquent davantage de mourir prématurément que les gens qui ont des relations sociales étendues. Les taux de mortalité toutes raisons confondues sont plus élevés chez les personnes non mariées que chez les personnes mariées de tout âge. Il semble que le fait d'avoir des liens avec les autres est fondamental pour la santé. Ceci est bien entendu compréhensible intuitivement. Nous avons tous un grand besoin d'appartenance, un besoin de sentir que nous sommes une part de quelque chose et que nous sommes associés à d'autres personnes. Les études du Dr McClelland sur la confiance interpersonnelle suggèrent que ce type de liens est extrêmement important pour la santé.

Des données probantes soutenant l'importance des connexions sociales pour la santé ont été étayées par plusieurs études importantes effectuées sur des populations très étendues dans notre pays et à l'étranger au cours des vingt dernières années. Elles montrent toutes une relation entre la santé et les liens sociaux. Quand on prend en compte tous les autres facteurs comme l'âge, une maladie antérieure, les revenus, les habitudes de santé comme fumer ou consommer de l'alcool, l'activité physique, la course à pied et d'autres activités semblables, on observe que les personnes qui ont fort peu d'interactions sociales dans leur vie – si on se réfère au statut marital, aux contacts avec la famille élargie et les amis, à l'appartenance à une église et à d'autres groupes – risquent deux à quatre fois plus de mourir dans les dix années à venir que les personnes qui ont un niveau très élevé d'interactions sociales.

Plusieurs études en suggèrent les raisons. Le docteur James Lynch, de l'université de Maryland, auteur de *The Broken Heart : The Medical Consequences of Loneliness*[1], a montré que le contact physique avec une autre personne ou même sa présence peuvent avoir un effet

1. Ce titre signifie : *Le cœur brisé : les conséquences médicales de la solitude. (N.d.T.)*

calmant sur la physiologie et sur la réactivité cardiaque dans une unité de soins intensifs, où le niveau de stress est élevé. Dans d'autres études, le docteur Lynch montra que les gens vivent plus longtemps après un infarctus du myocarde s'ils ont un animal domestique que s'ils n'en ont pas. Il a également montré que la simple présence d'un animal amical peut réduire la tension artérielle.

Les contacts entre les êtres humains et les animaux semblent bénéfiques non seulement aux êtres humains mais aussi aux animaux de compagnie. Selon le docteur Lynch, les chiens, les chats, les chevaux et les lapins qui reçoivent des caresses dans des situations stressantes ont une réactivité cardiovasculaire réduite. Une étude remarquable sur l'interaction homme-animal se présenta après que des chercheurs de l'université de l'Ohio remarquèrent que des lapins, qui suivaient un régime riche en graisses et en cholestérol en vue de provoquer chez eux une maladie cardiovasculaire, en avaient de bien moins sévères s'ils se trouvaient dans des cages situées dans le bas plutôt que dans le haut du laboratoire. Cette observation n'avait pas de sens. Pourquoi l'emplacement de leurs cages devrait-elle faire une différence dans leur degré de maladie cardiovasculaire alors que les lapins étaient tous génétiquement identiques, suivaient le même régime et étaient traités de la même manière. Un chercheur remarqua cependant qu'ils n'étaient pas traités exactement de la même manière. Un des membres de l'équipe prenait de temps en temps les lapins des cages inférieures, les caressait et leur parlait.

Ceci conduisit les chercheurs à mener une expérience soigneusement contrôlée, caressant certains lapins et non les autres tout en leur faisant suivre le même régime riche en graisses et en cholestérol. Les résultats démontrèrent de façon concluante que les caresses affectueuses rendaient les lapins bien plus résistants aux cardiopathies que leurs congénères privés de caresses. Les lapins caressés avaient 60 % de problèmes cardiaques en moins que les autres. Ils répétèrent toute l'expérience une seconde fois pour s'assurer que ce n'était pas un coup de chance et obtinrent exactement le même résultat.

⁂

En résumé, toutes les études dont nous avons discuté et de nombreuses autres soutiennent que notre santé physique est intimement connectée à nos schémas de pensée et de sentiments au sujet de nous-mêmes, ainsi qu'à la qualité de nos relations avec les autres et avec le monde. Des données probantes suggèrent que certains schémas de pensée et certaines façons d'être en lien avec ce que nous ressentons peuvent nous prédisposer à la maladie. *Les pensées et les croyances qui alimentent les sentiments de désespoir et d'impuissance, l'impression de perte de contrôle, l'hostilité et le cynisme envers les autres, un manque d'implication et d'enthousiasme au sujet des défis de la vie, l'incapacité d'exprimer ses sentiments et l'isolement social s'avèrent particulièrement toxiques.*

D'autre part, d'autres schémas de pensée, de sentiments et de liens se révèlent associés avec la robustesse et la santé. Les gens qui jouissent d'une perspective fondamentalement optimiste, qui ont la capacité de « lâcher prise » dans une situation mauvaise, qui peuvent en voir l'impermanence et se dire que leur situation changera, ont tendance à être en meilleure santé que les pessimistes, qui se trouvent à l'opposé. Les optimistes savent intuitivement que des choix peuvent toujours être faits dans la vie, qu'ils ont toujours la possibilité d'exercer un certain contrôle. Ils ont aussi tendance à rire d'eux-mêmes, à avoir un sens positif de l'humour.

D'autres traits psychologiques reliés à la santé comprennent un sentiment de cohérence fort, la conviction que la vie peut être compréhensible, gérable et sensée, un esprit d'engagement dans la vie abordant les obstacles comme des défis, ainsi que la confiance dans ses capacités à opérer des changements que l'on décide importants.

Des traits sociaux sains comportent d'accorder de la valeur aux relations, de les apprécier, et de ressentir de la bonté et une confiance fondamentale envers les gens.

Puisque toutes les preuves que nous avons examinées ne sont valides que statistiquement, nous ne pouvons pas dire qu'une croyance ou une attitude particulière causent la maladie, mais seulement que davantage de personnes tombent malades ou meurent prématurément si elles ont de forts schémas de pensée en ce sens, quelle qu'en soit la raison. Comme nous le verrons au chapitre suivant, il est plus juste de penser à la santé et à la maladie en tant que pôles opposés sur un même continuum que de penser que vous êtes *soit* « en bonne santé » *soit* « malade ». Il y aura toujours un flux de forces différentes agissant dans nos vies, à tout moment. Certaines de ces forces peuvent nous conduire à la maladie, d'autres feront pencher la balance vers une meilleure santé. Certaines sont sous notre contrôle, ou pourraient l'être si nous utilisons nos ressources à y travailler, alors que d'autres se situent au-delà de ce qu'un individu peut contrôler. Les limites ultimes au-delà desquelles le système se rompt complètement ne sont pas connues avec précision, elles sont probablement différentes chez chacun, et diffèrent même d'un moment à l'autre pour une même personne. Mais ces interactions dynamiques de forces multiples qui influencent notre santé se produisent où que nous nous situions sur le continuum santé-maladie à tout moment, et il continue à se modifier tout au long de notre vie.

2.6. Comment utiliser cette connaissance dans notre pratique

La pertinence de la preuve qui nous est présentée ici à nous, en tant qu'individus, réside premièrement dans notre capacité à devenir conscients de nos pensés, de nos sentiments et de leurs conséquences physiques, psychologiques et sociales *tels que nous les observons.* Si nous pouvons observer *en nous-mêmes* la toxicité de certaines croyances, de certains schémas de pensée et de comportements au moment où ils émergent, nous pouvons alors nous attacher à réduire leur emprise sur nous. Connaissant les preuves fournies par la recherche, nous pourrions être motivés à regarder d'un peu plus près ces moments où nous nous trouvons en train de penser avec pessimisme, ou de réprimer notre émotion de colère, ou d'avoir des pensées cyniques au sujet des autres. Nous pourrions éclairer de notre conscience les conséquences de ces pensées, de ces sentiments et de ces attitudes tandis qu'ils montent en nous.

Vous pourriez par exemple observer ce qui se passe dans votre corps quand vous étouffez votre colère. Que se passe-t-il quand vous la laissez sortir ? Quels sont ses effets sur les autres ? Pouvez-vous voir les conséquences immédiates de votre hostilité et de votre méfiance des autres quand ces émotions font surface ? Vous font-elles tirer des conclusions injustifiées, ou penser pis que pendre des gens, ou encore dire des choses que vous regrettez plus tard ? Pouvez-vous voir comment de telles attitudes causent de la peine aux autres au moment où elles se manifestent ? Pouvez-vous voir comment elles sont source d'ennui et de peine inutiles *en vous* au moment où ces émotions font surface ?

D'autre part, vous pourriez aussi être conscients des pensées et des sentiments positifs quand ils émergent. Comment votre corps se sent-il quand vous voyez les obstacles comme autant de défis ? Comment se sent-il quand vous faites l'expérience de la joie ? Quand vous faites confiance aux autres ? Quand vous êtes généreux et faites preuve de bonté ? Quand vous aimez ? Quels sont les effets sur les autres de ces expériences intérieures que vous vivez ? Pouvez-vous voir les conséquences immédiates de vos états émotionnels positifs et de votre perspective optimiste à ces moments ? Influencent-ils les angoisses et la douleur d'autres personnes ? Y a-t-il un sentiment de paix plus profonde en vous à ces moments-là ?

Si nous pouvons être conscients, *dans notre expérience personnelle* et suite aux preuves apportées par les études scientifiques, que certaines attitudes et façons de nous voir et de voir les autres stimulent la santé, que la confiance interpersonnelle et la perception de la bonté fondamentale chez les autres et en nous-mêmes ont un pouvoir de guérison intrinsèque, si nous pouvons aussi voir dans les crises, et même dans les menaces, des défis et des opportunités, nous pouvons alors travailler consciemment à développer ces qualités en nous-mêmes d'instant en instant, et de jour en jour. Elles deviennent de nouvelles options à cultiver, de nouvelles façons de voir le monde et d'être au monde.

Chapitre 16

Être connecté

Imaginez l'expérience suivante, qui a été en fait menée par le Dr Judith Rodin et le Dr Ellen Langer, toutes deux actuellement psychologues sociales à Yale et à Harvard. Elles ont étudié des patients âgés dans une maison de soins. Avec la coopération du personnel soignant, le Dr Rodin et le Dr Langer divisèrent les participants à l'étude en deux groupes semblables en termes d'âge, de sexe, de gravité et de type de maladie. Les membres d'un des groupes furent alors explicitement encouragés à prendre plus de décisions pour eux-mêmes concernant leur vie dans la maison de soins, comme le lieu où recevoir les visites et l'heure à laquelle voir un film, alors que les membres de l'autre groupe étaient explicitement encouragés à se laisser aider par le personnel pour ce genre de décision.

Dans le cadre de cette étude, chaque personne recevait également une plante verte à mettre dans sa chambre. Toutefois, des choses différentes étaient dites aux membres de chaque groupe au sujet de la plante qui leur était donnée. Aux personnes du premier groupe, qui avaient été encouragées à prendre des décisions pour elles-mêmes, on disait par exemple « Cette plante va embellir votre chambre. C'est votre plante à présent et qu'elle vive ou meure dépend de vous. Vous déciderez quand l'arroser, quelle place lui conviendra le mieux ». Aux personnes de l'autre groupe, qui avaient été encouragées à se laisser aider par le personnel dans les prises de décisions, on disait par exemple « Cette plante va embellir un peu votre chambre. Mais ne vous inquiétez pas, vous ne devez pas l'arroser ni vous en occuper. La femme de ménage le fera pour vous ».

Le Dr Rodin et le Dr Langer observèrent après un an et demi qu'un certain nombre de personnes étaient décédées dans chaque groupe, comme on pouvait le prévoir pour des résidents âgés d'une maison de soins. Mais la découverte remarquable fut la différence importante apparue entre les deux groupes dans le *nombre de personnes* décédées au cours de la même période. Les personnes encouragées à laisser le personnel les aider dans la prise de décisions concernant les visites et d'autres détails de leur vie, et auxquelles on avait également dit que le personnel prendrait soin de la plante qu'elles avaient reçue, étaient décédées dans les mêmes proportions que celles habituellement constatées dans cette maison de soins. Par contre, *les personnes encouragées à prendre des décisions les concernant et auxquelles on avait dit qu'elles étaient responsables de la plante, étaient décédées dans des proportions inférieures d'environ la moitié des proportions habituelles !*

Le Dr Rodin et le Dr Langer conclurent de ces résultats que la possibilité pour ces résidents de la maison de soins de prendre davantage de contrôle dans leur vie, même pour de « petites » décisions, comme le moment où arroser leur plante, avait en quelque sorte un effet retardataire sur leur mort. Quiconque est familier des maisons de soins, sait que bien peu de choses y sont sous le contrôle des personnes. (Cette interprétation concorde avec les travaux du Dr Kobasa sur la résilience, qui identifient le contrôle comme facteur important de résistance à la maladie.)

J'ai été personnellement amené à une interprétation complémentaire qui donne un éclairage un peu différent. Dire aux pensionnaires qu'ils étaient responsables de leur plante leur donnait une occasion de se relier à la plante, de se sentir quelque peu nécessaires. Ils ont peut-être senti que la plante dépendait d'eux pour son bien-être. Cette façon de voir l'expérience souligne plus la connexion entre la personne et la plante, qu'un contrôle de la personne sur la plante. Même en décidant le lieu d'accueil des visiteurs et le jour du cinéma, il est à tout le moins plausible que les résidents encouragés à prendre des décisions pour eux-mêmes se soient sentis plus impliqués et en lien avec la maison de soins, et qu'ils y aient également senti un degré d'appartenance plus élevé, contrairement à l'autre.

Quand vous vous sentez connecté à quelque chose, cette connexion vous donne immédiatement un but dans la vie. La relation elle-même donne un sens à la vie. Nous avons déjà vu que les relations, même les relations à des animaux de compagnie, protègent la santé. Nous avons aussi vu que l'affiliation, le sentiment de sens, et un sens de cohérence sont des attributs du bien-être.

Le sens et la relation sont les fils de la connexion. Ils tissent votre vie individuelle en une tapisserie plus vaste, en un tout plus grand, qui donne réellement à votre vie son individualité. Dans le cas de l'expérience de la plante dans la maison de soins, nous pouvons supposer que les personnes qui avaient reçu la plante mais à qui on n'avait pas dit qu'elles devaient en être responsables allaient probablement moins développer ce genre de relation, de connexion avec la plante. Il est plus probable qu'elles voyaient la plante comme un élément neutre de plus dans la pièce, comme un meuble, plutôt que comme quelque chose qui dépendait d'elles pour son bien-être.

À mon avis, la connexion peut être ce qu'il y a de plus fondamental en ce qui concerne la relation de l'esprit à la santé physique et émotionnelle. Les études sur les engagements sociaux et la santé suggèrent certainement qu'il en est ainsi. Elles montrent que le simple *nombre* de relations et de connexions que l'on a par le mariage, par la famille, par la communauté religieuse et par d'autres organisations constitue un facteur prédictif élevé de mortalité. Il s'agit d'une mesure très imparfaite de la relation, puisqu'elle ne prend pas en compte la *qualité* de ces relations et leur importance pour les individus ayant participé à ces études.

Nous pouvons facilement imaginer qu'un ermite heureux, vivant seul, pourrait se sentir connecté à tout dans la nature et à tous les habitants de la planète, et ne pas être du tout affecté par un manque de voisinage humain. Nous pourrions spéculer qu'une telle personne ne souffrirait probablement pas de maladie ou de mortalité précoce du fait de cet isolement volontaire. D'autre part, des personnes mariées pourraient avoir des connexions très rudes et peu consistantes, qui peuvent mener à un stress très élevé, et à une prédisposition à la maladie et à une mort précoce. Le fait que des études ont pu montrer une relation entre le simple *nombre* de connexions sociales et le taux de mortalité dans une vaste population indique le rôle très puissant de nos connexions dans notre vie. Il suggère que même des connexions négatives ou stressantes avec les gens peuvent être meilleures pour notre santé que l'isolement, à moins que nous sachions comment être heureux seuls, ce que savent peu d'entre nous.

De nombreuses études menées sur des animaux soutiennent également l'idée que la connexion est importante pour la santé. Comme nous l'avons vu, caresser et câliner stimulent la santé, tant chez les êtres humains que chez les animaux. Des animaux élevés dans l'isolement quand ils sont jeunes ne fonctionnent jamais normalement à l'âge adulte, et ont tendance à mourir plus tôt que des animaux élevés avec leur portée. Des singes de quatre jours vont s'agripper à une « mère » de substitution en tissu-éponge s'ils sont séparés de leur vraie mère. Ils passeront plus de temps en contact physique avec la douce « mère » en tissu-éponge qu'avec une mère de substitution faite de grillage, *même si la mère en grillage donne du lait et que la douce n'en donne pas !* Le docteur Harry Harlow, de l'université du Wisconsin, a réalisé de telles expériences à la fin des années 1950 et a clairement démontré l'importance du contact physique chaleureux entre la mère et le nourrisson chez les singes. Les bébés singes d'Harlow choisissaient le contact doux avec un objet inanimé, de préférence à la nourriture physique.

Le célèbre anthropologue Ashley Montagu illustra l'importance profonde du contact et sa relation au bien-être physique et psychologique dans un livre remarquable intitulé *La peau et le toucher*. Le contact physique est une des façons les plus fondamentales qu'a l'humanité d'entrer en connexion. Par exemple, serrer la main et donner une accolade sont des rituels symboliques qui communiquent une ouverture à la connexion. Ce sont des reconnaissances formalisées de la relation. Et, quand elles sont réalisées avec conscience, elles deviennent bien plus, elles contactent un domaine plus profond de connexion, elles ouvrent un chemin pour l'expression des sentiments.

Alors que le contact physique est une manière merveilleuse de communiquer nos sentiments, ce n'est sûrement pas la seule. En plus de la peau, nous avons de nombreux autres moyens pour toucher. Nous entrons en contact les uns avec les autres et nous nous connectons par tous nos sens, par nos yeux, nos oreilles, notre nez, notre langue, notre corps et notre esprit. Ce sont nos portes de connexion les uns avec les autres et avec le monde. Ils peuvent prendre une valeur extraordinaire quand ils sont utilisés avec conscience plutôt que par habitude.

Quand toucher se fait pour la forme ou par habitude, le sens « incarné » dans ce toucher se transforme rapidement de connexion en déconnexion et, de là, en sentiments de frustration et d'ennui. Personne n'aime être traité mécaniquement, et nous n'aimons certainement pas être touchés mécaniquement. Si nous pensons un instant à faire l'amour, une des expressions les plus intimes de la connexion humaine par le toucher, nous pourrions reconnaître et admettre que cet acte d'amour souffre quand le contact est automatique et mécanique. C'est toujours ressenti comme manquant d'affection et de lien, un signe que l'autre personne n'est pas pleinement présente. Cette distance peut être sentie dans tous les aspects du toucher : dans le langage du corps, dans le rythme, dans le mouvement et dans la parole. Peut-être l'esprit d'une personne est-il ailleurs à un certain moment. Cette absence peut mener à une rupture du courant d'énergie entre les deux personnes et éroder sérieusement les sentiments positifs. Si ce schéma devient chronique, il peut facilement conduire à la rancune, à la résignation et à l'éloignement. Mais habituellement, l'incapacité d'apporter de la conscience dans l'acte d'amour et l'expérience d'une pleine connexion avec l'autre personne est seulement symptomatique d'un schéma plus vaste de déconnexion, susceptible de se manifester de différentes façons dans la relation, pas simplement au lit.

Nous pourrions dire que le degré auquel l'esprit d'une personne et son corps sont connectés et en harmonie reflète le degré de conscience que la personne apporte à l'expérience de l'instant présent. Si vous n'êtes pas en contact avec vous-même, il est très peu probable que vos connexions avec les autres soient en finale satisfaisantes. Plus vous êtes centré vous-même, plus il vous sera facile d'être centré dans vos relations, d'apprécier d'être en lien avec les autres, et d'être capable d'affiner votre connexion. Ceci est un champ très fructueux où appliquer la pratique méditative, comme vous le verrez dans la partie 4.

⁂

Dans le chapitre précédent, nous avons vu dans l'étude effectuée sur des médecins par le docteur Caroline Bedell Thomas qu'un manque de proximité avec ses parents durant l'enfance était associé à un risque accru de cancer. Nous pourrions penser que ceci est en lien avec l'énorme importance des premières expériences de connexion pour la santé future à l'âge adulte. Peut-être est-ce dans l'enfance que prennent racine toutes les attitudes positives, les croyances et les compétences émotionnelles que nous avons examinées au cours du chapitre précédent, et en particulier la confiance humaine de base et le besoin d'affiliation. Si ces expériences nous ont été refusées dans l'enfance, pour quelle que raison que ce soit, il est probable qu'une attention spéciale au développement de ces qualités sera particulièrement importante si nous voulons nous sentir des adultes unifiés et complets.

Le fait est que les premières expériences de vie de chacun ont été, littéralement, même biologiquement, des expériences de connexion et de solitude. Chacun de nous est arrivé au monde par le corps d'un autre être. Nous avons un jour été une partie de notre mère, connectés à son corps, contenus en lui. Nous portons tous le signe de cette connexion. Les chirurgiens savent ne pas exciser le nombril quand ils doivent faire une incision au milieu du ventre. Personne ne veut perdre son nombril, aussi « inutile » soit-il. C'est un signe de notre origine, notre carte de membre de la race humaine.

Après leur naissance, les nourrissons cherchent immédiatement un autre canal de connexion au corps de leur mère. Ils le trouvent dans l'allaitement, si leur mère est consciente de ce canal et lui accorde de la valeur. Être nourri est être connecté à nouveau, se fondre à nouveau dans l'unité, d'une façon différente cette fois. Le bébé est maintenant à l'extérieur, son corps est séparé tout en tirant la vie du corps de sa mère par le sein, quand il est en contact avec elle, réchauffé par son corps, enveloppé par son regard et le son de sa voix. Ce sont les premiers moments de connexion, des moments qui cimentent et approfondissent le lien entre la mère et l'enfant, même quand le bébé découvre progressivement qu'il est distinct d'elle.

Sans leurs parents ou d'autres personnes pour s'en occuper, les bébés humains sont complètement sans ressources. Toutefois, protégés et soignés dans le réseau de connexions que représente la famille, ils réussissent à grandir, complets et parfaits en eux-mêmes et pourtant complètement dépendants des autres pour leurs besoins fondamentaux. Chacun de nous a été à un moment donné aussi complet et, en même temps, aussi impuissant.

En grandissant, nous découvrons de plus en plus notre indépendance et notre individualité, le fait d'avoir un corps, les notions de « moi », de « mon », et de « mien ». Nous découvrons que nous avons des sentiments, que nous pouvons manipuler des objets. Comme les enfants apprennent à se différencier et à se ressentir comme des moi distincts en avançant en âge, ils ont aussi besoin de continuer à se sentir connectés pour se sentir en sécurité et être psychologiquement sains. *Ils ont besoin de se sentir appartenir.* Ce n'est pas une question d'être dépendants ou indépendants, mais d'être *interdépendants.* Ils ne peuvent plus être unis à leur mère comme anciennement, mais ils ont besoin de sentir la connexion émotionnelle permanente avec elle et avec leur père, ainsi qu'avec les autres, pour en finale se sentir unifiés eux-mêmes.

L'énergie qui nourrit cette connexion permanente est, bien sûr, l'amour. Mais l'amour *lui-même* a besoin d'être nourri pour fleurir pleinement, même entre enfants et parents. Ce n'est pas tant qu'il n'est pas « toujours là » que le fait qu'il puisse facilement être pris pour un fait établi et rester sous-développé dans son expression. Cela a peu de poids si, dans votre cœur, vous aimez vos enfants ou vos parents profondément mais que l'expression de cet amour est constamment empêchée par de forts sentiments de colère, de rancune ou d'aliénation. L'amour pèse peu si la façon principale dont vous l'exprimez consiste à faire pression sur les autres pour qu'ils se conforment à votre vision sur eux ou sur leur façon d'être. C'est particulièrement malheureux si vous n'avez pas conscience de ce que vous faites dans ces moments ni ne sentez comment c'est perçu par les autres.

Le chemin qui développe notre capacité à exprimer plus pleinement l'amour consiste à apporter de la conscience dans les sentiments qui nous habitent, à les observer lucidement, à travailler à ne pas juger, à devenir plus patients et à accepter davantage. Si nous ignorons nos sentiments et nos comportements, et laissons se dérouler la vie, portés par la croyance que l'amour est présent, qu'il est fort et bon, tôt ou tard la connexion avec nos enfants peut devenir tendue ou vilainement endommagée, voire rompue. C'est principalement le cas si nous sommes incapables de les accepter tels qu'ils sont en réalité. C'est un domaine dans lequel la pratique régulière de la méditation de la bienveillance (voir chapitre 13), même pour de courts moments, peut soutenir fortement l'expression de l'amour inconditionnel qui nous habite.

⁂

La majorité des pédiatres et des psychologues pour enfants croyaient habituellement que les bébés ne sentaient rien à leur naissance, qu'ils ne pouvaient avoir mal comme les adultes, ou que cela ne pouvait les affecter s'ils souffraient car ils ne s'en souviendraient pas plus tard. Pour cette raison donc, la façon dont vous traitiez les enfants quand ils étaient des bébés importait peu. Ce que sentaient les mères était probablement différent, mais même les réponses instinctives d'une mère à son bébé sont fortement influencées par les normes culturelles, et spécialement par les affirmations autoritaires de son pédiatre.

Des études sur les nouveau-nés effectuées au cours des vingt dernières années ont réfuté le point de vue disant qu'à leur naissance ils sont insensibles à la douleur et inconscients du monde extérieur. Elles montrent que les bébés sont déjà alertes et conscients dans le sein de leur mère. Dès qu'ils naissent et même avant, leur « vision » du monde et leurs sentiments sont façonnés par les messages qu'ils reçoivent de leur environnement. Certaines études suggèrent que si un nourrisson et sa maman sont séparés à la naissance pendant une période prolongée, habituellement due à des raisons médicales totalement hors du contrôle de la mère, et si en conséquence le processus normal de création du lien entre la mère et le nouveau-né ne peut se dérouler à cette période, la relation émotionnelle future entre l'enfant et sa mère peut être plus troublée émotionnellement. Une distance émotionnelle peut également se créer. Il se peut que la mère ne sente jamais pour son enfant le fort attachement habituellement ressenti par les mères. Ce sentiment de profonde connexion peut manquer. Personne ne peut dire avec certitude de quelle manière cela se traduira vingt ou trente ans plus tard, quelle forme de problèmes spécifiques émotionnels ou de santé cela revêtira chez cet enfant, mais il apparaît que des connexions existent.

Les expériences précoces d'isolement, de cruauté, de violence et d'abus peuvent mener à de fortes incapacités émotionnelles ultérieures. Elles façonnent fortement la vision du monde qu'a la personne, le voyant plein ou vide de sens, bienveillant ou indifférent, contrôlable ou pas, ainsi que sa vision des personnes comme étant dignes ou indignes d'amour et d'estime. Alors que certains enfants sont de véritables survivants et réussissent à grandir et à guérir de telles expériences, quelles qu'elles aient été, de nombreux autres ne se remettent jamais d'une rupture précoce de leurs connexions à la chaleur, à l'acceptation et à l'amour. Ils portent en eux des cicatrices qui n'ont jamais guéri et qui sont rarement même comprises ou déterminées. Le docteur Alice Miller, psychiatre suisse, a fait une étude fascinante de ce processus dans son livre *C'est pour ton bien*. Les enfants de parents alcooliques ou drogués, ainsi que les jeunes victimes d'abus physiques ou sexuels, souffrent souvent gravement de cette façon, mais d'autres qui ont été abusés moins ouvertement portent également des cicatrices et des blessures émotionnelles profondes de leur enfance.

Un manque de proximité avec vos parents quand vous étiez enfant peut laisser une blessure profonde, que vous en soyez conscient ou pas. C'est une blessure qui peut guérir, mais, pour qu'une guérison psychologique profonde survienne, elle demande à être reconnue en tant que telle, en tant que connexion brisée. Elle peut s'exprimer sous la forme de sentiments d'aliénation, même par rapport à votre propre corps. Ceci aussi est guérissable. La blessure de notre connexion à notre corps demande parfois à grands cris d'être guérie. Trop souvent cependant ces cris sont dédaignés ou incompris, voire ignorés.

Que cela demanderait-il de commencer à guérir de telles blessures ? Tout d'abord, de reconnaître qu'elles sont là. Ensuite, de les écouter systématiquement et de vous reconnecter à votre corps ainsi qu'à des sentiments positifs envers lui et envers vous-même.

Nous voyons de telles blessures et les cicatrices qu'elles produisent chaque jour à la clinique du stress. De nombreuses personnes y viennent avec bien plus de souffrances que celles causées seulement par leurs problèmes physiques et par le stress rencontré dans leur vie. Beaucoup éprouvent de la difficulté à trouver beaucoup, voire un peu, d'amour et de compassion pour elles-mêmes. Beaucoup se sentent indignes d'amour et incapables d'exprimer de la chaleur envers les membres de leur famille, même quand elles le souhaitent. Beaucoup se sentent déconnectées de leur corps. Leurs vies sont dépourvues de sentiments de cohérence ou de connexion. Beaucoup ont reçu des messages de leurs parents, de l'école ou de l'église, ou parfois des trois, quand elles étaient enfants, disant qu'elles étaient stupides, laides, indignes ou égoïstes. Et ces messages ont été intériorisés, ont fait partie de leur image d'elles-mêmes et de leur vision du monde, et ont été emportés plus tard dans leur vie, profondément ancrés dans leur psychisme d'adulte.

Bien sûr, la plupart des adultes, qu'ils soient parents, professeurs ou prêtres, n'ont pas *l'intention* de donner de tels messages aux enfants. Simplement, en ne faisant pas attention à ce domaine de nos relations, nous avons tendance à n'être quasiment jamais conscients de ce que nous faisons ou disons vraiment. Nous avons élaboré des défenses psychologiques qui nous permettent de croire aveuglément que nous savons ce qui convient le mieux à nos enfants, que nous savons exactement ce que nous faisons et pourquoi nous le faisons. La plupart d'entre nous serions choqués si une tierce personne neutre arrêtait soudainement le déroulement d'une action à un moment donné et l'éclairait de la perspective de l'enfant, ou éclairait les conséquences probables pour l'enfant de nos paroles ou de nos actes.

Prenons un exemple simple. Quand un parent appelle un enfant un « mauvais garçon » ou une « vilaine fille », selon toute vraisemblance, cela veut dire que ce parent n'aime pas ce que l'enfant est en train de faire. Mais, en fait, ce n'est pas ce qui est communiqué. Ce qui est communiqué est que l'enfant est « mauvais », « vilain ». Quand un enfant entend cela, il a tendance à le prendre au pied de la lettre. On vous dit que vous ne méritez pas l'amour. Ce message est très facilement intériorisé par l'enfant. Il est très facile de penser qu'il y a vraiment quelque chose qui cloche en vous. Parfois les parents disent carrément : « Je ne sais pas ce qui te prend ! »

Il est probable que le niveau de violence psychologique subtile perpétrée sur les enfants par les parents, les enseignants et d'autres adultes qui sont inconscients de leurs actions et des effets de ces actions sur l'estime de soi de ces enfants, dépasse de loin les proportions épidémiques d'abus physiques et psychologiques directs d'enfants dans notre société. Ces attitudes influencent également les personnes de génération en génération, dans leur perception d'elles-mêmes et de ce qu'elles considèrent comme possible dans leur vie. Nous portons les cicatrices de ces traitements sous la forme de connexions manquées. Nous essayons de compenser ces manques de nombreuses manières, pour nous sentir bien au fond de notre cœur. Mais jusqu'à ce que les blessures soient guéries plutôt que d'être recouvertes ou niées, nos efforts n'entraîneront vraisemblablement pas davantage d'harmonie intérieure ou une santé meilleure. Ils risquent bien plus de donner lieu à la maladie. Nous avons déjà vu quelques exemples de ceci.

UN MODÈLE DE CONNEXION ET DE SANTÉ

Le Dr Gary Schwartz, qui a été psychologue à l'université de Yale et l'est actuellement à l'université d'Arizona, a proposé un modèle qui attribue la raison principale de la maladie à la déconnexion et de la santé à la connexion. Son modèle se base sur une perspective de systèmes qui, comme nous l'avons vu au chapitre 12, considère les systèmes complexes de tous genres comme des « ensembles », plutôt que de réduire l'ensemble aux parties qui le composent et de ne considérer les parties que prises isolément. Le modèle du Dr Schwartz est un exemple de la façon dont le nouveau paradigme dans la science trouve une expression dans la médecine.

Nous avons vu au chapitre 12 que les systèmes vivants maintiennent un équilibre, une harmonie et un ordre internes par leur capacité à s'autoréguler par des boucles de rétroaction entre leurs fonctions et leurs systèmes particuliers. Nous avons vu que le rythme cardiaque varie avec le degré d'effort musculaire, et que nous mangeons quand nous avons faim. L'autorégulation est le processus par lequel un système maintien la *stabilité* de son fonctionnement et, en même temps, *l'adaptabilité* à de nouvelles circonstances. Cela inclut la régulation du flux d'énergie entrant et sortant du système, l'utilisation de cette énergie pour maintenir le système vivant et intact, dans un état dynamique complexe et toujours changeant, tandis qu'il interagit avec l'environnement. Afin de réaliser et de maintenir la condition d'autorégulation, les parties individuelles du système doivent transmettre l'information concernant leur état aux autres parties du système avec lesquelles elles interagissent. Cette information peut être utilisée pour réguler, en d'autres mots pour contrôler de façon sélective, le fonctionnement du réseau constitué par ces parties individuelles en vue du maintien de l'équilibre général du flux d'énergie dans le système dans son ensemble.

Le Dr Schwartz parle de *dérégulation* pour décrire ce qui arrive quand un système autorégulé normalement intégré, comme un être humain, n'est plus en équilibre par rapport à ses boucles de rétroaction. La dérégulation suit comme conséquence d'une rupture ou d'une *déconnexion* des boucles de rétroaction essentielles. Un système dérégulé perd sa stabilité dynamique, en d'autres termes, son équilibre intérieur. Il a tendance à devenir moins rythmique et plus *désordonné,* et est alors moins capable d'utiliser les boucles de rétroaction qui sont encore intactes pour se rétablir. Ce désordre peut être vu dans le comportement du système dans son ensemble, et en observant l'interaction de ses composantes. Le comportement désordonné d'un système vivant, comme une personne, est habituellement décrit médicalement comme une *maladie.* C'est le système particulier le plus dérégulé qui donnera à la maladie sa spécificité.

Le modèle du Dr Schwartz souligne que l'*inattention* est une cause majeure de déconnexion chez les gens, c'est-à-dire le fait de ne pas faire attention aux messages de retour de notre corps et de notre esprit, messages qui sont nécessaires pour leur fonctionnement harmonieux. Dans son modèle, l'inattention conduit à la déconnexion, la déconnexion à la dérégulation, la dérégulation au désordre et le désordre à la maladie.

Réciproquement, et de façon fort importante du point de vue de la guérison, le processus peut aussi se dérouler dans l'autre sens. *L'attention conduit à la connexion, la connexion à la régulation, la régulation à l'ordre, et l'ordre au bien-être*[1] (l'opposé de mal-être), ou plus familièrement, à la santé. Ainsi, sans entrer dans tous les détails psychologiques de nos boucles de rétroaction, nous pouvons simplement dire que la qualité des

1. En anglais l'auteur utilise ici le terme « *ease* », en l'opposant à « *disease* » utilisé dans les phrases précédentes pour signifier « maladie », et à « *dis-ease* », traduit ici par mal-être. *(N.d.T.)*

connexions en nous, et entre nous et le monde alentour, détermine notre capacité d'autorégulation et de guérison. De plus, la qualité de ces connexions est maintenue et peut être restaurée par l'attention portée aux rétroactions pertinentes.

Il devient ainsi important de se demander ce que signifie rétroactions pertinentes. À quoi cela ressemble-t-il ? Où devrions-nous diriger notre attention afin d'aller de la maladie au bien-être, du désordre à l'ordre, de la dérégulation à l'autorégulation, de la déconnexion à la connexion ? Quelques exemples concrets peuvent vous aider à saisir la simplicité et le pouvoir de ce modèle en termes pratiques, et à le relier à la pratique de la méditation.

Quand tout votre organisme, votre corps et votre esprit ensemble, est dans un état relativement sain, il prend soin de lui sans trop d'attention. Tout d'abord, presque toutes nos fonctions autorégulatrices sont sous le contrôle du cerveau et du système nerveux, et fonctionnent habituellement sans notre perception consciente. Nous ne souhaiterions d'ailleurs pas les contrôler consciemment dans la durée, même si c'était possible. Cela prendrait tout notre temps.

La beauté de notre organisme réside dans le fait qu'habituellement, notre biologie prend soin d'elle-même. Notre cerveau fait continuellement des ajustements dans tous nos systèmes organiques, en réponse aux feedbacks qu'il reçoit du monde extérieur et des organes eux-mêmes. Mais quelques fonctions vitales atteignent notre conscience et nous pouvons en prendre soin avec attention. Nos besoins fondamentaux en sont un exemple. Nous mangeons quand nous avons faim. Le message dans le sentiment « faim » vient de l'organisme. Nous mangeons, puis arrêtons de manger quand nous sommes rassasiés. Le message dans le sentiment

« rassasié » est le feedback du corps disant qu'il a eu assez. Ceci est un exemple d'autorégulation.

Si vous mangez pour d'autres raisons que parce que votre corps produit un message « faim », peut-être parce que vous vous sentez anxieux ou déprimé, émotionnellement vide ou insatisfait, si vous essayez de vous remplir de n'importe quelle façon possible, un manque d'attention à ce que vous êtes en train de faire et ses conséquences peuvent faire perdre sa régulation à votre système, spécialement si cela devient un schéma de comportement chronique. Vous pourriez finir par manger compulsivement, dépassant les messages de votre corps vous disant qu'il a eu suffisamment. Le simple processus consistant à vous alimenter quand vous avez faim et à vous arrêter quand vous êtes rassasié peut fortement se dérégler de cette façon et conduire à la maladie, aux fameux « troubles de l'alimentation » actuellement si courants dans nos sociétés postindustrielles.

La douleur et le sentiment d'être malades sont aussi des messages qui devraient nous inciter à faire attention, puisqu'ils nous connectent à d'importants besoins de l'organisme. Par exemple, si notre réponse à un mal d'estomac suite à l'ingestion répétée de certains aliments, en raison d'un stress ou de trop d'alcool, de tabagisme, est simplement de prendre des antiacides et de continuer à vivre de la même façon, nous ne tenons pas compte de ce message fort judicieux émis par notre corps. Au contraire, nous nous déconnectons de notre corps sans le savoir, outrepassant ses efforts pour rétablir l'équilibre et l'ordre. Par ailleurs, si nous entendons un tel message, nous allons probablement modifier notre comportement d'une façon ou d'une autre pour nous soulager et rétablir la régulation et l'ordre du système.

Nous reviendrons à toute cette question d'attention appropriée aux messages du corps au chapitre 21.

Quand nous recherchons l'aide des médecins, ils deviennent un élément de notre système de rétroactions. Ils sont attentifs à nos plaintes et à ce qu'ils peuvent détecter dans notre corps à l'aide des outils diagnostiques. Ils prescrivent alors le traitement qui leur semble adéquat pour reconnecter les boucles de rétroaction de l'organisme afin qu'il puisse à nouveau s'autoréguler. Et ce que nous leur disons des effets de leur traitement *leur* donne le feedback qui pourrait les amener à modifier leur approche, puisque nous sommes habituellement plus proches qu'eux de ce qui se passe dans notre corps.

Nous fonctionnons relativement bien sans attention car de très nombreuses connexions et boucles de rétroaction prennent soins d'elles-mêmes quand nous sommes relativement en bonne santé. Mais quand le système se déséquilibre, *le rétablissement de la santé nécessite de l'attention pour rétablir la connexion*. Nous devons être attentifs au feedback pour savoir si les réponses que nous apportons nous dirigent vers de la santé. Et même quand nous sommes relativement en bonne santé, plus nous nous accordons et établissons des connexions sensibles avec notre corps, avec notre esprit et avec le monde, plus nous augmentons nos chances de diriger le système dans son ensemble vers des niveaux plus grands encore d'équilibre et de stabilité. *Puisque les processus de guérison et de maladie peuvent être pensés comme se déroulant tout le temps en nous, leur équilibre relatif à tout moment de notre vie peut s'orienter vers la qualité d'attention que nous accordons à l'expérience de notre corps et de notre esprit, et le degré auquel nous pouvons établir un degré confortable de connexion et d'acceptation.*

⁂

La plupart d'entre nous sommes particulièrement sensibles soit à notre corps soit à nos processus de pensées. Ceci devient très clair quand nous commençons à pratiquer la *mindfulness*. Nous pouvons être surpris de la difficulté qu'il y a à simplement écouter le corps ou être attentif aux pensées en tant qu'événements. Quand nous travaillons systématiquement à diriger notre attention unifiée vers le corps, comme nous le faisons lors de la pratique du scan corporel, de l'assise ou du yoga, nous augmentons littéralement notre connexion à notre corps. Du coup, nous le connaissons mieux. Nous lui faisons davantage confiance et nous lisons ses signaux avec plus de justesse. Nous savons aussi à quel point il est bon de se sentir en harmonie avec son corps, dans un état de relaxation profonde. Nous apprenons également à réguler son niveau de tension volontairement, d'une façon impossible sans conscience.

La même chose est vraie pour nos pensées et pour nos sentiments, ainsi que pour notre relation à notre environnement. Quand nous sommes conscients du processus de la pensée lui-même, nous pouvons sans difficulté capter nos propres absences d'attention, les inexactitudes dans nos pensées et les comportements autodestructeurs qui peuvent souvent en découler. Comme nous l'avons vu, la grande illusion de séparation dans laquelle nous nous complaisons, couplée aux habitudes profondément conditionnées de notre esprit, les cicatrices que nous portons et notre manque général de lucidité peuvent entraîner des conséquences particulièrement toxiques, tant pour notre corps que pour notre esprit. En finale, nous pouvons nous sentir profondément inadéquats quand il nous faut faire face et vivre au cœur de la tourmente de notre vie.

D'autre part, plus nous sommes conscients de l'interconnexion de nos pensées et de nos sentiments, de l'interconnexion de nos choix et de nos actions dans le monde, plus nous pouvons développer une vision globale, plus nous serons efficaces face aux obstacles, aux défis et au stress.

Si nous souhaitons mobiliser nos ressources internes les plus puissantes pour nous aider à aller vers davantage de santé et de bien-être, nous devrons apprendre la manière d'y puiser face aux niveaux parfois accablants de stress dans lesquels nous sommes plongés. À cette fin, dans la partie suivante, nous examinerons ce que nous entendons en premier lieu par stress. Nous examinerons aussi nos façons habituelles d'y réagir, la façon dont le stress peut dérégler notre corps et même nos vies, et nous étudierons comment l'utiliser pour croître, guérir et trouver la paix au cœur de nous-mêmes.

Partie 3

LE STRESS

Chapitre 17

Le stress

Stress est le terme à la mode aujourd'hui pour évoquer la tourmente de notre vie. Tout concept qui couvre un si vaste champ de circonstances de vie, est inévitablement un tant soit peu complexe. La notion même de stress est cependant très simple. Elle réunit une large gamme de réponses humaines en un seul concept auquel les gens s'identifient fortement. Dès que je dis à quelqu'un que je travaille dans la réduction du stress, sa réponse est invariablement : « Oh, j'en aurais bien besoin. » Les gens savent exactement ce que cela veut dire, en tout cas pour eux.

Mais le stress se présente à de nombreux niveaux, et a de nombreuses origines. Nous en avons tous notre propre version, et ses détails peuvent changer sans cesse alors que son schéma général reste le même. Pour comprendre ce qu'est le stress dans son sens le plus large, et pour savoir comment y travailler de façon efficace, dans des circonstances nombreuses et variées, il est intéressant de l'envisager dans une perspective de systèmes. Dans ce chapitre, nous examinerons l'origine du concept de stress, différentes façons de le définir, ainsi qu'un principe harmonisant qui va nous aider à le gérer de façon plus efficace dans notre vie.

On peut penser au stress comme à une façon d'agir à différents niveaux, comprenant le niveau physiologique, le niveau psychologique et le niveau social. Comme vous vous y attendez sans doute, tous ces niveaux interagissent entre eux. Ces interactions multiples influencent l'état actuel de votre corps et de votre esprit dans des circonstances spécifiques. Elles influencent également la série d'options dont vous disposez pour faire face aux événements stressants et les gérer. Pour simplifier les choses, nous allons considérer ces différents niveaux séparément tout en gardant à l'esprit qu'ils sont interconnectés et forment les différents aspects d'un même phénomène.

Le docteur Hans Selye est le premier à avoir rendu populaire le terme *stress* dans les années 1950, en se basant sur son étude physiologique étendue sur les animaux blessés ou placés dans des conditions de stress inhabituelles ou extrêmes. Dans son usage populaire, ce mot est devenu un terme général connotant toutes les différentes pressions dont nous faisons l'expérience dans la vie. Malheureusement, cette façon d'utiliser le mot crée une confusion. Il ne précise pas en effet si le stress est la *cause* des pressions que nous sentons ou l'*effet* de ces pressions, ou, dit plus scientifiquement, si le stress est le stimulus ou la réponse. Nous disons souvent des phrases comme « Je me sens stressé », ce qui implique que le stress est ce dont nous faisons l'expérience en réponse à un événement extérieur, et, d'autre part : « J'ai eu beaucoup de stress dans ma vie », ce qui implique que le stress est un stimulus externe qui nous fait nous sentir d'une certaine façon.

Selye choisit de définir le stress comme une réponse, et il inventa un autre mot, *stressor*[1], pour décrire le stimulus ou l'événement qui a produit la réponse au stress. Il définit le stress comme « *la réponse non spécifique de l'organisme à toute pression ou requête* ». Dans sa terminologie, le stress est l'ensemble des réponses de votre organisme (esprit *et* corps) à tout agent stressant auquel vous êtes confronté. Mais le tableau est davantage compliqué par le fait qu'un stresseur peut être une circonstance ou un événement tant interne qu'externe. Par exemple, une pensée ou une émotion peuvent causer un stress et être de ce fait un agent stressant. Ou, dans d'autres circonstances, cette même pensée ou cette même émotion peuvent être une réponse à un stimulus externe et de ce fait être le stress lui-même.

Les effets combinés des facteurs externes et internes dans l'identification de la cause véritable de la maladie étaient très présents dans l'esprit de Selye quand il a développé sa théorie du stress et l'idée que les maladies pourraient trouver leur origine dans des tentatives ratées d'adaptation à des conditions stressantes. Trente ans avant l'émergence du champ de la psycho-neuro-immunologie, Selye était bien conscient que le stress pouvait compromettre l'immunité et, partant, la résistance aux organismes infectieux :

> *De façon significative, un stress accablant (causé par la faim, les tracas, la fatigue ou le froid prolongés) peut rompre les mécanismes protecteurs de l'organisme. Ceci vaut tant pour l'adaptation qui dépend de l'immunité chimique que pour celle qui est due à la riposte inflammatoire. C'est pour cette raison que tant de maladies ont tendance à devenir*

1. La traduction française en est « stresseur », couramment utilisée dans les milieux professionnels mais non encore acceptée par le Petit Robert. *(N.d.T.)*

rampantes pendant les guerres et les famines. Si un microbe est en nous ou près de nous tout le temps sans pour autant nous rendre malades tant que nous ne sommes pas soumis à un stress, quelle est la « cause » de notre maladie, le microbe ou le stress ? Je pense que tous les deux le sont – à proportions égales. Dans la plupart des cas, la maladie n'est due ni au germe en tant que tel, ni à nos réactions d'adaptation en tant que telles, mais à l'inadéquation de nos réactions contre le germe.

Le génie de la vision de Selye a été de souligner la non-spécificité de la réponse au stress. Il avança que l'aspect le plus intéressant et le plus fondamental du stress est que l'organisme connaît une réponse physiologique généralisée dans ses efforts d'adaptation aux demandes et aux pressions dont il fait l'expérience, quelles qu'elles soient. Selye appela cette réponse le *syndrome général d'adaptation* et y vit une voie par laquelle les organismes sont capables de maintenir la santé, même la vie elle-même, face à une menace, un traumatisme et un changement. Il souligna que le stress fait naturellement partie de la vie et ne peut être évité. En même temps cependant, le stress demande en finale que l'organisme s'adapte pour survivre.

Selye observa que, dans certaines circonstances, le stress pouvait mener à ce qu'il appela des maladies de l'adaptation. En d'autres termes, nos tentatives de réponse au changement et à la pression, quelle que soit leur source particulière, pourraient *en elles-mêmes* mener à la dépression et à la maladie si elles sont inadéquates ou déréglées. Il s'ensuit que plus nous portons notre attention sur *l'efficacité* de nos efforts pour gérer les stresseurs dont nous faisons l'expérience, plus nous serons capables de nous protéger d'un dérèglement, et peut-être d'éviter de nous rendre malades ou plus malades encore.

Comme nous l'avons vu dans la discussion des études du docteur Seligman sur l'optimisme et la santé, *ce n'est pas le stresseur potentiel lui-même mais la façon dont nous le percevons, puis la façon dont nous le gérons, qui déterminera s'il mènera ou pas au stress.* Nous savons tous cela de notre expérience personnelle. La plus petite chose peut parfois déclencher une réaction excessive en nous, complètement hors de proportion par rapport à l'événement lui-même. Cela risque plus de nous arriver quand nous sommes sous pression, quand nous nous sentons anxieux et vulnérables. En d'autres temps, nous serions capables de gérer non seulement les petits ennuis mais aussi les grandes urgences, sans quasiment aucun effort. À ces moments-là, vous pouvez peut-être ne même pas réaliser que vous êtes stressé. C'est peut-être plus tard seulement, quand l'événement sera passé, que vous sentirez les effets de ce que vous avez traversé, peut-être en vous sentant émotionnellement vidé ou physiquement épuisé.

Dans une certaine mesure, notre capacité à faire face aux stresseurs dépend de leur degré de virulence. À une extrémité du spectre se trouvent les stresseurs qui, s'ils ne sont pas évités, vont détruire la vie indépendamment de la façon dont nous les percevons. Parmi ceux-ci se trouvent les expositions à des niveaux élevés de produits chimiques ou de radiations toxiques ou la blessure par balle qui peuvent détruire les organismes vitaux. L'absorption de niveaux assez élevés d'énergie en tous genres dans le corps va tuer ou sérieusement abîmer tout organisme vivant.

À l'autre extrémité du spectre se trouvent de nombreuses forces qui nous touchent et qu'à peu près personne ne trouve fort stressantes. Nous sommes par exemple continuellement sujets à la gravitation terrestre, de même que nous sommes continuellement exposés au changement des saisons et des conditions météorologiques. Puisque la gravité nous affecte en permanence, nous avons tendance à ne pas la remarquer. Nous sommes à peine conscients de la façon dont nous nous y adaptons en faisant passer le corps d'une jambe à l'autre dans la position debout ou en nous adossant à un mur. Mais si vous travaillez huit heures d'affilée au même endroit, sur un sol en béton, vous serez très conscient du côté stressant de la gravité.

Bien sûr, à moins d'être monteur de charpentes métalliques, peintre de clochers, trapéziste ou de faire du saut à skis, le stress de la gravité est habituellement le moindre de vos soucis. Mais cela illustre le fait que certains agents stressants sont inévitables et que nous nous adaptons continuellement aux contraintes qu'ils imposent à notre corps. Comme l'a souligné Selye, ces stresseurs font naturellement partie de la vie. L'exemple de la gravité nous rappelle que, en lui-même et par lui-même, un stresseur n'est ni bon ni mauvais, c'est simplement la façon dont les choses sont.

Dans la vaste gamme intermédiaire des stresseurs, auxquels l'exposition n'est ni mortelle – comme des balles, une forte radiation ou du poison –, ni fondamentalement bénigne – comme la gravité –, une règle générale en fera ou pas une cause de stress psychologique. Elle peut s'énoncer ainsi : *le stress que vous allez connaître sera plus ou moins important selon la façon dont vous voyez les choses et dont vous les gérez.* Vous avez le pouvoir sur le point d'équilibre entre vos ressources internes pour faire face au stress et aux stresseurs, qui sont une part inévitable de la vie. En vous exerçant à cette compétence de façon consciente et intelligente, vous pouvez contrôler le degré de stress dont vous faites l'expérience. De plus, plutôt que d'avoir à inventer une nouvelle façon de gérer individuellement chaque stresseur se présentant dans votre vie, vous pouvez développer une façon de faire face au changement *en général*, aux problèmes *en général*, et aux pressions *en général*. Le premier pas, bien entendu, est d'abord de reconnaître quand vous êtes stressé.

La plus grande part des premières recherches sur les effets physiologiques du stress a été effectuée sur des animaux et ne faisait pas la distinction entre les composantes psychologiques et les composantes physiologiques de la réaction de stress. Les critiques de Selye soulignent, par exemple, que le dommage physiologique vu dans un animal forcé à nager dans de l'eau glacée pourrait être davantage dû à la terreur de l'animal qu'à des réactions purement physiologiques au froid ou à l'eau en tant que stresseurs. Selye avait peut-être mesuré les effets d'une réponse psychologique à une expérience nocive, plutôt qu'une réponse purement physiologique comme il le pensait. Ayant ceci à l'esprit, les chercheurs se mirent à examiner le rôle des facteurs psychologiques dans la réponse de stress, chez les animaux et chez les hommes. Ces efforts permirent de démontrer que les facteurs psychologiques constituaient une part importante de la réponse d'un animal aux stresseurs physiques. En particulier, il fut démontré que l'extension avec laquelle un animal reçoit des options pour répondre de manière efficace à un stresseur particulier influencent fortement l'importance du dérèglement physiologique et de la dépression qui se produisent suite à l'exposition à un agent stressant. Pour l'animal, le *contrôle*, un facteur psychologique, est un facteur-clé de protection contre une maladie induite par le stress.

Toutes nos connaissances sur le stress chez les êtres humains nous montrent que la même relation existe chez nous. (Souvenez-vous que le contrôle était un facteur majeur dans l'étude des résidents d'une maison de soins – l'expérience avec les plantes décrite au chapitre 16 –, ainsi que dans les travaux du Dr Kobasa sur la résilience psychologique, décrite au chapitre 15). Et, puisque les gens ont habituellement bien plus d'options psychologiques que les animaux de laboratoire, il semble logique qu'en devenant conscients de nos options dans des situations stressantes, et en étant conscients de la relevance et de l'efficacité de nos réponses dans ces situations, nous pouvons être capables d'exercer un contrôle considérable sur notre expérience de stress et, partant, d'influencer si elle va oui ou non conduire à la maladie.

Les études sur le stress effectuées sur des animaux, ont démontré l'extrême toxicité de l'*inopérance acquise*, un terme décrivant une condition dans laquelle nous découvrons que rien de ce que nous faisons n'est efficace. Mais si l'inopérance peut être acquise, le contraire est aussi possible, en tout cas par les êtres humains. Même s'il n'y a pas vraiment de moyens d'action *externe* à adopter, qui aient un effet significatif dans certaines circonstances extrêmement stressantes, nous autres, êtres humains, avons encore néanmoins de profondes ressources psychologiques *internes* qui peuvent nous faire sentir que nous sommes engagés et avons encore un certain contrôle, nous protégeant par là de la désespérance et du découragement. Ceci est certainement suggéré par les études menées par le docteur Antonovsky sur les survivants des camps de concentration.

Le Dr Richard Lazarus, célèbre chercheur sur le stress, et ses collègues de l'université de Californie à Berkeley, souligne que la façon la plus bénéfique de regarder le stress d'un point de vue psychologique, est peut-être de le considérer comme une transaction entre une personne et son environnement. Le Dr Lazarus définit le stress psychologique comme « *une relation particulière entre une personne et l'environnement, qui est évalué par la personne comme éprouvant ou dépassant ses ressources et mettant en danger son bien-être* ». Ceci signifie, comme nous l'avons déjà discuté, qu'un événement peut être plus stressant pour une personne, qui pour l'une ou l'autre raison a moins de ressources pour y faire face, que pour une autre personne, qui dispose de plus de ressources d'adaptation. Cela implique également que le sens donné à cette transaction déterminera si une situation est étiquetée comme stressante ou pas. Si vous évaluez ou interprétez un événement comme menaçant votre bien-être, il vous mettra alors à l'épreuve. Mais si vous le voyez différemment, le même événement peut alors ne pas être stressant du tout, ou l'être nettement moins.

Ceci est une bonne nouvelle parce qu'il y a habituellement de nombreuses manières de voir une situation particulière et de nombreuses manières potentielles de la gérer. Cela veut dire que la façon dont nous voyons, estimons et évaluons nos problèmes déterminera notre façon d'y répondre ainsi que la quantité de détresse dont nous ferons l'expérience. Cela implique également que nous pouvons avoir bien plus de contrôle sur des choses qui peuvent potentiellement nous stresser, que nous pourrions habituellement le penser. Alors qu'il y aura toujours de nombreux stresseurs potentiels dans notre environnement sur lesquels nous ne pouvons exercer de contrôle immédiat, *en changeant la façon dont nous nous voyons nous-mêmes en relation avec eux, nous pouvons en réalité changer notre expérience de la relation et, partant, modifier l'importance avec laquelle cela pèse sur nos ressources ou les dépasse et met en danger notre bien-être.*

La vision transactionnelle du stress psychologique implique également que vous pouvez être plus résistant au stress si vous construisez vos ressources et stimulez votre bien-être physique et psychologique en général (via l'exercice et la méditation, par exemple) au cours de périodes pendant lesquelles vous n'êtes pas particulièrement chargé ou submergé. Le mot *ressources* signifie vraiment cette combinaison de supports et de forces internes et externes qui nous aident à faire face à un champ mouvant d'expériences. Des membres de notre famille et des amis soutenants, l'appartenance à des groupes dont vous vous occupez sont autant d'exemples de ressources externes qui pourraient vous aider à adoucir vos expériences de stress. Les ressources internes pourraient comprendre vos croyances en votre capacité à gérer l'adversité, votre vision de vous-même en tant que personne, vos vues sur le changement, vos croyances religieuses ainsi que votre niveau de résilience, de sentiment de cohérence et de confiance interpersonnelle. Toutes ces qualités peuvent être renforcées, comme nous l'avons vu, par la pratique de la *mindfulness*.

Les individus résilients au stress disposent de plus de ressources pour faire face que d'autres personnes dans des circonstances similaires, car ils voient la vie comme un défi et jouent un rôle actif en essayant d'exercer un contrôle marquant. On peut dire la même chose des personnes qui ont un sentiment élevé de cohérence. De fortes convictions internes sur l'intelligibilité, la capacité à gérer et le sentiment de sens des expériences de vie sont des ressources internes puissantes. Les personnes qui cultivent de telles forces risquent moins de se sentir accablées ou menacées par les événements que celles disposant de moins de ressources de ce type. C'est également vrai pour tous les modèles cognitifs et émotionnels qui stimulent la santé que nous avons examinés au chapitre 15.

D'autre part, si nos réactions aux choses sont habituellement assombries par les émotions de peur, de désespoir ou de colère, ou par des motifs sous-jacents d'avidité et de méfiance, nos actions risqueront alors plus que vraisemblablement de créer des problèmes supplémentaires et de nous enfoncer davantage dans un trou, au point qu'il puisse devenir dur pour nous de voir comment sortir de ce qui semble de plus en plus accablant. Nous nous embourbons et nous nous enferrons. Ceci peut mener à des sentiments de vulnérabilité et d'impuissance.

Mais la définition du Dr Lazarus implique aussi que pour que quelque chose soit psychologiquement stressant, il doit être perçu comme une sorte de menace. Nous savons cependant d'expérience que nous sommes souvent *inconscients* du degré auquel nos relations à notre environnement intérieur et extérieur sollicitent nos ressources. Une grande partie de notre vie, par exemple, peut miner notre santé, nous épuiser physiquement et mentalement sans que nous le sachions consciemment. De plus, nos attitudes et nos croyances négatives sur nous, sur les autres et sur ce qui est possible peuvent également être des facteurs majeurs nous empêchant de croître, de guérir ou de gagner le contrôle en des temps difficiles. Elles aussi peuvent se situer sous notre niveau de lucidité consciente.

C'est précisément parce que la perception et l'évaluation, ou le manque de perception et d'évaluation, jouent un rôle important dans notre capacité à nous adapter et à répondre de façon appropriée au changement, à la douleur et aux menaces de notre bien-être, que notre meilleur moyen pour gérer le stress efficacement, *en tant qu'individus*, est de *comprendre* ce que nous traversons. Nous pouvons y arriver le mieux, en cultivant notre capacité à percevoir notre expérience dans son contexte global, comme nous l'avons fait avec le problème des neuf points au chapitre 12. De cette façon, nous pouvons discerner les relations et les rétroactions dont nous pouvons n'avoir pas été conscients avant. Ceci nous permet de voir notre situation dans la vie plus clairement et, du coup, d'influencer le niveau de stress associé à nos réactions habituelles dans les situations difficiles. Cela nous libère aussi de la forte emprise de nos nombreuses croyances inconscientes qui, en définitive, empêchent notre croissance. Il peut donc être particulièrement utile de garder à l'esprit d'instant en instant que ce ne sont pas tant les éléments stressants de notre vie, mais la façon dont nous les voyons et ce que nous en faisons, qui déterminent le degré auquel nous sommes à leur merci. Si nous parvenons à changer notre façon de voir, nous pouvons changer notre façon de répondre.

CHAPITRE 18

Le changement : une chose dont vous pouvez être sûr

Le concept de stress suggère que, d'une façon ou d'une autre, nous faisons continuellement face à la nécessité de nous adapter à toutes les différentes pressions que nous rencontrons dans la vie. Fondamentalement, cela signifie s'adapter au *changement.* Si nous pouvons apprendre à voir le changement comme une part intégrante de la vie et non pas comme une menace pour notre bien-être, nous serons en bien meilleure position pour faire face efficacement au stress. La pratique méditative elle-même nous met face à l'expérience indéniable du changement continuel à l'intérieur de notre mental et de notre corps, pendant que nous observons nos pensées, nos sentiments, nos sensations, nos perceptions et nos impulsions en constant changement. Ceci seul devrait suffire à nous démontrer que nous vivons immergés dans une mer de changements, que ce que nous choisissons pour nous centrer, quoi que ce soit, change d'un moment à l'autre, s'en va et s'en vient.

Même la matière inanimée est sujette à un changement continuel : les continents, les montagnes, les roches, les plages, les océans, l'atmosphère, la terre elle-même, même les étoiles et les galaxies, tout change au fil du temps, tout évolue et est évoqué en termes de naissance et de mort. Nous, les êtres humains, vivons un temps si bref, relativement parlant, que nous avons tendance à penser à ces choses comme permanentes et immuables. Mais elles ne le sont pas. Rien ne l'est.

Si nous considérons les forces majeures qui atteignent notre vie, la première chose que nous devrons reconnaître est que rien n'est absolument stable, même lorsque nos vies semblent être « dans ses lignes d'eau ». Le simple fait d'être vivant signifie être dans un état continu de flux. Nous aussi, nous évoluons. Nous connaissons une série de changements et de transformations auxquels il est difficile d'attribuer un début et une fin exacts. Nous émergeons sous la forme d'individus séparés provenant d'un courant d'êtres nous ayant précédés, dont nos parents ne sont que les représentants les plus récents. Et, à un certain point habituellement inconnu de nous, notre vie en tant qu'individu séparé arrive à son terme. Mais, à la différence de la matière inanimée et de la plupart des choses vivantes, nous connaissons le caractère inévitable du changement et de notre propre mort. Nous sommes capables de penser aux changements dont nous faisons l'expérience, de nous émerveiller à leur sujet et même de les craindre.

Considérez simplement les changements physiques que nous traversons. Au cours de notre vie, le corps est constamment en train de changer. Une vie humaine individuelle commence son voyage en tant que cellule unique, l'œuf humain fertilisé. Cette entité microscopique contient toutes les informations nécessaires pour devenir un nouvel être humain. Tandis qu'elle descend dans la trompe de Fallope et se niche dans la paroi de l'utérus, elle commence à se diviser : cette cellule unique en devient deux, puis ces deux cellules se divisent pour se retrouver à quatre, puis ces quatre cellules se divisent pour être à huit, etc. Tandis que les cellules continuent à se diviser, elles se développent progressivement et passent d'une masse informe à une sphère creuse. Dans cette sphère creuse qui va devenir un corps, les cellules du sommet diffèrent légèrement des cellules du bas. La sphère croît au fur et à mesure que les cellules continuent à se diviser. Ce faisant, elle change aussi de forme. Elle se replie sur elle-même, créant différentes couches et régions qui, en finale, se différencient en tissus et en organes spécialisés remplissant différentes fonctions : les os et les nerfs, les muscles et la peau, tous les organes internes et les systèmes organiques, les yeux, les oreilles, le nez, la langue, les cheveux et les dents.

La mort fait cependant partie du processus, même dans les toutes premières étapes de développement du corps. Parmi les cellules prévues à l'origine pour former les structures des mains et des pieds, certaines meurent de façon sélective. Elles donnent ainsi naissance aux espaces entre les doigts et entre les orteils pour que nous ne nous retrouvions pas avec des palmes au bout des bras et des jambes. De même, de nombreuses cellules du système nerveux meurent avant notre naissance si elles ne rencontrent pas d'autres cellules avec lesquelles se connecter. Même au niveau cellulaire, la connexion au tout semble revêtir une importance vitale.

Lors de notre naissance, notre corps consiste en plus de dix trillions de cellules, chacune faisant son job, toutes plus ou moins à la bonne place. Nous naissons alors entiers, prêts pour les transformations incessantes que nous allons connaître durant la petite enfance, l'enfance, la préadolescence, l'adolescence et le début de l'âge adulte. De plus, si nous sommes réceptifs à cette idée, la croissance, le développement et l'apprentissage ne doivent pas s'arrêter au début de l'âge adulte. En fait, rien ne nous oblige jamais à arrêter de croître et d'apprendre.

Tout au bout de ce processus ininterrompu, si nous arrivons jusque-là, notre corps vieillit et meurt. La mort fait partie de sa nature. La vie des individus arrive toujours à un terme, même si le potentiel de vie se poursuit dans le flux des gènes et l'émergence de nouveaux membres de la famille et de l'espèce.

Le fait est que la vie change tout le temps dès le départ. Notre corps change de multiples façons tandis que nous grandissons et que nous nous développons d'une étape à l'autre de la vie. La même chose vaut pour notre vision du monde et de nous-mêmes. Entre-temps, l'environnement externe dans lequel nous vivons est également en mouvement continuel. En fait, rien n'est permanent ni éternel, même si certaines choses en ont l'air tant elles changent lentement.

⁂

Les organismes vivants ont développé des moyens impressionnants de se protéger de toutes les fluctuations imprévisibles de leur environnement et de préserver les conditions internes de base de la vie contre des changements trop importants. Le concept de stabilité biochimique intérieure a été articulé au départ par Claude Bernard, physiologiste français du XIXe siècle. Il avait émis l'hypothèse que le corps a développé des mécanismes régulateurs finement ajustés. Ils sont contrôlés par le cerveau, et passent par le système nerveux et la sécrétion d'hormones messagères dans la circulation sanguine, qui s'assurent du maintien dans tout le corps des conditions nécessaires au fonctionnement optimal de ses cellules, en dépit de fortes variations de l'environnement. Ces fluctuations peuvent comprendre des changements de température, le manque de nourriture pendant de longues périodes de temps, et bien entendu des menaces de prédateurs et de concurrents. Les réponses régulatrices, toutes accomplies via des boucles de rétroaction, préservent l'équilibre dynamique interne, appelé *homéostasie*, en maintenant dans certaines limites les fluctuations correspondantes de l'organisme. La température du corps est régulée de cette façon, tout comme le sont les concentrations d'oxygène et de glucose dans le sang.

Nous avons développé des pulsions et des instincts qui assurent l'homéostasie en dirigeant nos comportements vers la satisfaction des besoins de notre corps. Dans cette catégorie se trouvent des instincts comme la soif quand le corps a besoin d'eau, et la faim quand le corps a besoin de nourriture. Nous pouvons bien entendu également régler en partie notre état physiologique par nos actions conscientes, par exemple en enfilant ou en enlevant un vêtement selon la température extérieure, ou encore en ouvrant une fenêtre pour rafraîchir la température d'une pièce.

Ainsi, alors que le changement constant est la marque de fabrique du monde extérieur, y compris l'environnement tant naturel que social, nos corps sont protégés dans une large mesure des changements extérieurs. Nous avons des mécanismes internes qui stabilisent notre « chimie intérieure » et augmentent nos chances de survie dans des conditions changeantes. Nous avons aussi des mécanismes internes de réparation. Grâce à eux, les erreurs biologiques peuvent être reconnues et corrigées, les cellules cancéreuses détectées et neutralisées, les os fracturés reconsolidés. Ils permettent aussi que le sang se coagule sur une blessure et que les blessures se referment et guérissent.

Ces voies régulatrices fonctionnent en réponse à des signaux spécifiques de l'organisme, le langage interne chimique de notre corps. Nous n'avons jamais à penser à la chimie de notre foie. Heureusement pour nous, il s'autorégule. Nous n'avons jamais à penser à inspirer : l'inspiration se fait d'elle-même. Nous n'avons pas à nous souvenir que notre glande pituitaire doit sécréter de l'hormone de croissance selon un agenda précis pour que nous grandissions et arrivions à la bonne taille à l'âge adulte. Et, quand nous nous sommes coupés ou blessés, nous n'avons pas à veiller à ce que le sang coagule pour former une croûte ou à ce que la peau dessous guérisse.

D'autre part, si nous abusons du système, par exemple en buvant plus d'alcool que ne peut le supporter le corps, nous devrons peut-être penser plus tard à notre foie. Mais à ce stade-là, il sera peut-être déréglé au-delà de toute réparation possible. La même chose vaut pour le tabagisme et les poumons. Même avec des capacités de réparation élaborées et des systèmes protecteurs et purificateurs incorporés, le corps ne peut intégrer tous les abus.

⁂

Nous pouvons trouver rassurant de savoir que notre corps a des mécanismes très robustes et résilients, développés au cours de millions d'années d'évolution, pour garder sa stabilité et sa vitalité face aux changements constants. Dans notre vie, cette résilience et cette stabilité biologiques sont un allié majeur quand nous sommes confrontés au stress et aux changements. Il est utile de nous rappeler que nous avons toutes les raisons de faire confiance à notre corps et de travailler en harmonie avec lui et non contre lui.

Comme nous l'avons vu, Hans Selye a souligné qu'une vie sans stress est impossible, que le processus de la vie lui-même implique une dégradation normale associée au besoin de s'adapter à un environnement extérieur et intérieur changeant. La question qui nous concerne est la suivante : combien de dégradations faut-il ?

Dans les années 1960, des chercheurs commencèrent à étudier s'il y avait une relation entre le nombre de changements qu'une personne connaît au cours d'une année et l'état ultérieur de sa santé. Le docteur Thomas Holmes et le docteur Richard Rahe de la faculté de médecine de l'université de Washington ont établi une liste de changements de vie, y compris le décès d'un(e) époux(se), un divorce, un emprisonnement, une blessure ou une maladie, le mariage, un licenciement, la retraite, une grossesse, des problèmes sexuels, la mort d'un membre de la famille ou d'un ami proche, un changement de travail ou de responsabilités professionnelles, un changement dans les habitudes personnelles, un départ en vacances et l'achat d'un billet de transport en commun. Ils classèrent ces « événements de vie » selon le degré d'ajustement requis d'après eux, et leur donnèrent une valeur numérique arbitraire, allant de 100 pour la mort du conjoint à 11 pour une violation mineure de la loi. Ils virent qu'un score élevé sur l'index des changements de vie était plus associé qu'un score bas à un risque élevé de maladie dans l'année à venir. Ceci suggéra que le changement en lui-même pouvait prédisposer une personne à la maladie.

De nombreux changements de vie de leur liste, comme le mariage, une promotion ou un exploit personnel, sont habituellement considérés comme des occasions « heureuses ». Ils y sont repris car des événements qui peuvent apparaître comme « positifs » sont néanmoins de profonds changements de vie. Ils requièrent notre adaptation et sont de ce fait stressants. Dans la terminologie de Selye, il y a des exemples d'*eustress* ou « bon stress ». S'ils conduisent plus tard au *distress*[1] dépendra dans une large mesure de la façon dont vous vous y adaptez, ce qui s'articule avec l'importance que vous leur accordez et l'évolution de cette importance au fil du temps. Si vous vous ajustez facilement, *l'eustress* est alors relativement inoffensif et bénin ; il ne menace pas d'alourdir ou de submerger votre capacité à gérer les changements. Mais il est très facile de voir qu'un changement de vie positif peut se transformer *d'eustress* en *distress* quand l'adaptation aux nouvelles circonstances se fait difficilement.

Vous pouvez par exemple avoir attendu de prendre votre retraite pendant des années et être heureux au début de celle-ci, en appréciant de pouvoir enfin vous lever à l'aise et rester chez vous. Mais, après un certain temps, il se peut que vous ne sachiez plus que faire de tout ce temps. Il se peut que vous regrettiez la connexion que vous sentiez pendant votre vie professionnelle. À moins de former de nouvelles connexions et de trouver de nouvelles occasions de donner du sens à votre vie, vous pouvez avoir des difficultés à vous *adapter* à cet important changement de vie, qui s'avérerait en finale et contre toute attente, être une source de stress.

1. L'auteur oppose ici *eustress* et *distress*, qui signifie littéralement détresse, désolation, pris ici dans le sens de « mauvais stress » par opposition à « bon stress ». *(N.d.T.)*

Le taux élevé de divorces dans notre société atteste le fait qu'une occasion heureuse de mariage peut également mener à une détresse et à une souffrance majeures. C'est particulièrement ainsi si les partenaires étaient à la base moins que compatibles, ou s'ils ne peuvent s'ajuster aux changements dus à la vie de couple, lesquels changements comprennent bien entendu de permettre la croissance et le changement de vous-même et de l'autre. Le stress d'un mariage est renforcé si le couple est incapable de s'ajuster aux énormes demandes de la parentalité et aux changements de rôles qu'elle apporte dans le style de vie. Le stress positif dû au fait d'avoir des enfants peut facilement se transformer en stress négatif, voire pire. Ceci vaut pour les promotions professionnelles, la fin des études, l'âge et tous les autres changements de vie positifs, qui demandent de s'adapter au changement lui-même.

La signification que les changements de vie peuvent avoir pour vous dépendra fortement du contexte global. Si votre relation de couple a été marquée par la misère, l'exploitation ou l'aliénation, si votre épouse ou votre époux a souffert d'une maladie longue et destructrice, la valeur de sa mort peut varier grandement et la difficulté à vous y ajuster être plus différente que si la mort était arrivée soudainement dans une relation extrêmement proche. D'assigner à « mort du conjoint » 100 points dans tous les cas, comme l'ont fait les docteurs Holmes et Rahe, ne tient pas compte de la signification de l'expérience pour le conjoint survivant et du degré d'ajustement ou d'adaptation qu'il devra en conséquence fournir.

Ce ne sont pas seulement les moments décisifs de notre vie qui exigent que nous nous adaptions. Nous rencontrons chaque jour une série de circonstances et d'obstacles modérément importants à insignifiants que nous devons gérer, bon gré mal gré, et que nous pouvons transformer en problèmes bien plus grands que nécessaires si nous perdons notre capacité de prendre du recul et notre équilibre d'esprit.

⁂

L'effet final sur notre santé de l'ensemble du stress psychologique dépend dans une large mesure de la façon dont nous percevons le changement en lui-même, dans ses diverses formes. Il dépend également du degré d'habileté que nous avons pour nous adapter à ce changement continuel tout en maintenant notre propre équilibre intérieur et notre sentiment de cohérence. Ceci dépend à son tour de l'importance que nous attribuons aux événements et de nos croyances à propos de la vie et de nous-mêmes. Ceci dépend aussi particulièrement du degré de conscience que nous pouvons diriger vers nos réactions habituellement inconscientes et automatiques, quand nos « boutons » sont activés. C'est ici, dans nos réactions corps-esprit aux circonstances stressantes de notre vie, que la pleine conscience a le plus besoin d'être utilisée, ainsi que son pouvoir de transformer la qualité de notre vie.

Chapitre 19

Pris dans la réactivité au stress

Les êtres humains sont en fait remarquablement résilients au stress. D'une façon ou d'une autre nous parvenons à persévérer, à survivre et à avoir nos instants de plaisir, de paix et de plénitude. Nous pouvons faire face et résoudre des problèmes avec expertise. Nous faisons face par nos prières et nos croyances religieuses, par nos engagements et les diversions qui nourrissent nos besoins de joie, d'appartenance et d'ouverture au monde. Nous faisons face et sommes soutenus en partageant l'amour et en recevant des encouragements et du support de notre famille et de nos amis.

En même temps toutefois, notre équilibre physiologique/psychologique, si stable soit-il, peut être poussé vers le dérèglement ou le désordre s'il est chargé au-delà de sa limite à répondre et à s'adapter. La santé peut être minée par des schémas comportementaux incrustés depuis toujours, qui renforcent et exacerbent les pressions de la vie auxquelles nous sommes continuellement confrontés. En finale, nos réactions automatiques déterminent dans une large mesure l'intensité de notre stress. Les réactions automatiques, déclenchées inconsciemment, renforcent et exacerbent habituellement le stress, rendant bien pires des problèmes qui autrement seraient restés fondamentalement simples. Elles nous empêchent de voir clairement, de résoudre nos problèmes de façon créative et d'exprimer nos émotions efficacement. En finale, elles nous empêchent de trouver la paix de l'esprit. Au lieu de cela, chaque fois que nous réagissons, nous stressons plus encore notre équilibre interne. Une réactivité inconsciente de toute une vie augmentera probablement de façon significative notre risque d'effondrement et de maladie.

Imaginez un instant que vous êtes la personne représentée au centre de la figure 9. Les stresseurs externes (petites flèches en haut du dessin) sous toutes les formes – biologiques, physiques, sociales, économiques et politiques – qui pèsent sur nous et génèrent des changements dans notre corps, dans notre vie et dans notre statut social, ont un impact sur nous.

De l'intérieur, notre esprit ne change pas seulement de réponse à notre perception de ces forces externes, il génère également ses propres énergies réactives, exerçant d'autres pressions et sollicitations sur l'organisme. Dans la figure 9, elles sont appelées « événements stressants internes » (petites flèches dans l'encadré). Comme nous l'avons vu, même nos pensées et nos sentiments peuvent être des stresseurs majeurs s'ils alourdissent ou dépassent notre capacité à répondre efficacement. Ceci est vrai, même si la pensée ou le sentiment ne correspondent pas à la « réalité ». Par exemple, la simple *pensée* que vous avez une maladie mortelle peut causer un stress considérable et être invalidante, même si elle ne tient absolument pas la route.

Certains stresseurs nous affectent pendant des longues périodes. Nous les appelons des *stresseurs chroniques*.

Soigner par exemple un membre de la famille impotent est une forme de stress chronique. D'autres stresseurs vont et viennent au cours de périodes de temps relativement courtes. Nous les appelons des *stresseurs aigus*. Des échéances, comme la date de remise de votre déclaration fiscale, donnent un exemple de ce genre de pression.

Certains stresseurs sont hautement prévisibles, comme les impôts. D'autres le sont moins, comme un accident ou d'autres choses qui arrivent de façon inattendue et que vous devez gérer. Dans la figure 9, les petites flèches représentent tous ces stresseurs internes et externes, tant aigus que chroniques, dans la mesure où ils peuvent être sentis *à tout moment*. Le schéma de la personne représente tous les aspects de votre être, la totalité de votre organisme – corps *et* esprit. Ceci inclut l'ensemble de vos systèmes organiques, dont quelques-uns seulement sont nommés, le système cardiovasculaire, le système musculo-squelettique, le système nerveux, le système immunitaire, le système digestif, ainsi que le sens psychologique courant de vous-même en tant que personne, y compris vos perceptions, vos croyances, vos pensées et vos sentiments.

Quand vous êtes stressé au point que votre esprit identifie une menace pour votre être, que ce soit pour votre bien-être physique ou pour votre intégrité psychique, vous allez habituellement réagir d'une façon particulière. Si cette menace est passagère, ou s'avère en réalité négligeable quand vous la réévaluez l'instant suivant, il n'y aura alors pas de réaction, ou une réaction minimale. Mais si le stresseur est fort chargé pour vous sur le plan émotionnel, ou si vous le considérez comme menaçant, vous traverserez alors une sorte de *réaction d'alarme* automatique.

La réaction d'alarme est la façon dont notre corps sonne le branle-bas de combat en vue d'une action

FIGURE 9

LE CYCLE DE RÉACTION AU STRESS

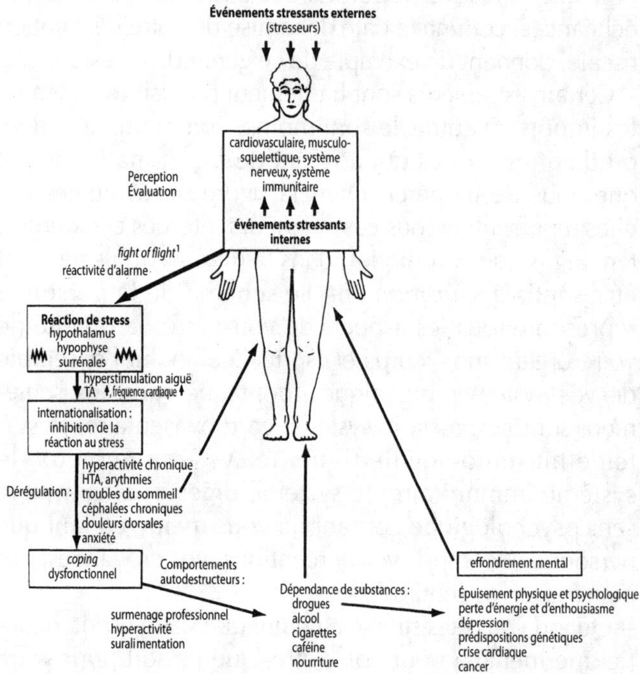

défensive ou agressive. Dans les situations menaçantes, cette réaction peut nous aider à nous protéger et à maintenir ou à récupérer le contrôle. Notre système nerveux est « remonté » pour travailler de cette façon dans certaines circonstances. La réaction d'alarme nous permet

1. Attaquer ou fuir. *(N.d.T.)*

de faire appel au plein pouvoir de toutes nos ressources internes dans des situations qui menacent notre vie.

Walter B. Cannon, grand physiologiste américain qui travailla à la faculté de médecine de Harvard au début du siècle précédent et qui composa le terme *homéostasie* pour décrire la stabilité interne de notre physiologie, étudia la physiologie de cette réaction d'alarme dans une série de systèmes expérimentaux. Dans l'une d'elle, il étudia ce que vit un chat menacé par un chien qui aboie. Cannon appela la réaction du chat la réaction de lutte ou de fuite[1] car les changements physiologiques que connaît l'animal sont ceux que le corps mobilise pour lutter ou pour fuir.

Les êtres humains passent par la même réaction physiologique que les animaux. Quand nous nous sentons menacés, la réaction de lutte ou de fuite survient presqu'instantanément. Le résultat est un état *d'hyperstimulation* physiologique et psychologique, caractérisé par une forte tension des muscles et par de fortes émotions, qui peuvent varier de la terreur, de la peur ou de l'anxiété à la rage ou à la colère. La réaction *fight-or-flight* déclenche une cascade très rapide de réactions au sein du système nerveux et la libération d'hormones de stress, dont la plus célèbre est *l'adrénaline*, qui sont lâchées en réponse à une menace aiguë immédiate. Ceci conduit à des perceptions accrues de nos sens, de manière à ce que nous puissions enregistrer autant d'informations pertinentes que possible et aussi rapidement que possible : les pupilles de nos yeux se dilatent pour laisser entrer davantage de lumière, les poils de notre corps se dressent pour nous rendre plus sensibles aux vibrations. Nous devenons très attentifs et sommes

1. La *fight-or-flight reaction. (N.d.T.)*

sur le qui-vive. Le débit cardiaque est majoré d'un facteur quatre à cinq par une augmentation de la fréquence cardiaque et de la force de contraction du muscle cardiaque (et par là de la tension artérielle), si bien que davantage de sang et donc d'énergie peuvent être délivrés vers les muscles des bras et des jambes, qui seront sollicités si nous avons à lutter ou à fuir.

En même temps, le flux de sang vers le système digestif s'arrête, de même que la digestion elle-même. Après tout, si vous êtes sur le point d'être mangé par un tigre, il n'y a aucun intérêt à continuer à digérer la nourriture de votre estomac. Elle sera aussi bien digérée par l'estomac du tigre si vous êtes attrapé. Tant le combat que la fuite requièrent que vos muscles disposent d'autant de sang que possible. Vous pouvez ressentir cette réorientation de votre flux sanguin en temps de stress comme si vous aviez des « papillons dans l'estomac ».

Tous ces changements dans votre corps et au niveau de vos émotions surviennent suite à l'activation d'une partie particulière de ce qu'on appelle le *système nerveux autonome* (SNA). Le système nerveux autonome est cette partie de votre système nerveux qui régule les états internes de votre corps comme votre rythme cardiaque, votre tension artérielle et votre digestion. La partie du système autonome qui est stimulée dans la réaction *fight-or-flight* est connue sous le nom de système *orthosympathique*. Elle a pour fonction d'accélérer les choses. L'autre partie, appelée *système parasympathique*, agit comme un frein. Elle a pour fonction de ralentir et de calmer les choses.

L'hypothalamus contrôle l'activité de ces deux branches. C'est l'interrupteur de contrôle en chef du système nerveux autonome. L'hypothalamus est une glande qui fait elle-même partie de ce qu'on appelle le *système limbique*, une région située profondément dans le cerveau. Le système limbique peut être vu comme le « siège de nos émotions ». Via l'hypothalamus, il a des connexions non seulement avec le système nerveux autonome mais aussi avec le système endocrinien et avec notre système musculo-squelettique. Ces circuits interconnectés permettent à nos émotions et à nos systèmes organiques de répondre de façon coordonnée et intégrée aux événements extérieurs.

Le système limbique est responsable, entre autres, de la régulation de nos états corporels internes ainsi que de nos émotions et de nos besoins profonds. C'est un des centres de contrôle importants de nos mécanismes biologiques régulateurs. Quand il déclenche le système nerveux sympathique par la stimulation de zones spécifiques de l'hypothalamus, il en résulte une décharge massive de signaux nerveux qui influencent le fonctionnement de chaque système organique de notre corps. Ceci s'accomplit de deux manières : l'une par des connexions neuronales directes (cellule nerveuse) vers l'ensemble des organes internes, l'autre par la sécrétion d'hormones et de neuropeptides dans la circulation sanguine. Certaines hormones sont sécrétées par les glandes, d'autres par des cellules nerveuses (appelées neuropeptides), d'autres encore par les deux. Ces hormones et ces neuropeptides sont des messagers chimiques qui voyagent dans le corps entier pour transmettre l'information et déclencher des réponses spécifiques de différents groupes cellulaires et tissus. Quand ils arrivent à leur cible, ils se lient à des molécules réceptrices spécifiques et transmettent leur message. On pourrait les comparer à des clés chimiques activant ou désactivant des cascades spécifiques dans l'organisme. Il se peut que toutes nos émotions et tous nos sentiments dépendent de la sécrétion de neuropeptides spécifiques sous différentes conditions.

Certains de ces messagers hormonaux sont libérés dans le cadre de la réaction de lutte ou de fuite. L'adrénaline et la noradrénaline par exemple sont libérées dans la circulation sanguine par la *médullosurrénale* (partie des glandes surrénales située au-dessus des reins) quand les glandes surrénales sont stimulées par des signaux de l'hypothalamus via les circuits nerveux sympathiques. Ces hormones vous donnent le « rush » et la sensation de plus de puissance dans des situations d'urgence que nous avons appelées « réaction au stress » à la figure 9. De plus, la glande hypophyse est également stimulée quand nous sommes stressés. Elle déclenche la libération d'autres hormones (certaines venant d'une zone des glandes surrénales appelée la *corticosurrénale*) qui font également partie de la réaction au stress.

⁂

L'histoire d'Arnold Lemerand illustre le pouvoir remarquable inhérent à la réaction au stress. Un fait divers de l'édition du *Boston Globe* du 1er novembre 1980 raconte ceci :

Arnold Lemerand, habitant à Southgate, Michigan, est âgé de 56 ans et a eu un infarctus il y a six ans. Il en résulte qu'il n'aime pas soulever des objets lourds. Mais cette semaine, quand Philip Toth, âgé de 5 ans, a été coincé sous une buse en fer près d'une plaine de jeux, Lemerand souleva facilement la buse et sauva la vie de l'enfant. En la soulevant, Lemerand se dit que la buse devait peser 150 à 180 kilos. Elle en pesait en réalité 800, presque une tonne. Après coup,

Lemerand, ses grands fils, les journalistes et la police essayèrent de soulever la buse mais n'y arrivèrent pas.

Cette anecdote illustre le pouvoir de la réaction *fight-or-flight* et la poussée d'énergie qu'elle fournit dans les situations mettant la vie en danger. Elle montre également qu'en réalité, dans l'urgence, vous ne vous arrêtez pas pour penser. Si M. Lemerand avait pensé au poids de la buse avant d'essayer de la soulever, ou à l'état de son cœur, il n'aurait probablement pas été capable de la soulever. Mais la nécessité d'agir dans une situation dangereuse déclencha un état immédiat d'hyperstimulation. Dans cet état, sa pensée fut arrêtée pendant un instant et l'action pure prit le dessus. Mais quand la menace fut passée, il fut incapable de refaire la même chose, même solidement aidé.

Il est facile de voir la façon dont la réaction de lutte ou de fuite peut augmenter les chances de survie d'un animal dans un environnement dangereux et imprévisible. Cela marche comme cela pour nous. La réaction *fight-or-flight* nous aide à survivre quand nous nous trouvons dans des situations qui menacent notre vie. Ce n'est donc pas mal du tout d'avoir cette capacité vitale. L'ennui, c'est quand nous ne pouvons pas la contrôler ni l'utiliser de façon constructive, et qu'elle commence à nous contrôler.

La réaction de lutte ou de fuite peut être déclenchée chez les animaux quand ils rencontrent des spécimens d'une espèce différente. Elle entre aussi en jeu quand les animaux défendent leur position sociale au sein de leur propre espèce, et quand ils défient le statut social d'un autre animal de leur groupe. Quand la position sociale d'un animal est défiée, la réaction de lutte ou de fuite est libérée et les deux animaux en question se battent jusqu'à ce que l'un d'eux se soumette ou s'en aille. Une fois qu'un animal s'est soumis à un autre, il « connaît sa place » et ne continue pas à avoir la même réaction chaque fois qu'il est défié. Il se soumet facilement.

Dans les situations de stress ou de conflit social, les gens disposent de bien plus de choix mais sont malgré tout souvent pris dans ces mêmes patterns de soumission, de fuite ou de lutte. Nos réactions en société ne sont souvent pas très différentes de celles des animaux. Cependant, des animaux de la même espèce s'entretuent rarement dans les conflits sociaux, contrairement aux êtres humains.

Une grande partie de notre stress vient des menaces, réelles ou imaginaires, envers notre statut social, pas envers notre vie. *Mais la réaction fight-or-flight entre en jeu même quand la situation que nous rencontrons ne met pas notre vie en péril. Il suffit simplement que nous nous sentions menacés.*

En provoquant chez nous une réaction si rapide et si automatique, la réaction de lutte ou de fuite nous crée souvent des problèmes dans le domaine social, plutôt que de nous donner davantage d'énergie pour résoudre nos problèmes. Jusqu'à un certain point, tout ce qui menace notre sens du bien-être peut la déclencher. Si notre statut social est menacé, ou notre ego, ou nos croyances profondes, ou encore notre désir de contrôler les choses ou de les voir se dérouler d'une certaine façon (à « ma » façon par exemple), le système nerveux sympathique alors se déchaîne. Nous pouvons être catapultés, vouloir ou pas, dans un état d'hyperstimulation, de lutte ou de fuite.

⁂

Malheureusement, l'hyperstimulation peut devenir un état permanent. Beaucoup de nos patients commencent par se décrire « tout le temps » tendus et anxieux. Ils souffrent de tensions musculaires chroniques, habituellement dans les épaules, le visage, le front, les mâchoires et les mains. Chacun semble avoir ses zones propres de stockage des tensions musculaires. Le rythme cardiaque est souvent élevé dans un état d'hyperstimulation chronique. Vous pouvez vous sentir tremblant à l'intérieur, sentir des « papillons » dans l'estomac, sentir des battements irréguliers du cœur ou des palpitations, ou encore avoir les paumes des mains moites de façon chronique. Une envie de fuir peut survenir fréquemment, tout comme des impulsions à se mettre en colère ou à se disputer et à se battre.

Ce sont à coup sûr des réponses classiques à des situations quotidiennes stressantes, et pas simplement à des situations qui menacent notre vie. Elles surviennent parce que notre corps et notre esprit réagissent automatiquement à une menace ou à un danger perçu. La capacité de déclencher une réaction de lutte ou de fuite fait partie de notre nature, même si nous ne rencontrons habituellement pas de tigres dans notre vie courante, et elle peut avoir d'importantes conséquences néfastes au niveau psychologique, social et physique si nous en perdons le contrôle. Pour ces raisons, si nous espérons inverser ce schéma de réactivité automatique au stress de toute une vie, il est important que nous soyons conscients de cette tendance interne et de la facilité avec laquelle elle est déclenchée. Comme vous le verrez bientôt, *la conscience* est l'élément critique dans l'apprentissage de la façon de vous libérer de vos réactions au stress dans les moments où votre première impulsion est de vous sentir menacé et de courir, de vous dérober d'une autre façon, ou de lutter.

⁂

Alors, que *faisons*-nous habituellement dans ces situations où la réaction *fight-or-flight* monte en nous mais où nous nous sentons incapables de lutter ou de courir ? L'une et l'autre réaction seraient socialement inacceptables, et nous savons que ni l'une ni l'autre ne résoudra nos problèmes. Nous nous sentons toujours menacés, blessés, craintifs, fâchés et irrités. Nos hormones de stress et nos neurotransmetteurs sont toujours en train de se préparer pour la lutte ou la fuite. Notre tension artérielle monte, notre cœur bat la chamade, nos muscles sont tendus, notre estomac chavire.

Une façon habituelle de gérer cela en société consiste à supprimer ces sensations le mieux que nous pouvons. Nous édifions un mur entre elles et nous. Nous feignons de ne pas être agités. Nous faisons semblant, nous cachons nos émotions aux autres et parfois même à nous-même. Pour ce faire, nous mettons cette activation au seul endroit auquel nous pensons, tout au fond de nous-même. Nous l'intériorisons. Nous inhibons les signes extérieurs de réaction au stress et poursuivons comme si de rien n'était, gardant tout cela en nous.

Ce qui est bien dans la lutte ou la fuite, c'est que, au moins, ces activités vous épuisent si bien qu'en finale, après avoir affronté la situation stressante, vous vous reposez. Votre tension artérielle et votre fréquence cardiaque reviennent à leur valeur de repos, votre flux sanguin se réajuste, vos muscles se détendent et vous vous dirigez vers un état de récupération.

Quand vous intériorisez la réaction au stress, vous n'avez pas le relâchement qu'apportent la lutte ou la fuite. Vous n'avez pas de pic ni la détente physique et la récupération qui s'ensuivent. Au contraire, vous gardez cette stimulation en vous-même, sous la forme d'hormones de stress, qui causent de grands dégâts dans votre corps, et sous la forme de pensées et d'émotions, qui s'agitent en vous.

Jour après jour, nous rencontrons de nombreuses situations différentes dont beaucoup sollicitent nos ressources à des degrés divers. Si nous nous retrouvons chaque fois dans la tourmente, notre réponse automatique est une mini-réaction de lutte ou de fuite, et si la plupart du temps nous empêchons son expression à l'extérieur et absorbons simplement son énergie, nous serons incroyablement tendus en fin de journée. Si cela devient un style de vie, et si nous ne disposons pas de moyen sain de relâcher la tension accumulée, après des semaines, des mois et des années, nous courrons alors davantage de risques de dériver dans un état continu d'hyperstimulation qui nous laisse rarement du répit, et que nous en viendrions même à trouver « normal ».

Il est de plus en plus prouvé que la stimulation chronique du système nerveux sympathique peut mener à un dérèglement physiologique à long terme, donnant lieu à des problèmes tels qu'une tension artérielle accrue, des arythmies cardiaques, des problèmes digestifs, des maux de tête chroniques, des lombalgies, des troubles du sommeil ainsi qu'une détresse psychologique sous forme d'anxiété chronique. Le simple fait d'avoir un de ces problèmes génère bien sûr encore davantage de stress. Ils deviennent tous des stresseurs supplémentaires qui rétroagissent sur nous, alourdissant nos problèmes. Ceci est montré à la figure 9 par les flèches retournant de ces symptômes d'hyperstimulation chronique à la personne.

Chaque jour, nous voyons à la clinique du stress les résultats de cette façon de vivre. Les gens viennent chez nous quand ils en ont assez, quand ils sont suffisamment désespérés, quand ils décident qu'il doit bien y avoir une meilleure façon de vivre et de gérer ses problèmes. Au cours de la première séance, les participants sont invités à dire comment ils se sentent quand ils sont le plus détendus. Beaucoup disent : « Je ne m'en souviens pas, il y a si longtemps », ou « Je ne pense pas avoir jamais été détendu ! » Ils reconnaissent sur-le-champ le syndrome d'hyperstimulation représenté à la figure 9. Beaucoup disent « C'est tout à fait moi ».

Nous avons tous recours à des stratégies d'adaptation variées pour garder notre équilibre et faire face aux pressions de la vie. De nombreuses personnes se débrouillent remarquablement bien dans des circonstances personnelles extrêmement pénibles, et ont développé leurs propres stratégies en ce sens. Elles savent quand s'arrêter et se donner du temps, elles ont des hobbies et d'autres intérêts pour écarter leur mental des problèmes. Elles se donnent des conseils à elles-mêmes, se rappellent de voir les choses différemment et de garder une perspective. Les personnes qui font cela ont tendance à être résilientes.

Mais nombreuses sont celles qui gèrent le stress de manière en fait autodestructrice. Ces tentatives de contrôle sont appelées des « stratégies dysfonctionnelles » dans la figure 9 parce que, bien qu'elles nous aident à faire face au stress et nous donnent un certain sens de contrôle, à long terme, elles finissent par augmenter le stress dont nous faisons l'expérience. Vous pouvez penser à « dysfonctionnel » dans le sens de morbide, causant davantage de stress.

Une stratégie dysfonctionnelle de prédilection consiste à nier qu'il y ait le moindre problème. « Qui, moi, tendu ? Je ne suis pas tendu » dit la personne qui nie, alors que pendant tout ce temps-là le langage de son corps parle de tensions musculaires accumulées et d'émotions non résolues. Pour certaines personnes, il faut du temps pour commencer à admettre qu'elles portent en elles beaucoup de cuirasses corporelles et qu'elles se sentent intérieurement blessées et fâchées. Il est très dur de relâcher une tension si vous n'admettez même pas sa présence. Et si vous êtes défié au sujet de votre déni, de fortes émotions peuvent émerger, elles peuvent revêtir de nombreuses formes, y compris la colère et la rancune. Certains signes montrent à coup sûr que vous résistez à voir quelque chose de plus profond en vous-même.

Toutefois, le déni ne doit pas être dysfonctionnel. Cette stratégie convient parfois temporairement pour faire face à des problèmes relativement peu importants, jusqu'à ce que vous ne puissiez plus les nier. Vous avez alors à les gérer autrement. Parfois, tristement, le déni est la seule chose qu'une personne croit pouvoir faire dans une situation très nuisible, comme l'enfant qui a été abusé et menacé de mort s'il divulgue quoi que ce soit. Certains des patients que nous voyons et qui ont vécu ce type d'expérience dans leur enfance n'avaient pas eu d'autre choix à cette époque, spécialement si leur bourreau était un parent ou quelqu'un qu'ils étaient supposés aimer – et aimaient souvent. C'était le cas de Marie, dont le dilemme a été discuté au chapitre 5. Le déni lui avait permis de préserver son intégrité dans un monde de folie. Mais, tôt ou tard, le déni ne marche plus et il vous faut trouver autre chose. En finale, même si vous aviez fait le meilleur choix à ce moment, il y a habituellement un sérieux prix à payer pour cela.

Outre le déni, nous disposons de nombreuses autres façons néfastes pour contrôler notre stress. Elles sont néfastes précisément parce que, d'une façon ou d'une autre, elles évitent de percevoir et de gérer les vrais problèmes. L'*addiction au travail* est un exemple classique. Si vous vous sentez stressé et insatisfait par votre vie de famille, par exemple, le travail peut alors être utilisé comme une merveilleuse excuse pour ne jamais être à la maison. Si votre travail vous procure du plaisir et vous apporte des feedbacks positifs de vos collègues, si vous vous sentez en position de contrôle quand vous êtes au travail, si vous y avez du pouvoir, un statut, et si vous vous sentez productif et créatif, il est facile de vous immerger dans le travail. Cela peut être toxique et créer une dépendance, exactement comme l'alcool. Et le travail fournit un alibi socialement acceptable pour ne pas être disponible pour la famille, puisqu'il y en a toujours davantage à fournir que vous ne pouvez en abattre. Certaines personnes se noient dans leur travail. La plupart le font inconsciemment, avec les meilleures intentions du monde, car tout au fond, elles n'ont pas envie de faire face aux autres aspects de leur vie et à la nécessité d'atteindre un équilibre sain.

Être activement engagé dans mille occupations est un autre comportement autodestructeur d'évitement. Au lieu de faire face à vos problèmes, vous pouvez courir comme un fou en faisant mille et une choses, jusqu'à ce que votre vie soit surchargée d'engagements et d'obligations, et que vous ne puissiez plus dégager de temps pour vous-même. À cause de tout cela, vous ne savez sans doute pas ce que vous faites. Ce type d'hyperactivité fonctionne parfois comme une tentative de garder le sentiment de contrôle, alors qu'il semble nous échapper.

Nous aimons également chercher à l'extérieur des solutions rapides quand nous nous sentons stressés ou mal à l'aise. Une façon répandue de gérer le stress est d'utiliser des produits chimiques, qui changent notre état psycho-corporel quand nous n'aimons pas comment nous nous sentons, ou voulons simplement rendre notre vécu « plus intéressant ». Pour gérer le stress et la détresse de notre vie, nous utilisons l'alcool, la nicotine, la caféine, le sucre et toutes sortes de médicaments en vente libre ou délivrés sur ordonnance. L'impulsion d'aller dans cette direction vient habituellement d'un fort désir de se sentir différent, quand on est dans un creux. Et nous avons de nombreux creux. Dans notre culture, le niveau de dépendance aux substances témoigne de façon dramatique de notre souffrance individuelle et de notre aspiration à des moments de paix intérieure.

De nombreuses personnes ne sentent pas qu'elles peuvent passer la journée, même le matin, sans une tasse de café (ou deux ou trois). Boire un café devient une façon de prendre soin de soi, une façon de s'arrêter, de se connecter aux autres ou à soi-même. Les gens utilisent les pauses café pour s'apaiser alors qu'ils affrontent les demandes du jour. D'autres utilisent la cigarette de la même façon. Les cigarettes sont souvent si inconsciemment utilisées pour traverser des moments de stress et d'angoisse. Vous l'allumez, aspirez profondément, le monde s'arrête un instant de paix, de satisfaction, de détente, puis vous continuez. Jusqu'au moment de stress suivant. L'alcool est un autre moyen chimique de gérer le stress et la douleur émotionnelle. Il offre les éléments ajoutés de relaxation musculaire et d'échappatoire. Avec quelques verres en vous, la vie peut sembler plus supportable. De nombreuses personnes ne se sentent optimistes, confiantes et positives qu'en ayant bu. Les gens avec lesquels vous buvez vont probablement vous procurer du confort social et renforcer l'idée que boire peut vous aider à vous sentir en position de contrôle.

La *nourriture* peut aussi être utilisée pour faire face au stress et à l'inconfort émotionnel, presque comme si c'était un médicament. De nombreuses personnes mangent dès qu'elles se sentent angoissées et déprimées. La nourriture devient une béquille pour traverser les moments inconfortables, et une récompense pour après. Si vous avez une impression de vide intérieur, rien de plus naturel que d'essayer de le remplir. Manger est une façon facile de le faire. Au moins vous vous remplissez littéralement vous-même. Le fait que cela ne vous fait pas vraiment vous sentir mieux n'empêche pas de continuer. Utiliser la nourriture pour se sentir mieux peut être une dépendance puissante. Comme avec toutes les dépendances, il est très dur de vous en défaire, même quand vous en êtes conscient, à moins d'avoir une stratégie et une forte détermination.

Les gens sont également habitués à recourir aux *médicaments* pour réguler leur niveau de bien-être psychologique. Les tranquillisants représentent les médicaments le plus largement prescrits aux États-Unis. Ils sont le plus souvent prescrits à des femmes. Ils délivrent le message suivant : si vous ne vous sentez pas bien, si vous avez des troubles du sommeil, êtes anxieux, ou criez tout le temps sur les enfants, ou encore si vous réagissez à de petites choses à la maison ou au travail, « prenez une de ces pilules » et vous prendrez les choses plus légèrement, vous vous retrouverez comme avant, vous aurez les choses en main. Cette attitude qui valide le recours aux médicaments en première ligne de défense pour modérer les réactions d'anxiété et les symptômes de stress prévaut fortement en médecine. Les médicaments sont pratiques et marchent bien. Pourquoi ne pas les utiliser ? Pourquoi ne pas donner à quelqu'un une façon commode et efficace de se sentir en position de contrôle ?

D'une façon générale, cette perspective n'est pas contestée en médecine. C'est un cadre tacite au sein duquel est mené le travail quotidien de la médecine. Les médecins sont bombardés de publicités pharmaceutiques dans les journaux médicaux et par les représentants pharmaceutiques, qui laissent toujours des échantillons gratuits des derniers médicaments pour les essayer sur les patients de même que des carnets, des tasses à café, des calendriers, des stylos – tous couverts par les noms des médicaments. Les sociétés pharmaceutiques s'assurent que la médecine est pratiquée dans une mer de messages pharmaceutiques très visibles.

En soi, il n'y a rien de mal à prendre des médicaments. Comme nous le savons tous, la médication joue un rôle extrêmement important en médecine, mais les publicités et les méthodes de vente agressives créent un climat qui peut exercer une forte influence subconsciente sur les praticiens de l'art. Ils peuvent en venir à se demander en premier lieu *quels* médicaments prescrire plutot que *si* il faut en prescrire dans leur première approche du problème.

Cette attitude envers les médicaments envahit bien sûr toute la société, pas simplement la médecine. Nous sommes une société avaleuse de médicaments. Les patients arrivent souvent chez le médecin dans l'*attente* qu'il va leur « donner quelque chose » pour les aider. S'ils ne partent pas avec une ordonnance, ils pourraient avoir l'impression que le médecin n'essaie pas vraiment de les aider. Les produits en vente libre pour soulager la douleur, pour contrôler les symptômes de refroidissement, et pour accélérer ou ralentir l'activité du colon, constituent à eux seuls un marché de plusieurs milliards de dollars dans ce pays[1]. Nous sommes inondés de messages nous disant que si notre corps ou notre esprit ne vont pas comme nous voudrions qu'ils aillent, nous devrions simplement prendre du « X » pour que les choses reviennent à la « normale » et que nous retrouvions une fois de plus le contrôle.

Qui pourrait résister ? Pourquoi quiconque subirait-il l'inconfort d'un mal de tête alors qu'il suffit de prendre une aspirine ou un Dafalgan. Le fait que nous prenions souvent des médicaments, dans le simple but de supprimer des symptômes de dérèglement, passe habituellement inaperçu. Nous les utilisons pour éviter de faire attention au mal de tête ou au rhume, au lieu de nous demander s'il existe un schéma plus profond sous nos symptômes apparents et sous l'inconfort, qui vaudrait la peine qu'on s'y intéresse.

Vu la prévalence de cette attitude envers les médicaments, l'épidémie de recours aux drogues illicites dans notre pays est peu surprenante. Le moteur parmi les consommateurs de drogues illégales est en finale le même état d'esprit, à savoir que si vous n'aimez pas les choses telles qu'elles sont, vous n'avez qu'à prendre quelque chose qui vous mette en meilleur état. Quand les gens se sentent aliénés par les institutions et par les normes sociales dominantes, ils vont probablement chercher à être soulagés de cette aliénation par les remèdes les plus pratiques et immédiatement puissants. Les stupéfiants sont pratiques et ont des effets très immédiats. Les drogues illégales se retrouvent actuellement à tous les

1. Il s'agit des États-Unis. *(N.d.T.)*

niveaux de la société, depuis l'usage répandu de drogue et d'alcool parmi les adolescents, en passant par l'usage des drogues dites récréatives, comme la cocaïne, parmi les strates favorisées de la société, jusqu'à l'épidémie rampante de crack et d'héroïne dans les banlieues pauvres.

De nombreuses façons dont les gens recourent aux produits chimiques, légaux et illégaux, pour atteindre une impression de contrôle, de paix de l'esprit, de relaxation et une sensation de bien-être, sont par essence des exemples de tentatives d'adaptation dysfonctionnelles. Elles sont particulièrement néfastes quand elles deviennent habituelles et constituent progressivement le seul ou le principal moyen employé pour contrôler nos réactions au stress. Elles sont dysfonctionnelles car, à long terme, elles augmentent le stress, même si elles apportent un soulagement temporaire. Elles ne nous aident pas à nous adapter efficacement aux agents stressants avec lesquels nous vivons, ni au monde tel qu'il est.

Le fait qu'en finale elles ajoutent au stress et aux pressions exercées sur nous est montré à la figure 9 par la flèche qui conduit de la dépendance aux drogues vers la personne. La confiance dans les produits chimiques conduit facilement à des distorsions dans les perceptions, troublant notre capacité à voir clairement, et minant notre motivation à trouver des façons de vivre plus saines. De cette manière, elles nous empêchent de croître et de guérir.

Ces substances mêmes auxquelles nous recourons pour nous soulager du stress sont également des agents stressants pour le corps. La caféine a été impliquée dans la dérégulation de la tension artérielle et du rythme cardiaque ; la nicotine et les autres produits chimiques contenus dans la fumée dans les cardiopathies, dans le cancer et dans les affections pulmonaires ; l'alcool dans les affections hépatiques, cardiaques et cérébrales ; et la cocaïne dans les arythmies cardiaques et dans la mort subite d'origine cardiaque. Psychologiquement, toutes ces substances créent une dépendance. La nicotine, l'alcool et la cocaïne créent également une dépendance physiologique.

⁂

Une personne peut vivre de nombreuses années en traversant de façon cyclique des épisodes de stress et de réactivité au stress, suivis par des tentatives dysfonctionnelles de maintenir son corps et son esprit sous contrôle, suivies par davantage de stress, suivi par davantage de stratégies dysfonctionnelles, comme indiqué à la figure 9. L'habitude de travailler et de manger excessivement, l'hyperactivité et la dépendance aux substances peuvent vous maintenir en activité longtemps. Si vous choisissez de regarder, il est habituellement évident que les choses se dégradent, elles ne s'améliorent pas. Si vous êtes dans cette situation, les personnes les plus proches de vous essaient probablement de vous amener à le voir, à l'admettre et à chercher une aide professionnelle. Mais il est très facile de faire peu de cas de ce que vous disent les autres, et même de nier ce que votre corps ou votre esprit essaie de vous dire quand vos habitudes sont devenues un style de vie. Elles vous fournissent un certain confort et une sécurité que vous ne souhaitez pas abandonner, même si elles vous tuent. En finale, toute stratégie dysfonctionnelle crée une dépendance.

Comme le suggère la figure 9, les effets accumulés de réactivité au stress, alourdis par leur gestion inadéquate, conduisent tôt ou tard à un effondrement sous une forme ou une autre. La plupart du temps, cela va se produire plutôt tôt que tard. Il y a en effet une limite à la surcharge et à l'abus que nos ressources internes, nécessaires au maintien de l'homéostasie, peuvent supporter avant de s'écrouler.

Ce qui est épuisé en premier lieu dépendra en grande partie de vos gènes, de votre environnement et de la spécificité de votre style de vie dysfonctionnel. C'est le maillon le plus faible qui lâche le premier. Si vous avez une forte histoire familiale de cardiopathie, vous pourriez faire un infarctus, spécialement si les autres facteurs qui augmentent le risque de cardiopathie – comme la cigarette, une nourriture riche, une tension artérielle élevée, ainsi qu'un comportement cynique et hostile envers les autres – sont des éléments marquants de votre vie.

Vous pouvez aussi atteindre un état de dérèglement de votre système immunitaire, qui peut produire le plus vraisemblablement l'un ou l'autre cancer. Ici également vos gènes, votre exposition aux carcinogènes au cours de votre vie, votre régime alimentaire et votre relation à vos émotions peuvent rendre ce passage plus ou moins probable. Une baisse des fonctions immunitaires due au stress pourrait également conduire à une plus grande sensibilité aux maladies infectieuses.

Chaque système organique pourrait être le maillon faible qui en finale conduit à la maladie. Pour certains ce pourrait être la peau, pour d'autres les poumons, pour d'autres la vascularisation cérébrale conduisant à un AVC[1], pour d'autres le tractus digestif ou les reins. Pour d'autres enfin cela pourrait être une lésion, comme un problème de disque à la nuque ou dans les lombaires, aggravé par un style de vie malsain.

---

1. AVC : accident vasculaire cérébral. *(N.d.I.)*

Quelle que soit la forme de l'effondrement, s'il ne conduit pas à la mort, il est alors simplement un stresseur important de plus, auquel vous êtes à ce moment confronté, et avec lequel vous devez travailler en plus de tous les autres que vous aviez déjà dans votre vie. À la figure 9, l'effondrement lui-même devient le point de départ d'une flèche supplémentaire revenant vers la personne et requérant davantage d'adaptation encore.

Il existe une autre branche au chemin de la réaction au stress, une branche qui n'est pas décrite à la figure 9, et qui devient importante quand la personne est confrontée à un stress inévitable pendant de longues périodes. Ce peut être par exemple le soin à un parent âgé malade ou qui a Alzheimer, ou le soin à un enfant handicapé. Ici tous les éléments stressants de la vie courante sont renforcés par tout un autre ensemble de stresseurs potentiellement accablants, associés aux exigences à long terme de la situation. Si des stratégies *adéquates* à court et à long terme ne sont pas développées, les pressions de la vie quotidienne peuvent augmenter au point que la personne soit constamment en état d'hyperstimulation, réagissant de façon répétée avec tension, irritabilité et colère même aux stresseurs insignifiants. Cependant, une activation continue, avec finalement peu de contrôle sur l'agent stressant principal, peut atteindre un point où les sentiments d'impuissance et de désespoir commencent à prendre le dessus. Plutôt qu'une hyperstimulation, la dépression chronique peut s'installer, conduisant à un spectre différent de changements des systèmes hormonal et immunitaire qui, avec le temps, peut aussi miner la santé et conduire à l'effondrement.

Dans la voie de la réaction au stress, l'effondrement ne commence pas nécessairement par être physique. Trop de stress et pas assez d'adaptation efficace peuvent conduire à l'épuisement des ressources psychologiques, au point de risquer de faire l'expérience de ce qui est parfois appelé une *dépression nerveuse*, la sensation d'être devenu complètement incapable de fonctionner dorénavant dans la vie quotidienne. Cet état peut en arriver à nécessiter une hospitalisation ou un traitement médicamenteux. De nos jours le terme *burnout* est à la mode pour décrire un état de ce genre, proche de l'épuisement psychologique total accompagné de la perte d'envie et d'enthousiasme pour les détails de votre vie. Ce qui vous donnait du plaisir ne vous en donne plus.

La personne qui connaît un *burnout* se sent étrangère à son travail, à sa famille et à ses amis. Plus rien ne semble avoir de sens. Une dépression profonde peut s'installer dans ces conditions, et conduire à une perte de la capacité de fonctionner efficacement. La joie et l'enthousiasme disparaissent. Comme dans les exemples physiques de dépression, si un effondrement psychologique survient, il devient un agent stressant supplémentaire important, auquel la personne doit alors faire face, d'une façon ou d'une autre.

Ce cycle d'un stresseur déclenchant une quelconque réaction de stress, souvent accompagnée de l'intériorisation de la réaction de stress, conduisant à des tentatives inadéquates ou dysfonctionnelles de garder les choses sous contrôle, conduisant à leur tour à davantage de stresseurs, davantage de réactions au stress, et en finale à un effondrement de la santé, voire à la mort, est une façon de vivre partagée par beaucoup parmi nous. Quand vous êtes pris dans ce cercle vicieux, il vous semble que la vie est ainsi faite, qu'il n'y a pas d'alternative. Vous pourriez penser en vous-même que cela fait partie du processus de vieillissement, d'un déclin normal de la santé, d'une perte normale d'énergie, d'enthousiasme ou encore du sentiment de contrôle.

Mais être pris dans le cycle des réactions au stress n'est ni normal ni inévitable. Comme nous l'avons déjà vu, nous avons bien plus d'options et de ressources pour faire face à nos problèmes que nous ne le savons. L'alternative saine à la dépendance de ce schéma autodestructeur est d'arrêter de *réagir* au stress et de commencer à y *répondre*. C'est le chemin de la *mindfulness* dans la vie de tous les jours.

CHAPITRE 20

Répondre au stress au lieu d'y réagir

Et nous revenons ainsi à l'importance clé de la pleine conscience. Le tout premier et le plus important pas pour se libérer de la réactivité au stress de toute une vie, est d'être conscient de ce qui se passe dans la réalité au moment où cela se passe. Dans ce chapitre, nous examinerons comment y arriver.

Considérons à nouveau la situation de la personne reprise à la figure 9, que nous avons analysée au précédent chapitre. Comme nous l'avons vu, cette personne est à tout moment susceptible d'être confrontée à une combinaison de stresseurs internes et externes, qui peuvent déclencher une cascade d'émotions, de sentiments et de comportements, que nous avons appelée *réaction de stress*. La figure 10 montre le même cycle de réaction de stress que la figure 9, mais inclut cette fois une voie alternative que nous appelons *réponse de stress*, pour la distinguer de la réaction au stress, automatique. La réponse de stress est l'alternative saine à la réaction de stress. Elle représente, prises dans leur ensemble, ce que nous appelons les stratégies d'adaptation *fonctionnelles*, ou saines, par opposition aux tentatives maladroites de gérer le stress.

Vous n'êtes pas obligé d'emprunter le chemin de la réaction *fight-or-flight* ou de l'inopérance chaque fois que vous êtes stressé. Vous pouvez en fait choisir de ne pas emprunter cette voie. C'est ici qu'intervient la *mindfulness*. Une vigilance d'instant en instant vous permet de garder le contrôle et d'influencer le flot des événements, alors que, dans ces moments, vous risquez surtout de réagir automatiquement, de plonger dans l'hyperstimulation et de tenter maladroitement de faire face.

Par définition, les réactions de stress se produisent de façon automatique et inconsciente. Dès que vous dirigez la conscience vers ce qui est en train de se passer dans une situation stressante, vous avez déjà changé fortement ladite situation, rien qu'en cessant d'être inconscient ou en pilotage automatique. Vous êtes maintenant pleinement présent tandis que l'événement stressant se déroule. Et puisque *vous* faites intégralement partie de la situation *dans son ensemble, en augmentant votre niveau de conscience, vous changez en fait la situation entière, avant même de faire quoi que ce soit.* Ce changement intérieur peut être extrêmement important car *il vous donne une série d'options pour avoir un impact sur ce qui va arriver ensuite.* Introduire de la conscience dans un tel moment ne prend qu'une fraction de seconde mais peut faire une sérieuse différence à l'issue d'une rencontre stressante. En fait, c'est ce facteur qui décidera si vous prenez le chemin de la « Réaction de stress » de la figure 10 ou si vous pouvez naviguer sur le chemin de la « Réponse de stress ».

Examinons la manière dont vous feriez ceci. Si vous parvenez à rester centré dans ce moment de stress et à reconnaître à la fois le caractère stressant de la situation *et* votre impulsion à réagir, vous avez déjà introduit, comme dit plus haut, une nouvelle dimension dans la situation. Du coup, pour éviter de perdre le contrôle, vous ne devez pas supprimer les pensées et les émotions qui surgissent, associées à cette activation accrue. Vous pouvez en fait vous autoriser à vous sentir menacé, alarmé, fâché ou peiné, et à sentir les tensions dans votre corps à ce moment. Étant conscient dans l'instant présent, vous pouvez facilement reconnaître ces agitations pour ce qu'elles sont, à savoir *des pensées, des émotions et des sensations.*

Ce simple glissement d'une réaction automatique à une reconnaissance pleinement consciente peut réduire le pouvoir de la réaction de stress et son emprise sur vous. À ce moment, vous avez vraiment un choix bien réel. Vous pouvez toujours emprunter le chemin de la réaction de stress, mais vous n'y êtes plus obligé. Vous n'avez plus à réagir automatiquement, comme avant, chaque fois que l'on appuie sur vos « boutons ». Vous pouvez plutôt *répondre,* ancré dans une conscience plus profonde de la situation.

Cette réponse intérieure reviendrait à exiger bien trop de nous-mêmes dans une situation stressante, si nous nous attendions à ce que la conscience et la vigilance puissent surgir de nulle part à tout moment quand nous en avons besoin, ou encore, à être capables de *vouloir* que notre esprit et notre corps soient calmes quand ils ne le sont pas. Mais en fait, nous avons entraîné notre esprit et notre corps à répondre de cette façon de jour en jour, développant et approfondissant ces qualités mêmes par la pratique méditative formelle. Concrètement, ce n'est que par un entraînement régulier à la *mindfulness* que nous pouvons espérer développer un calme et une conscience suffisamment forts et fiables pour nous aider à répondre aux stress d'une façon équilibrée et créative.

FIGURE 10

GÉRER LE STRESS : RÉPONDRE OU RÉAGIR

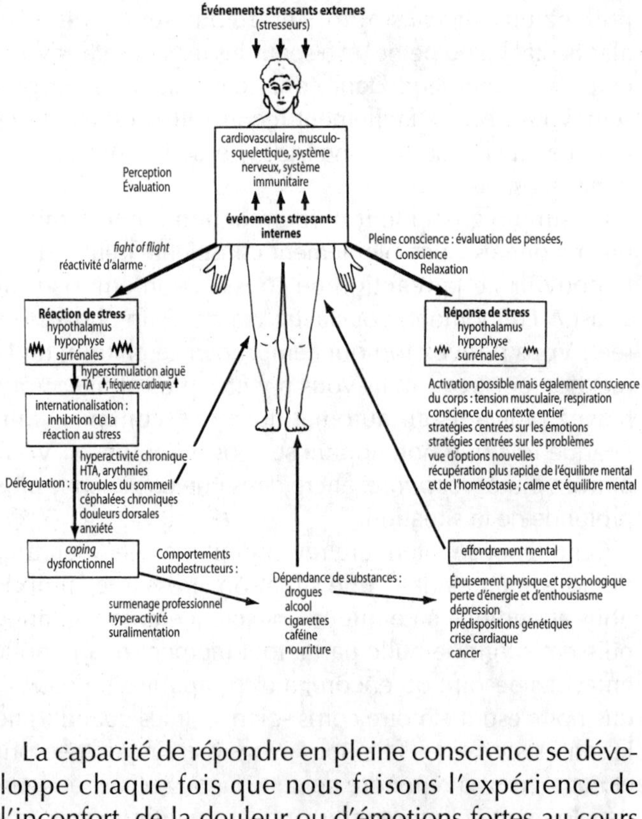

La capacité de répondre en pleine conscience se développe chaque fois que nous faisons l'expérience de l'inconfort, de la douleur ou d'émotions fortes au cours de la méditation, que nous les observons et travaillons à les laisser être là, tels qu'ils sont, sans y réagir. Comme nous l'avons vu, la pratique même nous relie à des façons alternatives de voir et de répondre à des états réactifs intérieurs, d'instant en instant. Nous contactons une forme de contrôle tout à fait différente. Nous faisons l'expérience d'un contrôle efficace possible provenant d'une paix, d'une acceptation et d'une ouverture intérieures. Nous constatons que nous n'avons pas à nous battre avec nos pensées ni avec nos émotions, ou à forcer les choses à être comme nous voulons qu'elles soient.

Une chose est certaine. Nous savons où va nous mener la réaction de lutte ou de fuite si nous la laissons se dérouler automatiquement. C'est le chemin que nous avons suivi la plupart du temps dans notre vie. Le défi pour nous à présent est de réaliser qu'à tout moment nous sommes en fait en position de décider de faire les choses différemment.

Choisir d'emprunter la route de la réponse de stress ne veut évidemment pas dire que vous ne vous sentirez jamais menacé, alarmé ou fâché, ni que vous ne ferez jamais rien de sot ou d'autodestructeur. Cela signifie que vous avez la possibilité d'être davantage conscient, et pendant plus longtemps, de ces émotions et de ces impulsions quand elles sont présentes. Votre conscience peut tempérer ou pas l'intensité de l'activation que vous sentez. Cela dépendra des circonstances. Mais, en général, l'attention réduit l'activation à l'instant même, ou vous aide à vous en remettre plus rapidement après. Sur la figure 10, c'est indiqué par les petits « zigzags » dessinés dans le cadre « Réponse de stress », en comparaison au cadre appelé « Réaction de stress ».

Dans beaucoup de situations, l'activation émotionnelle et la tension physique sont tout à fait appropriées. Mais elles peuvent aussi être inappropriées. Dans chaque cas, la façon dont vous allez les gérer dépendra de votre degré de conscience.

Dans certaines situations, votre sensation d'être menacé a plus à voir avec votre état d'esprit qu'avec l'événement déclenchant lui-même. Si vous introduisez de la conscience dans les moments stressants, vous serez à même de voir avec plus de clarté la façon dont votre vision déséquilibrée contribue à une réaction excessive et inappropriée de votre part, une réaction disproportionnée que ne justifient pas les circonstances. Peut-être alors essayerez-vous de lâcher votre vision personnelle limitée, juste à cet instant, simplement pour voir ce qui pourrait arriver. Peut-être essayerez-vous de faire confiance, de croire que les choses vont s'harmoniser si vous faites l'effort de rencontrer la situation avec calme et clarté. Pourquoi ne pas tester cette possibilité à une ou deux reprises ? Qu'avez-vous à perdre ?

Si vous faites ce genre d'expérience, vous serez peut-être surpris de voir que de nombreuses choses qui d'habitude vous faisaient « sortir de vos gonds » n'ont plus l'heur de vous exaspérer. Elles peuvent même ne plus vous sembler stressantes, pas parce que vous avez abandonné et êtes devenu impuissant, défait ou résigné, mais parce que vous êtes devenu plus détendu et plus confiant en vous-même. Répondre de cette façon tout en étant sous pression est une expérience qui renforce. Vous conservez votre équilibre mental et corporel, ce qu'on appelle parfois rester *centré*.

⁂

Comment cultivons-nous consciemment la réponse de stress dans la vie de tous les jours ? Nous la cultivons comme nous cultivons la pleine conscience dans la pratique formelle de la méditation : d'instant en instant, nous ancrant dans notre corps et dans notre respiration. Quand vous êtes sollicité ou que vous vous sentez stressé, quand monte la tendance de lutte ou de fuite, vous pourrez essayer de diriger votre attention vers votre visage et vers vos épaules qui se contractent, vers votre cœur qui commence à battre plus vite, vers votre estomac qui commence à se sentir bizarre, vers toutes les sensations que vous remarquez dans votre corps à cet instant. Voyez aussi si vous pouvez être conscient de sentiments de colère, de peur ou de peine tandis qu'ils montent en vous. Vous vous direz peut-être même « ça y est » ou « voici une situation stressante » ou encore « c'est le moment de revenir à ma respiration et de me centrer ». La *mindfulness* vous prépare à répondre de façon appropriée juste à cet instant. Si vous êtes suffisamment prompt, vous pourrez parfois saisir la réaction de stress avant qu'elle ne se développe tout à fait, et la transformer alors en une réponse de stress.

Saisir les réactions de stress au moment où elles émergent demande de la pratique. Mais ne vous inquiétez pas. Si vous êtes comme la plupart d'entre nous, vous aurez plein d'occasions de vous entraîner. Si vous voulez y apporter de la conscience, chaque situation rencontrée devient une nouvelle occasion de vous entraîner à répondre plutôt qu'à réagir. Soyez certain que vous ne serez pas capable de répondre à *chaque* situation. Il n'est pas réaliste d'attendre cela de vous-même. Mais en *essayant* simplement d'apporter une vision plus large à chacun de ces moments, vous transformez les stresseurs en défis et en occasions de croissance. Les stresseurs deviennent alors comme le vent, ils sont là pour vous, vous pouvez les utiliser pour vous pousser dans la direction souhaitée. Comme avec tout vent, vous ne pouvez être capable de « contrôler » toute la situation, mais vous serez en bonne position soit pour travailler avec lui de façon créative et utiliser ses énergies à votre profit, soit pour mieux vous en protéger.

⁂

C'est, bien entendu, au départ de votre respiration qu'il faut commencer. Si vous parvenez à diriger votre attention vers votre respiration pendant un instant, aussi bref soit-il, cela vous préparera à faire face à ce moment et au suivant en pleine conscience. Le souffle lui-même apaise, spécialement quand nous pouvons nous y relier dans le ventre. C'est comme un vieil ami. Il nous ancre et nous donne de la stabilité, comme le pilier du pont ancré dans la roche au milieu des flots de la rivière. Ou, alternativement, il nous rappelle peut-être que le calme se trouve trois à cinq mètres sous la surface agitée de l'océan.

Le souffle vous reconnecte au calme et à la présence quand vous perdez momentanément le contact. Il vous aide à sentir votre corps à cet instant, et toute augmentation de vos tensions musculaires. Il peut également vous ramener à la conscience de vos pensées et de vos émotions. Vous verrez peut-être à quel point elles sont réactives. Peut-être aussi questionnerez-vous leur pertinence.

Si vous restez centré face au stress, vous augmentez sensiblement vos chances, à cet instant précis, d'avoir conscience de l'ensemble de la situation, quelle qu'elle soit. Vos impulsions à fuir ou à lutter, à vous battre ou à vous protéger, ou peut-être à vous effondrer, vous les verrez dans ce cadre plus vaste, en même temps que tous les autres facteurs pertinents présents. Percevoir les choses de cette façon vous permet de rester plus calme d'emblée, ou de retrouver votre équilibre intérieur plus rapidement s'il a été au départ déstabilisé par votre réaction. Une manager, qui avait suivi le programme de la clinique du stress, avait mis le problème des neuf points (voir chapitre 12) bien en vue sur le mur de son bureau.

Quand elle se sentait stressée au travail, ce schéma l'incitait à considérer le contexte entier d'une situation.

Quand vous êtes ancré dans le calme et dans la présence d'instant en instant, vous êtes plus susceptible d'être créatif et de voir de nouvelles options, de nouvelles solutions aux problèmes. Vous êtes plus susceptible d'être conscient de vos émotions et moins susceptible d'être emporté par elles. Il vous sera plus facile de conserver votre équilibre, et votre capacité à prendre de la distance dans des circonstances difficiles.

Si la cause première de votre stress n'est plus d'actualité, vous augmenterez vos chances de voir que, à ce moment, ce qui s'est passé, s'est *déjà* passé, quoi que ce soit. Cette perception vous libère, elle vous permet de consacrer votre énergie à la confrontation à la situation présente et à la gestion des problèmes qui requièrent votre attention immédiate.

En canalisant ainsi votre énergie, vous ferez l'expérience d'une récupération plus rapide de votre équilibre mental, même dans des situations stressantes, et aussi de votre équilibre physiologique (ce que nous avons appelé homéostasie) parallèlement à un apaisement de vos réactions corporelles. Observez qu'à la figure 10, à la différence du chemin de la réaction de stress, *la réponse de stress ne génère pas davantage de stress*. Elle ne résulte pas en davantage de flèches de stress dirigées vers la personne. Vous répondez puis c'est terminé. Vous passez à autre chose. Le moment suivant contiendra moins de charge venant des moments précédents parce que vous y aurez fait face et les aurez gérés dès leur apparition. Répondre en conscience au stress d'instant en instant va réduire les tensions que nous laissons se bâtir en nous, réduisant par là même notre besoin de gérer l'inconfort qui accompagne les tensions intérieures.

Disposer d'une façon alternative de gérer la pression peut réduire notre dépendance des stratégies dysfonctionnelles habituelles auxquelles nous recourons si souvent, et dans lesquelles nous restons pris quand nous sommes tendus. Une personne qui revenait suivre une journée de pleine conscience à la clinique du stress dit à la fin de la journée qu'elle avait observé que ses impulsions les plus fortes à prendre une cigarette duraient environ trois secondes. Elle avait observé ensuite que quelques respirations prenaient à peu près le même laps de temps. Elle avait alors pensé qu'elle pouvait essayer d'être consciente de sa respiration et de simplement surfer sur la vague de son impulsion, la voyant former une crête puis retomber, sans prendre de cigarette. Elle n'avait plus touché une seule cigarette depuis deux ans et demi.

Au fur et à mesure que la relaxation et la paix mentale vous deviennent plus familières par la pratique de la méditation formelle, il devient plus facile d'y faire appel quand vous en avez besoin. Quand vous êtes stressé, vous pouvez vous autoriser à voguer sur les vagues de stress. Vous n'aurez pas à vous déconnecter ni encourir ses effets. C'est vrai que vous aurez sans doute encore des hauts et des bas, mais bien moins que si vous étiez toujours à la merci de votre propre réactivité automatique.

⁂

Chaque semaine, les gens viennent à la clinique du stress avec des anecdotes – parfois encourageantes, parfois amusantes – racontant comment ils se sont retrouvés en train de gérer le stress d'une façon neuve. Philippe nous raconta qu'il avait utilisé la réponse de stress pour contrôler avec succès son mal de dos, et mieux se concentrer lors de ses examens de courtier d'assurances. Jocelyne réussit à rester calme à l'hôpital et à gérer ses angoisses à l'approche de son opération. La conscience de la respiration l'y avait aidée. Pat l'utilisa en fait pour garder le contrôle et faire face à l'humiliation de la police qui s'était présentée chez elle et l'avait emportée au milieu de la nuit en présence de ses voisins parce que, avait-elle appris ensuite, son psychiatre partait pour le week-end, et avait déduit à tort d'une conversation téléphonique que Pat était suicidaire. Jeanne, la jeune médecin décrite à l'introduction, put contrôler ses nausées et sa peur, et partir en mission médicale en hélicoptère. Élisabeth décida de rester silencieuse quand sa sœur commença à être agressive, comme à l'accoutumée, plutôt que d'être hostile à son tour. Cela surprit tellement sa sœur qu'elles se mirent à en parler, ce qui mena à leur première bonne communication depuis des années.

Denis était impliqué dans un accident automobile qui n'avait fait aucun blessé. Il n'était pas en tort. Il dit qu'avant, il aurait été furieux contre l'autre conducteur qui avait démoli sa voiture et aussi furieux à cause des ennuis que cela lui causait dans sa journée bien occupée. Il se dit plutôt « personne n'a été blessé, cela s'est passé, allons de l'avant ». Il se connecta à sa respiration et se mit, avec un calme tout à fait inhabituel chez lui, à régler les détails de la situation.

Un soir, Martine conduisit la nouvelle camionnette pour venir à la clinique du stress. Son mari lui avait dit avant de la quitter : « Pour l'amour du ciel, soit prudente avec la camionnette. » Et elle le fut. Elle conduisit très prudemment en venant à l'hôpital. Et pour être sûre que la camionnette serait en sécurité pendant la classe, elle pensa la garer dans le garage plutôt qu'à l'extérieur.

Elle entra donc dans le garage. À ce moment, elle entendit un bruit étrange venant du toit de la camionnette. Trop tard. La saillie basse surplombant l'entrée avait déchiré le toit ouvrant de la camionnette, qu'elle avait oublié. Pendant une fraction de seconde, réalisant ce qu'elle avait fait et la réaction probable de son mari, elle fut près de paniquer. Puis elle put plutôt en rire et se dit : « Le mal est fait. Je ne peux croire que j'ai fait cela, mais c'est fait. » Elle vint donc en classe, nous raconta ce qui s'était passé et sa surprise de constater qu'elle avait pu contrôler sa panique, être calme, faire de l'humour, et réaliser que son mari aurait juste à accepter que cela s'était passé.

Lucas raconta avoir découvert qu'il pouvait méditer chez le dentiste. D'habitude il avait très peur d'y aller, il repoussait l'échéance aussi longtemps que le mal était supportable. Il s'était retrouvé en train de se centrer sur sa respiration et sur la sensation de son corps s'enfonçant dans le fauteuil. Il découvrit qu'il pouvait même le faire quand le dentiste fraisait dans sa bouche. Au lieu d'être crispé, il était calme et centré. À sa grande surprise, il avait constaté que cela avait bien marché pour lui.

⁂

À la partie 4, nous discuterons en détail une série d'applications de la pratique de la *mindfulness.* Vous y trouverez de nombreux autres exemples de personnes qui ont pu voir et gérer les choses différemment après avoir appris à répondre au stress au lieu d'y réagir. Peut-être qu'à ce stade, si vous avez pratiqué de votre côté, vous trouvez aussi que vous répondez différemment, par certains côtés, aux pressions et aux problèmes de votre vie. C'est ceci bien entendu qui est le plus important !

Une plus grande résilience face aux stresseurs et une réactivité réduite au stress sont caractéristiques des personnes qui pratiquent régulièrement la méditation. De nombreuses études le démontrent. Le Dr Daniel Goleman et le Dr Gary Schwartz ont montré au début des années 1970, à Harvard, que les méditants n'avaient pas seulement une sensibilité et une implication émotionnelle plus élevées que les personnes ne pratiquant pas la méditation, quand les uns et les autres voyaient un film très graphique d'accidents industriels. Ils récupéraient également ensuite leur équilibre physique et mental bien plus vite que les non-méditants.

Le docteur Dean Ornish et ses collègues ont mené une étude qui sera discutée plus en détail au chapitre 31. Dans cette étude, des personnes chez lesquelles on avait diagnostiqué une maladie coronarienne suivirent un programme intensif de changement de style de vie pendant vingt-quatre jours. Ce programme impliquait un régime végétarien pauvre en graisses et en cholestérol, une pratique quotidienne de méditation et de yoga. Lorsque ces personnes furent confrontées à une série de tâches induisant du stress psychologique – par exemple faire du calcul mental dans un temps donné –, elles montrèrent une réponse de stress comportant une tension artérielle nettement moins élevée qu'avant leur changement de style de vie. Par contraste, les personnes du groupe contrôle, qui n'avaient pas changé leur régime ou leur style de vie, continuèrent à montrer une tension artérielle élevée face au stress. Alors que, comme nous l'avons vu, il est normal que la tension artérielle monte quand nous sommes stressés, il est remarquable que les gens qui ont suivi le programme aient été capables de changer leur réactivité au stress si fortement en un laps de temps si court.

⁂

Comme nous l'avons vu, le fait de pouvoir apprendre à répondre au stress avec conscience ne signifie pas que vous ne réagirez plus jamais ou que vous ne serez pas parfois submergé par la colère, par la tristesse ou par la peur. Quand nous répondons au stress, nous n'essayons pas de supprimer nos émotions. Nous apprenons plutôt comment travailler avec toutes nos réactions, émotionnelles et physiques, de façon à pouvoir être moins contrôlés par elles et à voir plus clairement ce que nous devrions faire et comment nous pourrions répondre efficacement. Ce qui se passe dans chaque situation particulière dépendra de l'importance de ce qui est en train d'arriver et de sa signification pour vous. Vous ne pouvez planifier à l'avance une stratégie qui sera vôtre dans toutes les situations stressantes. Répondre au stress demande une conscience d'instant en instant, prenant chaque instant comme il vient. Vous devrez vous fier à votre propre imagination. Vous devrez également faire confiance à votre capacité d'aborder de nouvelles façons de voir et de répondre à chaque moment. Chaque fois que vous rencontrez le stress avec cette approche, vous découvrirez de nouveaux territoires. Vous saurez que vous ne voulez plus *réagir* comme avant, mais peut-être ne saurez-vous pas ce que veut dire *répondre* d'une manière nouvelle et différente. Chaque occasion que vous rencontrerez sera différente. La série d'options disponible pour vous dépendra des circonstances. Mais vous disposerez au moins de toutes vos ressources en rencontrant la situation avec conscience. Vous aurez la liberté d'être créatif. Si vous cultivez la pleine conscience dans votre vie, votre capacité d'être pleinement présent peut même surgir dans les circonstances les plus terribles. Elle va bercer, elle va embrasser la tourmente même. Cela réduira parfois votre douleur, et parfois pas. La conscience apporte toutefois un confort d'un certain genre, même au milieu de la souffrance. Nous pourrions l'appeler le confort de la sagesse et de la confiance intérieure, le confort de la complétude.

Partie 4

LES APPLICATIONS : PRENDRE LA TOURMENTE À BRAS-LE-CORPS

CHAPITRE 21

Travailler avec les symptômes : écouter votre corps

Le soulagement de symptômes en tous genres est une industrie de plusieurs milliards de dollars. Au plus léger reniflement, mal de tête ou mal d'estomac, les gens se précipitent dans le cabinet du médecin ou à la pharmacie, à la recherche du remède magique. On trouve en vente libre des médicaments pour ralentir la digestion, d'autres pour l'accélérer, d'autres encore pour soulager le brûlant ou neutraliser l'excès d'acide gastrique. Une prescription médicale vous permet d'acheter des tranquillisants, comme le Valium et le Xanax, et des antidouleurs comme l'aspirine. Les tranquillisants, comme le Valium et le Xanax, et les antiacides, comme le Tagamet et le Zantac, figurent parmi les médicaments les plus prescrits aux États-Unis. Ils sont principalement utilisés pour réduire les symptômes d'inconfort et fonctionnent la plupart du temps très bien. L'ennui avec leur usage étendu est que les problèmes à l'origine desdits symptômes ne peuvent être pris en compte, du simple fait que ceux-ci sont temporairement soulagés.

Ce recours immédiat aux médicaments témoigne d'un état d'esprit courant qui considère que les symptômes sont gênants, y voit des menaces inutiles pour notre façon de vivre, qui devraient être supprimées ou éliminées dès que possible. Cette attitude pose question car ce que nous appelons symptômes est en réalité souvent la façon dont notre corps nous signale un déséquilibre. Ce sont des feedbacks indicatifs d'un dérèglement. Ignorer ces messages ou, pire, les supprimer, peut uniquement entraîner des symptômes plus graves et, par la suite, des problèmes plus sérieux. Qui plus est, en faisant cela, nous n'apprenons pas comment écouter et faire confiance à notre corps.

Avant que les gens ne commencent le programme de réduction du stress, ils remplissent un questionnaire dans lequel ils vérifient au départ d'une liste de plus d'une centaine de symptômes physiques et émotionnels courants, ceux qu'ils ont expérimentés comme problématiques au cours du mois précédant. Ils le remplissent à nouveau huit semaines plus tard, à la fin du programme de la clinique du stress.

Plusieurs observations intéressantes émergent de la comparaison de ces deux listes de symptômes. Tout d'abord, la plupart des participants arrivent avec un nombre relativement élevé de symptômes. Le nombre moyen est de 22 symptômes sur 110. C'est beaucoup. Quand les participants ont terminé, ils en cochent encore en moyenne 14, soit 36 % de symptômes en moins qu'au début. Ceci représente une réduction importante sur un court laps de temps, spécialement pour les personnes qui ont tant de symptômes au début et les ressentent depuis longtemps.

Vous pourriez vous demander si cette réduction dans le nombre de symptômes est un effet non spécifique de l'attention qui leur est accordée, puisqu'il est bien connu que les gens peuvent se sentir momentanément mieux quand ils reçoivent quasiment n'importe quelle attention professionnelle dans un environnement médical. Vous pourriez aussi vous demander si la réduction des symptômes peut être simplement due au fait de s'être rendu à l'hôpital chaque semaine pour participer à un groupe positif, plutôt qu'à toutes les autres pratiques particulières de la clinique du stress, comme la méditation.

Alors que cette supposition est crédible, elle est improbable dans ce cas-ci. Les participants de la clinique du stress ont de longue date reçu toute l'attention professionnelle du système de soins de santé. En moyenne, la plainte médicale principale pour laquelle ils nous sont adressés est un problème pour eux depuis sept ans environ. Il est peu vraisemblable que le simple fait de venir à l'hôpital, d'être dans une pièce avec d'autres personnes souffrant de maux chroniques et de recevoir de l'attention ait comme effet ces réductions substantielles de leurs symptômes. Mais un élément contribuant certainement à leur amélioration pourrait être qu'ils sont poussés à faire quelque chose pour eux en vue d'un changement bénéfique pour leur santé. Cet aspect de leur expérience à la clinique du stress signe la fin radicale du rôle passif que la plupart des gens adoptent ou sont forcés d'adopter au cours de traitements dans le système de soins de santé.

Une autre raison de suspecter que la réduction des symptômes, observée parmi les participants à la clinique du stress, résulte de quelque chose que les gens en fait *apprennent* dans le programme est que cette réduction est maintenue, voire améliorée, après leur départ.

Plusieurs études de cohorte nous le montrent, au cours desquelles ont été examinées des informations provenant de plus de quatre cents personnes et recueillies à différentes périodes, allant jusqu'à quatre années après la fin du programme.

Nous savons également par ces études que plus de 90 % des personnes qui ont suivi le programme jusqu'au bout disent qu'elles maintiennent leur pratique méditative sous une forme ou une autre jusqu'à quatre années après la fin de la formation. La plupart estiment que leur formation à la clinique du stress a joué un rôle important dans l'amélioration de leur état de santé.

⁂

Nous voyons d'importantes réductions des symptômes au cours des huit semaines, même si nous nous centrons en fait très peu sur eux pendant les séances. De plus, quand nous le faisons, ce n'est pas pour essayer de les réduire ou de les faire partir. En réalité, les participants aux classes présentent de nombreux problèmes médicaux différents. Chaque personne a une constellation de symptômes et de soucis entièrement différente et unique, de même qu'un plan de traitement médical spécifique. Dans une pièce réunissant vingt ou trente-cinq personnes, chacune anxieuse et préoccupée par ses symptômes et souhaitant s'en défaire, se centrer en détail sur chaque situation reviendrait simplement à encourager la préoccupation de soi et le comportement pathologique. Nos esprits étant ce qu'ils sont, un tel forum donnerait sans doute lieu à des discussions sans fin sur les symptômes plutôt que sur la transformation personnelle. Cette voie profiterait vraiment peu aux participants sauf pour la sympathie et le support reçus du groupe, qui sont certainement thérapeutiques mais risquent peu de conduire à des changements profonds de leur vision et de leurs comportements. À la clinique du stress, nous choisissons de nous centrer sur ce qui « va », plutôt que sur ce qui « ne va pas », *sans pour autant nier ce qui ne va pas*. Nous sommes alors capables de dépasser ces détails et les préoccupations personnelles, pour en venir à l'essentiel, à savoir comment les patients vont commencer à goûter leur complétude, *tels qu'ils sont, à cet instant*.

Au lieu de discuter des symptômes en les percevant comme des malheurs, et de la façon de nous en débarrasser, nous nous centrons sur ces symptômes pour nous brancher sur l'*expérience* que nous en faisons dans les moments où ils dominent le mental et le corps. Nous pourrions appeler cette attention particulière une *attention sage*. L'attention sage implique d'apporter la stabilité et le calme de la pleine conscience à nos symptômes et à nos réactions à ces symptômes. Nous l'appelons « sage » pour la distinguer de l'attention que nous accordons habituellement à nos problèmes et à nos crises.

Si vous avez une maladie chronique grave par exemple, vous êtes vraisemblablement touché et préoccupé, peut-être même effrayé et déprimé par les changements que connaît votre corps et par les problèmes à venir. Vous en venez donc à accorder beaucoup d'attention à vos symptômes, mais cette attention n'est ni utile ni thérapeutique. Elle est le contraire de l'attention sage. Plus que souvent, elle est réactive, elle juge, elle est angoissée et égocentrique.

Le chemin de la pleine conscience est de nous accepter maintenant, tels que nous sommes, avec ou sans symptômes, avec ou sans douleur, avec ou sans peurs. Au lieu de rejeter notre expérience comme indésirable, nous nous demandons : « Que dit ce symptôme ? Que me dit-il sur mon corps et mon esprit à cet instant ? » Nous nous permettons, pour un instant au moins, d'aller droit dans le ressenti complet du symptôme. Cela demande une bonne dose de courage, spécialement si ce symptôme est douloureux, en lien avec une maladie chronique ou suscite la peur de la mort. Mais vous pouvez au moins y « tremper l'orteil », essayer ne fût-ce qu'un peu, disons pendant dix secondes, simplement pour vous approcher un peu plus pour y voir plus clair.

En faisant cela, nous pouvons devenir aussi conscients de nos sentiments *au sujet* du symptôme, quand ils font surface. S'il y a de la colère, du rejet, de la peur, du désespoir ou de la résignation, nous les considérons également, avec autant de calme que possible. Pourquoi ? Uniquement parce que *cela est ici maintenant.* Cela fait déjà partie de notre expérience. Pour aller vers des niveaux plus élevés de santé et de bien-être, nous devons partir d'où nous sommes en réalité aujourd'hui, à cet instant, et pas d'où nous voudrions être. Le mouvement vers une meilleure santé est possible uniquement à cause de maintenant, à cause de l'endroit où nous nous trouvons. Il est ainsi de la plus grande importance d'examiner de près nos symptômes et nos sentiments à leur sujet, pour en arriver à les accepter tels qu'ils sont.

Sous cet éclairage, des symptômes de maladie ou de détresse, ainsi que vos sentiments à leur sujet, peuvent être vus comme des messagers venus vous dire quelque chose d'important au sujet de votre corps et de votre esprit. Dans l'ancien temps, si un roi n'aimait pas le message qui lui était donné, il faisait parfois tuer le messager. Vous faites la même chose en supprimant vos symptômes ou vos sentiments parce que vous ne les voulez pas. Tuer le messager et nier le message, ou encore être furieux contre lui, ne sont pas des façons intelligentes d'approcher la guérison. Nous souhaitons éviter d'ignorer ou de rompre les connexions essentielles qui peuvent compléter des boucles pertinentes de rétroaction et rétablir l'autorégulation et l'équilibre. Quand nous avons des symptômes, notre vrai défi est de voir si nous pouvons écouter leurs messages, les entendre vraiment et les prendre à cœur, c'est-à-dire, faire pleinement la connexion.

À la clinique du stress, quand un patient me raconte qu'il ou elle a eu mal à la tête pendant le scan corporel ou pendant la méditation assise, ma réponse est par exemple : « D'accord. Dites-moi maintenant comment vous avez *travaillé* avec cela. »

Je cherche à savoir si, quand vous avez pris conscience de votre mal de tête pendant la méditation, vous avez utilisé la situation, si vous en avez fait une occasion d'explorer cette expérience que vous appelez un mal de tête, et qui est souvent un problème pour vous de toute façon dans votre vie, même quand vous n'êtes pas en train de méditer. L'avez-vous observé avec une attention sage ? Avez-vous apporté la pleine conscience et l'acceptation pour ressentir les sensations ? Avez-vous observé vos pensées à ce moment ? Ou votre esprit a-t-il sauté automatiquement dans le rejet et le jugement, peut-être a-t-il pensé que vous n'arriviez de toute façon pas à méditer, ou que vous « ne pouviez pas » vous détendre, ou que la méditation ne « marche » pas, ou que rien ne peut guérir vos maux de tête ?

Tout le monde peut avoir une de ces pensées négatives, même toutes, et bien d'autres encore. Elles peuvent entrer et sortir à plusieurs reprises de votre esprit, en réaction à votre mal de tête. Comme pour toute autre réaction, le défi consiste ici à déplacer votre attention, de façon à pouvoir les voir comme des *pensées* et, ce faisant, d'accueillir le mal de tête dans le moment présent car il est de toute façon là, vouloir ou pas. Pouvez-vous déchiffrer son message en étant vraiment attentif à votre ressenti corporel de cet instant précis ? Peut-être une humeur ou une émotion a-t-elle précédé votre prise de conscience de ce mal de tête ? Pouvez-vous identifier un événement déclencheur ? À cet instant précis, que sentez-vous émotionnellement ? Vous sentez-vous anxieux, déprimé, triste, fâché, déçu, découragé, ennuyé ? Êtes-vous capable de rester avec ce ressenti, quel qu'il soit ? Pouvez-vous respirer avec les sensations de ce mal de tête, en ressentant par exemple des battements dans les tempes ? Pouvez-vous voir vos réactions avec une attention sage ? Pouvez-vous juste observer vos sentiments et vos pensées, et les voir simplement comme des sentiments et des pensées ? Pouvez-vous vous surprendre alors que vous vous identifiez à eux en tant que « *vos* » sentiments, « *votre* » colère, « *vos* » pensées, « *votre* » mal de tête, laisser passer les « *mon, ma, mes* » et accepter simplement l'instant, tel qu'il est ?

Quand vous examinez une migraine, et voyez la constellation de pensées et de sentiments, les réactions, les jugements, le rejet de ce que vous sentez, le souhait persistant de ne plus sentir cela, soit vous pouvez réaliser à un moment donné que vous n'êtes pas *votre* mal de tête, soit vous pouvez rester dans l'identification et en faire vous-même votre mal de tête. Peut-être n'est-ce qu'*un* mal de tête, ou peut-être est-ce simplement un ressenti dans la tête, qui n'a pas du tout besoin d'être nommé pour le moment.

Les mots que nous utilisons nous en disent long sur notre façon de personnaliser automatiquement nos symptômes et nos maladies. Nous disons par exemple

« J'*ai* une migraine », « J'*ai* un rhume » ou « J'*ai* de la fièvre », alors qu'il serait plus adéquat de dire quelque chose comme « le corps a mal à la tête », « le corps est enrhumé » ou « le corps est fiévreux ». Quand nous lions automatiquement et inconsciemment chaque symptôme que nous expérimentons à *je* et à *mon,* notre esprit nous crée déjà quantité d'ennuis. Nous avons à percevoir notre identification au symptôme et à l'abandonner en toute conscience. Nous serons alors libres de nos réactions exagérées et pourrons écouter plus profondément le message que nous adresse ce symptôme. En voyant la migraine ou le rhume *comme un processus,* nous reconnaissons leur côté dynamique et non statique, nous reconnaissons qu'ils ne sont pas statiquement « *nôtres* » mais plutôt un processus qui se déroule et dont nous faisons l'expérience.

Quand vous examinez un symptôme à la lumière puissante de la *mindfulness,* que ce soit une tension musculaire, des battements de cœur accélérés, un essoufflement, de la fièvre ou une douleur, vous augmentez fortement vos chances d'être attentif au respect de votre corps et des messages qu'il essaie de vous adresser. Quand nous n'honorons pas ces messages, par déni ou préoccupation excessive de nous-mêmes, nous pouvons nous retrouver parfois devant de sérieux dilemmes.

Habituellement, votre corps va essayer désespérément de vous faire passer ses messages malgré sa mauvaise connexion avec la présence consciente. Un jour, un prêtre décrivit son parcours médical comme ceci : après avoir pratiqué la méditation pendant quelques semaines, il observait que son corps avait sans doute essayé de l'amener à ralentir son style de vie hyperactif, de type A, en lui donnant des maux de tête au travail. Mais il n'entendait pas, quand bien même les maux de tête empiraient. Son corps lui donna alors un ulcère. Mais là encore il n'écouta pas. En finale, il lui envoya une petite attaque, ce qui l'effraya tellement qu'il commença à écouter. Il dit qu'il était en fait reconnaissant de cet infarctus et le prenait comme un cadeau. Parce que, dit-il, cela aurait pu le tuer mais ne l'avait pas tué. La vie lui donnait une autre chance. Il sentait que c'était peut-être sa *dernière chance* de commencer à prendre son corps au sérieux, à écouter ses messages et à en tenir compte.

Chapitre 22

Travailler avec la douleur physique : vous n'êtes pas votre douleur

La prochaine fois que vous vous écrasez le pouce avec un marteau ou que vous vous heurtez le tibia à une porte de voiture, vous aurez l'occasion de réaliser une petite expérience de pleine conscience. Voyez si vous pouvez observer l'explosion des sensations et l'enchaînement de qualificatifs, de gémissements, et de mouvements violents du corps qui s'ensuivent. Tout cela se déroule en une ou deux secondes. À ce moment-là, si vous êtes assez rapide pour diriger pleinement de la conscience vers les sensations que vous éprouvez, vous remarquerez peut-être que vous arrêtez de jurer, de crier ou de gémir, et que vos mouvements deviennent moins violents. En observant les sensations dans la région blessée, notez la façon dont elles changent. Ces sensations de piqûre, d'élancements, de brûlure, de coupure, de déchirure et bien d'autres peuvent se succéder à toute allure dans cette région du corps, se mêlant l'une à l'autre comme un jeu de lumières multicolores projetées bon gré mal gré sur un écran. Continuez à suivre le flot des sensations tandis que vous posez votre main sur l'endroit blessé, y mettez de la glace, le mettez sous l'eau froide, le tenez au-dessus de la tête, ou y faites autre chose encore.

Pendant cette petite expérience, en vous concentrant fortement, vous remarquerez peut-être un centre de paix au cœur de vous-même, duquel vous pouvez observer le déroulement de tout l'épisode. Cela vous donnera peut-être l'impression d'être complètement détaché des sensations dont vous faites l'expérience, comme si ce n'était pas tant « votre » douleur que, simplement, de la douleur. Peut-être vous sentirez-vous calme « dans » la douleur ou « derrière » la douleur. Si ce n'était pas le cas, vous pouvez toujours retenter l'expérience la prochaine fois que vous aurez la malchance de vous cogner bien fort.

Vous écraser le pouce avec un marteau ou vous heurter le tibia provoquent une douleur immédiate. Nous utilisons le terme *douleur aiguë* pour décrire une douleur qui survient soudainement. La douleur aiguë est habituellement très intense, mais elle ne dure également qu'un court instant. Soit elle s'en va d'elle-même, quand vous vous cognez par exemple, soit elle vous oblige à agir pour la faire partir, par exemple à consulter un médecin. Quand vous vous cognez, si vous essayez d'être précisément et pleinement conscient de ce que vous ressentez, vous observerez sans doute que votre mode de relation à vos sensations est important. Il a un impact réel sur le degré de douleur que vous ressentez vraiment et sur l'intensité de votre souffrance. Il affecte aussi vos émotions et votre comportement. C'est vraiment une révélation de découvrir que vous disposez de différentes options pour gérer la douleur physique, même une douleur très intense, outre l'option d'être automatiquement submergé par elle.

Du point de vue de la santé et de la médecine, la douleur chronique est un problème bien plus réfractaire que la douleur aiguë. Par *douleur chronique*, nous voulons dire une douleur qui persiste dans le temps et qui n'est pas facilement soulagée. La douleur chronique peut aller et venir ou être constante. Elle peut aussi varier grandement en intensité, aller d'atroce à sourde et lancinante.

La médecine traite bien mieux la douleur aiguë que la douleur chronique. En général, la cause sous-jacente d'une douleur aiguë peut rapidement être identifiée puis traitée, ce qui élimine la douleur. Mais parfois la douleur persiste et ne répond pas bien aux remèdes les plus courants, par exemple les médicaments et la chirurgie. Sa cause aussi ne peut être vraiment définie. Si une douleur qui a commencé sous une forme aiguë dure plus de six mois, ou continue à revenir pendant de longues périodes, on parle de douleur chronique. Dans la suite de ce chapitre et dans le chapitre suivant, nous allons discuter de la douleur chronique et des façons spécifiques d'utiliser la pleine conscience pour y faire face.

⁂

Il est important que le lecteur garde résolument à l'esprit que tous les patients envoyés à la clinique du stress ont fait un bilan médical complet *avant* d'être autorisés à suivre l'entraînement à la méditation. C'est indispensable pour écarter ou confirmer des pathologies qui peuvent requérir une attention médicale immédiate. Écouter votre douleur inclut de prendre des décisions justes pour obtenir les traitements médicaux adéquats. Le travail de la pleine conscience doit être mené en conjonction avec tous les autres traitements médicaux requis pour soulager la douleur. Il ne vise pas à remplacer le traitement médical, mais peut en être un complément vital.

Tout comme nous avons vu avant qu'en soi le stress n'est pas mauvais, il est important de nous souvenir que la douleur en soi n'est pas mauvaise non plus. La douleur est un des messagers les plus importants de votre corps. Si vous ne sentiez pas la douleur, vous pourriez vous nuire grandement en touchant un poêle ou un radiateur brûlant sans même le savoir. Ou vous pourriez par exemple avoir une crise d'appendicite sans savoir qu'il y a un sérieux problème dans votre corps. La douleur aiguë, que nous sentons dans ces circonstances et d'autres similaires, nous dit que quelque chose cloche. Elle nous dit en termes clairs que nous devons faire attention et agir sur-le-champ pour rectifier la situation. Dans un cas nous retirons rapidement la main du poêle, dans l'autre nous allons à l'hôpital aussi vite que possible. La douleur est tellement intense qu'elle guide littéralement nos actions.

Les personnes qui sont nées sans les circuits de la douleur intacts ont de la difficulté à apprendre les compétences de sécurité de base, que nous considérons toutes comme évidentes. Sans le savoir, au fil des ans, nos expériences de la douleur physique nous ont beaucoup appris sur le monde, sur nous-mêmes et sur notre corps. La douleur est une excellente enseignante. Pourtant, si on vous posait la question, je parie que la plupart d'entre vous diriez catégoriquement que la douleur est « mauvaise ».

Notre société semble avoir de l'aversion pour la douleur, même pour la *pensée* de la douleur ou de l'inconfort. C'est la raison pour laquelle nous nous précipitons sur les médicaments dès que nous sentons venir un mal de tête, et changeons de position dès qu'une petite raideur musculaire génère de l'inconfort. Comme vous le verrez, cette aversion pour la douleur est un obstacle à l'apprentissage de la manière de vivre avec la douleur chronique.

L'aversion pour la douleur est vraiment une aversion mal placée pour la souffrance. Nous ne distinguons habituellement pas la douleur de la souffrance, or elles sont très différentes. Par sa nature, la douleur fait partie de l'expérience de la vie. Et la souffrance est une des nombreuses réponses possibles à la douleur. La souffrance peut provenir de la douleur physique ou de la douleur émotionnelle. Elle comporte nos pensées, nos émotions, et la façon dont elles structurent le sens de nos expériences. La souffrance aussi est parfaitement naturelle. On évoque en fait souvent la condition humaine comme une souffrance inévitable. Mais il est important de se souvenir que la souffrance n'est seulement qu'*une* réponse à l'expérience de la douleur. Même une petite douleur peut générer une grande souffrance en nous si nous craignons qu'elle indique que nous avons une tumeur ou toute autre maladie effrayante. Dès que nous sommes rassurés sur le résultat négatif des tests et sur l'absence de risque d'une maladie plus sérieuse, une même douleur peut être vue comme quasi rien, un mal ou un ennui mineur. Ainsi, ce n'est pas toujours la douleur elle-même, mais la façon dont nous la voyons et y réagissons qui détermine le degré de souffrance que nous connaîtrons. En finale, c'est la souffrance que nous craignons le plus, pas la douleur.

Personne bien sûr ne souhaite connaître la douleur chronique. Mais le fait est qu'elle est très répandue. Les coûts générés par la douleur chronique pour la société entière, ainsi que pour les personnes qui en souffrent, sont très élevés. Les calculs établissent que les seules lombalgies coûtent à notre société environ 30 milliards de dollars par an, en traitements et en perte de productivité. Les coûts psychologiques en termes de détresse émotionnelle sont tout autant renversants.

Un état de douleur persistant peut être tout à fait invalidant. La douleur peut éroder votre qualité de vie. Elle peut vous user petit à petit, vous rendre irritable et déprimé, et vous pousser à avoir pitié de vous-même, à vous sentir impuissant et désespéré. Vous pouvez sentir que vous avez perdu le contrôle de votre corps et votre capacité de gagner votre vie, sans parler de votre capacité de faire ce qui donne habituellement du plaisir et du sens à la vie.

Qui plus est, les traitements de la douleur chronique, bien meilleurs et plus sophistiqués qu'il y a une vingtaine d'années, ne réussissent trop souvent que partiellement. Au terme d'un traitement long et souvent frustrant, impliquant parfois de la chirurgie et en général de nombreux traitements médicamenteux, beaucoup de personnes s'entendent finalement dire, par leur médecin ou par le personnel soignant d'une clinique de la douleur, qu'elles vont devoir apprendre à « vivre avec » leur douleur. Mais trop souvent, on ne leur dit pas *comment. S'entendre dire que l'on doit vivre avec la douleur ne devrait pas être la fin du chemin – cela devrait en être le commencement.*

Dans le meilleur des cas – et c'est probablement encore l'exception plutôt que la règle générale –, une personne qui souffre de douleur chronique va recevoir le support constant d'un personnel soignant multidisciplinaire hautement qualifié. L'évaluation et le conseil psychologiques seront intégrés dans le plan de traitement. Celui-ci peut être très varié, de l'intervention chirurgicale sur des blocs nerveux, des injections point déclic avec des stéroïdes, des goutte-à-goutte de lidocaïne en intraveineuse, des relaxants musculaires, des analgésiques, une thérapie physique et occupationnelle et, avec de la chance, de l'acupuncture et des massages. Le but des thérapeutes est d'aider la personne à travailler avec son corps et à organiser sa vie de façon à maintenir la douleur sous contrôle. Ils l'aident également à maintenir une perspective optimiste et efficace, à entamer des activités porteuses de sens et à travailler selon ses capacités.

Dans notre hôpital, la clinique de la douleur envoie de nombreux patients à la clinique du stress pour un entraînement à la méditation. Le facteur décisif pour nous référer un patient est sa détermination à vouloir s'impliquer dans la gestion de sa souffrance, particulièrement quand elle n'a pas répondu au seul traitement médical. Les gens qui veulent simplement que le docteur « règle cela », ou les en « débarrasse », ne sont pas de bons candidats. Ils ne comprendront pas la nécessité de prendre eux-mêmes en partie la responsabilité d'améliorer leur état. Quand on leur suggérera que leur esprit peut jouer un rôle dans le contrôle de leur douleur, ils risquent d'entendre qu'on leur dit que leur douleur est imaginaire, que tout ça « c'est complètement dans la tête ». Quand leur médecin propose une approche psychologique comme thérapie de la douleur, des patients pensent régulièrement qu'il sous-entend que leur douleur n'est pas « réelle ». Les patients ont mal, ils le savent et veulent habituellement que quelque chose soit *fait* à leur corps pour faire partir la douleur.

C'est tout à fait naturel si vous avez pour modèle que votre corps est comparable à une machine. Quand une machine ne va pas, vous identifiez le problème et vous le « réglez ». De même, quand vous avez un problème de douleur, vous allez chez un « médecin de la douleur », et vous vous attendez à ce qu'il règle ce problème, exactement comme vous le feriez avec votre voiture.

Mais votre corps n'est pas une machine. Un des problèmes de la douleur chronique est que la cause de la douleur n'est souvent pas claire. Fréquemment, les médecins ne pourront dire avec certitude *pourquoi* une personne a mal. Les tests diagnostiques, comme les rayons X, les myélogrammes et les scanners, ne montrent souvent pas grand-chose, même si la personne souffre beaucoup. Et, même quand la cause de la douleur est connue de façon précise, les chirurgiens essaient rarement de couper des circuits nerveux spécifiques pour réduire la peine. Cette solution est seulement tentée en dernier lieu, en cas de douleur persistante et terrible. Cette approche a été souvent utilisée, avec de nombreux échecs, pour la simple raison que les messages douloureux n'empruntent pas les « chemins de la douleur » exclusifs et spécifiques du système nerveux.

Certains patients douloureux chroniques cherchent un traitement médical avec l'idée que leur corps fonctionne comme une automobile. Ils se disent que le médecin doit simplement trouver la cause de leurs souffrances pour l'éliminer en coupant le bon nerf ou en leur donnant des pilules ou des injections magiques. Ces patients connaissent habituellement des réveils pénibles. Avec la douleur chronique, les choses sont rarement aussi simples.

Dans le nouveau paradigme, la douleur ne se résume pas à un « problème corporel », elle révèle un problème de l'ensemble des systèmes. Les impulsions sensorielles trouvent leur source à la surface du corps et intérieurement. Des fibres nerveuses les transmettent au cerveau, qui enregistre et interprète ces messages comme de la « douleur ». Ceci doit se passer pour qu'ils soient considérés comme douloureux par l'organisme. Mais il existe beaucoup de chemins bien connus dans le cerveau et dans le système nerveux central, par lesquels des fonctions cognitives et émotionnelles plus élevées peuvent modifier la perception de la douleur. Envisager la douleur d'un point de vue systémique ouvre la porte à de nombreuses utilisations du cerveau en vue d'influencer notre expérience de la douleur. Pour cette raison la méditation peut grandement apprendre à vivre avec la douleur. Donc, si un médecin suggère que la méditation pourrait vous aider à vivre avec votre douleur, cela ne veut pas dire que votre douleur n'est pas « réelle ». Cela veut dire que votre corps et votre esprit ne sont pas deux entités séparées et distinctes et que la douleur comprend donc toujours une composante mentale. Cela signifie que vous pouvez toujours influencer en partie la douleur que vous ressentez, en mobilisant les ressources intérieures de votre esprit.

1. Les résultats sur la douleur à la clinique du stress

Avant d'approfondir l'utilisation de la *mindfulness* dans le travail avec la douleur, nous allons examiner les résultats d'études menées à la clinique du stress, sur des personnes souffrant de douleur chronique. Ces études ont montré une réduction importante du niveau moyen de la douleur au cours de la formation de huit semaines suivie à la clinique. Ces mesures ont été recueillies en recourant au questionnaire sur la douleur McGill-Melzack (PRI)[1]. Cette

1. McGill-Melzack Pain Rating Index. *(N.d.T.)*

étude peut être reproduite. Nous observons cette réduction dans chaque classe, d'année en année.

Dans une étude, 72 % des patients douloureux chroniques présentaient une réduction d'au moins 33 % sur l'échelle PRI, et 61 % atteignaient même 50 % de réduction. Ceci signifie que la majorité des gens venus avec des douleurs ont connu des réductions cliniquement significatives de leur niveau de douleur pendant les huit semaines au cours desquelles ils ont pratiqué la méditation à la maison et suivi les classes hebdomadaires à l'hôpital.

En plus de la douleur, nous avons examiné le changement chez ces personnes dans leur évaluation négative de leur corps (les points attribués aux différentes parties de leur corps en fonction de leur caractère plus ou moins problématique) : à la fin du programme, elles considéraient que leur corps était environ 30 % moins problématique que huit semaines auparavant. Ceci signifie que les évaluations négatives de son propre corps – spécialement fortes chez les personnes limitées dans leurs activités par la douleur – peuvent s'améliorer de façon marquante sur une courte période de temps.

En même temps, ces personnes ont aussi montré une amélioration de 30 % dans le degré auquel la douleur interférait avec leur capacité à entreprendre des activités normales de la vie courante, comme la préparation d'un repas, la conduite automobile, le sommeil et l'activité sexuelle. Cette progression s'accompagnait d'une baisse sensible (55 %) des états d'humeur négative, d'une augmentation des états d'humeur positive, et d'améliorations majeures dans leur anxiété, leur dépression, leur sentiment d'hostilité et leur tendance à somatiser c'est-à-dire à être excessivement préoccupées par ces sensations corporelles. À la fin du programme, les douloureux chroniques repris dans cette étude disaient prendre moins d'antidouleurs, être plus actifs et se sentir mieux en général.

Plus encourageant encore, ces progrès étaient durables. Dans une autre étude, qui examinait des personnes souffrant de douleur chronique quatre années après leurs expériences à la clinique du stress, nous avons observé que la plupart des bénéfices obtenus à la fin du programme étaient, en moyenne, soit maintenus soit encore améliorés.

De plus, l'étude de cohorte montrait que les patients douloureux continuaient à pratiquer la méditation, beaucoup d'entre eux de façon intensive. 93 % d'entre eux disaient continuer à méditer sous une forme ou sous une autre. Presque tous disaient utiliser la conscience du souffle au cours de la journée, ainsi que d'autres pratiques informelles de *mindfulness*. Certains pratiquaient formellement aussi quand ils en sentaient le besoin. Trois ans après, 42 % environ pratiquaient toujours formellement *au moins* trois fois par semaine pendant *au moins* 15 minutes d'affilée, alors que, quatre années après, ce pourcentage tombait à 30 %. L'ensemble indique un niveau impressionnant de discipline et d'implication, si l'on considère que cette pratique avait été apprise des années plus tôt.

Dans l'étude de cohorte, les patients douloureux devaient aussi évaluer l'importance de leur formation à la clinique du stress, à l'époque où on leur demandait de répondre. 44 % (à l'année 3) et 67 % (à l'année 4) donnèrent entre 8 et 10 au programme sur une échelle allant de 1 à 10 (10 signifiant « très important »), et plus de 50 % attribuèrent un 10 après quatre années. Les réponses après six mois, un an et deux ans de suivi se situaient entre ces valeurs, de 67 % lui attribuant entre 8 et 10 à six mois, à 52 % pour la même valeur à deux ans.

Dans cette étude, il était demandé aux patients d'évaluer à quel point ce qu'ils avaient appris à la clinique était responsable de la réduction de leur douleur. 43 % dirent que 80 à 100 % de cette baisse était dû à ce qu'ils avaient appris, et 25 % ne l'évaluèrent que de 50 à 80 %. Ainsi, selon leurs rapports, l'entraînement à la méditation avait des effets durables en termes d'amélioration de la douleur.

Dans une autre étude, nous avons comparé deux groupes de patients douloureux. Les 42 personnes participant à cette étude étaient traitées à la clinique de la douleur de notre hôpital, à l'aide de protocoles médicaux standards ainsi que de thérapies de soutien et physiques. Un groupe de 21 patients pratiquaient toutefois aussi la méditation à la clinique du stress, en plus des traitements cliniques de la douleur, alors que l'autre groupe n'avait pas encore été référé à la clinique du stress. Les deux groupes furent suivis pendant une période de dix semaines : les méditants entre le moment où ils commencèrent et le moment où ils finirent à la clinique du stress, et les personnes de l'autre groupe entre le moment où elles commencèrent leurs traitements cliniques de la douleur et dix semaines après.

Des études précédentes nous avaient indiqué que nous pouvions nous attendre à ce que les méditants témoignent de grandes réductions de douleur et de détresse psychologique sur nos échelles d'évaluation. La question était de savoir quelle comparaison apparaîtrait entre les méditants et les autres patients de la clinique de la douleur, qui ne pratiquaient pas la méditation mais recevaient des traitements médicaux puissants contre la douleur.

Le résultat fut que les non-méditants montrèrent peu de changements au cours des dix semaines où ils étaient en traitement à la clinique de la douleur, alors que les méditants montrèrent les améliorations importantes auxquelles nous nous attendions. Par exemple, les méditants montrèrent une amélioration de 36 % de la douleur sur le questionnaire de la douleur McGill, alors que les non-méditants n'avaient aucune amélioration. Les méditants montraient aussi une amélioration de 37 % dans l'image négative de leur corps, tandis que les non-méditants avaient une amélioration de 2 %. Les méditants montraient aussi une amélioration de 87 % dans leur humeur, tandis que les non-méditants ne montraient que 22 % d'amélioration. Les méditants montraient enfin une amélioration de 77 % de leur détresse psychologique, tandis que les non-méditants ne montraient qu'une amélioration de 11 %.

Comme le suggèrent ces résultats, faire quelque chose pour vous-même, comme les patients de la clinique du stress, en entamant une pratique de la méditation *en plus* du traitement médical de la douleur, peut donner lieu à de nombreux changements positifs qui ne se produisent pas nécessairement avec le seul traitement médical.

Des patients aux prises avec des problèmes de douleur très variés montrèrent des améliorations pendant les huit semaines du programme. Ils souffraient de lombalgies, de douleurs de nuque, d'épaule ou du visage, de migraines, de douleurs au bras, à l'abdomen ou à la cage thoracique, de sciatiques, des douleurs au pied, causées par une série de problèmes incluant l'arthrite, des hernies discales et des dystrophies sympathiques. Ils purent utiliser la méditation pour réaliser d'importants progrès. Ceci suggère que des douleurs fort différentes répondent à l'approche de la *mindfulness*. Ceci implique, par-dessus tout, une volonté de s'ouvrir à la douleur et d'apprendre d'elle au lieu de s'y fermer et d'essayer de la chasser.

2. Utiliser la pratique de la méditation pour travailler avec la douleur

Certaines personnes ont de la difficulté à comprendre pourquoi nous insistons pour qu'elles essaient d'entrer *dans* leur douleur alors qu'elles la haïssent tout simplement, et veulent justement qu'elle s'en aille. Elles se demandent : « Pourquoi ne devrais-je pas simplement l'ignorer ou me distraire d'elle, serrer les dents et simplement la supporter quand elle est trop forte ? » Une des raisons est qu'il peut arriver souvent que vous essayiez de l'ignorer ou de vous en distraire sans que cela marche. Dans ces moments-là, il est très utile d'avoir d'autres tours dans votre sac, autre chose que d'essayer simplement de la supporter ou de l'apaiser avec des médicaments. Plusieurs expériences de laboratoires sur la douleur aiguë ont montré que *se connecter* aux sensations réduit plus efficacement le niveau de la douleur ressentie, quand celle-ci est intense et prolongée, que s'en distraire. En fait, même si la distraction soulage votre douleur ou vous aide à y faire face un certain temps, y diriger la pleine conscience peut mener à de nouveaux niveaux de vision pénétrante et de compréhension de vous-même et de votre corps, niveaux que la distraction ou la fuite n'atteindront jamais. Comprendre et voir sont, bien sûr, une partie très importante du processus qui consiste à être en paix avec votre situation et à apprendre réellement *comment* vivre avec elle, à ne pas simplement l'endurer.

Alors, par où commencer ? Si vous souffrez de douleur chronique, espérons qu'à ce stade vous avez déjà commencé à pratiquer certains exercices de *mindfulness* suggérés à la partie 1. Peut-être qu'à un moment ou l'autre de votre lecture, ou au cours de la méditation, vous êtes-vous surpris en train de réfléchir à votre situation en adoptant un autre point de vue, ou avez-vous senti le désir d'être plus attentif à des choses qui vous paraissaient banales auparavant. Peut-être avez-vous commencé à pratiquer une ou plusieurs techniques de méditation formelle du programme décrit au chapitre 10. Si ce n'est pas le cas, la première chose à faire maintenant est de vous engager envers vous-même à dégager du temps pour pratiquer, en commençant par le scan corporel, au moins quarante-cinq minutes par jour, six jours sur sept. Engagez-vous aussi à maintenir cette pratique, même si vous ne sentez pas qu'elle vous mène quelque part d'emblée.

Toutes les suggestions de la partie 1 seront aussi pertinentes pour travailler avec la douleur qu'elles ne le sont pour travailler avec les autres problématiques rencontrées. Ceci comprend de cultiver les attitudes décrites au chapitre 2. Soyez conscient de votre tendance à vous identifier à un « patient douloureux chronique ». Rappelez-vous plutôt régulièrement que vous êtes une personne à part entière à qui il arrive d'être confrontée et de devoir gérer avec intelligence un état de douleur chronique. Recadrer votre vision de vous-même de cette façon sera plus important encore si votre histoire est émaillée de nombreux problèmes de douleur, et si vous vous sentez dépassé et abattu par votre situation et par vos expériences passées.

Plus que n'importe qui, vous saurez qu'avoir mal ne vous dispense pas de tous les autres problèmes et difficultés de l'existence. Vous devez également y faire face. Vous pouvez travailler avec eux exactement comme avec la douleur. Spécialement quand vous vous sentez découragé et déprimé, il est bon de vous souvenir que vous pouvez toujours sentir de la joie et du plaisir dans votre vie. Si vous pensez à cultiver cette vision plus vaste de vous-même, vos efforts de méditation s'enracineront dans un sol bien plus fertile pour donner des résultats positifs. La méditation vous viendra aussi en aide sous des formes inattendues, qui n'ont rien à voir avec votre douleur.

Comme nous l'avons vu au dernier chapitre, quand nous avons discuté des symptômes, faire partir la douleur n'est pas un but prioritaire vraiment utile. La douleur peut en effet disparaître entièrement à certains moments, ou se calmer et devenir plus gérable. Ce qui arrive dépend de nombreuses autres circonstances, et vous ne pouvez en contrôler que quelques-unes. Cela dépend pour une grande part du genre de douleur que vous avez.

Les maux de tête, par exemple, ont plus de chance de disparaître rapidement et de ne pas revenir qu'une douleur dans le bas du dos. En général, réduire une douleur lombaire demande plus de travail sur une plus longue période. Mais, quel que soit votre problème de douleur, il vaut mieux vous immerger dans une pratique régulière de la méditation tout en gardant à l'esprit les attitudes examinées au chapitre 2, et voir ce qui arrive. Votre méditation quotidienne sera votre laboratoire de la douleur. *Votre capacité de contrôler votre douleur, ou de changer votre relation à votre douleur, grandira à partir du scan corporel, de la méditation assise, du yoga (s'il est conseillé pour vous de le pratiquer), et à partir de la pleine conscience que vous introduirez dans votre vie quotidienne.*

⁂

Le scan corporel est de loin la technique qui marche le mieux au début pour les douloureux chroniques, spécialement si la position assise immobile leur est difficile. Vous pouvez le faire allongé sur le dos ou dans n'importe quelle autre position étirée qui vous convient. Fermez simplement les yeux, connectez-vous à votre respiration, et observez votre ventre qui se soulève doucement sur les inspirations et redescend sur les expirations. Puis, comme décrit au chapitre 5, utilisez votre respiration pour diriger votre attention jusque dans les orteils du pied gauche. Commencez à travailler à partir de là, en restant présent d'instant en instant. Quand votre esprit est centré sur une région du corps, l'idée est de l'y garder centré et de percevoir chaque sensation dans cette région (ou manque de sensation si vous ne sentez rien), tout en inspirant « dans » cette région et en expirant « hors » de cette région. Chaque fois que vous expirez, voyez si vous pouvez laisser tout votre corps s'enfoncer un peu plus profondément dans la surface sur laquelle vous êtes allongé tandis que vos muscles se détendent. Quand vient le moment de quitter cette région et de passer à la région suivante, laissez-la complètement se dissoudre. Demeurez alors en silence pendant quelques respirations au moins, avant de revenir à la région suivante, poursuivant ce voyage qui vous fait parcourir la jambe gauche, puis la jambe droite, puis le reste de votre corps. Les instructions de base du travail de la méditation, avec un mental qui vagabonde, restent toujours valables (sauf quand la douleur est telle que vous ne parvenez à vous concentrer sur rien d'autre que la douleur même ; le travail dans ces circonstances est décrit pp. 506 et 507) : dès que vous notez que votre esprit s'est égaré, observez où il est allé puis ramenez doucement votre attention à la région sur laquelle vous vous focalisiez. Si vous utilisez l'enregistrement du scan corporel, dès que vous réalisez que votre esprit s'est égaré, ramenez votre attention là où l'enregistrement suggère que vous la dirigiez.

Déplacez votre attention lentement, scannant de cette façon votre corps tout entier. Quand vous traversez une région problématique, peut-être une région dans laquelle les sensations d'inconfort et de douleur sont très intenses, voyez si vous pouvez la traiter comme n'importe quelle autre partie du corps. Autrement dit, inspirez dans cette région puis expirez de cette région avec douceur, en observant attentivement les sensations, en vous autorisant à les sentir, à vous ouvrir à elles, et à laisser tout votre corps se détendre et s'adoucir à chaque expiration. Quand vient le moment de quitter cette région et de passer à la région suivante (vous pouvez décider du moment), laissez-la complètement aller (lui dire « au revoir » en vous-même silencieusement sur une expiration vous aidera peut-être), et voyez si vous pouvez vous glisser *à cet instant* dans le calme et la tranquillité. Et même si la douleur ne change pas du tout ou devient plus intense, passez simplement à la région suivante pour y diriger toute votre attention.

Si les sensations douloureuses dans une région particulière évoluent, voyez si vous pouvez noter avec précision les qualités de cette évolution. Laissez-les s'inscrire pleinement dans votre conscience et poursuivez le scan corporel.

Il ne sert à rien d'*attendre* que la douleur disparaisse. Mais vous observerez peut-être qu'elle change en intensité, devenant par moments plus forte ou plus faible, ou que les sensations évoluent, disons d'aiguës à sourdes, ou commencent à démanger, à brûler ou à devenir lancinantes. Voyez si vous pouvez aussi être conscient de vos pensées et réactions émotionnelles éventuelles au sujet de la douleur, de votre corps, de l'enregistrement, de la méditation ou de n'importe quoi d'autre. Continuez simplement à observer et à laisser passer, observer et laisser passer, de respiration en respiration, d'instant en instant.

Tout ce que vous observez au sujet de votre douleur, de vos pensées ou de vos sentiments est à noter *sans jugement* tout en maintenant votre attention sur le scan corporel. À la clinique du stress, nous faisons le scan corporel chaque jour pendant plusieurs semaines. Cela peut être ennuyeux, parfois même exaspérant. Mais c'est OK. L'ennui et l'exaspération peuvent aussi être vus comme des pensées et des sentiments, puis abandonnés. Nous avons mentionné plusieurs fois, et c'est vrai pour le scan corporel en particulier, que nous disons à nos patients « Vous n'avez pas à l'aimer, vous avez simplement à le faire ». Ainsi, le fait de trouver le scan corporel vraiment relaxant et intéressant, ou difficile et inconfortable, voire exaspérant, n'a rien à voir avec la question de son utilité. Comme nous l'avons vu, c'est probablement le meilleur endroit où entamer ce processus. Après quelques semaines, vous pouvez commencer à l'alterner avec la méditation assise et le yoga. Mais même alors, n'abandonnez pas trop vite le scan corporel.

De même, au fil des semaines, ne soyez pas trop touché par le « succès », ni trop déprimé par le manque de « progrès ». Chaque jour sera différent. En fait, chaque moment sera différent, alors, ne tirez pas de conclusions après une ou deux séances. *Le travail de croissance et de guérison prend du temps.* Il requiert de la patience et de la constance dans la pratique méditative pendant des semaines, pour ne pas dire des mois et des années. Si vous avez eu mal pendant plusieurs années, il n'est pas vraiment raisonnable de vous attendre à ce que la douleur s'en aille magiquement en quelques jours, simplement parce que vous avez commencé à méditer. Mais, plus encore si vous avez déjà essayé tout ce qui existe et avez encore mal, qu'avez-vous à perdre en pratiquant la méditation régulièrement pendant huit semaines, ou même plus longtemps ? Y a-t-il quelque chose de mieux que vous puissiez faire pendant ces quarante-cinq minutes quotidiennes que de vous contacter en profondeur, peu importe ce que vous pensez ou sentez pendant ce temps, et de demeurer dans le champ de l'être ? Dans les moments de découragement, observez simplement les sentiments de découragement, laissez-les venir et laissez-les aussi aller, tout en continuant à pratiquer, pratiquer.

Dans les moments où la douleur est si intense qu'il vous est impossible de diriger votre attention vers une autre partie du corps, laissez le scan corporel, arrêtez l'enregistrement si vous en utilisez un, et dirigez simplement votre attention vers la douleur même, à cet instant. Outre celles évoquées plus haut, il y a plusieurs autres façons d'approcher la douleur. Leur clef à toutes est votre détermination inébranlable à diriger votre attention doucement et délicatement, mais fermement, *vers* et *dans* la douleur, même si cela semble pénible. Après tout, c'est ce que vous ressentez à cet instant précis, alors pourquoi ne pas voir si vous pouvez l'accepter au moins un tout petit peu, simplement parce que c'est là.

En allant dans votre douleur pour lui faire face ouvertement, vous aurez parfois l'impression de vous battre corps à corps avec elle ou d'être soumis à la torture. Il est précieux de reconnaître que ce sont simplement des pensées. Il est utile de vous souvenir que la pleine conscience *n'est pas* un combat entre vous et votre douleur, et qu'elle n'en sera un que si vous en faites un combat. En faire un combat provoquera simplement plus de tensions et donc plus de douleur. La pleine conscience implique un effort déterminé pour observer et pour accepter votre inconfort physique et vos agitations émotionnelles, d'instant en instant. *Souvenez-vous que vous essayez d'explorer votre douleur, d'apprendre d'elle, de la connaître mieux, et non de l'arrêter, de vous en débarrasser ou de vous en échapper.* Si vous pouvez adopter cette attitude et rester calmement *avec* votre douleur, la regardant de cette façon pendant ne fût-ce qu'une respiration ou même une demi-respiration, vous faites un pas dans la bonne direction. Alors, peut-être pourrez-vous amplifier ce pas, et rester calme et ouvert face à la douleur pendant deux ou trois respirations, ou même plus longtemps encore.

À la clinique, nous utilisons volontiers l'expression « sortir le paillasson de bienvenue » pour décrire le travail de la douleur pendant la méditation. Puisqu'elle est déjà présente à un moment précis, nous faisons ce que nous pouvons pour être réceptifs et l'accepter. Nous essayons de nous y relier de façon aussi neutre que possible, l'observant sans la juger, sentant en détail les sensations présentes. Cela implique de nous ouvrir aux sensations mêmes, quelles qu'elles soient. Nous respirons avec elles et demeurons avec elles d'instant en instant, chevauchant les vagues du souffle, les vagues de la sensation.

Nous nous posons aussi cette question : « À quel point est-ce dur à cet instant précis, juste dans ce moment-ci ? » Si vous vous entraînez à cela, vous remarquerez sans doute que la plupart du temps, même quand vous vous sentez vraiment mal, si vous allez au cœur de la sensation et demandez « À CET INSTANT PRÉCIS, est-ce supportable ? Est-ce OK ? » Il y a des chances que vous trouviez que c'est supportable. La difficulté vient de ce que le moment suivant arrive, puis le suivant, et que vous « *savez* » qu'ils vont tous êtes habités par la douleur.

La solution ? Essayez de prendre chaque instant comme il vient. Essayez d'être cent pour cent *dans* le présent à un moment, puis faites la même chose pour le moment suivant, et cela pendant les quarante-cinq minutes de pratique si nécessaire, ou jusqu'à ce que l'intensité diminue, stade auquel vous pouvez retourner au scan corporel.

⁂

Outre la simple observation des sensations, vous pouvez faire autre chose de très important : devenir conscient de toutes les pensées ou les sentiments que vous avez au sujet de ces sensations. Vous pouvez ainsi relever que vous les évoquez en vous-même en tant que « douleurs ». En réalité, ceci est aussi une pensée, l'attribution d'un nom. Ce n'est pas l'expérience. Si vous qualifiez ainsi les sensations, relevez-le. Il n'est peut-être pas nécessaire de les appeler « douleurs ». Peut-être alors ont-elles l'air plus fortes. Pourquoi ne pas observer et voir comment cela se passe pour vous ?

Plein de pensées et de sentiments peuvent également tournoyer en nous, apparaître et disparaître, commenter, réagir, juger, crier grâce. Des affirmations peuvent vous passer par la tête à un moment ou l'autre, comme : « Ceci me tue », « Je ne peux plus le supporter », « Combien de temps ceci va-t-il encore durer ? », « Ma vie est foutue », « C'est peine perdue », « Je ne maîtriserai jamais cette douleur ». Vous constaterez peut-être un va-et-vient constant de telles pensées. AUCUNE D'ELLE N'EST VRAIMENT LA DOULEUR.

Pouvez-vous être conscient de cette observation quand vous pratiquez ? C'est une prise de conscience-clé. Non seulement ce sont des pensées et pas la douleur à proprement parler, mais elles ne sont pas davantage vous-même ! Et en plus, selon toute vraisemblance, elles ne sont pas particulièrement vraies ou exactes. Il s'agit simplement de la réaction compréhensible de votre mental lorsqu'il n'est pas prêt à accepter la douleur, et veut que les choses soient différentes, c'est-à-dire sans douleur. Quand vous voyez et ressentez vos sensations en *tant que sensations*, purement et simplement, vous pouvez voir que ces pensées, qui commentent les sensations, vous sont inutiles *à cet instant*. Elles peuvent en réalité empirer les choses. Alors, en les laissant passer, vous parvenez à accepter les sensations simplement parce qu'elles sont déjà là, de toute façon. Pourquoi ne pas simplement les accepter à cet instant ?

Cependant, tant que vous n'aurez pas réalisé que c'est votre pensée qui qualifie les sensations de « pas bonnes », vous ne pourrez les accepter vraiment. C'est votre pensée qui ne veut pas les accepter, maintenant ou jamais, parce qu'elle ne les aime pas et qu'elle veut simplement qu'elles S'EN AILLENT. Maintenant, notez que ce n'est pas vous qui n'acceptez pas les sensations, c'est simplement votre pensée, et vous savez déjà de première main que vos pensées ne sont pas vous.

Ce glissement de perspective ouvre-t-il une autre option pour gérer votre douleur ? Et si vous laissiez passer ces pensées délibérément, si vous tentiez cette petite expérience quand vous avez très mal ? Et si vous lâchiez cette part de votre esprit qui veut que les choses se déroulent à sa façon, même quand l'évidence indique qu'il en est tout autrement ? Pourquoi ne pas accepter les choses comme elles sont maintenant, à cet instant précis, même si vous les détestez, même si vous détestez la douleur ? Pourquoi ne pas vous distancier de la haine et de la colère pour aller du jugement à l'acceptation ?

Vous constaterez peut-être à un moment donné, surtout si cette tourmente intérieure se calme temporairement, que votre *conscience* des sensations, des pensées et des sentiments est différente des sensations, des pensées et des sentiments eux-mêmes. En fait, la part consciente de « vous » n'est pas dans la douleur ; elle n'est pas le moins du monde gouvernée par ces pensées ni par ces sentiments. Elle les connaît mais en est libre. Au cours du scan corporel ou de toute autre technique de *mindfulness*, peut-être noterez-vous bien plus d'agitation et de souffrance quand vous vous identifiez à vos pensées, à vos sentiments, à votre ressenti corporel ou à votre corps que quand vous en restez l'observateur, sans juger, vous identifiant au connaisseur, à la conscience même.

Nous adoptons cette perspective du témoin d'un bout à l'autre de la pratique méditative, mais, vers la fin de l'enregistrement du scan corporel, une séquence explicite encourage ce que nous avons appelé *choiceless awareness*[1], une désidentification de l'ensemble du jeu de l'expérience intérieure, que ce soit le souffle, les

1. Attention ouverte, conscience sans objet. *(N.d.T.)*

sensations, les perceptions, les pensées ou les sentiments. Quand le scan corporel touche à sa fin, après avoir intentionnellement lâché prise, nous invitons nos pensées et nos sentiments, nos attractions et nos répulsions, nos concepts à notre sujet et au sujet du monde, nos idées et nos opinions, même notre nom, dans le champ de la conscience et nous les lâchons intentionnellement aussi.

L'enregistrement suggère alors de vous relier à la sensation que rien ne manque à cet instant, que vous êtes OK tel que vous êtes, sans avoir à résoudre vos problèmes, à corriger de mauvaises habitudes, à payer vos factures, à obtenir un diplôme universitaire ou autre chose encore. Pouvez-vous vous identifier à vous-même comme étant entier et complet et, en même temps, partie d'un ensemble plus vaste ? Pouvez-vous vous ressentir en tant que pur « être », cet aspect de vous qui est au-delà de votre corps, au-delà de votre nom, de vos pensées et de vos sentiments, de vos idées, vos opinions, vos concepts et même au-delà de votre identification à vous-même comme homme ou femme de tel âge ?

Dans l'abandon de tout ceci, vous pouvez en arriver à un stade auquel tous les concepts se dissolvent dans le calme. Reste simplement la conscience, une connaissance au-delà de toute « chose » à connaître. Dans cette quiétude, vous saurez peut-être que, quoi que vous soyez, « vous » n'êtes vraiment pas votre corps, même s'il vous appartient comme instrument, si vous en prenez soin et l'utilisez. C'est un véhicule très pratique, miraculeux, mais ce n'est sûrement pas vous.

Si vous n'êtes pas votre corps, vous ne pouvez donc pas être votre douleur. En apprenant à demeurer dans le champ de l'être, votre relation à la douleur de votre corps peut connaître de profonds changements. Ces expériences peuvent vous guider pour gérer au mieux la douleur, lui faire de la place, vivre avec elle, comme le font tant de nos patients.

Comme nous avons toujours été stressés, il est bien entendu nécessaire de pratiquer régulièrement. Il est plus facile de parler du champ de l'être que de s'y situer. Le rendre réel dans votre vie, le contacter à tout moment, nécessite de se concentrer avec détermination sur ce travail. Il est nécessaire de creuser en vous, à l'image d'un archéologue, pour découvrir votre unité intrinsèque, aussi enfouie soit-elle sous différentes strates d'opinions, d'attractions et de répulsions, de l'épaisseur de la pensée et des habitudes automatiques, sans parler de la douleur. Il n'y a rien de romantique ni de sentimental dans le travail de la pleine conscience, et votre unité intrinsèque n'est pas davantage une construction imaginaire romantique ou sentimentale. Elle est là maintenant, et elle l'a toujours été. Elle participe de notre humanité, tout comme avoir un corps et connaître la douleur.

Si vous souffrez de douleur chronique et que cette approche vous parle, sans doute est-il temps alors de la tester pour vous-même. Il n'y a qu'une seule façon de faire : commencer à pratiquer puis continuer à pratiquer. Trouvez et cultivez en vous des plages de calme, de silence et de conscience, utilisant votre douleur pour vous instruire et vous guider.

C'est un gros travail. Vous connaîtrez certainement parfois l'envie d'arrêter, spécialement si vous ne voyez pas de « résultats » rapides en termes de réduction de la douleur. Mais souvenez-vous que ce travail implique de la patience, de la douceur et de la bienveillance envers vous-même et même envers votre douleur. Cela signifie travailler en vous situant à vos limites, mais avec bienveillance, sans essayer trop fort, sans vous épuiser, sans forcer vos résistances. Si vous mettez votre énergie au service de la découverte de vous-même, les avancées viendront d'elles-mêmes, en leur temps. La pleine conscience ne brutalise pas les résistances. Vous devez travailler en douceur à vos limites, un peu par ci et un peu par là, gardant votre vision vivante dans votre cœur, particulièrement par temps de douleur et de difficulté.

CHAPITRE 23

Davantage sur la douleur

> *« Chers Jon et Peggy,*
> *J'ai très mal mais je me sens bien. J'ai réussi à bêcher mon allée, qui fait une centaine de mètres. Respirer, méditer, et de fréquents arrêts pour bouger les bras, les jambes, le dos et la nuque. J'ai eu des courbatures mais rien qui me handicape. En trente ans je n'avais jamais essayé de bêcher mon allée.*
> *Merci, Pat » (le 15 janvier 1982)*

1. TRAVAILLER EN PLEINE CONSCIENCE AVEC LES MAUX DE DOS CHRONIQUES

Si vous n'avez jamais rencontré le problème de la douleur chronique, vous n'imaginez pas à quel point il change toute votre vie et tout ce que vous faites. Beaucoup de personnes ayant une lésion dorsale sont incapables de travailler, spécialement quand il s'agit de soulever, de conduire ou de rester longtemps debout.

Certaines vivent plusieurs années grâce aux indemnités d'accident. Pendant ce temps, elles essayent de se rétablir assez pour pouvoir retravailler et mener une vie normale, ou d'obtenir la reconnaissance de leur invalidité et percevoir des indemnités à ce titre. Elles rencontrent souvent des problèmes juridiques et doivent même aller en justice pour toucher des indemnités. Vivre avec un revenu constant, en plus du fait d'être bloqué à la maison en ayant mal pendant des jours, des semaines, des mois, voire des années, incapable de faire quoi que ce soit, est extrêmement frustrant et déprimant, non seulement pour la personne qui souffre, mais aussi pour toute sa famille et son cercle d'amis. Chacun peut s'en trouver fâché, abattu et impuissant.

Que vous soyez handicapé en permanence par votre douleur ou deviez simplement être attentif à votre dos chroniquement « mauvais », les douleurs lombaires peuvent avoir des effets débilitants et déprimants. Le simple fait de vous pencher au-dessus du lavabo pour vous brosser les dents, ou de ramasser un stylo, d'entrer dans le bain ou de sortir d'une voiture peut déclencher des jours voire des semaines de douleurs intenses, qui peuvent vous forcer à rester allongé sur le dos dans votre lit pour simplement les supporter. Non seulement la douleur, mais également la menace de la douleur en cas de faux mouvement, affecte en permanence votre capacité à mener une vie normale. Mille et une choses doivent être faites lentement et soigneusement : rien n'est jamais gagné d'avance. Il est souvent hors de question de soulever des objets lourds. Soulever des objets très légers cause parfois de sérieux problèmes. Et dans les moments où vous n'avez pas mal, la sensation curieuse d'instabilité et de vulnérabilité dans cette région centrale de votre corps peut encore vous amener à vous sentir instable et fragile. Il peut vous arriver de ne pas pouvoir vous redresser, vous tourner, ou marcher d'une façon normale. Vous devez peut-être vous préparer avant de rencontrer des gens ou des circonstances susceptibles de vous faire perdre l'équilibre, parfois même vous devez vous en protéger. Il n'est pas du tout évident de sentir son corps « OK » quand on en sent le point d'appui central instable et vulnérable.

Même quand vous y êtes attentif, l'état de votre dos peut parfois se détériorer. Vous ne remarquez rien de particulier pendant vos activités, et pourtant vos muscles lombaires se contractent jusqu'à déclencher une rechute qui peut durer des jours ou des semaines. D'un moment à l'autre, vous pouvez vous sentir relativement bien puis vous trouver en difficulté.

Les personnes souffrant de dorsalgies chroniques ont tendance à avoir de « bons jours » et de « mauvais jours ». Bien souvent il y a peu de bons jours. Il peut être très décourageant de vivre un jour après l'autre, sans savoir comment on se sentira le lendemain, ce qu'on pourra ou ne pourra pas faire. Comme il est difficile de faire des plans, il est presque impossible d'avoir une vie professionnelle régulière et une vie sociale épanouie. Et si vous avez un bon jour de temps à autre et sentez votre corps pour une fois « OK » ou normal, vous en êtes alors si excité que vous risquez d'en faire trop pour compenser toutes les fois où vous n'avez rien pu faire. Vous vous préparez alors à le payer plus tard et tombez peut-être dans un cercle vicieux.

Un problème au dos vous force quasiment à être vigilant car les résultats d'un manque d'attention peuvent être très invalidants. Pour travailler systématiquement près de vos limites, pour devenir plus fort et en meilleure santé et être capable de faire au moins certaines des choses que vous souhaitez, la *mindfulness* devient absolument essentielle.

À la clinique du stress, les douloureux chroniques qui réussissent le mieux à contrôler leur douleur cultivent la perspective de se rétablir à long terme. D'importants progrès de mobilité ou de réduction de la douleur peuvent survenir au cours des huit semaines, mais ce n'est pas nécessairement le cas. Il vaut mieux penser en termes de six mois, ou même d'une ou deux années, et persister à pratiquer patiemment, quelle que soit l'évolution de la situation au cours des premières semaines. Cependant, votre qualité de vie peut commencer à s'améliorer dès le premier scan corporel, comme nous l'avons vu dans le cas de Philippe (chapitre 13). Ceci vaut plus encore si vous voulez travailler votre corps et vos problèmes de dos de façon progressive et systématique. Un plan aussi impliquant devrait inclure la perspective de ce que ce travail conséquent vous permettra de réaliser. Vous serez aidé en imaginant l'état de votre dos dans trois ou cinq ans, si vous continuez à suivre un programme d'exercices physiques réguliers et conscients, à encourager tout votre corps, pas simplement votre dos, à devenir plus fort et plus souple. Je connais un scientifique très célèbre qui souffre beaucoup et « reconstruit son corps » pendant une heure chaque matin avant de partir à la rencontre du monde. Vous pouvez aussi penser que vous suivez un entraînement intensif, comme un athlète.

Une approche à long terme de votre revalidation lombaire pourrait inclure un travail conscient de renforcement du dos en suivant les exercices physiques qui vous sont prescrits ou en pratiquant jusqu'où vous le pouvez des mouvements de yoga, après avoir vérifié avec votre kinésithérapeute que ces exercices spécifiques sont appropriés dans votre cas.

Ce genre de travail doit être fait particulièrement lentement et doucement en cas de problème dorsal. Une kinésithérapeute qui suit nombre de nos patients dit aimer travailler avec eux après leur passage par la clinique du stress. Elle dit qu'ils sont nettement plus sensibles, détendus et reliés à leur corps pendant les séances de kiné que les patients qui ne connaissent pas la *mindfulness*, et qui ne savent pas comment respirer *avec* le corps et *avec* la douleur au lieu de respirer contre eux. Et les patients eux-mêmes disent la même chose. Ils disent que la thérapie physique change dès l'instant où ils savent comment utiliser leur respiration quand ils s'étirent et se lèvent. Nous avons déjà noté ceci dans le chapitre sur le yoga.

Prendre soin de votre corps par un exercice régulier est plus important encore pour vous si vous souffrez d'un problème de dos. Souvenez-vous que « si vous ne l'utilisez pas, vous le perdez ». Ne laissez pas votre problème dorsal servir d'excuse pour ne pas prendre soin du reste de votre corps. Vous pouvez peut-être faire de l'exercice en marchant régulièrement, en utilisant un vélo d'intérieur ou en nageant. Vous pouvez peut-être faire un peu de yoga. Vous ne devez pas faire tous les exercices. Faites seulement ceux que vous êtes capable de faire et évitez ceux déconseillés par votre médecin ou qui vous semblent ne pas convenir à ce moment. Mais à notre avis, si vous souhaitez rétablir votre corps, vous devriez faire quelque chose pour l'étirer et le renforcer chaque jour, ou au moins un jour sur deux, comme décrit en détail au chapitre 6, même si ce n'est que cinq minutes pour commencer.

Outre ce travail corporel bienveillant, nous vous suggérons de pratiquer le scan corporel chaque jour, comme décrit aux chapitres 5 et 22, comme base de votre plan de revalidation. Faites-en un moment où vous vous réappropriez votre corps en étant simplement en contact profond avec lui d'instant en instant, dans le calme, travaillant avec la douleur et l'inconfort quand ils se présentent.

Si vous êtes en incapacité de travail, vous aurez plus de temps pour vous consacrer à cette approche. Le temps peut être très pesant quand nous sommes coincés à la maison. Vous pouvez vous sentir ennuyé, frustré, pas bien, irritable et même désolé pour vous-même. Tout le monde le serait à votre place. Mais si vous décidez volontairement d'utiliser ce temps pour guérir en pratiquant la méditation et le yoga, vous pouvez faire d'une situation mauvaise une situation créative. Évidemment, vous n'aviez pas demandé ce problème de dos, mais aussi longtemps qu'il est là, vous pouvez décider d'utiliser ce temps dans votre intérêt afin de vous revalider du mieux que vous le pouvez. Souvenez-vous que c'est votre corps, que personne ne le connaît aussi bien que vous et que personne n'en dépend autant que vous pour votre bien-être.

Une des choses les plus thérapeutiques que vous puissiez faire pour votre corps au cours de la journée est d'utiliser régulièrement votre souffle pour pénétrer la douleur et l'aider à s'adoucir de la même façon que nous l'utilisons dans le scan corporel (voir au chapitre précédent). Cela peut se faire en dirigeant consciemment votre respiration dans la région douloureuse, la sentant quand elle pénètre votre dos et s'y déplace, puis en visualisant la douleur qui s'adoucit et se dissout tandis que vous vous relaxez et lâchez prise à chaque expiration. Ne voyez que ce jour-ci, même cet instant-ci, veillant délibérément à prendre chaque jour comme il vient, chaque instant comme il vient, à abandonner toute attente vous disant que la douleur devrait diminuer ou encore comment vous devriez vous sentir. Observez simplement le souffle faire son travail.

⁂

Guérir est une véritable aventure. La route a ses hauts et ses bas. Ne soyez donc pas surpris si vous avez des rechutes et si vous avez parfois l'impression de faire un pas en avant puis de glisser deux pas en arrière. Cela marche toujours comme cela. Cultivez la pleine conscience et cherchez toujours des avis et des encouragements auprès de votre médecin et des autres personnes qui soutiennent vos efforts. Vous serez alors capable de percevoir l'évolution des choses et aurez la souplesse nécessaire pour vous y adapter. La chose la plus importante est de croire en votre capacité de persévérer dans les hauts et bas nombreux, de garder la perception de votre globalité et de l'aventure que vous vivez en vue de sa pleine réalisation.

⁂

Introduire l'attention dans vos activités quotidiennes est particulièrement précieux quand vous souffrez d'un dos en mauvais état. Comme nous l'avons vu, parfois le simple fait de soulever un stylo, d'attraper le papier aux toilettes de la « mauvaise » façon (n'est-il pas amusant de penser qu'il y a pour vous une « mauvaise » façon de l'attraper ?), d'ouvrir une fenêtre ou de sortir d'une voiture peut déclencher un épisode aigu. Donc, vous avez tout avantage à être conscient de ce que vous faites au moment où vous le faites. Faire les choses en pilotage automatique peut mener à de sérieuses rechutes. Comme vous le savez probablement, il est très important d'éviter de soulever un objet, même très léger, en vous tournant. D'abord soulever, toujours en fléchissant les genoux et en gardant l'objet proche du corps, puis tourner. Il est utile de coupler tous vos mouvements avec la conscience de votre respiration et de la position de votre corps. Quand vous sortez d'une voiture, vous tournez-vous et vous levez-vous en même temps ? Ne le faites pas. La conscience de petites choses fait une grande différence, elle peut vous éviter des lésions et vous protéger de la douleur.

Comment arriver alors à ce que les choses soient faites dans la maison ? Il y aura des moments où vous ne pourrez rien faire du tout. Mais il y aura sans doute d'autres moments, selon la sévérité de l'état de votre dos, où vous pourrez faire les choses avec modération, en les intégrant dans votre programme de renforcement et d'assouplissement. Prenez l'exemple de l'aspirateur. Avec un mauvais dos, il peut être dangereux de le soulever puis de le tirer. Mais si vous décidez de le faire, vous pouvez imaginer des moyens de le faire consciemment. Les mouvements que nous faisons en passant l'aspirateur peuvent être très mauvais pour le dos. Mais, avec un peu d'attention et d'imagination, vous pouvez faire de ces mouvements une sorte de yoga de pleine conscience. Vous pouvez passer sous le lit et sous le divan à quatre pattes ou en vous accroupissant si c'est possible, vous courbant et allongeant le bras avec vigilance, utilisant votre souffle pour guider vos mouvements tout comme vous le feriez en pratiquant les exercices de yoga. En passant l'aspirateur de cette façon, lentement et consciemment, vous saurez sans doute quand votre corps aura assez travaillé, et vous entendrez son message. Vous vous arrêterez peut-être alors, pour poursuivre le lendemain ou le surlendemain. Après avoir arrêté, essayez de faire un peu de yoga pendant cinq à dix minutes pour relâcher et détendre votre corps, et étirer des muscles qui se sont peut-être contractés.

Inutile de le dire, ce n'est pas de cette façon que la majorité des gens passent l'aspirateur ou font le ménage. Mais si vous en faites l'expérience, vous observerez probablement qu'un peu de présence, jointe au savoir-faire né de votre pratique régulière du yoga et de la méditation, peut transformer grandement les besognes ménagères en thérapie, et les limitations en autant d'occasions de guérir. Vous travaillez dans le respect des limites, à l'écoute de votre corps. Au fil des semaines et des mois, vous découvrirez peut-être que vous vous renforcez. Ceux qui n'ont pas mal pourraient bien sûr éviter de s'abîmer le dos en passant l'aspirateur de la même façon. Et si passer l'aspirateur vous est interdit, vous accomplirez peut-être une autre tâche ménagère de cette façon.

À la clinique du stress, nous suggérons aux personnes souffrant du dos de rester très prudentes et de faire des essais pour se réapproprier les pans de leur vie le plus compromis par leur état. Avoir simplement mal ne signifie pas que vous deviez abandonner votre corps. Il y a d'autant plus de raisons d'y travailler pour le rendre le plus solide possible et pour qu'il puisse être votre allié quand vous en avez besoin. Abandonner la sexualité, la marche, les courses, le nettoyage ou l'expression de la tendresse n'améliore pas les choses.

Faites des expériences en pleine conscience ! Trouvez ce qui marche pour vous, comment modifier les choses pour pouvoir les faire, au moins pendant de courtes périodes. Ne vous privez pas automatiquement, par peur ou par pitié pour vous-même, des activités normales de la vie, qui lui donnent sa valeur et sa cohérence. Souvenez-vous, comme nous l'avons vu au chapitre 12, que si vous dites « Je ne sais pas », vous ne saurez certainement pas. Cette pensée, cette croyance ou cette affirmation deviennent une prophétie qui s'accomplit. Elle crée sa propre réalité. Mais puisque ce n'est qu'une pensée, elle n'est pas nécessairement tout à fait pertinente. Ne serait-il pas mieux de vous surprendre à ces moments, en train de voir par le filtre des pensées « Je ne sais pas » ou « Je ne pourrais jamais... », et de tenter plutôt « Peut-être que, d'une façon ou d'une autre, cela pourrait être possible... Essayons... en pleine conscience. »

Souvenez-vous de Philippe, le camionneur franco-canadien blessé au dos. Son expérience du scan corporel pendant les premières semaines du programme est racontée brièvement au chapitre 13. Il lui fallut plusieurs semaines pour apprendre à faire le scan corporel en arrivant à réduire réellement la douleur. Il connut beaucoup de hauts et de bas pendant cette période, mais continua à pratiquer envers et contre tout. Au final, il se sentait bien plus à même de contrôler non seulement son mal de dos mais aussi d'autres domaines de sa vie.

Avant qu'il commence à méditer, Philippe avait porté un appareil TENS[1] chaque jour, qui lui avait été prescrit à la clinique de la douleur. Il avait senti qu'il ne s'en sortait pas sans cet appareil et le portait toute la journée, jour après jour. Mais, après plusieurs semaines de pratique du scan corporel, il remarqua qu'il pouvait passer deux ou trois jours sans le porter. Il était vraiment heureux de

---

1. Ce terme vient de *Transcutaneous Electrical Nerve Stimulator* qui signifie neurostimulateur électrique transcutané. Il s'agit d'un appareil porté à la ceinture, il libère des petits chocs électriques vers la peau pour réduire les sensations de douleur. *(N.d.T.)*

pouvoir contrôler ainsi sa douleur par lui-même. Cela lui montrait qu'il avait un pouvoir sur cette douleur.

Mais quand vint le moment de faire du yoga en classe, il se trouva à nouveau à la croisée des chemins. Après les huit semaines, il décrivit ceci : « Vous savez, j'ai failli à nouveau abandonner à la troisième semaine, quand vous avez commencé à parler du yoga et de toutes ces choses. Je m'suis dit " mon Dieu, ça va me tuer tout ça ", mais vous avez alors dit de ne pas le faire si ça n'allait pas, j'ai donc surtout fait le scan corporel. Mais j'ai aussi fait un peu de yoga, puis j'en ai fait beaucoup pendant la journée de pleine conscience. Cela m'ennuyait parfois, je n'aimais pas faire certains exercices, comme de soulever la jambe, ou de ramener les jambes et rouler en arrière sur la nuque. Y a beaucoup que je ne peux pas faire. Ce que je peux faire, pas de problème, je le fais souvent. En fait, je me sens maintenant plus souple. »

En songeant à l'expérience de ces huit semaines, Philippe dit : « Non, elle [la douleur] n'est pas partie, elle est toujours là mais, voyez-vous, quand je commence à la sentir trop fort, je m'assieds simplement sur le côté, je prends dix, quinze ou vingt minutes, je me mets à méditer et la douleur s'apaise. Et si je peux méditer au moins quinze à trente minutes ou même plus, je peux me remettre en route et même l'oublier pendant peut-être trois, quatre, cinq ou six heures, peut-être même toute la journée, en fonction, comme je l'ai dit, de la météo. »

Il a aussi remarqué que les choses étaient différentes à la maison, avec sa femme et ses enfants. Voici ses mots : « Nous avions des problèmes quand je suis venu ici [à la clinique] la première fois. Nous avions vraiment des problèmes. J'avais ce mal de dos tellement en tête et étais aussi inquiet de trouver un autre job sans avoir de formation ad hoc... Tout cela augmentait la pression et, sans que je m'en rende compte, j'étais un peu cinglé. Je veux dire que ma femme était en fait comme une esclave plus ou moins à mon service, vous savez. On était assis un soir et je me suis senti comme frustré et lui ai dit « Faut qu'on parle ». On ne faisait plus beaucoup l'amour et cela me rendait fou. J'suis pas quelqu'un qui peut s'en passer pendant des semaines, vous savez, et je lui ai donc dit : « Allez viens, allons... » et elle put me faire réaliser ce qui se passait. Elle me dit « Depuis combien de temps ne m'as-tu plus dit que tu m'aimes ? Depuis combien de temps... ? » On s'assied... On a une chaise longue double, vous savez, comme pour les amoureux, et elle dit « Asseyons-nous pour regarder la TV ensemble ». Mais quand je regarde la TV, je regarde la TV. Elle va me parler et moi je vais marmonner « Mmh, mmh... » Mais cela entre par une oreille et sort par l'autre, vous savez. Elle va dire « Eh bien, je t'ai dit... », et je vais dire « Oh, désolé, je n'écoutais pas, je regardais le match de boxe » ou autre chose, voyez-vous. Bien, finalement elle me fit réaliser ce qui se passait. Après avoir commencé à la clinique du stress, j'ai dit « Waouw, t'sais, je réalise *vraiment* maintenant », vous savez. Donc maintenant nous nous éloignons de la télé. Le soir nous ne nous asseyons plus pour la regarder. Nous sortons. Quand il fait beau, nous allumons un feu avec les voisins. Nous nous asseyons et nous parlons, vous savez, et parfois nous sommes avec un autre couple, parfois nous parlons simplement ou nous restons assis à regarder le feu, et, en fait, cela capte mon attention. Ils parlent, vous savez, mais c'est comme s'ils étaient loin. Je me retrouve automatiquement en train de faire les exercices respiratoires, et je me sens tellement mieux après, vous savez, rien à voir avec les programmes sexy balancés par la télé.

Ma relation avec ma femme s'est améliorée à 100 %, et avec les enfants aussi. »

Et pour ce qui est d'essayer de nouvelles choses, Philippe a aussi observé ceci : « Autre chose que j'ai retiré du programme... Avant, je n'ai jamais été capable de parler en public comme je l'ai fait pendant nos classes. Avant, chaque fois que j'essayais, je sentais mon visage chauffer, devenir aussi rouge qu'une tomate, parce que je suis honteux et timide, et que je l'ai toujours été. Je ne sais pas comment j'ai pu parler en classe comme je l'ai fait. Eh bien, ce que j'ai dit, quand je l'ai dit, j'étais content de l'avoir dit. Cela ne venait pas de ma bouche, cela venait de l'intérieur, vous savez, du cœur. »

2. La méditation intensive et la douleur

Ce n'est pas par accident que la pratique de la méditation a quelque chose à nous enseigner sur la gestion de la douleur. Au cours des deux mille cinq cents dernières années, les personnes pratiquant la méditation ont beaucoup appris de la douleur et ont développé des méthodes pour la transcender. Les entraînements intensifs à la méditation ont traditionnellement été le domaine de monastères et de centres de retraite établis dans ce but explicite. Pratiquer la méditation pendant de longues périodes peut être très douloureux physiquement et émotionnellement, et tout autant inspirant et libérateur. Imaginez-vous vous rendre quelque part pour y faire ce que nous faisons au cours de la séance d'une journée (voir chapitre 8), en silence, pendant sept jours, deux semaines, un mois ou trois mois.

Quand vous êtes assis sans bouger, spécialement avec les jambes croisées sur le sol, pendant des périodes d'une heure ou plus, et que vous faites ceci pendant dix heures par jour pendant des jours ou même des semaines d'affilée, votre corps peut se mettre à avoir atrocement mal, surtout dans le dos, les épaules et les genoux. La plupart du temps, la douleur physique finit par diminuer d'elle-même, mais s'asseoir ainsi des jours durant peut être un vrai défi. En vous mettant à dessein dans ce genre de situation, vous apprendrez probablement beaucoup sur vous-même et sur la douleur Si vous êtes d'accord d'accepter cette douleur, de l'observer, de ne pas vous en éloigner, elle peut vous apprendre énormément. Vous apprenez par-dessus tout que vous pouvez travailler avec elle. Vous apprenez que la douleur n'est pas une expérience statique, qu'elle change constamment. Vous en venez à voir que les sensations sont simplement ce qu'elles sont, et que vos pensées et vos sentiments sont à part de vos sensations. Vous en arrivez à voir que votre esprit joue peut-être un grand rôle dans votre souffrance, et qu'il peut aussi jouer un grand rôle pour vous libérer de la souffrance. Toutes ces choses, la douleur peut vous les enseigner.

Les gens qui participent à des retraites de méditation doivent tôt ou tard faire face à la douleur qui monte au cours des longues assises. C'est inévitable dans les premières étapes d'une retraite et est dû à l'assise immobile dans des postures auxquelles nous ne sommes pas habitués. Cela émerge aussi quand nous devenons conscients de la tension physique accumulée que nous portons avec nous, sans nous en rendre compte, dans notre corps. Par plus d'un côté, ce type de douleur a des qualités fort semblables à l'éventail des sensations rencontrées dans les états de douleur chronique : ça fait mal, ça brûle, il y a des épisodes de sensations acérées, d'élancements dans le dos, dans les genoux ou dans les épaules. Vous pourriez mettre fin à la douleur à tout moment en vous levant et en marchant mais, le plus souvent, si vous pratiquez la méditation, vous choisissez de rester, simplement présent à cela comme à toute autre expérience. En retour, cela vous apprend la façon de cultiver le calme, la concentration et l'équanimité dans l'inconfort. Mais cette leçon n'est pas facile à apprendre. Il faut vouloir rencontrer la douleur encore et encore, d'un bout à l'autre de la journée, et l'observer, respirer avec elle, l'explorer, l'accepter. De cette façon, la pratique méditative peut être un laboratoire d'exploration de la douleur, où vous en apprenez davantage sur sa nature, sur la façon d'y pénétrer en profondeur et, en finale, sur la façon de fraterniser avec elle.

3. Les athlètes et la douleur

Comme les méditants, les athlètes d'endurance connaissent également au début une sorte de douleur induite. Ils connaissent, eux aussi, le pouvoir de l'esprit dans le travail de la douleur, de façon à ne pas être vaincus par elle. Les athlètes se mettent constamment dans des situations qui produisent inévitablement de la douleur. Vous ne pouvez courir un marathon à votre cadence la plus élevée sans rencontrer la douleur. En fait, peu de gens pourraient courir un marathon à n'importe quelle vitesse sans rencontrer la douleur.

Alors, au fond, pourquoi le font-ils ? Parce que les coureurs savent qu'on peut travailler avec la douleur et la transcender. Quand le corps hurle d'arrêter tant est grande la douleur d'origine métabolique (due aux muscles qui ne parviennent pas à capter assez d'oxygène suffisamment vite) à la fin d'une course, un(e) athlète d'endurance doit puiser en lui-même ou en elle-même et décider s'il ou elle va réduire l'allure ou trouver de nouvelles ressources pour dépasser ce qu'une personne normale considérerait comme une limite absolue.

En fait, à moins qu'une lésion physique ne survienne (produisant une douleur aiguë qui vous fait arrêter, à juste titre, pour éviter de vous blesser davantage), c'est invariablement l'esprit qui décide d'arrêter en premier, pas le corps. Les athlètes d'endurance peuvent être ennuyés par des baisses de concentration, des peurs et des doutes sur eux-mêmes, parce qu'ils savent qu'ils sont confrontés à une certaine douleur pendant l'entraînement et la compétition. Pour ces raisons et bien d'autres, de nombreux athlètes sont maintenant convaincus qu'un entraînement mental systématique est tout autant nécessaire qu'un entraînement physique, s'ils veulent réaliser leurs meilleurs scores. En fait, dans le nouveau paradigme, une condition physique performante optimale n'est possible qu'avec une bonne condition mentale. Elles doivent être cultivées ensemble.

En 1984, j'ai eu l'occasion de travailler avec l'équipe américaine olympique d'aviron. J'ai entraîné les rameurs avec les mêmes techniques de méditation que celles utilisées par les patients douloureux de la clinique du stress pour gérer leur douleur. Ces athlètes furent capables d'utiliser des stratégies de *mindfulness* pour augmenter leur capacité à faire face et à gérer la douleur pendant l'entraînement et la compétition, exactement comme en sont capables les patients dans le travail de la douleur, même si ces deux groupes différents de personnes se situent aux extrêmes de l'échelle de la condition physique.

Les lecteurs atteints de lombalgie chronique apprendront avec intérêt que John Biglow, le rameur en couple de l'équipe olympique d'aviron américaine de 1984, obtint la place de meilleur rameur en couple américain cette année-là. Pourtant il avait une lombalgie chronique due à une hernie discale qui datait d'un accident survenu en ramant en 1979. Suite à cette blessure et à une sérieuse rechute en 1983, où il se blessa à nouveau, il ne put plus jamais ramer fortement pendant plus de cinq minutes d'affilée, après lesquelles il devait se reposer trois minutes avant de pouvoir ramer à nouveau. Il avait cependant pu retrouver sa compétence en s'entraînant très attentivement à l'aide de la connaissance de ses limites, au point de pouvoir demander à son dos l'effort énorme requis pour concourir au niveau mondial. Pour être rameur en couple de l'équipe olympique, Biglow devait à nouveau faire de la compétition et battre les rameurs les plus rapides, les plus forts et les plus compétitifs du pays. (Les courses se font sur 2 000 mètres et durent cinq minutes environ.) Imaginez la foi, la détermination et l'intelligence corporelle nécessaires pour quelqu'un qui souffre de dorsalgie chronique, ne fût-ce que pour se mobiliser pour un tel but, sans parler de l'atteindre. Mais le but qu'il s'était fixé à lui-même était assez signifiant pour le soutenir tout au long de cette route extrêmement ardue, douloureuse et solitaire.

Chacun de nous, à sa façon, quelle que soit sa fragilité ou son infirmité, est capable de tels exploits s'il peut déterminer des buts signifiants à ses yeux puis travailler intelligemment à leur réalisation. Même si nous n'atteignons pas complètement le but, l'effort lui-même peut être soutenant et guérissant, si nous voyons du sens dans le processus lui-même et travaillons avec conscience, d'instant en instant, jour après jour.

4. Les maux de tête

La plupart des maux de tête ne sont pas le signe d'une tumeur au cerveau ou d'un autre état pathologique sévère, même si ces pensées peuvent facilement traverser votre esprit si vous souffrez de céphalées constantes, chroniques et sévères. Mais si les maux de tête persistent ou sont très forts, il est toujours important de faire au moins un bilan diagnostique complet pour éliminer ce type de pathologie avant d'essayer de les contrôler par une médication ou par la méditation. Dans ces cas-là, un médecin bien formé s'assurera que ce bilan a été fait avant de référer un patient migraineux à la clinique de réduction du stress. La plupart des patients de la clinique du stress confrontés à des migraines chroniques, viennent avec des diagnostics de céphalées de tension, de migraine, ou des deux. Tous ont fait un bilan neurologique complet, ce qui inclut habituellement un scanner pour éliminer l'hypothèse d'une tumeur cérébrale.

La majorité des patients qui arrivent à la clinique du stress pour céphalées chroniques répondent bien à la pratique de la méditation. Une femme qui s'était inscrite au programme souffrait de migraines depuis une vingtaine d'années, pour lesquelles elle prenait chaque jour du Cafergot[1]. Elle avait suivi un traitement dans de nombreuses cliniques spécialisées dans les céphalées, sans être soulagée. Après deux semaines de programme de réduction du stress, elle n'eut pas mal à la tête pendant deux jours d'affilée. Cela ne lui était pas arrivé en vingt ans. Elle n'eut plus mal jusqu'à la fin du programme et même pendant un certain temps après.

1. Le Cafergot est un médicament qui contient de l'ergotamine et de la caféine. Il est utilisé dans le traitement de la migraine. *(N.d.T.)*

Il vous suffit d'expérimenter une seule fois la disparition d'un mal de tête qui a été chronique et constant, pour réaliser qu'il est donc possible qu'une telle chose arrive. Ceci peut complètement changer votre façon de penser à votre corps et à votre maladie, et vous donner une confiance renouvelée dans votre capacité à contrôler ce qui semblait auparavant incontrôlable.

Une femme plus âgée raconta récemment en classe que l'idée de « sortir le paillasson de bienvenue » pour sa migraine l'avait frappée tant c'était approprié. Si bien que quand la suivante se présenta, elle s'assit pour méditer et « parla » à son mal de tête. Elle dit des choses comme « Viens si tu le souhaites, mais tu devrais savoir que je ne vais plus te laisser prendre les commandes. J'ai beaucoup à faire aujourd'hui et je ne peux tout simplement pas passer beaucoup de temps avec toi ». Cela fonctionna fort bien et elle sembla ravie de cette découverte.

Il y a un endroit, dans l'enregistrement du scan corporel, après le parcours du corps, qui suggère de respirer par un trou imaginaire situé au sommet de la tête, semblable à l'évent des baleines. L'idée est de sentir comme si votre souffle entrait et sortait par ce trou. Beaucoup de patients migraineux ont utilisé ce « trou » comme soupape de sûreté pour leurs maux de tête. Vous inspirez et expirez simplement par le sommet de la tête, et laissez la tension, la pression ou n'importe quelle sensation de cette région s'envoler du corps par ce trou. C'est bien sûr plus difficile à faire si vous n'avez pas développé votre capacité de concentration par une pratique régulière de la méditation. Mais si vous vous êtes entraîné à respirer de cette façon chaque jour dans le cadre du scan corporel, quand vous avez des symptômes de céphalée, ils peuvent être facilement éliminés avant d'atteindre la taille d'un mal de tête complet. Mais même alors, cette méthode peut être efficace pour l'adoucir ou même le dissoudre.

Quand ils se mettent à pratiquer régulièrement la méditation, qu'ils aient ou non mal à la tête, la plupart des migraineux qui viennent à la clinique du stress rapportent que tant la *fréquence* que la *sévérité* de leurs maux de tête diminuent. La pratique de la méditation affecte les deux et peut être utilisée de deux manières différentes avec des problèmes de céphalée. Quand le mal de tête est là, la méditation peut être utilisée pour réduire sa sévérité en respirant par le « trou » imaginaire du sommet de la tête. Et la fréquence générale des maux de tête peut aussi être réduite par la *relaxation* associée à une pratique régulière de la méditation. La relaxation dissipe souvent les conditions préalables qui sont à l'origine des maux de tête.

⁂

En approfondissant votre pratique, vous noterez que vos maux de tête ne viennent pas de nulle part. Ils sont habituellement amorcés par des conditions préalables, identifiables. Malheureusement, beaucoup de déclencheurs physiologiques ne sont que pauvrement compris, et les déclencheurs psychologiques ou sociaux sont quant à eux souvent ignorés ou déniés. Il est certain que des situations stressantes peuvent provoquer des maux de tête et beaucoup de personnes – spécialement celles qui souffrent de céphalées de tension – sont au moins conscientes de cette connexion. Mais beaucoup d'autres rapportent qu'elles s'éveillent avec des maux de tête ou qu'elles les attrapent quand elles ne sont pas particulièrement stressées, quand tout va bien pour elles, par exemple le week-end.

Quelques semaines de pratique de la *mindfulness* apportent souvent à ces patients un nouveau regard sur leurs maux de tête, sur le moment et les causes de leur apparition. Parfois ils découvrent qu'ils sont bien plus tendus et speedés qu'ils ne le pensaient, même en week-end. Ils voient parfois qu'une pensée ou un souci particulier peuvent précéder l'apparition d'un mal de tête. Cela peut même arriver le matin, au saut du lit. Une pensée anxieuse peut vous rendre tendu avant de poser le pied par terre, alors que vous êtes peut-être tout à fait inconscient de cette pensée. Tout ce que vous savez est que vous vous êtes « éveillé » avec un mal de tête.

De cette façon la pleine conscience peut vous aider à traverser la journée. Elle vous aide à vous relier à votre corps et à votre souffle dès le matin, dès le premier instant où vous savez que vous êtes éveillé. Vous pourriez même essayer de vous dire en vous éveillant : « Je suis en train de m'éveiller » ou « Maintenant je suis éveillé ».

Au fil du temps, cette sorte de présence vous conduira à faire des connexions qui étaient passées inaperçues jusque-là. Vous réaliserez par exemple le lien entre une pensée avec laquelle vous vous éveillez, ou une situation qui se présente en début de journée – peut-être même les toutes premières minutes après vous être levé –, et un mal de tête survenu plus tard. Ceci peut vous amener à essayer délibérément de court-circuiter un éventuel enchaînement d'événements qui mène généralement à un mal de tête. Vous pouvez en effet diriger votre attention sur cette pensée précise au moment où elle survient, la voir comme une pensée, puis la laisser aller. Vous pouvez aussi poser un acte pour changer votre relation à une situation stressante et ennuyeuse, et enfin gérer les résultats de vos efforts. Il se peut aussi que vous deveniez conscient de moments et de lieux où vous êtes plus susceptible d'avoir mal à la tête. Vous identifierez alors des *facteurs environnementaux* comme la pollution et des allergènes, capables de déclencher des maux de tête.

Pour certaines personnes, les maux de tête chroniques sont une réelle métaphore de tout ce qui est déconnecté et déréglé dans leur vie : le corps, la famille, le travail, l'environnement, la tourmente. Le stress de leur vie quotidienne est habituellement tel qu'il est difficile de savoir par où commencer quand on se demande pourquoi ils attrapent mal à la tête. Si vous êtes dans cette situation, sachez que vous ne devez *résoudre* aucun de vos problèmes pour pouvoir vous y mettre. Vous devez simplement commencer à pratiquer, commencer à être dans une attention plus fine, d'instant en instant, d'un bout à l'autre de votre journée. Avec le temps, un mouvement d'*autorégulation* se met naturellement en route. Cela peut prendre des années pour vous sortir complètement d'une telle situation, mais la tentative elle-même, jointe à la détermination d'accepter de vous trouver où vous êtes déjà et d'être patient, peut conduire à des progrès importants dans vos maux de tête, longtemps avant la résolution de vos autres problèmes.

Les deux histoires suivantes montrent comment des maux de tête chroniques sont parfois représentatifs de la vie entière d'une personne à un moment donné. Elles montrent aussi la façon de travailler avec cette situation pour peut-être faire demi-tour et arriver, en finale, non seulement à soulager les maux de tête mais, plus important encore, à développer une vision pénétrante et une résolution de la situation à un niveau plus vaste.

Fred, un homme âgé de trente-huit ans, avait été référé pour de l'anxiété associée à des apnées du sommeil, état caractérisé par un arrêt temporaire de la respiration pendant le sommeil. L'apnée était due à son obésité. À cette époque, Fred pesait cent soixante-dix kilos et mesurait un mètre cinquante-cinq. En plus de son anxiété et de ses apnées du sommeil, Fred souffrait de céphalées chroniques. Au moindre stress, il avait mal à la tête. Prendre le bus finissait toujours par lui donner mal à la tête. Il détestait les bus (« ils me rendent malade »), mais il n'avait pas de voiture et dépendait d'eux pour se déplacer. Il vivait avec un colocataire et travaillait comme gérant d'un snack-bar. Son poids était tel que sa nuque l'empêchait de respirer correctement quand il était couché. C'est ce qui causait ses apnées du sommeil. Son pneumologue lui avait dit qu'il devrait subir une trachéotomie s'il ne perdait pas rapidement du poids. Cette perspective inquiétait beaucoup Fred. Il n'avait pas envie d'avoir une trachéotomie. Un confrère, qui le conseillait pour sa perte de poids, lui suggéra de se rendre à la clinique du stress pour son anxiété.

Fred vint à la première classe et n'aima pas du tout. Il se dit : « Je ne supporte plus d'attendre, cela n'en finit pas, je ne reviendrai pas. » Quand il avait accepté d'y aller, il n'avait pas vraiment réalisé ce que ce serait d'être en classe avec une trentaine d'autres personnes. Il s'était toujours senti mal à l'aise dans les foules et n'avait jamais réussi à parler dans un groupe. Il était timide et évitait instinctivement toute situation susceptible de devenir conflictuelle. Mais, comme il me le décrivit après le programme, ses « tripes » le firent revenir à la deuxième séance. Il se surprit à dire : « Si je ne le fais pas maintenant, je ne le ferai probablement jamais », et « Chacun ici a des problèmes, autrement il ne serait pas là ». Ainsi, malgré ses sentiments initiaux, Fred décida de continuer à venir. Il utilisa l'enregistrement du scan corporel la première semaine et, la semaine suivante, il savait déjà que cela « allait marcher » avec lui. Comme il le dit : « J'ai tout de suite accroché. » Il put même exprimer au groupe la détente qu'il avait trouvée en se reliant à son corps.

Dès le jour où Fred commença le scan corporel, ses maux de tête disparurent. Ceci arriva malgré son stress croissant : il devenait de plus en plus évident qu'il prenait du poids, n'en perdait pas, et devrait subir la trachéotomie. Mais il prenait à présent le bus sans avoir mal à la tête ni se sentir malade, simplement « en se relaxant, en accompagnant la vague et en la savourant ».

Il devint aussi plus assertif. Il put demander à son colocataire de s'en aller puisqu'il ne payait plus sa part de loyer. Il sentait qu'il n'aurait jamais été capable de faire cela avant. Tout en devenant plus confiant en lui-même, Fred commença aussi à se sentir plus détendu dans son corps. Le yoga l'ennuyait à cause de son poids et il n'en faisait pas beaucoup. Mais même s'il prit du poids pendant ces huit semaines, il n'en fut pas déprimé. Avant, quelques grammes de plus le déprimaient profondément.

Fred avait aussi une tension artérielle élevée. À un moment donné, avant de venir à la clinique du stress, sa tension artérielle s'élevait à 210/170 ce qui est dangereusement élevé. Il avait en moyenne 140/95 sous traitement antihypertenseur. Quand il termina le programme de la clinique du stress, sa moyenne était de 120/70. Elle était plus basse qu'au cours des quinze dernières années.

Pour information, il subit non pas une mais deux tentatives de trachéotomie en une semaine, mais cela ne marcha pas parce que son cou était si épais que la canule n'y restait pas. Elle était chaque fois ressortie après quelques jours. Il n'eut donc jamais de trachéotomie.

Quand je le revis un mois après les cours, il était au régime et avait perdu un poids considérable. Il continuait à méditer. Il ne s'était jamais senti aussi sûr de lui dans la vie. Perdre du poids stimulait fortement sa confiance en lui-même. Il se sentait heureux pour la première fois depuis des années et ses apnées du sommeil avaient diminué avec sa perte de poids. Il n'avait eu qu'un seul mal de tête depuis la fin des cours.

Dans une autre classe, une femme divorcée de quarante ans appelée Louise avait été référée par son neurologue pour migraines et pour stress professionnel. Elle avait des migraines depuis ses treize ans, facilement quatre fois par semaine. Elle voyait des points lumineux devant les yeux, suivis habituellement de nausées et de vomissements. Bien qu'elle fut sous médicaments, ceux-ci n'aidaient souvent pas, sauf si elle les prenait exactement au bon moment, avant que le mal de tête n'augmente. Elle avait toujours de la difficulté à définir quel était le bon moment. Au cours des quatre mois précédant son orientation vers la clinique du stress, les céphalées de Louise avaient empiré au point de l'avoir amenée à se rendre à plusieurs reprises aux urgences de l'hôpital.

À la quatrième séance du programme, nous demandons en général aux participants de remplir chez eux l'échelle de réajustement social des docteurs Holmes et Rahe, en plus de leur pratique de la méditation. Comme nous l'avons vu au chapitre 18, cette échelle est une simple liste d'événements de vie. Le but est de vérifier lesquels de ces événements vous sont arrivés au cours de l'année écoulée. Cette liste comprend des points comme la mort du conjoint, un changement de situation professionnelle, un changement dans la santé d'un proche, le mariage, l'emprunt d'une somme importante, et une série d'autres événements. Chacun représente un nombre d'unités précises, qui sont supposées représenter l'importance du stress dû à l'adaptation à un tel changement de vie. Les instructions de cette échelle précisent qu'un total de plus de 150 unités signifie que vous êtes considérablement stressé et devez veiller à prendre des mesures pour vous adapter efficacement à ces situations nouvelles.

Le jour où nous discutions de cela en classe, Louise avait le score le plus élevé de la classe. Elle nous raconta comment elle et son compagnon avaient tous deux pointé leurs scores un soir. Elle arrivait à 879 unités, et lui avoisinait les 700. Quand ils virent la hauteur de leurs scores respectifs, ils se mirent à rire. Ils se dirent qu'ils devaient être plus forts qu'ils ne l'imaginaient car, comme elle le dit en voyant leurs résultats : « C'était un miracle d'être tous les deux toujours en vie. » Elle savait qu'ils auraient facilement pu en pleurer plutôt qu'en rire. Elle dit qu'elle voyait le rire comme un bon signe, une réponse saine en soi.

À cette époque, la vie de Louise était dominée par la peur que son ex-mari essaie de la tuer ce que, disait-elle, il avait en fait essayé de faire. En plus de cela, ses deux fils avaient récemment été blessés dans un accident de voiture, pas trop sérieusement, et elle traversait une période très stressante au travail.

Elle travaillait comme cadre dans une grande société qui connaissait une importante restructuration. Cela mettait chacun dans l'insécurité et sous une forte pression. Son compagnon et elle travaillaient tous deux pour la même société que son ex-mari, ce qui rendait sa situation plus complexe encore.

Au cours de la cinquième séance (c'est-à-dire après avoir pratiqué le scan corporel pendant quatre semaines et le yoga pendant deux semaines), elle dit qu'au cours de la semaine écoulée, elle avait vu les lumières qui précèdent habituellement une forte migraine. Mais, pour la première fois, elle en était devenue consciente tôt. Il n'y avait que peu de points lumineux, pas tout l'ensemble qui signifiait d'habitude que le mal de tête serait là dans l'heure et était déjà, selon elle, « hors contrôle ». Elle décida alors de prendre un comprimé, de se coucher et de faire le scan corporel. Elle pensa qu'elle pourrait peut-être éviter de prendre les trois autres comprimés qu'elle était supposée prendre de façon séquentielle, en plusieurs heures, pour contrôler les maux de tête par les médicaments.

Louise rapporta avec fierté que, pour la première fois depuis son adolescence, elle avait été capable de court-circuiter un mal de tête par elle-même. Elle ne prit jamais les trois autres comprimés. Elle fit le scan corporel, s'endormit à la fin et se réveilla complètement en forme. Elle attribuait son succès à deux choses : premièrement, elle sentait que la pratique de la méditation au cours des semaines précédentes l'avait aidée à devenir plus sensible à son corps et à ce qu'elle ressentait. C'est pourquoi, sentait-elle, elle avait été consciente des premiers signes avant-coureurs de la migraine (techniquement appelés *prodrome* ; dans le cas de Louise, les lumières), quelques heures avant qu'elle ne s'abatte sur elle et avait pu poser certains actes. Deuxièmement, elle pouvait faire maintenant quelque chose dans ces moments-là – ou du moins elle sentait qu'il y avait quelque chose à essayer comme alternative à la prise d'un médicament pour contrôler son mal de tête. Elle avait approché la migraine autrement, elle avait expérimenté ses propres ressources intérieures pour la contrôler.

Louise n'eut pas de maux de tête au cours des quatre semaines suivantes, même si sa vie connaissait constamment des hauts et des bas. Elle mit le schéma des neuf points sur le mur de son bureau et essaya de *répondre* aux éléments stressants de sa vie plutôt que d'y réagir.

La semaine suivant la fin du programme, une nouvelle grosse migraine commença la veille de Thanksgiving et se poursuivit le jour suivant. Louise ne voulut pas être amenée aux urgences, bien qu'elle fût plus occupée à vomir dans la salle de bains qu'à faire la fête avec sa famille. Ils la suppliaient de les laisser l'emmener à l'hôpital. Mais dans son esprit, ses fils étaient venus à la maison pour le dîner de Thanksgiving et elle pensait seulement que c'était vraiment moche d'être si malade le jour où elle pouvait les voir.

Quand je la vis le jour suivant, elle était pâle, agitée et en larmes. Elle se sentait en « échec », après tous les bons résultats qu'elle avait eus durant la session. Elle avait espéré que son médecin supprimerait son traitement par Inderal si elle pouvait rester sans maux de tête. Elle disait à présent qu'elle avait « complètement bousillé cette possibilité ». Pire encore, elle se sentait aussi une ratée parce qu'elle n'avait aucune idée de la raison de ce mal de tête. Elle dit qu'elle ne s'était pas sentie stressée par la perspective du Thanksgiving. Au contraire, elle l'attendait. Mais en parlant davantage des jours qui avaient précédé ces vacances, elle vit plus clairement que Thanksgiving avait une importance particulière pour elle cette année-là, qu'elle avait eu des attentes plus grandes car ses fils venaient et qu'elle avait besoin de les voir. Tout en parlant, il lui revint également, que le mardi avant cette forte migraine, elle avait vu les lumières et les spots devant ses yeux sans qu'ils s'inscrivent dans sa conscience. À un moment donné, se souvint-elle, son compagnon lui avait demandé ce qu'elle voulait faire pour le dîner et elle avait dit : « Je ne sais pas, je suis incapable de penser. J'ai l'esprit vide. »

C'était sans doute là le point critique. Son corps lui envoyait le premier signal de la survenue d'une migraine. Mais, pour l'une ou l'autre raison, le message ne passa pas. Elle dit plus tard qu'elle était sans doute trop occupée, trop pressée et trop fatiguée pour écouter son corps, même si elle avait réussi à court-circuiter la dernière migraine en agissant dès qu'elle avait senti les premiers signes d'avertissement.

Dès qu'elle fut apaisée, elle réalisa que ce terrible mal de tête ne signifiait pas qu'elle était bonne à rien. Au plus, il signifiait qu'elle avait avantage à être plus connectée encore aux messages de son corps. Après vingt-sept années de migraines, il n'était peut-être pas réaliste de s'attendre à ce qu'elle apprenne à les contrôler en quatre semaines, au point de voir ce problème définitivement résolu, d'autant plus que sa vie connaissait fréquemment des hauts et des bas.

Suite à ce mal de tête, sans en conclure qu'elle était une ratée, Louise put voir que la survenue de cette migraine *précise* à ce moment *précis* lui apprenait une chose qu'elle n'avait pas encore pleinement réalisée et qu'elle pouvait donc la trouver utile. Ce mal de tête lui enseignait qu'elle devait prendre la mesure de la crise qu'elle traversait dans sa vie à cette époque, avec des dates d'audience en perspective, des problèmes professionnels et sa colère envers son ex-mari. Il lui enseignait que ce genre de pressions ne s'en va pas du simple fait d'être en vacances. En réalité, elles peuvent charger davantage les vacances émotionnellement, et conduire à des attentes et à des désirs inconscients mais forts de voir les choses évoluer dans un certain sens. Plus important encore, le mal de tête lui enseignait qu'à cette période de sa vie plus spécialement, elle ne pouvait se permettre de négliger les messages de son corps. Elle devait les respecter et être plus prête encore que jamais à arrêter son occupation quand les premiers signes d'avertissement se manifestaient, à prendre ses médicaments et à pratiquer *immédiatement* un scan corporel. Si c'est ce qu'exige la tourmente de sa situation, rien d'autre à ce moment ne convient, si son but est d'harmoniser davantage sa vie et de se libérer de ses migraines, au propre comme au figuré.

Chapitre 24

Travailler avec la douleur émotionnelle : vous n'êtes pas votre souffrance… Mais vous pouvez faire beaucoup pour la guérir

Le corps n'a pas le monopole de la souffrance. La douleur émotionnelle, dans notre cœur et dans notre esprit, est bien plus étendue et tout autant susceptible de nous accabler que la douleur physique. Cette douleur peut revêtir plusieurs formes. Il y a la souffrance de la condamnation de soi, comme quand nous nous en voulons d'avoir fait quelque chose, ou de ne pas l'avoir fait, ou quand nous nous sentons indignes ou stupides et manquons de confiance en nous. Si nous avons fait du tort à d'autres, nous pouvons aussi ressentir la douleur de la culpabilité, une combinaison de remords et de reproches à soi-même. Il y a de la douleur dans l'anxiété, dans l'inquiétude, dans la peur et dans la terreur. Il y a de la douleur dans la perte et le deuil, dans l'humiliation et la gêne, dans le désespoir et la détresse. Nous pouvons porter l'une ou l'autre douleur émotionnelle au fond du cœur, souvent pendant une grande part de notre vie, telle un lourd fardeau, parfois secret, parfois même inconnu de nous-même.

Exactement comme avec la douleur physique, vous pouvez être présent à la douleur émotionnelle et utiliser son énergie pour grandir et pour guérir. La clef consiste à vouloir explorer votre souffrance, l'observer, vous y ouvrir consciemment, dans l'instant. Vous travaillez alors *avec* elle, exactement comme vous le feriez avec un symptôme, avec la douleur physique, ou avec une pensée qui fait régulièrement surface.

Il est difficile de transmettre à quel point il est important, quand la douleur émotionnelle émerge, de pouvoir changer de perspective et d'accepter le présent *tel qu'il est*. Que vous soyez effrayé par une urgence médicale qui vous emporte aux soins intensifs, ou fâché et humilié car la police s'est présentée à votre porte et vous a embarqué au milieu de la nuit, ou encore frustré et déprimé car un nouveau médecin vous a crié dessus dans une salle d'attente bondée en refusant de remplir une prescription qui vous était automatiquement remise depuis des années – autant de situations rencontrées par des patients de la clinique du stress –, c'est votre détermination à pratiquer la pleine conscience *dans ces moments-là,* et dans les moments qui suivent, qui est la plus importante. La pleine conscience *pendant* l'expérience même de la douleur est fondamentale pour travailler avec vos émotions.

La tendance naturelle est bien entendu d'éviter dans la mesure du possible les sensations douloureuses et de les tenir à distance, ou alors d'être automatiquement emporté par la marée de nos sentiments. Dans un cas comme dans l'autre, nous sommes trop préoccupés et notre esprit est trop turbulent pour nous souvenir dans ces moments-là de regarder attentivement, sans perdre l'ensemble de vue. Ceci peut changer si nous avons entraîné notre esprit à voir ses propres bouleversements, quels qu'ils soient et aussi douloureux soient-ils, comme autant d'occasions de répondre avec créativité plutôt que de devenir victime de nos propres réactions. En finale, le tort causé quand nous nions ou évitons nos ressentis, ou quand nous nous perdons en eux, ne fait qu'augmenter notre souffrance.

Tout comme la douleur physique, la douleur émotionnelle essaie de nous raconter quelque chose. Elle aussi, est une messagère. Les émotions doivent être reconnues, au moins à nos yeux. Il y a à aller à leur rencontre et à les ressentir dans toute leur force. Il n'y a pas d'autre façon de traverser ce passage. Si nous les ignorons, les réprimons, les supprimons ou les sublimons, elles couvent et ne trouvent ni résolution ni apaisement. Et si nous les amplifions, les dramatisons et nous préoccupons de leur tumulte sans la moindre conscience de ce que nous faisons, elles traînent et nous enlisent.

Même dans les affres de la douleur et de la colère, dans les remords tiraillants de la culpabilité, dans les marées moroses de la tristesse et de la peine, et dans la houle de la peur, il est toujours possible d'être présent, de savoir qu'à cet instant-ci je sens de la douleur, je sens de la colère, je me sens coupable, triste, peiné, effrayé ou confus.

Aussi étrange que cela paraisse, le fait de *connaître* délibérément vos sentiments dans les moments de souffrance émotionnelle contient en lui-même les germes de la guérison. Tout comme nous l'avons vu avec la douleur physique, cette part de vous qui peut *connaître* vos sentiments, qui voit clairement ce qu'ils sont, qui peut les accepter alors même qu'ils se déploient, quels qu'ils soient, même dans leur furie pleine et non dissimulée, ou sous leurs nombreux masques, comme la confusion, la rigidité ou l'aliénation, cette conscience même a une vision indépendante qui se situe hors de votre souffrance. Elle n'est pas ballottée par les tempêtes du cœur ou de l'esprit. Les tempêtes doivent toujours suivre leur trajectoire, leur douleur doit être sentie. Mais en fait, elles se déploient différemment quand elles sont bercées par la conscience.

D'une part, ce ne sont plus des tempêtes qui vous arrivent, comme des forces extérieures. Vous prenez maintenant la responsabilité de sentir ce que vous êtes en train de sentir à cet instant, car c'est ce qui arrive maintenant dans votre vie. Ces moments de douleur sont à vivre pleinement, tout autant que n'importe quels autres, et ils peuvent en réalité nous apprendre beaucoup, même si peu parmi nous chercheraient à recevoir ces leçons volontairement. Mais vous relier à votre douleur consciemment, en tout cas aussi longtemps qu'elle est là, vous permet de participer à vos sentiments plutôt que d'en être la victime.

Et même si la douleur que vous ressentez peut être aussi forte que s'il n'y avait pas de visibilité, pas de perception consciente d'un tableau plus vaste, diriger votre attention vers l'émotion vous permet de voir vos sentiments avec un certain degré de sagesse. La douleur peut rester aussi forte, mais au moins la souffrance est adoucie quand nous observons notre esprit s'agiter dans tous les sens, rejeter, protester, dénier, hurler, imaginer, souffrir.

La pleine conscience nous permet de discerner plus profondément la nature même de notre douleur. Elle nous aide parfois à éviter la confusion des sentiments de peine et de tumulte émotionnel, causés peut-être par des fausses perceptions ou par des exagérations et par notre désir que les choses se déroulent d'une certaine façon.

La prochaine fois que vous traversez une période de souffrance, essayez d'entendre une voix intérieure calme qui vous dise par exemple : « N'est-ce pas intéressant, n'est-ce pas surprenant de voir ce qu'un être humain peut traverser, surprenant de voir la quantité de douleur et d'angoisse que je peux ressentir, créée à partir de moi ou dans laquelle je peux m'embourber ? » En tendant l'oreille vers une voix calme dans votre cœur, dans votre douleur, vous veillerez à observer le déploiement de vos émotions avec une attention ouverte, avec un certain détachement. Vous vous surprendrez peut-être à vous émerveiller de voir comment les choses finissent par se résoudre, et de savoir que vous ne savez pas, que vous avez simplement à attendre et à voir. Soyez cependant certain qu'une solution arrivera. Ce que vous expérimentez est comme la crête d'une vague, elle ne peut rester haute indéfiniment, elle doit retomber. Et vous saurez aussi que la façon dont vous gérez ce qui se passe au sommet de cette vague peut en influencer la résolution. Dans un accès de colère par exemple, si vous dites ou faites quelque chose qui blesse profondément une autre personne, vous rajoutez une couche à la souffrance du moment ; repoussez d'autant le dénouement, qui, lorsqu'il arrivera, vous conviendra peut-être moins encore. Ainsi, en des temps de grande souffrance émotionnelle, vous accepterez peut-être progressivement d'ignorer le dénouement que trouvera la situation, et entamerez, par cette acceptation, le processus de guérison.

Au sein de votre douleur, vous pouvez discerner, même pendant que vous la sentez, qu'une part d'elle vient de la non-acceptation, du rejet de ce qui est *déjà* arrivé, ou dit ou fait, du désir que les choses soient différentes, qu'elles soient plus à votre goût, plus sous votre contrôle. Vous voudriez peut-être une autre chance. Vous voudriez peut-être remonter dans le temps et faire quelque chose différemment, ou dire quelque chose que vous n'avez pas dit, ou annuler quelque chose que vous avez fait. Peut-être tirez-vous des conclusions sans savoir toute l'histoire et vous sentez-vous blessé inutilement à cause de vos réactions prématurées. Nous souffrons de beaucoup de manières, mais elles se résument habituellement aux variations de quelques schémas de base.

Si vous êtes attentif quand les tempêtes émotionnelles se lèvent, vous verrez peut-être que vous refusez d'accepter les choses telles qu'elles sont déjà. Peut-être la part de vous qui voit cela s'est-elle déjà accommodée, d'une façon ou d'une autre, de ce qui est arrivé ou de votre situation. Peut-être, en même temps, reconnaît-elle que vos sentiments ont encore besoin de s'exprimer, qu'ils ne sont pas prêts à accepter ou à se calmer, et que c'est bien comme cela.

Tout comme dans la pratique de la méditation, notre esprit a une forte tendance à rejeter les choses telles qu'elles sont quand il s'agit de *ma* douleur, de *mon* dilemme ou de *mon* deuil. Comme l'avait souligné Einstein, ceci nous enferme dans une identification à notre isolement. Comme nous l'avons vu, cette vision peut nous couper de notre capacité à voir clairement et à guérir alors même que nous en avons le plus besoin.

Si une vision pénétrante momentanée du processus de déploiement de votre douleur devait survenir, voyez-la comme une simple observation. Ne plongez pas de là dans une condamnation de vous-même, disant que vous n'êtes « pas capable » d'accepter ce qui est ou de vous identifier à l'ensemble plus vaste. Votre refus d'accepter est peut-être tout à fait approprié à ce moment. Vous pouvez vous sentir menacé par une catastrophe imminente ou l'intuition d'un désastre. Ou vous avez peut-être subi une perte cruelle, ou avez été lésé par quelqu'un, ou encore avez fait une erreur de jugement que vous regrettez ou refusez d'« accepter, tout simplement ».

Comme nous l'avons vu au chapitre 2, accepter ne signifie pas que vous *aimez* ce qui se passe, ou que vous vous y êtes simplement résigné. Cela ne veut pas dire que vous capitulez. Nous utilisons le mot « accepter » ici pour signifier que vous admettez le simple fait que ce qui est arrivé est *déjà* arrivé, et appartient de ce fait au passé. Bien souvent, l'acceptation ne peut arriver qu'avec le temps, quand la tempête s'amenuise et que le vent tombe. Mais l'importance de la guérison qui prendra place après la dévastation dépend de votre capacité à être présent, face à ses énergies, et à les observer avec une attention ouverte pendant qu'elles font rage.

Des visions pénétrantes porteuses de guérison profonde peuvent survenir si vous êtes déterminé à regarder au cœur de votre douleur émotionnelle au moment où elle est présente. Une réalisation majeure à laquelle vous pourrez alors aboutir est que le changement est inévitable. Vous percevrez de façon directe que, vouloir ou pas, *l'impermanence est inscrite au cœur de la nature des choses et des relations.* Nous avons vu ceci avec la douleur physique, en observant ses changements d'intensité, le va-et-vient de différentes sensations, parfois même le déplacement de la douleur d'un endroit à l'autre du corps. Nous avons aussi observé cette impermanence dans les variations de nos pensées et de nos sentiments quant à la douleur.

Si vous scrutez la douleur émotionnelle au moment où vous la sentez, vous ne pourrez nier qu'ici aussi vos pensées et vos sentiments vont et viennent, apparaissent, disparaissent et tourbillonnent à toute allure. Par grand stress, vous remarquerez que des pensées et des émotions reviennent à une fréquence élevée. Elles reviennent encore et encore, vous amènent à revivre ce qui s'est passé, ou vous demandent ce que vous auriez pu faire d'autre, ou comment ce qui est arrivé a bien pu se produire. Vous pouvez aussi en arriver à vous blâmer ou à blâmer quelqu'un d'autre sans fin, ou à revivre encore et encore un moment précis, ou enfin à vous demander sans cesse ce qui va encore arriver ou ce que vous allez devenir.

Mais si, à ces moments-là, vous pouvez être conscient, si vous observez attentivement, vous relèverez que même ces images, ces pensées et ces sentiments récurrents ont un commencement et une fin, qu'ils sont comme des vagues qui s'élèvent dans l'esprit puis retombent. Vous pouvez aussi remarquer que ces vagues ne sont jamais tout à fait les mêmes. Chaque fois qu'il y en a une qui revient, elle est légèrement différente et jamais exactement la même qu'aucune autre vague précédente.

Peut-être remarquerez-vous aussi que l'intensité de vos sentiments suit également un cycle. À un moment, ils peuvent revêtir la forme d'une douleur sourde, l'instant suivant celle d'une angoisse ou d'une fureur intenses. Vous pouvez même aussi oublier pendant un court instant que vous avez mal. En voyant ces changements dans vos états émotionnels, vous réaliserez possiblement que rien de ce que vous expérimentez n'est permanent. Vous pouvez en fait voir pour vous-même que l'intensité de la douleur n'est pas constante, qu'elle varie, augmente et diminue, vient puis s'en va, tout comme votre souffle s'en vient et s'en va.

Cette part de vous qui est consciente voit simplement ce qui se manifeste d'instant en instant, rien de plus. Elle ne rejette pas le mauvais, elle ne condamne rien ni personne, elle ne souhaite pas que les choses soient différentes, elle n'est même pas bouleversée. La présence vigilante, telle un champ de compassion intelligente logé dans votre cœur, accueille le tout. Elle est une source de paix au cœur même de la tourmente, telle une mère compatissante, qui a une vision plus large et apaise son enfant bouleversé. Elle sait que tout ce qui trouble son enfant va passer, elle peut donc le réconforter, le rassurer et l'apaiser du fond de son être.

Quand nous cultivons la pleine conscience dans notre cœur, nous pouvons nous prodiguer une compassion semblable. Nous avons parfois besoin de prendre soin de nous, comme si cette part souffrante en nous était notre enfant. Pourquoi ne pas montrer de la compassion, de la bonté et de la sympathie envers notre propre être, même quand nous nous ouvrons pleinement à notre douleur ? Nous accorder autant de gentillesse qu'à une autre personne en souffrance, est une méditation qui par elle-même guérit merveilleusement. Elle cultive l'amour, la bienveillance et la compassion, qui ne connaissent pas de limite.

1. Méditation « quel est mon chemin ? »

Une des plus grandes sources de souffrance dans notre vie vient de ce que nous voulons habituellement que les choses se passent comme nous le voulons. Donc, quand des choses que nous aimons arrivent, nous sentons que tout va bien, et nous sommes heureux. Et quand les choses « sont contre nous », quand elles ne se passent pas comme nous le voulons, comme nous nous y attendions ou comme nous l'avions prévu, nous avons tendance à nous sentir contrariés, frustrés, blessés et malheureux, et nous souffrons.

L'ironie veut que bien souvent nous ne savons pas ce que nous voulons vraiment, même si nous voulons tout le temps que cela se passe comme nous le voulons. Si nous avons ce que nous voulons, nous voulons habituellement quelque chose d'autre en plus. L'esprit continue à avoir besoin de nouvelles choses pour être comblé. De ce point de vue, il est rarement satisfait très longtemps avec les choses telles qu'elles sont, même si ces choses sont relativement paisibles et satisfaisantes.

Quand des petits enfants sont bouleversés car ils n'ont pas tout ce qu'ils voient et qu'ils voudraient avoir, nous leur disons : « Tu ne peux pas toujours avoir ce que tu veux ». Et quand ils disent « Pourquoi ? »,nous répondons « Parce que. » ou « Tu comprendras quand tu seras grand. » Mais nous leur racontons des histoires. En fait, la plupart du temps, les adultes que nous sommes n'ont pas l'air de comprendre la vie mieux que les enfants. Nous voulons aussi que les choses se passent à notre mode, sauf que nous ne voulons pas les mêmes choses qu'eux. Ne sommes-nous pas tout autant émus quand les choses ne se passent pas comme nous le voulons ? Leurs enfantillages nous font sourire ou nous fâchent facilement, selon notre humeur. Peut-être avons-nous simplement appris à mieux cacher nos sentiments.

Il y a un bon exercice pour sortir de ce piège qui consiste à être toujours piloté par nos désirs. Il consiste à vous demander de temps en temps : « Qu'est-ce qui me convient ? » « Qu'est-ce que je veux vraiment ? » « Si ça marchait au mieux pour moi, le saurais-je ? » « Pour que je sois heureux, tout doit-il être parfait là, maintenant, ou sous mon contrôle total à cet instant ? »

Alternativement, vous pourriez vous demander : « Tout est-il fondamentalement déjà O.K. à cet instant ? », « Suis-je simplement en train de *ne pas remarquer* que les choses sont bonnes, parce que mon esprit continue à venir avec des idées disant ce qu'il doit avoir, ou ce dont il doit se débarrasser, avant que je puisse être heureux, tout comme les enfants ? » Ou, si ce n'est pas le cas, vous pourriez poursuivre en vous demandant : « Puisque je me sens malheureux à cet instant, puis-je faire quelque chose de précis, qui me guiderait vers plus de paix et d'harmonie dans ma vie ? », « Pourrais-je prendre des décisions pour m'aider à trouver ma voie ? », « Ai-je un quelconque pouvoir pour m'orienter, ou suis-je destiné à vivre le reste de ma vie sans connaître le bonheur ou la paix, à cause de décisions que j'ai prises ou qui ont été prises pour moi il y a des dizaines d'années, peut-être quand j'étais jeune et bête, ou aveugle, incertain ou plus inconscient que maintenant ? »

Si vous intégrez régulièrement ce *questionnement sur votre propre chemin* dans votre pratique méditative, vous verrez son efficacité pour vous ramener au moment présent. Vous pourriez essayer de vous asseoir en présence de la question « Maintenant, à cet instant précis, quel est mon chemin ? » Poser la question suffit. Il n'est pas nécessaire d'essayer d'y répondre. Il est plus fructueux de simplement rester en présence de la question, la laissant vivre d'instant en instant, écoutant la réponse depuis votre cœur. « Quel est mon chemin ? » « Quel est mon chemin ? »

⁂

À la clinique du stress, de nombreuses personnes découvrent rapidement que leur chemin peut être la vie qu'ils sont en fait en train de vivre. Quelle autre vie pourrait être la leur ? Ils en viennent à voir que leur douleur fait partie de leur chemin, aussi, et n'est pas nécessairement une ennemie. Ils en viennent aussi à voir qu'une part au moins de leur douleur émotionnelle, si pas la plus grande part, vient de leurs actions ou de leur manque d'action, et est donc potentiellement gérable. En adoptant une vue d'ensemble, ils réalisent progressivement qu'ils ne sont pas leur souffrance, tout comme ils ne sont pas leurs symptômes, ni leur douleur physique ou leur maladie.

Réaliser cela ne relève pas d'une philosophie abstraite. Cela a des conséquences très pratiques. Vous pouvez alors faire immédiatement quelque chose pour votre souffrance émotionnelle, au service des soins intensifs, dans la camionnette de police, dans le cabinet du médecin, au travail, ou encore là où votre vie prend un tour inattendu et où vous vous trouvez en terrain inconnu, d'intenses sentiments émergeant chez vous comme chez les autres. Être responsable de votre esprit à ces moments-là ouvre des brèches réconfortantes dans ce qui semblait impénétrable, dans des murs de peur, de désespoir ou de manque de confiance. De telles voies de sortie de la souffrance apparaissent dans les moments où naît en vous l'idée que « eh bien oui », la vie que vous vivez en fait maintenant est votre vie, la seule que vous avez. Dès l'instant où vous êtes décidé à voir de cette façon, vous pouvez accepter pleinement votre vie, exactement comme elle est, avec toutes ses particularités. À ce moment au moins, ce qui se passe est ce qui se passe. Le futur est inconnu et le passé est déjà arrivé.

En rejoignant votre centre de calme et de vision claire, vous devenez moins sensible aux sentiments de peur et de désespoir qui peuvent surgir dans ces moments-là. Au moment même où vous avez mal, vous marchez déjà vers ce qui doit être fait, vers l'affirmation de votre propre intégrité, vers la guérison.

En suggérant que ce chemin est possible et accessible, je ne diminue ni la douleur ni la souffrance. Elles sont bien là. Mais, tandis que nous sommes bouleversés émotionnellement, tandis que nos mauvais sentiments s'attardent et pèsent sur nous, nous savons aussi, pour y avoir goûté, que notre force et notre capacité de croître et d'opérer des changements, de transcender nos peines et nos pertes les plus profondes, ne dépend pas de forces extérieures ou de la chance. Elles sont déjà présentes, dans notre cœur, à cet instant.

2. Stratégies centrées sur le problème et stratégies centrées sur l'émotion

Travailler la pleine conscience des émotions commence par reconnaître en vous-même ce que vous sentez et ce que vous pensez en réalité dans le présent. Il est bon pour cela de s'arrêter tout à fait et, même pour de courtes périodes, de *s'asseoir avec la souffrance,* de respirer avec elle, de la sentir, sans essayer de l'expliquer, de la changer ou de la faire partir. Ceci, en soi, apporte le calme.

À nouveau, il est utile de vous souvenir que votre situation est à considérer dans sa totalité. Dans une perspective systémique, deux composants majeurs interagissent dans la douleur émotionnelle. Le premier relève du domaine de vos *sentiments,* l'autre du domaine de la situation, ou du *problème,* qui se situe à la racine des sentiments. En demeurant avec votre peine, demandez-vous si vous pouvez voir votre état émotionnel séparément des faits ou de ce qui est en train de se passer. Si vous pouvez différencier ces deux composants, vous aurez plus de chances de baliser votre route en vue d'une résolution efficace de la situation dans son ensemble, y compris de vos sentiments. D'autre part, si le domaine des sentiments et le domaine du problème restent emmêlés, comme c'est souvent le cas, il est très difficile d'y voir clair et de savoir comment agir précisément. Cette confusion elle-même génère davantage de douleur et de souffrance.

Essayez de vous centrer sur le problème. Demandez-vous si vous le voyez dans son entièreté, indépendamment des sentiments forts que vous ressentez *au sujet du problème*. Demandez-vous alors s'il pourrait y avoir des actions à entreprendre pour aider à résoudre ce problème. Si l'ensemble du problème semble trop grand à gérer, essayez de le fractionner en parties gérables dans votre esprit. Puis agissez. Faites *quelque chose*. Écoutez et faites confiance à votre intuition, à votre cœur. Vous essayerez peut-être de corriger le problème ou de réduire l'étendue des dommages le mieux que vous pouvez. D'autre part, vous verrez peut-être qu'absolument rien, parfois, ne peut être fait. Si c'est votre perception, alors ne faites vraiment *rien*. *Faites* du non-faire ! Vous pouvez utiliser votre compréhension du non-faire juste pour être avec ce qui est présent pendant ces moments, délibérément. C'est tout autant une *réponse* que tout ce que vous pourriez *faire*. Parfois même, c'est la réponse la plus appropriée qui soit.

En agissant consciemment quand vous le pouvez, que cela débouche sur une action ou sur une non-action, vous mettez le passé derrière vous. Vous agissez dans le présent, les choses changent en réponse à ce que vous choisissez de faire, et ceci va à son tour affecter le problème en lui-même. Cette approche est parfois appelée *coping*, ou *stratégie, centré(e) sur le problème*[1]. Elle peut vous aider à agir efficacement malgré de fortes réactions émotionnelles, et vous éviter de faire des choses qui pourraient empirer la situation.

Parallèlement, vous pouvez diriger votre attention vers ce que vous *ressentez*. Essayez d'être conscient de la source de votre souffrance. Vient-elle de la culpabilité, de la peur, ou de la perte ? Quelles pensées vous passent par la tête ? Sont-elles pertinentes ? Pouvez-vous simplement observer le jeu de vos pensées et de vos émotions avec une acceptation totale, les voir comme le mécanisme d'une tempête ou d'une vague qui s'élève, qui a une structure et une vie par elle-même ? Affectent-elles votre jugement et votre capacité à voir avec clarté ? Vous poussent-elles à poser des actes qui – vous en êtes conscient – pourraient empirer plutôt qu'améliorer les choses ? Accorder une attention sage au domaine des sentiments fait partie de ce qui est parfois appelé *coping*, ou *stratégie, centré(e) sur l'émotion*[2]. Comme nous l'avons vu, le fait d'apporter simplement de la pleine conscience au mécanisme même de la tempête influence votre façon de le résoudre et vous aide à y faire face. Dans ce processus, l'étape suivante se présente quand vous accueillez autrement vos sentiments, quand vous y restez présent comme un parent aimant, quand vous vous donnez de la douceur, de l'amour et de la bienveillance, au milieu de votre douleur.

Voyons un exemple concret combinant le *coping* centré sur le problème et le *coping* centré sur l'émotion, et voyons comment les utiliser ensemble :

---

1. *Problem-focused coping. (N.d.T.)*
2. *Emotion-focused coping. (N.d.T.)*

J'escaladais une montagne avec mon fils Will, âgé de onze ans. C'était le printemps. Nos sacs à dos étaient lourds. Il était tard dans l'après-midi et un orage semblait approcher. Nous avions déjà escaladé la moitié d'une série de corniches difficiles, et trouvions le chemin ardu, plus encore avec le portage. À un moment donné, nous nous sommes retrouvés accrochés à un petit arbre qui poussait dans le rocher, en train de regarder la vallée en dessous de nous et les nuages orageux qui s'amoncelaient. Nous eûmes soudainement peur. La façon de passer à la corniche suivante n'était pas du tout claire. Un de nous pouvait vraiment facilement glisser et faire une chute. Will tremblait, il était glacé par la peur. Il ne voulait vraiment pas grimper plus haut.

Notre peur était très forte, mais elle nous gênait aussi. Aucun de nous n'avait envie d'admettre ce sentiment de peur, qui était pourtant bien là. Il m'apparut que nous n'avions que deux possibilités. Nous pouvions y aller et « foncer » sans faire attention à nos sentiments, ou nous pouvions au contraire en tenir compte. Avec cette menace d'orage, c'était comme si nos sentiments pouvaient nous dire quelque chose de très important. Nous nous sommes accrochés au petit arbre et reliés délibérément à notre respiration et à nos sentiments, suspendus quelque part entre ciel et terre, ne sachant que faire.

Ce faisant, nous nous sommes un peu calmés et avons pu penser plus clairement. Nous avons parlé des options, de notre grand désir d'atteindre le sommet. Nous ne voulions pas que nos peurs nous « vainquent », mais nous avons aussi soupesé notre perception du danger et de notre vulnérabilité. Il ne nous fallut pas longtemps pour décider de tenir compte de nos sentiments et d'abandonner notre intention première. Nous sommes prudemment redescendus et avons trouvé refuge, juste au moment où les vents et la grêle se déchaînaient. Nous avons passé la nuit bien à l'abri dans un refuge, heureux d'avoir eu le bon sens d'écouter ce que nous sentions. Mais nous avions toujours envie d'escalader cette montagne. Nous le voulions plus encore. Si nous pouvions l'escalader, nous ne rentrerions pas avec l'impression d'avoir finalement raté le sommet par peur.

Le matin suivant, au cours du petit déjeuner, nous avons développé une stratégie qui divisait le problème en morceaux successifs. Nous décidâmes de prendre chaque partie du chemin comme elle se présentait, étant bien d'accord que nous ne savions pas à quel point ce serait difficile pour nous de gravir les corniches avec nos sacs à dos. Nous ne savions donc pas comment cela se passerait ni si nous parviendrions à atteindre le sommet. Nous essaierions de toute façon, en gérant au fur et à mesure les problèmes.

La pluie avait rendu les rochers très glissants et l'avancée était plus difficile encore que la veille. Nous décidâmes presque sur-le-champ d'essayer d'avancer pieds nus, pour voir si notre traction serait meilleure. C'était le cas. Elle était bien meilleure. Nous grimpâmes tant que cela restait assez confortable avec les paquets. Arrivés à nouveau aux corniches, il sembla que le sac de Will était un peu trop grand et trop lourd pour lui et le tirait vers l'arrière quand il essayait de trouver des prises dans la roche pour ses doigts et pour ses pieds. Nous décidâmes alors d'abandonner les paquets et de continuer aussi loin que possible pour voir comment se présentaient les choses. Nous arrivâmes à nouveau au petit arbre et, cette fois, aucun de nous ne sentit la peur. Pieds nus et sans sac, nous nous sentions tout à fait en sécurité. Ce qui était apparu comme un obstacle insurmontable la veille, paraissait maintenant facile. Nous pouvions à présent voir exactement comment progresser à partir de l'arbre. Nous grimpâmes alors jusqu'à un endroit sous le sommet d'où il devenait beaucoup plus facile d'avancer.

La vue était spectaculaire. Nous surplombions de gros nuages qui se dissipaient rapidement, et admirions les montagnes baignées progressivement par la lumière du soleil levant. Après un moment, je quittai Will, tout à fait heureux d'être seul. Il resta assis perché sur un rocher dans le silence du matin, admirant le spectacle des vallées et des montagnes pendant bien plus d'une heure, tandis que je descendais pour chercher nos sacs et les monter, l'un après l'autre. Puis nous poursuivîmes notre chemin.

Je raconte cette histoire car elle montre clairement combien il avait été important pour nous de sentir la peur, quand nous nous étions arrêtés au petit arbre. Cela nous a empêché d'agir sottement. J'ai aussi vu à ce moment combien il serait important *pour chacun de nous* de faire cette même route le jour suivant, dans de meilleures conditions et en adoptant une approche basée sur la résolution du problème. Ce faisant, nous gérions le côté glissant et le poids des sacs à dos de façon créative. Ceci nous permit de revenir à l'endroit où nous avions ressenti notre peur la veille et de voir si nous pouvions le franchir le jour suivant.

Cette expérience fit sentir à Will qu'il y a moyen de travailler avec la peur. Il sentit qu'il pouvait accueillir sa peur, que cette émotion pouvait même être utile et sensée, et qu'elle n'était ni un signe de faiblesse de sa part ni la compagne inévitable des escapades en montagne. Les circonstances pouvaient être effrayantes un jour, et ne pas l'être le jour suivant. La même montagne, les mêmes personnes, mais différentes aussi. Par notre volonté de voir le problème distinctement de nos sentiments, et de prendre *les deux* en compte, nous avions pu prendre patience, sans laisser la peur s'enfler, devenir dangereuse en elle-même ou saper notre confiance. Cette stratégie nous permit de diviser le problème – atteindre le sommet de la montagne –, en problèmes plus petits. Nous les avons abordés l'un après l'autre, en en faisant l'expérience. Nous verrions comment les choses allaient aller, sans savoir si nous allions y arriver, mais en tentant au moins le coup, en utilisant notre imagination et en prenant les choses d'instant en instant.

⁂

Quand vous vous trouvez dans une période de tumulte émotionnel douloureux, il peut être très thérapeutique d'avancer sur plusieurs voies en même temps. Une voie implique la conscience de vos pensées et de vos sentiments (la perspective centrée sur les émotions). L'autre implique de travailler avec la situation elle-même (la perspective centrée sur le problème). L'une et l'autre sont essentielles pour répondre efficacement à des situations stressantes et menaçantes.

Dans l'approche centrée sur le problème, comme nous venons de le voir, nous essayons d'identifier la source et l'étendue du problème avec clarté, indépendamment de nos sentiments. Nous essayons de discerner ce qui devrait être entrepris et ce qui ne devrait pas l'être, quels sont les obstacles potentiels à un progrès et aussi les ressources intérieures et extérieures disponibles. Pour agir de cette façon, vous devrez peut-être tenter des choses que vous n'avez jamais essayées avant, chercher l'avis et l'aide d'autres personnes, et même acquérir d'autres compétences pour gérer certains problèmes. Mais si vous scindez le problème en morceaux gérables, puis les prenez l'un après l'autre, vous découvrirez peut-être que vous pouvez agir efficacement, même quand vous êtes habité par une douleur émotionnelle. Parfois, aborder les choses de cette façon apaise les émotions et les tient en suspens assez longtemps pour vous empêcher d'alourdir vos problèmes.

Le *coping* centré sur les problèmes peut aussi vous réserver des pièges, spécialement si vous oubliez qu'il n'est qu'une des deux voies parallèles. Dans la vie, certaines personnes ont tendance à tout considérer sur un mode objectif, de type résolution de problèmes. Ce faisant, elles peuvent se couper de leurs sentiments pour les situations rencontrées, et ne pas reconnaître ni davantage répondre aux sentiments des autres. Cette habitude conduira difficilement à un style de vie équilibrée et peut générer beaucoup de souffrances inutiles.

En nous centrant sur nos émotions, nous observons nos sentiments et nos pensées du point de vue de la pleine conscience, et nous nous souvenons que nous pouvons travailler *avec* nos sentiments, tout comme Will et moi l'avons fait au petit arbre. Vous pouvez en général élargir votre perspective de vos sentiments et ainsi les bercer, comme nous l'avons vu, en conscience. Vous entendrez parfois parler de ceci comme d'un *recadrage*, c'est-à-dire le fait d'attribuer un cadre plus grand ou différent à la problématique en question. Le recadrage peut se faire avec vos émotions, avec le problème, ou avec les deux. Voir un problème comme une occasion ou un défi est un exemple de recadrage. C'est aussi le cas quand vous voyez votre peine dans le cadre de la souffrance d'autres personnes, qui peut être bien pire que la vôtre. La pleine conscience elle-même est l'ultime cadre dans lequel percevoir l'actualité des choses telles qu'elles sont.

⁂

Les moments d'intense agitation et de tumulte émotionnel, les moments de tristesse, de colère, de peur et de douleur, les moments où nous nous sentons blessés, perdus, humiliés, contrariés ou vaincus sont autant de moments où nous avons fortement besoin de savoir que le cœur de notre être est stable et résilient, que nous pouvons vivre ces instants qui creusent notre humanité. Quand nous observons le déploiement de notre douleur émotionnelle, quand nous l'acceptons, quand nous restons ouverts et bons envers nous-mêmes, et que nous adoptons en même temps une approche centrée sur le problème auquel nous sommes confrontés, nous équilibrons les deux voies : d'une part faire face, honorer et apprendre de notre douleur émotionnelle qui s'exprime d'instant en instant, et d'autre part agir efficacement dans le monde, ce qui réduit en soi les nombreuses façons dont l'émotion peut nous bloquer et nous aveugler. La pleine conscience de nos pensées et de nos sentiments, particulièrement de ceux qui naissent de nos relations aux autres ou de situations stressantes, menaçantes et chargées émotionnellement, peut jouer un rôle majeur et nous aider à agir efficacement, quand nous sommes au plus profond de notre douleur émotionnelle. Elle sème en même temps les graines de guérison du cœur et de l'esprit.

Chapitre 25

Travailler avec la peur, la panique, l'anxiété et l'angoisse

Dans une merveilleuse scène du film *Starting Over*, Burt Reynolds se trouve dans le département ameublement d'un grand magasin avec une jeune femme (Jill Clayburgh) quand elle commence à avoir une crise d'angoisse, là, dans le magasin. Alors qu'il se démène avec agitation pour l'aider à se reprendre et à retrouver le contrôle de ses émotions, il regarde autour d'eux et voit qu'ils sont entourés d'une foule de clients empotés. Il crie « Vite, quelqu'un a-t-il du Valium ? ». À ce moment, cent mains plongent frénétiquement dans leur poche ou dans leur sac.

Nous vivons certainement à une époque d'anxiété[1]. À la clinique du stress, nombreuses sont les personnes

1. « Il est à noter que la langue anglaise ne possède qu'un terme *anxiety*... pour désigner et l'anxiété et l'angoisse. En français, il est classique de réserver à l'angoisse les formes les plus graves de l'anxiété. » Michel Delbrouck, *Psychopathologie*, Bruxelles, De Boeck & Larcier, coll. « Carrefour des Psychothérapies », 2007, p. 158. *(N.d.T.)*

qui connaissent des problèmes d'anxiété, dus au stress intense de leur vie, et accrus par leurs problèmes médicaux. L'anxiété est un des états mentaux les plus omniprésents que nous rencontrons à la clinique du stress. Ce n'est pas vraiment une surprise puisque la plupart de nos patients sont envoyés précisément parce que leur médecin ou eux-mêmes pensent qu'ils doivent apprendre à mieux se détendre et gérer leur stress.

Si nous sommes honnêtes, nous devrons pour la plupart admettre que nous vivons sur un océan de peurs. De temps en temps, même chez les plus courageux d'entre nous, des sentiments de peur remontent. Ce peut être la peur de la mort ou la peur de l'abandon. Ce peut être la peur d'être abusé, violé ou torturé, ou la peur d'avoir mal, d'être seul, malade, invalide, ou encore la peur qu'un être aimé soit blessé ou tué. Nous pouvons connaître la peur de l'échec ou la peur du succès, la peur de laisser tomber les autres ou la peur du destin de notre planète. La plupart d'entre nous portons de telles peurs en nous. Elles sont toujours présentes mais n'émergent que dans certaines circonstances.

Certaines personnes gèrent bien mieux que d'autres les sentiments de peur. En général, nous gérons nos peurs en les ignorant quand elles font surface, en les niant complètement ou en les cachant aux autres. Mais nous augmentons ainsi le risque qu'un dommage arrive sous une autre forme : en développant des schémas de comportement dysfonctionnels comme la passivité ou l'agressivité pour compenser notre insécurité, en nous laissant submerger ou invalider par ces sentiments mêmes quand ils surgissent, ou encore en nous centrant sur les symptômes physiques ou d'autres aspects moins menaçants de notre vie, que nous nous sentons plus capables de contrôler. De nombreuses personnes sont même incapables de faire face à leurs peurs, même de ces façons discutables. Elles trouvent difficile, pour ne pas dire impossible, de nier, d'ignorer ou de dissimuler leur angoisse. Sans moyen efficace de la gérer, leur angoisse peut grever de façon signifiante leur capacité à aller de l'avant. Et, bien entendu, cela les amène à suivre nombre des stratégies dysfonctionnelles examinées au chapitre 19.

La pratique de la *mindfulness* peut avoir un impact positif sur les réactions d'angoisse, car elle nous invite à emprunter la voie de la réponse au stress discutée au chapitre 20. Comme vous l'imaginez, l'application de la *mindfulness* à l'angoisse chronique implique de laisser l'angoisse devenir l'objet de notre attention, sans la juger. Quand la peur et l'angoisse apparaissent, nous les observons délibérément, exactement comme nous observons la douleur. Quand vous vous approchez de vos peurs et observez leur apparition sous forme de pensées, de sentiments et de sensations corporelles, vous êtes en bien meilleure position pour les reconnaître pour ce qu'elles sont et savoir comment leur répondre adéquatement. Vous serez alors moins susceptible d'être submergé ou emporté par elles, ou de devoir recourir à des compensations qui vous détruisent ou vous paralysent.

Le terme *peur* implique que quelque chose de spécifique fait monter cet état émotionnel. Dans certaines circonstances menaçantes, nous pouvons tous faire l'expérience de la peur, même de la terreur. C'est une caractéristique majeure de la réaction de lutte ou de fuite. Être tout à coup incapable de respirer peut par exemple la déclencher. Les gens atteints de maladie pulmonaire doivent affronter ce genre de peur et apprendre à travailler avec la panique qu'elle induit. Avoir une attaque ou apprendre que vous avez une maladie mortelle sont d'autres exemples.

Dans de telles circonstances, des pensées ou des expériences effrayantes peuvent facilement déclencher un état de panique, nourri par le désespoir et la sensation d'une perte totale de contrôle. Mais paniquer dans une situation effrayante est une réaction très dangereuse et malheureuse, car elle vous met hors circuit au moment même où vous avez le plus besoin de garder toute votre tête et de pouvoir résoudre vos problèmes avec une rapidité et une clarté maximales.

Quand nous parlons d'« angoisse », nous parlons d'un état émotionnel semblable fortement réactif, mais sans cause ou menace imminente clairement identifiable. L'angoisse est un état généralisé d'insécurité et d'agitation, que presque tout peut déclencher. On a parfois l'impression que rien ne le déclenche. Vous pouvez vous sentir angoissé et ne pas savoir vraiment pourquoi. Comme nous l'avons vu au chapitre 23 dans la discussion sur les maux de tête, il est possible de s'éveiller tremblant, tendu et effrayé. Si vous êtes tourmenté par de l'angoisse, elle peut fréquemment sembler hors de proportion avec les pressions que vous supportez vraiment. Il peut être difficile de mettre le doigt sur la cause de vos sentiments. Vous pouvez être tout le temps inquiet, même quand rien ne va de travers ou qu'il n'y a aucune menace majeure. Vous pouvez être tout le temps tendu et sentir que « si ce n'est pas une chose, c'en est une autre », qu'il y a toujours *quelque chose* à se soucier. Si cet état d'esprit devient chronique, on parle d'anxiété généralisée. Ces symptômes peuvent inclure des tremblements, des mouvements brefs et saccadés, des tensions musculaires, de l'agitation, une tendance à la fatigabilité, une courtesse d'haleine, un rythme cardiaque accéléré, de la transpiration, la bouche sèche, des vertiges ou de légers maux de tête, des nausées, la sensation d'une « boule dans la gorge », la sensation d'être très nerveux et facilement effrayé, des difficultés de concentration, des troubles de l'endormissement et du sommeil, ou encore de l'irritabilité.

En plus d'une anxiété généralisée, certaines personnes souffrent de ce qu'on appelle des attaques de panique. Au cours de ces épisodes, la personne connaît une période délimitée d'inconfort et de peurs intenses sans raison apparente. Souvent, les gens qui souffrent d'attaques de panique ne savent pas d'où elles viennent ni quand elles vont survenir. La première fois que cela arrive, vous risquez de penser que vous avez une crise cardiaque puisqu'une attaque de panique est souvent accompagnée de symptômes physiques aigus comprenant des douleurs thoraciques, des vertiges, une courtesse d'haleine et une transpiration profuse. Vous pouvez avoir l'impression de faire un cauchemar, penser que vous êtes en train de mourir, de devenir fou ou encore que vous allez perdre le contrôle de vous-même. Si votre médecin vous dit que vous n'avez pas de crise cardiaque et que vous ne devenez pas fou, cela peut être plus déconcertant que rassurant car il est évident que *quelque chose* ne va pas. Si le médecin qui vous soigne repère que ce sont des attaques de panique, vous serez peut-être bien aidé pour les mettre sous contrôle. Malheureusement, beaucoup de personnes sujettes aux attaques de panique continuent à se rendre aux urgences, pour s'entendre dire en conclusion que « tout va bien » et être renvoyées chez elles sans assistance ni ordonnance de tranquillisants.

Il est sans doute rassurant de savoir ce qu'est une attaque de panique et que vous n'allez pas en mourir ni en devenir fou, mais il est plus important encore de savoir que vous pouvez travailler à ces tempêtes psychocorporelles, en changeant la façon dont vous voyez et êtes attentif au processus mental même de la pensée et de la réactivité. C'est pour entreprendre un tel travail que les médecins envoient leurs patients souffrant de trouble panique[1] à la clinique du stress.

1. La pleine conscience peut réduire l'anxiété et la panique

En collaboration avec le Dr Linda Peterson et le Dr Ann Massion du département de psychiatrie, le Dr Jean Kristeller et le Dr Lori Pbert en médecine comportementale de la faculté de médecine de l'université du Massachusetts, nous avons étudié les effets de l'entraînement à la pleine conscience sur des personnes référées pour de l'angoisse et des attaques de panique. Cette étude fut programmée parce que nous voyions des progrès importants chez les personnes anxieuses, des progrès qui, pensions-nous, méritaient une recherche plus systématique. Ces personnes disaient contrôler davantage leurs sentiments de panique. Après avoir suivi le programme, elles montraient en plus des réductions majeures dans les mesures d'angoisse, d'anxiété phobique et de symptômes physiques. Nous voulions affiner ces résultats dans un test plus rigoureux, utilisant des mesures plus pointues qui surveillent l'état psychologique. Par ailleurs, nous sentions aussi le besoin de confirmer que les

1. Trouble panique : attaques de panique répétées, de courte durée, qui surviennent de façon subite et imprévisible (Delbroeck, *op. cit.*, p. 165). *(N.d.T.)*

patients qui étaient référés à la clinique du stress principalement pour de l'angoisse et des attaques de panique, avaient fait l'objet d'un diagnostic correct. Nous avons donc commencé par inviter ces patients à participer à notre étude. Chaque personne qui avait accepté était longuement interrogée par un psychiatre ou par un psychologue clinicien pour établir un diagnostic psychologique précis. On vérifiait alors de semaine en semaine leur niveau d'anxiété, de dépression et de panique tandis qu'elles suivaient l'entraînement à la clinique du stress. Une nouvelle vérification avait aussi lieu trois mois après la fin du programme. Vingt-trois personnes furent ainsi suivies.

Nous avons observé une forte réduction tant de l'anxiété que de la dépression chez pratiquement chaque participant à cette étude. Ce fut le cas aussi pour la fréquence et la sévérité de leurs attaques de panique. Le suivi survenu trois mois plus tard montra le maintien de l'amélioration après la fin du programme. La plupart des individus étaient pratiquement libérés des attaques de panique à la fin de la période de suivi.

Cette étude montra clairement que les personnes souffrant d'attaques de panique et de troubles anxieux sont capables d'utiliser leur entraînement à la pleine conscience de façon concrète, en régulant leurs sentiments d'angoisse et de panique. Elle montra également que les compétences apprises au cours du programme avaient un effet positif durable, exactement comme nous l'avons vu sur une période bien plus longue avec les douloureux chroniques, au chapitre 22.

Au cours de cette étude, les instructeurs de la clinique du stress ne firent rien de particulier avec ces patients. Le programme ne fut aucunement modifié pour améliorer les résultats avec les patients anxieux. Ils étaient mélangés avec tous les autres – des personnes souffrant de douleur chronique, de problèmes cardiaques et de toutes sortes d'autres problèmes. Les résultats de l'étude montraient des améliorations majeures chez ces vingt-trois personnes, et, plus intéressant, tout comme pour chaque participant à ce programme, elles avaient chacune leur expérience et leur histoire uniques à raconter. Les résultats suggèrent en effet que la pratique de la pleine conscience peut réduire fortement l'anxiété de même que la fréquence et la sévérité des attaques de panique, mais c'est pourtant dans leur histoire individuelle que nous voyons le mieux de quelle façon la pratique méditative peut aider les personnes anxieuses. Les lignes qui suivent racontent comment une personne a réussi à résoudre ses problèmes, après onze années d'anxiété chronique et de trouble panique.

2. L'HISTOIRE DE CLAIRE

Claire, une femme de trente-trois ans, heureuse en ménage et mère d'un garçon de sept ans, était venue à la clinique du stress enceinte de six mois de son second enfant. Elle avait eu des sentiments de panique et même de vraies attaques de panique de temps à autre pendant les onze dernières années, depuis le décès de son père. Au cours des quatre dernières années, ces attaques avaient empiré au point de l'empêcher de mener une vie normale. Claire se décrivait comme ayant été élevée dans une famille étrangère surprotectrice. Elle avait vingt-deux ans et était fiancée quand son père mourut. Il était mort un jeudi, avait été enterré le samedi et elle s'était mariée le dimanche. Elle dit qu'à cette époque elle ne connaissait rien du monde, et avait toujours vécu chez elle, à l'abri des problèmes.

Jusqu'à cette époque, Claire se trouvait heureuse et bien stable. Ses problèmes d'anxiété commencèrent peu après son mariage et la mort de son père. Elle était nerveuse et touchée par des petites choses qui, elle le savait, n'étaient pas importantes ni même réelles, et elle se sentait incapable d'expliquer ou de contrôler ces émotions. Elle se mit à croire qu'elle « devenait folle ». Ce schéma de pensées et de sentiments anxieux empira au fil des ans. Elle sentait qu'elle avait de moins en moins de contrôle. Quatre années avant de venir à la clinique du stress, elle commença à avoir des attaques pendant lesquelles elle s'évanouissait. Elle alla alors consulter un neurologue, qui lui donna des tranquillisants et lui dit que ses problèmes étaient dus à l'angoisse.

Dès ce moment, sa plus grosse crainte fut qu'elle serait ridicule si elle s'évanouissait au milieu d'un groupe de personnes. Elle eut peur de conduire ou d'aller seule quelque part. Elle se mit à voir un psychiatre, qui maintint la prise de tranquillisants. Il insista aussi pour qu'elle prenne des antidépresseurs, mais elle refusa.

Après un certain temps de ce traitement, Claire et son mari sentirent que l'approche thérapeutique qu'elle suivait équivalait à essayer de lui « laver le cerveau » par la prise de médicaments plutôt que de la considérer sérieusement comme une personne.

Son psychiatre ne la voyait que pour changer la médication et travaillait avec un conseiller qui voyait Claire régulièrement. Elle rappela que tant le psychiatre que le conseiller lui répétaient que les médicaments étaient la solution à ses problèmes, qu'elle était simplement « une personne comme cela », une personne qui avait besoin de prendre des tranquillisants chaque jour pour traverser la journée. Ils utilisaient l'argument que sa situation n'était pas différente de celle de patients hypertendus ou thyroïdiens, qui doivent prendre un médicament chaque jour pour réguler leur situation, et elle en faisait autant. Le message était qu'elle devait arrêter de résister à leurs efforts pour l'aider et se contenter d'être coopérative. Ils insistaient fort sur le fait que ses attaques de panique ne pourraient être contrôlées qu'en prenant les médicaments. Et elle prit ces médicaments, au début en tout cas.

Mais au fond d'elle-même, Claire sentait que son médecin et son conseiller ne s'intéressaient à elle que dans la mesure où elle acceptait leur position par rapport aux médicaments. Quand elle allait les trouver pour leur dire que les médicaments ne marchaient pas, qu'elle avait toujours des attaques de panique, le psychiatre augmentait simplement la dose. Elle ne se sentait tout simplement pas entendue en tant que personne.

Elle se sentait aussi blâmée. Elle était accusée d'être têtue et déraisonnable car elle refusait de continuer à prendre des antidépresseurs et remettait en question la nécessité de prendre des tranquillisants pour une période indéterminée. Ils ne lui disaient jamais pendant combien de temps elle devrait les prendre et ça l'ennuyait. Elle sentait qu'ils sous-entendaient qu'elle devrait probablement rester sous antidépresseurs pendant des dizaines d'années et qu'elle devrait toujours être accompagnée par un conseiller. Quand elle leur demanda si des approches alternatives pourraient remplacer les médicaments, comme la réduction du stress, le yoga, la relaxation et le biofeedback, ils lui répondirent que « cela ne ferait pas de tort, mais cela ne réglerait pas le problème ».

La coupe était déjà pleine quand elle apprit qu'elle était enceinte. Elle sent, après coup, que cette grossesse était une bénédiction car elle induisit un changement important dans sa relation au monde médical. Dès qu'elle apprit qu'elle était enceinte, Claire insista pour arrêter tous les médicaments contre l'avis de son psychiatre et de son conseiller. Elle vit alors un autre conseiller qui soutint sa position. Finalement, elle décida d'arrêter aussi de voir son psychiatre tant les entrevues s'étaient transformées en bataille au sujet de la médication. Elle se mit à chercher des alternatives. Elle fit de l'hypnose pour contrôler son anxiété, et cela l'aida un peu. Elle se sentait au moins soutenue dans la thérapie même. Mais elle était toujours très nerveuse et sujette à la panique. Son neurologue lui suggéra finalement d'aller à la clinique du stress.

À cette époque, ses angoisses étaient telles qu'elle avait de la difficulté à monter en voiture pour aller n'importe où. Elle ne supportait pas la foule. Son cœur battait toujours fort. Elle n'avait pas du tout l'habitude de gérer un stress par elle-même. Alors, enceinte de six mois, elle s'inscrivit au programme de réduction du stress.

Au cours de la première séance, elle observa qu'elle était capable de se détendre dans le scan corporel. Elle n'avait ressenti aucune angoisse, même si elle était allongée sur le sol avec trente personnes inconnues, serrées comme des sardines sur des tapis de mousse. Ses pensées et ses sentiments anxieux habituels avaient d'une certaine façon disparu au cours des deux heures de cette première séance.

Cette expérience avait touché Claire. Elle confirmait sa croyance qu'elle pouvait faire quelque chose elle-même, pour se libérer de sa nervosité chronique. Elle pratiqua chaque jour avec le support audio et partageait chaque semaine ses progrès. Quand elle parlait en classe, elle était bouillonnante et enthousiaste, et semblait très confiante. Elle nous raconta un jour qu'elle avait arrêté la radio en voiture et suivi plutôt sa respiration. Elle dit qu'elle se sentait plus calme en faisant cela.

Personne ne le lui avait suggéré. Elle y était arrivée d'elle-même, en intégrant sa pratique méditative dans sa vie courante. Depuis lors, quand elle se sentait devenir nerveuse, elle se laissait aller *dans* la tension pour l'observer. Au cours des huit semaines du programme elle eut seulement une attaque de panique très faible, changement important de la période où elle prenait plusieurs tranquillisants par jour.

Elle dit qu'elle se sent bien mieux à présent. Elle est bien plus confiante et n'est plus préoccupée par la peur de perdre le contrôle en public. Elle n'a plus peur de se garer dans de grands parkings ou de marcher dans une rue bondée. En fait, elle essaie à présent délibérément de garer sa voiture à plusieurs blocs de l'endroit où elle se rend pour pouvoir marcher un bout de chemin et ralentir les choses en marchant en pleine conscience. Elle dort aussi à poings fermés, ce qu'elle était incapable de faire avant.

En résumé, Claire dit qu'elle se sent mieux maintenant que jamais auparavant dans sa vie, même si ses problèmes sont toujours les mêmes. Même si elle est inquiète pour le bébé qu'elle attend suite aux médicaments pris au cours des premières semaines de sa grossesse, ses pensées anxieuses ne l'ont pas trop agitée et n'ont pas provoqué de crises de panique. Les situations ne semblent plus aussi insurmontables. Elle a confiance dans sa capacité à les gérer « en leur temps ». Elle n'avait jamais été capable de sentir ou de dire cela avant, où la moindre pensée négative la plongeait illico dans un état de grande agitation et de panique.

Actuellement, bien qu'elle soit à neuf mois de grossesse, elle médite chaque jour. Elle se lève une heure plus tôt pour le faire. Elle met son réveil à 5 heures 30 du matin, reste allongée au lit pendant un quart d'heure, puis va dans une autre pièce et met en route l'enregistrement. D'un jour à l'autre, elle alterne yoga et méditation. Elle préfère la méditation assise au scan corporel et la pratique davantage.

Post-scriptum : J'ai parlé avec Claire un an plus tard et ai eu de ses nouvelles. À cette époque, elle n'avait plus pris de médicaments depuis un an et n'avait plus eu de crise de panique. Elle avait connu environ six mini-épisodes d'angoisse qu'elle avait pu tous contrôler par elle-même. Il s'avéra que son bébé avait dû être opéré dix-huit jours après la naissance pour sténose pylorique (un rétrécissement de la valve entre l'estomac et les intestins ; le bébé vomit ce qu'il boit ; cela peut empêcher une alimentation adéquate et la prise de poids). Pendant ce temps, Claire vivait pratiquement à l'hôpital pour être avec son bébé et se retrouva en train de se concentrer presque constamment sur sa respiration pour rester calme et l'esprit clair, et veiller à ne pas laisser son esprit vagabonder dans les « et si... ». Son bébé est en bonne santé maintenant et grandit bien. Claire sent qu'elle n'aurait jamais pu gérer cette situation efficacement sans ce qu'elle a appris à la clinique du stress.

⁂

L'histoire de Claire illustre que l'anxiété chronique et la panique peuvent être contrôlées par la pratique de la méditation, au moins chez une personne très motivée. Son expérience et celle de nombreux autres patients de la clinique du stress suggèrent que la méditation peut être un bon traitement de première ligne pour ces états, au lieu du recours immédiat au traitement médicamenteux, spécialement pour les personnes qui ne souhaitent pas prendre de médicaments.

Ceci ne sous-entend pas qu'il n'y a pas d'usage approprié des médicaments dans le traitement de l'angoisse et de la panique. Certains tranquillisants et antidépresseurs se sont avérés extrêmement utiles dans la gestion de troubles aigus de l'angoisse et des attaques de panique, en aidant les personnes à s'en dégager pour revenir à une autorégulation. Les médicaments constituent aussi souvent *une combinaison* efficace avec une bonne psychothérapie et des conseils comportementaux, utilisant une série de techniques comme la thérapie cognitive, l'hypnose et les méthodes de réduction du stress. Malheureusement toutefois, l'expérience de Claire est loin d'être atypique. De nombreux patients souffrant de troubles anxieux sentent que les médicaments ne les aident pas tellement, et qu'ils sont souvent utilisés *au lieu* d'écouter les gens et de les guider pour qu'ils trouvent ce lieu d'autorégulation et d'équilibre intérieur. Claire était déterminée à faire face à son angoisse et à essayer de la gérer elle-même car elle voyait clairement à quel point cela ruinait sa vie. Sa dépendance aux tranquillisants lui faisait sentir plus encore qu'elle était nerveusement détraquée, qu'elle avait les nerfs en pelote. Et elle se prouva que son intuition était juste de bout en bout, qu'elle n'avait pas à vivre toute sa vie comme une invalide, ingurgitant à jamais des médicaments pour gérer ses états mentaux comme s'ils étaient comparables à une déficience de la thyroïde.

⁂

Explorons à présent en détail comment la pratique méditative pourrait être utilisée pour travailler avec les sentiments de panique et d'anxiété, et arriver à ce qu'ils ne contrôlent plus votre vie. Ces suggestions vont main dans la main avec les approches explorées au chapitre précédent, de la gestion de la douleur émotionnelle.

3. Comment utiliser la pratique pour travailler avec l'anxiété et la panique

Votre pratique de la méditation est un laboratoire parfait pour travailler avec l'anxiété, l'angoisse et la panique. Dans le scan corporel, la méditation assise et le yoga, nous nous entraînons à reconnaître et à accepter toutes les perceptions et les tensions rencontrées dans notre corps, ainsi que toutes les pensées et les émotions qui surviennent tandis que nous demeurons dans le champ de l'être. Les instructions de la méditation soulignent que nous n'avons rien à *faire* au sujet des sensations corporelles ou des sentiments anxieux si ce n'est en devenir conscients, et ne pas les juger ni nous condamner.

De cette façon, pratiquer d'instant en instant revient à enseigner systématiquement à votre corps et à votre esprit à développer le calme au cœur ou en dessous des sentiments anxieux. C'est exactement ce que fit Claire dans sa pratique. Plus vous pratiquez, mieux vous vous sentez dans votre peau. Mieux vous vous sentez, plus vous en venez à percevoir que vos angoisses et vos peurs ne sont pas vous, et qu'elles n'ont pas à diriger votre vie.

Quand vous en venez à goûter même de brefs instants de bien-être et de détente, vous noterez peut-être, tant pendant la méditation qu'à d'autres moments, que vous ne vous sentez pas *toujours* anxieux. En observant cela, vous voyez que l'anxiété varie en intensité, s'en va et s'en vient tout comme le reste. C'est un état mental temporaire, exactement comme l'ennui ou le bonheur.

Souvenez-vous de l'histoire de Grégoire (au chapitre 3), le pompier qui avait été bloqué par l'angoisse et incapable de respirer quand il avait essayé d'enfiler son masque. Quand il avait débuté à la clinique du stress, la simple observation de sa respiration pendant le scan corporel provoquait des sentiments d'agitation et de panique. Toutefois, en travaillant avec son aversion pour sa propre respiration, il apprit rapidement à se détendre. Il apprit comment aller « sous » son agitation, dans un état de calme plus profond.

Une pratique régulière vous apprend à contacter et à compter sur votre capacité profonde à vous relaxer physiologiquement et à être calme, même quand vous rencontrez des problèmes qui doivent être abordés et résolus. Ce faisant, vous apprenez aussi qu'il est possible de prendre appui sur un centre intérieur stable au cœur de vous-même, sur lequel vous pouvez compter, auquel vous pouvez faire confiance, qui ne vacille pas. Progressivement, votre tension corporelle, vos ruminations et vos angoisses mentales deviennent moins intrusives et perdent de leur force. Tandis que la surface de votre mental peut encore par moments clapoter et être agitée, comme la surface de l'océan, vous acceptez de plus en plus ces états mentaux et faites l'expérience, au même moment, d'une paix intérieure sous-jacente, toujours présente, située là où les vagues se limitent au plus à une douce ondulation.

Une part importante de cet apprentissage est d'arriver à voir, comme nous l'avons maintenant souligné à plusieurs reprises, que vous n'êtes pas vos pensées ni vos sentiments, et que vous n'avez pas à les croire, à y réagir, ou à être mené ou tyrannisé par eux. Pendant que vous pratiquez, centré par exemple sur votre souffle, vous en viendrez sans doute à voir vos pensées et vos sentiments comme des événements discontinus, de courte durée, comme les vagues de l'océan. Ces vagues s'élèvent pendant un instant dans l'océan de votre conscience, puis retombent. Vous pouvez les voir et les percevoir comme des « événements dans le champ de votre conscience ».

En observant le déploiement de vos propres pensées, d'instant en instant, vous découvrirez peut-être qu'elles charrient différents niveaux de charge émotionnelle. Certaines sont hautement négatives et pessimistes, chargées d'anxiété, d'insécurité, de peur, de mélancolie, de perte et de condamnation. D'autres sont positives et optimistes, joyeuses et ouvertes, accueillantes et respectueuses. D'autres encore sont neutres, ni positives ni négatives dans leur contenu émotionnel. Ce sont simplement des pensées pratiques. Nos pensées se succèdent dans des schémas plutôt chaotiques de réactivité et d'associations, se complexifiant au départ de leur propre contenu, construisant des mondes imaginaires, et remplissant le silence de leur agitation. Les pensées à haute charge émotionnelle ont l'art de revenir encore et encore. Quand elles apparaissent, elles se saisissent de votre attention comme un aimant puissant, et détournent votre esprit de votre respiration et de votre conscience du corps.

Quand vous voyez les pensées simplement comme des pensées, en vous abstenant volontairement de réagir à leur contenu et à leur charge émotionnelle, vous devenez au moins un peu plus libre de l'attraction ou de l'aversion qu'elles provoquent en vous. Vous risquez moins d'être autant ou aussi souvent aspiré en elles. Plus la charge est puissante, plus le contenu de la pensée risque de capturer votre attention et de vous distraire d'être simplement là, dans l'instant. Votre travail se limite à voir et à lâcher prise, voir et lâcher prise, parfois sans pitié, inexorablement si nécessaire, toujours délibérément et courageusement. Simplement voir et lâcher prise.

Quand vous pratiquez de cette façon avec *toutes* les pensées qui surviennent au cours de la méditation, qu'elles soient « bonnes », « mauvaises », ou « neutres » dans leur contenu, fortement ou faiblement chargées, vous verrez que celles qui sont anxiogènes et effrayantes dans leur contenu paraîtront moins puissantes et moins menaçantes. Elles auront moins prise sur votre attention car, à présent, vous les voyez comme de « simples pensées » et non plus comme la « réalité » ou « la vérité ». Il devient plus facile de vous rappeler que vous n'avez pas à être embrigadé par leur contenu. Vous pouvez voir plus facilement la façon dont vous contribuez à la force persistante de certaines pensées, en les craignant et, paradoxalement, en vous y accrochant.

Les voir dans cette lumière rompt la chaîne insidieuse par laquelle une pensée anxieuse conduit à une autre et à une autre, jusqu'à vous perdre dans un monde de peur et d'insécurité créé par vous-même. Au lieu de cela, ce sera simplement une pensée au contenu anxieux, la voir, la laisser aller, revenir au calme ; une autre pensée au contenu anxieux, la voir, la laisser aller, calme, encore et encore et encore, pensée par pensée par pensée, revenir au souffle (la vie entière s'il le faut) pour vous faire traverser les périodes plus agitées.

⁂

Travailler en pleine conscience avec des pensées et des sentiments fortement chargés ne signifie pas que nous n'accordons pas de valeur à l'expression des sentiments intenses ou que les sentiments intenses sont mauvais, problématiques ou dangereux et qu'il faudrait faire un maximum d'efforts pour les « contrôler », s'en débarrasser ou les supprimer. Observer vos émotions attentivement, les accepter, puis les laisser aller ne signifie pas que vous essayez de les annuler ou de vous en débarrasser. Cela signifie que vous savez ce dont vous êtes en train de faire l'expérience. Cela ne signifie pas non plus que vous n'allez pas agir sur vos pensées ou sur vos sentiments, ou les exprimer avec toute leur puissance ! Cela signifie simplement que quand vous posez un acte, vous avez plus de chance de le faire avec clarté et équilibre intérieur car vous avez une perspective sur votre expérience et n'êtes pas simplement mené par une réactivité inconsciente. La force de vos sentiments peut alors être utilisée de façon créative pour résoudre ou dissoudre les problèmes plutôt que de les alourdir et causer du tort à vous-même et aux autres, comme cela arrive si souvent quand vous n'êtes plus centré. Ceci nous montre également une façon dont la perspective centrée sur le problème et celle centrée sur l'émotion peuvent être complémentaires dans la *mindfulness*.

Tout en changeant notre relation à nos pensées par notre attention à leur processus, nous verrons aussi que nous devrions peut-être changer radicalement la façon dont nous pensons et dont nous parlons de nos pensées et de nos sentiments. Plutôt que de dire « j'ai peur » ou « je suis angoissé », l'une et l'autre formule qui « vous » placent *dans* l'angoisse ou dans la peur, il serait en fait plus adéquat de dire « j'ai beaucoup de pensées chargées de peur ». Vous soulignez ainsi le fait que vous n'êtes pas le contenu de vos pensées et que vous n'avez pas à vous y identifier. Au lieu de cela, vous pouvez simplement être conscient de leur contenu, l'accepter, et l'écouter avec soin. À ce moment, vos pensées ne vous conduiront pas vers davantage de peur, de panique et d'angoisse mais pourront plutôt vous aider à voir plus clairement ce qui se passe en réalité dans votre esprit.

⁂

En examinant profondément le processus de votre pensée dans la perspective du calme et de la pleine conscience, vous observerez peut-être, comme nous l'avons relevé aux chapitres 15 et 24, qu'une grande part de vos pensées et de vos émotions apparaissent sous forme de schémas reconnaissables, pilotés par un inconfort quelconque. Il y a l'inconfort d'être insatisfait du présent et de vouloir que quelque chose de plus arrive, de vouloir posséder quelque chose de plus qui vous ferait vous sentir mieux, plus complet, plus unifié. Ce schéma pourrait être décrit comme l'impulsion d'obtenir ce que vous voulez et de vous y agripper, à l'image du singe que nous avons vu au chapitre 2, qui s'accroche à la banane et est pris au piège.

Si vous examinez cela profondément, vous trouverez peut-être que, à un niveau profond, de telles impulsions sont guidées pour une bonne part, et nous pouvons trouver détestable de l'admettre, par une sorte d'avidité, par le désir de « plus pour moi » pour être heureux. Vous souhaitez peut-être de l'argent, du contrôle, de la reconnaissance ou de l'amour. Quel que soit l'objet actuel de vos aspirations, être guidé par de telles impulsions signifie qu'à un niveau profond, vous ne croyez pas que vous êtes complet tel que vous êtes.

Il y a alors le schéma opposé. Il est dominé par des pensées et par des sentiments voulant que certaines choses *n'*arrivent *pas* ou arrêtent de se passer, le désir de se débarrasser de certaines choses ou d'éléments de votre vie qui, pensez-vous, vous empêchent de vous sentir mieux, plus heureux, plus satisfait. Ces schémas de pensée peuvent être décrits comme guidés par la haine, l'aversion, le rejet ou un besoin d'être débarrassé de ce que vous ne voulez pas ou n'aimez pas pour pouvoir être heureux.

La pleine conscience apportée à notre comportement peut nous faire réaliser que nous pouvons être pris, mentalement et dans nos actions, entre les deux tendances : d'aimer/souhaiter (avidité) et ne pas aimer/ne pas vouloir (aversion) – aussi subtiles et inconscientes puissent-elles être – au point que nos vies deviennent un vacillement incessant entre la poursuite de ce que nous aimons et la fuite de ce que nous n'aimons pas. Une telle course ne conduira qu'à peu de moments de paix ou de bonheur. Comment le pourrait-elle ? Il y aura toujours un motif d'anxiété. Vous pourriez perdre à tout moment ce que vous avez déjà. Vous pourriez ne jamais avoir ce que vous souhaitez. Vous pourriez aussi l'avoir et découvrir qu'après tout ce n'était pas ce que vous vouliez. Vous pourriez enfin ne pas vous sentir complet.

À moins de pouvoir être conscient de l'activité de votre esprit, vous ne noterez même pas que tout ceci se passe. Un voile épais d'inconscience, ce bon vieux mode de pilote automatique, veillera à ce que vous continuiez à courir de gauche à droite, avec la plupart du temps l'impression d'avoir perdu le contrôle. Ceci vient fondamentalement de votre croyance que le bonheur dépend seulement de la satisfaction de vos désirs. (Voir au chapitre 24, la méditation « Quel est mon chemin ? »)

Ce processus finit par consommer beaucoup d'énergie. Il recouvre parfois d'inconscience une telle part de notre vie que nous réalisons à peine que nous pouvons en réalité nous sentir fondamentalement bien, qu'il est possible de trouver un centre d'harmonie au cœur de nous-mêmes, au milieu de la tourmente, de notre peur et de notre angoisse. En fait, si vous y pensez, où d'autre pourrions-nous en trouver ?

Il y a une seule façon de vous libérer de toute une vie passée sous la tyrannie de vos propres processus mentaux, que vous souffriez d'anxiété excessive ou pas. Elle consiste à arriver à voir vos pensées pour ce qu'elles sont, et à discerner les semences parfois subtiles – mais le plus souvent pas si subtiles que cela – de l'avidité et de l'aversion qui travaillent en elles. Quand vous réussissez à reculer d'un pas et à voir que vous n'êtes pas vos pensées ni vos sentiments, que vous n'avez pas à les croire et que vous n'avez certainement pas à agir à partir d'eux, quand vous voyez clairement que beaucoup d'entre eux sont inadéquats, jugent et sont fondamentalement avides, vous avez trouvé la clef pour comprendre la raison de tant de peurs et d'angoisses. Vous avez en même temps trouvé la clef de votre équilibre. La peur, la panique, l'angoisse et l'anxiété ne seront plus des démons incontrôlables. Vous les verrez plutôt comme des états mentaux naturels sur lesquels travailler, et qui peuvent être acceptés tout comme les autres. Vous verrez alors que les démons ne peuvent plus tant rôder et vous embêter. Peut-être même ne les verrez-vous plus du tout pendant de longues périodes. Vous vous demanderez où ils sont passés ou s'ils ont même jamais existé. À l'occasion, vous verrez peut-être un peu de fumée, juste assez pour vous rappeler que l'antre du dragon est toujours habitée et que la peur fait naturellement partie de la vie, mais que vous ne devez pas en être effrayé.

⁂

Croire que vous êtes capable de faire face à tout ce qui peut arriver est fondamental au pouvoir de guérison que vous cultivez. Béatrice, qui a récemment suivi le programme de réduction du stress, vivait dans l'incertitude d'une situation très effrayante. Elle avait eu l'année précédente une rupture d'anévrisme cérébral (rupture d'un vaisseau sanguin dans le cerveau). Le traitement chirurgical laissait une fragilité de l'artère, qui pouvait mener à un second anévrisme. Elle était très angoissée et était venue pour cela à la clinique du stress. Elle sentait qu'elle n'était plus comme avant, qu'elle perdait parfois le contrôle de son corps et de ses nerfs. Elle avait des crises imprévisibles et effrayantes, des vertiges et des problèmes aux yeux. Maintenant, elle se sentait insécurisée en présence d'autres personnes. Elle avait aussi l'impression d'être beaucoup plus émotive qu'avant. Elle se sentait confuse et inquiète.

De nombreux scanners furent nécessaires pour vérifier son état. Ils l'angoissaient. Elle n'aimait pas avoir la tête dans une grande machine, couchée sur le dos parfaitement immobile pendant de longs moments. Bien sûr, elle avait également peur des résultats de ces examens.

Un autre scanner fut programmé deux semaines après avoir entamé le programme de réduction du stress. Elle ne s'en réjouissait absolument pas. Cependant, alors que sa tête était lentement introduite dans la cavité de la machine, la pensée lui vint d'essayer de diriger sa conscience dans ses orteils, comme elle s'y était exercée dans le scan corporel pendant deux semaines. Elle finit par la maintenir là pendant tout l'examen, inspirant et expirant dans ses orteils, qui étaient la partie de son corps la plus éloignée de la machine. Centrée sur ses orteils, elle sentit qu'elle avait davantage de contrôle et put rester détendue. Elle subit cet examen complètement calme et sans panique. Son époux et elle furent stupéfiés par sa tranquillité. Elle arriva au cours suivant ravie par sa capacité nouvellement trouvée de contrôler ce qui avait semblé jusque-là incontrôlable.

Le corps de Béatrice continue encore à faire des choses étranges et inquiétantes, mais elle sent à présent qu'elle a quelques outils disponibles chaque jour pour garder son équilibre. Elle trouve par exemple utile l'image de la montagne, stable et immobile au milieu de tous les changements de climat qui s'abattent sur elle, et elle évoque souvent sa « montagne intérieure » pendant qu'elle médite, ainsi qu'à d'autres moments. Elle accepte à présent l'incertitude de son état. Cela seul suffit à apaiser son esprit. La tourmente ne s'en est pas allée. Mais elle la gère de façon à pouvoir se sentir mieux à l'heure actuelle, et plus optimiste pour le futur.

Avoir la confiance et l'imagination d'accueillir, et de travailler avec tout ce qui se présente, demande que vous ayez de merveilleux « outils » avec lesquels travailler, assez d'expérience avec ceux-ci pour savoir comment les utiliser, ainsi que la souplesse et la présence d'esprit pour vous en souvenir dans des circonstances difficiles. Béatrice manifesta ces qualités quand elle décida de centrer son esprit sur ses orteils et d'utiliser la méditation quand elle était dans la machine du scanner.

Quelques semaines plus tard, elle dut passer un autre type d'imagerie cérébrale appelée IRM, imagerie par résonance magnétique. Elle s'était dit qu'elle utiliserait la même méthode qui l'avait aidée pendant le scanner, mais quand elle essaya de se concentrer sur ses orteils, elle s'aperçut qu'elle n'y arrivait pas cette fois car elle était dérangée par le bruit de la machine. Au lieu de paniquer, elle dirigea son attention vers les sons eux-mêmes et s'aperçut à nouveau qu'elle pouvait rester calme pendant l'examen. Elle avait ainsi développé un ensemble d'outils pour gérer son anxiété, mais faisait également preuve d'imagination et de souplesse dans leur utilisation. Elle répondit à l'IRM comme à un défi au lieu de simplement réagir automatiquement à cette situation stressante. Ce genre de souplesse est essentiel si vous voulez arriver à maintenir votre équilibre face à l'inattendu.

Au cours d'une séance, un homme nous donna un autre exemple de travail réussi avec l'angoisse. Il avait toujours eu tendance à paniquer et à se sentir effrayé dans les foules, mais n'avait pas connu d'attaque de panique au cours des six derniers mois. Il suivait le programme pour un problème médical qui n'était pas en lien avec l'angoisse. Au cours des huit semaines, il se rendit un jour avec des amis à un match de basket-ball au Boston Garden. Alors qu'il était assis sur son siège, fort élevé par rapport au sol, il sentit monter cette vieille sensation familière de claustrophobie, sa peur d'être piégé dans un espace clos au milieu de la foule. Avant, ce sentiment aurait annoncé une forte attaque de panique et l'aurait poussé à se précipiter vers une sortie. À vrai dire, sa peur l'aurait d'abord empêché de se rendre au match.

Il ne partit pas. Il songea à sa respiration, se redressa sur son siège et chevaucha les ondes de l'inspiration et de l'expiration pendant quelques minutes, se centrant sur elles et laissant passer ses pensées angoissantes. Après quelques minutes, le sentiment passa et il savoura pleinement le reste de la soirée.

Ces quelques exemples montrent comment la pratique de la méditation a pu être utilisée pour travailler et calmer l'anxiété, l'angoisse et la panique. Avec d'autres histoires de ce livre, ils pourront vous aider à connecter votre centre de stabilité et de calme mental, dans les tempêtes de peur, de panique, d'angoisse et d'anxiété qui soufflent parfois dans la vie, pour émerger de leur emprise, plus sages et plus libres.

Chapitre 26

Le temps et le stress du temps

« Pratiquez le non-agir et tout rentrera dans l'ordre. »

Lao-Tseu, *Tao Te Ching*

Dans notre société, le temps est devenu une source majeure de stress. Il arrive des périodes dans la vie où nous sentons qu'il n'y a jamais assez de temps pour faire ce que nous devons faire. Souvent, nous ne savons pas où a filé le temps, tant les années s'écoulent vite. À d'autres périodes, le temps peut peser lourdement sur nous. Les jours et les heures semblent interminables. Nous ne savons que faire de tout ce temps. Aussi fou cela semble-t-il, nous allons suggérer que l'antidote au stress du temps est le non-faire délibéré, et que le non-faire est applicable que vous souffriez de « manque de temps » ou que vous souffriez de « trop de temps ». Votre défi ici est de tester cette proposition dans votre vie, et de voir pour vous-même si votre relation au temps peut être transformée par la pratique du non-faire.

Si vous vous sentez complètement écrasé par la pression du temps, vous vous demanderez sans doute comment le fait d'en prendre sur ce que vous « devez faire », pour pratiquer le non-agir, pourrait aider ? Et d'autre part, si vous vous sentez isolé, si vous vous ennuyez et n'avez que du temps entre les mains, vous vous demanderez quelle peut être l'utilité de remplir de « rien », ce fardeau de temps inoccupé.

La réponse est simple, et pas du tout tirée par les cheveux. *La paix intérieure existe hors du temps.* Si vous vous engagez à passer un peu de temps chaque jour dans la quiétude intérieure, même s'il s'agit de deux, cinq ou dix minutes, vous sortez tout à fait du flux du temps pendant ces minutes-là. Le calme, la relaxation et le centrage, qui viennent du lâcher-prise du temps, transforment votre expérience du temps quand vous y retournez. Plutôt que de vous battre constamment contre le temps, ou de vous sentir dirigé par lui, vous pouvez alors être en harmonie avec lui au cours de votre journée, en étant simplement présent à l'expérience du moment présent.

Plus vous vous entraînez à dégager du temps dans vos journées pour le non-agir, plus la journée entière devient du non-agir. En d'autres mots, la journée est alors imprégnée d'une attention ancrée dans le moment présent et, du coup, hors du temps. Peut-être avez-vous déjà fait cette expérience en pratiquant la méditation assise, le scan corporel ou le yoga. Peut-être avez-vous observé qu'être conscient ne demande pas de temps supplémentaire, que la vigilance enrichit chaque instant, le rend plus plein et plus vivant. Si donc vous êtes pressé par le temps, être dans l'instant présent vous donne plus de temps en vous rendant la plénitude de chacun de vos instants. Quoi qu'il arrive, vous pouvez être centré, percevoir et accepter les choses telles qu'elles sont. Vous pouvez alors être conscient de ce qui doit encore être fait dans le futur, sans que cela n'occasionne une anxiété excessive ou une perte de perspective. Vous pouvez agir, vos actions prenant naissance dans la paix de votre être.

Supposons d'autre part, que vous ne sachiez que faire actuellement de tout le temps dont vous disposez. Le temps vous pèse. Vous vous sentez peut-être vide, déconnecté du monde et de tout ce qui s'y fait d'intéressant. Peut-être ne pouvez-vous sortir, avoir un emploi, rester levé longtemps, ou même vous plonger dans la lecture pour « passer le temps ». Peut-être êtes-vous seul, sans amis ni famille ou loin d'eux. Comment le non-faire pourrait-il vous aider ? Vous ne faites déjà rien et cela vous rend fou !

En fait, vous faites sans doute beaucoup, même si vous n'en êtes pas conscient. En tout cas, vous êtes peut-être en train de « faire » du malheur, de l'ennui et de l'anxiété. Vous êtes probablement en train de passer du temps, et peut-être beaucoup de temps, plongé dans vos pensées et dans vos souvenirs, revivant des moments agréables ou des événements malheureux passés. Vous êtes peut-être en train de « faire » de la colère envers les autres pour des choses qui ont eu lieu il y a longtemps. Vous êtes peut-être en train de « faire » de la solitude, du ressentiment, de l'auto-apitoiement ou du désespoir. Ces activités mentales drainent sans doute votre énergie. Elles sont en général épuisantes et donnent l'impression que le temps ne passe pas.

Notre expérience subjective du temps qui passe semble liée d'une certaine façon à l'activité de la pensée. Nous *pensons* au passé, nous *pensons* au futur. Le temps est mesuré comme l'espace entre nos pensées ; il est également mesuré au sein de leur courant sans fin. En nous entraînant à observer nos pensées aller et venir, nous cultivons la capacité de demeurer dans le silence et le calme en deçà du courant même des pensées, dans un présent intemporel. Puisque le présent est toujours là, puisqu'il est toujours maintenant, il est déjà hors du temps qui passe.

Le non-agir signifie le lâcher-prise de *tout*. Par-dessus tout, il signifie la vision et le lâcher-prise de vos pensées, qui viennent puis s'en vont. Il signifie vous laisser être. Si vous vous sentez pris par le temps, le non-faire est une manière pour vous de sortir du temps que vous avez entre les mains, en entrant dans l'intemporalité. Ce faisant, vous sortez également, en tout cas momentanément, de votre isolement, de votre malheur et de votre désir d'être impliqué, occupé, de participer, de faire quelque chose qui ait du sens. En vous connectant à vous-même hors du courant du temps, vous faites déjà la chose la plus sensée que vous pourriez faire, à savoir atteindre la paix dans votre esprit, contacter votre unité, vous reconnecter à vous-même.

Temps passé et Temps futur
Ne permettent que très peu de conscience
Être conscient, ce n'est pas être dans le flux du temps.

ELIOT, T.S., *Burnt Norton* dans *Quatre quatuors,*
traduit par Claude Vigée,
édition Menard Press, Londres, 1992, p. 12.

Vous pourriez considérer tout le temps dont vous disposez comme une occasion de vous adonner au travail de l'être et de la croissance intérieure. Alors, même si votre corps ne fonctionne pas « bien », et que vous êtes confiné à la maison ou au lit, vous pouvez toujours faire de votre vie une aventure, et trouver du sens dans chaque instant. Si vous vous engagez dans le travail de la pleine conscience, votre isolement physique peut prendre un autre sens à vos yeux. Votre incapacité d'être actif dans la vie extérieure, la douleur et les regrets que vous pouvez en sentir sont contrebalancés par la joie d'autres possibilités, par une nouvelle perspective sur vous-même, une perspective où votre vision est optimiste, recadre le temps qui vous pesait en un temps consacré au travail de l'être, le travail du non-agir, le travail de la présence à soi et de la compréhension profonde.

Ce travail ne connaît pas de fin, bien entendu, ni ne dit où il pourrait mener. Mais où qu'il vous mène, ce sera en vous éloignant de la souffrance, de l'ennui, de l'angoisse, de l'apitoiement sur vous-même et en vous guidant vers la guérison. Les états mentaux négatifs ne peuvent survivre longtemps quand est cultivée la présence à l'instant. Comment le pourraient-ils quand vous incarnez la paix ? Votre conscience concentrée, tel un creuset, contient puis transmue les états mentaux négatifs.

Et si votre corps vous permet de faire ne fût-ce que l'une ou l'autre chose dans le monde extérieur, demeurer dans le non-agir conduira vraisemblablement à une vision profonde de la manière dont vous pourriez vous connecter aux gens, aux activités et aux événements susceptibles d'avoir du sens à vos yeux, tout en étant utiles et profitables aux autres. Chacun a quelque chose à offrir au monde, en réalité quelque chose que personne d'autre ne peut offrir, quelque chose d'unique et d'inestimable, *son propre être.* Si vous pratiquez le non-agir, vous découvrirez peut-être qu'au lieu d'avoir tout ce temps à ne savoir que faire, les jours ne seront pas assez longs pour accomplir tout ce qui doit être fait. Dans ce travail, vous ne serez jamais au chômage.

⁂

Si vous adoptez une perspective plus cosmique du temps, vous verrez que, de toute façon, aucun d'entre nous n'est ici-bas pour longtemps. La durée totale de la vie humaine sur la planète a elle-même duré le temps d'un clin d'œil. Nos vies individuelles sont infinitésimales dans la vastitude du temps géologique. Le paléontologue Stephen Jay Gould souligne que l'espèce humaine a habité cette planète depuis seulement deux cent cinquante mille années environ – en gros 0,0015 % de l'histoire de la vie, le dernier centimètre du kilomètre cosmique. Pourtant, l'esprit se représente le temps comme si nous avions beaucoup de temps à vivre. En fait nous nous leurrons souvent nous-mêmes, spécialement au début de la vie, en nous sentant permanents, immortels. D'autres fois, nous sommes plutôt douloureusement conscients de la fatalité de la mort et de la rapidité de notre passage sur Terre.

Peut-être est-ce finalement l'assurance, consciente ou inconsciente, de notre mort, qui génère en nous ce sentiment d'urgence. Le terme *deadline*[1] contient certainement ce message. Nous sommes confrontés à de nombreux délais : ceux imposés par notre travail et par d'autres personnes, et ceux que nous imposons nous-mêmes. Nous courons en tous sens pour que tout soit fait « à temps ». Nous sommes souvent tellement stressés par la pression du temps, que nous faisons ce que nous faisons uniquement pour « y arriver », pour pouvoir nous dire : « *Cette chose-là* au moins est faite. » Puis la chose suivante demandera à être faite, mettant la pression, infiltrant tous les instants.

---

1. *Deadline* signifie « délai », on y retrouve *dead* qui signifie « mort » et *line* : « ligne ». *(N.d.T.)*

Certains médecins croient que le stress lié au temps est une cause fondamentale de maladie à l'époque actuelle. L'urgence du temps était au départ représentée comme une des caractéristiques principales du comportement de type A, enclin à la maladie coronarienne. Le syndrome de type A est parfois décrit comme « la maladie de l'impatience ». Les personnes de cette catégorie, sont poussées par un sens de l'urgence qui leur fait accélérer toutes leurs activités quotidiennes, et qui leur fait faire et penser plus d'une chose à la fois. Elles ont tendance à ne pas bien écouter. Elles interrompent et finissent constamment les phrases entamées par les autres. Elles ont tendance à être très impatientes. Elles éprouvent beaucoup de difficultés à s'asseoir et à ne rien faire, ou à faire la file, ont tendance à parler rapidement et à dominer dans les situations sociales et professionnelles. Les types A ont aussi tendance à être très compétitifs, facilement irritables, cyniques et hostiles. Comme nous l'avons vu, l'indice à ce jour semble pointer l'hostilité et le cynisme comme éléments les plus toxiques des comportements prédisposant aux maladies coronariennes. Mais, même si des recherches ultérieures montrent que la pression même du temps n'est pas un facteur majeur dans les cardiopathies, elle a néanmoins une toxicité propre. Le stress lié au temps peut facilement éroder la qualité de la vie d'une personne, et menacer sa santé et son bien-être.

Voici comment le docteur Robert Eliot, cardiologue et chercheur réputé dans le domaine du stress, a décrit son état d'esprit et sa relation au temps avant son infarctus :

Mon corps suppliait d'avoir du repos mais mon cerveau n'écoutait pas. J'étais en retard. Mon plan indiquait en effet qu'âgé de quarante ans, j'aurais dû être cardiologue en chef d'une grande université. J'avais quarante-trois ans quand je quittai l'université de Floride de

Gainsville pour être cardiologue en chef à l'université du Nébraska en 1972. Je n'avais donc qu'à courir un peu plus vite pour me retrouver à nouveau dans les rails.

Le docteur Eliot rencontra cependant différents obstacles dans ses efforts pour établir un centre de recherche cardiovasculaire novateur.

> *Je sentis progressivement que les murs se resserraient autour de moi et que je ne pourrais jamais m'en libérer pour réaliser mon rêve.*
>
> *Je fis désespérément ce que j'avais fait toute ma vie. J'accélérai le rythme. J'essayai de forcer le passage. J'arpentai l'État pour donner sur-le-champ une formation en cardiologie aux médecins de campagne du Nébraska, et établir un réseau de soutien entre eux pour le programme cardiovasculaire de l'université. Je planifiais des conférences académiques dans le pays, sautant d'un avion à l'autre. Je me souviens d'un déplacement au cours duquel mon épouse, Phyllis, avait aidé à l'organisation logistique. Le séminaire s'était fort bien passé et elle souhaitait en évoquer le souvenir au cours du vol de retour. Pas moi. J'étais plongé dans les formulaires d'évaluation, inquiet de savoir comment améliorer le séminaire suivant.*
>
> *Je n'avais pas de temps pour ma famille, mes amis, ni pour me détendre et m'amuser. Quand Phyllis m'offrit un vélo d'intérieur à Noël, je fus vexé. Comment aurais-je pu trouver le temps de m'asseoir pour pédaler sur ce vélo ? J'étais souvent épuisé, mais je chassais cela de mon esprit. Je ne faisais pas attention à ma santé. De quoi devais-je m'inquiéter ? J'étais un expert en maladies cardiaques, et je savais que je n'avais aucun facteur de risque. Mon père avait vécu jusqu'à soixante-dix-huit ans et ma mère, âgée de quatre-vingt-cinq ans, ne montrait aucun signe de cardiopathie. Je ne fumais pas. Je n'avais pas de surpoids. Je n'avais pas une tension artérielle élevée. Je n'avais pas trop de cholestérol. Je*

n'avais pas de diabète. Je pensais que j'étais immunisé contre les maladies cardiaques.
Mais je courais un grand risque pour d'autres raisons. J'avais poussé le bouchon trop loin pendant trop longtemps. Tous mes efforts semblaient à présent futiles… Un sentiment de désenchantement m'envahissait, l'impression d'être pris dans les rets d'un « piège invisible ».
Je ne le savais pas alors, mais mon corps était en constante réaction à ce tumulte intérieur. Pendant neuf mois il vit le coup s'approcher : il se produisit quinze jours après mon anniversaire de quarante-quatre ans.

Il décrivit qu'un jour, après une confrontation très décevante, il entra dans une forte colère et ne put se calmer. Après une nuit d'insomnies et une longue route, il donna une conférence médicale. Après un lunch copieux, il essaya de diagnostiquer des cas, mais son esprit était brumeux et sa vue se troublait. Il avait des vertiges. Ces signes précédaient son infarctus.

L'infarctus du docteur Eliot le conduisit à écrire un livre appelé *Is It Worth Dying For*[1] ? Il y décrit comment il en était arrivé à répondre un grand *non* à cette question et avait poursuivi en changeant sa relation au temps et au stress. Il y décrit aussi la vie qu'il menait avant et qui l'a conduit à l'infarctus comme un « triste tapis de course ».

Norman Cousins a décrit d'une façon fort semblable les circonstances qui l'ont mené à l'infarctus dans son livre *The Healing Heart*[2] :

Pendant plusieurs années de ma vie, les aéroports et les avions étaient ma principale source de stress. Un programme chargé de conférences et de tables rondes les

1. Ce titre signifie : Vaut-il la peine de mourir pour cela ? *(N.d.T.)*
2. Ce titre signifie : La guérison du cœur. *(N.d.T.)*

rendait inévitables. Me battre contre les embouteillages vers les aéroports, puis courir dans les terminaux..., devoir faire la file pour retirer la carte d'embarquement, puis faire demi-tour car l'avion était surbooké, attendre des bagages qui n'arrivent jamais, m'adapter aux décalages horaires, à des repas irréguliers, un sommeil insuffisant : ces éléments des transports aériens avaient été mes tristes fardeaux pendant de nombreuses années et s'étaient spécialement alourdis vers la fin des années 1980... Au retour d'un voyage agité sur la côte Est juste avant Noël, j'eus à peine le temps de découvrir que je devais repartir quelques jours plus tard pour le Sud-Est. Je demandai à ma secrétaire s'il était possible de postposer ou d'annuler ce voyage. Elle passa soigneusement en revue avec moi les éléments du voyage qui confirmèrent qu'il était essentiel de remplir les engagements pris. Il était évident... que seul un événement des plus drastiques m'empêcherait d'y aller. Mon corps écoutait. Le jour suivant je fis ma crise cardiaque.

Remarquez comme la pression du temps et une impression d'urgence se retrouvent dans les mots mêmes de ces deux passages : « en retard », « plan » de carrière, « J'accélérai le rythme », « J'essayai de forcer le passage », « pas de temps pour ma famille, mes amis », « un triste tapis de course », « me battant contre les embouteillages », « courir » dans les terminaux, « devoir faire la file », « attendre » les bagages, s'adapter aux « décalages horaires ».

La pression du temps n'est pas réservée aux universitaires, aux dirigeants et aux médecins célèbres qui voyagent beaucoup. Dans notre société postindustrielle, nous sommes tous exposés au stress du temps. Nous mettons notre montre le matin et nous *y allons*. Nous menons notre vie l'œil rivé sur l'horloge. Elle dicte quand nous devons être à tel endroit et malheur à nous si nous oublions trop souvent. Le temps et l'horloge nous mènent d'une chose à l'autre. C'est devenu une « façon de vivre » pour beaucoup parmi nous : nous sommes guidés chaque jour par toutes nos obligations et nos responsabilités et nous nous couchons ensuite épuisés, quand nous avons terminé. Si nous suivons ce schéma longtemps sans repos adéquat et sans reconstituer nos réserves d'énergie, un arrêt s'imposera inévitablement. Même si vos mécanismes homéostatiques sont très stables, ils peuvent finalement être dépassés si vous ne les remettez pas à flot de temps en temps.

De nos jours, nous transmettons même à nos enfants cette urgence du temps. Combien de fois vous êtes-vous surpris à dire à vos petits enfants « Dépêche-toi, on n'a pas le temps », ou « Je n'ai pas le temps » ? Nous les pressons d'enfiler leurs vêtements, de manger, d'être prêts pour l'école. Par nos mots, par le langage de notre corps, par la façon dont nous nous agitons autour d'eux, nous leur donnons clairement le message qu'il n'y a simplement jamais assez de temps.

Ils ont très clairement reçu le message. Il n'est pas rare maintenant que des enfants se sentent stressés et se dépêchent dès leur jeune âge. Au lieu de pouvoir suivre leur rythme intérieur propre, ils sont embarqués dans le rythme soutenu que mènent leurs parents, ils apprennent à se dépêcher et à faire attention au temps. Ceci peut finir par avoir des effets délétères sur leur rythme biologique et par causer différentes sortes de dérèglements physiologiques, de même qu'une détresse psychologique, tout comme chez les adultes. Dans notre société par exemple, une tension artérielle élevée s'observe dès l'enfance, avec des augmentations petites mais signifiantes, détectables même chez des enfants de cinq ans. Cela ne s'observe pas dans les sociétés non industrielles, où on ne connaît pratiquement pas la tension artérielle. Au-delà des simples facteurs alimentaires, quelque chose en lien avec le stress de nos vies en est probablement responsable. C'est peut-être le stress du temps.

⁂

Dans le temps, nos activités étaient bien plus en phase avec les cycles de la nature. Les gens restaient où ils étaient. Ils ne voyageaient pas loin. La plupart mouraient où ils étaient nés et connaissaient tout le monde dans leur ville ou leur village. Le jour et la nuit dictaient des rythmes de vie très différents. De nombreuses tâches ne pouvaient tout simplement pas être accomplies la nuit par manque de lumière. Le soir, les gens s'asseyaient autour du feu, leur seule source de chaleur et de lumière. Ils devaient ralentir leur rythme, c'était apaisant et tout autant réchauffant. Fixant les flammes et les braises, l'esprit pouvait se centrer sur le feu, toujours différent, et pourtant toujours le même. Les gens pouvaient l'observer d'instant en instant et soir après soir, mois après mois, année après année, au fil des saisons – et voir le temps s'éterniser dans le feu. Peut-être le rituel de s'asseoir autour du feu a-t-il été la première expérience de méditation de l'humanité.

Dans le temps, le rythme des personnes était dicté par la nature. En une journée, un fermier ne pouvait labourer qu'une surface donnée à la main ou avec un bœuf. Vous ne pouviez parcourir que telle distance à pied ou même à cheval. Les gens étaient en contact avec leurs animaux et leurs besoins. Le rythme de l'animal dictait les limites du temps. Si votre cheval avait de la valeur à vos yeux, vous saviez qu'il ne fallait pas le pousser trop vite ni trop loin.

Nous pouvons à présent vivre très indépendamment de ces rythmes naturels. L'électricité nous a donné de la lumière dans l'obscurité, si bien qu'il y a bien moins de différence entre le jour et la nuit. Nous pouvons travailler après le coucher du soleil, si c'est nécessaire ou si nous en avons envie. Nous ne devons jamais ralentir par manque de lumière. Nous avons aussi des voitures et des tracteurs, des téléphones, nous prenons l'avion, nous avons des radios, des télévisions, des photocopieuses et, à présent, des ordinateurs personnels et des fax. Ces machines ont rétréci le monde et réduit de façon renversante le temps nécessaire pour faire certaines choses, pour s'informer, communiquer, se rendre quelque part ou terminer un travail. Les ordinateurs ont amplifié dans une telle mesure la capacité de réaliser des documents et de calculer des estimations, bien qu'ils soient extrêmement libérateurs par certains côtés, que les gens peuvent se retrouver soumis à une pression plus importante que jamais pour faire davantage en moins de temps. En fait, nos attentes et celles des autres augmentent au fur et à mesure que la technologie nous donne le pouvoir de faire davantage plus rapidement. Au lieu de nous asseoir autour du feu le soir pour y trouver de la lumière, de la chaleur et quelque chose à contempler sans fin, nous pouvons allumer l'éclairage et poursuivre ce que nous avons à *faire*. Nous pouvons alors, aussi, regarder la télévision et penser que nous nous détendons et levons le pied. En réalité, il s'agit simplement d'un bombardement sensoriel supplémentaire.

Et pour le futur, que dire des téléphones mobiles dans nos voitures et même sur nous, des ordinateurs portables, des courriers électroniques, des achats par ordinateur, de la télévision par câble, des télévisions locales et des robots personnels. Nous aurons de plus en plus de moyens d'avoir de plus en plus d'occupations et de faire de plus en plus de choses simultanément, les attentes augmentant en proportion. Nous pouvons être au volant *et* faire des affaires, nous pouvons traiter des informations *et* pédaler sur un vélo d'intérieur, nous pouvons lire *et* regarder la télévision, ou avoir des écrans permettant de voir deux, trois ou quatre choses en même temps. Nous serons toujours en contact avec le monde. Mais serons-nous jamais en contact avec nous-mêmes ?

QUATRE FAÇONS DE VOUS LIBÉRER DE LA TYRANNIE DU TEMPS

Ce n'est pas parce que la technologie a accéléré le rythme du monde que nous devons être gouvernés par elle au point d'être stressés au-delà de toute limite, et peut-être de voir notre vie écourtée par le « tapis de course »[1] de la vie moderne. Vous pouvez vous libérer de la tyrannie du temps par différentes façons. La première est de vous souvenir que le temps est un produit de la pensée. Les minutes et les heures sont des conventions, établies pour pouvoir se rencontrer facilement, communiquer et travailler en harmonie. Mais ils n'ont pas de signification absolue, comme aimait le souligner Einstein devant des publics profanes. Il paraphrasait le concept de la relativité en expliquant : « Si vous êtes assis sur un poêle brûlant, une minute peut sembler une heure, mais si vous faites quelque chose d'agréable, une heure peut sembler une minute. »

---

1. L'auteur fait référence ici aux tapis de marche des clubs de fitness. *(N.d.T.)*

Nous savons bien sûr tout ceci par expérience. La nature est en fait très équitable. Nous recevons tous vingt-quatre heures par jour pour vivre. La façon dont nous voyons ce temps et ce que nous en faisons peut faire toute la différence. Nous sentirons que nous avons « assez » ou « trop » ou « pas assez » de temps. Nous devons donc examiner ce que nous attendons de nous. Nous devons être conscients de ce que nous essayons d'accomplir, nous demander si nous payons un prix trop fort pour y arriver ou, selon les mots du docteur Eliot, si cela « vaut la peine de mourir pour cela ».

Une deuxième façon de vous libérer de la tyrannie du temps est de vivre la plupart du temps dans l'instant présent. Nous perdons une énorme quantité de temps et d'énergie en repensant au passé et en nous inquiétant pour l'avenir. Ces moments sont rarement satisfaisants. Ils génèrent habituellement de l'anxiété et un sentiment d'urgence, des pensées comme « le temps passe » ou « c'était le bon vieux temps ». Comme nous l'avons vu maintenant souvent, s'exercer à être présent d'un instant à l'autre vous met en contact avec la vie au seul moment que vous avez pour la vivre, à savoir maintenant. Ce que vous êtes en train de faire gagne en richesse si vous quittez le mode de pilotage automatique pour entrer dans la conscience et l'acceptation. Si vous êtes en train de manger, mangez vraiment à ce moment. Cela pourrait vouloir dire *choisir* de ne pas lire une revue ou regarder la télévision pendant que vous « enfournez » à moitié consciemment la nourriture dans votre corps. Si vous gardez vos petits-enfants, *soyez* vraiment avec eux, impliquez-vous. Le temps va disparaître. Si vous aidez vos enfants à faire leurs devoirs ou parlez simplement avec eux, ne le faites pas à la va-vite. Faites l'effort d'être pleinement présent. Prenez contact avec le regard.

Appropriez-vous ces instants. Alors, vous ne vous direz pas que les autres vous « prennent du temps ». Tous les instants vous appartiendront. Et si vous voulez vous souvenir du passé ou planifier le futur, faites cela aussi avec conscience. Souvenez-vous-en *au départ de l'instant présent.* Planifiez *depuis l'instant présent.*

L'essence de la pleine conscience dans la vie courante est de vous approprier chaque moment. Même si vous vous dépêchez, ce qui est parfois nécessaire, dépêchez-vous alors consciemment. Soyez conscient de la respiration, de la nécessité de bouger rapidement, et faites-le avec conscience jusqu'à ce que vous ne deviez plus vous dépêcher, puis lâchez prise et relaxez-vous délibérément. Si vous surprenez votre esprit en train de dresser des listes et de vous pousser à faire tout ce qui y est inscrit, dirigez alors votre attention vers votre corps et vers la tension physique et mentale qui y augmente peut-être, et souvenez-vous qu'une partie de ces tâches peut sans doute attendre. Si vous êtes presque à bout, arrêtez complètement et demandez-vous : « Vaut-il la peine de mourir pour ça ? » ou « Qui court, et où ? »

Une troisième façon de vous libérer de la tyrannie du temps est d'en prendre un peu chaque jour, simplement pour être, en d'autres mots pour méditer. Nous devons nous réserver du temps pour la pratique de la méditation formelle, car il est facile de la biffer en la trouvant inutile ou en y voyant un luxe ; après tout, on ne fait rien pendant ce temps-là. Quand vous la biffez et consacrez ce temps à agir, vous finissez par perdre ce qui peut être la partie la plus précieuse de votre vie, à savoir du temps pour vous-même, pour être, tout simplement.

Comme nous l'avons vu, en pratiquant la méditation, vous sortez fondamentalement du courant du temps et demeurez dans le calme, dans un éternel présent. Cela ne signifie pas que chaque moment de votre pratique sera un moment hors du temps. Cela dépendra du degré de concentration et de calme que vous apportez à chaque instant. Mais le simple fait de s'engager à pratiquer le non-faire, d'arrêter de tendre à certaines choses, de ne pas juger, ralentit ce temps pour vous et nourrit l'éternel en vous. En consacrant du temps chaque jour à ralentir le temps lui-même, à vous donner du temps juste pour être, vous renforcez votre capacité à agir *à partir de* votre être, dans l'instant présent, durant le reste de la journée, alors que le rythme du monde extérieur et du monde intérieur peuvent être bien plus soutenus. C'est pourquoi il est si important d'organiser votre vie autour d'un temps préservé chaque jour à simplement être.

Une quatrième façon de vous libérer du temps consiste à simplifier votre vie de plusieurs manières. Vous vous souvenez que nous avons un jour mené un programme de réduction du stress en huit semaines pour des magistrats. Les magistrats ont tendance à être fort stressés par la quantité d'affaires qu'ils doivent traiter. Un juge se plaignait de n'avoir jamais assez de temps pour revoir les dossiers et faire des lectures complémentaires pour les préparer. Il sentait aussi qu'il ne passait pas assez de temps avec sa famille. Il explora son emploi du temps en dehors du travail, et découvrit qu'il lisait religieusement trois journaux chaque jour. Il regardait également les nouvelles télévisées pendant une heure chaque jour. À eux seuls, les journaux prenaient une heure et demie. C'était en fait une forme d'addiction.

Il savait bien sûr comment il passait son temps. Mais pour l'une ou l'autre raison, il n'avait pas réalisé qu'il choisissait de passer jusqu'à deux heures et demie par jour à lire ou regarder les nouvelles, la plupart d'entre elles se recoupant par ailleurs. Au cours de notre discussion, il saisit qu'il pourrait gagner du temps pour d'autres choses importantes s'il abandonnait les nouvelles télévisées et deux journaux. Il mit volontairement fin à cette dépendance aux nouvelles. Actuellement, il lit un journal par jour, ne regarde pas les nouvelles à la télévision, et dispose d'environ deux heures de plus par jour.

Simplifier notre vie de façon même minime peut faire toute la différence. Si vous remplissez tout votre temps, vous n'en aurez plus. Et vous ne serez probablement pas conscient de la raison pour laquelle il vous en manquera. Simplifier peut signifier mettre en priorité les choses que vous devez faire et que vous souhaitez faire et, en même temps, *choisir consciemment d'abandonner certaines choses.* Cela peut signifier apprendre à dire parfois non, même aux choses que vous voulez faire ou aux gens dont vous vous souciez et que vous souhaitez aider, pour protéger et préserver une plage de silence, pour du non-faire.

Une femme qui avait souffert pendant plusieurs années découvrit que le jour suivant une journée de *mindfulness,* elle n'avait pas eu mal du tout. Elle s'était aussi éveillée, ce matin-là, en se sentant différente par rapport au temps. Elle le sentait précieux, d'une façon nouvelle. Quand elle reçut l'appel téléphonique habituel de son fils, lui disant qu'il allait lui déposer les enfants pour qu'elle et son mari puissent s'en occuper, elle s'entendit lui dire de ne pas les leur amener, qu'elle ne pouvait pas s'en occuper, qu'elle avait besoin d'être seule. Elle sentait qu'elle avait besoin de protéger ce moment surprenant où elle n'avait pas mal, qu'elle devait préserver le calme précieux qu'elle vivait ce matin-là plutôt que de le remplir, même avec ses petits-enfants, qu'elle aimait bien sûr énormément. Elle voulait dépanner son fils, mais devait cette fois lui dire non et faire quelque chose pour elle-même. Son mari, sentant quelque chose de différent en elle, peut-être sa grande paix intérieure, la soutint de façon inhabituelle.

Son fils ne put le croire. Elle n'avait jamais dit non avant et n'avait même rien d'autre à faire ce jour-là. Pour lui, c'était dingue ! Mais elle savait, peut-être pour la première fois depuis longtemps, que certains moments méritent d'être protégés, pour que rien ne s'y passe. Car ce « rien » est un rien très riche.

⁂

Un proverbe dit : « Le temps, c'est de l'argent. » Mais certaines personnes peuvent avoir assez d'argent et pas assez de temps. Cela ne leur ferait pas de mal de songer à donner de leur argent contre du temps. Pendant de nombreuses années, j'ai travaillé trois ou quatre jours par semaine et étais payé en conséquence. J'avais besoin du salaire plein mais sentais que le temps était plus important, spécialement quand mes enfants étaient très petits. Je voulais être là pour eux autant que possible. Maintenant je travaille à plein temps. Cela veut dire que je suis plus souvent loin de la maison et que je sens davantage la pression du temps sous ses différentes formes. Mais j'essaie de pratiquer le non-agir dans le champ du faire et de veiller à ne pas trop m'engager.

J'ai eu assez de chance pour avoir un contrôle extérieur sur la quantité de travail que je faisais. La plupart des gens ne l'ont pas. Mais il y a toujours différentes possibilités de simplifier votre vie. Peut-être ne devez-vous pas courir tant, avoir tant d'obligations ou d'engagements. Peut-être la télé ne doit-elle pas être toujours allumée dans votre maison. Peut-être ne devez-vous pas tant utiliser votre voiture. Et peut-être n'avez-vous pas vraiment besoin de tant d'argent ? Examiner comment simplifier votre vie vous aidera à commencer à vous approprier votre temps. Vous savez, il vous appartient de toute façon. Autant le savourer.

Un journaliste posa un jour la question suivante au Mahatma Gandhi : « Vous avez travaillé presque quinze heures par jour, chaque jour, pendant presque cinquante ans. Ne pensez-vous pas qu'il est bientôt temps de prendre des vacances ? » Gandhi répondit : « Je suis toujours en vacances. »

Le mot *vacances* signifie bien sûr « vide, vacant ». Quand nous nous entraînons à être complètement dans l'instant présent, la vie dans sa plénitude nous est totalement accessible tout le temps, précisément parce que nous nous situons hors du temps. Le temps devient vide et nous aussi. Nous pouvons alors aussi être en vacances. Nous pourrions même apprendre comment avoir de meilleures vacances si nous pratiquions toute l'année.

Mais dans la durée seule le moment au jardin des roses,
Le moment dans la tonnelle que fouettait la pluie,
Le moment dans l'église ou le vent s'engouffre quant retombe la fumée,
Remontent à la mémoire ; entremêlés de passé et d'avenir,
C'est par la durée seule que le temps est conquis.

ELIOT, T.S., *Burnt Norton* dans *Quatre quatuors*,
traduit par Claude Vigée,
édition Menard Press, Londres, 1992, p. 12.

Chapitre 27

Le sommeil et le stress du sommeil

De toutes les choses que nous faisons régulièrement, dormir en est une des plus extraordinaires et des moins appréciées. Imaginez-vous qu'une fois par jour, en moyenne, nous nous allongeons sur une surface confortable et abandonnons notre corps pour plusieurs heures d'affilée. C'est un temps sacré aussi. Nous sommes très attachés au sommeil et nous n'envisageons presque jamais d'abandonner du sommeil pour réaliser des buts personnels. Combien de fois avez-vous entendu des personnes dire : « J'ai besoin de mes huit heures sinon je deviens infernal. » Et si vous leur suggérez de se lever une heure, ou seulement quinze minutes, plus tôt pour se donner le temps de faire d'autres choses importantes à leurs yeux et pour lesquelles elles n'ont pas le temps, vous rencontrez beaucoup de résistance. Les gens se sentent menacés quand vous touchez à leur temps de sommeil.

Étonnamment toutefois, les problèmes de sommeil comptent parmi les symptômes les plus courants et les plus précoces du stress. Soit vous commencez par ne pas vous endormir parce que votre esprit n'arrête pas de penser, soit vous vous éveillez au milieu de la nuit sans pouvoir vous rendormir, soit les deux. Habituellement vous vous retournez dans tous les sens, vous essayez de vous vider l'esprit, vous vous dites que le jour suivant est une grosse journée, qu'il est important de vous reposer : rien n'y fait. Plus vous essayez de vous rendormir, plus vous êtes éveillé.

Comme vous le voyez, vous ne pouvez vous *forcer* à dormir. C'est un état, comme la relaxation, auquel vous avez à vous abandonner. Plus vous essayez de vous endormir, plus vous êtes tendu et inquiet, plus vous êtes éveillé.

Quand nous parlons d'« aller dormir », le langage lui-même suggère d'« aller quelque part ». Il serait sans doute plus juste de dire que le sommeil « vient à nous » quand les conditions sont bonnes. Être capable de dormir est un signe d'harmonie dans votre vie. Une quantité suffisante de sommeil constitue un des ingrédients fondamentaux d'une bonne santé. Quand nous manquons de sommeil, nos pensées, nos humeurs et notre comportement peuvent se dérégler et devenir imprévisibles, notre corps se fatigue et nous risquons davantage de « tomber » malades.

Nos cycles de sommeil sont intimement liés au monde naturel. La planète tourne sur son axe toutes les vingt-quatre heures, nous donnant des cycles de lumière et d'obscurité, et les organismes vivants semblent suivre ces cycles, comme nous le voyons dans les changements diurnes appelés *rythmes circadiens*. Ces rythmes se manifestent dans les fluctuations quotidiennes de la libération de neurotransmetteurs dans le cerveau et dans le système nerveux, et dans la biochimie de toutes nos cellules. Ces rythmes planétaires de base sont inscrits dans nos systèmes. En fait, les biologistes parlent de l'« horloge biologique », contrôlée par l'hypothalamus. Elle règle notre cycle de sommeil et de veille, peut être déréglée par les décalages horaires, par un travail de nuit et par d'autres schémas comportementaux. Nous suivons le cycle de la planète, et notre schéma de sommeil reflète cette connexion. Quand il est interrompu, il nous faut du temps pour nous réajuster, pour revenir à notre schéma normal.

Une femme de soixante-quinze ans avait été envoyée à la clinique du stress pour un problème de sommeil qui avait commencé dix-huit mois plus tôt. Elle avait aussi eu récemment une poussée d'hypertension qui était sous contrôle médicamenteux. Elle avait travaillé comme employée dans l'enseignement public et avait pris sa retraite dix ans plus tôt. Elle raconta qu'elle ne pouvait tout simplement pas dormir la plupart des nuits. Elle passait toute la nuit « parfaitement à l'aise », elle n'était « pas agitée » mais plutôt bien éveillée. Son médecin lui avait prescrit une très faible dose de Xanax pour l'aider à se détendre, mais elle continuait de « trembler de peur » à l'idée de prendre ce médicament. Elle essaya quelques fois, prit un demi-comprimé. Cela ne l'aida pas à dormir mais lui confirma qu'elle détestait en prendre. Elle arrêta. Elle venait à la clinique du stress avec l'espoir d'apprendre à dormir mieux sans dépendre d'un médicament.

Elle le fit. Elle maintint la pratique de la méditation avec confiance d'un bout à l'autre du cours. Elle n'aimait pas la méditation assise car, disait-elle, son esprit vagabondait sans cesse, mais elle aimait le yoga et le faisait chaque jour, bien plus que nous ne le demandions. Au terme des huit semaines, elle dormait, pour reprendre ses mots, « merveilleusement » chaque nuit et était très heureuse de sa capacité à le faire sans médication.

⁂

Si vous avez beaucoup de difficultés à dormir, votre corps essaie peut-être de vous parler de la façon dont vous conduisez votre vie. Comme avec tous les autres symptômes psychosomatiques, ce message mérite d'être écouté. En général il vous signale simplement que vous traversez une période stressante de votre vie, et vous pouvez vous attendre à ce que votre schéma de sommeil s'améliore de lui-même une fois cette période passée. Il est parfois utile de vous demander si vous faites assez d'exercice. Une pratique régulière par exemple de marche, de yoga ou de natation peut avoir un grand impact sur votre capacité à dormir profondément, comme vous en ferez peut-être l'expérience.

Certaines personnes sont parfois prises par l'idée qu'elles ont besoin de plus de sommeil que ce n'est le cas en réalité. Notre besoin de sommeil évolue au fil du temps et on sait qu'il diminue avec l'âge. Certaines personnes peuvent bien se débrouiller avec quatre heures de sommeil par nuit, mais elles sentent parfois qu'elles « devraient » pouvoir dormir plus longtemps.

Quand vous ne parvenez pas à dormir, nous vous recommandons de vous lever pour faire quelque chose d'autre pendant un petit temps, quelque chose que vous aimez ou que vous seriez content de savoir fait. J'aime me dire que si je ne peux pas dormir, c'est peut-être parce que je n'en ai pas besoin à ce moment-là, même si j'en ai vraiment envie. Quand j'ai de la difficulté à dormir, la deuxième chose que je fais est de méditer. (La première est de me retourner dans tous les sens et de me sentir mal jusqu'à ce que je réalise ce que je suis en train de faire.) Je me lève, m'emballe dans une couverture chaude, m'assieds sur mon coussin et observe simplement mon esprit. Cela me donne une chance d'observer attentivement ce qui me stresse et m'agite au point de m'empêcher de trouver un sommeil paisible.

Méditer une trentaine de minutes calme parfois l'esprit au point de pouvoir retourner dormir. D'autrefois, cela vous conduit à faire autre chose, par exemple travailler à un projet qui vous tient à cœur, dresser des listes, lire un bon livre, écouter de la musique ou simplement accepter le fait que vous êtes dérangé, en colère, inquiet ou autre chose, et en être conscient. Si vous vous êtes levé, le milieu de la nuit est aussi un bon moment pour faire du yoga.

Gérer l'insomnie de cette façon demande que vous reconnaissiez et acceptiez que vous êtes déjà éveillé. Construire des scénarios catastrophe sur la mauvaise journée qui s'annonce, car vous serez épuisé si vous ne vous rendormez pas, ne vous aide pas. Et forcer le sommeil ne sert à rien. Alors, pourquoi ne pas laisser le futur prendre soin de lui-même, d'autant plus qu'à cet instant vous êtes déjà éveillé ! Tant qu'à faire, pourquoi ne pas être pleinement éveillé ?

⁂

Comme mentionné brièvement dans l'introduction, la pratique de la pleine conscience vient en premier lieu de la tradition méditative bouddhiste, même si elle se retrouve sous une forme ou sous une autre dans toutes les traditions et toutes les pratiques spirituelles. Il est assez intéressant d'observer qu'il n'y a pas de dieu dans le bouddhisme, ce qui en fait une religion à part. Le bouddhisme se fonde réellement sur le respect d'un principe, incarné dans un personnage historique appelé le Bouddha. L'histoire raconte que quelqu'un s'était approché du Bouddha, qui était considéré comme un grand sage et un maître, pour lui demander : « Êtes-vous un dieu ? », ou une question de ce genre. Il répondit : « Non, je suis éveillé. » L'essence de la pratique de la pleine conscience est de travailler à nous éveiller du demi-sommeil d'inconscience auto-imposé, dans lequel nous sommes si souvent immergés.

⁂

Nous fonctionnons si souvent en mode automatique, qu'on pourrait dire que nous sommes davantage endormis qu'éveillés, même quand nous sommes éveillés. Si nous nous engageons envers nous-mêmes à être *pleinement* éveillé quand nous sommes éveillés, notre façon de voir nos insomnies changera avec notre façon de voir tout le reste. Quand il nous arrive d'être éveillé dans le cycle de vingt-quatre heures d'une révolution de la planète, nous pouvons y voir une occasion de nous entraîner à être pleinement éveillé et à accepter les choses comme elles sont, y compris le fait que notre esprit est éveillé et que nous sommes incapables de dormir. Si vous faites cela, votre sommeil prendra bien souvent soin de lui-même. Il se peut qu'il ne se présente pas quand il aurait dû, et qu'il ne dure pas aussi longtemps qu'il aurait dû. Assez parlé des « aurait dû » !

Si cette approche vous semble radicale, il est intéressant de penser pendant un instant aux alternatives. Une industrie qui draine des millions de dollars gravite autour des somnifères. Cette industrie prouve notre perte collective d'homéostasie, à un point que montre ce simple exemple de dérèglement. Beaucoup de personnes comptent régulièrement sur des pilules pour s'endormir ou pour continuer à dormir. Elles ont laissé le contrôle et la régulation de leurs rythmes et de leurs cycles internes à un agent chimique chargé de restaurer l'homéostasie de leur organisme. Mais cela ne devrait-il pas être le dernier recours, quand tout le reste a échoué ?

À la clinique du stress, beaucoup de participants retrouvent un bon sommeil, même si ce n'est pas notre but. En fait, le scan corporel peut être très relaxant. Si vous en faites un quand vous êtes fatigué, vous tombez facilement endormi au lieu de trouver un état profond de conscience relaxée. C'est pourquoi certains doivent vraiment s'entraîner à rester éveillés pendant tout le scan corporel. Ils n'entendent par exemple pas la fin de l'enregistrement pendant des semaines. Certains sont même « hors jeu » au moment où ils arrivent au genou gauche !

Quand des personnes viennent à la clinique du stress en premier lieu pour des problèmes de sommeil, nous leur donnons la permission d'écouter le scan corporel pour s'aider à s'endormir le soir, dans la mesure où elles promettent également de l'écouter aussi une fois par jour pour « tomber éveillées ». Et cela marche ! La plupart des personnes souffrant de troubles du sommeil témoignent d'une nette amélioration après quelques semaines de pratique du scan corporel (voir par exemple les courbes du sommeil de Marie, à la figure 3, chapitre 5) et beaucoup abandonnent leurs somnifères avant la fin des huit semaines.

Quand ils veulent aller dormir ou se rendormir, certains trouvent tout aussi efficace et facile de se centrer simplement sur leur respiration, laissant leur esprit suivre le souffle qui entre puis sort du corps, laissant chaque fois celui-ci s'enfoncer davantage dans le matelas. Vous pouvez y penser comme si vous expiriez jusqu'aux confins de l'univers, puis inspiriez des confins de l'univers jusqu'à votre corps.

Pensons un instant à la façon dont nous « allons dormir ». À un moment donné, nous sommes allongés sur une surface rembourrée, nous fermons les yeux et nous nous détendons. Les choses commencent à être floues et nous voilà partis. Quand nous pratiquons le scan corporel, particulièrement parce qu'il se pratique couché, les yeux fermés, nous devons voyager sur la route de la relaxation profonde et repérer les carrefours. Dans une direction se trouve un état nébuleux, fait de perte de conscience et de sommeil. C'est une direction tout à fait bonne à prendre régulièrement. Elle nous aide à rester en bonne santé et à restaurer nos ressources physiques et psychologiques. Dans l'autre direction se trouve la méditation, un état de relaxation et de conscience *accrues*. C'est également un état très reconstituant, qu'il vaut la peine de cultiver sur une base régulière. Il diffère grandement du sommeil d'un point de vue physiologique et psychologique. L'idéal est de cultiver l'un et l'autre et de savoir quand l'un est plus important que l'autre.

Notre grand attachement au sommeil nous cause habituellement beaucoup de soucis à l'idée d'en manquer. Mais si vous croyez que votre corps et votre esprit peuvent se réguler et corriger une part des dérangements rencontrés, vous pouvez alors utiliser votre déséquilibre de sommeil comme outil de croissance, tout comme nous avons vu que vous pouvez utiliser d'autres symptômes, même la douleur et l'anxiété, pour atteindre des niveaux plus profonds de plénitude.

Pour ma part, je sors d'une période de onze années de sommeil interrompu. Pendant ces années, il y a eu très peu de nuits de sommeil non interrompues. Tout d'abord les enfants étaient des nourrissons, chacun semblait avoir un gène qui causait des réveils fréquents depuis sa naissance jusqu'à l'âge de quatre ou cinq ans. Au tout début, mon épouse et moi décidâmes d'essayer d'accepter ce trait en eux plutôt que d'imposer notre *idée* sur ce qu'aurait dû être leur schéma de sommeil. Ceci signifiait apprendre à vivre en se levant parfois trois ou quatre fois au cours de la même nuit, nuit après nuit, année après année. Il m'arrivait régulièrement d'aller dormir vraiment tôt pour récupérer. Mais la plupart du temps, mon système semblait s'ajuster au fait d'avoir moins de sommeil et moins de temps de rêve, et j'ai pu en sortir pendant ces années.

Je pense qu'une des raisons pour lesquelles cela ne m'a pas complètement épuisé et rendu malade est que je ne l'ai pas combattu. Je l'acceptais et l'utilisais comme part de ma pratique méditative. J'ai mentionné au chapitre 7 que je me retrouvais fréquemment la nuit, en train de faire les cent pas avec l'un d'entre eux, le rassurant, chantant, le berçant et utilisant la marche, le chant, le bercement et les câlins comme autant d'occasions de ramener mon esprit pour être conscient d'eux comme étant mes enfants, être conscient de leurs sentiments, de leurs corps, de mon propre corps, d'être leur père. À dire vrai, j'aurais vraiment aimé être au lit le plus vite possible, mais puisque je n'y étais pas et ne pouvais l'être, j'utilisais ce temps comme une occasion de m'entraîner à être vraiment éveillé. De ce point de vue, être levé la nuit devint tout simplement une autre forme d'entraînement et de croissance en tant que personne et en tant que père.

Et maintenant que les enfants dorment très bien, je m'aperçois que je m'éveille encore très souvent au milieu de la nuit. Parfois, c'est parce que j'ai beaucoup de choses en tête que ma volonté ne fera pas partir. Alors je me lève et me mets en assise, fais un peu de yoga, ou fais les deux. Ensuite, selon mon état, soit je retourne au lit soit je travaille à des projets que je souhaite terminer ou qui ne font pas de bruit. Je trouve le milieu de la nuit très paisible et calme. Pas d'appels téléphoniques, pas de dérangements. Les étoiles, la lune et l'aube peuvent être spectaculaires et procurer un sentiment de connexion que vous n'avez pas si vous n'êtes pas conscient de la voûte céleste la nuit. En général mon esprit se détend dès que j'arrête de vouloir retourner dormir et utilise ce temps pour être présent.

Bien entendu, chacun est différent et a des rythmes différents. Certains fonctionnent mieux tard dans la soirée, d'autres tôt le matin. Il est très utile de trouver votre façon d'utiliser au mieux les vingt-quatre heures que vous offre chaque jour. Et vous ne pouvez la trouver qu'en écoutant attentivement votre esprit et votre corps, et en les laissant vous enseigner ce que vous devez savoir. Comme d'habitude, cela signifie abandonner une part de vos résistances au changement et à l'expérimentation, et vous autoriser à devenir enthousiaste à l'idée d'explorer les lisières de votre vie. Votre relation au sommeil est un objet très fructueux de *mindfulness*. Elle vous apportera un enseignement précieux sur vous-même, si vous vous inquiétez moins de manquer de sommeil et accordez davantage d'attention à être pleinement éveillé.

CHAPITRE 28

Le stress social

Les autres peuvent être une grande source de stress dans notre vie. Nous connaissons tous des moments où nous sentons que les autres contrôlent notre vie, que leurs demandes empiètent sur notre temps, qu'ils sont inhabituellement difficiles ou hostiles, ne font pas ce que nous attendons d'eux, ou ne s'inquiètent pas de nous ni de nos sentiments. Nous pouvons sans doute tous penser à quelques personnes en particulier qui nous causent du stress, des personnes que nous préférons éviter si possible mais que souvent nous ne pouvons éviter car nous vivons avec elles, travaillons avec elles ou avons des obligations à remplir. En fait, beaucoup de personnes qui nous causent un maximum de stress peuvent être des personnes que nous aimons très profondément. Nous savons tous que les relations affectives peuvent tout autant être source de souffrance émotionnelle que de joie et de plaisir.

Nos relations aux autres nous fournissent d'innombrables occasions de pratiquer la pleine conscience et de réduire par là le « stress social ». Comme nous l'avons vu à la partie 3, notre stress n'est pas uniquement dû aux stresseurs externes, car le stress psychologique vient de l'*interaction* entre nous et le monde. Donc, quand certains nous « causent du stress », nous devons assumer notre part de responsabilité dans ces relations, être responsables de nos perceptions, de nos pensées, de nos sentiments et de nos comportements. Comme dans toute autre situation déplaisante ou menaçante, quand nous avons un problème avec une personne, nous pouvons réagir inconsciemment par la lutte ou par la fuite, ce qui aggrave habituellement les choses à long terme.

Nous avons pour la plupart développé des habitudes profondément ancrées de gestion des conflits et des tensions interpersonnels. Ces habitudes sont souvent notre héritage, forgé par la façon dont nos parents étaient en relation entre eux et avec les autres. Certains sont tellement menacés par un conflit ou par la colère des autres qu'ils feront tout pour éviter un éclat. Si vous avez ces habitudes, vous aurez tendance à ne pas montrer ni dire comment vous vous sentez vraiment, mais essaierez d'éviter le conflit à tout prix en étant passif, conciliant avec l'autre personne, en lui cédant, en vous blâmant : en dissimulant à tout prix.

D'autres peuvent gérer leurs sentiments d'insécurité en créant des conflits où qu'ils aillent. Ils voient toutes leurs interactions en termes de pouvoir et de contrôle. Chaque interaction devient une occasion d'exercer un contrôle d'une façon ou d'une autre, d'obtenir ce qu'ils veulent, sans penser aux autres ni s'en soucier. Ces personnes ont tendance à être agressives et hostiles, bien souvent sans réaliser comment c'est perçu de l'extérieur. Ils peuvent être mordants, grossiers, insensibles par simple habitude. Leur discours tend à être rude, tant dans le choix des mots que dans le ton de leur voix. Ils peuvent se comporter comme si chaque relation était un combat pour confirmer leur domination. Ils laissent en général un sentiment désagréable dans leur sillage.

Comme nous l'avons vu au chapitre 19, cette profonde impulsion automatique de lutte ou de fuite influence notre comportement, même quand nos vies ne sont pas en danger. Quand nous sentons que nos intérêts ou notre statut social sont menacés, nous sommes capables de réagir inconsciemment pour protéger ou défendre notre position avant même de savoir ce que nous sommes en train de faire. Ce comportement alourdit habituellement nos problèmes en augmentant le niveau de conflit. Nous pouvons aussi agir en nous soumettant. Quand cela se passe, c'est souvent aux dépens de notre point de vue, de nos sentiments et du respect de nous-mêmes. Mais puisque nous avons aussi la capacité de réfléchir, de penser et d'être conscients, nous avons une série d'autres options à notre disposition, qui vont bien au-delà de la plupart des instincts les plus inconscients et les plus profondément enracinés. Mais il nous faut cultiver à dessein ces options. Elles ne surgissent pas comme par magie, spécialement si notre style de relation interpersonnel a été dominé par un comportement automatiquement défensif ou agressif que nous ne nous sommes pas vraiment souciés d'examiner. À nouveau, il s'agit de choisir une réponse plutôt que d'être emporté par une réaction.

Les relations se fondent sur l'interdépendance. Quand des personnes communiquent, un échange de points de vue prend place. Il peut mener ces personnes à de nouvelles façons de voir et d'être ensemble. Quand nos sentiments sont dans le champ légitime de notre conscience, nous pouvons communiquer entre nous bien plus que de la peur et de l'insécurité. Même quand nous nous sentons menacés, irrités ou effrayés, nous pouvons améliorer vraiment nos relations, en rendant conscient le domaine de la communication même. Comme nous l'avons vu au chapitre 15, la motivation de la confiance interpersonnelle, par exemple, qui devint plus forte chez les personnes qui suivaient le programme de réduction du stress, pourrait constituer une alternative intéressante à la poursuite incessante et unidirectionnelle du pouvoir dans les relations.

⁂

Le terme *communication* suggère un flot d'énergie dans un lien commun. Tout comme *communion*, il implique une union, une jonction ou un partage. Ainsi, communiquer, c'est unir, avoir une rencontre ou une union des esprits. Cela ne veut pas nécessairement dire un accord. Cela signifie voir la situation comme un tout et comprendre le point de vue de l'autre ainsi que le nôtre.

Quand nous sommes tout à fait absorbés dans nos sentiments, notre vision et nos enjeux propres, il nous est virtuellement impossible d'avoir une vraie communication. Nous nous sentons facilement menacés par quiconque ne voit pas les choses comme nous et avons tendance à être en relation seulement avec les gens dont la vision du monde coïncide avec la nôtre. Nous trouvons stressantes nos rencontres avec des personnes qui adoptent des points de vue fort opposés. Quand nous réagissons en nous sentant personnellement menacés, nous dessinons facilement des lignes de front pour avoir des relations qui dégénèrent en « nous » contre « eux ». Cela rend la possibilité d'une communication très difficile. Quand nous nous enfermons dans certains schémas mentaux restreints, nous ne pouvons aller au-delà des neuf points et percevoir l'ensemble du système dont nous-mêmes et nos pensées ne sommes qu'une partie. Mais quand, dans une relation, les deux côtés élargissent le champ de leur pensée, quand elles veulent prendre en considération le point de vue de l'autre et gardent à l'esprit le système dans sa totalité, de nouvelles possibilités extraordinaires émergent alors tandis que les limites mentales imaginaires mais pourtant limitatives se dissolvent.

La possibilité d'atteindre l'harmonie dans la communication s'applique à de grands groupes de personnes, comme les nations, les gouvernements, les partis politiques ainsi qu'aux personnes individuelles. Comment sinon expliquer que des nations, qui étaient ennemies il y a peu, comme les ÉtatsUnis, l'Allemagne et le Japon, sont à présent proches alliées, et que les États-Unis et l'URSS commencent à voir et à communiquer entre eux à propos de leurs intérêts et de leurs problèmes communs, reconnaissant ainsi le paradigme de l'unité et de l'interdépendance, plutôt que de se limiter simplement à leur propre intérêt et à une destruction mutuelle assurée ?

Même quand une partie prend la responsabilité de considérer l'ensemble du système et que l'autre ne le fait pas, l'ensemble du système s'en trouve modifié et de nouvelles possibilités de résolution de conflit et de compréhension peuvent émerger. Ces possibilités peuvent bien sûr être aussi abîmées par des retours à une ancienne façon de penser et d'agir, le massacre des manifestants chinois à Pékin par l'armée chinoise en juin 1989 et l'effondrement du jeune mouvement démocrate qui s'en est suivi en sont un exemple poignant.

⁂

À la clinique du stress, quand nous abordons le thème du stress social et des communications difficiles, les participants se mettent parfois par deux pour quelques exercices de conscience adaptés de l'aïkido par l'auteur et aïkidoka George Leonard. Ces exercices nous aident à vivre dans notre corps, en paire avec une autre personne, l'expérience consistant à répondre au lieu de réagir, dans des situations menaçantes et très stressantes. Nous simulons différentes relations énergétiques possibles entre deux personnes, regardons ces relations et sentons comment elles résonnent « à l'intérieur » de nous.

En aïkido, le but est de s'exercer à rester centré et calme quand on est physiquement attaqué, et d'utiliser l'énergie irrationnelle et déséquilibrée de l'adversaire même, pour dissiper cette énergie sans être blessé ni le blesser. Ceci implique d'être d'accord de s'approcher de l'adversaire, en fait d'être en contact avec lui sans pour autant se placer directement à l'endroit où le danger est le plus grand, c'est-à-dire face à la personne qui surgit.

Quand nous faisons ces exercices en classe, le partenaire qui « attaque » représente toujours une situation ou une personne « écrasante », en d'autres termes, qui vous cause du stress. L'attaquant vient vers l'autre personne, les bras tendus vers ses épaules, pour lui donner un solide « coup ».

Dans le premier scénario, quand l'attaquant vient vers vous, vous vous allongez simplement par terre et dites quelque chose comme « d'accord, fais ce que tu veux, tu as raison, *c'est moi qui* ai tort », ou « Ne fais pas cela, ce n'était pas ma faute, c'est un autre qui a fait cela ». Nous examinons ce que cela donne avec un partenaire, chacun jouant tout à tour chaque rôle. Invariablement, les gens trouvent chaque rôle de ce scénario désagréable mais admettent qu'il est souvent joué dans le « vrai » monde. Beaucoup de personnes partagent leur sentiment d'être la carpette de la famille, ou d'être prises au piège de leur comportement passif, intimidées par d'autres plus puissants. Habituellement, les adversaires constatent qu'ils se sentent assez frustrés par ce scénario.

Nous passons alors à un deuxième scénario. Dans celui-ci, quand l'attaquant vient vers vous, vous vous esquivez aussi vite que possible *à la dernière minute*, si bien qu'il vous frôle. Il n'y a pas de contact physique. Les attaquants se sentent habituellement encore plus frustrés dans ce cas-ci. Ils s'attendaient à un contact et ils ne l'ont pas eu. Cette fois, les gens qui se sont déplacés se sentent au contraire fort bien. Au moins on ne leur est pas « tombé dessus ». Mais ils réalisent aussi que vous ne pouvez toujours être en relation de cette façon, à moins de toujours vous éloigner des gens et de les éviter. Les couples arrivent souvent à ce type de comportement, l'un cherchant le contact, l'autre le rejetant ou l'évitant à tout prix. Ces rôles agressif et passif (et parfois passif-agressif, par exemple quand vous évitez toujours le contact, ce qui peut être une forme de vengeance), quand ils se muent en profondes habitudes, peuvent être très douloureux pour les deux parties car il n'y a pas de contact, pas de communication. Cela isole et rend frustré. Pourtant, les gens peuvent vivre et vivent leur vie en relation aux autres via ces positions passives et agressives, même ceux dont ils sont le plus proches.

Dans un autre exercice, quand vous êtes attaqué, vous repoussez au lieu de vous déplacer. Vous enfoncez vos talons et résistez. Les deux parties finissent en se poussant l'une l'autre. En même temps, pour intensifier la situation et la rendre plus chargée émotionnellement, les personnes se crient parfois l'une à l'autre : « C'est moi qui ai raison, toi tu as tort. » Quand nous finissons, nous fermons les yeux et dirigeons notre attention vers notre corps et vers nos sentiments. Quand leur souffle est apaisé, les participants disent invariablement qu'ils se sentent mieux dans ce dernier scénario, que dans celui où ils restent passifs. Dans celui-ci au moins, il y a un contact. Se battre est épuisant, mais ils découvrent aussi que se battre peut être vivifiant en soi. On prend contact, on est debout, les émotions s'expriment, et cela fait du bien. Faire cet exercice semble toujours clarifier quelque peu *pourquoi* nous sommes si nombreux à être virtuellement accros à – et pris dans – ce mode agressif de relation. On peut en réalité s'en trouver bien, mais d'une façon limitée.

Cet exercice en effet, nous laisse aussi un sentiment de vide. En général, dans un combat, les deux personnes pensent avoir raison. Chacun essaie que l'autre voit à « sa façon ». Tous deux savent, tout au fond, que l'autre ne va sans doute pas changer sa façon de voir, en tout cas pas par la force, l'intimidation ou le combat. Dans la réalité, soit nous nous ajustons à une vie de combat perpétuel, soit un des deux protagonistes se résigne chaque fois, clamant habituellement qu'il ou elle le fait pour « sauver la relation ». Nous pouvons même être pris dans des pensées soutenant que les relations doivent se dérouler selon ces schémas. Même s'ils sont douloureux et épuisants, nous pourrions alors avoir tendance à nous sentir à l'aise et en sécurité avec ce type de schémas familiers. Au moins, nous ne devons pas faire face aux risques inconnus qui consistent à choisir de voir ou de faire les choses différemment, ce qui pourrait menacer le statu quo.

Trop souvent, nous oublions les coûts physiques et psychologiques d'une telle vie, non seulement pour les deux parties de la relation mais pour les autres qui y sont également connectés, comme les enfants et les grands-parents, qui sont peut-être témoins de cette façon d'être en relation du matin au soir, et en font même les frais. En finale, notre vie peut s'enliser dans une vision très limitée de nous-mêmes, de nos relations, et de nos options. Le combat perpétuel ne semble guère un très bon modèle de communication, de croissance ou de changement.

Le dernier exercice de cette série s'appelle *harmoniser, ou prendre contact*[1] en aïkido. Cette option représente la *réponse de stress* en opposition aux différentes réactions de stress que nous venons de passer en revue dans les autres scénarios. Dans cette réponse, on est centré, éveillé et pleinement conscient. Elle nous demande d'être conscients de l'autre personne en tant que stresseur, sans pour autant perdre notre équilibre d'esprit. Nous sommes ancrés dans notre respiration et dans la perception de la situation globale, sans du tout réagir par peur, même si celle-ci est présente, comme c'est probablement le cas dans les rencontres stressantes de la vie réelle. S'harmoniser ou répondre implique de faire un pas vers l'adversaire, de mettre ses pieds de façon à effectuer un pas glissé vers lui, légèrement de côté, tout en le saisissant par un poignet. Vous parvenez ainsi à esquiver le choc tout en vous approchant et en prenant contact. La position même de votre corps signifie que vous allez à la rencontre de ce qui se passe, que voulez y travailler et n'allez pas vous encourir. Vous n'essayez pas de contrôler l'agresseur avec une force brutale. Vous saisissez plutôt son poignet et vous vous « harmonisez » avec l'énergie de l'agresseur en tournant avec son élan, si bien que vous êtes tous deux dans la même direction,

1. *Blending.*

vous-même tenant toujours son poignet. À cet instant, vous voyez l'un et l'autre la même chose car vous regardez dans la même direction. En vous harmonisant, vous évitez un choc frontal, qui pourrait vous blesser vilainement ou vous accabler par l'élan premier de l'autre personne, tout en établissant un contact ferme et en montrant également, en évoluant et en tournant *avec* son élan, que vous voulez voir les choses de sa perspective, que vous êtes réceptif et voulez voir et entendre. Ceci permet à l'agresseur de garder son intégrité, mais l'informe en même temps que vous ne craignez pas de prendre contact avec lui, et que vous ne voulez pas que son énergie vous écrase ou vous blesse. À ce moment, vous devenez partenaires plutôt qu'adversaires, que l'autre personne le veuille ou pas.

Vous ne savez pas ce qui va se passer l'instant suivant, mais vous avez beaucoup d'options. Vous avez la possibilité de faire pivoter l'attaquant quand son énergie baisse et lui montrer la façon dont *vous* voyez les choses à présent, en regardant tous les deux dans une autre direction. Ce qui se passe ensuite devient une danse. Aucun de vous deux n'a tout à fait le contrôle. Mais en restant centré, vous gardez au moins votre contrôle et êtes bien moins vulnérable. Vous ne pouvez vraiment planifier l'action suivante, car elle dépendra beaucoup de la situation elle-même. Vous devez faire confiance à votre imagination et à votre capacité de venir avec de nouvelles perspectives à cet instant précis.

J'ai eu à un moment un superviseur direct dont le mode de relation était de dire par exemple « toi, fils de pute », tout en faisant un grand sourire. Son hostilité nous empêchait d'avoir une relation de travail efficace et cela me stressait beaucoup. Mais j'en vins à réaliser qu'il ne sentait pas qu'il était hostile. Il mettait hors d'elles bon nombre des personnes qu'il supervisait, elles avaient souvent des disputes terribles avec lui et s'en allaient fâchées, blessées et, surtout, frustrées de n'avoir pas reçu de support. Un jour, alors qu'il souriait tout en me disant quelque chose de méchant, je décidai de lui en parler. Très doucement mais très clairement je lui demandai s'il réalisait que chaque fois qu'il était en relation avec moi, il me descendait. Je lui dis aussi ce que cela me faisait, que je sentais qu'il ne m'appréciait vraiment pas et n'appréciait pas mon travail. Sa réponse fut très surprenante. Il n'avait tout simplement pas idée qu'il m'avait insulté, donné l'impression de ne pas m'apprécier et de désapprouver mon travail. Suite à cette conversation, notre relation de travail s'améliora beaucoup et devint bien moins stressante pour moi. Nous nous comprenions mieux, en partie parce que j'avais choisi de répondre à ses attaques, plutôt que d'y résister et d'attaquer à mon tour car je me sentais fâché, blessé et frustré.

Le chemin de la prise de contact implique de toute évidence de prendre certains risques, puisque vous ne savez pas ce que va faire ensuite l'agresseur ni comment vous y répondrez. Mais si vous êtes attentif à accueillir chaque instant en pleine conscience, avec un maximum de calme et en sentant votre intégrité et votre équilibre, des solutions nouvelles et plus harmonieuses viennent souvent à l'esprit quand vous en avez besoin. Ceci nécessite en partie d'être en contact avec vos sentiments et de les accepter, de les reconnaître même, et de les partager le cas échéant. Dans une relation conflictuelle, quand une personne prend la responsabilité de faire ceci, la relation entière change, même si l'autre personne ne veut absolument pas s'engager dans cette voie. Le fait même que vous voyiez les choses différemment et restiez centré, signifie que vous avez bien plus le contrôle que si vous étiez simplement en train de réagir et de forcer. Pourquoi permettre aux plans d'une autre personne de vous catapulter hors de votre équilibre physique et mental, alors même que vous avez besoin de toutes vos ressources intérieures pour être clair et fort ?

Dans le stress d'une situation interpersonnelle agitée, un moment de pleine conscience peut nous donner la patience, la sagesse et la fermeté qui porteront presque immédiatement leurs fruits, car l'autre personne sent généralement qu'elle ne pourra pas vous intimider ni vous déstabiliser. Votre calme et votre confiance intérieurs l'attireront vraisemblablement, car ils incarnent la paix intérieure.

Si vous voulez écouter ce que les autres veulent et la façon dont ils voient les choses en restant ancré en vous-même, vous n'allez alors pas constamment réagir, objecter, argumenter, lutter, résister, vous donner raison et donner tort aux autres. Les autres se sentiront à ce moment entendus, accueillis et acceptés. Cela fait du bien à tout le monde. Ils seront alors bien plus susceptibles d'entendre ce que vous avez à dire aussi, peut-être pas tout de suite mais dès que l'émotion s'apaisera un peu. Cela augmentera les chances de communiquer et d'aboutir à une sorte de vraie communion, une rencontre des esprits ainsi qu'une reconnaissance et une gestion des différences. Votre pratique de la pleine conscience peut ainsi jouer un rôle thérapeutique dans vos relations.

⁂

Les relations peuvent guérir, tout comme le peuvent les corps et les esprits. C'est fondamentalement l'amour, la gentillesse et l'acceptation qui le permettent. Mais pour promouvoir la guérison dans les relations, ou pour développer la communication réelle dont dépend une telle guérison, vous allez devoir cultiver une conscience de l'*énergie* des relations, y compris des domaines de l'esprit et du corps, des pensées, des sentiments, des paroles, des attractions et des aversions, des motivations et des buts – pas seulement des autres mais aussi les vôtres – au fur et à mesure qu'ils se déploient dans l'instant présent. Si vous espérez guérir ou résoudre le stress associé à vos interactions avec les autres, que ce soient vos parents ou vos enfants, votre conjoint, votre ex-conjoint, votre patron, vos collègues, vos amis ou vos voisins, la pleine conscience de la communication revêt une importance capitale.

⁂

Une bonne façon d'augmenter la pleine conscience dans la communication est de tenir, pendant une semaine, un journal des communications stressantes. Nous demandons aux participants de faire cela pendant la semaine qui précède la séance sur la communication (5e semaine). La tâche consiste à être conscient d'une communication stressante par jour, au moment où elle se déroule. Ceci inclut d'être conscient de la personne avec laquelle vous êtes en difficulté, et de la façon dont c'est arrivé, ce que vous vouliez vraiment de la personne ou de la situation, ce que l'autre personne voulait de vous, la conscience de ce qui se passait en réalité et de ce qui en a résulté, de même que la façon dont vous vous sentiez au moment où cela se passait. Ces éléments sont rapportés chaque jour dans un carnet de notes puis nous les partageons et en discutons en classe. (Voir le calendrier modèle à l'appendice.)

Les participants rapportent de précieuses observations sur leurs schémas de communication, dont ils n'avaient pas été très conscients auparavant. Le simple fait de suivre en direct le déroulement des communications stressantes et de vos pensées, de vos sentiments et de votre comportement, donne des indices majeurs sur les différentes façons dont vous pourriez vous comporter pour parvenir à vos fins plus efficacement. Certains réalisent qu'une grande part de leur stress vient de ce qu'ils ne savent pas comment être assertifs pour leurs priorités, quand ils interagissent avec d'autres. Ils peuvent même ne pas savoir comment communiquer ce qu'ils sentent réellement, ou encore ont l'impression qu'ils n'ont pas le droit de sentir ce qu'ils sentent. Ils peuvent aussi avoir peur d'exprimer leurs sentiments. Certains se sentent tout à fait incapables de dire non aux autres, même s'ils savent que leur oui entraînera la sollicitation de leurs ressources jusqu'à leurs limites et même au-delà. Ils se sentent coupables de faire quelque chose pour eux-mêmes ou d'avoir leurs programmes personnels. Ils sont toujours prêts à servir les autres à leurs dépens, pas parce qu'ils ont dépassé leurs besoins physiques et psychologiques et sont devenus des saints, mais parce qu'ils croient que c'est ce qu'ils « devraient » faire pour être des « gens bien ». Tristement, cela signifie souvent qu'ils sont toujours en train d'aider les autres, mais se sentent incapables de se nourrir ou de se venir en aide. Ce serait trop « égoïste », trop autocentré. Ils donnent donc priorité aux sentiments des autres, mais pas pour les bonnes raisons. Tout au fond, ils sont peut-être en train de s'éloigner d'eux-mêmes en aidant d'autres personnes, ou les aident pour gagner l'approbation des autres, ou parce qu'on leur a appris – et qu'ils pensent à présent – que c'est comme cela qu'on est « quelqu'un de bien ».

Ce comportement peut vous créer un stress énorme car vous ne reconstituez pas vos ressources intérieures et n'êtes pas davantage conscient de vos attachements au rôle que vous avez adopté. Vous pouvez vous épuiser en courant dans tous les sens, en « faisant tout bien », en aidant les autres et, à la fin, en étant si fatigué que vous n'êtes plus capable de rien faire de bien, ni même de vous aider vous-même. Le stress ici ne vient pas de ce que vous faites des choses pour les autres. Il vient du manque de paix et d'harmonie de votre propre esprit quand vous acceptez de les faire.

Si vous décidez que vous devez plus souvent dire non et définir certaines limites dans vos relations pour rééquilibrer votre vie, vous découvrirez que cela peut se faire de nombreuses façons. Bien des manières de dire non causent plus de problèmes qu'elles n'en résolvent. Si vous réagissez aux demandes que vous adressent les autres en disant non d'un ton fâché, vous créez des émotions négatives et davantage de stress autour de vous. Souvent, quand nous nous sentons utilisé, nous contrattaquons automatiquement, si bien que l'autre se sent blâmé, menacé ou pas à la hauteur. L'usage de termes cassants et le ton de la voix contribuent à cette agression. La première chose que nous faisons habituellement est de *réagir* en disant non. Sans appel. Dans certaines circonstances, vous pouvez même vous mettre à insulter l'autre personne. C'est ici qu'une formation à l'assertivité authentique peut servir. Une formation à l'assertivité concerne la pleine conscience des sentiments, des paroles et des actions.

L'assertivité est enseignée en présumant que vous êtes en contact avec ce que vous ressentez. Il s'agit bien plus que de pouvoir dire non quand vous le voulez. L'assertivité concerne votre capacité la plus profonde de vous connaître, d'avoir une lecture appropriée des situations et d'y faire face consciemment. Si vous avez conscience de vos sentiments *en tant que sentiments*, il devient alors possible de sortir des modes passif et hostile qui émergent si automatiquement quand vous vous sentez provoqué ou menacé. Ainsi, le premier pas pour devenir plus assertif consiste à vous entraîner à savoir comment vous vous sentez en réalité, autrement dit à vous exercer à la pleine conscience de vos états émotionnels. Ce n'est pas si facile, spécialement si vous avez été conditionné toute votre vie à croire qu'il ne faut surtout pas avoir certains types de pensées ou de sentiments. Chaque fois qu'ils émergent, vous devenez automatiquement inconscient et n'êtes plus du tout attentif. Vous pouvez aussi vous condamner intérieurement, vous sentir coupable de ces pensées et de ces émotions, et essayer de cacher aux autres ce que vous sentez vraiment. Vous pouvez être pris dans vos croyances sur le bien et le mal, et en arriver à nier ou à supprimer vos sentiments.

La première leçon d'assertivité enseigne que vos sentiments sont tout simplement *vos sentiments !* Ils ne sont ni bons ni mauvais. « Bon » et « mauvais » sont des jugements que vous ou d'autres personnes *ajoutez à* vos sentiments. Agir avec assertivité requiert réellement la conscience de vos sentiments tels qu'ils sont, sans les juger.

Beaucoup d'hommes ont grandi dans un monde diffusant comme message fondamental que les « vrais hommes » n'ont pas – et donc ne devraient pas montrer – certains types d'émotions. Ce conditionnement social rend très difficile pour les garçons et pour les hommes d'être conscients de ce qu'ils ressentent vraiment. Dans bien des cas, leurs sentiments sont « inacceptables » et donc très rapidement rejetés, déniés ou réprimés. Cela rend particulièrement difficile une communication efficace dans les moments de forte charge émotionnelle, par exemple quand nous nous sentons menacés ou vulnérables, ou quand nous faisons l'expérience du chagrin, de la tristesse ou de la douleur.

Notre meilleure chance de sortir de ce dilemme est d'arrêter de juger et de rejeter les sentiments dont nous devenons conscients, et de risquer plutôt de les écouter et de les accepter car ils sont déjà là. Mais ceci suppose, bien sûr, notre souhait d'être plus ouvert, au moins envers nous-mêmes, et peut-être aussi, de communiquer différemment.

Même quand la situation n'est pas menaçante, les hommes ont souvent de la difficulté à communiquer leurs sentiments. Nous avons été tellement conditionnés à dévaluer le fait de communiquer nos vrais sentiments, que nous oublions souvent que c'est même possible. Nous allons simplement de l'avant avec ce que nous faisons, et nous nous attendons à ce que les gens *sachent* ce que nous voulons ou ce que nous sentons, sans devoir le dire. Ou encore, nous nous en fichons ; nous faisons ce que nous faisons, advienne que pourra ! Dire aux autres nos plans, nos intentions ou nos sentiments peut menacer notre autonomie. Ce comportement est parfois la source d'une exaspération infinie chez les femmes.

Quand vous savez ce que vous ressentez, et que vous vous êtes entraîné à ne pas oublier que vos sentiments sont simplement des sentiments, que c'est OK de les avoir et de les sentir, vous pouvez alors commencer une autre pratique. Dans celle-ci, vous explorez différentes façons d'être vrai envers vos émotions sans les laisser vous créer davantage de problèmes. Elles créent des problèmes quand vous devenez passif et en faites peu de cas, et aussi quand vous devenez agressif, exagérez et y réagissez excessivement. Être assertif signifie connaître vos sentiments *et* être capable de les communiquer d'une façon qui vous permette de conserver votre intégrité sans menacer l'intégrité des autres. Par exemple, si vous savez que vous voulez ou devez dire non dans une situation particulière, vous pouvez vous appliquer à le dire d'une façon telle que vous ne l'utilisiez pas comme une arme. Vous pourriez essayer d'abord de dire à l'autre personne que vous aimeriez satisfaire la demande si les circonstances étaient différentes (si c'est en fait le cas), mais..., ou vous pourriez aussi reconnaître que vous respectez l'autre personne et ses besoins. Vous n'avez pas à dire à la personne pourquoi vous dites non, mais vous pouvez choisir de le faire si vous le souhaitez.

Quand vous êtes assertif, il est très utile de veiller à dire comment vous vous sentez ou comment vous voyez la situation en employant des *messages « Je »* plutôt que des *messages « tu »*. Les messages « Je » informent de vos sentiments et de vos avis. De tels messages ne sont pas faux ; ce sont simplement des affirmations de *vos* sentiments. Mais si vous n'êtes pas à l'aise avec ce que vous ressentez, vous pourriez en arriver à en vouloir, sans le savoir, à la personne de ce que vous ressentez. Vous risquez de dire alors par exemple : « *Tu* me mets vraiment en colère » ou « *Tu* m'en demandes toujours trop. »

Pouvez-vous voir que ceci nous dit que l'autre personne contrôle *vos* sentiments ? Vous donnez littéralement à une autre personne le pouvoir sur vos sentiments, et ne prenez pas la responsabilité de votre part du système, lequel vous inclut pourtant tous les deux.

L'alternative consiste à dire par exemple : « Je me sens si fâché quand tu dis ceci ou cela. » C'est plus adéquat. Cela dit comment *vous* vous sentez en réponse à quelque chose. Cela laisse à l'autre personne de l'espace pour entendre ce que vous vivez, sans se sentir blâmée ou attaquée, et sans entendre qu'elle a plus de pouvoir qu'elle n'en a en réalité.

L'autre ne va peut-être pas comprendre. Mais vous avez au moins fait un essai de communiquer sans vous bagarrer. C'est ici que commence la danse. Ce que vous ferez ou direz ensuite dépend des circonstances particulières. Mais si vous gardez pleinement conscience de la situation entière, de vos pensées et de vos sentiments, vous aurez bien plus de chances de vous diriger vers une forme de compréhension, d'arrangement ou de constat de votre désaccord, sans perdre ni abandonner votre dignité et votre intégrité, que ce soit en étant passif ou agressif.

Le plus important dans la communication efficace est d'être conscient de vos pensées, de vos sentiments et de vos paroles, de même que de la situation. Il est aussi crucial de vous souvenir que vous, et votre « rang », vous inscrivez dans un système social. Si vous élargissez le champ de votre propre conscience pour inclure l'ensemble du système, vous pourrez voir et respecter également le point de vue de l'autre personne. Vous serez alors capable d'écouter et d'entendre vraiment, de voir et de comprendre, de parler et de savoir ce que vous dites, et d'agir avec efficacité, avec assertivité et avec dignité. La plupart du temps, cultiver cette approche – que l'on pourrait appeler le *chemin de la conscience* – résoudra les conflits potentiels, et créera davantage d'harmonie et de respect mutuel. Dans ce processus, vous avez bien plus de chances d'obtenir ce que vous souhaitez et ce dont vous avez besoin dans vos rencontres avec les autres. Et eux aussi !

Chapitre 29

Le stress du rôle

Nous sommes facilement pris dans nos différents rôles personnels et professionnels, et c'est un de nos plus grands obstacles à une communication efficace, un obstacle qui nous empêche même de *connaître* réellement nos sentiments. Soit nous ne sommes pas conscients de ces rôles, soit nous nous sentons impuissants à nous dégager de contraintes rigides qu'ils font peser sur nos attitudes et sur nos comportements. Les rôles ont une dynamique qui leur est propre, la dynamique du passé. Elle est nourrie par la façon dont d'autres personnes se sont comportées et par nos attentes vis-à-vis de nous et de la façon dont nous devrions faire les choses. Elle est nourrie enfin par ce que nous pensons que les autres se disent sur la façon dont nous devrions agir. Les hommes peuvent inconsciemment endosser des rôles stéréotypés avec les femmes, les parents avec leurs enfants, et les enfants avec leurs parents. Les rôles professionnels, les rôles au sein d'un groupe, les rôles sociaux, les rôles possibles dans la maladie : tous peuvent nous confiner si nous n'en sommes pas conscients, et ne percevons pas la manière dont ils façonnent notre comportement dans une foule de situations.

Quand le champ de l'être se perd, tant le mode faire s'est inscrit dans notre vie, le stress dû au rôle en est alors un effet secondaire. Il peut s'avérer un obstacle majeur à notre croissance psychologique continue, et la source de nombreuses frustrations et souffrances. Nous avons chacun des idées précises sur notre situation, sur ce que nous faisons et la façon dont les choses devaient se faire, sur les conditions dans lesquelles nous pouvons travailler, sur les règles du jeu. Elles sont habituellement colorées par de très fortes croyances sur ce qui peut et ne peut être fait, sur ce qui constitue un comportement approprié dans une situation particulière, sur ce avec quoi nous pouvons nous sentir bien, et ce que veut dire être un ou une excellent(e) .... – remplissez le blanc par : mère, père, enfant, sœur, frère, conjoint, patron, travailleur, amant, athlète, enseignant, avocat, juge, prêtre, patient, homme, femme, manager, cadre, docteur, chirurgien, politicien, artiste, banquier, conservateur, radical, libéral, capitaliste, socialiste.

Tous ces champs du faire, ces champs d'action dans le monde, comportent une composante conventionnelle, souvent faite d'un ensemble d'attentes tacites inconscientes sur ce que signifie être « bon » dans ce que l'on fait. Ils confèrent une sorte d'importance, d'autorité ou de pouvoir au rôle qui consiste à être un bon ceci ou un bon cela. Ceci relève en partie de la connaissance du rôle ou du « job » proprement dit. Une bonne part cependant n'est qu'illusion, une création de notre esprit, l'attachement à un certain point de vue ou à une attente à notre sujet, que nous concrétisons alors et dans lequel nous sommes pris. Si nous ne percevons pas que nous sommes peut-être sur ce chemin d'illusion, ces embrouillements peuvent devenir une source importance de détresse et nous empêcher d'être qui nous sommes vraiment dans nos activités. La dynamique et les exigences de nos rôles, couplées aux attentes inconscientes que nous nous imposons, peuvent nous mener au point où nos rôles deviennent des prisons plutôt que des moyens d'exprimer notre être et notre sagesse.

La pleine conscience peut nous aider à nous dégager des effets négatifs d'un stress excessif associé à nos rôles car, une fois de plus, une grande part du stress vient de l'inconscience, d'une vision partielle ou d'une perception biaisée. Si nous pouvons voir notre implication dans le stress que nous critiquons dans nos rôles, nous pourrons alors agir de façon imaginative pour restaurer l'équilibre et l'harmonie, et nous dégager.

Ceci est arrivé très clairement en classe, au cours d'un exercice. Abe, un rabbin de soixante-quatre ans qui souffrait du cœur et avait récemment rencontré de nombreux problèmes relationnels, avait de la difficulté avec l'exercice de prise de contact décrit au chapitre précédent. Après l'avoir essayé avec un partenaire, il se tint immobile, complètement abasourdi. Son corps reflétait son état de confusion. Tout à coup il s'exclama : « C'est cela ! Je ne me retourne jamais ! J'ai peur d'être blessé si je me retourne ! »

Il réalisa qu'il ne se *retournait* jamais quand il était attaqué, que son corps était rigide quand il essayait d'attraper le poignet de l'autre personne. C'est pour cette raison qu'il n'y avait pas d'alliance harmonieuse entre son énergie et celle de l'attaquant.

Il eut un flash et vit la connexion entre cette situation-ci et ses relations en général. Il vit que jamais il ne se « retournait » dans ses relations, qu'il était *toujours* rigide, qu'il tenait seulement *son* point de vue, même quand il jouait à voir celui de l'autre personne. Et tout cela parce qu'il avait peur d'être blessé lui-même.

Abe fit alors un pas de plus. Il dit en montrant son partenaire : « Je pourrais lui *faire confiance*. Il essaie de m'aider. »

Abe secoua la tête, stupéfait, prenant la mesure de toute l'expérience et voyant ses ramifications. Il appela cela un nouveau type d'apprentissage : en quelques minutes, son corps lui avait enseigné ce que les mots n'avaient jamais réussi à faire. Pendant un court instant, il l'avait délivré d'un rôle auquel il était tellement identifié qu'il ne pouvait presque jamais le voir. Maintenant il devait garder cette conscience nouvellement acquise vivante, et trouver des façons alternatives d'être en relation avec les autres et à tout conflit potentiel.

⁂

Il est parfois facile de sentir qu'il n'y a pire rôle que celui dans lequel vous êtes confiné. Nous projetons aisément que les autres, dans leurs rôles, ne rencontrent jamais les mêmes problèmes que nous, mais ce n'est pas vrai. Le simple fait de parler avec d'autres personnes qui sont dans votre situation, ou qui vivent un stress dans des situations tout à fait différentes, peut être thérapeutique, car cela situe les choses dans une perspective plus vaste. Nous nous sentons moins isolés et moins seuls dans notre souffrance. Nous apprenons que d'autres personnes se sentent comme nous, qu'ils sont ou ont été dans des rôles similaires.

Si vous voulez discuter de vos rôles, d'autres personnes peuvent vous refléter votre situation et vous aider à voir de nouvelles options, des options « impensables ». Que votre esprit a donc écartées. Elles sont impensables car vous êtes tellement inconscient de vos rôles que vous ne pouvez pas les voir.

Au cours d'une séance, une femme d'environ quarante-cinq ans, qui avait été référée pour maladie cardiaque et attaques de panique, raconta ses disputes avec un de ses fils adulte. Il abusait fortement d'elle mais refusait de déménager, malgré son souhait et celui de son mari. Ils se sentaient dans une impasse, leur fils refusant de partir, et la mère lui disant alternativement de partir puis se sentant coupable de ne plus le vouloir à la maison et anxieuse de ce qui pourrait lui arriver s'il quittait la maison. Son témoignage fut l'occasion d'une effusion spontanée de sympathie et de conseils de la part des autres participants qui avaient traversé des situations semblables. Ils essayèrent de l'aider à voir que son amour pour son enfant l'empêchait de voir clairement qu'il devait partir. Qu'il lui demandait même, par son comportement, de le pousser hors du nid pour l'envoyer dans le monde. Mais l'amour d'un parent est si fort qu'il peut facilement se retrouver coincé dans un rôle qui ne fonctionne plus, et n'est plus nécessaire ni à l'enfant ni au parent.

Nous souffrons dans toutes sortes de rôles. En général, ce n'est pas le rôle lui-même mais plutôt notre relation à ce rôle qui le rend stressant. Dans le meilleur des cas, nous voyons dans nos rôles des occasions de faire du bon travail, d'apprendre, de mûrir et d'aider les autres. Mais nous devons nous garder de nous identifier tellement à un point de vue ou à un sentiment que nous ne voyons plus l'ensemble de ce qui se passe en réalité et rétrécissons nos options, nous confinant à des rails créés par nous-mêmes, qui en finale nous frustrent et nous empêchent de croître.

Chaque rôle comporte un ensemble particulier de stresseurs potentiels. Imaginons qu'au travail, vous êtes dans le rôle d'un meneur et un innovateur, quelqu'un qui résout les problèmes avec beaucoup d'exigences. Si vous réussissez à ce que votre entreprise soit plus ou moins sous contrôle, cela peut vous rendre mal à l'aise, pas bien dans votre assiette. Vous êtes peut-être de ces gens qui ne fonctionnent bien que sous la pression constante de menaces, de crises et de « catastrophes » imminentes auxquelles ils peuvent consacrer toute leur énergie. Vous pouvez ne pas savoir comment vous accommoder de situations dans lesquelles vous avez déjà réussi à installer une certaine stabilité. Peut-être continuez-vous à être très exigeant, et recherchez-vous de nouveaux moulins à vent contre lesquels vous battre, pour vous sentir mieux et impliqué. Ce type de schéma montre peut-être que vous êtes en train de vous figer dans un rôle particulier. Peut-être ne nourrissez-vous à présent qu'une addiction chronique au travail, tout en dévaluant vos autres rôles et obligations.

Si cette addiction au travail entraîne une érosion de la qualité de la vie familiale, par exemple, elle sème peut-être les graines de bien des malheurs. Vous vous dites peut-être que vous réussissez fort bien dans certains domaines, alors qu'au même moment votre relation à vos enfants ou à votre conjoint est en souffrance. Peut-être un abîme se creuse-t-il entre vous. Votre esprit est possiblement plein de détails concernant votre travail, absorbé par des problèmes que votre famille ne connaît même pas ou ne trouverait pas intéressants. Vous n'êtes peut-être pas très présent, ni physiquement ni psychiquement. Peut-être aussi ne savez-vous plus grand-chose sur leur vie, sur ce qu'ils ressentent et ce qu'ils vivent chaque jour. Sans même le savoir, vous avez peut-être perdu progressivement votre capacité à vous connecter à ceux que vous aimez et qui vous aiment le plus, voire même votre capacité à leur exprimer vos sentiments. Vous avez peut-être été happé par votre rôle professionnel et êtes à présent incapable de fonctionner agréablement dans les nombreux autres rôles de votre vie. Et peut-être avez-vous oublié ce qui est le plus important pour vous, ou même qui vous êtes.

Tous les gens qui se retrouvent en position de pouvoir et d'autorité dans leur vie professionnelle courent le risque de ce genre l'aliénation. Nous l'appelons le stress de la réussite[1]. Le pouvoir et le contrôle, l'attention et le respect qui vous reviennent dans votre rôle professionnel peuvent devenir toxiques et rendre dépendant. Il est dur de faire la transition entre l'autorité de celui qui commande, dicte et prend des décisions importantes qui ont un impact sur des gens et des institutions, et sa position en tant que père ou mère, époux ou épouse, une position dans laquelle vous êtes simplement comme tout le monde. Votre famille ne sera pas trop impressionnée si vous prenez des décisions portant sur un million de dollars ou êtes une personne importante et influente. Vous devez toujours sortir les poubelles, faire la vaisselle, passer du temps avec les enfants, être une personne normale, comme n'importe qui d'autre. Votre famille sait qui vous êtes vraiment. Ils connaissent le bon, le mauvais et l'horrible, le genre de choses que vous pouvez dissimuler dans votre vie professionnelle pour vous donner une certaine allure, vous donner l'air plus parfait, plus autoritaire. Ils vous voient quand vous êtes brouillon et mal assuré, tendu, malade, ému, fâché, déprimé. Ils vous aiment pour qui vous êtes, pas pour ce que vous faites. Mais vous pouvez leur manquer profondément et ils peuvent s'éloigner de vous si vous sous-estimez votre

1. « *The stress of success* ».

rôle dans la famille et oubliez comment quitter votre personnage professionnel. En fait, si vous devenez *trop* investi dans votre rôle professionnel, vous risquez de mettre en péril vos relations jusqu'à créer un fossé impossible à combler. À ce stade, bien entendu, plus personne ne souhaite même faire encore des efforts.

Le conflit entre vos rôles multiples et leur tiraillement dans différentes directions est une manifestation courante de la tourmente. Il faut y faire face et y travailler pour trouver un équilibre. Si vous n'avez pas conscience des dangers potentiels associés au stress de vos rôles, le mal risque d'être fait depuis longtemps quand vous prendrez la mesure de ce qui se passe. C'est une des raisons de tant de désaffection au sein des couples, entre les parents et leurs jeunes enfants, et entre les enfants devenus adultes et leurs parents plus âgés. Il est certainement possible d'évoluer et de changer dans nos rôles sans les perdre. Mais si nous nous enfermons dans nos rôles, ou nous nous y enfermons mutuellement, ils risquent d'être réducteurs et de limiter notre croissance ultérieure.

Si nous éclairons de notre conscience nos différents rôles, nous augmentons nos chances de fonctionner efficacement sans en être prisonnier. Nous pourrions même prendre le risque d'être nous-mêmes dans *tous* nos différents rôles. Nous pourrions à un moment donné, nous sentir suffisamment confiant pour être vrai envers nous-mêmes, et être plus authentique dans tout ce que nous entreprenons. Ceci signifie bien sûr vouloir voir et abandonner les vieux bagages qui ne nous conviennent plus. Peut-être avez-vous été coincé dans un rôle de mauvais garçon, un rôle de victime, un rôle de carpette, le rôle d'une personne faible, ou encore dans le rôle de l'incompétent, du dominant, du grand patron, du malade ou de l'accidenté. Si vous en avez assez, vous pouvez décider d'accorder une attention sage à ces rôles. Vous pouvez vous exercer à les lâcher et à vous autoriser à vous déployer jusqu'aux confins de votre être, en changeant votre façon de *faire* les choses et d'y répondre. Il n'y a en fait qu'une façon d'y arriver. Cela exige un engagement irréductible à voir vos impulsions à choisir votre fonctionnement ordinaire, à tomber dans des schémas habituels et des tournures d'esprit limitatives, et une détermination à les lâcher au moment même où elles émergent. Comme Abe l'avait vu si clairement, vous avez à vous retourner, vous retourner, vous retourner encore pour rester vif et éviter les ornières.

CHAPITRE 30

Le stress professionnel

Tous les stresseurs potentiels que nous avons examinés jusqu'à présent, y compris la pression du temps, la pression sociale et celle des rôles dans lesquels nous sommes enfermés, convergent vers l'arène professionnelle. Ils peuvent être gravement alourdis par notre besoin de gagner de l'argent. La plupart d'entre nous devons faire quelque chose pour gagner notre vie et la plupart des jobs peuvent nous stresser de différentes façons. Mais travailler est également une façon de se connecter au monde plus vaste, une façon de faire quelque chose d'utile, de contribuer par notre labeur et par nos efforts à quelque chose qui a du sens, et qui, nous l'espérons, nous gratifie au-delà du salaire. Le sentiment de contribuer à quelque chose, de créer, d'aider les autres, d'utiliser notre savoir et nos compétences peut nous aider à sentir que nous appartenons à quelque chose de plus grand, quelque chose qui vaut la peine de nous y consacrer. Voir ainsi notre travail peut le rendre plus supportable, même dans des circonstances difficiles.

Les personnes qui ne peuvent absolument pas travailler, suite à une maladie ou à un accident, donneraient souvent n'importe quoi pour travailler, pour ne pas devoir rester alitées, ou tourner comme des lions en cage à la maison. Quand vous êtes limité dans votre capacité à sortir et donc à vous connecter à la vie active, presque n'importe quel job peut sembler valoir la peine. Souvent nous oublions ou trouvons normal que le travail donne du sens et de la cohérence à notre vie. Le sens et la cohérence qu'il donne à notre vie dépend en réalité de l'intérêt et de la foi que nous lui portons.

Comme nous le savons, il existe des emplois particulièrement dégradants et abusifs. Certaines conditions de travail sont hautement toxiques pour la santé physique ou psychologique, ou pour les deux. Le travail peut mettre votre santé en danger. Des études montrent que les hommes (ces études ont été faites uniquement avec des hommes, pas des femmes) occupés à des emplois dans lesquels ils ne peuvent prendre que peu de décisions, mais prestent beaucoup – comme les serveurs, les informaticiens, les cuisiniers –, présentent un plus grand nombre d'infarctus que les hommes qui exercent davantage de contrôle dans leur travail. Ceci vaut indépendamment de l'âge et d'autres facteurs, comme le tabac.

Mais même si votre emploi vous laisse beaucoup d'autonomie, vous rapporte un bon salaire, vous intéresse, et que vous l'aimez, vous n'êtes jamais en position de contrôle absolu. La loi de l'impermanence est toujours valable. Les choses continuent à changer. Et cela, vous ne pouvez le contrôler. Il y a toujours des gens ou des forces qui peuvent interrompre votre travail et menacer votre job et votre rôle, ou faire le jour suivant ce que vous disiez irréalisable la veille, peu importe la quantité de pouvoir que vous pensez avoir accumulée.

De plus, il y a habituellement des limites intrinsèques à ce que vous pouvez faire pour changer les choses et pour résister à certains changements au sein des organisations, même si vous avez beaucoup de pouvoir et d'influence.

Une personne peut connaître le stress professionnel, l'insécurité, la frustration et l'échec à n'importe quel niveau, du nettoyeur au patron, du serveur, de l'ouvrier ou du conducteur de bus à l'avocat, au médecin, au scientifique ou au politicien. De nombreux emplois sont intrinsèquement stressants, car ils combinent une faible latitude de prise de décision avec une haute responsabilité. Y remédier nécessite la réorganisation du job lui-même, ou une meilleure rémunération qui le rende plus tolérable. Cependant, de nombreux emplois ne seront pas remaniés à court terme pour réduire le stress du personnel, et les gens sont donc forcés de se débrouiller au mieux en s'aidant de leurs ressources propres. Vos aptitudes de *coping* réduiront l'impact des circonstances stressantes sur vous-même. Comme nous l'avons vu à la partie 3, votre niveau de stress psychologique dépend de votre interprétation des choses, c'est-à-dire de votre capacité à *vous accorder* au changement ou, au contraire, à faire de chaque écueil une occasion de combat ou d'inquiétude.

⁂

Gérer efficacement le stress professionnel *nécessite* pratiquement que vous regardiez votre situation avec une vision plus vaste, conscient de la totalité, peu importent les détails de votre emploi. Il est utile de garder les choses en perspective si vous vous posez de temps en temps la question suivante : « Quel travail suis-je vraiment en train de faire, et comment puis-je le faire au mieux dans les circonstances actuelles ? » Comme nous l'avons vu, les ornières nous guettent dans nos rôles, spécialement si nous avons le même job depuis longtemps. Si nous n'y veillons pas, nous risquons de perdre de vue que chaque instant est neuf, que chaque jour est une aventure. Nous risquons plutôt de nous noyer dans la répétition et dans la routine quotidienne. Nous pouvons même en venir à résister à l'innovation et au changement, à devenir excessivement protecteur de ce que nous avons construit, car nous nous sentons menacés par de nouvelles idées, de nouvelles exigences ou de nouvelles personnes.

Il n'est pas rare qu'au travail, comme à d'autres moments de notre vie, nous agissions en pilotage automatique. Pourquoi devrions-nous nous attendre à être pleinement éveillés et à vivre chaque instant au travail, si la pleine conscience ne prend pas une place importante dans l'ensemble de notre vie ? Comme nous l'avons vu, le mode de pilotage automatique peut nous faire traverser les jours mais ne nous empêchera pas de nous sentir usés par la pression, la routine et la monotonie de ce que nous faisons. Nous pouvons nous sentir autant coincés au travail que dans les autres domaines de notre vie. Ou plus encore. Nous sentons peut-être que nous n'avons pas beaucoup d'alternatives, que nous sommes limités par des réalités économiques, par nos choix de vie antérieurs, ou par toutes sortes de choses qui nous empêchent de changer d'emploi, d'avancer ou de faire ce que nous voulons vraiment faire. Mais peut-être ne sommes-nous pas aussi pris que nous le pensons. Dans de nombreux cas, nous pouvons réduire grandement le stress professionnel, en nous engageant simplement à cultiver délibérément le calme et la conscience dans notre vie professionnelle, et à laisser la pleine conscience guider nos actions et nos réponses.

Comme nous l'avons vu à plusieurs reprises, notre esprit peut produire davantage de limitations qu'il n'en existe en réalité. Alors que nous vivons tous dans certaines « réalités économiques » et avons besoin de gagner notre vie en utilisant nos compétences, souvent nous ne savons pas quelles sont réellement ces limites, tout comme nous ignorons dans quelle mesure notre corps est capable de guérir. Mais nous savons qu'une vision claire ne fait habituellement pas de tort, et qu'elle peut ouvrir des perspectives sur de nouvelles possibilités.

Diriger votre pratique méditative vers votre vie professionnelle peut en améliorer grandement la qualité, quel que soit votre travail. Vous ne devez pas nécessairement quitter un emploi stressant pour connaître des changements positifs dans votre vie professionnelle. Parfois, le simple fait de décider, à titre d'expérience, de faire de votre job une partie de votre pratique méditative, et une partie de votre travail sur vous-même, peut faire basculer votre sensation d'être éreinté par le travail vers la sensation de savoir ce que vous faites et de choisir de le faire. Ce changement de perspective peut donner à ce job une autre valeur à vos yeux. Il devient alors pour vous un moyen d'apprendre et de mûrir. Les obstacles deviennent des défis et des occasions. Les frustrations sont autant d'occasions de pratiquer la patience, et ce que les autres font ou ne font pas, autant d'opportunités d'être assertif et de communiquer efficacement. Les luttes de pouvoir vous permettent d'observer le jeu de l'avidité et de l'aversion, et d'observer aussi l'inconscience chez les autres et chez vous-même. Il faut parfois bien sûr quitter un emploi, car les circonstances ne justifient pas l'effort nécessaire pour poursuivre ce chemin.

Si vous introduisez la pleine conscience au travail, si elle devient le fil guidant votre vision et vos actions d'instant en instant, de jour en jour, quand vous vous lèverez le matin pour vous préparer à aller travailler, et quand vous quitterez pour rentrer à la maison, vous aurez réellement choisi de faire chaque jour ce travail, au-delà de la nécessité de gagner votre vie ou de « faire carrière ». Dans une succession ininterrompue d'instants, vous utilisez dans votre vie professionnelle les attitudes que nous avons cultivées comme bases de la *mindfulness*. Votre vie n'est plus menée complètement par votre travail, vous avez retrouvé un meilleur équilibre.

Il est vrai que vous êtes parfois confronté à des obligations, à des responsabilités et à des pressions, qui ne sont pas toujours sous votre contrôle et peuvent vous causer du stress. Mais n'est-ce pas la même chose dans chaque domaine de votre vie ? Si ce n'était pas ce stress-ci, ne serait-ce pas un jour un autre ? Vous avez besoin de manger. Vous avez besoin d'être connecté d'une façon ou d'une autre au monde plus vaste. Tôt ou tard, vous devrez faire face à un aspect de la tourmente de la vie. *Comment* allez-vous y faire face ? Voilà ce qui compte.

Quand vous commencez à regarder le travail en pleine conscience, que vous travailliez pour vous-même, pour une grosse institution ou pour une petite, que vous travailliez à l'intérieur ou à l'extérieur, que vous aimiez votre travail ou le détestiez, vous mobilisez toutes vos ressources internes pour votre journée de travail. Ceci vous permettra d'adopter plus souvent une approche de résolution de problème au cours de la journée, et donc de mieux gérer le stress. Alors, même si vous devez faire face à un grand tournant de vie, parce que vous avez été licencié, mis au chômage ou avez décidé de quitter, ou encore de faire grève, vous serez mieux préparé à rencontrer ces changements, aussi durs soient-ils, avec équilibre, force et conscience. Vous serez mieux préparé à gérer le tumulte émotionnel et la réactivité qui accompagnent invariablement les crises et les transitions importantes de la vie. Puisque vous traversez de toute façon des temps difficiles quand ce genre de choses arrive, autant disposer de toutes vos ressources et de toute votre force pour les gérer le mieux possible.

⁂

Beaucoup de patients sont envoyés par leur médecin à la clinique du stress, pour stress professionnel. En général, ces personnes vont voir leur médecin avec une ou plusieurs plaintes physiques, comme des palpitations, des problèmes d'estomac, des migraines, des insomnies, et elles attendent qu'il établisse un diagnostic et traite le problème. Quand le médecin suggère qu'il s'agit « simplement de stress », elles sont parfois irritées ou indignées.

Un homme, directeur de la plus grande usine technologique de ce type dans la région, vint à la clinique du stress. Il se plaignait de courts vertiges au travail et avait le sentiment que sa vie lui échappait. Quand son médecin suggéra que ses symptômes étaient dus au stress professionnel, il ne put le croire. Même s'il était responsable du fonctionnement efficace de toute l'usine, il disait ne pas être stressé. Il y avait certainement des choses qui l'ennuyaient au travail, mais ce n'était « rien d'important ». Il craignait d'avoir une tumeur au cerveau ou un problème « physique » expliquant ces symptômes. Il disait : « Je pensais que quelque chose ne marchait pas en moi… Quand, au travail, vous sentez que vous allez tomber et cherchez à quoi vous raccrocher, voyez-vous, il doit bien y avoir quelque chose d'autre que le stress qui ne va *vraiment* pas pour que cela arrive. » Au travail, il se sentait physiquement si mal, et avait l'esprit si tendu, quand il quittait le bureau pour rentrer chez lui le soir, qu'il devait fréquemment se garer sur le bord de la route pour reprendre le contrôle sur lui-même. Il pensait qu'il était en train de perdre la tête. Il pensait aussi qu'il allait mourir par manque de sommeil. Il disait qu'il restait éveillé plusieurs jours d'affilée. Il regardait les nouvelles jusqu'à 23 h 30 puis allait au lit. Il dormait peut-être une heure, par exemple de deux à trois heures du matin. Puis il s'éveillait et pensait au jour suivant. Sa femme voyait qu'il était très stressé, mais lui ne voulait pas le voir. Peut-être ne pouvait-il tout simplement pas croire que le stress suffisait à expliquer qu'il se sente si mal. Cela ne collait pas non plus avec son rôle, son image de chef fort. Quand il fut référé à la clinique du stress, ses problèmes au travail duraient depuis trois ans environ et la situation devenait insupportable.

À la fin des cours, il n'avait plus de vertiges et dormait profondément d'un bout à l'autre de la nuit. Les choses avaient changé vers la quatrième semaine, quand il avait entendu d'autres personnes de sa classe décrire les mêmes symptômes que les siens et leur capacité à les contrôler. Il se mit à croire que lui aussi, peut-être, pouvait faire quelque chose pour contrôler son corps et ses problèmes. Il réalisa que ses symptômes *étaient* vraiment en lien direct avec son stress professionnel. Il put voir alors qu'il se sentait moins bien vers la fin du mois, période où les chargements devaient partir, où les profits devaient être réalisés et où la pression était à son comble. Il vit qu'il courait alors partout comme un fou, qu'il « chauffait » ses employés. Sa pratique quotidienne de la méditation le rendit conscient de ce qu'il faisait et sentait. Il utilisa alors la conscience de sa respiration pour se relaxer et rompre à temps le cycle de réaction au stress.

En y repensant à la fin du programme, il sentait que c'était son attitude envers son travail qui avait surtout changé. C'était dû selon lui à l'attention plus grande qu'il accordait à son corps et à ce qui le dérangeait. Il se voyait petit à petit, ainsi que son esprit et ses comportements, sous un jour nouveau et réalisait qu'il n'avait pas à prendre les choses tellement au sérieux. Il se disait : « Au pire, ils me licencient. Pas de panique. Je fais le mieux que je peux. Un jour à la fois. » Il utilisait sa respiration pour rester calme et centré, pour rester à distance de ce qu'il appelait « ce point de non-retour ». Quand il se voit dans une situation stressante, il peut à présent sentir tout de suite qu'il se tend dans les épaules et se dit : « Doucement, ralentissons un peu. » Il dit : « Je peux me dégager tout à fait maintenant. Je ne dois même pas aller m'asseoir. Je peux le faire, c'est tout. Je peux être en train de parler avec quelqu'un et me mettre en état de relaxation. »

Son changement de perspective se reflète dans la façon dont il se rend au travail le matin. Il s'est mis à emprunter des routes secondaires, à rouler plus lentement, et à respirer consciemment tout en roulant vers son bureau. Il arrive prêt pour la journée. Il avait l'habitude d'emprunter les artères principales de la ville, et « se battait aux feux avec les gens. » À présent, il voit et admet qu'avant, il arrivait nerveusement épuisé au travail. Il se sent à présent quelqu'un d'autre, il a dit-il dix ans de moins. Ni sa femme ni lui ne peuvent le croire.

Comment les choses étaient-elles allées aussi loin, comment avait-il pu se mettre dans « un état d'esprit aussi incroyable » ! « Quand j'étais petit, j'étais un enfant très calme. Puis, les choses ont pris progressivement le dessus sur moi au travail, d'autant que l'enjeu financier devenait de plus en plus important. J'aurais aimé suivre ce programme il y a dix ans. »

Mais ce n'étaient pas seulement son attitude envers le travail et la prise de conscience de sa créativité qui avaient changé. Il fit des démarches pour communiquer plus efficacement avec ses employés et modifia réellement certaines procédures. « Après quelques semaines de méditation, j'en vins à décider qu'il était temps de faire davantage confiance aux gens qui travaillaient pour moi, que j'avais simplement à le faire. J'organisai une grande réunion et dis : " Dites, les gars, vous êtes bien payés pour faire votre travail et je ne vais plus vous porter. J'attends de vous que vous fassiez ceci, ceci et encore ceci. Et si c'est trop, nous engagerons plus de monde, mais voici ce qui doit être fait. Nous allons tous nous y mettre et travailler en équipe. " Et tout marche fort bien. Ils ne sont pas cent pour cent comme je le voudrais, mais les choses se font de toute façon, et je n'ai qu'à lâcher prise. C'est la vie je suppose. Je suis bien plus performant et l'argent rentre fort bien. » Il sent donc à présent qu'il est plus productif au travail même s'il est bien moins stressé. Il a vu qu'il perdait beaucoup de temps à faire ce que d'autres auraient dû faire. « Pour être directeur d'usine, vous devez veiller à maintenir le bateau sur les flots et naviguer tout le temps dans la bonne direction. J'observe que je travaille moins et que j'obtiens de meilleurs résultats. J'ai maintenant le temps de m'asseoir à mon bureau et de réfléchir, alors qu'avant j'avais toujours cinquante personnes sur le dos, et étais constamment dérangé pour ceci ou pour cela. »

Cet exemple montre comment une personne a pu introduire la pratique méditative dans sa vie professionnelle. En fait, ce directeur avait vu avec plus de clarté ce qui se passait en réalité sur son lieu de travail. Suite à cela, il avait pu réduire son stress et se débarrasser de ses symptômes sans devoir déserter son poste. Si nous lui avions dit d'emblée qu'il y arriverait en s'allongeant quarante-cinq minutes par jour pendant huit semaines, pour un scan corporel, ou pour suivre sa respiration, il aurait eu raison de penser que nous étions fous. Mais il était au bout du rouleau, et s'était engagé à faire ce que son médecin et nous-mêmes lui recommanderions, même si cela semblait « fou ». À ce stade, il lui fallut quatre semaines pour commencer à voir de quelle façon la pratique de la méditation était pertinente dans sa situation. Une fois cette connexion faite, il put puiser dans ses ressources internes, ralentir et apprécier la richesse du présent, écouter son corps et faire travailler son intelligence.

⁂

Sans même parler du travail, disposer de plus de conscience serait un bénéfice pour tout le monde sur Terre. Et ce n'est pas simplement une question de calme et de détente. Si nous voyons le travail comme un champ dans lequel aiguiser notre force intérieure et notre sagesse d'instant en instant, nous prendrons de meilleures décisions, nous communiquerons de façon plus efficace, nous serons plus performants, et peut-être, quitterons-nous même le travail plus heureux à la fin de la journée.

CONSEILS ET SUGGESTIONS POUR RÉDUIRE LE STRESS PROFESSIONNEL

1. Quand vous vous éveillez, prenez quelques instants de calme pour affirmer que vous choisissez

d'aller au travail aujourd'hui. Si vous le pouvez, passez brièvement en revue ce que vous pensez faire et souvenez-vous que cela se passera peut-être de cette façon, ou pas.

2. Introduisez de l'attention dans toute la préparation qui précède votre départ. Ceci peut inclure le fait de prendre une douche, de vous habiller, de manger, d'être en relation avec ceux qui vivent sous le même toit. Recentrez-vous sur votre respiration et votre corps de temps en temps.
3. Ne dites pas au revoir mécaniquement. Croisez le regard des autres, touchez-les, soyez réellement « dans » ces moments, ralentissez-les un tout petit peu. Si vous partez quand les autres dorment encore, vous pourriez leur écrire un petit mot pour leur dire bonjour et exprimer vos sentiments pour eux.
4. Si vous marchez vers les transports publics, ressentez votre corps qui marche, se tient debout et attend, roule, sort. Entrez en pleine conscience dans votre lieu de travail. Respirez. Essayez de sourire en vous-même.

   Si vous conduisez, avant de mettre le moteur en marche, prenez un court instant pour vous centrer sur votre respiration. Souvenez-vous que vous êtes sur le point de rouler jusqu'à votre lieu de travail. Essayez de temps en temps au moins de rouler sans radio. Roulez et soyez simplement avec vous-même, d'instant en instant. Quand vous vous garez, prenez un peu de temps simplement pour rester assis et respirer avant de quitter la voiture. Entrez au travail consciemment. Respirez. Si votre visage est déjà tendu et sévère, essayez de sourire, ou essayez un demi-sourire si c'est trop pour vous.

5. Au travail, prenez de temps en temps un instant pour gérer vos tensions corporelles. Vos épaules, votre visage, vos mains ou votre dos sont-ils tendus ? Comment êtes-vous assis ou debout en ce moment ? Que dit le langage de votre corps ? Laissez aller consciemment toutes les tensions, du mieux que vous pouvez, sur une expiration et adoptez une posture qui exprime l'équilibre, la dignité et la présence.
6. Pendant votre travail, quand vous êtes en train de marcher, marchez à l'aise. Marchez avec conscience. Ne vous dépêchez pas sauf si c'est nécessaire. Et, si c'est nécessaire, sachez que vous vous dépêchez. Dépêchez-vous en pleine conscience.
7. Utilisez toute pause pour vraiment vous relaxer. Au lieu de boire du café ou de fumer une cigarette, essayez de sortir de l'immeuble pendant trois minutes et de marcher, ou de rester sur place et de respirer. Vous pouvez aussi faire des mouvements de la nuque et des épaules à votre bureau (voir figure 7), ou fermer la porte de votre bureau et rester paisiblement assis pendant cinq minutes environ, en suivant votre souffle.
8. Passez vos temps de pause et votre temps de midi avec des gens avec lesquels vous êtes à l'aise. Autrement, il vaudrait peut-être mieux que vous soyez seul. Il peut être utile de changer d'environnement pour le repas de midi. Choisissez de manger deux ou trois fois par semaine en silence, en pleine conscience.

9. De temps en temps, ne mangez pas à midi. Sortez et faites des exercices, chaque jour si vous le pouvez, ou quelques jours par semaine. L'exercice est une bonne façon de réduire le stress. Votre capacité à adopter ce rythme dépendra de la souplesse que vous avez dans votre travail. Si vous pouvez le faire, c'est une merveilleuse façon de clarifier l'esprit, de réduire les tensions et de débuter l'après-midi rafraîchi et plein d'énergie. J'essaie de quitter l'hôpital et de courir au milieu de la journée pendant trente à soixante minutes, en fonction de mon horaire. De nombreux lieux de travail ont organisé des programmes d'exercice pour le personnel, comme de l'aérobic, des poids et haltères, du yoga et de la danse, à midi ainsi qu'avant et après les heures de travail. Si vous avez l'occasion de faire de l'exercice physique au travail, saisissez-la ! Mais souvenez-vous qu'un programme d'exercice demande le même genre d'implication que la méditation formelle. Quand vous le faites, faites-le avec toute votre présence.
10. Essayez de vous arrêter pendant une minute chaque heure et soyez conscient de votre respiration. Nous perdons bien plus de temps que cela en rêvassant au travail. Utilisez ces mini-méditations pour vous connecter au présent, pour être, simplement. Utilisez-les comme des instants dans lesquels vous réunifier et récupérer. Il suffit d'y songer. Ce n'est pas facile, puisque nous sommes si facilement emportés par tout ce qui doit être fait.

11. Ayez chaque jour des rappels dans votre environnement, qui vous invitent à vous centrer et à vous détendre – la sonnerie du téléphone, le temps d'attente devant l'ordinateur, attendre que quelqu'un ait fini quelque chose avant de pouvoir commencer. Au lieu de vous détendre en rêvassant, détendez-vous en étant présent.

12. Soyez conscient de vos communications avec les autres au cours de vos journées. En êtes-vous satisfait ? Certaines posent-elles problème ? Comment pourriez-vous les améliorer ? Repérez des personnes qui ont tendance à fonctionner sur un mode passif ou hostile avec vous. Demandez-vous comment vous pourriez les approcher de façon plus efficace. Demandez-vous comment vous pourriez être plus sensible aux sentiments et aux besoins des autres. Comment pourriez-vous les aider au travail en étant plus attentif ? Comment la conscience de votre ton de voix et de votre langage corporel pourrait-elle vous aider dans vos communications ?

13. À la fin de la journée, passez en revue les tâches accomplies et dressez la liste des travaux qui doivent être accomplis le jour suivant. Donnez des priorités à certains points de la liste, pour savoir ce qui est le plus important.

14. Quand vous partez, dirigez à nouveau votre attention vers vos pas et vers votre respiration. Soyez conscient de la transition que nous appelons « quitter le travail ». Surveillez votre corps. Êtes-vous épuisé ? Vous tenez-vous droit ou voûté ? Quelle est l'expression de votre visage ?

15. Si vous empruntez les transports en commun, dirigez votre attention vers le déroulement de votre marche, vers votre posture debout, assise. Notez si vous vous dépêchez. Pouvez-vous « ralentir un peu » et vous approprier ce temps entre le travail et la maison, tout comme n'importe quel autre instant à vivre ?
Si vous conduisez, restez à nouveau assis un petit moment dans la voiture avant de démarrer. Roulez vers chez vous en pleine conscience.
16. Avant d'ouvrir la porte, réalisez que vous êtes sur le point de le faire. Soyez conscient de cette transition que nous appelons « rentrer chez soi ». Essayez de saluer les autres avec conscience, croisez leur regard plutôt que de crier pour annoncer votre arrivée.
17. Dès que vous le pouvez, enlevez vos souliers et votre tenue de travail. Se changer peut compléter la transition du travail à la maison et vous permettre d'entrer plus rapidement et plus consciemment dans vos rôles non professionnels. Si vous pouvez prendre le temps, réservez-vous cinq minutes ou plus pour méditer avant de faire autre chose, même cuisiner ou dîner.

Ce qui précède est proposé à titre de conseils et de suggestions, et pas en tant que programme journalier. En finale, c'est à vous de décider ce qui vous aide le plus à réduire votre stress professionnel.

CHAPITRE 31

Le stress alimentaire

Vous ne pouvez vivre une vie saine dans notre société complexe, sans faire un minimum attention à ce que vous mettez dans votre corps. Notre relation à la nourriture a tellement changé au cours des dernières générations que l'exercice d'une nouvelle forme d'intelligence, toujours en cours de développement, peut être nécessaire pour déterminer ce qui a de la valeur dans les choix incroyables qui nous sont présentés.

Par exemple, finis les jours où nous mangions directement les produits du terroir, consommant un petit nombre d'aliments qui avaient été les produits exclusifs et constants de la culture pendant des millénaires. Jusqu'à ce siècle, notre régime a peu changé d'une génération à l'autre. Il dépendait intimement de la capacité d'un individu à se procurer de la nourriture par la chasse et par la cueillette, et à la cultiver par l'agriculture. Au fil des ans, nous avons appris à savoir ce qui était comestible dans la nature et ce qui ne l'était pas, et nos corps se sont adaptés aux régimes de régions isolées, de climats, de groupes et de cultures particuliers. Se procurer ou cultiver des aliments nécessitait la majorité de l'énergie de tous les membres du groupe social. Nous mangions ce que nous pouvions obtenir de l'environnement local pour vivre le mieux que nous pouvions. Pour le meilleur et pour le pire, sujets à toute son imprévisibilité et son inconstance, nous vivions dans un équilibre intrinsèquement homéostatique avec l'environnement naturel. Nous vivions au sein de la nature, nous n'étions pas éloignés d'elle.

À l'heure actuelle, nous faisons toujours autant partie de la nature, mais sommes sans doute moins conscients des connexions intimes qui nous y relient, tant nous pouvons la manipuler souvent à nos propres fins.

Notre relation à la nourriture, dans ce qu'on appelle les pays développés, s'est récemment fortement complexifiée. La majorité des membres de notre société sont physiquement et psychologiquement éloignés de la production de la nourriture. Bien que, biologiquement, nous mangions toujours pour vivre, on pourrait dire que, psychologiquement, de nombreuses personnes vivent plutôt pour manger. Nos préoccupations psychiques en lien avec la nourriture sont grandes et ont peu à voir avec la vraie faim. Qui plus est, nous sommes maintenant continuellement en contact avec des aliments qui n'existaient pas il y a cinq ou dix ans, des aliments qui sont synthétisés ou traités dans des usines, qui ne sont reliés que de loin à quelque chose susceptible d'avoir poussé ou d'avoir été cultivé. Dans les pays développés, nous pouvons maintenant obtenir ce que nous voulons comme nourriture en toute saison, grâce à un système qui la transporte sur d'immenses distances en quelques jours. Dans nos sociétés, peu de personnes dépendent encore complètement de leur chasse ou des produits qu'elles cultivent. Nous ne devons plus dépenser un maximum de temps et d'énergie à acquérir de la nourriture pour avoir assez à manger.

Nous sommes devenus une nation de consommateurs d'aliments. Seul un petit pourcentage de la population est impliqué dans la production alimentaire, ce qui change grandement des jours passés. Nous achetons maintenant la nourriture dans de grands magasins, véritables cornes d'abondance, temples du consumérisme. Nous trouvons toujours de la nourriture dans les rayons des supermarchés, des milliers d'articles différents parmi lesquels choisir. Cela nous évite de devoir en acheter chaque jour. Nous devons simplement avoir assez d'argent pour en acheter. Le refroidissement et la surgélation, la mise en conserve et les emballages alimentaires nous permettent de conserver de la nourriture dans nos maisons, si bien que nous pouvons en réalité manger ce que nous voulons, quand nous le voulons.

Notre système de production et de distribution de la nourriture est un exemple parfait de notre interdépendance et de notre interconnexion collectives. Les circuits de distribution des aliments sont la circulation artérielle du corps social ; et les camions frigorifiques, les trains et les avions, les véhicules spécialisés dans le transport des aliments nourrissent les tissus et les cellules de la société de nourriture vitale. Une grève massive des camionneurs viderait les villes de nourriture au bout de quelques jours. Les gens ne trouveraient tout simplement plus de nourriture dans les magasins. Nous avons tendance à oublier ces choses-là.

⁂

En tant que population, nous sommes en fait probablement en meilleure santé que jamais auparavant.

Beaucoup de personnes pourraient attribuer cette meilleure santé en grande partie à notre alimentation. Il s'avère cependant que ce n'est sans doute que partiellement vrai. De nombreux signes suggèrent en réalité que la santé des Américains est affectée à l'heure actuelle par des maladies associées à une surconsommation de nourriture en général, et de certains aliments en particulier, maladies occasionnées par notre abondance.

Les produits chimiques peuvent également menacer notre santé. Nous sommes exposés à plusieurs de ces produits, parmi les centaines qui existent et que le corps humain n'a jamais ingérés au cours de l'évolution, car ils n'ont été inventés que récemment. Beaucoup de ces produits chimiques (résidus de fertilisants et de pesticides, additifs et conservateurs utilisés par l'industrie alimentaire, polluants) font leur chemin dans la chaîne alimentaire au départ d'un environnement de plus en plus contaminé. Ils exposent nos systèmes biochimiques d'homéostasie à un risque inconnu de rupture et d'endommagement des cellules et des tissus. Nous ne savons en fait pas, quoi qu'en disent les experts, à quoi la présence de certains de ces produits chimiques dans la nourriture conduira au cours des générations futures ou même au cours d'une seule vie. Mais nous savons par contre que nous jouons à une sorte de roulette russe chimique avec nos corps, et qu'en général le consommateur ignore qu'il participe involontairement à ce jeu.

Puisque la nourriture que nous mangeons au cours de notre vie influence sérieusement notre santé, nous devons commencer si ce n'est déjà le cas, à faire attention au chapitre nourriture de façon sensée, sans verser dans l'alarmisme ni le fanatisme. L'adage « Vous êtes ce que vous mangez » contient une bonne part de vérité.

Il n'est par exemple pas exagéré de dire que le régime alimentaire américain moyen est un facteur de risque de maladies cardiaques, et dans certains cas même les induit. Ceci est dû en grande partie aux taux élevés de cholestérol et de graisses, en particulier de graisses animales, de nos régimes. Le cholestérol alimentaire est une substance graisseuse qui se trouve uniquement dans les nourritures d'origine animale. Il joue un rôle majeur dans les pathologies cardiaques. Quand des scientifiques souhaitent induire une maladie coronarienne chez l'animal, ils le mettent simplement sous un régime qui équivaut à du bacon, des œufs et du beurre pendant environ six mois. Ce régime est très efficace pour obstruer les artères du cœur.

On trouve des niveaux très élevés de cholestérol et de graisse animale dans le beurre, la viande rouge, les hamburgers, les hot-dogs, et la crème glacée, autant d'exemples typiques de l'alimentation américaine. Dans des pays comme la Chine et le Japon, dont l'alimentation contient moins de viande et de graisse animale, et davantage de poisson et de riz, l'incidence de cardiopathies est nettement plus basse. Ces pays affichent cependant un taux élevé de certains cancers, comme le cancer de l'œsophage et de l'estomac, qui, pense-t-on, sont reliés à une consommation élevée d'aliments conservés par salaison et par fumaison.

La relation entre le régime alimentaire et le cancer est moins claire que celle entre le régime alimentaire et la maladie cardiaque. Il y a toutefois des signes considérables du rôle de l'alimentation dans les cancers du sein, du colon et de la prostate. Ici aussi l'importance des graisses dans l'alimentation semble jouer un rôle significatif. On commence à prouver que les gens dont le régime est riche en graisses connaissent un affaiblissement de certaines fonctions immunitaires (par exemple l'activité des cellules NK qui, comme nous l'avons vu, semblent protéger l'organisme contre le cancer). Quand ils se mettent à suivre un régime pauvre en graisses (tant d'origine végétale qu'animale), l'activité de leurs cellules NK augmente. De nombreuses études menées sur des animaux montrent un lien entre le régime alimentaire et le cancer. Ici aussi, les graisses alimentaires jouent le plus grand rôle. Une consommation excessive d'alcool, particulièrement si elle va de pair avec la cigarette, augmente aussi la probabilité de certains cancers.

En 1977, le *Senate Select Committee on Nutrition* déclara que les Américains se tuaient en mangeant trop. Il recommandait de baisser les calories obtenues à partir des graisses de 40 à 30 % environ, dont 10 % seulement devraient provenir de graisses saturées et les 20 autres % de graisses mono- et polyinsaturées. Il recommandait la compensation de la perte de calories d'origine graisseuse par l'augmentation de calories obtenues à partir de sucres complexes. Le Comité faisait cette recommandation car elle était réalisable, et pas parce que 30 % représentait le niveau optimal de graisses dans l'alimentation. Les Chinois ne consomment que 15 % de l'ensemble de leurs calories en graisses. Des sociétés comme celle des indiens Tarahumara du Mexique ne tirent que 10 % de leurs calories de la graisse, dont presqu'aucune n'est d'origine animale. Des savants qui ont étudié les Tarahumara ont montré qu'ils ne connaissent quasiment pas d'hypertension ni de maladies cardiaques. Aux États-Unis, les Adventistes du Septième Jour ont été étudiés par des scientifiques intéressés par l'alimentation, car la plupart d'entre eux sont végétariens. Eux aussi présentent une faible incidence de cardiopathies et de cancers.

Récemment, le docteur Dean Ornish, et ses collaborateurs de l'Institut de recherche de médecine préventive de Sausalito ont mené une étude révolutionnaire pour laquelle ils ont utilisé des méthodes hautement perfectionnées qui leur ont permis de faire des mesures au niveau cardiaque, incluant l'angiographie quantitative (pour mesurer avec précision la taille des rétrécissements dans les artères coronaires) et le PET scan (pour mesurer le flux sanguin persistant vers le cœur après les rétrécissements). Par cette étude, ils démontrent de façon concluante, et pour la première fois, que les cardiopathies sont *réversibles* sans médication chez des personnes, suite à un changement dans leur façon de vivre et de manger. Ils démontrèrent qu'en suivant un régime presqu'exclusivement végétarien avec environ 10 % de calories d'origine graisseuse, en marchant régulièrement, en faisant du yoga et en méditant régulièrement pendant une année, des personnes souffrant de pathologie coronarienne sévère montraient une augmentation significative du flux sanguin en direction de leur cœur. En d'autres mots, les rétrécissements de leurs artères coronaires, qui réduisaient le flux sanguin vers le muscle cardiaque, étaient moins importants. Ils avaient également d'énormes baisses de leurs taux de cholestérol, des réductions bien plus grandes que celles observées jusque là, sans recourir aux médicaments hypocholestérolémiants.

Le travail du docteur Ornish démontre de façon spectaculaire la résilience et la souplesse du corps humain, ainsi que sa capacité à se soigner (dans ce cas, inverser le processus maladif de l'athérosclérose) si on lui en donne la chance. Puisque l'athérosclérose (un rétrécissement des artères du cœur) est une maladie qui progresse pendant des années dans notre corps avant que nous en pâtissions, cette découverte est très prometteuse. Elle suggère que même après des années, quelque chose peut être fait pour arrêter un processus chronique et pathologique, et renverser ses dommages. Et ce quelque chose peut être accompli, non par traitement médicamenteux, mais par un changement opéré par les patients dans leur façon de vivre et dans leur choix de manger ou pas certains aliments.

Dans l'étude du docteur Ornish, les participants du groupe témoin avaient suivi, au cours de la même période, d'excellents traitements médicaux traditionnels pour soigner leur cœur. Ils avaient suivi les dernières recommandations formulées par la plupart des cardiologues, visant notamment à réduire à 30 % environ les matières grasses de leur régime et à faire régulièrement de l'exercice. Contrairement à l'autre groupe, ils ne changèrent toutefois pas radicalement leur style de vie. Les patients du groupe témoin, malgré le respect des recommandations, montrèrent une progression de leur maladie. Comme on pouvait s'y attendre d'une maladie progressive comme la maladie coronarienne, leurs artères coronaires étaient, en moyenne, plus obstruées l'année suivante.

Cette étude est la première qui démontre qu'un changement dans la façon de vivre peut améliorer le fonctionnement du cœur et en réalité inverser l'athérosclérose. Vous pourriez dire que ces hommes et ces femmes purent en réalité amener leur cœur à guérir en changeant leur façon de vivre par la pratique régulière de la méditation et du yoga (une heure par jour), et par la marche (trois fois par semaine), en se rassemblant régulièrement pour pratiquer ensemble et se donner un support mutuel, et, bien entendu, en changeant leur alimentation. Au moment où ces lignes sont écrites, cette étude s'est seulement déroulée pendant un an. Il semble plus que probable que si ces personnes poursuivent leur nouveau régime et leurs changements de style de vie, leur cardiopathie continuera à diminuer d'année en année, mais ceci doit encore être étudié.

Dans une expérience antérieure, mentionnée au chapitre 20, le docteur Ornish et ses collaborateurs montrèrent qu'il est possible d'obtenir des changements significatifs dans le fonctionnement du cœur, des réductions de la réactivité de la tension artérielle en situation de stress, et de fortes réductions de la douleur thoracique chez les personnes ayant de sévères rétrécissements coronaires. Ces résultats s'obtiennent en leur faisant suivre ce régime pauvre en graisse pendant vingt-quatre jours dans un centre où elles pratiquent aussi quotidiennement le yoga et la méditation. Cette étude antérieure avait montré que, même sur une courte période et dans de bonnes conditions, des changements de style de vie peuvent affecter profondément la physiologie du cœur, ainsi que la santé mentale et physique dans son ensemble.

⁂

Mais changer votre relation à la nourriture n'est pas si facile, même si vous le décidez ou en avez besoin pour être en meilleure santé. C'est évident. Il suffit de voir les échecs des gens qui s'efforcent de perdre du poids. Si, pour quelque raison que ce soit, vous vous décidez à changer votre régime pour améliorer votre santé, ou pour éviter ou ralentir le processus de la maladie, vous devrez vous y investir profondément, avec une discipline intérieure née de l'intelligence plus que de la peur ou de la paranoïa. Ceci impliquera la prise de conscience de votre relation à la nourriture à tous les niveaux. Vous serez davantage conscient de tous vos comportements automatiques autour de la nourriture, de vos pensées et de vos sentiments, ainsi que des habitudes sociales associées à la nourriture et au fait de manger. Ce sont des sphères dans lesquelles nous risquons peu d'observer systématiquement et sans jugement notre comportement, à moins de nous engager fortement à nous libérer de nos schémas dysfonctionnels et à développer un style de vie plus sain, plus cohérent et plus intégré.

Comme nous l'avons vu, l'entraînement systématique de l'esprit peut être profondément bénéfique quand nous cherchons à nous approcher et à nous libérer de nos comportements automatiques inconscients, ainsi que des motivations et des impulsions sous-jacentes qui les guident en nous causant davantage de souffrances. Notre relation à la nourriture ne fait pas exception. Pour cette raison, la pratique de la *mindfulness* peut être particulièrement utile pour introduire puis pour maintenir des changements sains dans votre régime alimentaire. En fait, la conscience, et dans une certaine mesure le changement aussi, gagne naturellement le domaine de la nourriture et du manger, au fur et à mesure que se renforce votre pratique de la méditation et que vous devenez présent à toutes vos activités de la vie courante. Peut-être avez-vous déjà remarqué ceci pour vous-même. Nous pouvons difficilement éviter d'examiner le domaine de l'alimentation quand nous commençons à être présents au cours de nos journées.

La nourriture occupe certainement un rôle central dans la plupart de nos vies. Nous mettons nos efforts et notre énergie à acheter de la nourriture, à la préparer, la servir, la manger, et à ranger ensuite vaisselle et ustensiles. Nous rejoignons des lieux ou des événements, et y mangeons. Toutes ces activités impliquent des comportements et des choix auxquels nous pouvons être attentifs. En plus, nous pourrions devenir plus conscients de certaines questions comme, par exemple, la qualité de la nourriture que nous mangeons, la façon dont elle a été cultivée ou fabriquée, son lieu d'origine et ses ingrédients. Nous pourrions aussi prêter attention aux quantités de nourriture que nous mangeons, à la fréquence et aux heures de nos collations ou de nos repas, ainsi qu'au ressenti qui en découle. Nous pourrions par exemple être présents à la façon dont nous nous sentons *après* avoir mangé certains aliments ou certaines quantités de nourriture, et à une perception éventuellement différente de nous-mêmes quand nous mangeons rapidement ou lentement, ou à des moments particuliers. Nous pouvons devenir conscients des attachements et des fortes envies que nous avons pour des aliments particuliers, de ceux que – tout comme nos enfants – nous mangerons ou ne mangerons pas, et des habitudes alimentaires de la famille. Diriger la *mindfulness* vers le domaine de la nourriture revient à mettre tous ces champs en pleine lumière.

La plupart d'entre nous trouvons vraiment difficile de changer nos habitudes, et les habitudes alimentaires ne font pas exception. Manger est une activité sociale et culturelle à forte charge émotionnelle. Notre relation à la nourriture a été conditionnée et s'est renforcée tout au long de notre vie. Manger revêt à nos yeux différentes significations. Nous portons en nous des associations émotionnelles avec certains types de nourriture, avec le fait de manger une certaine quantité de nourriture, de manger à des endroits particuliers, à des moments particuliers et avec des gens particuliers. Ces associations avec la nourriture peuvent participer à notre identité et à notre sens du bien-être. Elles peuvent rendre un changement de régime bien plus difficile que d'autres changements dans notre style de vie.

⁂

La meilleure façon de commencer est sans doute de ne rien essayer de changer, mais plutôt de faire simplement très attention à ce que vous mangez et à son impact sur vous. Essayez d'observer avec précision à quoi ressemble votre nourriture et son goût *au moment où vous mangez.* La prochaine fois que vous vous asseyez à table, *regardez* vraiment ce qu'il y a sur votre assiette. Quelle est la texture des aliments ? Voyez leurs couleurs et leurs formes. Que sentent-ils ? Comment vous sentez-vous quand vous les examinez ? Quel est leur goût ? Est-ce une expérience agréable ou désagréable ? Comment vous sentez-vous juste après avoir mangé ? Est-ce bien ce que vous souhaitiez ? Est-ce en accord avec vous ?

Notez comment vous vous sentez une heure ou deux après avoir mangé. Quel est votre niveau d'énergie ? Le fait d'avoir mangé ce que vous avez mangé vous a-t-il donné de l'énergie ou vous a-t-il rendu mollasson ? Comment votre ventre se sent-il ? Que pensez-vous maintenant de ce que vous avez mangé alors ?

À la clinique du stress, quand les gens commencent à se pencher ainsi sur leur façon de manger, ils font des observations intéressantes. Certains découvrent qu'ils mangent certains aliments plus par habitude que par goût ou par envie. D'autres remarquent que certains aliments font gonfler leur ventre ou les fatiguent, autant de connexions qu'ils n'avaient encore jamais établies. Beaucoup disent manger avec plus de plaisir car ils en ont une conscience nouvelle.

De nombreux patients de la clinique du stress changent sérieusement leur régime avant même que nous n'examinions en détail la question de la nourriture, qui n'arrive qu'en fin de programme. Ces changements font suite au simple fait de diriger leur attention vers leur alimentation dans le cadre de leur pratique informelle de la méditation. Presque aucun de nos patients ne vient à la clinique pour perdre du poids ou pour changer de régime. Néanmoins, beaucoup se mettent à manger plus lentement. Ils sont contents de manger moins et sont aussi plus conscients de leurs impulsions à manger pour satisfaire des besoins psychologiques. Certains perdent du poids au cours des huit semaines en étant simplement attentifs à leur alimentation et sans *essayer* sciemment de perdre du poids.

Philippe, par exemple, le camionneur qui avait mal au dos et que nous avons rencontré aux chapitres 13 et 23, changea aussi sa relation à la nourriture au cours du programme de réduction du stress. Il perdit en fait six kilos et demi. « En fait, je ne suis pas un régime spécial », disait-il. « Je suis vigilant quand je mange. Parfois, je redeviens présent après avoir commencé à manger, ralentis ma respiration et mange un peu plus lentement. Même quand vous n'allez nulle part, la vie est une vraie course : toujours courir, courir, courir. Vous faites tout en vitesse, vous enfournez la nourriture dans votre bouche et avez à nouveau faim deux heures plus tard car vous n'avez rien goûté, vous êtes tout simplement passé à côté. Vous êtes rempli mais, comme je dis, les papilles gustatives sont importantes. Si vous n'avez pas pris le temps de goûter les aliments, vous aurez à nouveau faim. Je vois les choses comme cela maintenant. Je mange moins si je décélère car je mâche mieux ma nourriture, je la goûte. Vous savez, je n'avais jamais été capable de faire cela. J'aimerais perdre six kilos et demi de plus. Si je continue à ce rythme lent, voyez-vous, en perdant chaque semaine un tout petit peu, je pourrai sans doute ne pas reprendre du poids après. Si vous maigrissez rapidement, quand le régime est terminé, vous reprenez tout très vite. Avec la méditation, j'ai appris que vous devez vous fixer des buts et qu'une fois que vous vous êtes fixé votre but, vous avez à faire ce qu'il faut, sans vous arrêter. Quand vous allez quelque part, vous avez tout le temps votre but à l'esprit. Vous y réfléchissez. »

Nous passons une bonne partie d'une séance à examiner notre relation à la nourriture et à évoquer simplement ce que l'on sait de la relation entre régime alimentaire et santé. Nous le faisons pour que nos patients puissent commencer à prendre des décisions conscientes sur leur régime et leur alimentation au départ d'une meilleure information. Nous *plaidons* pour que les gens fassent attention dans ce domaine de leur vie tout autant que dans tous les autres, au lieu de le laisser sous le contrôle du pilote automatique. Nous les encourageons à s'informer et à effectuer tous les changements qui leur semblent importants, de façon intelligente et pendant une période relativement longue, afin de faire pencher la balance du bon côté en termes de santé. L'exercice consistant à manger un raisin en pleine conscience, et un des premiers devoirs à domicile invitant à manger au moins un repas en pleine conscience, et en silence, sèment des graines qui poussent et fleurissent quand nous discutons régime et alimentation. À cette étape du programme, la plupart des participants sont convaincus qu'il y a vraiment lieu d'introduire des changements sains dans leur régime, et quelques-uns ont déjà commencé à modifier leurs schémas alimentaires.

Mais même si vous avez décidé de changer votre alimentation pour améliorer votre santé et pour réduire les risques d'infarctus ou de cancer, ou même, simplement, pour savourer plus encore la nourriture, il n'est pas toujours facile de savoir comment initier des changements sains. Il n'est pas davantage facile de s'y tenir dans la durée. Nos habitudes, vieilles d'une vie, ont leur propre dynamique, qui doit être respectée et travaillée avec intelligence. Dans l'étude du docteur Ornish, les participants recevaient beaucoup de support dans le changement puis le maintien de leur régime. On leur apprenait la cuisine végétarienne, ils devaient abandonner tout à fait de nombreux aliments, et recevaient une série de dîners et de snacks surgelés à avoir sous la main quand ils étaient à court d'idées.

C'est vraiment la même chose pour vous, à titre individuel, si vous souhaitez modifier votre alimentation pour absorber moins de cholestérol et de graisses, ou pour réduire ou supprimer certains aliments. Cela ne se discute pas. Il est difficile de changer, sans aide, les habitudes de toute une vie. Pour changer vos habitudes alimentaires, vous devez vraiment savoir *pourquoi* vous essayez principalement de le faire. Puis vous devrez *vous souvenir* de ces raisons jour après jour, et même d'instant en instant, quand vous serez confronté à une foule d'impulsions, d'occasions et de frustrations susceptibles de vous faire déraper. En d'autres mots, vous devrez croire très profondément en vous et dans *votre* vision de ce qui est sain et important pour vous. Vous aurez certainement besoin d'informations sérieuses sur la nourriture et sur l'alimentation. Vous aurez aussi besoin d'être conscient de votre relation à la nourriture et au fait de manger et pourrez ainsi choisir intelligemment vos magasins, vos achats et les préparations les meilleures pour vous.

C'est ici que le simple fait de rester vigilant d'instant en instant à la nourriture et à tout ce qui la concerne peut être crucial pour l'introduction de changements positifs. Tout comme la pleine conscience peut influencer positivement notre relation à la douleur, à la peur, au temps et aux autres, elle peut également nous aider à transformer notre relation à la nourriture.

Beaucoup de personnes, par exemple, utilisent la nourriture pour réduire sensiblement leur stress. Quand nous sommes anxieux, nous mangeons. Quand nous sommes seuls, nous mangeons. Quand nous nous ennuyons, nous mangeons. Quand nous nous sentons vides, nous mangeons. Quand tout va mal, nous avons tendance à manger. Cela joue une grande part dans le fait de manger automatiquement. Nous ne le faisons pas pour nourrir notre corps. Nous le faisons principalement pour nous sentir mieux émotionnellement, et aussi pour meubler le temps.

Ce que nous mangeons alors s'ajoute éventuellement à un régime mal adapté. Les récompenses et les délices que nous nous accordons pour nous sentir mieux sont plutôt riches et sucrées, comme des cookies, des bonbons, des cakes, des pâtisseries et des glaces. Autant d'aliments riches en graisses cachées, et remplis de sucre. Ou alors ces récompenses et délices ont tendance à être salées, comme des chips de toutes sortes qui sont également chargées en graisses cachées.

Nous sommes aussi aux prises avec ce qui est disponible et pratique. Les chaînes fast-food se spécialisent en aliments riches en graisses animales, en cholestérol, en sel et en sucre, même si elles évoluent actuellement pour proposer des alternatives plus saines, comme des buffets de salades et des aliments cuits plutôt que frits. Bien que de nombreux restaurants valorisent actuellement les aliments légers pour le cœur, comme le poisson et le poulet cuits, la plupart ne font pas encore attention à ces questions-là et cuisinent la nourriture en la rendant éventuellement plus riche que nécessaire en graisses. Quand vous devez manger à l'extérieur, vous ne trouvez pas encore facilement de la nourriture saine. Il est parfois plus sain de *ne pas manger* jusqu'à ce que vous trouviez ce que vous voulez vraiment donner à votre corps. À ces moments-là, nous revenons à la pratique en étant patients et en abandonnant notre sentiment de manque et de privation.

Si vous souhaitez améliorer votre santé, il est extrêmement important que vous examiniez votre régime. La question ne se limite pas simplement aux graisses animales et au cholestérol, à l'infarctus et au cancer. Il est largement prouvé que les Américains mangent trop. C'est évident. Nous mangeons habituellement environ trois mille calories par jour. Or, nous sommes une société relativement sédentaire. Nous ne brûlons pas nos calories en travaillant autant que les générations précédentes. Nous nous déplaçons énormément en voiture et sommes souvent assis au travail. Conduire et rester assis ne brûlent pas les mêmes calories que marcher et travailler manuellement. En mangeant un tout petit peu moins, vous serez très probablement en meilleure santé, même sans changer votre alimentation. Des études faites sur des animaux ont montré qu'une alimentation qui fournit les nutriments nécessaires, mais est réduite en calories, peut considérablement allonger leur durée de vie. Certains chercheurs pensent que cela vaut également pour les êtres humains. Ils ont prouvé que la fonction immunitaire peut être améliorée en réduisant la prise de calories tout en fournissant les nutriments nécessaires. Dans notre société toutefois, le simple fait de suggérer que nous pourrions manger trop est devenu dangereux. La prévalence des troubles alimentaires, spécialement chez les jeunes filles et chez les femmes, nous a sensibilisés à la question de l'image corporelle et de la souffrance névrotique qui peut se développer à ce sujet chez certaines personnes. La relation des personnes à la nourriture se dérègle parfois au point que certaines se laissent mourir de faim tout en pensant que leur corps émacié est toujours trop gros (*anorexie mentale*), ou se ruent sur la nourriture qu'elles ne peuvent s'empêcher de manger pour ensuite se faire vomir volontairement pour ne pas prendre de poids (*boulimie*). Habituellement, ces troubles ont aussi une forte composante émotionnelle sous-jacente.

Ces troubles de l'alimentation peuvent découler, en partie et malheureusement, de la préoccupation grossière affichée par notre société postindustrielle pour l'apparence extérieure, ainsi que de sa tendance à considérer comme un objet, spécialement chez les femmes, le corps et sa beauté. Plutôt que de faire attention à l'expérience intérieure, à la bienveillance et à l'acceptation de soi, nous avons tendance à nous condamner si nous ne répondons pas aux normes de poids, de taille et d'apparence extérieure. Notre société nous impose le message de corps éternellement jeunes, bien loin de la réalité. Nous sommes devenus une société friande de régimes rapides et de régimes ratés, une société de consommateurs de cocktails chimiques appelés « boissons diététiques » – tous à la recherche du corps « parfait ».

Il y a cependant peu de sagesse dans toutes les modes associées à la nourriture et aux régimes. Pourquoi ne buvons-nous pas de l'eau au lieu d'une boisson diététique ? Pourquoi suivons-nous des régimes élaborés pour nous ruer ensuite sur ce dont nous nous sommes le plus privés ? N'est-il pas temps de réaliser que notre énergie est orientée dans la mauvaise direction ? Peut-être sommes-nous trop préoccupés par notre poids et par notre apparence et insuffisamment par le soin de nous et l'amélioration de notre bienêtre. Si nous commençons à être attentifs aux questions fondamentales, comme de savoir *ce qui préoccupe l'esprit,* ce que nous mettons dans notre corps et les raisons de cela, nous pourrions davantage progresser vers une meilleure santé, avec bien moins d'agitation mentale et de gaspillage d'énergie. Ceci est possible si nous combinons l'attention aux quantités mangées avec un choix sensé des aliments. Cela tient plus de la recherche d'un équilibre informel que d'une rigidité artificielle. Si vous mangez chaque jour des œufs, ne pas en manger un jour par semaine serait un grand progrès. Vous pourriez adopter une approche semblable avec la viande rouge et d'autres aliments qui ont été associés à un risque accru de certaines maladies.

Avec nos patients nous passons en revue les indications des sociétés nationales scientifiques et professionnelles qui les concernent au sujet du régime des Américains. Par exemple, la *National Academy of Medecine* recommande que les gens réduisent leur consommation de nourriture marinée et fumée, de viandes préparées, ou les évitent carrément en raison de leur lien probable avec certains cancers. Pratiquement parlant, cela signifie abandonner ou réduire fortement la consommation de salami, de sauce bolognaise, de corned-beef, de saucisses, de jambon, de bacon et de hot-dogs. L'*American Heart Association* recommande de réduire la consommation de viande rouge, de boire du lait demi-écrémé ou écrémé, d'éliminer le lait entier et la crème fraîche, de réduire les fromages gras et la consommation d'œufs. Un œuf contient environ 300 milligrammes de cholestérol ! (Le régime Ornish comporte environ 2 milligrammes de cholestérol par jour).

Que recommandent ces organisations en remplacement de la nourriture à éviter ou à supprimer ? Elles recommandent d'augmenter votre consommation de fruits et de légumes frais, de préférence crus ou soigneusement cuits, ce qui évite la destruction ou la dissolution de leurs nutriments. Certains légumes, comme les broccolis et les choux-fleurs, semblent avoir un effet protecteur contre certains types de cancer, peut-être à cause des antioxydants qu'ils contiennent naturellement. Ces organisations recommandent également d'introduire davantage de céréales complètes, comme le froment, le maïs, le riz et l'avoine. Elles peuvent être mangées dans le pain, comme céréales au petit déjeuner ou en collation. Elles peuvent aussi représenter une part importante du dîner. Les céréales sont la meilleure source de glucides complexes, elles devraient constituer environ 75 % des calories de notre consommation alimentaire quotidienne.

En plus de nous fournir en glucides et en nutriments, les céréales complètes, les fruits et les légumes fournissent les fibres à l'organisme, car elles contiennent l'enveloppe des graines et la chair de la plante, connues comme partie non digestible ou *fibre*. Les fibres donnent au tractus intestinal, qui est finalement un long tube enroulé sur lui-même (dont les parois comportent des muscles dynamiques), de quoi exercer des pressions pour faire progresser le bol alimentaire d'un bout à l'autre. Quand la nourriture que nous mangeons a du volume par ses fibres, son temps de transit par le tractus intestinal est modifié. Quand les conditions sont bonnes, on peut réduire le temps pendant lequel les tissus des intestins sont exposés aux déchets de la digestion, lesquels peuvent être toxiques et doivent être éliminés efficacement par le corps.

⁂

En résumé, il est important d'être attentif à votre relation à la nourriture. Écouter votre corps et observer l'activité de votre esprit par rapport à la nourriture peut vous aider à introduire et à maintenir des changements importants dans votre alimentation. Si votre pratique de la méditation est soutenue, vous serez naturellement plus en contact avec votre alimentation et son impact sur vous-même. Vous serez naturellement plus conscient de vos désirs et de vos envies de nourriture, et serez capable de les discerner plus clairement *en tant que des pensées et des sentiments*, et de les laisser passer *avant* d'y réagir.

Quand nous sommes en pilote automatique, nous avons tendance à agir d'abord (dans ce cas, à manger d'abord). Ensuite seulement, nous devenons conscients de ce que nous avons fait et qu'en réalité nous ne voulions pas vraiment faire. La *mindfulness* de quand nous mangeons, de ce que nous mangeons, du goût de la nourriture, de sa provenance, de son contenu, et de notre ressenti après l'avoir mangée peut vraiment nous amener à introduire un changement naturel dans ce domaine hautement chargé et extrêmement important de notre vie.

CONSEILS ET SUGGESTIONS DE PLEINE CONSCIENCE DANS L'ALIMENTATION

1. Commencez à être attentif à tout ce domaine de votre vie, tout comme vous l'avez été pour votre corps et pour votre esprit.
2. Essayez de manger un repas en pleine conscience, en silence. Ralentissez vos mouvements suffisamment pour pouvoir observer attentivement tout le processus. Voyez la description du raisin mangé en pleine conscience, au chapitre 1. Essayez d'éteindre votre téléphone pendant que vous mangez.
3. Observez les couleurs et les textures de vos aliments. Méditez sur l'origine de cette nourriture et sur la façon dont elle a poussé ou a été fabriquée. Est-elle synthétique ? Vient-elle d'une usine ? Quelque chose a-t-il été ajouté ? Pouvez-vous voir les efforts de toutes les autres personnes impliquées pour que cette nourriture parvienne jusqu'à vous ? Pouvez-vous voir comment elle a été à un moment donné connectée à la nature ? Pouvez-vous voir les éléments naturels, les rayons du soleil et la pluie, dans vos légumes, dans vos fruits et dans vos céréales ?
4. Avant de la manger, demandez-vous si vous souhaitez avoir cette nourriture dans votre corps. En quelle quantité ? Écoutez votre corps pendant que vous mangez. Pouvez-vous repérer quand il vous dit « assez » ? Que faites-vous à ce moment ? Qu'est-ce qui vous vient à l'esprit ?
5. Soyez conscient de votre ressenti corporel pendant les heures qui suivent le repas. Votre corps

se sent-il lourd ou léger ? Vous sentez-vous fatigué ou énergique ? Avez-vous une quantité inhabituelle de gaz ou d'autres symptômes de dérégulation ? Pouvez-vous relier ces symptômes à des aliments particuliers ou à des combinaisons d'aliments auxquels vous pourriez être sensible ?

6. Au magasin, essayez de lire les étiquettes sur les emballages, par exemple sur les boîtes de céréales, les pains, les surgelés. Qu'y est-il indiqué ? Ces aliments sont-ils riches en graisses, en graisses animales ? A-t-on augmenté leur teneur en sel et en sucre ? Quels sont les premiers ingrédients de la liste ? (Selon la loi les quantités doivent être indiquées par ordre décroissant, le premier ingrédient repris étant le plus important quantitativement, etc.)
7. Soyez conscient de vos envies. Demandez-vous d'où elles viennent. Que voulez-vous *vraiment ?* Allez-vous l'obtenir en mangeant cette nourriture-là ? Pouvez-vous n'en manger qu'un petit peu ? Y êtes-vous « accro » ? Pouvez-vous essayer de lâcher prise cette fois et de simplement observer cette envie comme une pensée ou un sentiment ? Pouvez-vous penser à faire quelque chose d'autre à ce moment qui sera plus sain et personnellement plus satisfaisant que de manger ?
8. Quand vous préparez un repas, le faites-vous en étant présent ? Essayez une méditation « épluchage des patates » ou une méditation « découpage des carottes ». Pouvez-vous être pleinement présent au cours de l'épluchage ou du découpage ? Essayez d'être conscient de votre respiration et de tout votre corps pendant que vous

épluchez ou que vous découpez les légumes. Quel(s) changement(s) apporte(nt) cette façon de faire ?

9. Regardez vos recettes favorites. De quels ingrédients avez-vous besoin ? De quelle quantité de crème, de beurre, d'œufs, de saindoux, de sucre et de sel ont-elles besoin ? Cherchez des alternatives si vous décidez qu'elles ne répondent plus à ce que vous souhaitez cuisiner. Il existe à présent quantité de délicieuses recettes pauvres en graisses, en cholestérol, en sel et en sucre. Certains utilisent du yaourt maigre pour remplacer la crème, de l'huile d'olive au lieu du saindoux ou du beurre, et des jus de fruit pour sucrer les mets.

CHAPITRE 32

Le stress du monde

Il ne sera jamais possible de contrôler complètement notre alimentation dans un monde pollué. Il y a trop de facteurs que nous ne connaissons pas et qui cependant peuvent avoir des effets toxiques à long terme. Vous pourriez par exemple manger une alimentation saine, pauvre en cholestérol, en graisses, en sel et en sucre, riche en glucides complexes, en fruits, en légumes et en fibres, et pourtant risquer de tomber malade si votre eau est contaminée par des produits chimiques provenant de déversements illégaux, si le poisson que vous mangez est pollué par du mercure ou du PCB[1], ou s'il y a des résidus de pesticides sur les fruits ou les légumes que vous mangez.

Ainsi, quand vous pensez à la relation entre la santé et l'alimentation, il est important de penser à l'alimentation dans un sens plus large. La *qualité* de la nourriture, le lieu où elle a poussé ou a été cueillie, où elle a été cultivée et ce qui y a été ajouté, sont des variables importantes.

1. PCB : polychlorobiphényles.

La conscience de ces connexions entre l'alimentation et la santé nous permettra au moins de prendre des décisions intelligentes sur ce que nous pouvons manger en abondance et ce que nous pouvons manger seulement de temps à autre, pour réduire les risques, pourrait-on dire, en l'absence d'une information sûre et complète sur des aliments particuliers.

Peut-être avons-nous besoin d'élargir notre définition de la nourriture. J'aime considérer comme nourriture tout ce que nous avalons et absorbons, tout ce qui nous donne de l'énergie et nous permet d'utiliser l'énergie d'autres aliments. La qualité de l'eau que nous buvons et de l'air que nous respirons affecte directement notre santé. Au Massachusetts, l'approvisionnement en eau de quelques villages a été contaminé au point de devoir y acheminer de l'eau d'autres villages. De nombreux puits locaux de l'État sont aussi hautement pollués pour le moment. Il y a de nombreux jours à Los Angeles où sont décrétées des alertes à la pollution, en raison des fortes concentrations de produits chimiques observées dans l'air. Ces jours-là, les enfants, les personnes âgées et les femmes enceintes sont encouragés à rester à l'intérieur. Et, quand on arrive à Boston par l'Ouest, on peut souvent *voir* l'air surplomber la ville. Il a une teinte jaune-brunâtre. Il est difficile de croire qu'il est sain de respirer cet air du matin au soir, d'un bout à l'autre de la vie. On observe ce phénomène dans beaucoup de nos villes à présent, dans certaines même la plupart du temps.

En tant qu'individus, nous devons clairement commencer à considérer l'air et l'eau comme une nourriture, et faire attention à leur qualité. Vous pouvez filtrer l'eau du robinet que vous buvez ou avec laquelle vous cuisinez pour plus de sûreté, ou acheter de l'eau en bouteille. Alors qu'il semble honteux de devoir payer plus encore pour de l'eau que ce que vous payez maintenant, il peut être intelligent de le faire à long terme, plus encore si vous êtes enceinte ou si vous encouragez vos enfants à boire de l'eau plutôt que des sodas. Cela dépendra bien sûr de l'information que vous avez sur la qualité de votre eau, et donc de la confirmation que l'eau en bouteille est de meilleure qualité, ce qui n'est pas toujours le cas.

Vous protéger de la pollution atmosphérique est une autre question. Si vous vivez à proximité de centrales électriques ou d'autres industries, ou habitez simplement en ville, vous pouvez peu faire à votre échelle, si ce n'est rester à distance des gens qui fument, et peut-être retenir votre souffle quand un bus passe. Seule une action légale et politique soutenue pendant une longue période peut affecter la qualité de l'air et de l'eau. Ceci peut justifier que des personnes attentives à leur santé s'investissent dans des actions visant un changement social. Nous avons tous intérêt à prendre soin du monde naturel. L'environnement est facilement pollué, mais plus difficilement nettoyé. En tant qu'individus, nous ne pouvons détecter la pollution dans notre nourriture. Nous dépendons de nos institutions pour protéger des contaminations l'approvisionnement en nourriture. Si elles ne le font pas, ou si elles n'établissent pas des normes ou des procédures de contrôle appropriées, notre santé et la santé des générations futures peuvent encourir des risques bien plus grands et variés, dont nous prenons seulement conscience maintenant.

Par exemple, le pesticide DDT et les PCB utilisés dans l'industrie électronique se retrouvent partout dans la nature, y compris dans notre masse graisseuse et, tristement, dans le lait maternel. Des pesticides interdits aux États-Unis, comme le DDT, continuent à être vendus par les producteurs américains aux pays du tiers-monde. Ironiquement, ces pesticides sont utilisés sur des plantes cultivées pour être exportées vers les États-Unis, comme le café et les ananas, et nous retrouvons donc dans notre nourriture les résidus des poisons que nous exportons pour être utilisés ailleurs. (Ceci fait l'objet d'un compte rendu accablant dans le livre *Circle of Poison*[1], par David Weir et Mark Schapiro.)

Les fabricants de pesticides ont ces informations, mais les consommateurs ne les ont en général pas, et c'est là le problème. Nous pensons que nous sommes protégés par les lois régissant ce qui peut et ne peut pas être répandu sur les plantations, mais ces lois ne régissent pas les niveaux de pesticides utilisés sur les plantations dans les autres pays comme le Costa Rica, la Colombie, le Mexique, le Chili, le Brésil et les Philippines, d'où proviennent souvent notre café, nos bananes, nos ananas, nos poivres et nos tomates. Qui plus est, les pesticides utilisés dans le tiers-monde sont souvent appliqués dans les champs par des travailleurs agricoles. Ceux-ci ne reçoivent aucune instruction sur l'usage correct de ces produits en vue de minimiser la contamination de la nourriture, ni sur la façon de se protéger eux-mêmes pendant qu'ils les utilisent. L'Organisation mondiale de la santé mentionne cinq cent mille cas de personnes empoisonnées par des pesticides dans le tiers-monde, dont des milliers meurent chaque année suite à un empoisonnement par pesticides. Pendant ce temps-là, l'environnement devient rapidement surchargé en pesticides : près de deux milliards de kilos (1,8 milliard) ont été produits dans le monde au cours de la seule année 1981. L'effet continu de ce type de saturation de

1. Littéralement : cycle de poison. *(N.d.T.)*

l'environnement et de notre chaîne alimentaire par des pesticides est inconnu, mais n'est vraisemblablement pas positif.

C'est récemment que nous avons réalisé que nous vivons sur une petite planète, et que nous la partageons. Elle peut être stressée et en finale submergée par nos activités. Nous savons à présent que notre interconnexion s'étend à la planète elle-même. Notre écosystème, exactement comme le corps humain, est un système dynamique, robuste mais aussi fragile, avec ses mécanismes homéostatiques propres qui peuvent être stressés. Il a ses propres limites, au-delà desquelles il peut rapidement tomber en panne. Si nous ne parvenons pas à réaliser que notre activité humaine collective est capable de déséquilibrer des cycles, nous pourrions alors fort bien être en train de créer les germes de notre destruction, en tant qu'individus, mais aussi en tant qu'espèce.

De nombreux scientifiques pensent que nous sommes déjà dangereusement loin dans cette voie. Le monde en vient lentement à reconnaître que l'activité humaine peut polluer les océans de façon inimaginable, dénuder les forêts d'Europe par des pluies acides, et raser les forêts tropicales restantes – qui fournissent une part significative de l'oxygène que nous respirons et ne peuvent être remplacées. L'activité humaine dégrade également les régions agricoles, à un point où elles ne peuvent plus produire de nourriture. Elle pollue l'atmosphère avec du dioxyde de carbone, augmentant par là la température moyenne de la surface de la Terre. Elle détruit la couche d'ozone de l'atmosphère terrestre en produisant puis en libérant des fluorocarbures, augmentant par là notre exposition aux radiations dangereuses des ultraviolets du soleil. Elle pollue notre eau et l'air que nous respirons, et contamine le sol, les rivières et la vie sauvage, avec des produits chimiques toxiques.

Quand nous lisons des articles sur ces enjeux, ou en entendons parler à la télé, ils peuvent nous sembler éloignés, ou encore nous apparaître comme le remue-ménage pittoresque des amoureux romantiques et hystériques de la vie sauvage et de la nature. Pourtant, si la destruction de l'environnement n'est pas ralentie, ils risquent de nous affecter d'ici dix ou vingt années. Ces problèmes pourraient causer des stress majeurs dans notre vie et dans celle des générations futures, et provoquer une augmentation significative de certaines maladies. Dans cette catégorie se retrouverait une plus grande incidence de cancers de la peau, à laquelle on peut s'attendre si l'atmosphère devient de moins en moins capable de faire barrage aux rayons ultraviolets nocifs de la lumière du soleil. S'y retrouverait également un taux accru de cancers, de fausses couches et d'anomalies congénitales, dus à une exposition plus importante depuis la naissance aux produits chimiques contenus dans l'environnement et peut-être aussi dans la nourriture.

Bien que nous puissions lire chaque jour des échanges de vue et des reportages sur ces questions dans nos journaux, nous leur prêtons en général peu d'attention, comme si elles ne nous concernaient pas réellement, ou comme si la situation était sans espoir. On a parfois l'impression de ne rien pouvoir faire à notre échelle individuelle.

Mais le simple fait de devenir plus conscients et plus informés de ces problèmes et de leur relation à notre santé sur le plan individuel, et à la santé de la planète dans son ensemble, peut constituer un premier pas positif et significatif vers un changement dans le monde. En devenant plus informé et plus conscient, vous vous êtes au moins changé vous-même. Vous êtes déjà une part petite mais significative du monde, plus importante peut-être que vous ne le pensez. En vous changeant vous-même et en changeant votre comportement, même modestement, tout comme en recyclant les matières réutilisables, vous changez le monde.

Ces questions affectent notre vie et notre santé maintenant, que nous le sachions ou pas. Et elles sont une source de stress psychologique et physique. Notre bien-être psychologique peut dépendre de notre capacité à trouver un endroit dans la nature, où nous pouvons aller et simplement écouter les sons du monde lui-même, sans les bruits de l'activité humaine, des avions, des voitures et des machines. Et, plus inquiétant, savoir, comme nous le savons, qu'une guerre nucléaire entre les superpuissances pourrait détruire la vie en vingt minutes est un stress psychologique que nous vivons tous mais auquel nous n'aimons pas penser. Mais nos enfants le savent, et certaines études montrent qu'ils sont profondément perturbés par l'éventualité que la génération de leurs parents puisse faire sauter la planète.

Si nous ne changeons pas rapidement le cours de l'histoire par une nouvelle façon de penser, basée sur une compréhension de la totalité, les exemples du passé nous donnent peu de raisons d'être optimistes. Après tout, jamais un armement n'a été inventé sans être utilisé tôt ou tard, mis à part les missiles balistiques à portée intermédiaire. La destruction récente de ces armes par les États-Unis et par l'URSS représente certainement un pas vers l'élimination de la possibilité d'une guerre nucléaire, mais ce n'est qu'un premier pas. Nous-mêmes avons pu incinérer deux villes entières d'habitants, alors ce n'est pas simplement « l'autre côté » qui est capable de déchaîner de la violence sur les populations civiles, au vu des circonstances. Nous sommes « l'autre côté ». Peut-être faut-il arrêter de penser en termes de « nous » et « eux », et commencer davantage à penser en termes de « nous ». De récents événements en URSS et en Europe orientale, catalysés en partie par les nouvelles façons de penser et d'agir de Mikhaïl Gorbatchev, sont un signe prometteur que des changements importants vers plus d'harmonie sur la planète sont possibles.

À l'échelle de la société, nous devons aussi être plus conscients de la menace que constituent, pour l'environnement et pour notre santé, les déchets radioactifs des fabriques d'armes nucléaires et des centrales nucléaires. À l'heure actuelle, nous n'avons pas de moyen réaliste d'empêcher la contamination de l'environnement par ces déchets hautement radioactifs, qui restent toxiques pendant des centaines voire des milliers d'années. Les industries nucléaires et les gouvernements ont toujours minimisé le danger de la radioactivité pour les populations civiles, et ils continuent de le faire. Mais le danger est indéniable. Le plutonium est la substance la plus toxique connue par l'homme. Il est fabriqué par l'homme. Un atome de plutonium dans votre corps peut vous tuer. Des centaines de kilos de plutonium, suffisants pour fabriquer de nombreuses bombes nucléaires artisanales, ont disparu des industries nucléaires.

De telles questions méritent clairement notre plus grande attention. Nous recevons des informations sur ces sujets chaque jour, consciemment ou pas. Peut-être devrions-nous élargir notre concept de l'alimentation et reconnaître qu'il inclut aussi l'information, les images et les bruits que nous avalons et que nous absorbons d'une façon ou d'une autre, habituellement sans la moindre conscience. Nous vivons immergés dans une mer d'informations. Les nouvelles technologies ont transformé cette époque en un âge de l'information. Ne sommes-nous pas exposés à un « régime » constant d'informations, que nous avalons chaque jour via les journaux, la radio et la télévision ? Cela n'influence-t-il pas nos pensées et nos sentiments, et ne façonne-t-il pas notre vision du monde et même de nous-mêmes, bien plus que nous ne sommes prêts à l'admettre ? L'information ne constitue-t-elle pas, en elle-même et d'elle-même, un stresseur majeur par bien des côtés ?

Prenez par exemple le fait que nous avalons constamment les détails d'une foule de mauvaises nouvelles venant du monde entier. Nous sommes habituellement plongés dans une mer d'informations traitant de la mort, de la destruction et de la violence. C'est un régime constant, à tel point que nous ne nous en rendons presque plus compte. Pendant la guerre du Viêtnam, il était courant et normal de dîner en famille tout en regardant les reportages tournés au cours des combats de la journée, et en entendant le décompte des morts. Gardez votre radio allumée un petit temps, n'importe quel jour, et vous entendrez probablement les détails parlants d'un viol ou d'un meurtre.

Nous suivons ce régime quotidiennement. On ne peut s'empêcher de se demander l'effet sur nous, sur le plan individuel et sur le plan collectif, d'avoir une information imagée et immédiate de tous ces problèmes troublants, sans pouvoir exercer aucune influence sur eux. Un effet probable est que nous devenions progressivement insensibles à ce qui arrive aux autres. Le destin des autres fait alors simplement partie de la vie dans laquelle nous sommes immergés, sur arrière-fond de violence. À moins que ce soit particulièrement horrible, nous ne le remarquerons peut-être même pas du tout.

Mais cela pénètre en nous, exactement comme les publicités auxquelles nous sommes exposés. Vous observez ceci quand vous méditez. Vous commencez à voir que votre esprit est plein de toutes sortes de choses qui s'y sont insinuées, plein de nouvelles ou de publicités. Les publicitaires sont en fait fort bien payés pour imaginer des façons efficaces d'introduire leur message dans votre tête, et augmenter ainsi les chances de vous voir désirer et choisir leurs produits.

La télévision et les films représentent également une grande part de notre régime habituel, plus encore depuis l'arrivée du câble et des vidéos. Dans un ménage américain moyen, nous disent certaines études, la télévision est allumée environ sept heures par jour, et de nombreux enfants la regardent de quatre à sept heures par jour. Ils y consacrent donc plus de temps qu'à n'importe quelle autre activité, si ce n'est à dormir. Ils sont exposés à des quantités impressionnantes d'informations, d'images et de bruits. La plupart sont frénétiques, violents et anxiogènes. Tous sont artificiels et bidimensionnels. Ils ne sont pas reliés aux expériences que les enfants font vraiment dans leur vie, en dehors de celle qui consiste à regarder la télé.

Les films d'horreur en vogue exposent également les enfants à des images d'une violence et d'un sadisme extrêmes. Des simulations caricaturales et vivantes de la réalité, comprenant des meurtres, des viols, des mutilations et des démembrements, sont devenues très courues parmi les jeunes. Ces simulations très parlantes font à présent partie du régime des jeunes esprits, des esprits qui ont peu de défenses contre ce genre de distorsion de la réalité. Ces images sont très fortes pour troubler et déformer le développement d'un esprit équilibré, particulièrement s'il n'y a pas, dans la vie de l'enfant, une force égale pour les contrebalancer. Pour de nombreux enfants, la vie réelle est fade en comparaison de l'excitation des films, et il devient de plus en plus dur, même pour les réalisateurs, de conserver l'intérêt de leurs spectateurs sans rendre les images plus fortes et plus violentes à chaque nouvelle production.

Nous n'avons pas idée de ce que ce nouveau régime des enfants américains des années 1980 donnera dans les décennies à venir. Il y a cependant déjà bien trop de cas d'adolescents et de jeunes adultes ayant tué d'autres personnes après avoir vu et s'être inspirés de films violents, comme si, dans leur esprit, la vie réelle était simplement une extension de ces films, et comme si la vie, les peurs et la souffrance des autres n'avaient pas de valeur, ou ne prêtaient pas à conséquence. Ce régime semble catalyser une profonde déconnexion des sentiments humains d'empathie et de compassion, au point où de nombreux enfants ne s'identifient plus à la peine d'une victime. Un article récent sur la violence des teenagers rapporte qu'à seize ans, les jeunes Américains ont assisté passivement, à la télévision et au cinéma, à une moyenne approximative de deux cent mille actes de violence, dont trente-trois mille meurtres.

Le bombardement de notre système nerveux par des images, des sons et des informations est particulièrement stressant s'il reste constant. Si vous allumez la télévision quand vous vous éveillez, allumez la radio en voiture pour aller au travail, regardez les nouvelles quand vous revenez à la maison, puis regardez la télé ou un film le soir, vous remplissez votre esprit d'images qui n'ont pas de relation directe avec votre vie. Que le spectacle soit merveilleux ou l'information intéressante, ils resteront probablement bidimensionnels pour vous et ne dureront pas. Mais en étant sans cesse soumis à ce régime, qui nourrit la faim mentale d'information et de diversion, vous éliminez de votre vie des alternatives très importantes : du temps pour le silence, pour la paix, pour être simplement avec ce qui se passe ; du temps pour penser, pour jouer, pour faire des choses réelles. L'agitation constante de nos esprits pensants, que nous rencontrons de façon si vive dans la pratique de la méditation, est en réalité nourrie et renforcée par notre régime de télévision, de radio, de journaux et de films. Nous enfournons constamment dans notre esprit davantage de choses auxquelles réagir, auxquelles penser, pour lesquelles nous tourmenter, être obsédés, et auxquelles nous souvenir, comme si notre vie quotidienne n'en produisait pas assez. Le plus drôle, c'est que nous faisons cela pour nous reposer de nos soucis et de nos préoccupations, pour détourner notre esprit de nos difficultés, pour nous distraire, pour nous évader, pour nous aider à nous détendre.

Mais ça ne marche pas comme cela. Regarder la télévision n'apporte en général pas de détente physiologique. Son impact se situe davantage sur les lignes de bombardement sensoriel. Elle rend aussi dépendant. De nombreux enfants sont accros de la télé et ne savent que faire d'eux-mêmes quand elle est éteinte. Cette échappatoire à l'ennui est tellement facile qu'ils ne sont pas incités à trouver d'autres façons d'utiliser le temps, comme des jeux créatifs, du dessin, de la peinture et de la lecture. La télévision est si hypnotique que des parents l'utilisent pour garder les enfants. Quand elle est allumée, ils peuvent enfin avoir quelques instants de paix. De nombreux adultes sont eux-mêmes dépendants des feuilletons télévisés, des spectacles ou des nouveaux programmes. On ne peut s'empêcher de s'interroger sur les effets de ce régime sur les relations et sur la communication au sein des familles.

⁂

Toutes ces observations sont de la nourriture pour la pensée. Chaque question que nous avons soulevée, peut être examinée sous de nombreux angles de vue différents. Il n'y a pas de « bonnes » réponses et notre connaissance des intrications de ces questions est toujours incomplète. Elles sont présentées ici comme exemples de notre interface avec ce que nous pourrions appeler le stress du monde. Elles veulent vous provoquer et vous inviter à regarder de plus près vos points de vue, vos comportements et votre environnement local, pour pouvoir cultiver l'attention et une vie consciente dans ces domaines.

Chacun de nous doit arriver à sa propre vision du stress du monde. Il nous affecte qu'on le veuille ou non, qu'on l'ignore ou non. À la clinique du stress, nous abordons ces questions précisément parce que nous ne vivons pas au milieu de nulle part. Le monde extérieur et le monde intérieur ne sont pas davantage séparés que l'esprit et le corps. Il est important, selon nous, que nos patients développent des approches conscientes leur permettant de reconnaître ces problèmes et d'y travailler, comme avec leurs problèmes plus personnels, s'ils veulent rendre leur vie plus consciente, et gérer efficacement l'ensemble des forces actives en eux.

Le stress du monde deviendra plus intense encore dans le futur. Stewart Brand, du célèbre *Whole Earth Catalog*[1],

1. Le *Whole Earth Catalog* : catalogue alternatif fondé en 1968, notamment par Stewart Brand. *(N.d.T.)*

prévoit dans un futur assez proche une avancée technologique permettant d'accéder à toutes les informations que vous voudrez connaître, quand vous rentrerez le soir à la maison. Les ordinateurs du futur et les téléphones mobiles, les télévisions de pointe et les robots personnels, tous interconnectés bien entendu, veilleront à ce que votre accès à l'information ne dorme jamais, et à ce que vous l'ayez toujours sous la main. Ceci peut, d'une certaine façon, s'avérer libérateur et nous donner davantage de flexibilité. Mais nous devrons aussi être sur nos gardes pour éviter d'être aspirés dans un mode de vie qui nous réduise chacun à n'être qu'un processeur d'information et un consommateur de loisirs sur pieds.

Plus le monde devient compliqué et s'introduit dans notre vie privée et dans notre espace psychologique personnel, plus il est important de pratiquer le non-agir. Nous en aurons besoin, simplement pour protéger notre santé mentale, et pour nous comprendre davantage, au-delà de nos rôles, au-delà de nos codes d'accès à notre ordinateur, de notre numéro de sécurité sociale, de nos cartes de crédit et de nos mots de passe secrets. La méditation pourrait devenir une nécessité absolue pour faire face aux stresseurs du XXIe siècle, et pour ne pas oublier ce que signifie être humain lorsque nous aurons des appareils plus sophistiqués encore avec lesquels jouer.

Aucun des problèmes évoqués ici n'est insurmontable. Ils ont tous été créés par l'esprit humain et par son expression dans le monde. Ces problèmes peuvent également être résolus par l'esprit humain, s'il apprend à valoriser et à développer la sagesse et l'harmonie, à voir son intérêt en termes de globalité et d'interconnexion. Cela nous demande de dépasser nos impulsions mentales appelées peur, avidité et haine. Nous pouvons tous jouer un rôle important pour y arriver, en travaillant sur nous-mêmes et sur le monde. Si nous parvenons à comprendre que nous ne pouvons être en bonne santé dans un monde stressé au point de ne pouvoir répondre ni guérir, peut-être apprendrons-nous à traiter notre monde et nous-mêmes différemment. Ici aussi peut-être apprendrons-nous à ne pas traiter les symptômes en essayant de les éliminer, mais en nous colletant avec leurs causes sous-jacentes. Tout comme pour notre guérison intérieure, le résultat va dépendre de la justesse avec laquelle nous accordons l'instrument. Pour avoir un effet positif sur les problèmes environnementaux plus vastes, nous devrons nous accorder encore et encore à notre centre profond, cultivant la présence et l'harmonie dans notre vie individuelle. Ce n'est pas l'information en elle-même qui est le problème. Ce que nous devons apprendre est d'accorder une attention sage à l'information qui est à notre disposition, à la contempler et à discerner l'ordre et la connexion en elle, de façon à pouvoir la mettre au service de notre santé et de notre guérison, tant individuelles que collectives.

Nous avons ainsi décrit un cercle complet, du monde extérieur nous sommes revenus au monde intérieur, de la totalité plus vaste nous sommes revenus à l'individu, face à sa vie, avec sa respiration, son corps et son esprit. Le monde dans lequel nous vivons change très rapidement, et nous sommes inexorablement empêtrés dans les filets de ces changements, vouloir ou pas, que cela nous plaise ou pas. De nombreux changements dans le monde d'aujourd'hui vont clairement vers plus de paix, plus d'harmonie et plus de santé. D'autres les sapent tout aussi clairement. Tous font partie de la tourmente.

Le défi, bien entendu, consiste à savoir comment nous allons vivre cette vie. Vu le stress du monde et le stress alimentaire, le stress professionnel et le stress du rôle, le stress social, le stress du sommeil et le stress du temps, vu nos peurs et nos douleurs, qu'allons-nous faire ce matin quand nous nous éveillons ? Comment allons-nous nous comporter ? Pouvons-nous être un havre de paix à cet instant ? Pouvons-nous vivre en harmonie avec notre être profond à cet instant ? Pouvons-nous utiliser notre intelligence à travailler pour nous, dans notre vie intérieure et dans le monde extérieur ?

Les milliers de personnes « ordinaires » extraordinaires qui sont passées par la clinique de réduction du stress au cours des dix dernières années ont relevé le défi d'arriver à vivre avec davantage de confiance, en cultivant la présence à elles-mêmes, en découvrant pour elles-mêmes qu'il y a un pouvoir de guérison dans la pleine conscience.

Nous ne pouvons prédire le futur du monde, même pour quelques jours, et pourtant notre futur y est intimement connecté. Mais ce que nous pouvons faire, et manquons si souvent de faire, est de nous approprier notre présent, pleinement, le mieux que nous pouvons, d'instant en instant. Comme nous l'avons vu, c'est *ici* que le futur se crée, le nôtre et celui du monde. Ce que nous choisissons de faire est important. Cela fait la différence.

Ainsi, ayant examiné plusieurs applications concrètes de la *mindfulness*, il est temps que nous revenions à la pratique même. Dans la dernière partie, vous trouverez des suggestions supplémentaires pour intégrer la pleine conscience à votre vie et vous connecter à d'autres qui partagent cette façon d'être.

⁂

CONSEILS ET SUGGESTIONS POUR FAIRE FACE AU STRESS DU MONDE

1. Faites attention à la qualité et à la provenance de votre eau et de votre nourriture. Où vous vivez, quelle est la qualité de l'air ?
2. Soyez conscient de votre relation à l'information. Lisez-vous beaucoup les journaux et les revues ? Comment vous sentez-vous après ? Quand choisissez-vous de les lire ? Est-ce le meilleur usage de ces moments pour vous ? Agissez-vous sur base des informations que vous recevez ? Comment ? Êtes-vous conscient d'être avide de plus de nouvelles et d'informations au point de vous interroger sur une dépendance éventuelle ? Comment votre comportement est-il affecté par votre besoin d'être stimulé et bombardé ? La radio ou la télé sont-elles toujours allumées, même quand vous ne l'écoutez pas ou ne la regardez pas ? Lisez-vous les journaux pendant des heures rien que pour « tuer le temps » ? Êtes-vous contrarié si le journal n'est pas distribué le matin ?
3. Soyez conscient de la façon dont vous utilisez la télévision. Que choisissez-vous de regarder ? Quels besoins cela satisfait-il en vous ? Comment vous sentez-vous ensuite ? La regardez-vous souvent ? Quel est l'état d'esprit qui vous pousse principalement à l'allumer ? Quel est l'état d'esprit qui vous fait l'éteindre ?
4. Quels sont les effets sur votre corps de cette absorption de mauvaises nouvelles et d'images violentes ? Sur votre esprit ? En êtes-vous d'habitude un peu conscient ? Notez si vous vous

sentez impuissant ou déprimé face au stress du monde.

5. Essayez d'identifier des questions spécifiques dont vous vous souciez et qui, si vous y travail-liez, pourraient vous aider à vous sentir plus engagé ou plus puissant. Le simple fait de faire quelque chose, même si c'est un très « petit » *quelque chose*, peut souvent vous aider à sentir que vous pouvez avoir un effet, que vos actions comptent, et que vous êtes relié au monde plus vaste d'une façon qui a du sens. Vous vous senti-rez peut-être efficace si vous avez identifié un pro-blème important de santé, de sécurité ou d'environnement dans votre voisinage, votre vil-lage ou votre ville, et y avez travaillé. Vous aurez peut-être rendu les gens plus conscients d'un pro-blème potentiel, ou en avez réduit un qui était bien identifié. Puisque vous faites partie d'un tout plus vaste, participer au mieux-être du monde peut être très apaisant. Souvenez-vous du dicton : « Pensez globalement, agissez localement. » Il marche aussi dans l'autre sens : « Pensez locale-ment, agissez globalement. »

Partie 5

LA VOIE DE LA CONSCIENCE

Chapitre 33

De nouveaux commencements

Tandis qu'un cycle du programme de réduction du stress touche à nouveau à sa fin, je regarde une dernière fois les participants et suis émerveillé par eux. Ils se sont embarqués ensemble pour ce voyage d'auto-observation et de guérison, il y a huit courtes semaines. Leurs visages ont changé. Ils sont assis différemment. Nous avons commencé ce matin par un scan corporel de vingt minutes, puis sommes passés à une assise d'une vingtaine de minutes. Le calme était délicieux. On aurait pu rester assis éternellement.

C'est comme s'ils savaient maintenant quelque chose de très simple qui avant, d'une certaine façon, leur échappait. Ce sont toujours les mêmes personnes. Dans les grandes lignes, rien n'a changé dans leur vie, mis à part, en fait, tout. Ce changement s'est opéré d'une façon subtile, qui émerge quand nous passons en revue leur implication dans cette aventure.

Ils ne veulent pas s'arrêter à ce stade. C'est le cas à la fin de chaque cycle de huit semaines. Les participants ont toujours l'impression qu'ils viennent de commencer.

Alors pourquoi s'arrêter ? Pourquoi ne pas continuer à se réunir chaque semaine et à pratiquer ensemble ?

Nous nous arrêtons pour de nombreuses raisons, mais la plus importante touche au développement de l'autonomie et de l'indépendance. Ce que nous avons appris au cours de ces huit semaines doit être testé dans le monde, quand nous n'avons que nos ressources intérieures sur lesquelles prendre appui. C'est une partie importante du processus d'apprentissage, qui consiste à s'approprier la pratique.

La pratique ne doit pas s'arrêter pour la simple raison que le programme est terminé. En fait, toute la question est de poursuivre la pratique. Ce voyage dure toute la vie. Il ne fait que commencer. Les huit semaines servent simplement à nous lancer ou à rediriger notre trajectoire. À la fin des huit semaines, nous disons simplement : « D'accord, vous avez les bases. À vous de jouer maintenant. Vous savez ce qu'il y a à faire. Faites-le. » Nous enlevons à dessein les supports extérieurs pour que les gens puissent travailler au maintien de la dynamique de la pleine conscience par eux-mêmes, et à leur manière de la mettre au travail dans leur vie. Si nous voulons avoir la force de faire face et de travailler avec la tourmente de notre vie, notre pratique méditative doit pouvoir se développer par elle-même, dépendre uniquement de notre intention et de notre engagement, et pas d'un groupe, ni d'un programme hospitalier.

Quand nous avons commencé la clinique il y a dix ans, nous pensions qu'après huit semaines de formation, les gens pourraient continuer d'eux-mêmes. Puis, s'ils souhaitaient revenir après six mois, un an ou plus, nous en ferions une option en créant un deuxième cycle dans lequel ils pourraient approfondir la pratique. Ce modèle a bien fonctionné au cours des ans. Ces classes sont recherchées, et ceux qui les ont suivies reviennent régulièrement s'asseoir avec nous au cours des journées de pleine conscience.

Mais aujourd'hui, parce que la clinique aura bientôt dix ans et que le staff a réfléchi à de nouvelles façons de faire les choses, je suis venu en classe avec la proposition nouvelle de nous réunir une fois par mois au cours des six mois à venir pour des séances de suivi. De cette façon, les participants auraient encore l'occasion d'affermir par eux-mêmes la pratique et la dynamique développées au cours de ces huit semaines, tout en recevant un support périodique en cours de route. La réponse à cette proposition est unanimement favorable. Chacun est désireux de commencer cette nouvelle phase, que nous organisons donc.

⁂

Pour vous lecteur, il est important de vous souvenir que les classes, les groupes, les séances de suivi, les enregistrements et les livres peuvent être utiles à certains moments, mais qu'ils ne sont pas essentiels. Ce qui est essentiel est votre vision et votre implication à pratiquer aujourd'hui, puis à vous lever et à pratiquer demain aussi, peu importe ce qu'il y a dans votre agenda. Si vous suivez les lignes du programme que nos patients suivent et qui est décrit au chapitre 10, huit semaines devraient suffire pour que votre pratique méditative commence à vous sembler naturelle et à correspondre à une façon de vivre que vous pourriez vouloir poursuivre. Avant huit semaines, vous aurez certainement vu que le vrai apprentissage vient de vous-même. Alors, en relisant certaines parties de cet ouvrage, en consultant les livres repris à l'appendice et, quand c'est possible, en localisant d'autres personnes et groupes avec lesquels méditer, vous pourrez renforcer et soutenir votre pratique tandis qu'elle croît et s'approfondit.

⁂

Je parcours à présent la salle du regard, et suis frappé par le réel enthousiasme que chacun semble avoir pour le travail accompli au cours de cette brève période. Je suis frappé aussi par le respect et l'admiration que tous éprouvent pour la force et la détermination des autres, comme pour la leur. Leur participation remarquable a été le reflet de cette implication.

Édouard n'a pas raté un seul jour de pratique. Je l'avais vu pour la première fois deux mois avant le début du programme et lui avais suggéré de commencer dès ce moment les scans corporels avec les enregistrements. Son effort m'impressionne plus encore. Il sent que sa vie en dépend. Il pratique chaque midi au travail, dans son bureau ou dans sa voiture au parking. Puis il fait le scan corporel à l'aide de l'enregistrement quand il rentre du travail, avant de faire quoi que ce soit. Après seulement il prépare le dîner. Il dit que cette façon de pratiquer lui a redonné du courage, et l'aide à sentir qu'il peut gérer les hauts et les bas physiques et émotionnels qu'il traverse suite au sida, la fatigue qu'il ressent souvent, ainsi que les nombreux examens et protocoles qu'il subit.

Pierre sent qu'il a introduit des changements majeurs dans sa vie, qui l'aideront à rester en bonne santé et à éviter un autre infarctus. Le soir où il s'est surpris en train de laver sa voiture dans son allée, il a vraiment ouvert les yeux. Il continue lui aussi à pratiquer chaque jour.

Béatrice, dont les expériences ont été décrites au chapitre 25, sent que le programme l'a aidée à être plus calme et à croire qu'elle peut être elle-même malgré ses difficultés. Comme nous l'avons vu, elle avait utilisé sa pratique méditative de façon imaginative et avait pu ainsi garder le contrôle pendant les procédures de diagnostic médical qui l'effrayaient.

Marge avait été opérée d'une tumeur bénigne à l'abdomen juste après la fin du programme, et je ne la revis que plusieurs mois plus tard. Je lui avais prêté une copie de la bande vidéo de réduction du stress de l'hôpital, *The World of Relaxation*[1]. Elle l'avait utilisée chez elle pour se préparer mentalement à l'intervention chirurgicale, puis pour s'aider les semaines suivantes au cours de sa convalescence, en plus de sa pratique méditative régulière. Elle me raconta plus tard qu'elle était restée éveillée pendant l'opération d'une heure sous anesthésie épidurale, et avait médité du début à la fin. Elle avait entendu les chirurgiens parler de réséquer la tumeur du gros intestin, mais était restée calme. De retour à la maison, elle eut recours très souvent à la méditation pour accélérer sa convalescence. Elle dit qu'elle n'avait pas eu de problèmes de douleur au réveil, à la différence d'opérations précédentes. Elle dit qu'avant de commencer le programme, elle était tendue comme un ressort. Elle se sent à présent bien plus relaxée et à l'aise, même si elle a toujours aussi mal aux genoux.

Arthur a moins de migraines maintenant et sent qu'en utilisant sa respiration il peut les empêcher de venir dans des situations stressantes. Il se sent plus détendu, même si le stress particulier du métier de policier est toujours là. Il envisage de changer de travail. Il a surtout apprécié le yoga et dit avoir fait l'expérience d'un nouveau niveau de relaxation au cours de la journée de pleine

1. *Le monde de la relaxation. (N.d.T.)*

conscience, où la notion de temps avait complètement disparu.

Philippe, le camionneur franco-canadien que nous avons rencontré plusieurs fois en cours de route, connut des expériences difficiles dans sa pratique. Sa façon de parler et sa volonté de partager son vécu touchèrent tous les participants. Il sent maintenant qu'il pourra mieux se concentrer et gérer son mal de dos quand il présentera un examen pour sa licence professionnelle d'assureur. Sa douleur est plus gérable. Il peut à présent apprécier le temps passé en famille, et cela a enrichi sa vie.

Huit semaines plus tard, Roger reste assez effrayé par sa situation. Il est parvenu à suivre le programme, ce qui m'a surpris, et dit être plus détendu et moins dépendant des antidouleurs. Il ne voit cependant pas encore bien comment faire face à sa situation domestique. Il s'est emporté une fois au moins, et sa femme a dû demander une décision de justice pour le maintenir éloigné de la maison. Roger a visiblement besoin d'une attention individuelle. Il a cependant été en thérapie par le passé, et rejette l'idée d'y retourner, bien que je l'y encourage.

Éléonore est rayonnante ce matin. Elle était venue à la clinique pour ses attaques de panique. Elle n'en a pas eu une seule depuis le début du programme, et sent que, s'il en vient une, elle saura comment la gérer. La séance d'une journée avait été très importante pour elle. Elle y avait contacté des aires de paix intérieure inconnues en soixante ans.

Louise nous avait raconté le premier jour où son fils lui avait « fait » suivre le programme en lui disant : « Mam, cela a marché pour moi. Tu *dois* absolument le suivre. » Elle vit que cela commençait à l'aider dans toute son attitude envers la vie, ainsi que dans les douleurs de son arthrite rhumatoïde et dans les restrictions que cette maladie lui imposait. Elle vit aussi qu'elle pouvait se situer au-delà de sa douleur dans le scan corporel, et apprit alors à trouver le bon rythme d'un bout à l'autre de la journée. Il y a quelques semaines, elle avait raconté triomphante à la classe qu'elle avait été en voiture à Cooperstown pour le week-end, chose qu'elle n'aurait jamais cru possible avant. Elle avait visité bien entendu *Baseball Hall of Fame* avec sa famille et des amis. Chaque fois qu'elle sentait avoir été assez dans la foule, elle sortait, trouvait un endroit où s'asseoir, fermait les yeux, et faisait simplement sa méditation, complètement indifférente au regard des autres. Elle savait que c'était ce dont elle avait besoin pour garder son équilibre pendant cette épreuve potentielle. Elle le fit plusieurs fois au cours de la journée et du week-end, et put garder le cap. « Mon fils avait tout à fait raison, s'exclama-t-elle. Je pensais qu'il était fou, mais cela m'a donné une nouvelle chance dans la vie ! »

Loretta, qui venait pour de l'hypertension, vit également que sa vie avait changé. Elle travaille comme consultante pour des sociétés et des administrations publiques. Avant le programme, elle avait toujours peur de montrer à ses clients les rapports qu'elle leur avait préparés. À présent, elle se sentait bien plus confiante dans son travail et se disait : « Bon, et où est le problème si ça ne leur convient pas ? Et ce travail-là, où est le problème s'ils l'*aiment ?* Je vois maintenant que le plus important est que je me sente bien par rapport à mon travail. Cela a réduit nettement mon anxiété, et a aussi nettement amélioré mon travail. »

Cette vision profonde – « Et où est le problème s'ils l'aiment » – en dit long sur l'évolution de Loretta au cours des huit semaines écoulées. Elle a clairement vu qu'elle peut être piégée par le positif, par les approbations, par les félicitations, comme par les critiques et l'échec. Elle a vu qu'elle doit définir ses expériences dans ses propres termes, pour elle, pour qu'elles aient du sens à ses yeux. Le reste n'est qu'une fiction élaborée, une illusion, même si c'en est une dans laquelle on est facilement pris.

Et Hector part en sentant qu'il a appris à mieux contrôler sa colère. Puisqu'il a été lutteur et soulève ses cent trente-six kilos sans efforts, comme un oiseau délicat mais massif, cela a été vraiment drôle de faire les exercices de poussée avec lui. Il savait comment rester physiquement centré. Maintenant il sait, en plus, comment rester aussi émotionnellement centré.

⁂

Toutes ces personnes, et les nombreuses autres qui terminent le programme cette semaine, ont travaillé fortement sur elles-mêmes. La plupart ont changé d'une façon ou d'une autre, même si nous avons insisté et continuons à insister sur le fait de ne pas tendre à un résultat et sur l'acceptation de soi. Les bienfaits que la plupart en ont retirés ne sont pas le résultat de leur paresse, ils ne sont pas davantage venus de leur seule participation à la classe hebdomadaire et du soutien mutuel qu'ils s'y sont donné. Ces bienfaits sont venus, en grande partie, de la solitude du méditant de fond, de leur volonté de s'asseoir et d'être, de demeurer dans le silence et dans l'immobilité pour aller à la rencontre de leur esprit et de leur corps. Ils sont venus de leur volonté de pratiquer le non-agir, même quand leur esprit et leur corps résistaient et réclamaient à cor et à cri quelque chose de plus amusant et de moins contraignant.

Avant de finir, Philippe, qui est devenu à son heure le conteur de la classe, partage avec nous le souvenir suivant, qu'il a dit-il porté en lui depuis ses douze ans, ne sachant pas exactement pourquoi. Le sens de ce souvenir lui a sauté à la figure soudainement la semaine passée, pendant sa pratique :

« Nous fréquentions une église baptiste au Canada. C'était une petite communauté, quatre-vingt-dix personnes environ la constituaient. À cette époque, cette communauté connaissait beaucoup de problèmes. Or mon père n'était pas du genre à aller dans une église où il y a toujours l'un ou l'autre problème. Une église est censée être unie, ses membres sont censés travailler ensemble. " Partons d'ici un certain temps ", dit-il alors. Nous connaissions une petite église dans la campagne, au milieu de nulle part. Il y avait quatre murs et un toit, rien de plus, et tout des fermiers alentour. Ils n'étaient qu'un groupe de peut-être dix, quinze ou vingt personnes maximum allant à cette église et, en fait, nous nous disions que nous allions y aller pour les soutenir. Ils seraient plus nombreux, nous rencontrerions d'autres personnes et nous nous ferions de nouveaux amis.

« Nous avons donc rejoint cette communauté qui n'avait pas de pasteur. Un pasteur ou l'autre venait de temps à autre le dimanche, juste pour le service. Ce dimanche-là nous attendions depuis longtemps. Toujours pas de pasteur. L'heure du début du service était largement passée. Alors quelqu'un a suggéré de commencer à chanter des hymnes. Nous nous sommes rassemblés et avons commencé à chanter. Toujours pas de pasteur, il se faisait tard. Alors un homme demanda si quelqu'un serait d'accord de lire quelques lignes de la Bible puis d'en dire quelques mots. Personne ne se proposa. Mais ce brave homme se leva. Il n'était pas instruit, ne savait pas lire ni toutes ces choses. C'était un fermier, très simple, certains diraient sans instruction, ce qui était son cas en effet. Mais il n'était pas idiot, voyez-vous, en fait il était simple et sans instruction. Il ne pouvait lire la Bible, mais demanda si quelqu'un pouvait lire un passage précis, car il pourrait en dire quelque chose. Cela parlait du don. Alors, étant fermier, il donna cet exemple : c'est tout à fait comme le cochon et la vache qui parlaient ensemble un jour. Le cochon dit à la vache : " Comment se fait-il que tu reçoives du blé, acheté au magasin, en fait tout ce qu'il y a de meilleur, alors que moi, je dois manger les restes de la table, des déchets ? " Et la vache dit : " Eh bien, je donne chaque jour, mais toi, tu dois attendre jusqu'après ta mort pour donner quelque chose de bon. " Le fermier dit alors : " C'est cela que le Seigneur attend de vous... Donnez au Seigneur chaque jour et vous serez récompensé de bien des manières. Et ne soyez pas comme le cochon, n'attendez pas d'être morts pour donner quelque chose à Dieu. "

« C'est de tout cela que parlait le message. Et c'est ce qui me revenait toujours à l'esprit pendant le scan corporel... et finalement, un jour, il me vint que c'était la même chose avec le programme de réduction du stress. Vous devez donner quelque chose, vous devez vraiment vous mettre au travail, vous devez remercier votre corps, être reconnaissant envers vos yeux. N'attendez pas d'être aveugles pour dire : « Oh mon Dieu, mes yeux. » Ou vos pieds, n'attendez pas d'être presque impotents ou quelque chose du genre... Votre esprit, je veux dire, on dit que si vous aviez assez la foi, de la taille d'un grain de sel, vous pourriez déplacer des montagnes. La même chose... la plupart des médecins disent que nous utilisons une très petite partie de notre cerveau. Le cerveau est une chose très puissante, c'est comme la batterie d'une voiture. Il a toutes sortes de pouvoirs mais si vous n'avez pas les bonnes connexions, vous n'en tirerez rien. Vous devez entraîner votre cerveau pour le mettre au travail, en d'autres mots, alors vous en tirerez quelque chose.

« Et j'me suis dit : " Mon Dieu, c'est plus ou moins ce dont tout ceci (la clinique du stress) parle ", voyez-vous. Tout cela se rejoint. Mais le message que le fermier nous a donné ce jour-là, ce message spirituel était très puissant. J'ai eu la chair de poule quand je l'ai entendu, et l'ai toujours. Comme je dis, j'ai été touché et ai juste transposé ce message pour le corps. Vous devez donner pour pouvoir recevoir. J'ai consacré beaucoup d'efforts et de temps à ce programme. Parfois je ne me sentais pas de rouler cent cinquante kilomètres pour venir. Mais je suis venu chaque fois, je n'ai pas raté une seule réunion, toujours là à temps. Mais voyez-vous, c'est facile, une fois que vous commencez à retirer quelque chose. Si vous vous dites que vous voulez essayer, que vous voulez donner le meilleur, toute l'attention dont vous êtes capables, alors vous en retirerez quelque chose. »

⁂

Il est clair que la plupart comprennent, en quittant la pièce aujourd'hui, que – même si les cours sont terminés – ceci n'est que le début. Le voyage dure en réalité toute la vie. S'ils ont trouvé une approche qui a du sens pour eux, ce n'est pas parce que quelqu'un la leur a vendue, mais parce qu'ils l'ont explorée pour eux-mêmes et l'ont trouvée valable. C'est le chemin simple de la pleine conscience, le chemin qui consiste à être éveillé dans sa vie. Nous l'appelons parfois la voie de la conscience.

Suivre le chemin de la conscience demande que vous mainteniez la pratique de la méditation. Si vous ne le faites pas, elle aura tendance à être encombrée et assombrie, à devenir moins accessible, même si, à tout moment, vous pouvez choisir d'y revenir, car elle est toujours là. Même si vous n'avez pas pratiqué pendant un certain temps, dès que vous êtes à nouveau là, présent à votre respiration, présent à l'instant, vous êtes à nouveau ici, de retour sur ce chemin.

En fait, du moment que vous cultivez la *mindfulness* de façon systématique dans votre vie, il devient virtuellement impossible d'arrêter. Même *ne pas pratiquer* revient à pratiquer, si vous êtes conscient de la façon dont vous vous sentez, comparée à votre ressenti quand vous pratiquez régulièrement, et conscient aussi de la façon dont cela affecte votre capacité à gérer le stress et la douleur.

Maintenir et nourrir la pleine conscience demandent de développer et de maintenir un rythme quotidien de méditation. Les deux chapitres suivants vous donnent des recommandations concrètes et pratiques pour poursuivre une pratique de la pleine conscience tant formelle qu'informelle, pour que la voie de l'attention puisse apporter une clarté et une direction constantes dans le déploiement de votre vie.

Chapitre 34

Soutenir la pratique formelle

La partie la plus importante du travail de la pleine conscience consiste à garder votre pratique vivante. Pour cela, il faut pratiquer. Pratiquer doit faire partie de votre vie, tout comme manger ou travailler. Nous rendons la pratique vivante en dégageant du temps pour être, pour le non-agir, peu importent les ajustements que cela demande. Dégager chaque jour du temps pour la pratique formelle revient à vous nourrir chaque jour. C'est aussi important que cela.

Les techniques utilisées ne sont pas si importantes. Peu importe que vous utilisiez ou pas les enregistrements pour vous guider. Les techniques et les supports audio ne sont que des moyens de vous conduire vers vous-même. L'important est de continuer à revenir à l'instant. La meilleure réponse à n'importe quelle question sur la pratique de la méditation est de continuer à pratiquer, de continuer à observer le problème, sans porter de jugement. Au fil du temps, la pratique tend à vous enseigner ce que vous avez besoin de savoir ensuite. Si vous restez assis en présence de vos questionnements et de vos doutes, ils tendent à se résoudre au cours des semaines qui suivent. Ce qui semblait impénétrable devient pénétrable, ce qui semblait obscur devient clair. C'est comme si vous laissiez en réalité votre esprit simplement se poser. Le Vietnamien Thich Nhat Hanh, enseignant de méditation, poète et militant pour la paix, utilise pour décrire la méditation l'image du jus de pomme brouillé qui se clarifie dans un verre. Vous vous asseyez, c'est tout... l'esprit se dépose. C'*est* ainsi.

Il sera utile de relire de temps en temps la première partie, « La pratique de la pleine conscience », en même temps que s'approfondit votre pratique de la méditation, de même que les chapitres sur les applications de la *mindfulness* qui vous concernent le plus, dans la partie 4. Beaucoup de choses qui vous semblaient peut-être évidentes au début le sont moins au fil de la pratique. Et certains détails qui n'ont peut-être pas été importants pour vous au début peuvent le devenir progressivement. Relire les instructions de temps à autre peut s'avérer utile. Elles sont tellement simples qu'on peut facilement les comprendre de travers.

Même les instructions sur l'observation du souffle peuvent facilement être mal comprises. Par exemple, quand elles entendent l'instruction invitant à « observer » leur souffle, beaucoup de personnes comprennent « penser à » leur souffle. Ce n'est pas la même chose. La pratique ne demande pas que vous pensiez à votre respiration. Elle demande d'« être avec » votre respiration, de l'observer, de la sentir. Il est vrai que, quand votre esprit vagabonde, c'est le fait de penser à votre souffle qui va le ramener dans le champ de votre conscience. Mais à ce stade-là, vous revenez à la simple observation.

Les instructions disant comment traiter le processus de la pensée sont aussi souvent mal comprises. Nous ne suggérons pas que le fait de penser est mauvais, et que vous devriez supprimer vos pensées pour arriver à vous concentrer sur votre respiration, sur le scan corporel ou sur une posture de yoga ! Le processus des pensées se gère en l'observant simplement, comme tel, en étant conscient des pensées comme autant d'événements dans le champ de votre conscience. Ensuite, en fonction de votre pratique, vous avez plusieurs options. Si vous travaillez par exemple à développer le calme et la concentration au départ de votre respiration, vous laisserez passer les pensées et reviendrez au souffle dès que vous constaterez qu'une pensée a détourné votre attention du souffle. Laisser passer n'équivaut pas à repousser vos pensées ni à les exclure, à les réprimer ou à les rejeter. C'est plus bienveillant que cela. Vous permettez aux pensées de faire ce qu'elles font, tout en maintenant votre attention sur le souffle, le mieux possible, d'instant en instant.

Une autre façon de travailler avec le processus de la pensée consiste à observer ce processus *lui-même*, au lieu du souffle. Pendant cette pratique, que nous faisons brièvement à la fin de l'enregistrement de la méditation assise, vous dirigez simplement votre attention vers le flot des pensées lui-même. Ce faisant, nous ne sommes pas orientés vers le contenu de nos pensées, même si nous sommes conscients de ce contenu. Nous notons leur présence, et travaillons à simplement les voir en tant que pensées, observant leur va-et-vient sans être aspirés dans leur contenu.

Dans la pratique de la pleine conscience, nous sommes d'accord d'avoir n'importe quelle pensée. Nous n'essayons pas de les censurer, et ne les jugeons pas quand nous les observons. Vous pouvez trouver cela difficile à faire, spécialement si vous avez été éduqué à croire que certaines pensées sont « mauvaises » et que vous étiez mauvais de les avoir. Le travail de la *mindfulness* est très bienveillant. Si une pensée ou un sentiment sont là, pourquoi ne pas les admettre et les regarder ? Pourquoi supprimer le contenu que nous n'aimons pas, et favoriser le contenu que nous aimons ? Ce faisant, nous compromettons nos chances de nous voir clairement et de connaître davantage notre esprit tel qu'il est réellement.

C'est ici qu'intervient le travail d'acceptation. Nous devons veiller à être doux et bienveillants avec nous-mêmes, tout en nous permettant d'être réceptifs non seulement au souffle mais à chaque moment et à tout ce qu'il pourrait apporter.

Dans la pratique, la dynamique du mental vous *éloigne* invariablement d'une observation intérieure profonde, vous *éloigne* de la conscience de vos états d'être intérieurs. Notre esprit nous attire vers ce qui est extérieur, ce que nous devons faire aujourd'hui, ce qui se passe dans nos vies. Mais dès l'instant où ces pensées capturent notre attention et nous entraînent dans leur *contenu*, notre conscience s'arrête. Ainsi, la vraie pratique ne sera pas tant la technique que vous utilisez, mais plutôt votre engagement à être dans la présence à chaque instant, votre détermination à voir et à laisser passer, voir et laisser passer, les pensées, quelles qu'elles soient, qui envahissent votre esprit.

En plus des problèmes dus à une mauvaise compréhension des instructions de méditation, d'autres problèmes peuvent saper votre pratique. L'un d'entre eux consiste à penser que vous allez quelque part. Dès que vous remarquez que vous vous sentez compétent en méditation, ou que vous entrez dans des « états spéciaux » ou dans de bons « espaces », soyez prudent et observez très attentivement ce qui se passe dans votre esprit. Alors qu'il est tout naturel d'apprécier certains signes de progrès, par exemple une attention ou un calme plus profonds, des visions pénétrantes libératrices, une impression de détente et de confiance en soi, et bien entendu des changements dans le corps, il est très important de les laisser se produire sans trop vous en attribuer le mérite. Comme nous l'avons déjà vu, lorsqu'il commente une expérience, l'esprit introduit une distance entre cette expérience et vous, et la rend autre. De plus, il n'est pas vraiment adéquat que l'esprit affirme que « vous » êtes responsable, que vous avez fait quelque chose. Après tout, l'essence de la pratique est le *non-agir*.

L'esprit court après tout et n'importe quoi. À un moment il dira à quel point la pratique de la méditation est merveilleuse. L'instant suivant, il vous convaincra du contraire. Aucun des deux avis ne vient de la sagesse. L'important est de reconnaître quand elle émerge, cette tendance à nous féliciter de notre bonne pratique méditative, et à travailler avec elle dans l'attention, exactement comme vous travailleriez avec n'importe quelle autre pensée, en la laissant être et en la laissant passer. Sinon, pratiquement, vous pourriez facilement en arriver à parler beaucoup de la méditation et du yoga, disant combien ces pratiques sont merveilleuses, à quel point elles vous ont aidé, disant aussi que chacun devrait en faire. Petit à petit, vous risqueriez de devenir davantage un agent qui en fait la publicité, plutôt qu'un praticien. Plus vous parlez, plus vous dissipez de l'énergie qui vous servirait davantage si elle était investie dans votre pratique. Si vous gardez à l'œil ce piège classique de la méditation, votre pratique gagnera en profondeur et en maturité, et votre esprit sera moins dirigé par ses propres petites illusions. Pour cette raison, nous recommandons en fait, dès le tout début aux personnes de la clinique du stress, de peu dire aux autres qu'elles méditent. Nous les invitons aussi à ne pas parler *au sujet de* leur méditation, mais plutôt à méditer. C'est la meilleure façon d'utiliser ces énergies mentales bien intentionnées, mais souvent diffuses et confuses, et de les cadrer par la *mindfulness*.

Ceci reprend les malentendus les plus courants au sujet de la pratique formelle. Ils sont facilement corrigés en se souvenant de cette inscription vue un jour sur un T-shirt : « La méditation n'est pas ce que vous pensez ! »

⁂

Au chapitre 10 nous avons donné les grandes lignes du programme en huit semaines que nous utilisons à la clinique du stress. Le voici présenté de façon plus pratique. Nous vous suggérons de le suivre pendant huit semaines, puis de continuer par vous-même ensuite, sous votre direction. D'autres suggestions, pour maintenir votre rythme et votre implication, sont données après le programme des huit semaines.

PROGRAMME DES HUIT SEMAINES DE PRATIQUE

Semaines 1 et 2

Scan corporel, 6 jours par semaine, 45 minutes par jour.

Assise avec conscience de la respiration, 10 minutes par jour.

Semaines 3 et 4

Alterner le scan corporel et le yoga (45 minutes) si possible, six jours par semaine.

Continuer l'assise avec conscience du souffle, 15 à 20 minutes par jour.

Semaines 5 et 6

Assise 30 à 45 minutes par jour, en alternance avec le yoga. Commencez la méditation marchée, si ce n'est déjà fait.

Semaine 7

Pratiquez 45 minutes par jour en choisissant une ou plusieurs méthodes combinées. Si vous avez utilisé les enregistrements, essayez de ne pas les utiliser cette semaine.

Semaine 8

Revenez aux enregistrements. Faites au moins deux fois le scan corporel cette semaine.

Poursuivez l'assise et le yoga.

Au-delà des huit semaines :

- Asseyez-vous chaque jour. Si vous sentez que l'assise est votre forme de pratique principale, asseyez-vous *au moins* vingt minutes d'affilée, et de préférence trente ou quarante-cinq minutes. Si vous sentez que le scan corporel est votre forme de pratique principale, assurez-vous alors que vous vous asseyez aussi cinq à dix minutes par jour. Si vous avez un « mauvais » jour et n'avez « absolument pas le temps », alors asseyez-vous trois minutes ou même une minute. Tout le monde peut trouver trois minutes ou une minute. Mais quand vous le faites, laissez ce temps être une minute de non-agir concentré, délaissez le temps pendant cette minute. Restez centré sur le souffle pour être stable et calme.

• Dans la mesure du possible, essayez de vous asseoir le matin. Cela aura un effet positif sur vous toute la journée. D'autres bons moments pour pratiquer sont : (a) juste à votre retour à la maison après le travail, avant le dîner ; (b) avant le déjeuner, à la maison ou au travail ; (c) en soirée ou tard la nuit, spécialement si vous n'êtes pas fatigué ; (d) à tout moment... chaque moment peut être un bon moment pour la pratique formelle.

• Si vous sentez que le scan corporel est votre forme de pratique principale, faites-le alors chaque jour pendant *au moins* vingt minutes d'affilée, et de préférence trente à quarante-cinq minutes.

• Faites du yoga quatre fois ou plus chaque semaine pendant trente minutes minimum. Assurez-vous que vous pratiquez en pleine conscience, particulièrement présent à la respiration et aux sensations corporelles, et vous reposant entre les postures.

⁂

Il est bon de pratiquer de temps en temps avec d'autres. Je veille à assister à des exposés, à des classes ou à des assises en groupe autant que possible, et j'essaie aussi de dégager du temps pour une pratique intensive, des périodes pendant lesquelles je pars à des retraites de méditation, semblables à nos sessions d'une journée mais plus longues. Vous pourriez essayer de trouver des groupes dans votre région et de les rejoindre pour méditer. Pour les groupes d'assise en pleine conscience dans votre région, vous pouvez écrire à :

Insight Meditation Society
1230 Pleasant Street
Barre MA 01005
Massachusetts

L'Insight Meditation Society[1] organise des retraites de méditation *mindfulness* dirigées par les enseignants de méditation les plus efficaces et les plus expérimentés au monde. Nombre d'entre eux guident des retraites dans différents endroits du pays. Vous pouvez leur écrire pour obtenir leur programme. Dans l'Ouest des États-Unis écrivez à :

Insight Meditation West
P.O.BOX 169
Woodacre, Ca 94973
Californie

Ces groupes ont une orientation légèrement bouddhiste mais ne font aucun prosélytisme. Ils assurent un excellent environnement pour soutenir et approfondir notre pratique de la méditation, et pour rencontrer d'autres personnes qui sont également en recherche d'une vie pleinement consciente.

Vous avez aussi la possibilité de contacter des hôpitaux dans votre région, susceptibles de vous proposer des programmes de réduction ou de gestion du stress. Sachez toutefois que la plupart n'offriront pas une formation à la pleine conscience. Vous pouvez également contacter différents groupes de formation holistique comme *Interface* à Watertown, Massachusetts, l'*Open Center* à New

1. *Insight meditation* : méditation vipassana. *(N.d.T.)*

York City et l'*Omega Institute*, à Rhinebeck, NY, et parcourir leur programme de méditation.

Aux environs de Boston, vous pouvez contacter le
Cambridge Insight Meditation Center
331 Broadway
Cambridge, Ma 02139
Massachusetts

pour des formations à la méditation et pour des groupes de méditation. La pratique enseignée ici vient de la tradition de la forêt thaïlandaise. L'orientation est également bouddhique, l'enseignement est d'excellente qualité, et la communauté qui le fréquente est grande et variée.

⁂

La lecture peut également nourrir votre pratique. Lisez des livres repris sur la liste de l'appendice et relisez aussi de temps en temps des passages pertinents de ce livre-ci.

⁂

À la fin, asseyez-vous, respirez, et si vous le sentez, autorisez-vous à sourire en vous-même, c'est tout.

Chapitre 35

Soutenir la pratique informelle

« Cher Jon, je pourrais écrire un livre pour décrire combien mes anxiétés sont devenues gérables depuis que j'ai suivi le programme de réduction du stress... Vivre un instant à la fois s'est avéré une vraie clef pour moi, et je deviens chaque jour plus confiant dans mes capacités à gérer le stress. Bien cordialement, Peter. » Mai 1988

Comme nous l'avons vu, l'essence de la pleine conscience consiste à faire attention de façon délibérée. Ainsi, maintenir la pratique informelle signifie être attentif, être éveillé, nous approprier les instants que nous vivons. Cela peut être très amusant. Vous pouvez vous demander à tout moment : « Suis-je pleinement éveillé(e) ? » « Est-ce que je sais ce que je suis en train de faire à cet instant précis ? » « Suis-je pleinement présent dans cette action-là ? » « Comment mon corps se sent-il à cet instant précis ? » « Ma respiration ? » « À quoi mon esprit est-il occupé ? »

Nous avons évoqué de nombreuses stratégies pour introduire l'attention vigilante dans la vie quotidienne. Vous pouvez vous connecter quand vous êtes debout, quand vous marchez, quand vous écoutez, quand vous parlez, quand vous mangez et quand vous travaillez. Vous pouvez vous connecter à vos pensées, à vos humeurs et à vos émotions. Vous pouvez aussi vous connecter à ce qui vous motive à agir, ou à rechercher un certain ressenti et vous connecter aussi, bien entendu, à vos sensations corporelles. Vous pouvez vous connecter à d'autres personnes, enfants et adultes – à leur langage corporel, leurs tensions, leurs sentiments, leurs paroles, leurs actions et les conséquences de ces actions. Vous pouvez vous connecter à l'environnement plus vaste, la sensation de l'air sur votre peau, les bruits de la nature, la lumière, les couleurs, les formes, les mouvements.

Aussi longtemps que vous êtes éveillé, vous pouvez être dans la conscience. Il suffit de le vouloir et de veiller à diriger votre attention vers le moment présent. Une fois encore, il est important de souligner que « faire attention » ne signifie pas « penser à ». Cela signifie percevoir de façon directe ce à quoi vous faites attention. Vos pensées ne seront qu'une partie – importante ou pas – de votre expérience. Conscience signifie vision de l'ensemble, perception de tout le contenu et de tout le contexte de chaque instant. Nous ne pouvons jamais saisir cela entièrement par la pensée. Mais nous pouvons le percevoir dans son essence si nous passons au-delà de notre pensée, si nous accédons à la vision directe, à l'écoute directe et au ressenti direct. Ainsi, l'attention vigilante consiste à voir et à savoir que vous êtes en train de voir, à entendre et à savoir que vous êtes en train d'entendre, à toucher et à savoir que vous êtes en train de toucher, à monter les escaliers et à savoir que vous êtes en train de monter les escaliers. Vous pourriez répondre : « Je sais bien sûr que je monte les escaliers quand je monte les escaliers », mais la *mindfulness* signifie ne pas simplement le savoir comme une idée, mais *être avec* le fait de monter les escaliers, cela signifie en faire l'expérience consciente d'instant en instant. En pratiquant de cette façon, nous pouvons nous dégager du mode de pilote automatique, et arriver progressivement à vivre davantage dans le présent et à connaître ses énergies plus pleinement. Puis, comme nous l'avons vu, nous pouvons répondre de façon plus appropriée au changement et aux situations potentiellement stressantes, car nous sommes conscients de l'ensemble et de notre relation à l'ensemble. Vous pouvez pratiquer ceci à tout moment où vous ne dormez pas.

Le chapitre 9 a exploré de façon assez détaillée le thème de l'attention vigilante dans la vie courante. Il est à relire si l'on veut des idées pour garder cet aspect de la pratique. Le chapitre 10 suggère des exercices informels que nous faisons à la clinique du stress, parallèlement à la pratique formelle de la *mindfulness*. Pratiquer revient, en premier lieu, à nous connecter à notre souffle à divers moments de la journée. Comme nous l'avons vu, cela nous ancre dans le présent. Cette pratique nous enracine dans notre corps et nous aide à être centrés et éveillés à l'instant présent.

Nous pratiquons aussi l'attention dans les activités routinières, comme se lever le matin, se laver, s'habiller, sortir les poubelles, faire les commissions. L'essence de la pratique informelle est toujours la même. Elle implique de vous demander : « Suis-je ici maintenant ? » « Suis-je éveillé ? » Ce questionnement nous conduit d'habitude davantage au cœur du présent, nous met davantage en contact avec ce que nous sommes en train de faire.

EXERCICES SUPPLÉMENTAIRES UTILES POUR ENTRAÎNER L'ATTENTION

1. Essayez d'être conscient pendant une minute chaque jour.
2. Contactez votre respiration çà et là dans la journée, où que vous soyez, aussi souvent que vous le pouvez.
3. Pendant une semaine, soyez conscient chaque jour d'un événement agréable pendant qu'il se déroule. Notez-les dans un semainier (voir appendice), de même que vos pensées, vos sentiments et vos sensations corporelles, et voyez si vous repérez des schémas.
4. Lors d'une autre semaine, faites la même chose pour un événement désagréable ou stressant, pendant qu'il se déroule. À nouveau, notez vos sensations corporelles, vos pensées, vos sentiments et vos réactions/réponses. Voyez si vous repérez des schémas sous-jacents.
5. Au cours d'une autre semaine encore, introduisez chaque jour de la conscience dans une communication difficile, et notez dans un tableau du même type (voir appendice) la situation, ce que vous souhaitiez de cette communication, ce que souhaitait l'autre personne, et ce qui s'est passé en réalité. Voyez si des schémas se dégagent au fil de la semaine. Cet exercice vous dit-il quelque chose au sujet de vos états d'esprit et de leurs conséquences, quand vous êtes en communication avec les autres ?

6. Introduisez de la conscience dans les connexions entre les symptômes physiques de détresse que vous pourriez avoir (comme des maux de tête, une douleur accentuée, des palpitations, une respiration rapide, des tensions musculaires) et des états mentaux antérieurs et leur origine. Tenez-en un relevé pendant une semaine entière.
7. Soyez attentif à vos besoins de méditation formelle, de relaxation, d'exercices, d'un régime alimentaire sain, d'un sommeil suffisant, d'intimité et de contacts sociaux, de vos humeurs également et respectez-les. Ces besoins sont les fondements de votre santé. Si vous en tenez compte régulièrement, ils assureront une base solide à votre santé, augmenteront votre résilience au stress, et conféreront davantage de satisfaction et de cohérence à votre vie.
8. Après une journée ou un événement particulièrement stressant, assurez-vous que vous faites ce qu'il faut pour décompresser et pour rétablir votre équilibre ce jour-là, si du moins c'est possible. Une méditation, des exercices cardiovasculaires, un temps partagé avec quelques amis, ainsi qu'un sommeil suffisant, vous aideront plus particulièrement dans ce processus de récupération.

⁂

En résumé, chaque instant de la vie, quand vous êtes éveillé, est un instant auquel vous pouvez apporter davantage de calme et de présence. Nos suggestions à ce sujet feront pâle figure à côté des vôtres, au fur et à mesure que vous cultiverez l'attention vigilante dans votre vie.

Chapitre 36

La voie de la conscience

Dans notre culture, nous sommes moins familiers avec la notion de chemin ou de voie. Ce concept vient de Chine, c'est la notion d'une loi universelle de l'être, appelée le *Tao*, ou simplement « la voie ». Le Tao est le déploiement du monde selon ses lois propres. Rien n'est fait, rien n'est forcé, les choses se passent. Vivre en accord avec le Tao revient à comprendre le non-agir et le non-effort. Votre vie se déroule d'elle-même. Le défi consiste à savoir si vous pouvez adopter cette façon de voir et de vivre en accord avec les choses telles qu'elles sont, pour vivre en harmonie avec toutes choses et avec chaque instant. C'est la voie de la vision pénétrante, de la sagesse, et de la guérison. C'est la voie de l'acceptation et de la paix. C'est la voie du corps-esprit regardant profondément en lui-même, et se connaissant. C'est l'art d'une vie consciente, l'art de connaître ses ressources internes et externes, et de savoir aussi que, fondamentalement, il n'y a ni intérieur ni extérieur.

On aborde peu ceci dans notre enseignement. Nos écoles n'encouragent pas « l'être ». Nous sommes laissés à nous-mêmes pour clarifier ces questions-là. C'est le *faire* qui est en vogue dans l'éducation moderne. Assez tristement cependant, ce faire est fragmenté la plupart du temps. Il est séparé de tout accent soulignant « qui » est en train de faire ce faire, et des enseignements que nous pourrions recevoir du domaine de l'être. Le faire est bien souvent pressé par le temps, comme si le rythme du monde nous talonnait, sans nous laisser le luxe de nous arrêter pour nous repérer et pour savoir qui est en train de faire toutes ces activités. La conscience elle-même n'est pas très valorisée, sa richesse ne nous est pas davantage enseignée, ni la façon de la nourrir et de nous en servir.

Nous aurions été bien aidés si on nous avait montré, peut-être par quelques exercices très simples à l'école primaire, que nous ne sommes pas nos pensées, que nous pouvons observer leur va-et-vient, sans nous y accrocher ni les poursuivre. Même si nous ne l'avions pas compris à cette époque, nous l'aurions déjà entendu. De même, il aurait été utile de savoir que le souffle est un allié, que le simple fait de l'observer conduit au calme. Ou que c'est OK si nous sommes tout simplement, que nous n'avons pas à courir toujours dans tous les sens pour faire des choses, ou pour chercher à en avoir, ou pour se mettre en compétition et sentir que nous avons une identité.

Sans doute n'avons-nous pas reçu ces messages dans notre enfance, mais il n'est cependant pas trop tard. Tout moment où vous décidez qu'il est temps de vous connecter au champ de votre propre complétude est le bon moment pour commencer. La tradition du yoga compte l'âge à partir du moment où vous commencez à pratiquer, pas où vous êtes né. Donc, à ce stade, si vous avez commencé à pratiquer, vous n'avez peut-être que quelques jours, quelques semaines ou quelques mois ! C'est merveilleux !

Aussi étrange que cela paraisse, c'est à ce travail-là que nous invitons les patients envoyés par leurs médecins à la clinique du stress. Il consiste à explorer le fait qu'il y a une façon d'être, de vivre, et de faire attention qui ressemble à un nouveau départ, qui est libératrice en elle-même et d'elle-même, à cet instant, au cœur de toute notre souffrance et du tumulte de la vie. Mais l'explorer comme une idée ou une philosophie serait un exercice mental inutile et créerait en fait plus d'idées encore, pour remplir notre esprit déjà surpeuplé.

Vous êtes invité, dans le même esprit que nos patients, à faire du champ de l'être un allié dans votre vie, à parcourir le chemin de la pleine conscience, et à voir comment les choses changent pour vous quand vous modifiez votre façon d'habiter votre corps et le monde. Comme nous l'avons vu au tout début, c'est une invitation à entreprendre le voyage de toute une vie, une invitation à voir la vie comme une aventure de la conscience.

Cette aventure contient tous les éléments d'une quête héroïque, une recherche de vous-même le long du chemin de la vie. Cela peut vous sembler *exagéré*, mais nous voyons nos patients comme des héros et des héroïnes au sens grec du terme, vivant leur odyssée personnelle, maltraités par le destin et les éléments, qui ont à présent décidé d'entreprendre ce voyage d'harmonie, foulant finalement le chemin les ramenant chez eux.

Il s'avère que nous ne devons pas chercher bien loin pendant cette quête. À tout instant nous sommes tout près de chez nous, bien plus près que nous ne le pensons. Si nous pouvons simplement réaliser la plénitude de *cet* instant-*ci*, de *cette* respiration-*ci*, nous pouvons trouver le calme et la paix ici. Nous pouvons être chez nous maintenant, dans notre corps, tel qu'il est.

Quand vous marchez sur le chemin de la conscience, vous accordez une attention systématique à l'expérience de la vie, qui la rend plus pleine et plus réelle. Le fait qu'on ne vous ait jamais enseigné comment faire, ou dit que cela valait la peine, importe peu. Quand vous êtes prêt pour cette quête, elle vous trouve. Cela fait partie de la voie empruntée par les choses pour se déployer. Vraiment, chaque instant est le premier instant du reste de votre vie. Maintenant est vraiment le seul instant que vous avez à vivre.

La pratique de l'attention vigilante offre une occasion de marcher sur le chemin de votre vie les yeux ouverts, éveillé plutôt qu'à moitié inconscient, répondant avec vigilance dans le monde, au lieu de réagir automatiquement, sans conscience. Le résultat final est subtilement différent de la façon courante de vivre, en ce sens que nous savons que nous avançons sur un chemin, que nous suivons un chemin, que nous sommes éveillés et conscients. Personne ne vous dicte quel est ce chemin. Personne ne vous dit de suivre « son chemin ». En fait il n'y a qu'un chemin, mais ce chemin prend autant de formes qu'il y a de personnes, de coutumes et de croyances différentes.

Notre vrai travail, avec un T majuscule, consiste à trouver *notre chemin,* naviguant avec les vents du changement, les vents du stress, de la douleur et de la souffrance, les vents de la joie et de l'amour, jusqu'à ce que nous réalisions que nous n'avons également jamais quitté le port, que nous sommes toujours proches de notre moi réel.

Il n'y a pas moyen d'échouer dans ce travail, si vous le faites avec sincérité et constance. Méditer n'est pas le mot se relaxer, écrit avec d'autres lettres. Si vous faites un exercice de relaxation et n'êtes pas relaxé à la fin, vous avez échoué. Mais si vous pratiquez la pleine conscience, la seule chose vraiment importante est de savoir si vous voulez vraiment regarder et être présent aux choses, telles qu'elles sont à tout moment, y compris l'inconfort, les tensions et vos idées sur la réussite et sur l'échec. Si c'est le cas, alors vous n'avez pas échoué.

De même, si vous faites face au stress de votre vie avec une attention vigilante, vous ne pouvez rater dans les réponses que vous y apportez. Le simple fait d'en être conscient est une réponse puissante, une réponse qui change tout et ouvre de nouvelles options de croissance et d'actions.

Mais il arrive que ces options ne se manifestent pas tout de suite. Ce que vous ne voulez pas faire peut être clair, mais ce que vous voulez faire peut ne pas encore l'être. Mais ces périodes ne sont pas un échec. Ce sont des moments créatifs, des moments où on ne sait pas, des moments qui nous demandent d'être patients et centrés dans le *ne pas savoir*. Même la confusion, le désespoir et l'agitation peuvent être créatifs. Nous pouvons travailler avec eux si nous voulons être dans le présent, d'instant en instant, avec conscience. C'est la danse de Zorba face au désastre. C'est un mouvement qui nous porte au-delà du succès et de l'échec. Il nous ouvre à une façon d'être qui permet à la gamme complète de nos expériences, de nos espoirs et de nos peurs, de se déployer dans le champ de notre vie.

La voie de la conscience a une structure. Dans ce livre, nous avons pénétré cette structure de façon détaillée. Nous avons abordé la façon dont elle est en lien avec la santé, la guérison, le stress, avec la douleur et la maladie, et avec tous les hauts et les bas du corps, de l'esprit et de la vie même. C'est un chemin à parcourir, à cultiver par une pratique quotidienne. Plus qu'une philosophie, c'est une façon d'être, une façon de vivre les moments de notre vie, et de les vivre pleinement. Ce chemin devient vôtre à partir du moment où vous le parcourez vous-même.

Le voyage de la pleine conscience dure toute la vie et nous conduit le long d'un chemin qui en finale ne mène nulle part, si ce n'est à qui vous êtes. La voie de la conscience est toujours ici, elle vous est toujours accessible, à tout moment. Tout étant dit et fait, sans doute son essence ne peut-elle être saisie que par la poésie, et par le silence de votre esprit et de votre corps apaisés.

Ainsi, arrivés à ce stade de notre voyage, laissons les vers du poète Pablo Neruda bercer cet instant, dans son poème intitulé *Se taire*[1].

Maintenant nous compterons douze
et restons tous silencieux

Pour une fois sur la terre
ne parlons plus aucun langage,
arrêtons-nous pour une seconde,
n'agitons pas tant les bras.

Ce serait une minute parfumée,
sans hâte, sans locomotives,
nous serions tous ensemble
dans une inquiétude instantanée.

Les pêcheurs de la mer froide
ne feraient plus de mal aux baleines

---

1. Ces vers sont extraits du recueil *Vaguedivague*, traduit par Guy Suarès, éditions Gallimard. *(N.d.T.)*

et le travailleur du sel
regarderait ses mains brisées.

Ceux qui préparent des guerres vertes,
des guerres de gaz, des guerres de feu,
des victoires sans survivants,

se vêtiraient d'un costume pur
et marcheraient avec leurs frères
à travers l'ombre, sans rien faire.

Ne pas confondre ce que je veux
avec l'inaction définitive
la vie est seulement ce qu'on fait
je ne veux rien avec la mort.

Si nous n'avons pu être unanimes
en engageant toutes nos vies
peut-être ne rien faire pour une fois
peut-être un grand silence pourra-t-il
briser cette tristesse,
de ne jamais se comprendre
et nous menacer de mort,
peut-être que la terre nous apprendra
combien tout semblait mort
et que tout ensuite était vivant.

Maintenant je vais compter jusqu'à douze
et tu te tais et je m'en vais.

APPENDICE

Calendrier des événements agréables ou désagréables

Instructions : Pendant une semaine, soyez conscient chaque jour d'un événement agréable *pendant qu'il se déroule*. Ensuite, sur un calendrier comme celui-ci, notez cet événement ainsi que votre expérience. La semaine suivante, soyez chaque jour conscient d'une expérience désagréable ou stressante, et inscrivez-la de la même manière.

	Quelle était l'expérience ?	Étiez-vous conscient des sentiments agréables (ou désagréables) *pendant* que se déroulait l'événement ?	Quel était votre ressenti corporel, en détail, pendant cette expérience ?	Quelles humeurs, émotions et pensées ont accompagné cet événement à ce moment-là ?	Quelles pensées avez-vous maintenant en le relatant ?
Lundi					
Mardi					

Mercredi					
Jeudi					
Vendredi					
Samedi					
Dimanche					

Calendrier des communications difficiles ou stressantes

Instructions : Pendant une semaine, soyez conscient chaque jour d'une communication difficile ou stressante *pendant qu'elle se déroule*. Ensuite, sur un calendrier comme celui-ci, relatez votre expérience.

	Décrivez la communication. Avec qui ? Sur quel sujet ?	Comment la difficulté a-t-elle surgi ?	Que vouliez-vous vraiment de la personne ou de la situation ? Qu'avez-vous vraiment obtenu ?	Que voulai(en)t l'autre/les autres personne(s) ? Qu'a-t-elle/ Qu'ont-elles réellement obtenu ?	Comment vous sentiez-vous pendant et après cette communication ? Cette question a-t-elle été réglée à présent ? Comment le pourrait-elle ?
Lundi					
Mardi					

Mercredi					
Jeudi					
Vendredi					
Samedi					
Dimanche					

Bibliographie

1. En langue française :

CHÖDRÖN P., *Quand tout s'effondre*, Paris, La Table Ronde, 1999.

DESJARDINS A., *Approches de la méditation*, Paris, Poche, 2008.

HAHN T.N., *La Plénitude de l'Instant*, Saint-Jean-de-Braye, Éditions Dangles, 1994.

HAHN T.N., *Vivre en pleine conscience : Paix et joie dans les tribulations de la vie*, Lyon, Terre du Ciel, 2000.

HAHN T.N., *Le miracle de la pleine conscience*, Paris, J'ai Lu, 2008.

HAHN T.N., *La sérénité de l'instant*, Paris, J'ai Lu, 2009

KABAT-ZINN J., *L'Éveil des Sens*, Paris, Les Arènes, 2009.

KABAT-ZINN J., *Où tu vas, tu es, Apprendre à méditer pour se libérer du stress et des tensions profondes*, Paris, J'ai Lu, 2005.

IYENGAR B.K.S., *Bible du Yoga*, Paris, J'ai Lu, 2009.

MAEX E., *Mindfulness : Apprivoiser le stress par la pleine conscience*, Bruxelles, De Boeck Université, 2007.

RICARD M., *L'Art de la Méditation*, Nil, 2008.

ROSENFELD F., *Méditer c'est se soigner*, Paris, Les Arènes, 2007.

SEGAL Z.V., TEASDALE J. D., WILLIAMS M. G., *La thérapie cognitive base sur la pleine conscience pour la dépression*, Bruxelles, De Boeck Université, 2006.
SERVAN-SCHREIBER D., *Guérir le stress, l'anxiété et la dépression sans médicaments ni psychanalyse.*
TOLLE Eckhart, *Le pouvoir du moment présent*, Paris, J'ai Lu, 2010.

Cette liste est indicative. Ces auteurs ont en général écrit d'autres livres, et de nombreux autres auteurs pourraient être cités.

En ce qui concerne le yoga, un nombre impressionnant de livres ont été publiés au cours des dernières années. Outre les livres d'André Van Lysebeth, pionnier du yoga en Occident, et de BKS Iyengar, je vous renvoie aux indications que vous donnera votre enseignant de yoga, ainsi qu'aux sites des associations de yoga, indiqués ci-dessous.

2. EN LANGUE ANGLAISE :

La méditation en pleine conscience

BECK C., *Nothing Special.* San Francisco : Harper Collins, 1993.
GOLDSTEIN J., *One Dharma : The Emerging Western Buddhism.* San Francisco : Harper, 2002.
GOLDSTEIN J., and KORNFIELD J., *Seeking the Heart of Wisdom : The Path of Insight Meditation.* Boston : Shambhala, 1987.
GUNARATANA H., *Mindfulness in Plain English.* Boston : Wisdom, 1993.
HAHN T. N., *The Heart of the Buddha's Teachings.* New York : Broadway, 1998.
HAHN T. N., *The Miracle of Mindfulness.* Boston : Beacon, 1976.

KABAT-ZINN J., *Coming to Our Senses : Healing Ourselves and the World Through Mindfulness.* New York : Hyperion, 2005.
KABAT-ZINN J., *Wherever You Go, There You Are : Mindfulness Meditation in Everyday Life.* New York : Hyperion, 1994.
KRISHNAMURTI J., *This Light in Oneself : True Meditation.* Boston : Shambhala, 1999.
LEVINE S., *A Gradual Awakening.* Garden City, NY : Anchor/ Doubleday, 1979.
ROSENBERG L., *Breath by Breath.* Boston : Shambhala, 1998.
ROSENBERG L., *Living in the Light of Death.* Boston : Shambhala, 2000.
SALZBERG S., *Lovingkindness.* Boston : Shambhala, 1995.
SANTORELLI S., *Heal Thy Self : Lessons on Mindfulness in Medicine.* New York : Bell Tower, 1999.
SHENG-YEN C., *Hoofprints of the Ox.* New York : Oxford University Press, 2001.
SUZUKI S., *Zen Mind, Beginner's Mind.* New York : Weatherhill, 1970.
THERA N., *The Heart of Buddhist Meditation.* New York : Weiser, 1962.

Applications de la pleine conscience et autres livres sur la méditation

BENNETT-GOLEMAN T., *Emotional Alchemy : How the Mind Can Heal the Heart.* New York : Harmony, 2001.
BRANTLEY J., *Calming Your Anxious Mind : How Mindfulness and Compassion Can Free You from Anxiety, Fear and Panic.* Oakland, CA : New Harbinger, 2003.
EPSTEIN M., *Thoughts Without a Thinker.* New York : Basic Books, 1995.
GOLEMAN D., *Destructive Emotions : How We Can Heal Them.* New York : Bantam, 2003.
KABAT-ZINN M., and KABAT-ZINN J., *Everyday Blessings : The Inner Work of Mindful Parenting.* New York : Hyperion, 1997.

McLeod K., *Wake Up to Your Life.* San Francisco : Harper, 2001.
McManus C. A., *Group Wellness Programs for Chronic Pain and Disease Management.* St. Louis, MO : Butterworth-Heinemann, 2003.
McQuaid J. R., and Carmona P. E., *Peaceful Mind : Using Mindfulness and Cognitive Behavioral Psychology to Overcome Depression.* Oakland, CA : New Harbinger, 2004.
Segal Z. V, Williams J.M.G., and Teasdale J. D., *Mindfulness-Based Cognitive Therapy for Depression : A New Approach to Preventing Relapse.* New York : Guilford, 2002.
Tolle E., *The Power of Now.* Novato, CA : New World Library, 1999.
Wallace B. A., *Tibetan Buddhism from the Ground Up.* Somerville, MA : Wisdom, 1993.
Williams J.M.G., Segal Z. V., Teasdale J. D., and Kabat-Zinn J., *Mindfulness and the Transformation of Emotion.* New York : Guilford, 2005.

Yoga et stretching

Boccio F. J., *Mindfulness Yoga.* Boston : Wisdom, 2004.
Christensen A., and Rankin D., *Easy Does It Yoga : Yoga for Older People.* New York : Harper and Row, 1979.
Iyengar B.K.S., *Light on Yoga, revised edition.* New York : Schocken, 1977.
Kraftsow G., *Yoga for Wellness.* New York : Penguin/Arkana, 1999.
Meyers E., *Yoga and You.* Toronto : Random House Canada, 1996.

Guérison

Goleman D., *Healing Emotions : Conversations with the Dalai Lama on Mindfulness, Emotions, and Health.* Boston : Shambhala, 1997.

HALPERN S., *The Etiquette of Illness : What to Say When You Can't Find the Words.* New York : Bloomsbury, 2004.
LERNER M., *Choices in Healing : Integrating the Best of Conventional and Complementary Approaches to Cancer.* Cambridge, MA : MIT Press, 1994.
MEILI T., I, *Am the Central Park Jogger.* New York : Scribner, 2003.
MOYERS B., *Healing and the Mind.* New York : Doubleday, 1993.
ORNISH D., *Love and Survival : The Scientific Basis for the Healing Power of Intimacy.* New York : HarperCollins, 1998.
REMEN R., *Kitchen Table Wisdom : Stories that Heal.* New York : Riverhead, 1997.
SIMMONS P., *Learning to Fall : The Blessings of an Imperfect Life.* New York : Bantam, 2002.
TARRANT J., *The Light Inside the Dark : Zen, Soul, and the Spiritual Life.* New York : HarperCollins, 1998.
TENZEN GYATSOZ (le 14e Dalai Lama). *The Compassionate Life.* Boston : Wisdom, 2003.

Stress

LAROCHE L., *Relax – You May Have Only a Few Minutes Left : Using the Power of Humor to Overcome Stress in Your Life and Work.* New York : Villard, 1998.
RECHTSCHAFFEN S., *Time Shifting : Creating More Time to Enjoy Your Life.* New York : Doubleday, 1996.

Douleur

COHEN D., *Finding a Joyful Life in the Heart of Pain : A Meditative Approach to Living with Physical, Emotional, or Spiritual Suffering.* Boston : Shambhala, 2000.
DILLARD J. N., *The Chronic Pain Solution.* New York : Bantam, 2002.
SARNO J. E., *Healing Back Pain : The Mind-Body Connection.* New York : Warner, 2001.

Poésie

ELIOT T. S., *Four Quartets.* New York : Harcourt Brace, 1977.
LAO-TSEU, *Tao Te Ching* (Stephen Mitchell, trad.) New York : HarperCollins, 1988.
MITCHELL S., *The Enlightened Heart.* New York : Harper and Row, 1989.
WHYTE D., *The Heart Aroused : Poetry and the Preservation of the Soul in Corporate America.* New York : Doubleday, 1994.

Autres livres intéressants, certains mentionnés dans le livre

BOHM D., *Wholeness and the Implicate Order.* London : Routledge and Kegan Paul, 1980.
KARR-MORSE R., and WILEY M. S., *Ghosts from the Nursery : Tracing the Roots of Violence.* New York : Atlantic Monthly Press, 1997.
KAZANJIAN V. H., and LAURENCE P. L., (eds). *Education as Transformation.* New York : Peter Lang, 2000.
LAPPE F. M., *DIET FOR A SMALL PLANET.* NEW YORK : BALLANTINE, 1971.
LUKE H., *Old Age : Journey into Simplicity.* New York : Parabola, 1987.
MILLER A., *For Your Own Good : Hidden Cruelty in Childrearing and the Roots of Violence.* New York : Farrar, Straus and Giroux, 1983.
MONTAGU A., *Touching : The Human Significance of the Skin.* New York : Harper and Row, 1978.
RAVEL J.F., and RICARD M., *The Monk and the Philosopher : A Father and Son Discuss the Meaning of Life.* New York : Schocken, 1998.
SCHWARTZ J. M., and BEGLEY S., *The Mind and the Brain : Neuroplasticity and the Power of Mental Force.* New York : HarperCollins, 2002.
VARELA F. J., THOMPSON E., and ROSCH E., *The Embodied Mind : Cognitive Science and Human Experience,* Cambridge : MIT Press, 1991.

Documents scientifiques sélectionnés sur la pleine conscience et la MBSR

BAER R. A., Mindfulness training as a clinical intervention : A conceptual and clinical review. *Clinical Psychology : Science and Practice* (2003) 10:123-143.

CARLSON L. E., URSULIAK Z., GOODEY E., ANGEN M., and SPECCA M., The effects of a mindfulness meditation-based stress reduction program on mood and symptoms of stress in cancer outpatients : 6-month follow-up. *Supportive Care in Cancer* (2001) 9:112-123.

DAVIDSON R. J., KABAT-ZINN J., SCHUMACHER J., et al. Alterations in brain and immune function produced by mindfulness meditation. *Psychosom Med* (2003) 65:564-570.

EPSTEIN R. M., Mindful Practice. *JAMA* (1999) 282:833-839.

KABAT-ZINN J., An out-patient program in Behavioral Medicine for chronic pain patients based on the practice of *mindfulness* meditation : Theoretical considerations and preliminary results. *Gen Hosp Psychiatry* (1982) 4:33-47.

KABAT-ZINN J., LIPWORTH L., and BURNEY R., The clinical use of mindfulness meditation for the self-regulation of chronic pain. *J Behav Med* (1985) 8:163-190.

KABAT-ZINN J., LIPWORTH L., BURNEY R., and SELLERS W., Four year follow-up of a meditation-based program for the self-regulation of chronic pain : Treatment outcomes and compliance. *Clin J Pain* (1986) 2:159-173.

KABAT-ZINN J., and CHAPMAN-WALDROP A., Compliance with an outpatient stress reduction program : rates and predictors of completion. *J. Behav Med* (1988) 11:333-352.

KABAT-ZINN J., MASSION A. O., KRISTELLER J., PETERSON L. G., FLETCHER K., PBERT L., LINDERKING W., SANTORELLI S. F., Effectiveness of a meditation based stress reduction program in the treament of anxiety disorders. *Am J Psychiatry* (1992) 149:936-943.

KABAT-ZINN J., WHEELER E., LIGHT T., SKILLINGS A., SCHARF M., CROPLEY T. G., HOSMER D. and BERNHARD J., Influence of a mindfulness-based stress reduction intervention on rates of skin clearing in patients with moderate to severe psoriasis undergoing phototherapy (UVB) and photochemotherapy (PUVA). *Psychosom Med* (1998) 60:625-632.

KABAT-ZINN J., Participatory Medicine. *J Euro Acad Dermatol Venereol* (2000) 14:239-240.

KABAT-ZINN J., Mindfulness : The Heart of Rehabilitation. Foreword to *Complementary and Alternative Medicine in Rehabilitation*, E. Leskowitz (ed.) Churchill Livingstone, 2000, xi-xiv.

KABAT-ZINN J., Mindfulness-based interventions in context : Past, present, and future. *Clin Psychol Sci Pract*, (2003) 10:144-156.

MARCUS M. T., FINE M., and KOUZEKANANI K., Mindfulness-based meditation in a therapeutic community. *J Substance Abuse* (2001) 5:305-311.

MILLER J., FLETCHER K., and KABAT-ZINN J., Three-year follow-up and clinical implications of a mindfulness-based stress reduction intervention in the treatment of anxiety disorders. *Gen Hosp Psychiatry* (1995) 17:192-200.

RANDOLPH P. D., CALDERA Y. M., TACONE A. M., et al. The long-term combined effects of medical treatment and a mindfulness-based behavioral program for the multidisciplinary management of chronic pain in West Texas. *Pain Digest* (1999) 9:103-112.

REIBEL D. K., GREESON J. M., BRAINARD G. C., and ROSENZWEIG S., Mindfulness-based stress reduction and health-related quality of life in a heterogeneous patient population. *Gen Hosp Psychiatry* (2001) 23:183-192.

ROTH B., Mindfulness – based stress reduction in the inner city. *Advances in Mind-Body Health* (1997) 13:50-58.

ROTH B., and CREASER T., Mindfulness meditation-based stress reduction : Experience with a bilingual inner-city program. *The Nurse Practitioner* (1997) 22:150-176.

ROTH B., and ROBBINS D., Mindfulness-based stress reduction and health-related quality of life : Findings from a bilingual

inner-city patient population. *Psychsomatic Med* (2004) 66:113-123.
SAXE G. A., HEBERT J. R., CARMODY J. F., KABAT-ZINN J., et al. Can diet, in conjunction with stress reduction, affect the rate of increase in prostate-specific antigen after biochemical recurrence of prostate cancer ? *J Urology* (2001) 166:2202-2207.
SEGAL Z. V., WILLIAMS J.M.G., and TEASDALE J. D., Mindfulness-Based *Cognitive Therapy for Depression : A New Approach to Preventing Relapse.* New York : Guilford, 2002.
SHAPIRO S. L., and SCHWARTZ G. E., Mindfulness in medical education : Fostering the health of physicians and medical practice. *Integrative Med* (1998) 1:93-94.
SHAPIRO S. L., SCHWARTZ G. E., BONNER G., Effects of mindfulness-based stress reduction on medical and premedical students. *J Behav Med* (1998) 21:581-599.
SHAPIRO S. L., and SCHWARTZ G. E., Intentional systemic mindfulness : An integrative model for self-regulation and health. *Advances* (2000) 16:128-134.
SPECA M., CARLSON L. E., GOODEY E., and ANGEN E., A randomized wait-list controlled clinical trial : The effects of a mindfulness meditation-based stress reduction program on mood and symptoms of stress in cancer outpatients. *Psychosom Med* (2000) 6:2613-2622.
TEASDALE J. D., SEGAL Z. V., WILLIAMS J.M.G., RIDGEWAY V. A., et al. Prevention of relapse/recurrence in major depression by mindfulness-based cognitive therapy. *J Consult Clin Psychol* (2000) 68:615-623.
WEISSBECKER L., SALMON P., STUIDTS J. L., FLOYD A. R., DEDERT E. A., SEPHTON S. E., Mindfulness-based stress reduction and sense of coherence among women with fibromyalgia. *J Clin Psycol Med Settings* (2002) 4:297-307.
WILLIAMS K. A., KOLAR M. M., REGER B. E., and PEARSON J. C., Evaluation of a wellness-based mindfulness stress reduction intervention : A controlled trial. *Am J Health Promotion* (2001) 15:422-432.

Webographie

www.association-mindfulness.org, site de l'ADM (Association pour le Développement de la Mindfulness)
www.mindandlife.org, site du *Mind and Life Institute*
www.umassmed.edu/cfm, site du *Center for Mindfulness in Medicine, Health Care, and Society*
www.ecsa.ucl.ac.be/mindfulness/, site francophone sur la pleine conscience (Mindfulness) en psychothérapie
www.bangor.ac.uk/mindfulness, site du centre mindfulness de Bangor, University of Wales (Pays de Galles)
www.mbct.com, site sur la Mindfulness Based Cognitive Therapy
www.lemondeduyoga.org, site de la Fédération nationale des enseignants du yoga (FNEY), pour la France
www.yoga.ch, site de Yoga Suisse
www.yoga-abepy.be, site de l'Association Belge des Enseignants et Pratiquants de Yoga

INDEX

D

E

I

N

O

Q

R

T

U

V

Table

PARTIE 1
La pratique de la pleine conscience : faire attention

Partie 2
Le paradigme : une nouvelle façon de penser la santé et la maladie

PARTIE 3
Le stress

PARTIE 4
Les applications : prendre la tourmente à bras-le-corps

Partie 5
La voie de la conscience

Jon Kabat-Zinn, Ph.D., est un scientifique, un écrivain et un enseignant de méditation. Il est professeur émérite à la faculté de médecine de l'université du Massachusetts, où il a fondé et dirigé le *Center for Mindfulness in Medecine, Health Care, and Society* (1995), et fondé (en 1979) et dirigé la *Mindfulness-Based Stress Reduction (MBSR) Clinic*, mondialement connue. Il est l'auteur de *Au cœur de la tourmente, la pleine conscience* (J'ai Lu, 2012), disponible en langue anglaise, sous le titre : *Full Catastrophe Living : Using the Wisdom of Your Body and Mind to Face Stress, Pain and Illness* (Delta, 1991), *Où tu vas, tu es* (J'ai Lu, 2005), disponible en langue anglaise, sous le titre : *Wherever You Go, There You Are : Mindfulness Meditation in Everyday Life* (Hyperion, 1994), *Everyday Blessings : The Inner Work of Mindful Parenting* (en collaboration avec Myla Kabat-Zinn ; Hyperion, 1997), et *Coming to Our Senses :*

Healing Ourselves and the World Through Mindfulness (Hyperion, 2005). Avec Williams, Teasdale and Segal, il est également l'auteur de *The Mindful Way Through Depression : Freeing Yourself from Chronic Unhappiness* (Guilford, 2007). Il est l'auteur de *Arriving At Your Own Door : 108 Lessons in Mindfulness* (Hyperion, 2007), et de *Letting Everything Become Your Teacher* (Random House, 2009). Ses livres sont publiés dans plus de 30 langues. Le docteur Kabat-Zinn a obtenu son doctorat en biologie moléculaire à MIT en 1971, dans le laboratoire du prix Nobel Salvador Luria.

Sa carrière de chercheur s'est centrée sur les interactions corps/esprit dans la guérison, sur les applications cliniques, et sur la rentabilité économique de l'entraînement à la méditation de la pleine conscience appliqué à des personnes souffrant de douleurs chroniques et de troubles liés au stress. En font partie une étude in situ sur les effets de la MBSR (Réduction du Stress basée sur la Pleine Conscience) sur le cerveau et sa façon de traiter les émotions, particulièrement sous stress, ainsi que sur le système immunitaire (en collaboration avec le docteur Richard Davidson). Les travaux du Dr Kabat-Zinn ont contribué à une entrée croissante de la *mindfulness* dans des institutions importantes comme la médecine, la psychologie, les soins de santé, les écoles, les entreprises, les prisons et les sports au niveau professionnel. Dans le monde entier, des hôpitaux et des centres médicaux proposent actuellement des programmes cliniques basés sur une formation à la pleine conscience et au programme MBSR.

Le Dr Kabat-Zinn a reçu de nombreux prix au cours de sa carrière. Il est membre fondateur du *Fetzer Institute*, et membre de la *Society of Behavioral Medicine*[1]. Il a reçu

1. *N.d.T.* : Société de Médecine Comportementale.

l'*Art, Science, and Soul of Healing Award de l'Institute for Health and Healing,* du Centre Médical California Pacific de San Francisco (1998) ; pour son « travail de pionnier dans le champ de la médecine intégrative », la *Trailblazer Award du Scripps Center for Integrative Medicine* de La Jolla, Californie (2001) ; la *Distinguished Friend Award* de l'*Association for Behavioral and Cognitive Therapies* (2005) ; un *Inaugural Pioneer in Integrative Medicine Award du Bravewell Philanthropic Collaborative for Integrative Medicine* (2007) ; et le prix *Mind and Brain* 2008 du Centre des sciences cognitives de l'université de Turin, Italie.

Il est membre fondateur du *Consortium of Academic Health Centers for Integrative Medicine,* et administrateur du *Mind and Life Institute,* qui organise le dialogue entre le dalaï-lama et des scientifiques occidentaux en vue d'une compréhension plus profonde des différentes façons de connaître et de sonder la nature de l'esprit, des émotions et de la réalité. Il a co-présidé le *Mind and Life Dialogue 2005* : *Les Applications cliniques de la méditation,* à Washington DC.

Comment se procurer les enregistrements

En anglais : Il y a trois ensembles de CD de méditation. Ils peuvent être commandés directement sur le site :

www.mindfulnesstapes.com

Série 1 (4 CD) : elle contient les méditations guidées (scan corporel et méditation assise) ainsi que les pratiques de yoga guidées utilisées par les personnes qui suivent les classes du docteur Kabat-Zinn à la clinique de réduction du stress du Centre médical de l'université du Massachusetts. Ces pratiques sont décrites en détail dans ce livre. Chaque CD dure 45 minutes.

Série 2 (4 CD) : elle est destinée aux personnes qui souhaitent une série de méditations guidées plus courtes pour les aider à développer et/ou élargir une pratique de méditation personnelle basée sur la pleine conscience. Cette série comporte la méditation de la montagne et la méditation du lac (20 minutes chacune), ainsi qu'une série d'autres pratiques se faisant en assise ou allongé, de

10, 20 et 30 minutes. Cette série a été développée au départ pour accompagner « *Où tu vas, tu es* »[1].

Série 3 (4 CD) : elle est destinée à accompagner le dernier livre du docteur Kabat-Zinn, *L'Éveil des sens*[2]. Ce programme comprend la pleine conscience du souffle et du ressenti corporel ; la pleine conscience des sons et l'écoute ; la pleine conscience des pensées et des sentiments ; la pratique de la méditation sans objet ; et la méditation de la bienveillance. Chaque séquence dure 20 à 30 minutes.

Pour plus d'informations et pour commander,
voyez www.mindfulnesstapes.com

N.B. : Les séries 1 et 2 sont également disponibles sur cassettes.

1. *N.d.T.* : « *Wherever You Go, There You Are* ».
2. *N.d.T.* : *Coming to Our Senses.*

Bien être

9932

Composition
NORD COMPO

Achevé d'imprimer en Espagne (Barcelone)
par BLACK PRINT CPI
le 23 mai 2014.

1er dépôt légal dans la collection mars 2012.
EAN 9782290054468

Éditions J'ai lu
87, quai Panhard-et-Levassor, 75013 Paris
Diffusion France et étranger : Flammarion